UPSESSB PGT

पोस्ट ग्रेजुएट टीचर - इतिहास

नवीनतम संस्करण

अभ्यास किट

12 टेस्ट्स

02 गतवर्षीय प्रश्न पत्र

10 मॉक टेस्ट्स

वास्तविक परीक्षा प्रारूप पर आधारित टेस्ट

✓ पूर्णतः संशोधित और अद्यतन

✓ सभी बहुविकल्पीय प्रश्नो का विस्तृत विश्लेषण

शीर्षक : UPSESSB PGT पोस्ट ग्रेजुएट टीचर - इतिहास
लेखक का नाम : Mr. Rohit Manglik
प्रकाशक : EduGorilla Community Pvt. Ltd.
प्रकाशक का पता : 12/651 प्रथम तल, अरविन्दो पार्क के सामने, निकट जामा मस्जिद, इंदिरा नगर लखनऊ, उत्तर प्रदेश, 226016, भारत।

कॉपीराइट EduGorilla

ISBN : 978-93-90893-32-4
द्वितीय संस्करण

अस्वीकरण EduGorilla

Compiled and created by EduGorilla Community Pvt. Ltd

EduGorilla Community Pvt. Ltd. द्वारा मुद्रित

संपादक की कलम से

रोहित मांगलिक
सीईओ, EduGorilla

प्रिय छात्रों,

एक बहुत ही प्रचलित कहावत है कि "सफलता उन्हीं को मिलती है जो उसके लिए कड़ी मेहनत करते हैं।" लेकिन मैंने लोगों को उनकी परीक्षाओं के लिए दिन-रात एक करके मेहनत करते हुए देखा है, पर फिर भी वे सफल नहीं हो पाते। तो वहीं दूसरी ओर, कुछ लोग बस आधी मेहनत करके परीक्षा में सफलता प्राप्त करते हैं। तो, क्या वे किस्मत वाले हैं? नहीं मेरा मानना है, कि ऐसा इसलिए है क्योंकि वे सिर्फ कड़ी नहीं बल्कि कुशल तरीके से अपनी तैयारी करते हैं। इसी तरह आपको भी अपनी परीक्षाओं की तैयारी के लिए अपनी योजना बनानी चाहिए, ताकि आपकी भी सफलता की संभावना बढ़ सके। तो तैयार हो जाइये **EduGorilla** के साथ अपनी परीक्षा में चयन होने की संभावना को 16 गुना बढ़ाने के लिए।

EduGorilla आपको न केवल कड़ी मेहनत करने में मदद करता है, बल्कि एक स्मार्ट और योजनाबद्ध तरीके से तैयारी करने में भी सहायता प्रदान करता है। **EduGorilla** की तैयारी पैकेज के साथ आप अपने परीक्षा में चयन होने के रास्ते को सहज और मनोरंजक बना सकते हैं। अपनी तैयारी के लिए सही रास्ता खोजना मुश्किल हो सकता है, यदि आप ये नहीं जानते कि आपको किस दिशा में जाना है। चिंता न करें हम आपके साथ खड़े हैं! **EduGorilla** आपकी सफलता में आपका मार्गदर्शक बनेगा। हमारे तैयारी पैकेज के साथ आप रणनीतिक रूप से तैयारी कर, अपनी परीक्षा में सिर्फ एक ही प्रयास में सफल हो सकते हैं।

EduGorilla के तैयारी पैकेज में शामिल हैं-

- टेस्ट सीरीज़
- किताबें

हमारे तैयारी पैकेज को सभी तरह के नये बदलवों, विशेषज्ञों की राय एवं छात्रों के प्रतिक्रिया के अनुसार तैयार किया गया है। जो आपको परीक्षा के प्रत्येक चरण की चयन प्रक्रिया को पार करने के योग्य बनाता है।

हमारी किताबें शिक्षकों और विशेषज्ञों द्वारा आपकी परीक्षा के लिए तैयार की गई हैं, 150+ वर्षों के अनुभव के साथ; ताकि आपको आसान, कुशल और प्रभावी शिक्षण प्रदान किया जा सके। हमारी स्मार्ट किताबें न सिर्फ आपको प्रश्नों के उत्तर देने की समझ देती हैं, अपितु आपके अभ्यास के लिए समान रूप के प्रश्न भी प्रदान करती हैं।

EduGorilla की सक्षम टेस्ट सीरीज आपको वास्तविक अनुभव और आत्मविश्वास प्रदान करती हैं, जिसके माध्यम से आप केवल एक प्रयास में अपनी ऑफलाइन अथवा ऑनलाइन परीक्षा पास कर सकते हैं। वर्तमान में हम 83,000+ मॉक टेस्ट्स और 1,440+ प्रतियोगी एवं शैक्षणिक परीक्षाओं की तैयारी कराते हैं।

अर्थात, **EduGorilla** आपकी तैयारी में आपकी सहायता करने का कोई भी मौका नहीं छोड़ता है और परीक्षा के सभी चरणों को कवर करता है, ताकि परीक्षा की तैयारी के लिए आपको कहीं और भटकना ना पड़े।

हम आपको डिफेन्स, बैंकिंग, टीचिंग और अन्य राष्ट्रीय एवं राज्य स्तरीय परीक्षाओं के लिए सम्पूर्ण तैयारी पैकेज प्रदान करते हैं। अतः इससे कोई फर्क नहीं पड़ता कि आप किस परीक्षा के लिए तैयारी कर रहे हैं, क्योंकि आप सफलता हासिल करेंगे।

आपको परीक्षा की शुभकामनाएं!

रोहित मांगलिक,
संस्थापक और मुख्य कार्यकारी अधिकारी, EduGorilla

प्रस्तावना

EduGorilla छात्रों को उनकी परीक्षा में सफल होने के लिए मार्गदर्शन प्रदान करता है। जिसको ध्यान में रखते हुए हमारे कुल 150+ वर्षों का अनुभव रखने वाले प्रतिष्ठित विशेषज्ञों ने कड़े प्रयासों के द्वारा "UPSESSB PGT : पोस्ट ग्रेजुएट टीचर - इतिहास" को तैयार किया है। इस किताब के प्रश्नों को हाल ही में परीक्षा के पाठ्यक्रम और पैटर्न में हुए सभी बदलावों को ध्यान में रखकर बनाया गया है। वो प्रश्न जिनकी UPSESSB PGT History परीक्षा में आने कि संभवना काफी प्रबल है, उनको इस किताब मे रखा गया है। आप EduGorilla की "UPSESSB PGT : पोस्ट ग्रेजुएट टीचर - इतिहास" के माध्यम से अपनी सफलता की संभावना को 16 गुना बढ़ा सकते हैं।

EduGorilla ये अपनी संपूर्ण तैयारी पैकेज के माध्यम से साकार करता है। इस किट में आपको प्रश्न अच्छी तरह अवधारित एवं संरचित रूप मे मिलेंगे जिन्हे आपकी जरूरतों के अनुसार बनाया गया है। इसके माध्यम से आपको स्मार्ट तरीके से परीक्षा के लिए अभ्यास करने में मदद मिलेगी। साथ ही आपको सहायक, समाधान और स्मार्ट उत्तर पत्रिका भी प्रदान की जायेंगी। जिससे आप अपना मूल्यांकन स्वयं कर सकते हैं। आप स्वयं की समीक्षा कर, उन सभी बिन्दुओं पर खुद को बेहतर तरीके से तैयार कर सकते हैं।

EduGorilla आपको अपनी परीक्षा में सफ़लता दिलाने और आपके लक्ष्य को हासिल करने में आपकी सहायता करने का वादा करता हैं। हम अपने प्रतिभागियों पर पूरा भरोसा करते हैं और उन्हें मेरिट सूची के शीर्ष पर देखते हैं। शीर्ष स्थान की ओर आपका पहला कदम है हमारे साथ तैयारी शुरू करना। EduGorilla की "UPSESSB PGT : पोस्ट ग्रेजुएट टीचर - इतिहास" की विशेषताएं कुछ इस प्रकार हैं।

➤ अच्छी तरह से शोध किया हुआ पाठ्यक्रम

➤ उच्च गुणवत्ता

➤ विस्तृत उत्तर और विश्लेषण

➤ स्मार्ट उत्तर पत्रिका

➤ परीक्षा सुसंगत प्रश्न

इस प्रकार EduGorilla आपकी तैयारी को मजबूत और आपको परीक्षा में सफल होने के योग्य बनाता है।

UPSESSB PGT History

परीक्षा की योग्यता, परीक्षा पैटर्न, विषय को जानने के लिए QR कोड को स्कैन करें।

Book ID: 0742

विषय-सूची

मॉक टेस्ट 01

Q.1 टीपू सुल्तान ने अंग्रेज़ों के साथ युद्ध करते हुए कब वीरगति प्राप्त की?
A. 1857 ई. **B.** 1793 ई. **C.** 1799 ई. **D.** 1769 ई.

Q.2 बुद्ध में वैराग्य भावना किन चार दृश्यों के कारण बलवती हुई?
A. बूढ़ा, रोगी, मृतक, संन्यासी
B. अन्धा, रोगी, लाश, संन्यासी
C. लंगड़ा, रोगी, लाश, संन्यासी
D. युवा, रोगी, लाश, संन्यासी

Q.3 सम्राट अशोक की वह कौन-सी पत्नी थी, जिसने उसे सबसे ज़्यादा प्रभावित किया था?
A. चंडालिका **B.** चारुलता **C.** गौतमी **D.** कारुवाकी

Q.4 निम्नलिखित में से सबसे प्राचीन राजवंश कौन-सा है?
A. मौर्य वंश **B.** गुप्त वंश **C.** कुषाण वंश **D.** कण्व वंश

Q.5 अशोक के शिलालेखों को पढ़ने वाला प्रथम अंग्रेज़ कौन था?
A. कर्नल टॉड **B.** जेम्स प्रिंसेप
C. हेमचंद्र रायचौधरी **D.** चार्ल्स मैटकॉफ़

Q.6 महावीर ने 'जैन संघ' की स्थापना कहाँ की थी?
A. कुण्डग्राम **B.** वैशाली **C.** पावापुरी **D.** वाराणसी

Q.7 किस विदेशी दूत ने अपने को 'भागवत' घोषित किया था?
A. मेगस्थनीज़ **B.** हेलिओडोरस
C. प्लूटार्क **D.** उपर्युक्त में से कोई नहीं

Q.8 वैदिक कालीन लोगों ने सर्वप्रथम किस धातु का प्रयोग किया?
A. लोहा **B.** कांसा **C.** ताँबा **D.** सोना

Q.9 हल सम्बन्धी अनुष्ठान का पहला व्याख्यात्मक वर्णन कहाँ से मिला है?
A. गोपथ ब्राह्मण में **B.** शतपथ ब्राह्मण में
C. ऐतरेय ब्राह्मण में **D.** पंचविंश ब्राह्मण में

Q.10 किस वेद की रचना गद्य एवं पद्य दोनों में की गई है?
A. ऋग्वेद **B.** सामवेद **C.** यजुर्वेद **D.** अथर्ववेद

Q.11 मलिक काफ़ूर को हज़ार दीनारी कहा गया था, क्योंकि-
A. उसे 1000 दीनार में ख़रीदा गया था
B. वह 1000 सैनिकों का प्रधान था
C. उसके पास 1000 गाँवों का स्वामित्व था
D. वह 1000 दीनार प्रतिदिन दान करता था

Q.12 हड़प्पा वासियों को निम्नलिखित में से किसका ज्ञान **नहीं** था?
A. मिट्टी के बर्तन का **B.** कपड़ा बनाने का
C. जौहरी का **D.** लोहे का

Q.13 निम्न में से किस व्यक्ति को 'बिना ताज का बादशाह' कहा जाता है?
A. लाल बहादुर शास्त्री **B.** सुरेन्द्रनाथ बनर्जी
C. राजा राममोहन राय **D.** महात्मा गाँधी

Q.14 हड़प्पा काल में ताँबे के रथ की खोज किस स्थान से हुई थी?
A. कुनाल **B.** राखीगढ़ी **C.** दैमाबाद **D.** बनवाली

Q.15 महावीर स्वामी 'यती' कब कहलाए?
A. घर त्यागने के बाद
B. इन्द्रियों को जीतने के बाद
C. ज्ञान प्राप्त करने के बाद
D. उपर्युक्त में से कोई नहीं

Q.16 मोहन जोदड़ो के स्नानागार के पश्चिम में स्थित स्तूप का निर्माण किस काल में किया गया था?
A. मौर्य काल **B.** कुषाण काल
C. शुंग काल **D.** सातवाहन काल

Q.17 'सिंध का बाग़' या 'मृतकों का टीला' हड़प्पा सभ्यता के किस पुरास्थल को कहा गया है?
A. हड़प्पा **B.** कालीबंगा
C. मोहनजोदाड़ो **D.** लोथल

Q.18 "हिन्दुस्तान तलवार के ज़ोर पर जीता गया था।" यह कथन किसका है?
A. लॉर्ड ऑकलैण्ड **B.** लॉर्ड एलगिन द्वितीय
C. लॉर्ड कर्ज़न **D.** लॉर्ड डलहौज़ी

Q.19 विष्णु के दस अवतारों की जानकारी का स्रोत निम्न में से किस पुराण में है?
A. भागवत पुराण **B.** मत्स्य पुराण
C. विष्णु पुराण **D.** मार्कण्डेय पुराण

Q.20 किस विदेशी यात्री ने कृष्ण को 'हेराक्लीज' कहा?
A. फ़ाह्यान **B.** ह्वेनसांग
C. मेगस्थनीज़ **D.** हेलिओक्लीज़

Q.21 "आगरा तथा फ़तेहपुर सीकरी दोनों ही लन्दन से बड़े हैं"। यह कथन किसका है?
A. बर्नियर **B.** रॉल्फ़ फ्रिंच
C. हॉकिन्स **D.** थॉमस रो

Q.22 बौद्ध धर्म की किस शाखा में मंत्र, हठयोग एवं तान्त्रिक आचारों को प्रधानता दी गई है?
A. महायान **B.** हीनयान
C. वज्रयान **D.** उपर्युक्त सभी

Q.23 प्रसिद्ध 'विजयविट्ठल मन्दिर', जिसके 56 तक्षित स्तंभ संगीतमय स्वर निकालते हैं, कहाँ अवस्थित है?
A. वेल्लोर **B.** काँची **C.** हम्पी **D.** श्रीरंगम

Q.24 मौर्यकालीन भारत में भूमि कर, जो कि राज्य की आय का मुख्य स्रोत था, किस अधिकारी द्वारा एकत्रित किया जाता था?
A. अग्रोनोमाई **B.** सीताध्यक्ष
C. शुल्काध्यक्ष **D.** अक्राध्यक्ष

Q.25 'अष्ट दिग्गज' निम्न में से किस राजा से सम्बन्धित थे?
A. शिवाजी **B.** कृष्णदेव राय
C. राजेन्द्र प्रथम **D.** यशोवर्मन

Q.26 जैन साहित्य को निम्नलिखित में से इस नाम से भी जाना जाता है?
A. आगम **B.** निगम **C.** ग्रन्थ **D.** बखार

Q.27 निम्नलिखित में से कौन-सा शासक 'पृथ्वीराज चौहान' के नाम से प्रसिद्ध है?
A. पृथ्वीराज प्रथम **B.** पृथ्वीराज द्वितीय

C. पृथ्वीराज तृतीय **D.** उपर्युक्त में से कोई नहीं

Q.28 चित्तौड़ के 'कीर्ति स्तम्भ' का निर्माण किसने करवाया था?
A. राणा सांगा **B.** राणा कुम्भा
C. राणा प्रताप **D.** राणा उदय सिंह

Q.29 निम्नलिखित युग्मों में से कौन-सा सही सुमेलित नहीं है?
A. बाबर - खानवा का युद्ध
B. हुमायूँ - चौसा-खानवा का युद्ध
C. अकबर- हल्दीघाटी का युद्ध
D. जहाँगीर- बल्ख का युद्ध

Q.30 निम्नलिखित संगठनों में से किसने 'शुद्धि आन्दोलन' का समर्थन किया?
A. आर्य समाज **B.** देव समाज
C. ब्रह्म समाज **D.** प्रार्थना समाज

Q.31 'इण्डिया डिवाइडेड' नाम की पुस्तक के लेखक कौन थे?
A. मौलाना अबुल कलाम आज़ाद
B. डॉ. राजेंद्र प्रसाद
C. नरेन्द्र देव
D. अरुणा आसफ़ अली

Q.32 प्रसिद्ध विद्वान् अश्वघोष किसके शासनकाल में हुआ?
A. अशोक **B.** हर्षवर्धन
C. कनिष्क **D.** पुष्यमित्र शुंग

Q.33 'मिलिन्द' किस हिन्दी-यूनानी राजा को कहा गया है?
A. मिरेकस **B.** मिनांडर **C.** डेमेट्रियस **D.** महापद्मनंद

Q.34 शेरशाह के बाद और अकबर से पहले दिल्ली पर राज करने वाले हिन्दू राजा का नाम क्या था?
A. पृथ्वीराज **B.** हेमू **C.** भोज **D.** पुष्यमित्र

Q.35 'आर्य' शब्द का शाब्दिक अर्थ क्या है?
A. वीर या योद्धा **B.** श्रेष्ठ या कुलीन
C. यज्ञकर्ता या पुरोहित **D.** विद्वान

Q.36 प्रसिद्ध दस राजाओं का युद्ध (दाशराज युद्ध) किस नदी के तट पर लड़ा गया?
A. गंगा **B.** ब्रह्मपुत्र **C.** कावेरी **D.** परुष्णी

Q.37 मौर्यकालीन गुफ़ाओं में सर्वाधिक प्राचीन गुफ़ा निम्न में से किस पहाड़ी पर है?
A. नागार्जुन पहाड़ी **B.** नीलगिरि पहाड़ी
C. बराबर पहाड़ी **D.** राजगीर पहाड़ी

Q.38 निम्न में से किस ग्रंथ में शूद्रों के लिए 'आर्य' शब्द का प्रयोग हुआ है?
A. अर्थशास्त्र **B.** मुद्राराक्षस
C. पाणिनि का अष्टाध्यायी **D.** बृहत्कथामंजरी

Q.39 भूमिदान का प्रथम उल्लेख कब मिला?
A. मौर्यों के समय में **B.** शुंगों के समय में
C. सातवाहनों के समय में **D.** गुप्तों के समय में

Q.40 वैदिक नदी 'कुभा' (काबुल नदी) का स्थान कहाँ निर्धारित होना चाहिए?
A. अफ़ग़ानिस्तान में **B.** चीनी तुर्किस्तान में
C. कश्मीर में **D.** पंजाब में

Q.41 भारत के किस स्थल की खुदाई से लौह धातु के प्रचलन के प्राचीनतम प्रमाण मिले हैं?
A. तक्षशिला **B.** अतरंजीखेड़ा
C. कौशाम्बी **D.** हस्तिनापुर

Q.42 निम्नलिखित में से 'कर्म का सिद्धांत' किससे संबंधित है?
A. न्याय से **B.** मीमांसा से **C.** वेदांत से **D.** वैशेषिक से

Q.43 यज्ञ संबंधी विधि-विधानों का पता चलता है-
A. ऋग्वेद से **B.** सामवेद से
C. ब्राह्मण ग्रंथों से **D.** यजुर्वेद से

Q.44 झेलम नदी के किनारे प्रसिद्ध 'वितस्ता का युद्ध' किन-किन शासकों के बीच हुआ था?
A. चन्द्रगुप्त मौर्य एवं सेल्युकस के मध्य
B. धननन्द एवं चन्द्रगुप्त मौर्य के मध्य
C. पुरु एवं सिकन्दर के मध्य
D. सिकन्दर एवं आम्भि के मध्य

Q.45 'महरोली का स्तम्भ लेख' किस शासक से सम्बन्धित है?
A. चन्द्रगुप्त द्वितीय **B.** चन्द्रगुप्त मौर्य
C. अशोक **D.** समुद्रगुप्त

Q.46 गुप्त काल के किस शासक को 'कविराज' कहा गया है?
A. श्रीगुप्त **B.** चन्द्रगुप्त द्वितीय
C. समुद्रगुप्त **D.** स्कन्दगुप्त

Q.47 चन्द्रगुप्त द्वितीय ने कब 'विक्रमादित्य' की उपाधि धारण की थी?
A. शकों का उन्मूलन करने पर
B. गुप्त सिंहासन पर बैठने के बाद
C. चाँदी के सिक्के जारी करने के बाद
D. उपर्युक्त सभी

Q.48 ऋग्वैदिक काल में विनिमय के माध्यम के रूप में किसका प्रयोग किया जाता था?
A. अनाज **B.** मुद्रा **C.** गाय **D.** दास

Q.49 ऋग्वेद में उल्लिखित क़रीब 25 नदियों में से सर्वाधिक महत्त्वपूर्ण नदी कौन-सी थी?
A. गंगा **B.** यमुना **C.** सरस्वती **D.** सिन्धु

Q.50 ऋग्वेद के दसवें मण्डल में किसका उल्लेख पहली बार मिलता है?
A. योद्धा **B.** पुरोहित **C.** शूद्र **D.** चाण्डाल

Q.51 बोधगया में स्थित वह बोधिवृक्ष, जिसके नीचे बुद्ध को ज्ञान प्राप्त हुआ था, किस शासक द्वारा कटवा दिया गया?
A. पुष्यमित्र शुंग **B.** हूण राजा मिहिरकुल
C. गौड़ के राजा शशांक **D.** महमूद ग़ज़नवी

Q.52 आर्यों के मूल निवास स्थान के बारे में सर्वाधिक मान्य मत कौन-सा है?
A. दक्षिणी रूस
B. मध्य एशिया में बैक्ट्रिया
C. भारत में सप्त सिंघव प्रदेश
D. मध्य एशिया का पामीर क्षेत्र

Q.53 बाल गंगाधर तिलक को 'आधुनिक भारत का निर्माता' किसने कहा था?
A. सुभाष चंद्र बोस **B.** जवाहरलाल नेहरू
C. महात्मा गाँधी **D.** सरदार पटेल

Q.54 सुभाषचन्द्र बोस से पूर्व 'आज़ाद हिन्द फ़ौज' का कमाण्डर कौन था?
A. ज्ञानी प्रीतम सिंह **B.** कैप्टन मोहन सिंह
C. मेजर फुजीहारा **D.** कैप्टन सूरज मल

Q.55 हैदराबाद नगर की स्थापना किसने की थी?

A. इब्राहीम कुतुबशाह **B.** मुहम्मद कुली कुतुबशाह
C. मुहम्मद कुतुबशाह **D.** जमशेद कुतुबशाह

Q.56 जैन तीर्थंकर पार्श्वनाथ द्वारा प्रतिपादित चार महाव्रतों में महावीर स्वामी ने पाँचवें व्रत के रूप में क्या जोड़ा?

A. अहिंसा **B.** अत्तेय **C.** अपरिग्रह **D.** ब्रह्मचर्य

Q.57 ऋग्वैदिक आर्यों की भाषा क्या थी?

A. द्रविड़ भाषा **B.** प्राकृत भाषा
C. संस्कृत भाषा **D.** पालि भाषा

Q.58 बुद्ध को किस नदी के तट पर ज्ञान प्राप्त हुआ था?

A. निरंजना **B.** ऋजुपालिका
C. गंगा **D.** यमुना

Q.59 हल्दीघाटी की लड़ाई वर्ष ________ में लड़ी गई थी।

A. 1764 **B.** 1526 **C.** 1576 **D.** 1857

Q.60 वैष्णव मत किन शासकों के संरक्षण में अपने चरमोत्कर्ष पर पहुँचा?

A. मौर्य **B.** कुषाण **C.** शुंग **D.** गुप्त

Q.61 जैन परम्परा के अनुसार जैन धर्म में कुल कितने तीर्थंकर हुए हैं?

A. 25 **B.** 20 **C.** 24 **D.** 23

Q.62 निम्नलिखित में से किस मुग़ल बादशाह ने राजा राममोहन राय को दूत बनाकर लंदन भेजा था?

A. आलमगीर द्वितीय **B.** शाहआलम द्वितीय
C. अकबर द्वितीय **D.** बहादुरशाह द्वितीय

Q.63 'वैज्ञानिक समाज' की स्थापना किसने की थी?

A. विल्टन कम्पनी **B.** लॉर्ड कॉर्नवॉलिस
C. सर सैयद अहमद ख़ाँ **D.** इनमें से कोई नहीं

Q.64 आर्य भारत में बाहर से आए। वे सर्वप्रथम किस स्थान पर बसे थे?

A. सामातट **B.** प्राग्ज्योतिषपुर
C. पंजाब **D.** पांचाल

Q.65 सातवाहन शासकों की राजकीय भाषा क्या थी?

A. पालि **B.** संस्कृत
C. प्राकृत **D.** उपर्युक्त में से कोई नहीं

Q.66 1905 में, 'द सर्वेंट्स ऑफ इंडिया सोसाइटी' का गठन ________ द्वारा किया गया था।

A. श्यामजी कृष्ण वर्मा **B.** गोपाल कृष्ण गोखले
C. दादाभाई नौरोजी **D.** महात्मा गांधी

Q.67 किस वंश के शासकों ने 'क्षत्रप प्रणाली' शुरुआत की थी?

A. कुषाण **B.** हिन्द-यवन **C.** ईरानी **D.** शक

Q.68 प्राचीन भारत में सर्वप्रथम किस वंश के शासकों ने 'द्वैध शासन प्रणाली' की शुरुआत की?

A. शक **B.** गुप्त **C.** कुषाण **D.** मौर्य

Q.69 किस वेद में 'सभा' और 'समिति' को 'प्रजापति' की दो पुत्रियाँ कहा गया है?

A. ऋग्वेद **B.** यजुर्वेद **C.** सामवेद **D.** अथर्ववेद

Q.70 ब्राह्मण ग्रंथों में सर्वाधिक प्राचीन कौन-सा है?

A. ऐतरेय ब्राह्मण **B.** शतपथ ब्राह्मण
C. गोपथ ब्राह्मण **D.** पंचविंश ब्राह्मण

Q.71 निम्न में से कौन-सी स्मृति प्राचीनतम है?

A. मनुस्मृति **B.** याज्ञवल्क्य स्मृति
C. नारद स्मृति **D.** पाराशर स्मृति

Q.72 हर्षवर्धन प्रत्येक पाँच वर्ष के बाद कहाँ पर सम्मेलन आयोजित करता था?

A. कन्नौज **B.** वैशाली **C.** प्रयाग **D.** थानेश्वर

Q.73 भारतीय इतिहास में सुरकोटदा किस लिए प्रसिद्ध है?

A. परिपक्व हड़प्पा संस्कृति के लिए
B. घोड़े की हड्डियों के अवशेष के लिए
C. युगल शवाधान के लिए
D. उपर्युक्त सभी के लिए

Q.74 भारत में कृषि का प्राचीनतम साक्ष्य कहाँ से मिला है?

A. हड़प्पा **B.** मेहरगढ़ **C.** कालीबंगा **D.** बुर्ज़होम

Q.75 भारतीय मज़दूरों के असंतोष की अभिव्यक्ति सर्वप्रथम कहाँ के मज़दूरों की हड़ताल के रूप में देखने को मिलती है?

A. नागपुर **B.** कलकत्ता
C. अहमदाबाद **D.** बम्बई

Q.76 मुग़ल काल में निम्नलिखित बन्दरगाहों में से किसको 'बाबूल मक्का' (मक्का द्वार) कहा जाता था?

A. कालीकट **B.** भड़ौच **C.** खम्भात **D.** सूरत

Q.77 दिल्ली का पुराना क़िला किसके द्वारा बनवाया गया था?

A. अलाउद्दीन खिलजी **B.** अकबर
C. शाहजहाँ **D.** हुमायूँ

Q.78 अमरकोट के राजा वीरसाल के महल में किस मुग़ल बादशाह का जन्म हुआ था?

A. बाबर **B.** औरंगज़ेब **C.** अकबर **D.** जहाँगीर

Q.79 मुग़ल दरबार में 'पर्दा शासन' के लिए ज़िम्मेदार 'अतका खेल' या 'हरम दल' की सर्वप्रमुख सदस्या कौन थी?

A. माहम अनगा **B.** हमीदा बानो बेगम
C. मेहरुन्निसा **D.** जहाँआरा बेगम

Q.80 निम्न इतिहासकारों में से किसने अकबर को इस्लाम धर्म का शत्रु कहा है?

A. अब्बास ख़ाँ सरवानी
B. बदायूंनी
C. अहमद ख़ाँ
D. मीर अलाउद्दौला कजवीनी

Q.81 गुप्त काल का सर्वप्रमुख गणितज्ञ एवं खगोलविद निम्न में से कौन था?

A. वराहमिहिर **B.** आर्यभट **C.** बाणभट्ट **D.** ब्रह्मगुप्त

Q.82 अपने प्रशासन में पश्चिमी प्रक्रियाओं को अपनाने वाला पहला भारतीय शासक कौन था?

A. शिवाजी **B.** बाजीराव प्रथम
C. टीपू सुल्तान **D.** हैदर अली

Q.83 चन्देलों की राजधानी कहाँ स्थित थी?

A. खजुराहो **B.** महोबा **C.** झाँसी **D.** ग्वालियर

Q.84 दिल्ली सल्तनत के किस सुल्तान ने 'तुर्कान-ए-चिहालगानी' की स्थापना की थी?

A. कुतुबुद्दीन ऐबक **B.** इल्तुतमिश
C. बलबन **D.** रज़िया सुल्तान

Q.85 दिल्ली सल्तनत का पहला सुल्तान कौन था, जिसने सैनिकों को नक़द वेतन देना आरम्भ किया?

A. इल्तुतमिश **B.** बलबन
C. अलाउद्दीन ख़िलजी **D.** मुहम्मद बिन तुग़लक़

Q.86 712 ई. में मुहम्मद बिन कासिम द्वारा सिंध पर किये गये आक्रमण के समय उसे किस स्थानीय सम्प्रदाय का सहयोग मिला?

A. जैनियों का
B. बौद्धों का
C. ब्राह्मणों का
D. इस्लाम के अनुयायियों का

Q.87 गुर्जर प्रतिहार वंश की उज्जैयिनी शाखा का संस्थापक कौन था?

A. नागभट्ट प्रथम **B.** महेंद्रवर्मन
C. मिहिरभोज **D.** नागभट्ट द्वितीय

Q.88 किस विदेशी यात्री ने गुर्जर प्रतिहार वंश को 'अल-गजुर' एवं इस वंश के शासकों को 'बौरा' कहकर पुकारा?

A. सुलेमान **B.** अलमसूदी
C. अलबरूनी **D.** उपर्युक्त में से कोई नहीं

Q.89 भारत में खोजा गया सबसे पुराना शहर कौन-सा था?

A. हड़प्पा **B.** पंजाब
C. मोहनजोदड़ो **D.** सिंध

Q.90 हड़प्पा के मिट्टी के बर्तनों पर सामान्यत: किस रंग का उपयोग हुआ था?

A. लाल रंग **B.** नीला रंग **C.** पांडु रंग **D.** गुलाबी रंग

Q.91 चाणक्य का अन्य नाम क्या था?

A. भट्टस्वामी **B.** विष्णुगुप्त
C. राजशेखर **D.** विशाखदत्त

Q.92 चरक और नागार्जुन किसके दरबार की शोभा थे?

A. कनिष्क **B.** चन्द्रगुप्त मौर्य
C. अशोक **D.** समुद्रगुप्त

Q.93 दक्षिण भारत में किस चोल शासक ने अपनी सर्वश्रेष्ठता स्थापित की?

A. विजयालय ने **B.** आदित्य प्रथम ने
C. राजराज प्रथम ने **D.** परान्तक प्रथम ने

Q.94 मुग़ल वंश का छठवाँ शासक कौन था?

A. जहाँगीर **B.** औरंगज़ेब **C.** शाहजहाँ **D.** दानियाल

Q.95 वर्ष 1947 के बाद निम्नलिखित में से किस राज्य को भारत संघ में सैनिक कार्रवाई द्वारा बलपूर्वक मिलाया गया?

A. हैदराबाद **B.** कश्मीर **C.** पटियाला **D.** मैसूर

Q.96 भारतीय राष्ट्रीय काँग्रेस के सबसे अधिक समय तक अध्यक्ष कौन रहे?

A. अबुल कलाम आज़ाद **B.** दादाभाई नौरोजी
C. डब्ल्यू. सी. बनर्जी **D.** वल्लभ भाई पटेल

Q.97 निम्न में से किसे 'क़ायदे आज़म' कहा जाता है?

A. मोहम्मद अली जिन्ना **B.** भगत सिंह
C. महात्मा गाँधी **D.** जवाहरलाल नेहरू

Q.98 सिन्धु सभ्यता का कौन सा स्थान भारत में स्थित है?

A. हड़प्पा **B.** मोहनजोदड़ो
C. लोथल **D.** उपरोक्त में से कोई नहीं

Q.99 करनाल का प्रसिद्ध युद्ध ________ के बीच लड़ा गया था।

A. पृथ्वीराज चौहान और मोहम्मद ग़ोरी
B. बाबर और इब्राहिम लोदी
C. नादिर शाह और मुहम्मद शाह
D. अकबर और हेमू

Q.100 निम्नलिखित स्थानों में से किस स्थान पर महावीर का महानिर्वाण हुआ?

A. कुशीनगर **B.** वैशाली **C.** राजगृह **D.** पावापुरी

Q.101 प्राचीन भारत के महान् व्याकरण लेखक पंतजलि किसके समकालीन थे?

A. कनिष्क **B.** चन्द्रगुप्त द्वितीय
C. गौतमीपुत्र सातकर्णि **D.** पुष्यमित्र शुंग

Q.102 किस मध्यकालीन भारतीय शासक ने 'पट्टा' एवं 'क़बूलियत' की प्रथा आरम्भ की थी?

A. अलाउद्दीन ख़िलजी **B.** मुहम्मद बिन तुग़लक़
C. शेरशाह सूरी **D.** अकबर

Q.103 रजिया सुल्तान गुलाम वंश के किस सुल्तान की पुत्री थी?

A. इल्तुतमिश **B.** कुतुबुद्दीन ऐबक
C. कुतुबुद्दीनशाह **D.** मसूदशाह

Q.104 किस केंद्र शासित प्रदेश का अपना उच्च न्यायालय है?

A. दिल्ली **B.** पाण्डिचेरी
C. दमन एवं दीव **D.** किसी का नहीं

Q.105 1911 में निम्न में से कौन सी घटनाएं हुईं?

1) गवर्नर जनरल लॉर्ड हार्डिंग II ने बंगाल के विभाजन को रद्द कर दिया।
2) शाही राजधानी शहर को कलकत्ता से दिल्ली स्थानांतरित कर दिया गया था।
3) मुस्लिम लीग की स्थापना।

A. केवल 1और 2 **B.** केवल 2
C. केवल 2और 3 **D.** 1, 2 और 3

Q.106 किस गवर्नर के कार्यकाल के दौरान कलकत्ता के 'विक्टोरिया मेमोरियल हॉल' का निर्माण हुआ था?

A. एल्गिन **B.** कर्ज़न
C. मिण्टो प्रथम **D.** हार्डिंग

Q.107 भारत के राष्ट्रीय ध्वज का डिज़ाइन किसने तैयार किया था?

A. एनी बेसेंट **B.** सरोजनी नायडू
C. विजयलक्ष्मी पंडित **D.** मैडम भीकाजी कामा

Q.108 तराइन के मैदान में मुहम्मद गोरी और पृथ्वीराज की सेनाओं के बीच भीषण युद्ध हुआ:

A. 1191 ई. में **B.** 1291 ई. में
C. 1186 ई. में **D.** 1181 ई. में

Q.109 27 दिसंबर, 1911 में पहली बार 'जन-गण-मन' कहाँ पर गाया गया था?

A. मुम्बई **B.** लखनऊ **C.** कोलकाता **D.** गुजरात

Q.110 अटाला मस्जिद कहाँ स्थित है?

A. गुजरात में **B.** जौनपुर में **C.** ख़ानदेश में **D.** बंगाल में

Q.111 किस सुल्तान ने एक नया मंत्रालय 'दीवान-ए-रियासत' (वाणिज्य मंत्रालय) की स्थापना की?

A. अलाउद्दीन ख़िलजी **B.** मुहम्मद बिन तुग़लक़
C. गयासुद्दीन तुग़लक **D.** फ़िरोज़शाह तुग़लक़

Q.112 निम्न में से किस महापुरुष से 'बीजक' का सम्बन्ध है?
A. सूरदास **B.** कबीर **C.** रैदास **D.** तुलसीदास

Q.113 वह प्राचीन नाम क्या है, जिससे पटना नगर को जाना जाता था?
A. कौशल **B.** गया **C.** पाटलिपुत्र **D.** मगध

Q.114 'सूफ़िया कलाम', जो एक प्रकार का भक्ति संगीत है, कहाँ की विशेषता है?
A. गुजरात की **B.** राजस्थान की
C. कश्मीर की **D.** अलीगढ़ की

Q.115 निम्नलिखित में से कौन-सा संस्कार स्त्रियों एवं शूद्रों के लिए वर्जित था?
A. चूड़ाकर्म **B.** उपनयन **C.** नामकरण **D.** पुंसवन

Q.116 अनेकान्तवाद की अवधारणा संबंधित है:
A. बुद्ध धर्म **B.** जैन धर्म **C.** हिन्दू धर्म **D.** वीरशैववाद

Q.117 हल्दीघाटी का युद्ध कब लड़ा गया था?
A. 1526 ई. में **B.** 1576 ई. में
C. 1605 ई. में **D.** 1660 ई. में

Q.118 निम्नलिखित में से कौन-सा सबसे प्राचीन वाद्य यंत्र है?
A. सितार **B.** तबला **C.** सरोद **D.** वीणा

Q.119 ऋग्वेद में जिस अपराध का सबसे अधिक उल्लेख किया गया है, वह था?
A. हत्या **B.** अपहरण
C. पशु चोरी **D.** लूट और राहजनी

Q.120 दिंडिगल नाम है-
A. केरल के एक पक्षी विहार का
B. कर्नाटक के एक त्योहार का
C. आंध्र प्रदेश के एक तटीय नगर का
D. तमिल नाडु के एक नगर का

Q.121 सिंधु घाटी सभ्यता का सर्वाधिक उपयुक्त नाम क्या है?
A. हड़प्पा सभ्यता **B.** लौह सभ्यता
C. सरस्वती सभ्यता **D.** इनमें से कोई नहीं

Q.122 कपिल मुनि द्वारा प्रतिपादित दार्शनिक प्रणाली कौन-सी है?
A. पूर्व मीमांसा **B.** सांख्य दर्शन
C. न्याय दर्शन **D.** उत्तर दर्शन

Q.123 भारत से उत्तर की ओर के देशों में बौद्ध धर्म के जिस संप्रदाय का प्रचलन हुआ, उसका नाम है-
A. हीनयान **B.** महायान
C. शून्यवाद **D.** इनमें से कोई नहीं

Q.124 हर्षवर्धन अपनी धार्मिक सभा कहाँ किया करता था?
A. मथुरा **B.** प्रयाग **C.** वाराणसी **D.** पेशावर

Q.125 'महमूद बेगड़ा' किस राज्य का प्रसिद्ध सुल्तान था?
A. मालवा **B.** गुजरात **C.** बंगाल **D.** जौनपुर

// स्मार्ट उत्तर पुस्तिका //

सही उत्तर उन छात्रों के प्रतिशत को इंगित करता है जिन्होंने प्रश्नों का सही उत्तर दिया था।

छोड़ दिया उन छात्रों के प्रतिशत को इंगित करता है जिन्होंने प्रश्नों को छोड़ दिया था।

प्रश्न संख्या	उत्तर	सही उत्तर	छोड़ दिया
1	C	63.94 %	7.47 %
2	A	75.7 %	13.88 %
3	D	67.39 %	11.98 %
4	A	61.13 %	15.77 %
5	B	78.45 %	13.8 %
6	C	22.68 %	13.45 %
7	B	63.8 %	13.95 %
8	C	49.23 %	14.36 %
9	B	42.96 %	14.93 %
10	C	53.59 %	13.8 %
11	A	70.49 %	12.68 %
12	D	70.56 %	14.23 %
13	B	39.23 %	9.22 %
14	C	41.41 %	14.36 %
15	A	30.14 %	12.32 %
16	B	39.08 %	11.84 %

प्रश्न संख्या	उत्तर	सही उत्तर	छोड़ दिया
17	C	73.17 %	14.93 %
18	B	44.72 %	14.36 %
19	B	48.66 %	4.16 %
20	C	42.32 %	10.64 %
21	B	53.87 %	9.65 %
22	C	52.68 %	14.64 %
23	C	56.2 %	5.77 %
24	B	50.56 %	14.79 %
25	B	53.31 %	14.65 %
26	A	63.73 %	15.21 %
27	C	61.97 %	8.45 %
28	B	57.89 %	14.93 %
29	D	57.18 %	10.5 %
30	A	53.87 %	13.95 %
31	B	50.14 %	12.4 %
32	C	60.0 %	11.97 %

प्रश्न संख्या	उत्तर	सही उत्तर	छोड़ दिया
33	B	75.0 %	8.66 %
34	B	68.24 %	14.65 %
35	B	74.23 %	11.54 %
36	D	75.07 %	12.96 %
37	C	49.44 %	15.49 %
38	A	32.04 %	13.95 %
39	C	57.46 %	15.57 %
40	A	73.94 %	15.0 %
41	B	75.42 %	8.59 %
42	B	47.89 %	14.72 %
43	D	63.94 %	12.05 %
44	C	60.77 %	14.51 %
45	A	52.68 %	10.56 %
46	C	66.06 %	14.71 %
47	A	53.66 %	12.68 %
48	C	58.94 %	15.29 %

प्रश्न संख्या	उत्तर	सही उत्तर	छोड़ दिया
49	D	40.56 %	14.93 %
50	C	64.3 %	13.94 %
51	C	61.2 %	11.26 %
52	B	50.85 %	10.63 %
53	C	37.46 %	14.93 %
54	B	69.37 %	13.94 %
55	B	64.51 %	11.76 %
56	D	64.79 %	15.14 %
57	C	60.85 %	14.36 %
58	A	52.11 %	13.81 %
59	C	62.32 %	12.19 %
60	D	50.42 %	11.48 %
61	C	78.52 %	14.58 %
62	C	60.56 %	14.02 %
63	C	49.93 %	12.53 %
64	C	53.94 %	14.23 %

प्रश्न संख्या	उत्तर	सही उत्तर	छोड़ दिया
65	C	40.42 %	14.37 %
66	B	43.73 %	13.81 %
67	D	35.56 %	14.44 %
68	C	31.06 %	14.79 %
69	D	48.45 %	14.09 %
70	B	40.63 %	15.22 %
71	A	77.82 %	6.41 %
72	C	60.14 %	11.62 %
73	B	62.46 %	16.34 %
74	B	67.04 %	14.23 %
75	A	21.2 %	13.87 %
76	D	34.37 %	13.17 %
77	D	38.1 %	15.7 %
78	C	72.32 %	14.16 %
79	A	66.55 %	7.75 %
80	B	57.39 %	13.24 %

प्रश्न संख्या	उत्तर	सही उत्तर	छोड़ दिया
81	B	66.55 %	9.22 %
82	C	53.1 %	14.08 %
83	A	63.52 %	14.44 %
84	B	64.01 %	14.02 %
85	C	67.54 %	15.63 %
86	B	33.38 %	14.3 %
87	A	42.11 %	15.07 %
88	B	40.77 %	15.36 %
89	A	57.11 %	14.51 %
90	A	69.37 %	14.93 %
91	B	77.39 %	15.22 %
92	A	63.45 %	14.23 %
93	D	23.94 %	9.79 %
94	B	69.86 %	15.56 %
95	A	66.27 %	13.17 %
96	A	47.82 %	13.66 %
97	A	65.07 %	15.63 %
98	C	73.31 %	14.65 %
99	C	58.59 %	11.69 %
100	D	62.18 %	12.54 %
101	D	45.56 %	14.65 %
102	C	53.59 %	14.93 %
103	A	77.25 %	14.44 %
104	A	70.14 %	13.24 %
105	A	58.1 %	15.49 %
106	D	26.9 %	15.49 %
107	D	66.9 %	12.18 %
108	A	77.39 %	15.22 %
109	C	73.73 %	10.78 %
110	B	64.37 %	14.36 %
111	A	64.86 %	7.89 %
112	B	70.35 %	14.37 %
113	C	81.13 %	8.52 %
114	C	42.32 %	15.29 %
115	B	68.66 %	12.75 %
116	B	49.44 %	15.21 %
117	B	76.2 %	8.59 %
118	D	61.41 %	14.51 %
119	C	75.56 %	8.52 %
120	D	37.82 %	11.55 %
121	A	80.14 %	9.79 %
122	B	61.48 %	15.14 %
123	B	56.83 %	11.9 %
124	B	65.77 %	14.72 %
125	B	40.28 %	14.58 %

कार्य विश्लेषण	
औसत अंक (%)	56.0%
टॉपर्स स्कोर (%)	100.0%
आपका स्कोर	

//संकेत और समाधान//

1. 'टीपू सुल्तान' भारतीय इतिहास में 'शेर-ए-मैसूर' के नाम से प्रसिद्ध है। वह प्रसिद्ध योद्धा हैदर अली का पुत्र था। हैदर अली की मृत्यु के बाद पुत्र टीपू सुल्तान ने मैसूर की सेना की कमान संभाली थी। टीपू अपने पिता की ही भांति योग्य एवं पराक्रमी था। 'मैसूर की तीसरी लड़ाई' में भी जब अंग्रेज़ टीपू सुल्तान को नहीं हरा पाए, तो उन्होंने मैसूर के इस शेर से 'मेंगलूर की संधि' नाम से एक समझौता किया। लेकिन 'फूट डालो और शासन करो' की नीति चलाने वाले अंग्रेज़ों ने संधि करने के कुछ समय बाद ही टीपू से गद्दारी कर डाली। ईस्ट इंडिया कंपनी ने हैदराबाद के साथ मिलकर चौथी बार टीपू पर ज़बर्दस्त हमला किया और आख़िरकार '4 मई, सन् 1799 ई.' को मैसूर का शेर श्रीरंगपट्टनम की रक्षा करते हुए शहीद हुआ।

अत: विकल्प (C) सही है।

2. गौतम बुद्ध का मूल नाम 'सिद्धार्थ' था। वे राजा शुद्धोदन और महामाया के पुत्र थे। शुद्धोदन ने सिद्धार्थ को चक्रवर्ती सम्राट बनाना चाहा, उसमें क्षत्रियोचित गुण उत्पन्न करने के लिये समुचित शिक्षा आदि का प्रबंध भी किया, किंतु सिद्धार्थ सदा किसी चिंता में डूबे दिखाई देते थे। अंत में पिता ने उन्हें विवाह बंधन में बांध दिया। एक दिन जब सिद्धार्थ रथ पर भ्रमण के लिये निकले तो उन्होंने मार्ग में जो कुछ भी देखा, उसने उनके जीवन की दिशा ही बदल डाली। एक बार एक दुर्बल वृद्ध व्यक्ति को, एक बार एक रोगी को और एक बार एक शव को देख कर वे संसार से और भी अधिक विरक्त तथा उदासीन हो गये। एक अन्य अवसर पर उन्होंने प्रसन्नचित्त संन्यासी को देखा। उसके चेहरे पर शांति और तेज़ की अपूर्व चमक विराजमान थी। इस दृश्य को देखकर सिद्धार्थ अत्यधिक प्रभावित हुए और उनके मन में वैराग्य की भावना बलवती हो उठी।

अत: विकल्प (A) सही है।

3. 'सम्राट अशोक' को अपने विस्तृत साम्राज्य के बेहतर कुशल प्रशासन तथा बौद्ध धर्म के प्रचार के लिए जाना जाता है। जीवन के उत्तरार्ध में अशोक गौतम बुद्ध का भक्त हो गया था। कतिपय लेखों में उसके नज़दीकी रिश्तेदारों के नाम भी दिये गये हैं। इनमें उसकी दूसरी रानी कारुवाकी और उसके पुत्र तीवर के उल्लेख हैं। एक बाद के लेख में अशोक के पोते दशरथ का नाम आया है। अशोक के लेखों में और जनश्रुतियों में भी अशोक की कई पत्नियाँ होने का उल्लेख है। सिंहली अनुश्रुतियों के अनुसार उसकी पहली पत्नी का नाम 'देवी' था, जो वेदिसगिरि के एक धनी श्रेष्ठी की पुत्री थी। अशोक ने उसके साथ तब विवाह किया, जब वह उज्जैन में वाइसराय था।

अत: विकल्प (D) सही है।

4. चंद्रगुप्त मौर्य की माता का नाम 'मुरा' था। इसी से यह वंश 'मौर्य वंश' कहलाया। चंद्रगुप्त के बाद उसके पुत्र बिंदुसार ने 298 ई.पू. से 273 ई. पू. तक राज्य किया। बिंदुसार के बाद उसका पुत्र अशोक 273 ई.पू. से 232 ई.पू. तक गद्दी पर रहा। अशोक के समय में कलिंग का भारी नरसंहार हुआ, जिससे द्रवित होकर उसने बौद्ध धर्म ग्रहण कर लिया। 316 ईसा पूर्व तक मौर्य वंश ने पूरे उत्तरी पश्चिमी भारत पर अधिकार कर लिया था। अशोक के राज्य में मौर्य वंश का बेहद विस्तार हुआ।

अत: विकल्प (A) सही है।

5. मौर्य सम्राट अशोक के इतिहास की सम्पूर्ण जानकारी उसके अभिलेखों से मिलती है। यह माना जाता है कि अशोक को अभिलेखों की प्रेरणा ईरान के शासक 'डेरियस' से मिली थी। अशोक के लगभग 40 अभिलेख प्राप्त हुए हैं। ये ब्राह्मी, खरोष्ठी और आर्मेइक-ग्रीक लिपियों में लिखे गये हैं। सम्राट अशोक के ब्राह्मी लिपि में लिखित सन्देश को सर्वप्रथम एलेग्जेंडर कनिंघम के सहकर्मी जेम्स प्रिंसेप ने पढ़ा था। शिलालेखों और स्तम्भ लेखों को दो उपश्रेणियों में रखा जाता है। 14 शिलालेख सिलसिलेवार हैं, जिनको 'चतुर्दश शिलालेख' कहा जाता है। ये शिलालेख शाहबाजगढ़ी, मानसेरा, कालसी, गिरनार, सोपारा, धौली और जौगढ़ में मिले हैं।

अत: विकल्प (B) सही है।

6. 'बिहार शरीफ़' से लगभग आठ किलोमीटर की दूरी पर दक्षिण-पूर्व पावापुरी जैनियों का प्रमुख तीर्थ स्थल है। जैन धर्म के ग्रंथ 'कल्पसूत्र' के अनुसार महावीर स्वामी ने पावापुरी में एक वर्ष बिताया था। यहीं उन्होंने अपना प्रथम धर्म-प्रवचन किया था, इसी कारण इस नगरी को जैन धर्म के संम्प्रदाय का सारनाथ माना जाता है। महावीर स्वामी द्वारा 'जैन संघ' की स्थापना पावापुरी में ही की गई थी। उनकी मृत्यु 72 वर्ष की आयु में 'अपापा' के राजा हस्तिपाल के लेखकों के कार्यालय में हुई थी। कनिंघम ने पावा का अभिज्ञान कसिया के दक्षिण पूर्व में 10 मील पर स्थित फ़ाज़िलपुर नामक ग्राम से किया है।

अत: विकल्प (C) सही है।

7. 'हेलिओडोरस' 'दियोन' का पुत्र और तक्षशिला का निवासी था। वह पाँचवें शुंग राजा काशीपुत भागभद्र के राज्य काल के चौदहवें वर्ष में तक्षशिला के यवन राजा एण्टिआल्कीडस (लगभग 140-130 ई.पू.) का दूत बनकर विदिशा आया था। हेलिओडोरस यवन होते हुए भी भागवत धर्म का अनुयायी हो गया था। उसके द्वारा निर्मित विदिशा का 'गरुड़ स्तम्भ' कला का एक अच्छा नमूना है। यह मूलत: अशोक के ही स्तम्भों के आदर्श पर बना था। पर साथ ही उसमें कुछ मौलिक विशेषतायें भी हैं। इसका सबसे निचला भाग आठ कोनों का है।

अत: विकल्प (B) सही है।

8. 'ताँबा' गुलाबी रंग और लाल रंग की एक चमकदार धातु है। यह चाँदी के अतिरिक्त विद्युत की सबसे अच्छी सुचालक है। विद्युत सुचालक होने के कारण इसका प्रयोग विद्युत यंत्र 'कैलोरीमीटर' आदि बनाने में किया जाता है। भारत में ताँबे का प्रयोग काफ़ी लम्बे समय से किया जाता रहा है। वैदिक काल में इसका प्रथमत: प्रयोग किया गया था। झारखण्ड राज्य का सिंहभूमि ज़िला ताँबा उत्खनन की दृष्टि से सर्वाधिक महत्त्वपूर्ण है। यहाँ से उड़ीसा राज्य तक लगभग 140 कि.मी. लम्बी पट्टी में ताँबा मिलता है। राजस्थान का खेतड़ी ताँबा क्षेत्र सिन्धु घाटी सभ्यता काल से ही ताँबा उत्खनन का प्रमुख क्षेत्र रहा है।

अत: विकल्प (C) सही है।

9. 'शतपथ ब्राह्मण' शुक्ल यजुर्वेद की दोनों शाखाओं 'काण्व' व 'माध्यन्दिनी' से सम्बद्ध है। यह सभी ब्राह्मण ग्रन्थों में सर्वाधिक महत्त्वपूर्ण ग्रन्थ है। इसका रचयिता याज्ञवल्क्य को माना जाता है। 'शतपथ ब्राह्मण' में वैदिक संस्कृत के सारस्वत मण्डल से पूर्व की ओर प्रसार होने का संकेत मिलता है। इसमें यज्ञों को जीवन का सबसे महत्त्वपूर्ण कृत्य बताया गया है। हल सम्बन्धी अनुष्ठान का विस्तृत वर्णन भी इसमें प्राप्त होता है। अश्वमेध यज्ञ के सन्दर्भ में अनेक प्राचीन सम्राटों का उल्लेख इसमें है, जिसमें जनक, दुष्यन्त और जनमेजय का नाम महत्त्वपूर्ण है।

अत: विकल्प (B) सही है।

10. 'यर्जुवेद' मूलतः कर्मकाण्ड वाला ग्रन्थ है। इसकी रचना कुरुक्षेत्र में मानी जाती है। यजुर्वेद में आर्यों की धार्मिक एवं सामाजिक जीवन की झाँकी मिलती है। 'यजुर्वेद ग्रन्थ' से पता चलता है कि आर्य 'सप्त सिंघव' से आगे बढ़ गए थे और वे प्राकृतिक पूजा के प्रति उदासीन होने लगे थे। यजुर्वेद के मंत्रों का उच्चारण 'अध्वुर्य' नामक पुरोहित करता था। इस वेद में अनेक प्रकार के यज्ञों को सम्पन्न करने की विधियों का उल्लेख है। यह 'गद्य' तथा 'पद्य' दोनों में लिखा गया है। गद्य को 'यजुष' कहा गया है। यजुर्वेद से 'उत्तर वैदिक काल' की राजनीतिक, सामाजिक एवं धार्मिक जीवन की जानकारी मिलती हैं।

अत: विकल्प (C) सही है।

11. मलिक काफ़ूर' मूलतः हिन्दू जाति का एक किन्नर था। उसे नुसरत ख़ाँ ने एक हज़ार दीनार में ख़रीदा था, जिस कारण उसका एक अन्य नाम 'हज़ार दीनारी' पड़ गया। नुसरत ख़ाँ ने मलिक काफ़ूर को ख़रीदकर 1298 ई. में गुजरात विजय से वापस जाने पर सुल्तान अलाउद्दीन ख़िलजी के समक्ष तोहफ़े के रूप में प्रस्तुत किया। 1316 ई. में अलाउद्दीन ख़िलजी की मृत्यु के बाद मलिक काफ़ूर ने सुल्तान के नाबालिग लड़के को सिंहासन पर बैठाकर राज्य की सम्पूर्ण शक्ति को अपने हाथ में केंद्रित कर लिया।

अत: विकल्प (A) सही है।

12. हड़प्पा वासियों को लोहे का ज्ञान नहीं था।

यहाँ के नगरों में अनेक व्यवसाय-धन्धे प्रचलित थे। मिट्टी के बर्तन बनाने में ये लोग बहुत कुशल थे। मिट्टी के बर्तनों पर काले रंग से भिन्न-भिन्न प्रकार के चित्र बनाये जाते थे। कपड़ा बनाने का व्यवसाय उन्नत अवस्था में था। उसका विदेशों में भी निर्यात होता था। जौहरी का काम भी उन्नत अवस्था में था। मनके और ताबीज बनाने का कार्य भी लोकप्रिय था, अभी तक लोहे की कोई वस्तु नहीं मिली है। अतः सिद्ध होता है कि इन्हें लोहे का ज्ञान नहीं था।

1921 में जब जॉन मार्शल भारत के पुरातात्विक विभाग के निर्देशक थे तब 'दयाराम साहनी' ने इस जगह पर सर्वप्रथम खुदाई का कार्य करवाया था। हड़प्पा पूर्वोत्तर पाकिस्तान के पंजाब प्रांत का एक पुरातात्विक स्थल है। यह साहिवाल शहर से 20 किलोमीटर पश्चिम में स्थित है। सिन्धु घाटी सभ्यता के अनेकों अवशेष यहाँ से प्राप्त हुए है। सिंधु घाटी सभ्यता को इसी शहर के नाम के कारण हड़प्पा सभ्यता भी कहा जाता है।

अत: विकल्प (D) सही है।

13. 'सुरेन्द्रनाथ बनर्जी' ने 'बंगाल विभाजन' का घोर विरोध किया था। विभाजन के विरोध में सुरेन्द्रनाथ बनर्जी ने ज़बर्दस्त आंदोलन चलाया, जिससे वे बंगाल के निर्विवाद रूप से नेता मान लिये गये। वे बंगाल के बिना ताज़ के बादशाह कहलाने लगे थे। बंगाल का विभाजन 1911 ई. में रद्द कर दिया गया, जो सुरेन्द्रनाथ बनर्जी की एक बहुत बड़ी जीत थी। लेकिन इस समय तक देशवासियों में एक नया वर्ग पैदा हो गया था, जिसका विचार था कि 'भारतीय राष्ट्रीय कांग्रेस' के वैधानिक आंदोलन विफल सिद्ध हुए हैं और भारत में स्वराज्य प्राप्ति के लिए और प्रभावपूर्ण नीति अपनाई जानी चाहिए।

अत: विकल्प (B) सही है।

14. 'दैमाबाद' महाराष्ट्र के अहमदनगर ज़िले में गोदावरी नदी की सहायक नदी प्रवरा की घाटी पर स्थित है। यह सिन्धु सभ्यता का अंतिम दक्षिणी स्थल है। दैमाबाद से उत्तर-हड़प्पा के बाद के ताम्रपाषाणयुगीन जीवन-यापन के साक्ष्य प्राप्त हुए हैं। इस स्थान का इसलिए विशेष महत्त्व है, क्योंकि महाराष्ट्र के आद्य इतिहास सम्बन्धी जीवन-यापन का आधारभूत अनुक्रम यहीं से प्राप्त हुआ है। दैमाबाद में ताँबे की चार वस्तुएँ मिली हैं- 'रथ चलाते हुए मनुष्य', 'साँड़', 'गेंडे' और 'हाथी की आकृतियाँ', जिनमें प्रत्येक ठोस धातु की बनी हैं, इनका वजन कई किलो है। परंतु ये वस्तुएँ उत्खनित स्तरीकृत संदर्भ की हैं, इसमें संदेह है।

अत: विकल्प (C) सही है।

15. कलिंग नरेश की कन्या यशोदा से महावीर का विवाह हुआ था। किंतु 30 वर्ष की उम्र में ही अपने ज्येष्ठ बंधु की आज्ञा लेकर इन्होंने घर-बार छोड़ दिया और तपस्या करके 'कैवल्य ज्ञान' प्राप्त किया। महावीर ने पार्श्वनाथ के आरंभ किए तत्वज्ञान को परिमार्जित करके उसे जैन दर्शन का स्थायी आधार प्रदान किया। महावीर ऐसे धार्मिक नेता थे, जिन्होंने राज्य का या किसी बाहरी शक्ति का सहारा लिए बिना ही केवल अपनी श्रद्धा के बल पर जैन धर्म की पुन: प्रतिष्ठा की। आधुनिक काल में जैन धर्म की व्यापकता और उसके दर्शन का पूरा श्रेय महावीर को दिया जाता है। भगवान महावीर ने अपनी इन्द्रियों को जीत लिया था, जिस कारण इन्हें 'जीतेंद्र' भी कहा जाता है।

अत: विकल्प (A) सही है।

16. मोहनजोदाड़ो के पश्चिमी भाग में स्थित दुर्ग टीले को 'स्तूप टीला' भी कहा जाता है, क्योंकि यहाँ पर कुषाण काल के शासकों ने एक स्तूप का निर्माण करवाया था। मोहनजोदाड़ो से प्राप्त अन्य अवशेषों में कुम्भकारों के 6 भट्टों के अवशेष, सूती कपड़ा, हाथी का कपाल खण्ड, गले हुए तांबें के ढेर, सीपी की बनी हुई पटरी एवं कांसे की नृत्यरत नारी की मूर्ति के अवशेष मिले हैं। राना थुण्डई के निम्न स्तरीय धरातल की खुदाई से घोड़े के दांत के अवशेष मिले हैं, जो संभवतः सभ्यता एवं संस्कृति से अनेक शताब्दी पूर्व के प्रतीत होते हैं।

अत: विकल्प (B) सही है।

17. हड़प्पा, मेहरगढ़ और लोथल की ही श्रृंखला में मोहनजोदाड़ो में भी पुरातत्त्व उत्खनन किया गया था। मोहनजोदाड़ो, जिसका कि अर्थ 'मुर्दो का टीला' है, 2600 ईसा पूर्व की एक सुव्यवस्थित नगरीय सभ्यता थी। यहाँ मिस्र और मैसोपोटामिया जैसी ही प्राचीन सभ्यता के अवशेष मिले हैं। इस सभ्यता के ध्वंसावशेष पाकिस्तान के सिन्ध प्रांत के लरकाना ज़िले में सिंधु नदी के दाहिने किनारे पर प्राप्त हुए हैं। यह नगर क़रीब 5 कि.मी. के क्षेत्र में फैला हुआ है। मोहनजोदाड़ो के टीलों का 1922 ई. में खोजने का श्रेय राखालदास बनर्जी को प्राप्त हुआ था।

अत: विकल्प (C) सही है।

18. लॉर्ड लैन्सडाउन के बाद जनवरी, 1894 ई. में लॉर्ड एलगिन द्वितीय भारत का वाइसराय बना था। लॉर्ड एलगिन द्वितीय ने भारत पर ब्रिटिश शासन के विषय में कहा था कि "भारत को तलवार के बल पर विजित किया गया है, और तलवार के बल पर ही इसकी रक्षा की जायेगी"। इसके शासन काल में 1895 ई. से 1898 ई. तक मध्य प्रदेश, उत्तर प्रदेश, बिहार तथा पंजाब में भयंकर अकाल पड़ा। एलगिन द्वितीय ने सर जेम्स लायल की अध्यक्षता में एक 'अकाल आयोग' की नियुक्त की थी।

अत: विकल्प (B) सही है।

19. वैष्णव सम्प्रदाय से सम्बन्धित 'मत्स्यपुराण' व्रत, पर्व, तीर्थ, दान, राजधर्म और वास्तु कला की दृष्टि से एक अत्यन्त महत्त्वपूर्ण पुराण है। हिन्दू धर्म में इस पुराण का धार्मिक दृष्टि से बहुत ही महत्त्वपूर्ण स्थान है। इस पुराण की श्लोक संख्या चौदह हज़ार है। इसे दो सौ इक्यानवे (291) अध्यायों में विभाजित किया गया है। इस पुराण के प्रथम अध्याय में 'मत्स्यावतार' की कथा है। उसी कथा के आधार पर इसका यह नाम पड़ा है। इस पुराण का सबसे महत्त्वपूर्ण आख्यान 'सावित्री-सत्यवान' की कथा है। पतिव्रता स्त्रियों में सावित्री की गणना सर्वोपरि की जाती है।

अत: विकल्प (B) सही है।

20. 'मैगस्थनीज़' के अनुसार मौर्य काल में बहुविवाह की प्रथा का प्रचलन था। शिक्षा व्यवस्था ब्राह्मण करते थे। दास प्रथा का प्रचलन नहीं था। मैगस्थनीज़ ने भारतीय लोगों की ईमानदारी की प्रशंसा करते हुए कहा कि- "चोरी प्रायः नहीं होती थी"। उसने भारत के वासियों की धार्मिक भावना पर प्रकाश डालते हुए बताया है कि- "यहाँ के लोग 'डायोनियस' (शिव) एवं 'हेराक्लीज' (कृष्ण) की उपासना करते थे"। उसने अपनी यात्रा के विवरण में पाटलिपुत्र का विस्तृत वर्णन प्रस्तुत किया है। उसने पाटलिपुत्र को 'पालिब्रोथा' नाम से सम्बोधित किया है। अपने वर्णन में उसने पाटलिपुत्र को सोन नदी एवं गंगा नदी के संगम पर स्थित तत्कालीन भारत का सबसे बड़ा नगर बताया है।

अत: विकल्प (C) सही है।

21. विदेशी यात्री रॉल्फ़ फ़्रिंच के यात्रा विवरणों के आधार पर ही अंग्रेज़ ईस्ट इण्डिया कम्पनी ने भारत में अपने व्यापार की योजना बनाई थी। रॉल्फ़ फ़्रिंच ने भारतीयों तथा उनके रीति-रिवाजों के बारे में विस्तार से लिखा है। अपने एक कथन में उसने आगरा एवं फ़तेहपुर सीकरी को लन्दन से भी बड़ा बताया है। रॉल्फ़ फ़्रिंच ने भारत में व्याप्त 'बाल विवाह' तथा 'सती प्रथा' का भी उल्लेख किया है।

अत: विकल्प (B) सही है।

22. 'वज्रयान' एक संस्कृत शब्द है, जिसका अर्थ हीरा या तड़ित का वाहन है, जो तांत्रिक बौद्ध धर्म भी कहलाता है। भारत व उसके पड़ोसी देशों में, विशेषकर तिब्बत में बौद्ध धर्म का महत्त्वपूर्ण विकास समझा जाता है। बौद्ध धर्म के इतिहास में वज्रयान का उल्लेख महायान के आनुमानिक चिंतन से व्यक्तिगत जीवन में बौद्ध विचारों के पालन तक की यात्रा के लिये किया गया है। 'वज्र' शब्द का प्रयोग मनुष्य द्वारा स्वयं अपने व अपनी प्रकृति के बारे में की गई कल्पनाओं के विपरीत मनुष्य में निहित वास्तविक एवं अविनाशी स्वरूप के लिये किया जाता है।

अत: विकल्प (C) सही है।

23. 'हम्पी' मध्यकालीन हिन्दू राज्य विजयनगर साम्राज्य की राजधानी था। यह प्राचीन शानदार नगर अब मात्र खंडहरों के रूप में ही अवशेष अंश में उपस्थित है। हम्पी में कृष्णदेव राय के शासन काल में बनाया गया प्रसिद्ध 'हज़ाराराम मन्दिर' विद्यमान हिन्दू मन्दिरों की वास्तुकला के पूर्णतम नमूनों में से एक है। मन्दिर की दीवारों पर रामायण के सभी प्रमुख दृश्य बड़ी सुन्दरता से उकेरे गये हैं। यह मन्दिर राजपरिवार की स्त्रियों की पूजा के लिये बनवाया गया था। 'विट्ठलस्वामी मन्दिर' भी विजयनगर शैली का एक सुन्दर नमूना है। मन्दिर के

कल्याणमंडप की नक़्क़ाशी इतनी सूक्ष्म और सघन है कि यह देखते ही बनता है।

अत: विकल्प (C) सही है।

24. मौर्य काल में राजकीय भूमि पर दासों, कर्मकरों और क़ैदियों द्वारा कृषि-कर्म कराया जाता था। दास और कर्मकरों को भोजन आदि दिया जाता था और कार्य के दौरान नक़द मासिक वेतन भी दिया जाता था। परन्तु ऐसी भी राजकीय भूमि होती थी, जिस पर 'सीताध्यक्ष' द्वारा खेती नहीं कराई जाती थी। ऐसी भूमि पर करद कृषक खेती किया करते थे। 'सीताध्यक्ष' राजकीय कृषि विभाग का अध्यक्ष होता था, जिसके द्वारा राजकीय भूमि से राज्य को सर्वाधिक कर प्राप्त होता था। मेगस्थनीज़, स्ट्राबो तथा ऐरियन इत्यादि यूनानी लेखकों के अनुसार सारी भूमि राजा की होती थी। वे राजा के लिए खेती करते थे और ¼ भाग राजा को लगान देते थे।

अत: विकल्प (B) सही है।

25. 'कृष्णदेव राय' (1509-1529 ई.) तुलुव वंश के वीर नरसिंह का अनुज था, जो 8 अगस्त, 1509 ई. को विजयनगर साम्राज्य के सिंहासन पर बैठा। उसके शासन काल में विजयनगर ऐश्वर्य एवं शक्ति के दृष्टिकोण से अपने चरमोत्कर्ष पर था। कृष्णदेव राय का शासन काल 'तेलुगु साहित्य का क्लासिकी युग' माना जाता है। उसके दरबार को तेलुगु के आठ महान् विद्वान् एवं कवि, जिन्हें अष्ट दिग्गज कहा जाता था, सुशोभित करते थे। अत: उसे 'आन्ध्र भोज' कहकर भी पुकारा जाता था। 'अष्ट दिग्गज' में सर्वाधिक महत्वपूर्ण अल्लसानि पेद्दन को "तेलुगु कविता का पितामह" की उपाधि प्रदान की गई थी। उसकी मुख्य कृति है- 'स्वारोचिष-सम्भव' या 'मनुचरित' तथा 'हरिकथा सार'।

अत: विकल्प (B) सही है।

26. भगवान महावीर के उपदेश जैन धर्म के मूल सिद्धान्त हैं, जिन्हें 'आगम' कहा जाता है। ये अर्ध-मागधी प्राकृत भाषा में हैं। इन्हें आचारांगादि बारह अंगों में संकलित किया गया है, जो 'द्वादशंग आगम' कहे जाते हैं। वैदिक संहिताओं की भाँति जैन आगम भी पहले 'श्रुत' रूप में ही थे। महावीर स्वामी के बाद भी कई शताब्दियों तक उन्हें लिपिबद्ध नहीं किया गया था। श्वेताम्बर और दिगम्बर शाखाओं में जहाँ अनेक बातों में मतभेद था, वहीं आगमों को लिपिबद्ध न करने में दोनों एक मत थे।

अत: विकल्प (A) सही है।

27. 'पृथ्वीराज चौहान' अथवा 'पृथ्वीराज तृतीय' को 'राय पिथौरा' भी कहा जाता है। वह चौहान वंश का सबसे वीर तथा प्रसिद्ध राजा था। पृथ्वीराज चौहान तोमर वंश के राजा अनंग पाल का दौहित्र (बेटी का बेटा) था। वह अनंग पाल के बाद दिल्ली का राजा हुआ था। पृथ्वीराज के अधिकार में दिल्ली से लेकर अजमेर तक का विस्तृत भू-भाग था। राजा बनने के बाद उसने अपनी राजधानी दिल्ली का नव-निर्माण किया। उससे पहले तोमर नरेश ने एक गढ़ के निर्माण का शुभारंभ किया था, जिसे पृथ्वीराज चौहान ने विशाल रूप देकर पूरा किया। किंवदंतियों के अनुसार मुहम्मद ग़ोरी ने 18 बार पृथ्वीराज पर आक्रमण किया था, जिसमें से 17 बार ग़ोरी ने पराजय का स्वाद चखा था।

अत: विकल्प (C) सही है।

28. 'राणा कुम्भा' मेवाड़ के एक महान् योद्धा व सफल शासक थे। 1418 ई. में लक्खासिंह की मृत्यु के बाद उनका पुत्र मोकल मेवाड़ का राजा हुआ, किन्तु 1431 ई. में उसकी मृत्यु हो गई और उसका उत्तराधिकारी राणा कुम्भा हुआ। राणा कुम्भा स्थापत्य का बहुत अधिक शौकीन था। मेवाड़ में निर्मित 84 क़िलों में से 32 क़िलों का निर्माण उसने करवाया था। राणा कुम्भा ने अपने प्रबल प्रतिद्वन्द्वी मालवा के शासक हुसंगशाह को परास्त कर 1448 ई. में चित्तौड़ में एक 'कीर्ति स्तम्भ' की स्थापना करवाई। उसने कुम्भलगढ़ के नवीन नगर एवं क़िलों में अनेक शानदार इमारतें बनवायी थीं।

अत: विकल्प (B) सही है।

29. 'नूरुद्दीन सलीम जहाँगीर' का जन्म फ़तेहपुर सीकरी में स्थित शेख़ सलीम चिश्ती की कुटिया में राजा भारमल की बेटी 'मरियम ज़मानी' के गर्भ से 30 अगस्त, 1569 ई. को हुआ था। अपने आरंभिक जीवन में जहाँगीर शराबी और आवारा शाहज़ादे के रूप में बदनाम था। उसके पिता अकबर ने उसकी बुरी आदतें छुड़ाने की बड़ी चेष्टा की, किंतु उसे सफलता नहीं मिली। अपने शासनकाल में जहाँगीर ने न्याय व्यवस्था ठीक रखने की ओर विशेष ध्यान दिया। न्यायाधीशों के अतिरिक्त वह स्वयं भी जनता के दु:ख-दर्द को सुनता था। उसके लिए उसने अपने निवास-स्थान से लेकर नदी के किनारे तक एक जंजीर बंधवाई थी। यदि किसी को कुछ फरियाद करनी हो, तो वह उस जंजीर को पकड़ कर खींच सकता था, ताकि उसमें बंधी हुई घंटियों की आवाज़ सुनकर बादशाह उस फरियादी को अपने पास बुला सके।

अत: विकल्प (D) सही है।

30. स्वामी दयानंद सरस्वती ने संभवत: 7 अप्रैल या 10 अप्रैल सन 1875 ई. को बम्बई में 'आर्य समाज' की स्थापना की थी। इसका उद्देश्य वैदिक धर्म को पुनः शुद्ध रूप से स्थापित करने का प्रयास, भारत को धार्मिक, सामाजिक व राजनीतिक रूप से एक सूत्र में बांधने का प्रयत्न और पाश्चात्य प्रभाव को समाप्त करना आदि था। दयानंद सरस्वती द्वारा चलाये गये 'शुद्धि आन्दोलन' के अन्तर्गत उन लोगों को पुनः हिन्दू धर्म में आने का मौका मिला, जिन्होंने किसी कारणवश इस्लाम धर्म स्वीकार कर लिया था। एनी बेसेंट ने कहा था कि- "स्वामी दयानन्द ऐसे पहले व्यक्ति थे, जिन्होंने कहा कि 'भारत भारतीयों के लिए है'।"

अत: विकल्प (A) सही है।

31. 'डॉक्टर राजेन्द्र प्रसाद' भारत के प्रथम राष्ट्रपति थे। बिहार प्रान्त के एक छोटे-से गाँव जीरादेयू में 3 दिसम्बर, 1884 ई. में राजेन्द्र प्रसाद का जन्म हुआ था। राजेन्द्र प्रसाद प्रतिभाशाली और विद्वान् व्यक्तियों में से एक थे। ज्ञान के प्रति लगाव होने के कारण ही राजेन्द्र प्रसाद धनी और दरिद्र दोनों के घरों में प्रकाश लाना चाहते थे। उन्होंने कई पुस्तकों की भी रचना की थी, जिनमें 'चम्पारन में सत्याग्रह' (1922 ई.), 'इंडिया डिवाइडेड' (1946 ई.), 'महात्मा गांधी एंड बिहार', 'सम रेमिनिसन्सेज' (1949 ई.) आदि मुख्य थीं। सन 1962 में अवकाश प्राप्त करने पर राष्ट्र ने उन्हें 'भारत रत्न' की सर्वश्रेष्ठ उपाधि से सम्मानित किया था।

अत: विकल्प (B) सही है।

32. 'कनिष्क' के राज्यारोहण के समय कुषाण साम्राज्य में अफ़ग़ानिस्तान, सिंध का भाग, बैक्ट्रिया एवं पार्थिया के प्रदेश सम्मिलित थे। कनिष्क ने भारत में अपना राज्य मगध तक विस्तृत कर दिया था। वहाँ से वह प्रसिद्ध विद्वान् अश्वघोष को अपनी राजधानी पुरुषपुर ले आया। तिब्बत और चीन के कुछ लेखकों ने लिखा है कि उसका साकेत और पाटलिपुत्र के राजाओं से युद्ध हुआ था। कश्मीर को अपने राज्य में मिलाकर कनिष्क ने वहाँ एक नगर बसाया था, जिसे 'कनिष्कपुर' कहते हैं। शायद कनिष्क ने उज्जैन के क्षत्रप को भी हराया और मालवा का प्रान्त प्राप्त किया था।

अत: विकल्प (C) सही है।

33. 'मिलिन्द' पंजाब पर लगभग 160 ई. पू. से 140 ई. पू. तक राज्य करने वाले यवन राजाओं में सबसे उल्लेखनीय राजा था। इसे मिलिंद के अतिरिक्त अन्य नामों, जैसे- 'मनेन्दर', 'मीनेंडर' या 'मीनांडर' आदि से भी जाना जाता था। इसके विविध प्रकार के बहुत से सिक्के उत्तर भारत के विस्तृत क्षेत्रों में, यहाँ तक की यमुना नदी के दक्षिण में भी मिलते हैं। सम्भव है कि 'गार्गी संहिता' में जिस दुरात्मा वीर यवन राजा द्वारा प्रयाग पर अधिकार करके कुसुमपुर (अर्थात् पाटलिपुत्र) में भय उत्पन्न करने का उल्लेख है, वह मिलिन्द ही हो।

अत: विकल्प (B) सही है।

34. 'हेमू' भारत का अंतिम हिन्दू राजा था। "मध्यकालीन भारत का नेपोलियन" कहा जाने वाला हेमू अपनी असाधारण प्रतिभा के बल पर एक साधारण व्यापारी से प्रधानमंत्री एवं सेनाध्यक्ष की पदवी तक पहुँचा था। हुमायूँ की मृत्यु के बाद हेमू ने दिल्ली की तरफ़ रुख किया और रास्ते में बंगाल, बिहार, उत्तर प्रदेश एवं मध्य प्रदेश की कई रियासतों को फ़तेह किया। आगरा में मुग़ल सेनानायक इस्कंदर ख़ान उज़्बेग को जब पता चला कि हेमू उनकी तरफ़ आ रहा है तो वह बिना युद्ध किये ही मैदान छोड़ कर भाग गया। 7 अक्टूबर, 1556 ई. में हेमू ने तरदी बेग ख़ान को हराकर दिल्ली पर विजय हासिल की। यहीं हेमू का राज्याभिषेक हुआ और उसे 'विक्रमादित्य' की उपाधि से नवाजा गया। लगभग तीन शताब्दियों के मुस्लिम शासन के बाद पहली बार कोई हिन्दू दिल्ली का राजा बना था।

अत: विकल्प (B) सही है।

35. 'आर्य' प्रजाति की आदि भूमि के संबंध में अभी तक विद्वानों में बहुत मतभेद हैं। भाषा वैज्ञानिक अध्ययन के प्रारंभ में प्राय: भाषा और प्रजाति को अभिन्न मानकर एकोद्भव (मोनोजेनिक) सिद्धांत का प्रतिपादन हुआ और माना गया कि भारोपीय भाषाओं के बोलने वालों के पूर्वज कहीं एक ही स्थान में रहते थे और वहीं से विभिन्न देशों में गए। संस्कृत भाषा के शब्द 'आर्य' का अर्थ होता था- 'कुलीन और सभ्य'। इसलिये पुराने इतिहासकारों, जैसे मैक्समूलर ने आदिम और आधुनिक हिन्द-यूरोपीय भाषा बोलने वाली जातियों का नाम "आर्य" रख दिया। ये नाम यूरोपीय लोगों को काफ़ी पसन्द आया और जल्द ही सभी यूरोप वासियों ने अपने-अपने देशों को प्रचीन आर्यों की जन्मभूमि बताना शुरू कर दिया।

अत: विकल्प (B) सही है।

36. 'परुष्णी नदी' पंजाब राज्य की प्रसिद्ध रावी नदी या इरावती नदी का ही वैदिक नाम है। ऐसा जान पड़ता है कि परुष्णी नाम वैदिक काल में ही प्रचलित था, क्योंकि परवर्ती साहित्य में इस नदी का नाम इरावती मिलता है। ऋग्वेद के अनुसार परुष्णी नदी के तट पर ही तृत्स गण के राजा सुदास ने दस राजाओं की सम्मिलित सेना को हराया था। इसी कारण से यह युद्ध 'दाशराज युद्ध' के नाम से प्रसिद्ध हुआ था।

अत: विकल्प (D) सही है।

37. 'बराबर पहाड़ी' बिहार के गया ज़िले में स्थित है। इस पहाड़ी में सात प्राचीन गुफ़ाएँ विस्तृत प्रकोष्ठों के रूप में निर्मित हैं। इन सात गुफ़ाओं में से तीन में अशोक के अभिलेख अंकित हैं। इनसे विदित होता है कि मूलतः इनका निर्माण अशोक के समय आजीवक सम्प्रदाय के भिक्षुओं के निवास के लिए करवाया गया था। बराबर पहाड़ी पर स्थित चार में से तीन गुफ़ाओं में अशोक के शिलालेख होने से यह ज्ञात होता है कि दो गुफ़ाएँ अशोक द्वारा शासन के 12वें वर्ष और क्रमशः 19वें वर्ष में भिक्षुओं को दान में दी गयीं।

अत: विकल्प (C) सही है।

38. 'अर्थशास्त्र' हिन्दू धर्म ग्रन्थों में उल्लिखित हिन्दू धर्म का एक प्रसिद्ध तथा महत्त्वपूर्ण ग्रन्थ है। इसके रचनाकार कौटिल्य हैं। सम्भवतः आचार्य चाणक्य (कौटिल्य या विष्णुगुप्त) द्वारा रचित इस कृति को भारत का पहला राजनीति का ग्रन्थ माना जाता है। लगभग 6000 श्लोकों वाले इस ग्रन्थ से मौर्य काल के राजनीतिक, सामाजिक, आर्थिक एवं धार्मिक स्थिति की स्पष्ट जानकारी मिलती है।

अत: विकल्प (A) सही है।

39. मौर्य साम्राज्य की शक्ति क्षीण होने पर 'प्रतिष्ठान', गोदावरी नदी के तट पर स्थित पैठन, को राजधानी बनाकर सातवाहन वंश ने अपनी शक्ति का उत्कर्ष प्रारम्भ किया था। इस वंश का प्रथम राजा सिमुक था, जिसने 210 ई. पू. के लगभग अपने स्वतंत्र राज्य की नींव डाली। तीसरी सदी ई.पू. के अन्तिम चरण में प्रारम्भ होकर सातवाहनों का यह स्वतंत्र राज्य चार सदी के लगभग तक क़ायम रहा। भारत के इतिहास में लगभग अन्य कोई राजवंश इतने दीर्घकाल तक अबाधित रूप से शासन नहीं कर सका।

अत: विकल्प (C) सही है।

40. अफ़ग़ानिस्तान या 'अफ़ग़ान इस्लामिक गणराज्य' जंबूद्वीप (एशिया) का एक देश है। यह दक्षिणी मध्य एशिया में अवस्थित देश है, जो चारों ओर से ज़मीन से घिरा हुआ है। प्रायः इसकी गिनती मध्य एशिया के देशों में होती है, लेकिन देश में लगातार चल रहे संघर्षों ने इसे कभी मध्य पूर्व तो कभी दक्षिण एशिया से जोड़ दिया है। इसके पूर्व में पाकिस्तान, उत्तर पूर्व में कश्मीर तथा चीन, उत्तर में तज़ाकिस्तान, कज़ाकिस्तान तथा तुर्कमेनिस्तान और पश्चिम में ईरान स्थित हैं।

अत: विकल्प (A) सही है।

41. 'अतरंजीखेड़ा' उत्तर प्रदेश के एटा ज़िलांतर्गत गंगा की सहायक काली नदी के तट पर स्थित एक प्रागैतिहासिक स्थल है। इस स्थल की खोज 1961-1962 ई. में कनिंघम ने की थी। कनिंघम ने चीनी यात्री युवानच्वांग द्वारा उल्लिखित 'पि-लो-शा-न' नामक स्थल का अतरंजीखेड़ा से समीकरण किया है। अवशेषों के आधार पर यहाँ की संस्कृति को चार स्तरों में बांटा गया है, जिनमें से तीसरे स्तर 'चित्रितधूसर मृद्भाण्ड संस्कृति' में लौह उपकरणों के प्राप्त होने की बात कही गई है।

अत: विकल्प (B) सही है।

42. 'मीमांसा' शब्द का अर्थ किसी वस्तु के स्वरूप का यथार्थ वर्णन है। वेद के मुख्यत: दो भाग हैं- प्रथम भाग में 'कर्मकाण्ड' बताया गया है, जिससे अधिकारी मनुष्य की प्रवृत्ति होती है। द्वितीय भाग में 'ज्ञानकाण्ड' बताया गया है, जिससे अधिकारी मनुष्य की निवृत्ति होती है। कर्म तथा ज्ञान के विषय में कर्ममीमांसा और वेदान्त की दृष्टि में अन्तर है। वेदान्त के अनुसार कर्मत्याग के बाद ही आत्मज्ञान संभव है। कर्म तो केवल चित्तशुद्धि का साधन है। मोक्ष की प्राप्ति तो ज्ञान से ही हो सकती है, परन्तु कर्ममीमांसा के अनुसार मुमुक्षुजन को भी कर्म करना चाहिए।

अत: विकल्प (B) सही है।

43. 'यजुष' शब्द का अर्थ है- 'यज्ञ'। यजुर्वेद मूलतः कर्मकाण्ड ग्रन्थ है। इसकी रचना कुरुक्षेत्र में मानी जाती है। यजुर्वेद में आर्यों की धार्मिक एवं सामाजिक जीवन की झांकी मिलती है। इस ग्रन्थ से पता चलता है कि आर्य 'सप्त सिंघव' से आगे बढ़ गए थे और वे प्राकृतिक पूजा के प्रति उदासीन होने लगे थे। यजुर्वेद के मंत्रों का उच्चारण 'अध्वुर्य' नामक पुरोहित करता था। यजुर्वेद कर्मकाण्ड प्रधान ग्रंथ है। इसमें यज्ञों और हवनों के नियम और विधान हैं।

अत: विकल्प (D) सही है।

44. 'वितस्ता का युद्ध' राजा पुरु और मकदूनिया (यूनान) के राजा सिकन्दर (अलेक्ज़ेंडर) के मध्य लड़ा गया था। इस युद्ध में राजा पुरु ने अपनी हाथी सेना पर ही अधिक भरोसा किया और युद्ध में हाथियों की संख्या घोड़ों के मुकाबले अधिक रखी। जबकि सिकन्दर ने अपने घुड़सवार तीरन्दाज़ों पर अधिक भरोसा किया। युद्ध में सिकन्दर की घुड़सवार सेना की तेज़ीपुरु की हाथी सेना पर भारी पड़ी और परिणामस्वरूप पुरु ये युद्ध हार गया।

अत: विकल्प (C) सही है।

45. 'चन्द्रगुप्त द्वितीय' (शासनकाल 380-413) गुप्त वंश का राजा था। सभी गुप्त राजाओं में समुद्रगुप्त का पुत्र चन्द्रगुप्त द्वितीय सर्वाधिक शौर्य एवं वीरोचित गुणों से सम्पन्न था। चन्द्रगुप्त द्वितीय ने देव, देवगुप्त, देवराज, देवश्री, श्रीविक्रम, विक्रमादित्य, परमभागवत्, नरेन्द्रचन्द्र, सिंहविक्रम, अजीत विक्रम आदि उपाधियाँ धारण की थीं। अनुश्रुतियों में चन्द्रगुप्त द्वितीय ने अपनी पुत्री प्रभावती का विवाह वाकाटक नरेश रुद्रसेन से किया था। रुद्रसेन की मृत्यु के बाद चन्द्रगुप्त ने अप्रत्यक्ष रूप से वाकाटक राज्य को अपने राज्य में मिलाकर उज्जैन को अपनी दूसरी राजधानी बनाया। इसी कारण से उसे 'उज्जैनपुरवराधीश्वर' भी कहा जाता है।

अत: विकल्प (A) सही है।

46. हरिषेण के शब्दों में समुद्रगुप्त का चरित्र इस प्रकार का था- 'उसका मन विद्वानों के सत्संग-सुख का व्यसनी था। उसके जीवन में सरस्वती और लक्ष्मी का अविरोध था। वह वैदिक मार्ग का अनुयायी था। उसका काव्य ऐसा था, कि कवियों के बुद्धि-वैभव का भी उससे विकास होता था, यही कारण है कि उसे 'कविराज' की उपाधि दी गई थी। ऐसा कौन-सा ऐसा गुण है, जो उसमें नहीं था। सैकड़ों देशों में विजय प्राप्त करने की उसमें अपूर्व क्षमता थी। अपनी भुजाओं का पराक्रम ही उसका सबसे उत्तम साथी था। परशु, बाण, शंकु, शक्ति आदि अस्त्रों-शस्त्रों के सैकड़ों घावों से उसका शरीर सुशोभित था।

अत: विकल्प (C) सही है।

47. गुजरात और काठियावाड़ के शकों का उच्छेद करके उनके राज्य को गुप्त साम्राज्य के अंतर्गत कर लेना चन्द्रगुप्त द्वितीय के शासन काल की सबसे महत्त्वपूर्ण घटना थी। इसी कारण वह 'शकारि' और 'विक्रमादित्य' कहलाया। कई सदी पहले शकों का इसी प्रकार से उच्छेद कर सातवाहन सम्राट गौतमीपुत्र सातकर्णि ने भी 'शकारि' और 'विक्रमादित्य' की उपाधियाँ ग्रहण की थीं। अब चन्द्रगुप्त द्वितीय ने भी एक बार फिर उसी गौरव को प्राप्त किया।

गुजरात और काठियावाड़ की विजय के कारण अब गुप्त साम्राज्य की सीमा पश्चिम में अरब सागर तक विस्तृत हो गई थी।

अत: विकल्प (A) सही है।

48. हिन्दू धर्म में गाय की पूजा का मूल आरंभिक वैदिक काल में खोजा जा सकता है। भारोपीय लोग, जिन्होंने दूसरी सहस्राब्दी ई.पू. में भारत में प्रवेश किया, वे पशुपालक थे। पशुओं का बड़ा आर्थिक महत्त्व था, जो वैदिक धर्म में भी दिखाई देता है। यद्यपि प्राचीन भारत में गायों और बैलों की बलि दी जाती थी और उनका माँस खाया जाता था। लेकिन दुधारू गायों की बलि क्रमश: बंद की जा रही थी, जैसे महाभारत व मनुस्मृति के हिस्सों में और ऋग्वेद में दुधारू गाय को पहले से ही 'अवध्य' कहा गया था।

अत: विकल्प (C) सही है।

49. ऋग्वेद में 25 नदियों का उल्लेख है, जिसमें सबसे महत्त्वपूर्ण नदी सिन्धु नदी है, जिसका वर्णन कई बार आया है। यह सप्त सैन्धव क्षेत्र की पश्चिमी सीमा थी। सिन्धु नदी को उसके आर्थिक महत्व के कारण हिरण्यनी कहा गया है। सिन्धु नदी द्वार ऊनी वस्त्रों के व्यवसाय होने का कारण इसे सुवासा और ऊर्पावर्ती भी कहा गया है। ऋग्वेद में सिन्धु नदी की चर्चा सर्वाधिक बार हुई है।

अत: विकल्प (D) सही है।

50. भारतीय समाज व्यवस्था में चतुर्थ वर्ण या जाति शूद्र कहलाती है। वायु पुराण, वेदांतसूत्र और छांदोग्य एवं वेदांतसूत्र के शांकरभाष्य में 'शुच' और 'द्रु' धातुओं से 'शूद्र' शब्द व्युत्पन्न किया गया। ऋग्वेद के पुरुषसूक्त से पुरुष के पदों से शूद्र की उत्पत्ति का उल्लेख है। पुरुषोत्पत्ति का यह सिद्धांत ब्राह्मण ग्रंथ, वाजसनेयी संहिता, महाभारत, पुराण में शूद्रदेव पूषा से शूद्र की उत्पत्ति बतलाई गई है। विष्णु और वायु पुराण के अनुसार यज्ञनिष्पत्ति के लिए चतुर्वर्णों का सर्जन हुआ।

अत: विकल्प (C) सही है।

51. 'शशांक' को बंगाल के यशस्वी शासकों में गिना जाता है। उसने बंगाल प्रदेश की सीमाओं के बाहर भी अपने राज्य का बहुत विस्तार किया। उसका वंश अज्ञात है और गुप्त वंश के साथ उसको सम्बन्धित करना केवल अनुमान मात्र है। उसकी उत्पत्ति चाहे जिस वंश में भी हुई हो, लेकिन इतना निश्चित है कि 606 ई. के पूर्व ही वह गौड़ अथवा बंगाल का शासक बन चुका था। शशांक के सिक्कों से स्पष्ट है कि वह शिव का उपासक था, किन्तु चीनी यात्री ह्वेनसांग द्वारा वर्णित उसके बौद्ध धर्म से विद्वेष और बौद्धों पर अत्याचार की कहानियों में कितनी सत्यता है, यह निश्चय कर पाना कठिन है।

अत: विकल्प (C) सही है।

52.

- एशियाई महाद्वीप भूमध्य सागर, अंध सागर, आर्कटिक महासागर, प्रशांत महासागर और हिन्द महासागर से घिरा हुआ है। काकेशस पर्वत और यूराल पर्वत प्राकृतिक रूप से एशिया को यूरोप से अलग करते हैं। एशिया आकार और जनसंख्या दोनों ही दृष्टि से विश्व का सबसे बड़ा महाद्वीप है, जो उत्तरी गोलार्द्ध में स्थित है। पश्चिम में इसकी सीमाएँ यूरोप से मिलती हैं। एशिया और यूरोप को मिलाकर कभी-कभी 'यूरेशिया' भी कहा जाता है।
- बैक्ट्रिया विशाल सीरियन साम्राज्य का एक प्रान्त था और वहाँ का शासन करने के लिए सीरियन सम्राटों की ओर से क्षत्रपों की नियुक्ति की जाती थी। इस प्रदेश की आबादी में 'ग्रीक' (यवन) लोगों का महत्त्वपूर्ण स्थान था। 210 ई. पू. के लगभग विशाल मौर्य साम्राज्य की शक्ति क्षीण हो गई और कलिंग, आन्ध्र प्रदेश आदि अनेक देश उसकी अधीनता से मुक्त होकर स्वतंत्र हो गए थे।

अत: विकल्प (B) सही है।

53. बाल गंगाधर तिलक को श्रद्धांजलि देते हुए महात्मा गाँधी ने उन्हें 'आधुनिक भारत का निर्माता' और नेहरू जी ने 'भारतीय क्रांति के जनक' की उपाधि दी थी।

अत: विकल्प (C) सही है।

54. 'कैप्टन मोहन सिंह' का 'भारतीय स्वतंत्रता संग्राम' में बहुत ही महत्त्वपूर्ण योगदान है। इन्होंने 'आज़ाद हिन्द फ़ौज' की स्थापना 15 दिसम्बर, 1941 ई. में की थी। बाद में इस फ़ौज का नेतृत्व सुभाषचन्द्र बोस को 21 अक्टूबर, 1943 ई. को सौंपा गया। फ़ौज के तिरंगे झण्डे के बीच में दहाडते हुआ शेर बनाया गया था, जो फ़ौज की वीरता का प्रतीक था। 'आज़ाद हिन्द फ़ौज' की तीन ब्रिगेड थीं, जिनका नाम- 'सुभाष ब्रिगेड', 'गांधी ब्रिगेड' और 'जवाहर ब्रिगेड' था।

अत: विकल्प (B) सही है।

55. 'मुहम्मद कुली कुतुबशाह' (1580 ई. से 1612 ई.) गोलकुंडा के कुतुबशाही वंश का पाँचवाँ सुल्तान था। उसका जन्म 1565 ई. में हुआ और मृत्यु 1612 ई. में हुई थी। मुहम्मद कुली कुतुबशाह एक अच्छा कवि और संगीत का प्रेमी था। वह स्थापत्य आदि के कार्यों में भी बहुत रुचि लिया करता था। भारत के प्रसिद्ध नगरों में से एक हैदराबाद नगर की स्थापना उसने की थी। दक्कनी उर्दू में लिखित प्रथम काव्य-संग्रह या 'दीवान' का लेखक भी वही था। उसके इन्हीं दुर्लभ गुणों के कारण उसकी चर्चा आज भी होती है।

अत: विकल्प (B) सही है।

56. 'ब्रह्मचर्य' का मूल अर्थ है 'ब्रह्म (वेद अथवा ज्ञान) की प्राप्ति का आचरण।' इसका रूढ़ प्रयोग विद्यार्थी जीवन के अर्थ में होता है। आर्य जीवन के चार आश्रमों में प्रथम ब्रह्मचर्य है, जो विद्यार्थी जीवन की अवस्था का द्योतक है। प्राचीन समय से ही भारत में ब्रह्मचर्य का विशेष महत्त्व रहा है। कभी-कभी प्रौढ़ और वृद्ध लोग भी छात्र जीवन का निर्वाह समय-समय पर किया करते थे, जैसा कि आरुणि की कथा से ज्ञात होता है।

अत: विकल्प (D) सही है।

57. आर्यों की भाषा संस्कृत थी। संस्कृत को 'देववाणी' भी कहते हैं। 'संस्कृत' भारत की एक शास्त्रीय भाषा है। इसकी गणना संसार की प्राचीनतम ज्ञात भाषाओं में होती है। हिन्दू धर्म के लगभग सभी धर्मग्रन्थ संस्कृत भाषा में ही लिखे हुए हैं।

अत: विकल्प (C) सही है।

58. 'निरंजना नदी' गया के पास बहने वाली फल्गु नदी की सहायक उपनदी है, जिसे अब 'नीलांजना नदी' कहते है। इस नदी का भगवान बुद्ध के साथ कई जगहों पर उल्लेख हुआ है। निरंजना नदी गया से दक्षिण में तीन मील पर महाना अथवा फल्गु में मिलती है। यह नदी बौद्ध साहित्य की प्रसिद्ध नदी है। नदी के तट पर भगवान महात्मा बुद्ध को 'बुद्धत्व' (ज्ञान) की प्राप्ति हुई थी। अश्वघोष द्वारा रचित 'बुद्धचरित' में निरंजना नदी का उल्लेख कई स्थानों पर हुआ है।

अत: विकल्प (A) सही है।

59. हल्दीघाटी की लड़ाई राजस्थान के हल्दीघाटी में 18 या 21 जून 1576 को मेवाड़ के राणा, महाराणा प्रताप और मुगल सम्राट अकबर की सेना के बीच मान सिंह प्रथम के नेतृत्व में लगभग चार घंटे तक लड़ी गई थी।

- इस लड़ाई को राजपूतों के इतिहास की सबसे महत्वपूर्ण घटनाओं में से एक माना जाता है।
- घायल राणा प्रताप मुगल सेना से भाग गए और उनके भाई शाक्त ने उन्हें बचा लिया।
- आज भी युद्ध के परिणाम को अनिर्णायक माना जाता है या इसे मुगलों की अस्थायी जीत माना जा सकता है।

अत: विकल्प (C) सही है।

60. गुप्त साम्राज्य को 'ब्राह्मण धर्म' व हिन्दू धर्म के पुनरुत्थान का समय माना जाता है। हिन्दू धर्म विकास यात्रा के इस चरण में कुछ महत्त्वपूर्ण परिवर्तन दृष्टिगोचर हुए, जैसे- मूर्तिपूजा हिन्दू धर्म का सामान्य लक्षण बन गई। यज्ञ का स्थान उपासना ने ले लिया एवं गुप्त काल में ही वैष्णव एवं शैव धर्म के मध्य समन्वय स्थापित हुआ। ईश्वर की भक्ति अधिक महत्त्व दिया जाने लगा। तत्कालीन महत्त्वपूर्ण सम्प्रदाय के रूप में वैष्णव सम्प्रदाय एवं शैव सम्प्रदाय अत्यधिक प्रचलन में थे।

अत: विकल्प (D) सही है।

61. जैन धर्म भारत की श्रमण परम्परा से निकला धर्म और दर्शन है। 'जैन' उन्हें कहते हैं, जो 'जिन' के अनुयायी हों। 'जिन' शब्द बना है 'जि' धातु से। 'जि' माने-जीतना। 'जिन' माने जीतने वाला, जिन्होंने अपने मन को जीत लिया, अपनी वाणी को जीत लिया और अपनी काया को जीत लिया, वे हैं 'जिन'। जैन धर्म अर्थात् 'जिन' भगवान् का धर्म। जैन धर्म के 24 तीर्थंकरों ने अपने-अपने समय में धर्म मार्ग से च्युत हो रहे जनसमुदाय को संबोधित किया और उसे धर्ममार्ग में लगाया। इसी से इन्हें 'धर्ममार्ग-मोक्षमार्ग का नेता' और 'तीर्थ प्रवर्त्तक' अर्थात् 'तीर्थंकर' कहा गया है।

अत: विकल्प (C) सही है।

62. 'अकबर द्वितीय' मुग़ल वंश का 18वाँ बादशाह था। वह शाहआलम द्वितीय का पुत्र और उसने 1806-1837 ई. तक राज किया। लॉर्ड हेस्टिंग्स ने ईस्ट इंडिया कम्पनी की ओर से मुग़ल बादशाह को दी जाने वाली सहायता आदि की नज़रबन्दी कर दी थी। इस पर अकबर द्वितीय ने राममोहन राय को 'राजा' की उपाधि प्रदान की तथा उनसे इंग्लैण्ड जाकर बादशाह की पेंशन बढ़ाने की सिफ़ारिश करने का आग्रह किया। इंग्लैण्ड में ही 1833 ई. में राजा राममोहन राय की बिस्टल में मृत्यु हो गयी।

अत: विकल्प (C) सही है।

63. 'सर सैयद अहमद ख़ाँ' ऐसे महान् मुस्लिम समाज सुधारक और भविष्यद्रष्टाथे, जिन्होंने शिक्षा के लिए जीवन भर प्रयास किया। सैयद अहमद ख़ाँ ने लोगों को पारंपरिक शिक्षा के स्थान पर आधुनिक ज्ञान हासिल करने के लिए प्रेरित किया। उन्होंने क़ुरान पर आधुनिक व्याख्या के कई खंड लिखने के लिए भी समय निकाला। अपनी इन कृतियों में उन्होंने इस्लामी मत का समकालीन वैज्ञानिक तथा राजनीतिक प्रगतिशील विचारों से सामंजस्य स्थापित करने का प्रयास किया। 'वैज्ञानिक समाज' की स्थापना भी 1864 ई. में सर सैयद अहमद ख़ाँ ने की तथा 1875 ई. में 'अलीगढ़ मुस्लिम एंग्लो ओरिएंटल कॉलेज' की स्थापना की।

अत: विकल्प (C) सही है।

64. प्राचीन समय में पंजाब भारत और ईरान का क्षेत्र था। यहाँ मौर्य, बैक्ट्रियन, यूनानी, शक, कुषाण और गुप्त आदि अनेक शक्तियों का उत्थान और पतन हुआ। पंजाब मध्यकाल में मुस्लिम शासकों के अधीन रहा। यहाँ सबसे पहले ग़ज़नवी, ग़ोरी, ग़ुलाम वंश, ख़िलजी वंश, तुग़लक, लोदी और मुग़ल वंश के शासकों ने राज किया। 15वीं और 16वीं शती में गुरु नानकदेव जी की शिक्षाओं से भक्ति आन्दोलन ने ज़ोर पकड़ा। सिक्ख पंथ ने एक धार्मिक और सामाजिक आन्दोलन को जन्म दिया, मूल रूप से जिसका उद्देश्य सामाजिक और धार्मिक कुरीतियों को दूर करना था।

अत: विकल्प (C) सही है।

65. 'प्राकृत भाषा' भारतीय आर्य-भाषा का एक प्राचीन रूप है। इसके प्रयोग का समय 500 ई.पू. से 1000 ई. तक माना जाता है। धार्मिक कारणों से जब संस्कृत का महत्त्व कम होने लगा तो प्राकृत भाषा अधिक व्यवहार में आने लगी। इसके चार रूप विशेषत: उल्लेखनीय हैं।

अत: विकल्प (C) सही है।

66. 'सर्वेंट्स ऑफ इंडिया सोसाइटी' का गठन 12 जून, 1905 को पुणे, महाराष्ट्र में गोपाल कृष्ण गोखले द्वारा किया गया था, जिन्होंने इस एसोसिएशन को बनाने के लिए डेक्कन एजुकेशन सोसाइटी को छोड़ दिया था।

अत: विकल्प (B) सही है।

67. भारत में प्राचीन शकों ने पार्थियनों के साथ क्षत्रप प्रणाली की शुरुआत की थी, जो ईरानी एकेमेनिड और सेल्यूसिड के समान थी। इस प्रणाली के तहत, राज्य को प्रांतों में विभाजित किया गया था, प्रत्येक सैन्य गवर्नर महाक्षत्रप के अधीन था। निम्न दर्जे के गवर्नरों को क्षत्रप कहा जाता था। इन गवर्नरों को अपने स्वयं के शिलालेख जारी करने और अपने स्वयं के सिक्के बनवाने की शक्ति प्राप्त थी।

अतः विकल्प (D) सही है।

68. 'कुषाण' भी शकों की ही तरह मध्य एशिया से निकाले जाने पर क़ाबुल-कंधार की ओर यहाँ आ गये थे। उस काल में यहाँ के हिन्दी यूनानियों की शक्ति कम हो गई थी, उन्हें कुषाणों ने सरलता से पराजित कर दिया। उसके बाद उन्होंने क़ाबुल-कंधार पर अपना राज्याधिकार क़ायम किया। उनके प्रथम राजा का नाम कुजुल कडफ़ाइसिस था। उसने क़ाबुल–कंधार के यवनों (हिन्दी यूनानियों) को हराकर भारत की उत्तर-पश्चिमी सीमा पर बसे हुए पह्लवों को भी पराजित कर दिया।

अत: विकल्प (C) सही है।

69. अथर्ववेद में 'सभा' और 'समिति' को 'प्रजापति' की दो पुत्रियाँ कहा गया है।

अथर्ववेद को ब्रह्मवेद भी कहते हैं। इसमें देवताओं की स्तुति के साथ, चिकित्सा, विज्ञान और दर्शन के भी मन्त्र हैं।

अतः विकल्प (D) सही है।

70. 'शतपथ ब्राह्मण' शुक्ल यजुर्वेद की दोनों शाखाओं 'काण्व' व 'माध्यन्दिनी' से सम्बद्ध है। यह सभी ब्राह्मण ग्रन्थों में सर्वाधिक महत्त्वपूर्ण ग्रन्थ है। इसका रचयिता याज्ञवल्क्य को माना जाता है। 'शतपथ ब्राह्मण' के अन्त में उल्लेख है- 'षआदित्यानीमानि शुक्लानि यजूशि बाजसनेयेन याज्ञावल्येन ख्यायन्ते।' 'शतपथ ब्राह्मण' में 14 काण्ड हैं, जिसमें विभिन्न प्रकार के यज्ञों का पूर्ण एवं विस्तृत अध्ययन मिलता है। 6 से 10 काण्ड तक को 'शाण्डिल्यकाण्ड' कहते हैं।

अत: विकल्प (B) सही है।

71. भारत में वेदों के उपरान्त सर्वाधिक मान्यता और प्रचलन 'मनुस्मृति' का ही है। इसमें चारों वर्णों, चारों आश्रमों, सोलह संस्कारों तथा सृष्टि उत्पत्ति के अतिरिक्त राज्य की व्यवस्था, राजा के कर्तव्य, भांति-भांति के विवादों, सेना का प्रबन्ध आदि उन सभी विषयों पर परामर्श दिया गया है जो कि मानव मात्र के जीवन में घटित होने सम्भव हैं। यह सब धर्म-व्यवस्था वेद पर आधारित है।

अत: विकल्प (A) सही है।

72. 'प्रयाग' में आत्मघात करने वाले को पुराणों के अनुसार मोक्ष की प्राप्ति होती है। पुराणों के अनुसार जो योगी गंगा-यमुना के संगम पर आत्महत्या करके स्वर्ग को प्राप्त करता है, वह पुन: नरक नहीं देख सकता। प्रयाग में वैश्यों और शूद्रों के लिए आत्महत्या विवशता की स्थिति में यदा-कदा ही मान्य थी, किन्तु ब्राह्मणों और क्षत्रियों के द्वारा आत्म-अग्न्याहुति दिया जाना एक विशेष विधान के अनुसार उचित था। अत: जो ऐसा करना चाहें तो ग्रहण के दिन यह कार्य सम्पन्न करते थे, या किसी व्यक्ति को मूल्य देकर डूबने के लिए क्रय कर लेते थे।

अत: विकल्प (C) सही है।

73. 'सुरकोटदा' या 'सुरकोटडा' गुजरात के कच्छ ज़िले में स्थित है। इस स्थल से हड़प्पा सभ्यता के विस्तार के प्रमाण मिले हैं। इसकी खोज 1964 में जगपति जोशी ने की थी| इस स्थल से सिंधु सभ्यता के पतन के अवशेष परिलक्षित होते हैं। यहाँ से प्राप्त अवशेषों में महत्त्वपूर्ण हैं- घोड़े की अस्थियां एवं एक अनोखी क़ब्रगाह। यहाँ पर एक क़ब्र बड़े आकार की शिला से ढंकी हुई मिली है। यह क़ब्र अभी तक ज्ञात सैंधव शव-विसर्जन परम्परा में सर्वथा नवीन प्रकार की है।

अत: विकल्प (B) सही है।

74. 'मेहरगढ़' उस स्थान पर स्थित है, जहाँ सिंधु नदी के कछारी मैदान और वर्तमान पाकिस्तान और ईरान के सीमांत प्रदेश के पठार मिलते हैं। इस प्रकार मेहरगढ़ पाक़िस्तान के बलूचिस्तान प्रांत में 'बोलन दर्रे' के निकट स्थित है। यहाँ से कृषक समुदाय के उद्भव के भारतीय उपमहाद्वीप में सबसे प्राचीन प्रमाण प्राप्त हुए हैं। यह स्थान अस्थायी मानव आवास के रूप प्रयुक्त हुआ था तथा सम्भवत: सातवीं सहस्राब्दी ई. पू. में यहाँ एक मानव बस्ती अस्तित्व में आ गयी थी।

अत: विकल्प (B) सही है।

75. 'नागपुर' शहर की स्थापना 'देवगढ़' (छिंदवाड़ा) के गोंड शासक ने थी। संतरे की राजधानी के रूप में विख्यात नागपुर महाराष्ट्र का तीसरा सबसे बड़ा

शहर है। पर्यटन की दृष्टि से यह महाराष्ट्र के अग्रणी शहरों में शुमार किया जाता है। राजा भोंसले के उपरान्त नागपुर मराठा साम्राज्य में शामिल हो गया। 19वीं सदी में अंग्रेज़ हुकुमत ने नागपुर को मध्य प्रान्त व बरार की राजधानी बनाया। आज़ादी के बाद राज्य पुर्नरचना ने नागपुर को महाराष्ट्र की उपराजधानी बना दिया। नागपुर 'राष्ट्रीय स्वयं सेवक संघ' और 'विश्व हिन्दू परिषद' जैसी राष्ट्रवादी संघटनाओं का एक प्रमुख केंद्र है।

अत: विकल्प (A) सही है।

76. 'सूरत' गुजरात राज्य का प्रसिद्ध शहर है। यह ज़िले का प्रशासनिक मुख्यालय भी है। सूरत दक्षिण-पूर्वी गुजरात राज्य, पश्चिम भारत में स्थित है। यह 'खंभात की खाड़ी' पर ताप्ती नदी के मुहाने पर स्थित है। पुर्तग़ालियों द्वारा (1512 एवं 1530 ई.) सूरत को जला दिए जाने के बाद यह एक बड़ा विक्रय केंद्र बना, जहाँ से कपड़े और सोने का निर्यात होता था। वस्त्रोद्योग और जहाज़ निर्माण यहाँ के मुख्य उद्योग थे। अंग्रेज़ों ने 1612 ई. में पहली बार अपनी व्यापारिक चौकी यहीं पर स्थापित की थी। यहाँ के सूती, रेशमी, किमख़ाब (ज़रीदार कपड़ा) के वस्त्र तथा सोने व चाँदी की वस्तुएँ प्रसिद्ध हैं।

अत: विकल्प (D) सही है।

77. 'पुराना क़िला' दिल्ली में स्थित एक आकर्षक पर्यटन स्थल है, जिसका निर्माण 16 वीं शताब्दी में हुमायूँ ने करवाया था। यह क़िला प्रगति मैदान से अधिक दूर नहीं है। क़िला काफ़ी निर्जन स्थान पर है, जिसके चारों तरफ़ बहुधा हरियाली है। दिल्ली के कई अति प्राचीन शहरों के अवशेष पर निर्मित पुराना क़िला लगभग दो क़िलामीटर की परिधि में बना हुआ है, जिसकी आकृति आयताकार है। हुमायूँ मुगल साम्राज्य का दूसरा सम्राट था, जिसने 1530 से 1540 तक और फिर 1555 से 1556 तक अफगानिस्तान, पाकिस्तान, उत्तरी भारत और बांग्लादेश के क्षेत्र पर शासन किया।

अत: विकल्प (D) सही है।

78. 'अकबर' भारत का महानतम मुग़ल शंहशाह था, जिसने मुग़ल शक्ति का भारतीय उपमहाद्वीप के अधिकांश हिस्सों में विस्तार किया। अपने साम्राज्य की एकता बनाए रखने के लिए अकबर द्वारा ऐसी नीतियाँ अपनाई गईं, जिनसे गैर मुसलमानों की राजभक्ति जीती जा सके। अकबर का जन्म अमरकोट के राणा 'वीरसाल' के महल में हुआ था। आजकल कितने ही लोग अमरकोट को 'उमरकोट' समझने की ग़लती करते हैं। वस्तुत: यह इलाक़ा राजस्थान का अभिन्न अंग था। आज भी वहाँ हिन्दू राजपूत बसते हैं। रेगिस्तान और सिंध की सीमा पर होने के कारण अंग्रेज़ों ने इसे सिंध के साथ जोड़ दिया और विभाजन के बाद वह पाकिस्तान का अंग बन गया। अकबर के बचपन का नाम 'बदरुद्दीन' था।

अत: विकल्प (C) सही है।

79. माहम अनगा बादशाह अकबर के बचपन में उसकी मुख्य अनगा (दूधमाता) थी। वह एक कटु राजनीतिज्ञ महिला और अदहम ख़ाँ की माँ थी। वह हरम के अन्दर उस दल में सम्मिलित थी, जो बैरम ख़ाँ के राज्य का सर्वेसर्वा बने रहने का विरोधी था। उसने अकबर को बैरम ख़ाँ के हाथ से सल्तनत की बाग़डोर छीनने के लिए प्रोत्साहित करने में महत्त्वपूर्ण भूमिका अदा की।

अत: विकल्प (A) सही है।

80. 'अब्द-उल क़ादिर बदायूँनी' फ़ारसी भाषा का इतिहासकार एवं अनुवादक था। उसका जन्म सन 1540 ई. में बदायूँ, भारत में हुआ था। बदायूँनी भारत में मुग़लकालीन इतिहास के प्रमुखतम लेखकों में से एक था। बचपन में बदायूंनी बसबार में रहा और सम्भल व आगरा में अध्ययन किया। 1562 ई. में वह बदायूँ गया, वहाँ से पटियाला जाकर वह एक स्थानी राजा हुसैन ख़ाँ की सेवा में चला गया, जहाँ वह नौ वर्षों तक रहा। दरबार छोड़ने के बाद बदायूँनी ने अपनी शिक्षा जारी रखी और विभिन्न मुस्लिम रहस्यवादियों के साथ अध्ययन किया। 1574 ई. में वह मुग़ल बादशाह अकबर के दरबार में पेश किया गया।

अत: विकल्प (B) सही है।

81. 'आर्यभट्ट' प्राचीन भारत के महान ज्योतिषविद् और गणितज्ञ थे। उन्होंने 'आर्यभटीय' नामक ग्रंथ की रचना की, जिसमें ज्योतिषशास्त्र के अनेक सिद्धांतों का प्रतिपादन है। आर्यभट्ट अपने समय के सबसे बड़े गणितज्ञ थे। आर्यभट्ट ने दशमलव प्रणाली का विकास किया। उनके प्रयासों के द्वारा ही खगोल विज्ञान को गणित से अलग किया जा सका। आर्यभट्ट ऐसे प्रथम नक्षत्र वैज्ञानिक थे, जिन्होंने यह बताया कि पृथ्वी अपनी धुरी पर घूमती हुई सूर्य के चक्कर लगाती है। उन्होंने सूर्य ग्रहण एवं चन्द्र ग्रहण होने के वास्तविक कारण पर प्रकाश डाला। आर्यभट ने सूर्य सिद्धान्त भी लिखा।

अत: विकल्प (B) सही है।

82. 'टीपू सुल्तान' भारतीय इतिहास के प्रसिद्ध योद्धा हैदर अली का पुत्र था। पिता की मृत्यु के बाद पुत्र टीपू सुल्तान ने मैसूर की सेना की बागडोर सम्भाली, जो अपनी पिता की ही भांति योग्य एवं पराक्रमी था। टीपू सुल्तान का जन्म 20 नवम्बर सन 1750 ई. को देवनहल्ली, वर्तमान में कर्नाटक के कोलार ज़िले में हुआ था। "मैसूर के शेर" के नाम से मशहूर टीपू सुल्तान न सिर्फ़ अत्यंत दिलेर और बहादुर था, बल्कि एक कुशल योजनाकार भी था। उसने अपने शासन काल में कई सड़कों का निर्माण कराया और सिंचाई व्यवस्था के पुख़्ता इंतज़ाम किए। एक बाँध की नींव भी उसने रखवाई थी।

अत: विकल्प (C) सही है।

83. 'खजुराहो' भारत के मध्य प्रदेश के छत्तरपुर ज़िले में स्थित एक छोटा-सा क़स्बा है। भारत में ताजमहल के बाद सबसे ज़्यादा देखे और घूमे जाने वाले पर्यटन स्थलों में अगर कोई दूसरा नाम आता है तो वह खजुराहो का है। खजुराहो, भारतीय आर्य स्थापत्य और वास्तुकला की एक नायाब मिसाल है। इसका प्राचीन नाम 'खर्जुरवाहक' है। 900 से 1150 ई. के बीच यह चन्देल राजपूतों के राजघरानों के संरक्षण में राजधानी और नगर था, जो एक विस्तृत क्षेत्र जेजाकभुक्ति (अब मध्य प्रदेश का बुंदेलखंड क्षेत्र) के शासक थे। चन्देलों के राज्य की नींव आठवीं शती ई. में महोबा के चन्देल नरेश चंद्रवर्मा ने डाली थी। तब से लगभग पाँच शतियों तक चन्देलों की राज्यसत्ता जुझौति में स्थापित रही।

अत: विकल्प (A) सही है।

84. 'इल्तुतमिश' एक इल्बारी तुर्क था। खोखरों के विरुद्ध उसकी कार्यकुशलता से प्रभावित होकर मुहम्मद ग़ोरी ने उसे 'अमीरूल उमरा' नामक महत्त्वपूर्ण पद दिया था। अकस्मात् मुत्यु के कारण कुतबुद्दीन ऐबक अपने किसी उत्तराधिकारी का चुनाव नहीं कर सका, अत: दिल्ली के तुर्क सरदारों एवं नागरिकों के विरोध के फलस्वरूप कुतुबद्दीन ऐबक के दामाद इल्तुतमिश को दिल्ली आमंत्रित कर राज्यसिंहासन पर बैठाया गया। इल्तुमिश ने विद्रोही सरदारों पर विश्वास न करते हुए अपने 40 ग़ुलाम सरदारों का एक गुट या संगठन बनाया, जिसे तुर्कान-ए-चिहालगानी का नाम दिया गया।

अत: विकल्प (B) सही है।

85. 'अलाउद्दीन ख़िलजी' ख़िलजी वंश के संस्थापक जलालुद्दीन ख़िलजी का भतीजा और दामाद था। सुल्तान बनने के पहले उसे इलाहाबाद के निकट कड़ा की जागीर दी गयी थी। अलाउद्दीन ख़िलजी ने आन्तरिक विद्रोहों को दबाने, बाहरी आक्रमणों का सफलतापूर्वक सामना करने एवं साम्राज्य विस्तार हेतु एक विशाल सुदृढ़ एवं स्थायी सेना का गठन किया। उसने घोड़ों को दाग़ने एवं सैनिकों के हुलिया लिखे जाने के विषय में नवीनतम नियम बनाये। स्थायी सेना को गठित करने वाला अलाउद्दीन पहला सुल्तान था। उसने सेना का केन्द्रीकरण किया और साथ ही सैनिकों की सीधी भर्ती एवं नक़द वेतन देने की प्रथा को प्रारम्भ किया।

अत: विकल्प (C) सही है।

86. 'मुहम्मद बिन क़ासिम' एक नवयुवक अरब सेनापति था। उसे ईराक के प्रान्तपति अलहज्जाज ने, जो मुहम्मद बिन क़ासिम का चाचा और श्वसुर भी था, सिन्ध के शासक दाहिर को दण्ड देने के लिए भेजा था। नेऊन पाकिस्तान में वर्तमान हैदराबाद के दक्षिण में स्थित चराक के समीप स्थित था। देवल के बाद मुहम्मद क़ासिम नेऊन की विजय के लिए आगे बढ़ा। दाहिर ने नेऊन की रक्षा का दायित्व एक पुरोहित को सौंप कर अपने बेटे जयसिंह को ब्राह्मणाबाद बुला लिया। नेऊन में बौद्धों की संख्या अधिक थी। उन्होंने मुहम्मद बिन क़ासिम का स्वागत किया। इस प्रकार बिना युद्ध किए ही मीर क़ासिम का नेऊन दुर्ग पर अधिकार हो गया।

अत: विकल्प (B) सही है।

87. गुर्जर-प्रतिहार राजवंश भारतीय उपमहाद्वीप में प्राचीन एवं मध्यकालीन दौर के संक्रमण काल में साम्राज्य स्थापित करने वाला एक राजवंश था जिसके शासकों ने मध्य-उत्तर भारत के बड़े हिस्से पर मध्य-8वीं सदी से 11वीं सदी के बीच शासन किया। इस राजवंश का संस्थापक नागभट्ट प्रथम था।

अत: विकल्प (A) सही है।

88. 'अलमसूदी' अरब का एक विद्वान् और प्रमुख भूगोलवेत्ता था। 915-916 ई. में वह भारत की यात्रा करने वाला बग़दाद का विदेशी यात्री था। अलमसूदी का जन्म नवीं शताब्दी के अंतिम चरण में बग़दाद में हुआ था। सम्भवत: गुर्जर प्रतिहार वंश के शासक महिपाल (910-940 ई.) के शासन काल के दौरान ही अलमसूदी गुजरात आया था। उसने गुर्जर प्रतिहारों को 'अलगुर्जर' एवं राजा को 'बौरा' कहा था।

अत: विकल्प (B) सही है।

89. 'हड़प्पा' पाकिस्तान के पंजाब प्रान्त में स्थित माण्टगोमरी ज़िले में रावी नदी के बायें तट पर एक पुरास्थल है। हड़प्पा में ध्वंशावशेषों के विषय में सबसे पहले जानकारी 1826 ई. में चार्ल्स मैन्सर्न ने दी। 1856 ई. में ब्रण्टन बन्धुओं ने हड़प्पा के पुरातात्विक महत्त्व को स्पष्ट किया। हड़प्पा के सामान्य आवास क्षेत्र के दक्षिण में एक ऐसा क़ब्रिस्तान स्थित है, जिसे 'समाधि आर-37' नाम दिया गया है। यहाँ पर प्रारम्भ में माधोस्वरूप वत्स ने उत्खनन कराया। बाद में 1946 में ह्वीलर ने भी यहाँ पर उत्खनन कराया। यहाँ पर खुदाई से कुल 57 शवाधान पाए गए हैं। शव प्रायः उत्तर-दक्षिण दिशा में दफ़नाए जाते थे, जिनमें सिर उत्तर की ओर होता था।

अत: विकल्प (A) सही है।

90. 'हड़प्पा' पाकिस्तान के पंजाब प्रान्त में स्थित माण्टगोमरी ज़िले में रावी नदी के बायें तट पर एक पुरास्थल है। जॉन मार्शल के निर्देशन में 1921 ई. में दयाराम साहनी ने इस स्थल का उत्खनन कार्य प्रारम्भ करवाया। 1946 में मार्टीमर ह्वीलर ने हड़प्पा के पश्चिमी दुर्ग टीले की सुरक्षा का प्राचीर का स्वरूप ज्ञात करने के लिए यहाँ उत्खनन करवाया। हड़प्पा नगर के उत्खनन से तांबे की मुहरें प्राप्त हुई हैं। इस क्षेत्र की भाषा की लिपि चित्रात्मक थी। मोहनजोदड़ो से प्राप्त पशुपति की मुहर पर हाथी, गैंडा, बाघ और बैल अंकित हैं। हड़प्पा के मिट्टी के बर्तन पर सामान्यतः लाल रंग का उपयोग हुआ है।

अत: विकल्प (A) सही है।

91. 'कौटिल्य' अथवा 'चाणक्य' अथवा 'विष्णुगुप्त' सम्पूर्ण विश्व में एक महान् राजनीतिज्ञ और मौर्य सम्राट चंद्रगुप्त मौर्य के महामंत्री के रूप में प्रसिद्ध हैं। उनका व्यक्तिवाचक नाम 'विष्णुगुप्त', स्थानीय नाम 'चाणक्य' (चाणक्यवासी) और गोत्र नाम 'कौटिल्य' (कुटिल से) था। चाणक्य चन्द्रगुप्त मौर्य के प्रधानमन्त्री थे। माना जाता है कि चाणक्य ने ईसा से 370 वर्ष पूर्व ऋषि चणक के पुत्र के रूप में जन्म लिया था। वही उनके आरंभिक काल के गुरु थे। कुछ इतिहासकार मानते हैं कि चणक केवल उनके गुरु थे। चणक के ही शिष्य होने के नाते उनका नाम 'चाणक्य' पड़ा।

अत: विकल्प (B) सही है।

92. 'कनिष्क' कुषाण वंश का प्रमुख सम्राट् था। वह भारतीय इतिहास में अपनी विजय, धार्मिक प्रवृत्ति, साहित्य तथा कला का प्रेमी होने के नाते विशेष स्थान रखता है। यूची क़बीले से निकली यूची जाति ने भारत में कुषाण वंश की स्थापना की और भारत को कनिष्क जैसा महान् शासक दिया। कनिष्क के संरक्षण में न केवल बौद्ध धर्म की उन्नति हुई, अपितु अनेक प्रसिद्ध विद्वानों ने भी उसके राजदरबार में आश्रय ग्रहण किया। वसुमित्र, पार्श्व और अश्वघोष के अतिरिक्त प्रसिद्ध बौद्ध विद्वान् नागार्जुन भी उसका समकालीन था। नागार्जुन बौद्ध धर्म के प्रसिद्ध दार्शनिक हुए हैं और महायान सम्प्रदाय का प्रवर्तक उन्हीं को माना जाता है।

अत: विकल्प (A) सही है।

93. जिस समय परान्तक सुदूर दक्षिण के युद्ध में व्याप्त था, कांची के पल्लव कुल ने अपने लुप्त गौरव की पुनः प्रतिष्ठा का प्रयत्न किया। पर चोलराज ने उसे बुरी तरह से कुचल डाला और भविष्य में पल्लवों ने फिर कभी अपने उत्कर्ष का प्रयत्न नहीं किया। परान्तक ने राजसिंह की संयुक्त सेना को पराजित कर 'मदुरैकोण्ड' की उपाधि धारण की।

अत: विकल्प (D) सही है।

94. 18 मई, 1637 ई. को फ़ारस के राजघराने की 'दिलरास बानो बेगम' के साथ औरंगज़ेब का निकाह हुआ। 1636 ई. से 1644 ई. एवं 1652 ई. से 1657 ई. तक औरंगज़ेब गुजरात (1645 ई.), मुल्तान (1640 ई.) एवं सिंध का भी गर्वनर रहा। आगरा पर क़ब्ज़ा कर जल्दबाज़ी में औरंगज़ेब ने अपना राज्याभिषेक "अबुल मुजफ्फर मुहीउद्दीन मुजफ्फर औरंगज़ेब बहादुर आलमगीर" की उपाधि से 31 जुलाई, 1658 ई. को दिल्ली में करवाया।

अत: विकल्प (B) सही है।

95. हैदराबाद, गोलकुंडा के क़ुतुबशाही सुल्तानों द्वारा बसाया गया था, जिनके शासन में गोलकुंडा ने वह महत्त्वपूर्ण स्थान प्राप्त किया, जहाँ केवल उत्तर में मुग़ल साम्राज्य ही उससे आगे था। ख़ूबसूरत इमारतों, निज़ामी शानो-शौक़त और लजीज खाने के कारण मशहूर हैदराबाद भारत के मानचित्र पर एक प्रमुख पर्यटन स्थल के रूप में अपनी एक अलग अहमियत रखता है।

अत: विकल्प (A) सही है।

96. 'मौलाना अबुलकलाम मुहीउद्दीन अहमद' (जन्म-11 नवम्बर, 1888 - मृत्यु- 22 फ़रवरी, 1958) एक विद्वान् एवं वरिष्ठ राजनीतिक नेता थे। उन्होंने भारतीय स्वतंत्रता संग्राम में भाग लिया। उन्होंने हिन्दू-मुस्लिम एकता का समर्थन किया और सांप्रदायिकता पर आधारित देश के विभाजन का विरोध किया। स्वतंत्र भारत में वह भारत सरकार के पहले शिक्षा मंत्री थे।

अत: विकल्प (A) सही है।

97. मोहम्मद अली जिन्ना कराची के एक संपन्न व्यापारी के सबसे बड़े बेटे थे। मुहम्मद अली जिन्ना ने बाद में अपना नाम संक्षिप्त करके 'जिन्ना' रख लिया था। जिन्ना के पिता ने जिन्ना को लंदन में एक व्यापारी कंपनी में प्रशिक्षु के रूप में भर्ती करा दिया था। लंदन पहुँचने के थोड़े समय बाद ही मुहम्मद अली जिन्ना व्यापार छोड़कर क़ानून की पढ़ाई में लग गए थे।

अत: विकल्प (A) सही है।

98. लोथल गुजरात के अहमदाबाद ज़िले में 'भोगावा नदी' के किनारे 'सरगवाला' नामक ग्राम के समीप स्थित है। यहाँ से मनके बनाने वालों, तांबे तथा सोने का काम करने वाले शिल्पियों की उद्योगशालाएँ प्रकाश में आई हैं। यहाँ पर एक घर से सोने के दाने, सेलखड़ी की चार मुहरें, सींप एवं तांबे की बनी चूड़ियों और बहुत ढंग से रंगा हुआ एक मिट्टी का जार मिला है।

अत: विकल्प (C) सही है।

99. करनाल का प्रसिद्ध युद्ध नादिर शाह और मुहम्मद शाह के बीच लड़ा गया था। करनाल की लड़ाई (24 फरवरी 1739) नादिर शाह की निर्णायक जीत थी। नादिर की सेनाओं ने तीन घंटे के भीतर मुहम्मद शाह की सेना को पराजित कर दिया। यह लड़ाई भारत के दिल्ली से 110 किलोमीटर (68 मील) उत्तर में करनाल के पास हुई थी।

अत: विकल्प (C) सही है।

100. बिहारशरीफ़ से 8 किमी दक्षिण-पूर्व पावापुरी जैनियों का प्रमुख तीर्थस्थल है। यहीं जैन धर्म के प्रवर्तक महावीर जी ने निर्वाण प्राप्त किया था। पटना से 104 किलोमीटर और नालन्दा से 25 किमी. की दूरी पर यह स्थित है। यहाँ का जल मन्दिर, मनियार मठ तथा वेनुवन दर्शनीय स्थल हैं।

अत: विकल्प (D) सही है।

101. मौर्य युगीन साम्राज्य की समाप्ति के बाद शुंग वंश का प्रतापी राजा पुष्यमित्र हुआ, जिसने 36 वर्षों तक शासन किया। बौद्धिक ग्रन्थ में पुष्यमित्र को मौर्य वंश का अन्तिम शासक बतलाया गया है।

अत: विकल्प (D) सही है।

102. शेरशाह सूरी ने आगरा से जोधपुर और चित्तौड़ तक की सड़क का निर्माण करवाया और उसे गुजरात के बंदरगाहों से जुड़ी सड़कों से मिलाया। उसने लाहौर से मुल्तान तक तीसरी सड़क का निर्माण करवाया। मुल्तान उस समय पश्चिम और मध्य एशिया की ओर जाने वाले कारवाओं का प्रारम्भिक बिन्दु था। यात्रियों की सुविधा के लिए शेरशाह ने इन सड़कों पर प्रत्येक दो कोस (लगभग आठ) किलोमीटर पर सरायों का निर्माण कराया।

अत: विकल्प (C) सही है।

103. इल्तुतमिश (1210- 236 ई.) एक इल्बारी तुर्क था। खोखरों के विरुद्ध इल्तुतमिश की कार्य कुशलता से प्रभावित होकर मुहम्मद ग़ोरी ने उसे "अमीरूल उमरा" नामक महत्त्वपूर्ण पद दिया था। अकस्मात् मुत्यु के कारण कुतुबुद्दीन ऐबक अपने किसी उत्तराधिकारी का चुनाव नहीं कर सका था। अतः लाहौर के तुर्क अधिकारियों ने कुतुबुद्दीन ऐबक के विवादित पुत्र आरामशाह (जिसे इतिहासकार नहीं मानते) को लाहौर की गद्दी पर बैठाया, परन्तु दिल्ली के तुर्को सरदारों एवं नागरिकों के विरोध के फलस्वरूप कुतुबुद्दीन ऐबक के दामाद इल्तुतमिश, जो उस समय बदायूँ का सूबेदार था, को दिल्ली आमंत्रित कर राज्यसिंहासन पर बैठाया गया।

अत: विकल्प (A) सही है।

104. एन.सी.आर. के अंतर्गत दिल्ली राज्य तथा हरियाणा, उत्तर प्रदेश व राजस्थान के सीमावर्ती ज़िले या तहसीलें आती हैं। यह क्षेत्र दिल्ली महानगर के आसपास लगभग 100 किलोमीटर अर्द्धव्यास में फैला है। क्षेत्र के भावी संतुलित विकास के लिए एक समंवित (मास्टर प्लान) तैयार करने हेतु 1985 में महायोजना एन.सी.आर. बोर्ड का गठन किया गया। दिल्ली महानगर क्षेत्र उपवृहद स्तर पर है।

अत: विकल्प (A) सही है।

105. 1. लार्ड हार्डिंग II ने 1911 में बंगाल के विभाजन को रद्द किया था।

2. भारत की शाही राजधानी शहर को कलकत्ता से दिल्ली स्थानांतरित कर दिया गया था। इसकी आधारशिला तत्कालीन सम्राट जॉर्ज पंचम द्वारा रखी गई थी। यह आयोजन 1911 के दिल्ली दरबार में हुआ था।

3. मुस्लिम नेताओं ने ढाका के नवाब सलीमुल्ला के नेतृत्व में 30 दिसम्बर, 1906 ई. को ढाका में 'मुस्लिम लीग' की स्थापना की। सलीमुल्ला ख़ाँ 'मुस्लिम लीग' के संस्थापक व अध्यक्ष थे, जबकि प्रथम अधिवेशन की अध्यक्षता मुश्ताक हुसैन ने की।

अत: विकल्प (A) सही है।

106. 1844 ई. में हार्डिंग गवर्नर-जनरल बनकर भारत आया था। हार्डिंग के समय की महत्त्वपूर्ण घटना थी- प्रथम आंग्ल-सिख युद्ध (1845-46)। इस युद्ध का परिणाम अंग्रेजों के पक्ष में रहा और अंग्रेज़ों ने अपना साम्राज्य जालंधर से पंजाब तक विस्तृत कर लिया।

अत: विकल्प (D) सही है।

107. मैडम भीकाजी कामा ने भारत का पहला झंडा फहराया उसमें हरा, केसरिया तथा लाल रंग के पट्टे थे। लाल रंग यह शक्ति का प्रतीक है, केसरिया विजय का तथा हरा रंग साहस एवं उत्साह का प्रतीक है। उसी प्रकार 8 कमल के फूल भारत के 8 राज्यों के प्रतीक थे। 'वन्दे मातरम्' यह देवनागरी अक्षरों में झंडे के मध्य में लिखा था। यह झंडा वीर सावरकर ने अन्य क्रांतिकारियों के साथ मिलकर बनाया था।

अत: विकल्प (D) सही है।

108. 1191 ई. में तराइन के मैदान में मुहम्मद गोरी और पृथ्वीराज की सेनाओं के बीच भीषण युद्ध हुआ जिसमें पृथ्वीराज को पूर्ण विजय प्राप्त हुई और एक समकालीन विवरण के अनुसार एक खिलजी घुड़सवार घायल मुहम्मद गोरी को बचाकर ले भागा और उसे एक सुरक्षित स्थान पर पहुँचा दिया। यह गोरी की दूसरी पराजय थी। पृथ्वीराज ने तबरहिंद (भटिंडा) के दुर्ग पर पुनः अधिकार कर लिया।

अत: विकल्प (A) सही है।

109. 1772 तक कोलकाता ब्रिटिश भारत की राजधानी नहीं बना, उस वर्ष प्रथम गवर्नर-जनरल वारेन हेस्टिंग्स ने प्रान्तीय मुग़ल राजधानी मुर्शिदाबाद से सभी महत्त्वपूर्ण कार्यालयों का स्थानान्तरण इस शहर में किया। 1773 में बंबई और मद्रास, फ़ोर्ट विलियम स्थित शासन के अधीन आ गए। ब्रिटिश क़ानून को लागू करने वाले उच्चतम न्यायालय ने अपना प्रारम्भिक क्षेत्राधिकार शहर में 'मराठा खाई' तक लागू करना प्रारम्भ कर दिया।

अत: विकल्प (C) सही है।

110. जौनपुर शहर शर्क़ी वंश (1394-1479) के स्वतंत्र मुस्लिम राज्य की राजधानी था। 1559 में अकबर ने इसे जीता और 1775 में यह ब्रिटिश शासन के अंतर्गत आ गया। जौनपुर में 'अटाला मस्जिद' (1408) और 'जामी मस्जिद' (1478) समेत कई पुरानी मस्जिदें हैं। गोमती नदी पर 16वीं शताब्दी में बना एक शानदार पुल भी है।

अत: विकल्प (B) सही है।

111. जलालुद्दीन ख़िलजी के तख्त पर बैठने के बाद अलाउद्दीन ख़िलजी को 'अमीर-ए-तुजुक' का पद मिला। मलिक छज्जू के विद्रोह को दबाने में महत्त्वपूर्ण भूमिका निभाने के कारण जलालुद्दीन ने उसे कड़ा-मनिकपुर की सूबेदारी सौंप दी। आर्थिक मामलों से सम्बन्धित 'दीवान-ए-रियासत' नये विभाग की स्थापना अलाउद्दीन ख़िलजी ने की थी, जो व्यापारी वर्ग पर नियंत्रण रखता था।

अत: विकल्प (A) सही है।

112. कबीरदास के समस्त विचारों में राम नाम की महिमा प्रतिध्वनित होती है। वे एक ही ईश्वर को मानते थे और कर्मकाण्ड के घोर विरोधी थे। अवतार, मूर्त्ति, रोज़ा, ईद, मस्जिद, मंदिर आदि को वे नहीं मानते थे। कबीर के नाम से मिले ग्रंथों की संख्या भिन्न-भिन्न लेखों के अनुसार भिन्न-भिन्न है। कबीर की वाणी का संग्रह 'बीजक' के नाम से प्रसिद्ध है।

अत: विकल्प (B) सही है।

113. पटना भारत के बिहार प्रान्त की राजधानी है। पटना का प्राचीन नाम पाटलीपुत्र था। आधुनिक पटना दुनिया के गिने-चुने उन विशेष प्रचीन नगरों में से एक है, जो अति प्राचीन काल से आज तक आबाद हैं। इस शहर का ऐतिहासिक महत्त्व है। ईसा पूर्व मैगस्थनीज़ (350 ईपू-290 ईपू) ने अपने भारत भ्रमण के पश्चात् लिखी अपनी पुस्तक इंडिका में इस नगर का उल्लेख किया है।

अत: विकल्प (C) सही है।

114. गुप्त काल में ही बौद्ध धर्म की अवनति अन्य प्रदेशों की भांति कश्मीर में भी प्रारम्भ हो गई थी और शैव धर्म का उत्कर्ष धीरे -धीरे बढ़ रहा था। शैवमत के तथा पुन:जीवित हिन्दू धर्म के प्रचार में 'अभिनवगुप्त' तथा शंकराचार्य जैसे दार्शनिकों का बड़ा हाथ था।

अत: विकल्प (C) सही है।

115. 'उपनयन' का अर्थ है "पास या सन्निकट ले जाना।" किन्तु किसके पास ले जाना? सम्भवत: आरम्भ में इसका तात्पर्य था "आचार्य के पास (शिक्षण के लिए) ले जाना।" हो सकता है; इसका तात्पर्य रहा हो नवशिष्य को विद्यार्थीपन की अवस्था तक पहुँचा देना। कुछ गृह्यसूत्रों से ऐसा आभास मिल जाता है, यथा हिरण्यकेशि के अनुसार; तब गुरु बच्चे से यह कहलवाता है "मैं ब्रह्मसूत्रों को प्राप्त हो गया हूँ। मुझे इसके पास ले चलिए। सविता देवता द्वारा प्रेरित मुझे ब्रह्मचारी होने दीजिए।" मानवग्रह्यसूत्र एवं काठक. ने 'उपनयन' के स्थान पर 'उपायन' शब्द का प्रयोग किया है। काठक के टीकाकार आदित्यदर्शन ने कहा है कि उपानय, उपनयन, मौञ्जीबन्धन, बटुकरण, व्रतबन्ध समानार्थक हैं।

अत: विकल्प (B) सही है।

116. अनेकान्तवाद जैन धर्म के सबसे महत्वपूर्ण और मूलभूत सिद्धान्तों में से एक है। मुख्यतः यह विचारों की बहुलता का सिद्धान्त है। अनेकान्तवाद की मान्यता है कि अलग-अलग लोग एक ही वास्तविकता के विभिन्न पहलुओं के बारे में सोचते हैं और इसलिए उनके आंशिक निष्कर्ष एक-दूसरे के विपरीत होते हैं। भिन्न-भिन्न कोणों से देखने पर सत्य और वास्तविकता भी अलग-अलग

प्रकार से समझ में आती है। अतः एक ही दृष्टिकोण से देखने पर पूर्ण सत्य नहीं जाना जा सकता। अनेकान्तवाद जैन धर्म का आधारभूत सिद्धान्त एवं दर्शन है।

अत: विकल्प (B) सही है।

117. हल्दीघाटी का युद्ध 1576 ई. में लड़ा गया था।

हल्दीघाटी भारतीय इतिहास में प्रसिद्ध राजस्थान का वह ऐतिहासिक स्थान है, जहाँ महाराणा प्रताप ने अपनी मातृभूमि की लाज बचाये रखने के लिए असंख्य युद्ध लड़े और शौर्य का प्रदर्शन किया। हल्दीघाटी राजस्थान के उदयपुर ज़िले से 27 मील (लगभग 43.2 कि.मी.) उत्तर-पश्चिम एवं नाथद्वारा से 7 मील (लगभग 11.2 कि.मी.) पश्चिम में स्थित है।

अत: विकल्प (B) सही है।

118. वीणा एक ऐसा वाद्य यंत्र है, जिसका प्रयोग 'शास्त्रीय संगीत' में किया जाता है। वीणा एक तत वाद्य है। प्राचीन ग्रन्थों में गायन के साथ वीणा की संगति का उल्लेख मिलता है।

अत: विकल्प (D) सही है।

119. ऋग्वेद सनातन धर्म अथवा हिन्दू धर्म का स्रोत है । इसमें 1028 सूक्त हैं, जिनमें देवताओं की स्तुति की गयी है। इस ग्रंथ में देवताओं का यज्ञ में आह्वान करने के लिये मन्त्र हैं। यही सर्वप्रथम वेद है। ऋग्वेद को दुनिया के सभी इतिहासकार हिन्द-यूरोपीय भाषा-परिवार की सबसे पहली रचना मानते हैं। ये दुनिया के सर्वप्रथम ग्रन्थों में से एक है।

अत: विकल्प (C) सही है।

120. तमिल नाडु का इतिहास बहुत पुराना है। यद्यपि प्रारंभिक काल के संगम ग्रंथों में इस क्षेत्र के इतिहास का अस्पष्ट उल्लेख मिला है, किंतु तमिल नाडु का लिखित इतिहास पल्लव राजाओं के समय से ही उपलब्ध हैं। यह कुछ स्थानों में से एक है, जो प्रागैतिहासिक काल से आज तक आबाद है।

अत: विकल्प (D) सही है।

121. हड़प्पा सभ्यता सिंधु घाटी सभ्यता का सबसे उपयुक्त नाम है क्योंकि हड़प्पा सिंधु सभ्यता के केंद्र में स्थित है। यह एक शहरी व्यापार केंद्र भी था। सिंधु घाटी सभ्यता का नाम सिंधु नदी प्रणाली के नाम पर रखा गया है, जिसके जलोढ़ मैदानों में सभ्यता के शुरुआती स्थलों की पहचान की गई और खुदाई की गई।

अत: विकल्प (A) सही है।

122. 'सांख्य' शब्द की निष्पत्ति संख्या शब्द से हुई है। संख्या शब्द 'ख्या' धातु में सम् उपसर्ग लगाकर व्युत्पन्न किया गया है, जिसका अर्थ है 'सम्यक् ख्याति'। संसार में प्राणिमात्र दु:ख से निवृत्ति चाहता है। दु:ख क्यों होता है, इसे किस तरह सदा के लिए दूर किया जा सकता है- ये ही मनुष्य के लिए शाश्वत ज्वलन्त प्रश्न हैं।

अत: विकल्प (B) सही है।

123. महायान बौद्ध धर्म की एक प्रमुख शाखा है, जिसका आरंभ पहली शताब्दी के आस-पास माना जाता है। ईसा पूर्व पहली शताब्दी में वैशाली में बौद्ध संगीति हुई, जिसमें पश्चिमी और पूर्वी बौद्ध पृथक् हो गए। पूर्वी शाखा का ही आगे चलकर 'महायान' नाम पड़ा। भक्ति और पूजा की भावना के कारण इसकी ओर लोग सरलता से आकृष्ट हुए। महायान मत के प्रमुख विचारकों में अश्वघोष, नागार्जुन और असंग के नाम प्रमुख हैं।

अत: विकल्प (B) सही है।

124. गंगा-यमुना के संगम स्थल प्रयाग को पुराणों में 'तीर्थराज' (तीर्थों का राजा) नाम से अभिहित किया गया है। इस संगम के सम्बन्ध में ऋग्वेद में कहा गया है कि, जहाँ कृष्ण (काले) और श्वेत (स्वच्छ) जल वाली दो सरिताओं का संगम है, वहाँ स्नान करने से मनुष्य स्वर्गारोहण करता है।

अत: विकल्प (B) सही है।

125. 'महमूद बेगड़ा' गुजरात राज्य का प्रसिद्ध सुल्तान था।

- अहमद शाह प्रथम के प्रपौत्र महमूद बेगड़ा को उनके वंश का सबसे प्रमुख सुल्तान माना जाता है।
- 1458 में 12 साल की छोटी उम्र में उन्हें सिंहासन पर बैठाया गया था।
- उन्होंने चौल की लड़ाई(1508) में पुर्तगालियों को भी हराया और 1511 में बीमारी के कारण उनकी मृत्यु हो गई।

अत: विकल्प (B) सही है।

मॉक टेस्ट 02

Q.1 निम्नलिखित में से कौन सा कथन सही हैं?
(a) ऋग्वैदिक काल में विधाता, सभा और समिति से अधिक लोकप्रिय थी।
(b) विधाता में पुरुष और महिलाएं दोनों सम्मिलित होते थे।
(c) समिति का सबसे महत्वपूर्ण कार्य राजा का चुनाव था।

A. (a) और (b) **B.** (a) और (c)
C. (b) और (c) **D.** (a), (b) और (c)

Q.2 हड़प्पा सभ्यता के निष्कर्षों के बारे में निम्नलिखित कथनों पर विचार कीजिये-
1. कालीबंगा में सबसे पहला खेत जोता गया था।
2. लोथल हड़प्पा सभ्यता का एक महत्वपूर्ण स्थल है जो अपने विशाल पोतगाह के लिए जाना जाता है।
3. एक हल की टेराकोटा प्रतिकृति बनावली नामक स्थान से मिली थी।

A. केवल 1 **B.** केवल 1, 2
C. केवल 1, 3 **D.** उपरोक्त सभी

Q.3 सूची - I का सूची-II के साथ मिलान कीजिए-

सूची I (पुराणों)	सूची II (राजवंशों)
(a) वायु	(i) गुप्त
(b) विष्णु	(ii) आंध्र
(c) मत्स्य	(iii) मौर्य

विकल्पों में से सही उत्तर चुनें:
A. (a) - (i), (b) - (ii), (c) - (iii)
B. (a) - (i), (b) - (iii), (c) - (ii)
C. (a) - (iii), (b) - (i), (c) - (ii)
D. (a) - (iii), (b) - (ii), (c) - (i)

Q.4 निम्नलिखित स्थानों में से कौन सा दुनिया में मिट्टी के बर्तनों के उपयोग का सबसे पहला साक्ष्य प्रदान करता है।

A. चोपनी-माण्डो **B.** बागोर
C. मेहरगढ़ **D.** कोटदीजी

Q.5 सूची- I (तीर्थंकर) के साथ सूची- II (प्रतिक्रिया संज्ञान) का मिलान कीजिये।

सूची I (तीर्थंकर)	सूची II (प्रतिक्रिया संज्ञान)
(a) अजीता	(i) बैल
(b) ऋषभ	(ii) हाथी
(c) महावीर	(iii) शेर
(d) पार्श्वनाथ	(iv) सर्प

सही विकल्प चुनें:
A. (a) – (i), (b) – (ii), (c) – (iii), (d) – (iv)
B. (a) – (ii), (b) – (i), (c) – (iv), (d) – (iii)
C. (a) – (ii), (b) – (i), (c) – (iii), (d) – (iv)
D. (a) – (i), (b) – (iii), (c) – (ii), (d) – (iv)

Q.6 लोथल में, जो एक महत्वपूर्ण उद्योग था जिसे अपनाया गया था?

A. मिट्टी के बर्तनों **B.** जहाज का निर्माण
C. टेराकोटा खिलौने **D.** मनका बनाना

Q.7 निम्नलिखित में से कौन बौद्ध धर्म के उदय के कारण थे?
(a) इसने गैर-वैदिक क्षेत्रों के लोगों से एक विशेष अनुग्रह की।
(b) मूर्ति पूजा का अभ्यास और प्रसाद और दान प्राप्त करना।
(c) पाली भाषा का प्रयोग।
नीचे दिए गए विकल्प में से सही उत्तर का चयन कीजिए:

A. केवल (a) और (b) **B.** केवल (b)
C. केवल (b) और (c) **D.** केवल (a) और (c)

Q.8 निम्नलिखित में से किस वैदिक बलिदान का सीधा संबंध राजा से था?
A. अस्वमेध और राजसूय
B. अस्वमेध और वाजपेय
C. अश्वमेध, राजसूय और वाजपेय
D. राजसूय और वाजपेय

Q.9 एलिफेंटा की गुफाएँ सम्मिलित किये हैं:

A. शैव चित्र **B.** वैष्णव चित्र
C. बौद्ध चित्र **D.** इनमें से कोई नहीं

Q.10 निम्न में से किसे खिलजी वंश के संस्थापक के रूप में जाना जाता है?

A. जलालुद्दीन खिलजी **B.** अलाउद्दीन खिलजी
C. खुसरो खान **D.** इनमें से कोई नहीं

Q.11 आरंभिक सांस्कृतिक चरण के नीचे वर्णित चार स्थलों में से आता है:

A. बनवाली **B.** कोट दीजी
C. मोहनजोदड़ो **D.** मेहरगढ़

Q.12 सूची- I के साथ सूची- II का मिलान कीजिये:

सूची I (ग्रंथों)	सूची II (लेखक)
(a) मुद्राराक्षस	(i) अभिनवगुप्त
(b) अष्टाध्यायी	(ii) विशाखदत्त
(c) महाभाष्य	(iii) पतंजलि
(d) तन्त्रालोक	(iv) पाणिनि

नीचे दिए गए विकल्पों में से सही विकल्प चुनिए:
A. (a) - (i), (b) - (iv), (c) - (ii), (d) - (iii)
B. (a) - (i), (b) - (iv), (c) - (iii), (d) - (ii)
C. (a) - (ii), (b) - (iii), (c) - (iv), (d) - (i)
D. (a) - (ii), (b) - (iv), (c) - (iii), (d) - (i)

Q.13 निम्नलिखित ग्रंथों पर विचार करें।
1. शतपथ ब्राह्मण
2. बृहदारण्यक उपनिषद
3. अचरंगा सूत्र
4. विनय पिटक
इनमें से कौन वैदिक साहित्य से संबंधित नहीं है / है?

A. केवल 4 **B.** केवल 3 और 4
C. केवल 1 और 4 **D.** केवल 2 और 4

Q.14 अशोक का कौन-सा शिलालेख कलिंग युद्ध का विवरण देता है?
A. जुगाड़ा रॉक शिलालेख
B. धौली रॉक शिलालेख
C. रुम्मिनदेई स्तंभ शिलालेख
D. शाहबाजगढ़ी रॉक शिलालेख

Q.15 सूची - I का सूची-II के साथ मिलान कीजिए-

सूची I	सूची II
(a) श्रौतसूत्र	(i) अग्नि वेदियों का मापन

(b) गृह्यसूत्र	(ii) बलिदानों से संबंधित नियम
(c) धर्मसूत्र	(iii) घरेलू अधिकार
(d) सुल्वसूत्र	(iv) धर्म या कानून

विकल्पों में से सही उत्तर चुनें:

A. (a) - (i), (b) - (ii), (c) - (iii), d - (iv)
B. (a) - (ii), (b) - (iii), (c) - (iv), d - (i)
C. (a) - (ii), (b) - (iv), (c) - (iii), d - (i)
D. (a) - (i), (b) - (iii), (c) - (iv), d - (ii)

Q.16 ऋग्वेद में उल्लिखित दस राजाओं की लड़ाई किसके नेतृत्व में सुदासा के खिलाफ लड़ी गई थी?

A. वशिष्ठ कुरु **B.** विश्वामित्र **C.** कुरु **D.** पुरु

Q.17 प्राचीन भारतीय विवाहों में निम्नलिखित में से किस रूप में दुल्हन की कीमत का भुगतान एक शर्त थी?

A. आर्श **B.** असुर **C.** देव **D.** प्रजापत्य

Q.18 भारतीय तत्त्वज्ञान की वैशेषिक और न्याय प्रणाली के संबंध में निम्नलिखित कथनों पर विचार कीजिए।

1. न्याय और वैशेषिक तत्त्वज्ञान दोनों ही अज्ञानता को सभी पीड़ा और दुख का मूल कारण मानते हैं।
2. न्याय और वैशेषिक दोनों ही व्यक्ति की आत्म की मुक्ति को अंतिम लक्ष्य के रूप में स्वीकार करते हैं।

सही कथन ज्ञात कीजिए।

A. केवल 1 **B.** केवल 2
C. दोनों 1 और 2 **D.** इनमें से कोई नहीं

Q.19 सूची- I के साथ सूची- II का मिलान कीजिये:

सूची I (राज्य)	सूची II (राजधानी)
(a) अवन्ती	(i) चंपा
(b) कोशल	(ii) उज्जैन
(c) अंग	(iii) श्रावस्ती
(d) गांधार	(iv) तक्षशिला

नीचे दिए गए विकल्पों में से सही विकल्प चुनिए:

A. (a) - (ii), (b) - (iii), (c) - (i), (d) - (iv)
B. (a) - (iv), (b) - (ii), (c) - (i), (d) - (iii)
C. (a) - (ii), (b) - (i), (c) - (iii), (d) - (iv)
D. (a) - (i), (b) - (ii), (c) - (iii), (d) - (iv)

Q.20 निम्नलिखित कथनों पर विचार करता है -

1. मध्य पाषाण काल में जानवरों का वर्चस्व शुरू हुआ।
2. अनाज की खेती सबसे पहले नवपाषाण युग में शुरू हुई।
3. मध्य पाषाण काल की मुख्य विशेषता बड़े पत्थर के औजार थे।

उपरोक्त कथनों में से कौन सा सही है/हैं?

A. केवल 1 **B.** केवल 1, 3
C. केवल 1, 2 **D.** उपरोक्त सभी

Q.21 बोधिसत्व सिद्धांत किसके साथ जुड़ा हुआ है?

A. महायान बौद्ध धर्म **B.** हीनयान बौद्ध धर्म
C. वज्रयान बौद्ध धर्म **D.** थेरवाद बौद्ध धर्म

Q.22 शंकराचार्य द्वारा प्रचारित अद्वैतवाद सिद्धांत का उल्लेख है

A. दवा **B.** धर्म **C.** खगोल **D.** तंत्रवाद

Q.23 मौर्य प्रशासन में राजस्व महानिदेशक का पद नाम क्या है?

A. सन्निधाता **B.** सुलक्षणाक्ष
C. संस्थाध्यक्ष **D.** समाहर्ता

Q.24 बंगाल की एशियाई सोसाइटी को किसे बढ़ावा देने के लिए स्थापित किया गया था?

A. भारतीय धर्म
B. भारतीय भाषा और शास्त्रों का अध्ययन
C. भारतीय शिक्षा
D. भारतीय रीति-रिवाज

Q.25 सूची- II (अधिकारियों) की सूची- II (विभाग) के साथ मिलान करें और नीचे दिए गए कूट की मदद से सही उत्तर चुनें:

सूची-I (अधिकारी)	सूची-II (विभाग)
(a) लाक्षागृह	(i) टकसाल के अधीक्षक
(b) सीताध्यक्ष	(ii) वाणिज्य अधीक्षक
(c) पौतवध्यक्ष	(iii) कृषि अधीक्षक
(d) पण्याध्यक्ष	(iv) वज़न और माप के अधीक्षक

A. (a) - (iv), (b) - (i), (c) - (ii), (d) - (iii)
B. (a) - (i), (b) - (iii), (c) - (iv), (d) - (ii)
C. (a) - (iii), (b) - (ii), (c) - (i), (d) - (iv)
D. (a) - (i), (b) - (iii), (c) - (ii), (d) - (iv)

Q.26 अकबर के शासनकाल के दौरान निम्नलिखित ऐतिहासिक लेखों में से कौन सा नहीं लिखा गया था?

A. तारिख-ए-फ़रिश्ता **B.** हुमायूंनामा
C. तारीख -ई-शेरशाही **D.** तबक़ात-ए-अकबरी

Q.27 निम्नलिखित को अनुक्रमिक क्रम में व्यवस्थित करें और नीचे दिए गए कूट से सही उत्तर चुनें:

(i) मालविकाग्निमित्र
(ii) हर्षचरित
(iii) अष्टाध्यायी
(iv) राजतरंगिणी

A. (ii), (iii), (iv), (i) **B.** (iii), (ii), (i), (iv)
C. (iv), (ii), (i), (iii) **D.** (iii), (i), (ii), (iv)

Q.28 सूची- II के साथ सूची- I का मिलान करें और नीचे दिए गए कूट से सही उत्तर चुनें:

सूची -I	सूची-II
(a) इरफान हबीब	(i) होयसला मूर्तिकला (बारहवीं और तेरहवीं शताब्दी) में सैन्य प्रौद्योगिकी
(b) जोसेफ नीडम	(ii) बारूद और आग्नेयास्त्र: मध्यकालीन भारत में युद्ध
(c) इख्तियार आलम खान	(iii) चीन में विज्ञान और सभ्यता
(d) जीन डेलोचे	(iv) मध्यकालीन प्रौद्योगिकी: भारत और इस्लामी दुनिया के बीच आदान-प्रदान

A. (a)-(iv), (b)-(ii), (c)-(iii), (d)-(i)
B. (a)-(ii), (b)-(iv), (c)-(i), (d)-(iii)
C. (a)-(ii), (b)-(i), (c)-(iii), (d)-(iv)
D. (a)-(iv), (b)-(iii), (c)-(ii), (d)-(i)

Q.29 "उसके शासन के तहत लोग खुश थे और संतुष्ट थे और इसलिए युवा और बूढ़े, गुलाम और आज़ाद थे, उन्होंने काले वस्त्र पहनकर अपनी मृत्यु पर शोक व्यक्त किया", इसे अपने तारिख-ए-फ़रिश्ता में फ़रिश्ता में किस सैय्यद सुल्तान के लिए लिखा है?

A. खिज्र खान **B.** मुबारक शाह
C. मुहम्मद शाह **D.** अलाउद्दीन शाह

Q.30 भीनमाला को प्रसिद्ध खगोलशास्त्री के जन्म स्थान के रूप में जाना जाता है:

A. आर्यभट्ट **B.** भास्कराचार्य
C. ब्रह्मगुप्त **D.** वराहमिहिर

Q.31 दीवान-ए-आमिर-ए-कोही, खेती में सुधार के लिए यह एक अलग विभाग किसके द्वारा स्थापित किया गया था?
A. गयासुद्दीन तुगलक **B.** अलाउद्दीन खिलजी
C. मुहम्मद-बिन-तुगलक **D.** फिरोज शाह तुगलक

Q.32 निम्नलिखित में से किस शासक ने मणिमंगलम के युद्ध में पश्चिमी चालुक्यों के पुलकेशिन द्वितीय को हराया?
A. महेन्द्रवर्मन प्रथम **B.** नरसिंहवर्मन प्रथम
C. नरसिंहवर्मन द्वितीय **D.** सिमविष्णु

Q.33 पुष्यभूति वंश के बारे में निम्नलिखित में से कौन सा कथन सही नहीं है?
A. पुष्यभूति मौर्यों के सामंत थे
B. शासक राज्यवर्धन की सासंका ने छलपूर्वक हत्या कर दी थी
C. वल्लभी के ध्रुवसेन द्वितीय को पुष्यभूति राजा, हर्षवर्धन ने हराया था
D. हर्षवर्धन को नर्मदा नदी के तट पर पुलकेशिन द्वितीय (चालुक्य राजा) ने हराया था

Q.34 सुगंधादेवी, जिन्होंने बैठे हुए लक्ष्मी की आकृति के साथ सिक्के जारी किए थे, कहाँ की रानी थीं?
A. कर्नाटक **B.** सौराष्ट्र **C.** गौड़ **D.** कश्मीर

Q.35 निम्नलिखित में से कौन सा अशोक का शिलालेख इंगित करता है कि उसने मृत्युदंड को समाप्त नहीं किया?
A. स्तंभ शिलालेख IV **B.** लघु रॉक शिलालेख
C. रॉक शिलालेख XII **D.** कलिंग शिलालेख

Q.36 ऐहोल शिलालेख किस शासक से संबंधित है?
A. रुद्रदामन **B.** समुद्रगुप्त
C. पुलिकेशिन द्वितीय **D.** स्कन्द गुप्त

Q.37 गांधार कला विद्यालय के संदर्भ में, निम्नलिखित कथनों पर विचार कीजिये:
1. गांधार में मूर्तिकला परंपरा में बैक्ट्रिया, पार्थिया और स्थानीय गांधार परंपरा का संगम था।
2. गांधार कला एक आध्यात्मिक अवस्था में बुद्ध के चित्रण के लिए प्रसिद्ध है, ध्यान में आँखें आधी बंद हैं।
ऊपर दिए गए कथनों में से कौन सा सही है/हैं?
A. केवल 1 **B.** केवल 2
C. 1 और 2 दोनों **D.** न तो 1 और न 2

Q.38 संगम साहित्य में कामुक कविता को किस के रूप में जाना जाता है?
A. आगम **B.** पुरम
C. (A) और (B) दोनों **D.** इनमें से कोई नहीं

Q.39 खारवेल द्वारा निम्नलिखित धर्मों में से किसका संरक्षण किया गया था?
A. जैन धर्म **B.** इस्लाम **C.** हिन्दू धर्म **D.** ब्राह्मण धर्म

Q.40 निम्नलिखित में से कौन सा बौद्ध ग्रंथ 6 वीं शताब्दी ईसा पूर्व में 16 महाजनपदों के विषय में जानकारी देता है?
A. त्रिपिटक **B.** दीपवंश
C. अंगुत्तर निकया **D.** दिघनिकया

Q.41 चार्ल्स फ्रीर एंड्रयूज़ को 'दीन बंधु' का शीर्षक किसने दिया?
A. महात्मा गांधी **B.** मदन मोहन मालवीय
C. जवाहरलाल नेहरू **D.** रबींद्रनाथ टैगोर

Q.42 दिल्ली सल्तनत की राजकीय भाषा क्या थी?
A. उर्दू **B.** अरबी **C.** फारसी **D.** हिन्दी

Q.43 पिट्स इंडिया अधिनियम, 1784 क्या था?
A. नियामक अधिनियम **B.** अध्यादेश
C. संकल्प **D.** श्वेत पत्र

Q.44 निम्नलिखित कथनों पर विचार करें:जैन-उल-अबिदीन द्वारा कश्मीर में निर्मित जामा मस्जिद की महत्वपूर्ण विशेषता में शामिल हैं:
1. बुर्ज
2. बौद्ध पगोडा के साथ समानता
3. फ़ारसी शैली
उपरोक्त कथनों में से कौन सा/से सही है/ हैं?
A. केवल 1 **B.** 1, 2 और 3
C. 2 और 3 **D.** 1 और 3

Q.45 भारत में मुगल साम्राज्य की स्थापना करने के लिए कौन सा युद्ध हुआ था?
A. खानवा युद्ध
B. पानीपत की पहली लड़ाई
C. पानीपत की दूसरी लड़ाई
D. पानीपत की तीसरी लड़ाई

Q.46 मौर्य वंश के संस्थापक कौन हैं?
A. चन्द्रगुप्त **B.** अशोक **C.** बिन्दुसार **D.** बिम्बिसार

Q.47 निम्न में से किसने दिल्ली को राजधानी के रूप में स्थापित किया?
A. कुतुबुद्दीन ऐबक **B.** इल्तुतमिश
C. रजिया **D.** मुइज्जुद्दीन गौरी

Q.48 13वीं सदी में मंगोलों के संबंध में निम्नलिखित में से कौन-सा/से कथन सही है/हैं?
1. मंगोल सम्राट चंगेज खान ने बलबन की सेना के भय से सिंधु को पार नहीं किया।
2. मंगोल शासक अब्दुल्ला भटिंडा में जलालुद्दीन खिलजी द्वारा पराजित किया गया था।
3. अलाउद्दीन खिलजी के शासनकाल के दौरान मंगोल आक्रमण ने मजबूत सल्तनत सेना की नींव रखी। केवल 1
नीचे दिए गए कूट का प्रयोग कर सही उत्तर चुनिए।
A. केवल 1 **B.** केवल 1 और 3
C. केवल 2 और 3 **D.** 1, 2 और 3

Q.49 शेर शार सूरी ने निम्नलिखित में से कौन सा कार्य किया?
A. कांस्य के सिक्के **B.** चांदी के सिक्के
C. ताँबे के सिक्के **D.** लोहे के सिक्के

Q.50 निम्न में से किस शासक को "अमित्रघात" भी कहा जाता है?
A. अशोक **B.** बिम्बिसार
C. बिंदुसार **D.** चंद्रगुप्त मौर्य

Q.51 मुग़ल काल में पोलाज किसका एक प्रकार है?
A. कर का प्रकार **B.** भूमि का प्रकार
C. फसल का प्रकार **D.** माल का प्रकार

Q.52 अंग्रेजी को शिक्षा का माध्यम बनाने का मैका ॅले का विचार किस गवर्नर-जनरल ने स्वीकार किया था?
A. ला ॅर्ड लिट्टन **B.** ला ॅर्ड विलियम बेंटिक
C. ला ॅर्ड कैनिंग **D.** ला ॅर्ड रिपन

Q.53 मध्यकालीन भारतीय इतिहास के संदर्भ में, लिंगायत के विषय में निम्नलिखित कथनों पर विचार कीजिए:
1. वे भगवान विष्णु की उपासना करते थे।

2. वे जाति व्यवस्था के विरोधी थे।
3. उन्होंने बालविवाह का विरोध किया एवं विधवा पुनर्विवाह को स्वीकार किया।
उपर्युक्त कथनों में से कौन-सा/सेसही है/हैं?
A. केवल 2 और 3
B. केवल 1 और 3
C. केवल 2
D. 1, 2 और 3

Q.54 जिसने आठ दिल्ली सुल्तानों के शासनकाल को देखा था वह कौन था?
A. मिन्हाज-अस सिराज
B. ज़ियाउद्दीन बरानी
C. शम्स-ए-सिरराज अफिफ
D. अमीर खुसरो

Q.55 द्वितीय आंग्ल-मैसूर युद्ध कब हुआ था?
A. 1780-1784
B. 1767-1769
C. 1790-1792
D. 1777-1779

Q.56 हुमायूँ को किस लड़ाई में पराजय के बाद भारत से भागना पड़ा था?
A. खानवा **B.** कन्नौज **C.** पानीपत **D.** गोगरा

Q.57 किस मध्ययुगीन भारतीय शासक ने "पट्टा" और "कबुलीयत" की व्यवस्था शुरू की थी?
A. अलाउद्दीन खलजी
B. मोहम्मद बिन तुगलक
C. शेर शाह
D. अकबर

Q.58 निम्नलिखित में से कौनसी लड़ाई पृथ्वीराज चौहान और मोहम्मद गौरी ________ के बीच लड़ी गई थी?
A. तराइन की लड़ाई
B. चौसा की लड़ाई
C. हल्दी घाटी की लड़ाई
D. पानीपत की लड़ाई

Q.59 भारत में पहला ब्रिटिश 'प्रेसीडेंसी' कहाँ स्थापित किया गया था?
A. मद्रास **B.** सूरत **C.** बॉम्बे **D.** बंगाल

Q.60 सिंधु घाटी सभ्यता के लोगों का मुख्य व्यवसाय क्या था?
A. कृषि **B.** पशु चराना **C.** शिकार **D.** व्यापार

Q.61 निम्नलिखित युग्मों पर विचार कीजिये:

विदेशी यात्री	मूल देश
1. मेगास्थनीज	यूनान
2. इब्न बतूता	फारस
3. अफनासी निकितन	पुर्तगाल

उपर्युक्त युग्मों में से कौन सा /से युग्म सही सुमेलित है /हैं ?
A. केवल 1
B. केवल 1 और 2
C. केवल 2 और 3
D. 1, 2 और 3

Q.62 भारत में मुग़ल शासन के दौरान कर प्रणाली के विषय में निम्नलिखित कथनों पर विचार कीजिये और सही कथन बताइए:
1. औरंगजेब ने एक नई व्यवस्था दह्शाला या बंदोबस्त अराजी या जब्ती व्यवस्था की शुरुआत की थी।
2. भूमि की माप के लिए बीघा को खेत के मापन की मानक इकाई के रूप में अपनाया गया जो कि 60×60 गज का था।
निम्नलिखित कूटों की सहायता से सही उत्तर चुनिए :
A. केवल 1
B. केवल 2
C. 1 और 2 दोनों
D. न तो 1 न ही 2

Q.63 तारीख-ए-शेरशाही किसने लिखा है?
A. फैजी
B. बदाउनी
C. अब्बास खान सरवानी
D. हसन निजामी

Q.64 हम्पी _______ साम्राज्य की राजधानी थी।
A. सूरत
B. मद्रास
C. कलकत्ता
D. विजय नगर

Q.65 बाबर की मृत्यु कहाँ हुई?
A. आगरा **B.** काबुल **C.** लाहौर **D.** दिल्ली

Q.66 सूची । का सूची ॥ के साथ मिलान कीजिये:

सूची । (घटना)	सूची ॥ (शासक)	
A. शाहरुख सिक्के का परिसंचरण	1. बाबर	
B. रुपिया का परिसंचरण	2. शेर शाह	
C. मनसबदारी प्रणाली	3. अकबर	
D. ब्राह्मणों पर जज़िया कर का प्रभाव	4. फिरोज शाह तुगलक	

A. A-1, B-2, C-3, D-4
B. A-2, B-3, C-3, D-4
C. A-4, B-2, C-3, D-1
D. A-4, B-3, C-1, D-2

Q.67 निम्नलिखित कथनों पर विचार करें-
1. शासकों के चरित का पहली बार फिरदौसी शाहनामा में उल्लेख किया गया था।
2. भारत में मोहम्मद बिन तुगलक द्वारा एकल मुद्रा प्रारंभ की गई थी।
3. मेहराब का पहला उपयोग इ केवल 1 और 3 ल्तुतमिश के मकबरे में है।
नीचे दिए गये कूटों का प्रयोग करके सही उत्तर का चयन करें:
A. केवल 1 और 3
B. केवल 1 और 2
C. 2 और 3
D. 1, 2 और 3

Q.68 तीसरी बौद्ध परिषद कब आयोजित हुई?
A. 250 ई.पू. **B.** 383 ई.पू. **C.** 403 ई.पू. **D.** 463 ई.पू.

Q.69 ब्रह्म समाज किसने और कहां स्थापित किया?
A. दादाभाई नौरोजी, दिल्ली
B. राजा राम मोहन रॉय, कलकत्ता
C. दयानंद सरस्वती, कलकत्ता
D. स्वामी विवेकानंद, दिल्ली

Q.70 गुप्त वंश के संस्थापक कौन थे?
A. समुद्र गुप्त
B. चंद्र गुप्त प्रथम
C. रामा गुप्त
D. विक्रमादित्य

Q.71 "हिंदू-मुस्लिम एकता का राजदूत" का खिताब, ऐतिहासिक लखनऊ अधिनियम के वास्तुकार और मास्टरमाइंड होने के लिए किसको दिया गया था?
A. सर सैयद अहमद ख़ान
B. फजल-उल-हक
C. सैयद मोहम्मद शारफुद्दीन क़ाद्री
D. मुहम्मद अली जिन्ना

Q.72 निम्नलिखित में से कौन सा कथन सही है?
A. बंग भंग आंदोलन पहला अखिल भारतीय आधारित जन आंदोलन था
B. 1857 के विद्रोह के दौरान लॉर्ड डफर भारत के वायसराय थे
C. वर्नाक्युलर प्रेस अधिनियम को गैगिंग एक्ट भी कहा जाता है
D. लॉर्ड लिटन भारत में स्थानीय स्व-सरकार की शुरुआत के साथ संबंधित थे

Q.73 निम्नलिखित में से कौन से स्वतंत्रता से पहले भारत में हुए किसान विद्रोह थे?
1. डेक्कन विद्रोह
2. एका आन्दोलन
3. नील विद्रोह

A. केवल 1 और 3
B. केवल 1 और 2
C. केवल 2 और 3
D. 1, 2 और 3

Q.74 भारतीय मंदिरों की तरह निम्नलिखित में से कौन-सा लक्षण मिस्र के मंदिरों के पाइलन्स जैसा दिखता है?
A. लाट B. विमान C. गोपुरा D. शिखर

Q.75 ग़दर पार्टी का नेता कौन था?
A. भगत सिंह
B. लाला हरदयाल
C. बाल गंगाधर तिलक
D. वी. डी. सावरकर

Q.76 किस आन्दोलन को हिंदुओं और मुस्लिमों दोनों से ही समर्थन प्राप्त हुआ?
A. चंपारण सत्याग्रह
B. विरोधी विभाजन आंदोलन
C. असहयोग आंदोलन
D. भारत छोड़ो आंदोलन

Q.77 तेभागा आन्दोलन भारत के किस क्षेत्र से संबंधित था?
A. संयुक्त प्रांत
B. मद्रास
C. बंगाल
D. सौराष्ट्र

Q.78 भारतीय राष्ट्रीय कांग्रेस का पहला सत्र किस राष्ट्रपति के अधीन आयोजित किया गया था?
A. ए ओ ह्यूम
B. बी मालाबरी
C. बदरुद्दीन त्याबजी
D. डब्लू सी बनर्जी

Q.79 नंद वंश के बाद मगध पर किस वंश का शासन था?
A. मौर्य B. गुप्ता C. कुषाण D. शुंग

Q.80 किस स्थान पर ईस्ट इंडिया कंपनी ने अपना पहला कारखाना स्थापित किया था?
A. बॉम्बे B. सूरत C. कलकत्ता D. मद्रास

Q.81 आजाद हिन्द फौज (INA) 1943 में कहां अस्तित्व में आई थी?
A. जापान B. वर्मा C. सिंगापुर D. मलाया

Q.82 "रेड शर्ट्स" आंदोलन का नेतृत्व किसने किया था -
A. मौलाना आजाद
B. मोहम्मद अली
C. खान अब्दुल गफ्फार खान
D. अशफाकुल्ला खान

Q.83 प्रसिद्ध कुतुब मीनार _______ की स्मृति में बनाया गया था?
A. कुतुबुद्दीन ऐबक
B. शेख ख्वाजा कुतुबुद्दीन बख्तियार काकी
C. मिर्जा गालिब
D. कुतुबुद्दीन ऐबक की मां

Q.84 "भारतीय क्रांतिकारियों की मां" के रूप में कौन जाना जाता था ?
A. रानी लक्ष्मी बाई
B. मैडम कामा
C. सरोजिनी नायडू
D. कस्तूरबा गांधी

Q.85 किस स्वतन्त्रता सेनानी ने 'इंकलाब जिन्दाबाद' का नारा दिया?
A. चंद्रशेखर आजाद
B. सुभाष चन्द्र बोस
C. हसरत मोहानी
D. इकबाल

Q.86 निम्नलिखित में से सही सुमेलित करे-
A. महात्मा गांधी - लखनऊ कांग्रेस में पूर्ण स्वराज की मांग
B. जवाहर लाल नेहरू - बारदोली सत्याग्रह
C. खान अब्दुल गफ्फार खाँ - रेड शर्ट्स आंदोलन
D. वल्लभभाई पटेल - दांडी मार्च

Q.87 1917 में, महात्मा गांधी ने चंपारण से किस आंदोलन की शुरुआत की थी?
A. चंपारण सत्याग्रह
B. असहयोग आंदोलन
C. भारत छोड़ो आंदोलन
D. स्वदेशी आंदोलन

Q.88 भारतीय राष्ट्रीय कांग्रेस के किस सत्र में राष्ट्रीय गीत वंदे मातरम् पहली बार गाया गया था?
A. 1888 का इलाहाबाद सत्र
B. 1887 का मद्रास सत्र
C. 1896 का कलकत्ता सत्र
D. 1907 का सूरत सत्र

Q.89 आर्थिक रूप से, 19वीं शताब्दी में भारत में ब्रिटिश शासन के परिणामों में से एक था:
[UPSC Prelims, 2018]
A. भारतीय हस्तशिल्प के निर्यात में वृद्धि
B. भारतीय स्वामित्व वाले कारखानों की संख्या में वृद्धि
C. भारतीय कृषि का व्यवसायीकरण
D. शहरी आबादी में तेजी से वृद्धि

Q.90 लखनऊ में 1857 की क्रांति का नेतृत्व किसने किया था?
A. तात्या टोपे
B. मौलवी अहमदुल्ला शाह
C. बहादुर शाह
D. बेगम हजरत महल

Q.91 दिल्ली में हुमायूँ का मकबरा किसने बनवाया था?
A. बाबर B. अकबर C. हुमायूं D. हाजी बेगम

Q.92 निम्नलिखित कथनों पर विचार करें:
असहयोग आंदोलन के परिणामस्वरुप:
1. कांग्रेस को पहली बार एक जन आंदोलन बनने के लिए प्रेरित किया।
2. हिंदू-मुस्लिम एकता का विकास।
3. लोगों के दिमाग से ब्रिटिश 'ताकत' के भय को हटाया।
4. ब्रिटिश सरकार ने भारतीयों को राजनीतिक रियायतें देने की इच्छा जाहिर की।
उपरोक्त कथनों में से:
A. 1, 2, 3 और 4 सही हैं
B. 2 और 3 सही हैं
C. 1, और 3 सही हैं
D. 3 और 4 सही हैं

Q.93 भारत में अंग्रेजी शिक्षा किस ब्रिटिश गवर्नर जनरल द्वारा लागू की गई थी?
A. लॉर्ड कर्ज़न
B. लॉर्ड मैकॉले
C. लॉर्ड विलियम बेंटिक
D. लॉर्ड वेलेज़ली

Q.94 बंगाल के पहले गवर्नर जनरल कौन थे?
A. रॉबर्ट क्लाइव
B. विलियम बेंटिक
C. वॉरेन हेस्टिंग्स
D. चार्ल्स कार्नवालिस

Q.95 एकमात्र वायसराय जिसकी हत्या भारत में हुई थी-
A. लॉर्ड हार्डिंग
B. लॉर्ड नॉर्थब्रुक
C. लॉर्ड एलेनबोरो
D. लॉर्ड मेयो

Q.96 कांग्रेस कार्यकारिणी समिति ने भारत छोड़ो आन्दोलन का विचार पहली बार कहाँ स्वीकार किया था?
A. वर्धा B. गोवा C. पुणे D. नागपुर

Q.97 थियोसोफिकल सोसाइटी के संस्थापक कौन थे?
A. न्यायमूर्ति रानाडे
B. मैडम ब्लवात्स्की

C. एनी बेसेंट **D.** बाल गंगाधर तिलक

Q.98 निम्नलिखित में से कौन सी भारतीय राष्ट्रीय आंदोलन 1919 की महत्वपूर्ण घटना नहीं है?

A. मोंटेग चेम्सफोर्ड सुधार
B. रोवलैट का नियम
C. जलियांवाला बाग नरसंहार
D. खिलाफत आंदोलन

Q.99 संगम युग की एक व्यापक कृति, टोल्कप्पियम से संबंधित है:

A. आयु की राजनीति
B. तमिल व्याकरण
C. अवधि के युद्ध
D. कर और शुल्क का संग्रह

Q.100 भगवतवाद में प्रेमन का अर्थ है:

A. भक्ति की पूर्णता
B. सबके लिए प्रेम
C. जीने के लिए उच्च नैतिक संहिता
D. इनमें से कोई नहीं

Q.101 निम्नलिखित में से गलत युग्म चुनें:

A. वल्लभाचार्य - जैनम्
B. शंकराचार्य - अद्वैत वेदांत
C. रामानुजाचार्य - विश्वस्तद्वैतम्
D. माधवाचार्य -द्वैतम्

Q.102 सूफीवाद के संबंध में निम्नलिखित युग्मों पर विचार करें:

1. वली: सूफी जो एक चमत्कार करने के लिए भगवान की कृपा कर रहे हैं।
2. ज़ियारत: सूफी संतों की कब्रों की तीर्थयात्रा।
3. तसव्वुफ़: सूफ़ी संतों का संगीत प्रदर्शन।

नीचे दिए गए कोड का उपयोग करके सही ढंग से मिलान किए गए जोड़े का चयन करें।

A. केवल 1 और 2 **B.** केवल 1 और 3
C. केवल 2 और 3 **D.** 1, 2 और 3

Q.103 सतह अलंकरण की 'पिएट्रा-ड्यूरा' तकनीक को सबसे पहले अपनाया गया था:

A. इतिमद-उद- दौला का मकबरा
B. ताज महल
C. मोती मस्जिद
D. दीवान-ए अनम

Q.104 'फर्र-ए- इजादी' का विचार, जिस पर मुगल शासन आधारित था, सबसे पहले निम्नलिखित में से किस सूफी संत द्वारा विकसित किया गया था?

A. शिहाबुद्दीन सुहरावर्दी **B.** निजामुद्दीन औलिया
C. इब्न अल-अरबी **D.** बायज़ीद बस्तामी

Q.105 सूची- II के साथ सूची- I का मिलान करें और नीचे दिए गए कोड से अपना उत्तर चुनें:

सूची- I	सूची- II
a. तीर्थंकर	1. बौद्ध धर्म
b. जातक	2. जैन धर्म
c. मुद्राक्ष	3. सोमदेव
d.कथासरितसागर	4. विशाखदत्त

A. a-2, b-3. c-4, d-1 **B.** a-2, b-1 c-3, d-4
C. a-4, b-2 c-1, d-3 **D.** a-2, b-1 c-4, d-3

Q.106 निम्नलिखित में से किसने अंतिम मौर्य राजा बृहद्रथ की हत्या की?

A. पुष्यमित्र शुंग **B.** वासुदेव
C. भद्रबाहु **D.** कनिष्क

Q.107 निम्नलिखित में से कौन कालिदास के नाटक मालविकाग्निमित्रम् के नायक थे?

A. वसुमित्र **B.** अगणिमित्रा **C.** सुसर्मन **D.** बिन्दुसार

Q.108 निम्नलिखित में से कौन अशोक का तत्काल उत्तराधिकारी था?

A. कनिष्क **B.** रुद्रदामन प्रथम
C. सिमुक **D.** गौतमीपुत्र सतकर्णी

Q.109 भारत में सोने के सिक्के जारी करने वाला पहला इंडो-ग्रीक शासक कौन था?

A. गोंडोफर्न **B.** कडफिसेस
C. रुद्रदामन प्रथम **D.** मेनांडर

Q.110 अकबर के दरबार के प्रमुख संगीतकार तानसेन का मूल नाम था:

A. मकरंद पांडे **B.** रामतनु पांडे
C. हरिदास **D.** लाल कलावंत

Q.111 निम्नलिखित में से किस शासक ने चीन से शुरू होने वाले मध्य मार्ग, मध्य एशिया, अफगानिस्तान और पश्चिमी एशिया को नियंत्रित किया?

A. गोंडोफर्न **B.** कनिष्क
C. रुद्रदामन प्रथम **D.** मेनांडर

Q.112 किस चोल राजा के शासनकाल के दौरान, तमिल कवियों अप्पार, सांभर और सुंदरार के ग्रंथों को एकत्र किया गया और थिरुमुराई नामक एक संकलन में संपादित किया गया?

A. उत्तम चोल **B.** राजेंद्र चोल प्रथम
C. राजाधिराज चोल **D.** वीरराजेंद्र चोल

Q.113 मौर्य वंश के बाद किस वंश ने 'मगध' पर शासन किया?

A. सातवाहन **B.** शुंग **C.** नंदा **D.** कण्व

Q.114 निम्नलिखित में से ज्ञान प्राप्ति के किस केंद्र से, चंद्रगुप्त मौर्य के प्रसिद्ध शिक्षक चाणक्य जुड़े थे?

A. तक्षशिला **B.** नालंदा
C. विक्रमशिला **D.** वैशाली

Q.115 कालिदास द्वारा लिखे गए संस्कृत नाटक में कौटिल्य और चंद्रगुप्त मौर्य के हाथों नंदों के पतन का विशद चित्रण किया गया है:

A. मुदर्रक्ष **B.** देवीचंद्रगुप्त
C. मालविकाग्निमित्रम् **D.** मृच्छकटिका

Q.116 'द्वितीय अशोक' किसे कहा जाता है?

A. समुंद्र गुप्ता **B.** चंद्र गुप्त मौर्य
C. कनिष्क **D.** हर्षवर्धन

Q.117 कादम्बरी एक महान प्रेम प्रसंगयुक्त नाटक के लेखक कौन थे?

A. बाणभट्ट **B.** हर्षवर्धन
C. बासकरवर्धन **D.** बिन्दुसार

Q.118 नौसैनिक व्यापार के संदर्भ में कार्टाज़ प्रणाली का उपयोग निम्नलिखित में से किसके द्वारा किया गया था?

A. डच **B.** फ्रेंच **C.** अंग्रेज़ी **D.** पुर्तगाली

Q.119 निम्नलिखित अधिनियमों में से किसकी एक अलग प्रस्तावना थी?

A. भारत सरकार अधिनियम 1919
B. भारतीय परिषद अधिनियम 1909
C. भारतीय परिषद अधिनियम 1904
D. भारतीय परिषद अधिनियम 1892

Q.120 बंगाल का अंतिम स्वतंत्र नवाब कौन था?

A. सिराज उद दौला
B. मीर कासिम
C. मीर जाफ़र
D. शुजाउद दौला

Q.121 भाषाई आधार पर निर्मित होने वाला पहला राज्य कौन सा था?

A. मद्रास
B. आंध्र प्रदेश
C. आंध्र राज्य
D. गुजराती

Q.122 राज योग, कर्म योग, भक्ति योग और ज्ञान योग भारत के निम्नलिखित समाज सुधारकों में से किसके कार्य है?

A. एम. जी. रानाडे
B. स्वामी विवेकानंद
C. रामकृष्ण परमहंस
D. राजा राम मोहन राय

Q.123 पंडित मदन मोहन मालवीय ने निम्नलिखित में से किस संगठन की स्थापना की थी? केवल 1 और 2

1. बनारस हिंदू विश्वविद्यालय
2. प्रज्ञा हिंदू समाज
3. हिंदू महासभा
4. भारत धर्म महामंडल

नीचे दिए गए कोड से सही उत्तर चुनें:

A. केवल 1 और 2
B. केवल 2 और 4
C. केवल 1 और 3
D. 1, 2, 3 और 4

Q.124 1946 में गठित अंतरिम सरकार के उपाध्यक्ष निम्नलिखित में से कौन थे?

A. डॉ. एस राधा कृष्णन
B. जवाहर लाल नेहरू
C. सी राजगोपालाचारी
D. डॉ. राजेंद्र प्रसाद

Q.125 भारत की संविधान सभा किस तिथि को पहली बार मिली थी?

A. 3 जून 1946
B. 6 जून 1946
C. 9 दिसंबर 1946
D. 12 जून 1946

// स्मार्ट उत्तर पुस्तिका //

सही उत्तर — उन छात्रों के प्रतिशत को इंगित करता है जिन्होंने प्रश्नों का सही उत्तर दिया था।

छोड़ दिया — उन छात्रों के प्रतिशत को इंगित करता है जिन्होंने प्रश्नों को छोड़ दिया था।

प्रश्न संख्या	उत्तर	सही उत्तर	छोड़ दिया
1	D	44.74 %	1.75 %
2	D	67.54 %	20.18 %
3	B	29.82 %	18.43 %
4	A	41.23 %	21.05 %
5	C	42.11 %	21.93 %
6	B	46.49 %	19.3 %
7	D	50.0 %	20.18 %
8	C	50.88 %	20.17 %
9	A	37.72 %	21.05 %
10	A	70.18 %	20.17 %
11	D	44.74 %	19.3 %
12	D	57.89 %	20.18 %
13	B	57.02 %	17.54 %
14	D	18.42 %	20.18 %
15	B	53.51 %	18.42 %
16	B	43.86 %	17.54 %

प्रश्न संख्या	उत्तर	सही उत्तर	छोड़ दिया
17	B	33.33 %	20.18 %
18	C	60.53 %	21.05 %
19	A	67.54 %	16.67 %
20	C	53.51 %	17.54 %
21	A	53.51 %	17.54 %
22	B	56.14 %	20.18 %
23	D	51.75 %	16.67 %
24	B	61.4 %	20.18 %
25	B	57.02 %	21.05 %
26	A	46.49 %	21.05 %
27	D	44.74 %	17.54 %
28	D	20.18 %	21.05 %
29	A	30.7 %	17.55 %
30	C	24.56 %	20.18 %
31	C	57.02 %	19.3 %
32	B	49.12 %	18.42 %

प्रश्न संख्या	उत्तर	सही उत्तर	छोड़ दिया
33	A	44.74 %	16.66 %
34	D	33.33 %	21.06 %
35	A	28.07 %	20.18 %
36	C	57.89 %	18.43 %
37	C	57.02 %	21.05 %
38	A	18.42 %	21.05 %
39	A	59.65 %	20.17 %
40	C	62.28 %	20.18 %
41	A	45.61 %	17.55 %
42	C	64.91 %	20.18 %
43	A	53.51 %	17.54 %
44	B	55.26 %	20.18 %
45	B	66.67 %	17.54 %
46	A	70.18 %	20.17 %
47	B	63.16 %	19.3 %
48	C	47.37 %	20.17 %

प्रश्न संख्या	उत्तर	सही उत्तर	छोड़ दिया
49	B	57.02 %	20.17 %
50	C	50.88 %	21.05 %
51	B	66.67 %	17.54 %
52	B	59.65 %	17.54 %
53	A	42.11 %	20.17 %
54	D	61.4 %	20.18 %
55	A	54.39 %	19.29 %
56	B	63.16 %	20.17 %
57	C	67.54 %	20.18 %
58	A	69.3 %	20.17 %
59	B	23.68 %	19.3 %
60	A	32.46 %	17.54 %
61	A	46.49 %	20.18 %
62	B	39.47 %	21.06 %
63	C	51.75 %	19.3 %
64	D	70.18 %	20.17 %

प्रश्न संख्या	उत्तर	सही उत्तर	छोड़ दिया
65	A	48.25 %	19.29 %
66	A	64.04 %	20.17 %
67	B	29.82 %	20.18 %
68	A	53.51 %	20.17 %
69	B	65.79 %	20.17 %
70	B	58.77 %	20.18 %
71	D	36.84 %	16.67 %
72	C	37.72 %	17.54 %
73	D	52.63 %	20.18 %
74	C	24.56 %	21.05 %
75	B	67.54 %	20.18 %
76	C	56.14 %	19.3 %
77	C	49.12 %	21.06 %
78	D	50.0 %	20.18 %
79	A	70.18 %	16.66 %
80	B	71.93 %	17.54 %

प्रश्न संख्या	उत्तर	सही उत्तर	छोड़ दिया
81	C	57.89 %	18.43 %
82	C	71.05 %	20.18 %
83	B	64.91 %	20.18 %
84	B	65.79 %	19.3 %
85	C	19.3 %	20.17 %
86	C	70.18 %	20.17 %
87	A	69.3 %	20.17 %
88	C	64.91 %	20.18 %
89	C	46.49 %	20.18 %
90	D	66.67 %	20.17 %
91	D	61.4 %	20.18 %
92	B	16.67 %	20.17 %
93	C	41.23 %	17.54 %
94	C	54.39 %	20.17 %
95	D	52.63 %	19.3 %
96	A	49.12 %	19.3 %
97	B	51.75 %	20.18 %
98	D	41.23 %	20.17 %
99	B	65.79 %	19.3 %
100	A	32.46 %	18.42 %
101	A	60.53 %	20.17 %
102	A	15.79 %	21.05 %
103	A	64.04 %	20.17 %
104	A	28.07 %	21.05 %
105	D	63.16 %	20.17 %
106	A	69.3 %	20.17 %
107	B	64.04 %	17.54 %
108	C	46.49 %	20.18 %
109	D	25.44 %	17.54 %
110	B	63.16 %	20.17 %
111	B	64.91 %	16.67 %
112	B	42.98 %	21.06 %
113	B	67.54 %	17.55 %
114	A	60.53 %	20.17 %
115	C	34.21 %	19.3 %
116	C	39.47 %	20.18 %
117	A	66.67 %	16.66 %
118	D	59.65 %	20.17 %
119	A	45.61 %	17.55 %
120	A	55.26 %	17.55 %
121	C	13.16 %	17.54 %
122	B	51.75 %	20.18 %
123	C	39.47 %	17.55 %
124	B	33.33 %	21.06 %
125	C	62.28 %	20.18 %

कार्य विश्लेषण	
औसत अंक (%)	52.71%
टॉपर्स स्कोर (%)	98.35%
आपका स्कोर	

//संकेत और समाधान//

1. वेद शब्द मूल शब्द विद से लिया गया है जिसका अर्थ है 'जानना'। वेद शब्द का अर्थ है वैदिक पाठ के रूप में ज्ञात ग्रंथों में निहित पवित्र ज्ञान।

- ग्रंथों की दो श्रेणियां वैदिक साहित्य के कोष में शामिल हैं। ये मंत्र और ब्राह्मण हैं। मंत्र श्रेणी वैदिक ग्रंथों का मूल है और इसके चार अलग-अलग संग्रह हैं। ये ऋग्वेद, सामवेद, यजुर्वेद और अथर्ववेद हैं।
- ब्राह्मण वर्ग से भ्रमित न होने वाले ब्राह्मण गद्य ग्रंथ हैं और मंत्रों के स्पष्टीकरण के साथ-साथ यज्ञोपवीत संस्कार भी हैं। चारों वेदों को उनके ब्राह्मणों के साथ मिलकर श्रुति या 'श्रवण' के रूप में भी जाना जाता है, जिसे सीधे ऋषियों ने सुना था।
- ऋग्वेद 10 मंडलों में विभाजित 1,028 भजनों का एक संग्रह है। वे आरंभिक रचनाएँ हैं और इसलिए भारत में प्रारंभिक वैदिक लोगों के जीवन को दर्शाती हैं।
- ऋग्वेद जो सबसे प्राचीन वैदिक पाठ है, वह सामाजिक और सांस्कृतिक विकास के एक चरण को दर्शाता है जबकि अन्य तीन वेदों में एक और चरण को दर्शाता है। पहले चरण को ऋग्वैदिक काल या प्रारंभिक वैदिक काल के रूप में जाना जाता है और बाद के चरण को बाद के वैदिक काल के रूप में जाना जाता है।
- प्रारंभिक वैदिक काल की आयु ऋग्वैदिक भजनों की रचना की तिथि से मेल खाती है। यह तिथि 1500 ईसा पूर्व और 1000 ईसा पूर्व के बीच तय की गई है।
- बाद के वैदिक काल को 1000 ईसा पूर्व और 600 ईसा पूर्व के बीच रखा गया है। हाल ही में, ऋग्वेद को यूनेस्को द्वारा विश्व मानव विरासत को दर्शाने वाले साहित्य की सूची में शामिल किया गया है।

प्रारंभिक वैदिक नीति

- आर्यों की मुख्य सामाजिक इकाई जन के रूप में जानी जाती थी। इस इकाई के प्रमुख राजन नामक राजनैतिक नेता थे। मुखिया का मुख्य कार्य शत्रुओं से जान और मवेशियों की रक्षा करना था। उन्हें सभा, सभा, विदथ, गण और परिशद नामक जनजातीय सभाओं द्वारा उनके कार्य में मदद की गई ।
- ऋग्वैदिक काल में विधा या तो सबा या समति से अधिक लोकप्रिय थी। इन विधानसभाओं में जीवन के सभी पहलुओं पर चर्चा की गई। इनमें युद्ध, युद्धों की लूट का वितरण, न्यायिक और धार्मिक गतिविधियाँ आदि शामिल हो सकते हैं। इस प्रकार इन विधानसभाओं ने प्रमुखों की शक्तियों को सीमित कर दिया। दिलचस्प बात यह है कि महिलाओं को भी सभा और समिति के विचार-विमर्श में भाग लेने की अनुमति थी।
- मुखिया का पद वंशानुगत नहीं था। जनजाति ने आम तौर पर उसे चुना । समति का सबसे महत्वपूर्ण कार्य राजा का चुनाव था। इसलिए, ऊपर दिए गए सभी कथन सही हैं।

अतः विकल्प (D) सही है।

2. कालीबंगन एक हड़प्पा स्थल है जो राजस्थान में घग्गर नदी के किनारे स्थित है। कालीबंगन ने सबसे पहले जोते गए कृषि क्षेत्र का प्रमाण दिया है।

लोथल गुजरात में भार्गव नदी पर स्थित है और पोतगाह के लिए प्रसिद्ध है।

बनावली हरियाणा में स्थित है और एक हल की टेराकोटा प्रतिकृति की खोज के लिए चिह्नित है।

अतः विकल्प (D) सही है।

3. पुराण हिंदू धार्मिक ग्रंथ हैं जिनका कभी-कभी ऐतिहासिक संदर्भ होता है। विद्वानों में, पुराणों की संख्या के साथ-साथ उनकी तिथि और अवधि के बारे में भी एकमत नहीं है। यह व्यापक रूप से स्वीकार किया जाता है कि अठारह प्रमुख पुराण हैं। इसके बीच, ऐतिहासिक दृष्टि से वायु पुराण बहुत महत्वपूर्ण है। मत्स्य, विष्णु और भाव पुराण में भी कुछ ऐतिहासिक वंशावली हैं।

वायु पुराण:

- वायु पुराण एक संस्कृत ग्रन्थ है और 18 प्रमुख पुराणों में से एक है। यह शैव धर्म साहित्य कोष से संबंधित है।
- वायु पुराण का उल्लेख महाभारत और अन्य संस्कृत ग्रंथों की पांडुलिपियों में मिलता है , जिसके कारण विद्वानों ने प्रस्ताव किया है कि पाठ पुराण शैली में सबसे पुराना है।
- विष्णु पुराण में कहा गया है कि गुप्त और मगध "गंगा के किनारे के क्षेत्र का आनंद लेंगे। पाठ में स्पष्ट रूप से गुप्त और मगध का उल्लेख दो अलग-अलग समूहों के लोगों के रूप में किया गया है और इसका मतलब यह नहीं है कि गुप्त मगध में से एक था।
- अन्य ग्रंथों में वायु पुराण के विभिन्न उल्लेखों ने विद्वानों को इसे सबसे पुराने में से एक के रूप में मान्यता देने के लिए प्रेरित किया है।
- वायु पुराण, अन्य पुराणों में परंपरा और छंद के अनुसार, 24,000 श्लोक (श्लोक) हैं।

विष्णु पुराण:

- यह मुख्य रूप से हिंदू भगवान विष्णु और कृष्ण जैसे उनके अवतारों के आसपास है, लेकिन यह ब्रह्मा और शिव की प्रशंसा करता है और दावा करता है कि वे विष्णु पर निर्भर हैं।
- "में विष्णु पुराण (पुस्तक चतुर्थ, अध्याय 4) यह कहा गया है Soorya राजवंश में एक राजा 'मारू कहा जाता था कि, जो भक्ति (योग) की शक्ति के माध्यम से, अभी भी हिमालय में, 'कल्पा' नामक गाँव में रह रहे हैं, और जो 'भविष्य के युग में, सौर वंश में क्षत्रिय जाति' के पुनर्स्थापनकर्ता होंगे, इसलिए कई हजारों साल।" विष्णु पुराण मौर्य साम्राज्य के बारे में अधिक बताते हैं।

मत्स्य पुराण:

- मत्स्य पुराण ग्रन्थ एक वैष्णव ग्रन्थ है जिसका नाम विष्णु के मत्स्य अवतार के नाम पर रखा गया है।
- साहित्य की पुराण शैली की प्रारंभिक ज्ञात परिभाषा प्रदान करने के लिए यह पाठ उल्लेखनीय है। पांच विशेषताओं के साथ लिखे गए इतिहास को पुराण कहा जाता है, मत्स्य पुराण में कहा गया है, अन्यथा, इसे अखाना कहा जाता है।
- ब्रह्मांड की प्राथमिक रचना के अपने सिद्धांत, माध्यमिक रचनाओं के कालानुक्रमिक वर्णन, जिसमें ब्रह्मांड जन्म-मृत्यु, वंशावली और देवताओं और देवताओं की पौराणिक कथाओं, मानवंतरों, राजाओं की किंवदंतियों और पौराणिक कथाओं के चक्र से गुज़रता है, के वर्णन में ये पाँच विशेषताएँ हैं सौर और चंद्र राजवंश।
- पाठ और परंपरा का दावा है कि मत्स्य पुराण में 20,000 छंद थे। हालाँकि, मौजूदा पांडुलिपियों में 13,000 से 15,000 छंद हैं। पद्म पुराण मत्स्य पुराण को तामस पुराण के रूप में वर्गीकृत करता है, या जो शिव या अग्नि की महिमा करता है। यह आंध्र वंश से संबंधित है।

अतः विकल्प (B) सही है।

4. मानव अतीत या इतिहास को तीन मुख्य अवधियों में विभाजित किया गया है, अर्थात्-

1) पाषाण युग,

2) अस्थि युग, और

3) लौह युग

ये केवल तकनीकी चरण नहीं हैं जो यह दर्शाते हैं कि उपकरण और हथियार पाषाण युग के दौरान, कांस्य युग के दौरान कांस्य और लौह युग के दौरान

पत्थर से बने थे। ये युग तकनीक की तुलना में बहुत अधिक है। वे निर्वाह अर्थव्यवस्था या भोजन प्राप्त करने के तरीके, सामाजिक संगठन, कमजोर, बीमार और बूढ़े की देखभाल, मृतकों के निपटान की विधा, कला और जीवन के अन्य पहलुओं को शामिल करते हैं।

पाषाण युग को तीन अवधियों में बांटा गया है, जिनका नाम है-

1) पुरापाषाण या पुराने पाषाण युग,

2) मेसोलिथिक या मध्य पाषाण युग, और

3) नव पाषाण युग या पाषाण युग

लिथिक शब्द ग्रीक लिथोस से लिया गया है, जिसका अर्थ है पत्थर। पुरापाषाण का अर्थ है ओल्ड पाषाण युग, मेसोलिथिक का अर्थ है मध्य पाषाण युग, और नव पाषाण का अर्थ है न्यू पाषाण युग।

चोपनी-माण्डो इलाहाबाद जिले, उत्तर प्रदेश में स्थित है। यह भारत के सबसे महत्वपूर्ण प्रागैतिहासिक पुरातात्विक स्थलों में से एक है जो तीनों पाषाण युगों के बीच के संक्रमण को दर्शाता है जो पैलियोलिथिक युग, मेसोलिथिक युग और नवपाषाण युग हैं। यह दुनिया में मिट्टी के बर्तनों के उपयोग के शुरुआती प्रमाण प्रदान करता है।

अतः विकल्प (A) सही है।

5. जैन धर्म का एक भी संस्थापक नहीं है। विभिन्न तीर्थंकरों के द्वारा समय समय पर सत्य को परिभाषित किया गया है, जिसका अर्थ है कि एक शिक्षक जो 'एक कांटा बनाता है' यानी रास्ता दिखाता है।
महान सर्वज्ञ शिक्षकों के रूप में, तीर्थंकरों ने अस्तित्व के सर्वोच्च आध्यात्मिक लक्ष्य को पूरा किया और फिर दूसरों को इसे प्राप्त करने का तरीका सिखाया। जैन धर्म में अब तक 24 तीर्थंकर हुए है - हालाँकि इनमें से अधिकांश के अस्तित्व के लिए बहुत कम साक्ष्य हैं।
वर्तमान युग के दौरान 24 तीर्थंकर हैं:
आदिनाथ, अजीता, सम्भव, अभिनन्दन, सुमति, पाद्मप्राभा, सुपार्श्व, चंद्रप्रभा, सुविधि, शीतल, श्रेयांस, वासुपूज्य, विमला, अनंत, धर्म, शांति, कुंथु, आरा, मल्ली, मुनि सुव्रत, नमी, नेमी, पार्श्व और महावीर।

सूची I (तीर्थंकर)	सूची II (प्रतिक्रिया संज्ञान)
(a) अजीता	(ii) हाथी
(b) ऋषभ	(i) बैल
(c) महावीर	(iii) शेर
(d) पार्श्वनाथ	(iv) सर्प

अतः विकल्प (C) सही है।

6. लोथल - यह गुजरात के अहमदाबाद जिले में भोगावो पर स्थित है। सबसे महत्वपूर्ण विशेषता प्राचीन डॉकयार्ड की खोज है। हमें घोड़े की एक संदिग्ध टेराकोटा मूर्ति भी मिली। लोथल में, प्रत्येक कब्र में कंकाल, एक नर और एक मादा (संयुक्त दफन) की एक जोड़ी दिखाई देती है।

- भारत में प्राचीन जहाज निर्माण हड़प्पा काल (सिंधु सभ्यता) में तीसरी सहस्राब्दी ईसा पूर्व में वापस चला जाता है।
- हड़प्पा ने लगभग 2500 ईसा पूर्व लोथल के बंदरगाह शहर में बर्थिंग और सर्विसिंग जहाजों के लिए दुनिया का पहला ज्वार गोदी बनाया था। अंतर्देशीय जलमार्ग के लिए, टेराकोटा मॉडल द्वारा सुझाए गए प्रकार के फ्लैट तल वाले नावों का उपयोग किया गया था।
- मोहनजोदड़ो से सील पर उत्कीर्णन एक उच्च जहाज के साथ एक नौकायन जहाज का प्रतिनिधित्व करता है, स्टर्न नरकट से बना था। केंद्र में, यह एक चौकोर केबिन था। नौकाओं के पांच लघु मिट्टी के मॉडल में से, एक पूर्ण है और पाल के साथ एक जहाज का प्रतिनिधित्व करता है। उत्तरार्द्ध में एक तेज कील, एक नुकीला प्रॉड और एक उच्च सपाट स्टर्न है। दूसरे मॉडल में, गज़ीन अवधि के मिस्र की नौकाओं में स्टर्न और प्रॉव दोनों को उच्च घुमावदार किया गया था।
- लोथल में पाए गए तीन अन्य मॉडलों में एक सपाट आधार और एक नुकीला प्रॉड है। जाहिरा तौर पर इन फ्लैट आधारित शिल्प का इस्तेमाल नदियों में किया गया था और लोथल में पाया गया एक फ्लैट आधार और एक नुकीला प्रॉप है। जाहिरा तौर पर इन फ्लैट आधारित शिल्प का उपयोग नदियों और खाड़ियों में बिना पाल के किया जाता था, जबकि अन्य दो प्रकार के पाल और तेज कीलों को ऊंचे समुद्रों पर चढ़ाया जाता था और खाड़ी के गहरे पानी में बर्थ किया जाता था।
- शायद कैनो प्रकार की फ्लैट-आधारित नावें ही थीं, जिन्हें उच्च ज्वार पर ढाला जा सकता था। एक अन्य प्रकार की नाव को कई ओरों के साथ देखा गया था। हड़प्पा जहाज आधुनिक शिल्प जितना बड़ा हो सकता है, जो मालाबार से गोगा तक लकड़ी लाता है।

अतः विकल्प (B) सही है।

7. माना जाता है कि भारत में बौद्ध धर्म की शुरुआत सिद्धार्थ गौतम ने की थी। सिद्धार्थ का जन्म पाँचवीं शताब्दी ईसा पूर्व के आसपास दक्षिणी नेपाल में एक कबीले के आदिवासी प्रमुख के रूप में हुआ था।

- बौद्ध धर्म कई अन्य विश्वास परंपराओं से अलग है, क्योंकि यह मनुष्यों और एक उच्च देवता के बीच संबंधों पर केंद्रित नहीं है।
- बौद्ध एक व्यक्तिगत निर्माता भगवान में विश्वास नहीं करते हैं। एक अर्थ में, बौद्ध धर्म एक धर्म से अधिक है; यह एक परंपरा है जो व्यक्तिगत आध्यात्मिक विकास पर केंद्रित है। कई लोगों के लिए, यह एक दर्शन और जीवन का मानवतावादी तरीका है जिसे नैतिक जीवन जीने के लिए प्रयास के रूप में अभिव्यक्त किया जा सकता है; किसी के विचारों और कार्यों के बारे में पता होना; और ज्ञान, करुणा और समझ विकसित करना।
- चूंकि प्रारंभिक बौद्ध धर्म दार्शनिक चर्चा के ज़ाहिरदार में नहीं था, इसलिए इसने आम लोगों से अनुग्रह की। इसने गैर-वैदिक क्षेत्रों के लोगों के लिए एक विशेष अनुग्रह की जहां इसे धर्मांतरण के लिए एक पवित्र आत्मा मिली। इसलिए, कथन (a) सही है।
- पाली भाषा के उपयोग ने भी बौद्ध धर्म के प्रसार में योगदान दिया। इसलिए, कथन (c) सही है।

अतः विकल्प (D) सही है।

8. प्रत्येक संहिता में संलग्न धार्मिक संस्कारों की व्याख्या का एक संग्रह था, जिसे ब्राह्मण कहा जाता है, जो अक्सर व्यक्तिगत अनुष्ठानों के कार्यों की उत्पत्ति और महत्व का वर्णन करने के लिए पौराणिक कथाओं पर निर्भर करता था। यद्यपि बाद के श्रौत-सूत्र के तरीके में मैनुअल या हैंडबुक नहीं है, ब्राह्मणों में वैदिक यज्ञ अनुष्ठानों के प्रदर्शन और अर्थ के बारे में विवरण हैं और वेद धर्म के बारे में जानकारी के अमूल्य स्रोत हैं।

इन ग्रंथों में, बलिदान लौकिक प्रक्रियाओं, मानवीय चिंताओं और धार्मिक इच्छाओं और लक्ष्यों का केंद्र है। बलिदानों की पेशकश के गुण के माध्यम से, कर्म उत्पन्न होता है जो उस व्यक्ति के लिए बनाता है जो स्वर्ग में मृत्यु के बाद पुनर्जन्म ("अगली दुनिया में") करता है।

अनुष्ठानों को दृश्य और अदृश्य दुनिया पर प्रभाव के बारे में माना जाता था क्योंकि गृहविज्ञान, या कनेक्शन, जो ब्रह्मांड के अनुष्ठान और संबंधित भागों के घटकों के बीच स्थित हैं। ब्रह्माण्ड की गतिशीलता में अनुष्ठान की गतिशीलता के सार्वभौमिकरण को आदिकालीन देवता, प्रजापति ("जीवों के भगवान") के बलिदान के रूप में चित्रित किया गया था, जो सदा के लिए पुनर्जीवित हो गए थे।

शाही अभिषेक, राजसूय के अनुष्ठानों के लंबी श्रृंखला, पर बल दिया शाही शक्ति और एक दिव्य करिश्मे से राजा संपन्न है, उसे, समारोह की अवधि के लिए ऊपर उठाने के एक देवता की स्थिति को कम से कम,। वैदिक यज्ञ प्रणाली में राजसूय प्रसिद्ध यज्ञ है, सम्राटों द्वारा किया जाता है। यह बलिदान चक्रवर्ती राजाओं अर्थात सम्राटों द्वारा ही किया जाता है।

इस अवधि का विशिष्ट विस्तृत अश्वमेध , अश्व यज्ञ था, जिसमें एक संरक्षित घोड़े को मुक्त कर दिया गया था और एक वर्ष के लिए भटकने की अनुमति दी गई थी; यह हमेशा राजा के सैनिकों द्वारा पीछा किया गया था, जिन्होंने इसे सभी हमलों से बचा लिया जब तक कि इसे शाही राजधानी में वापस नहीं लाया गया और बहुत जटिल अनुष्ठान में बलिदान किया गया।

वाजपेय एक अग्नि संस्कार का नाम है जो सप्तपद ब्राह्मण के अनुसार एक ब्राह्मण या क्षत्रिय द्वारा किया जाता है।

वाजपेय यज्ञ में, 7 घोड़े एक रथ में बंधे थे। अन्य रथों को भी दौड़ में और उसकी जीत के बाद दबाया गया था। राजा और उसकी पत्नी विजयी रथ पर बैठ गए और दोनों एक लंबी परिभाषित जगह की यात्रा करने लगे। रथ का वहाँ के लोगों ने कपों के सुरा के साथ स्वागत किया। बाद में, यह राजा और उनके विषय द्वारा बहुत उत्साह और भावना के साथ मनाया गया।

अतः विकल्प (C) सही है।

9. एलिफेंटा की गुफाएँ मुंबई के हार्बर में एलिफेंटा द्वीप या घारपुरी (शाब्दिक रूप से "गुफाओं का शहर") पर स्थित मूर्तियों की गुफाओं का एक जाल है, जो भारत के महाराष्ट्र राज्य में मुंबई शहर के पूर्व में स्थित है।

अरब सागर के एक छोर पर स्थित इस द्वीप में गुफाओं के दो समूह हैं - पहला पाँच हिंदू गुफाओं का एक बड़ा समूह है, दूसरा, दो बौद्ध गुफाओं का एक छोटा समूह है।

हिंदू गुफाओं में रॉक कट पत्थर की मूर्तियां हैं, जो भगवान शिव को समर्पित शैव हिंदू संप्रदाय का प्रतिनिधित्व करती हैं। यह कलाकृति को संरक्षित करने के लिए 1987 में यूनेस्को की विश्व धरोहर स्थल के रूप में नामित किया गया था और वर्तमान में इसे भारतीय पुरातत्व सर्वेक्षण (एएसआई) का संरक्षण प्राप्त है।

अतः विकल्प (A) सही है।

10. जलालुद्दीन खिलजी को खिलजी वंश के संस्थापक के रूप में जाना जाता है। उसने 1290 से 1296 तक दिल्ली सल्तनत पर शासन किया। खिलजी वंश या ख़लजी वंश मध्यकालीन भारत का एक राजवंश था।

अतः विकल्प (A) सही है।

11. मेहरगढ़ एक महत्वपूर्ण नवपाषाण स्थल है , जिसने खाद्य-संग्रह चरण से खाद्य-उत्पादन चरण तक संक्रमण प्रक्रिया को समझने में बहुत मदद की। मेहरगढ़ पाकिस्तान में बोलन दर्रे के पास स्थित है और सिंधु घाटी सभ्यता का अग्रदूत माना जाता है। फसल उत्पादन के शुरुआती प्रमाण मेहरगढ़ में पाए गए हैं, जिसमें जौ और गेहूं की खेती के प्रमाण मिले हैं।

बनवाली प्राचीन सरस्वती नदी के सूखे बिस्तर पर है। यह एक रेडियल पैटर्न में रखी एक अच्छी तरह से नियोजित किलेबंदी की उपस्थिति से चिह्नित है। इस स्थल की खुदाई भारतीय पुरातत्व सर्वेक्षण के डॉ। आरएसभीस्ट ने की थी। बानवाली (हरियाणा) में हल के टेराकोटा मॉडल पाए गए हैं।

कोट डिजी , एक पुरातात्विक स्थल जो पाकिस्तान में सिंधु नदी के पास स्थित है। कोट डिजी की उत्पत्ति हड़प्पा काल के आरंभिक काल से मानी जाती है, जिसकी तिथि लगभग 3500 ईसा पूर्व है। हालांकि कोट डिजी परिपक्व हड़प्पा काल (लगभग 2600-1750 ईसा पूर्व) के माध्यम से चला।

मोहनजोदड़ो - यह सिंध (पाकिस्तान) में सिंधु के तट पर स्थित है। यह पहली बार 1922 में खोजा गया था। यहां का सबसे महत्वपूर्ण सार्वजनिक स्थान ग्रेट बाथ लगता है। मोहनजोदड़ो की सबसे बड़ी इमारत एक अन्न भंडार है। मोहनजोदड़ो में दफन के तीन रूप पाए गए- पूर्ण, भिन्नात्मक और शव-दाह।

अतः विकल्प (D) सही है।

12. मुद्राराक्षस:

- मुद्राराक्षस विशाखदत्त द्वारा रचित एक संस्कृत -भाष्य नाटक है जो भारत में राजा चंद्रगुप्त मौर्य के पराक्रम को बताता है।

अष्टाध्यायी:

- 5 वीं से 6 वीं शताब्दी ईसा पूर्व के दौरान अष्टाध्यायी भारतीय व्याकरणाचार्य पाणिनी द्वारा लिखा गया था।
- अष्टाध्यायी संस्कृत भाषा के लिए कार्य मानक निर्धारित करती है।
- यह वैदिक धर्म में विकसित हुए ४,००० सूत्रों पर आधारित है।
- पाणिनि ने अपने कार्य को आठ अध्यायों में विभाजित किया है, जिनमें से प्रत्येक को आगे के अध्यायों में विभाजित किया गया है। संस्कृत भाषा के आकारिकी और वाक्य विन्यास को परिभाषित करने से परे, अष्टाध्यायी बोली जाने वाली भाषा में उपयोग और पवित्र ग्रंथों की भाषा के उपयोग के बीच अंतर करती है।

महाभाष्य:

- महाभाष्य पतंजलि ने लिखा है।
- महाभाष्य संस्कृत व्याकरण पर एक पुस्तक है।
- पतंजलि को पुष्यमित्र शुंग ने संरक्षण दिया था।

तन्त्रालोक:

- तन्त्रालोक जिसका अर्थ है "तंत्र पर प्रकाश" अभिनवगुप्त द्वारा लिखा गया था, कुला और त्रिकोणीय प्रणालियों की शिक्षाओं को प्रस्तुत करता है।
- अभिनवगुप्त एक विद्वान थे जिन्होंने कश्मीर शैव धर्म के दर्शन का अभ्यास किया था। वे एक दार्शनिक थे।

अतः विकल्प (D) सही है।

13. वेद धार्मिक पाठ के बड़े निकाय हैं जो वैदिक संस्कृत से बने हैं और प्राचीन भारत में उत्पन्न हुए हैं। वे हिंदू धर्म के सबसे पुराने शास्त्र और संस्कृत साहित्य की सबसे पुरानी परत बनाते हैं। कहा जाता है कि वेद एक पीढ़ी से दूसरी पीढ़ी तक मौखिक संचरण से गुजरे हैं। इसलिए, उन्हें श्रुति के रूप में भी जाना जाता है। वैदिक साहित्य में चार वेद हैं, अर्थात्: ऋग्वेद, साम वेद, यजुर वेद और अथर्ववेद। प्रत्येक वेद का मंत्र पाठ संहिता कहलाता है।

- समग्र रूप से, वेद एक आदिम-सांप्रदायिक सामाजिक संरचना से वर्ग समाज तक भारतीय जनजातियों के संक्रमणकालीन चरण को दर्शाता है; प्राचीन भारत के सामाजिक-आर्थिक और सांस्कृतिक इतिहास के लिए वे बहुत मूल्यवान स्रोत हैं, अक्सर केवल वही होते हैं।
- वेदांग (शाब्दिक रूप से, वेदों के कुछ भाग) वेद से जुड़े हैं, लेकिन ईश्वरीय संस्कार का हिस्सा नहीं हैं। इसके बजाय, वैदिक ग्रंथों की सही व्याख्या के लिए ध्वन्यात्मकता, व्याकरण, व्युत्पत्ति विज्ञान, मैट्रिक्स, खगोल विज्ञान, और अनुष्ठान पर ये मार्ग सहायक विषय हैं।

शतपथ ब्राह्मण- शतपथ ब्राह्मण एक हिंदू पवित्र ग्रंथ है जिसमें वैदिक अनुष्ठानों के विवरणों का वर्णन किया गया है, जिसमें दार्शनिक और पौराणिक पृष्ठभूमि भी शामिल है। यह 300 ईसा पूर्व के बारे में लिखने के लिए प्रतिबद्ध था, हालांकि इसमें ऐसे अंश शामिल हैं जो पुराने से, मौखिक रूप से अज्ञात पुरातनता से बहुत पुराने हैं।

बृहदारण्यक उपनिषद- बृहदारण्यक उपनिषद प्रमुख उपनिषदों में से एक है और हिंदू धर्म के पहले उपनिषद शास्त्रों में से एक है। हिंदू धर्म के विभिन्न विद्यालयों के लिए एक महत्वपूर्ण ग्रंथ, बृहदारण्यक उपनिषद मुक्ताका या "108 उपनिषदों के कैनन" में दसवां है।

बृहदारण्यक उपनिषद के बारे में अनुमान लगाया गया है कि इसमें लगभग 700 ईसा पूर्व की रचना की गई थी, जिसमें अनुमान लगाया गया था कि चंदोग्य उपनिषद के बाद कुछ हिस्सों की रचना हुई थी। संस्कृत भाषा का पाठ शतपथ ब्राह्मण के भीतर समाहित है, जो स्वयं शुक्ल यजुर्वेद का हिस्सा है ।

अतः विकल्प (B) सही है।

14. कलिंग युद्ध

1. जब मौर्य सम्राट बिन्दुसार के पुत्र और चंद्रगुप्त मौर्य के पोते अशोक ने 273 ईसा पूर्व मगध के सिंहासन को अपने पूर्वजों के नक्शेकदम पर चलते हुए अपने साम्राज्य का विस्तार करने के लिए स्थापित किया। अपने शासनकाल के 12 वें वर्ष में, उन्होंने कलिंग को एक संदेश भेजा और इसकी अधीनता पूछी, लेकिन कलिंगराज ने मौर्य साम्राज्य को जमा करने से इनकार कर दिया।
2. परिणामस्वरूप, अशोक कलिंग के खिलाफ एक विशाल सेना का नेतृत्व करता है। यह 261 ईसा पूर्व में हुआ था । कलिंग के स्वतंत्रता-प्रेमी लोगों ने मौर्य सेना का कड़ा प्रतिरोध किया।
3. पूरा कलिंग युद्ध के अखाड़े में बदल गया। हालांकि, कलिंग की सीमित सेनाएं मगध सेना के लिए कोई मुकाबला नहीं थीं। अशोक की अपेक्षाओं के विपरीत, कलिंग के लोगों ने इतनी बड़ी वीरता के साथ संघर्ष किया कि कई अवसरों पर वे एक जीत के बहुत करीब आ गए। कलिंग के सैनिकों ने अपनी स्वतंत्रता के लिए अंतिम सांस तक युद्ध के मैदान में संघर्ष किया। अंत में जीत अशोक के साथ हुई।
4. युद्ध ने जीवन और संपत्ति पर भारी असर डाला।
5. अशोक का 13 वां शिलालेख इस युद्ध पर प्रकाश डालता है।
6. यह इतिहास में एक युद्ध का विलक्षण उदाहरण है जिसने अशोक जैसे कठोर शासक के दिल में पूर्ण परिवर्तन लाया। युद्ध के दृश्य ने एक भयानक दृश्य प्रस्तुत किया, पूरा इलाका सैनिकों की लाशों से ढंका हुआ था, गंभीर दर्द में घायल हुए सैनिक घायल हो गए, गिद्धों ने उनके शवों के ऊपर मंडराया, अनाथ बच्चों को उनके पास और नाशपाती के नुकसान का शोक मनाते हुए, विधवाएं खाली दिखीं और निराश।
7. इस नजारे ने अशोक को अभिभूत कर दिया। उन्होंने महसूस किया कि इतनी कीमत पर उनकी जीत सार्थक नहीं है। पूरा युद्ध अशोक के बौद्ध धर्म के प्रति विचलन के परिणामस्वरूप हुआ और ढाई साल बाद वह आचार्य उपगुप्त के अधीन बौद्ध धर्म का एक अनुयायी बन गया।
8. सबसे बड़ी चट्टान में अशोक के 13 संस्करणों का मुख्य पाठ है, जो इस बड़े शिलाखंड के दोनों मुखों पर आधारित है। एडिट्स का मुख्य उद्देश्य धर्म, न्याय के कानून की स्थापना करना था। एक कानून एक कानून की घोषणा है, जो अक्सर राजशाही से जुड़ा होता है, "इतिहासकार ने कहा। दासमोहापात्रा ने यह भी दावा किया कि ओडिशा के धौली और जयगढ़ में अशोक के शिलालेखों में कलिंग युद्ध और उसके बाद की जानकारी नहीं है।
9. शाहबाजगढ़ी और मानसेरा में रॉक एडिक्ट नंबर 13 में उल्लेख किया गया था कि अशोक ने कलिंग के युद्ध क्षेत्र पर कत्लेआम देखा था, उसने धर्म पर विजय को सर्वश्रेष्ठ विजय माना।
10. उन्होंने अपने पुत्रों और पौत्रों को धर्म, न्याय के कानून के माध्यम से विजय प्राप्त करने का निर्देश दिया। इस संदेश का महत्व इस तथ्य में निहित है कि जहां आम तौर पर विजितों को वंचितों पर अपनी जीत को दबाने के लिए देखा जाता है, यहां हमारे पास अशोक न केवल युद्ध से पीछे हट रहा है, बल्कि जीत की अवधारणा को भी बदल रहा है। कलिंग युद्ध का सटीक स्थान शाहबाजगढ़ी और मनसेरा के रॉक शिलालेख में अंकित नहीं किया गया था। इसके अलावा, इसे पराजित कलिंग राजा के नाम के बारे में कोई जानकारी नहीं है, "हालांकि, यह कलिंग युद्ध का विवरण देता है।

अतः विकल्प (D) सही है।

15. श्रौतसूत्र:

- श्रुत-सूत्र, कई हिंदू अनुष्ठान पुस्तिकाओं में से कोई भी पुजारी द्वारा इस्तेमाल किया जाता है, जो वैदिक बलिदानों के प्रदर्शन में लगे हुए थे, जिन्हें तीन आग लगने की आवश्यकता थी और कई विशिष्ट पुजारियों की सेवाएं थीं।
- नियमावली को श्रुता कहा जाता है (संस्कृत श्रुति से, "रहस्योद्घाटन"; शाब्दिक रूप से "जो सुना जाता है") क्योंकि वे सीधे पुराने वैदिक साहित्य पर आधारित हैं जिन्हें श्रुति, या प्रगट करने के लिए एक वर्ग के रूप में माना जाता है।
- प्रत्येक श्रुता-सूत्र विशिष्ट कार्यों के प्रदर्शन में अपने स्वयं के विशेष वैदिक विद्यालय के पुजारियों का मार्गदर्शन करता है।
- ग्रंथ ऐसे विषयों से निपटते हैं जैसे तीन आग, पूर्ण और अमावस्या समारोह, और विभिन्न पशु और सोम बलिदान।

गृह्य-सूत्र:

- गृह्य-सूत्र, हिंदू धर्म में, घरेलू (गृह्य) धार्मिक समारोहों का विस्तार करने वाले किसी भी नियमावली ने आग पर पुरुष और महिला दोनों के घरवालों का प्रदर्शन किया ।
- गृह्य-सूत्र उन समारोहों (संस्कारों) का वर्णन करते हैं जो किसी व्यक्ति के जीवन के प्रत्येक चरण को गर्भाधान के क्षण से लेकर अंतिम मृत्यु संस्कार तक चिह्नित करते हैं; पांच दैनिक बलिदान (महायज्ञ); मौसमी समारोह; और वे विशेष अवसरों पर देखे जाते हैं, जैसे कि घर का निर्माण या मवेशी प्रजनन।

धर्मसूत्र:

- धर्मसुत्र (संस्कृत, धर्म, 'कानून' + शास्त्र, 'कामशास्त्र')।
- संस्कृत गद्य ग्रंथों का कोई वर्ग कानून और आचरण के नियमों (धर्म) से संबंधित है।
- धर्मसूत्र धर्मशास्त्रों से भिन्न है कि पूर्व में गद्य या गद्य का छंद और पद्य होता है, जबकि उत्तर में पद्य का विशेष रूप से समावेश होता है।
- धर्मसूत्रों का अर्थ धर्मशास्त्रों से अधिक दु: खद होता है, जिसमें किसी भी प्रकार के व्यवस्थित ढंग से प्रस्तुत किए जाने वाले छंद सूक्तों या उपग्रहों का समावेश होता है।

शुल्व सूत्र:

- वेद के परिशिष्ट माने जाने वाले श्रौत सूत्र नामक ग्रंथों के बड़े कोषों का हिस्सा हैं शुल्व सूत्र।
- वे वैदिक काल से भारतीय गणित के ज्ञान के एकमात्र स्रोत हैं। अग्नि-वेदी की आकृतियाँ देवताओं से अनूठे उपहारों से जुड़ी थीं।
- यह विशिष्ट आकृतियों और क्षेत्र की ईंटों के साथ निर्मित विभिन्न आकृतियों की जटिल अग्नि वेदियों से संबंधित है: वेदी के कुल क्षेत्र को हमेशा ध्यान से देखना चाहिए।

अतः विकल्प (B) सही है।

16. दस राजाओं की लड़ाई में , भरत के पुजारी वशिष्ठ थे।

- लड़ाई को दसराजन भी कहा जाता है और सबसे महत्वपूर्ण ऐतिहासिक घटनाओं में से एक है।
- भरत के बीच एक तरफ की लड़ाई और दूसरी तरफ दस प्रमुखों की मेजबानी को दस राजाओं (दासराजा) की लड़ाई के रूप में जाना जाता था।
- यह लड़ाई पारुषी नदी पर लड़ी गई थी, और इसने भरत के राजा सुदास को जीत दिलाई और ऊपरी गंगा के बेसिन में अपना शासन स्थापित किया, जहाँ उन्होंने बाद के वैदिक काल में एक महत्वपूर्ण भूमिका निभाई।
- वशिष्ठ और विश्वामित्र के बीच विवाद के कारण युद्ध छिड़ गया।
- विश्वामित्र ने दस जनजातियों के समूह का समर्थन किया जिसमें पाँच आर्य थे और अन्य पाँच गैर-आर्य थे।
- भरत के बीच एक ओर लड़ाई और दूसरी ओर दस जनजातियों का समूह था।

- इसने भरत को जीत दिलाई और क्षेत्र पर अपना वर्चस्व स्थापित किया।

अतः विकल्प (B) सही है।

17. विवाह हिंदू धर्म में एक महत्वपूर्ण सामाजिक सम्मेलन है, क्योंकि यह जीवन और मृत्यु के आवर्तक चक्र से मुक्ति के मार्ग पर एक महत्वपूर्ण कदम है। एक महिला की सबसे महत्वपूर्ण भूमिका, यह ट्रांसपायर होती है, उसे मोक्ष की तलाश में अपने पति का समर्थन करना है।

प्रामाणिक ग्रंथों, धर्म ग्रंथों और आठ अलग अलग रूपों जो ब्रह्मा, देव, अर्श्व, प्रजापत्य, असुर, गंधर्व, राक्षस, पिशाच में कुछ ग्रह्मासुत्रस वर्गीकृत शादी। विवाह के रूपों का यह क्रम पदानुक्रमित है।

सात रूपों में, विवाह पुरुषों द्वारा की गई एक व्यवस्था है। पिता, यह कटौती की जा सकती है, जीवन साथी के चयन में महत्वपूर्ण भूमिका निभाते हैं।

यह केवल घंडारवा रूप में है कि एक महिला एक वैवाहिक साथी का चयन करने में शामिल है।

विवाह का रूप:

आर्ष

"जब पिता अपनी बेटी को दूल्हे की एक जोड़ी, या कानून द्वारा निर्धारित उपयोग के लिए दो जोड़े से प्राप्त होने के बाद दूर कर देता है, तो उस शादी को अरशा कहा जाता है"। शादी के इस रूप को अर्श कहा जाता है क्योंकि यह ज्यादातर पुजारी परिवारों में वर्तमान था जैसा कि इसके बहुत ही नाम से पता चलता है। विवाह के इस रूप में, परिजन की जोड़ी, या दो जोड़े, दुल्हन की कीमत का गठन करते हैं।

संक्षेप में कहा जाए तो विवाह का यह अर्श रूप हिंदू समाज के देहाती मंच का प्रतीक है जहां मवेशियों को अपरिहार्य माना जाता था। विवाह का यह रूप भी ब्राह्मणों के लिए अजीब था। हालांकि, विवाह के अरशा रूप का त्याग और गर्भधारण की गिरावट के कारण बाद की अवधि में अभ्यास नहीं किया जा सकता था कि पिता द्वारा विवाह एक शुद्ध उपहार है जो हिंदुओं की धार्मिक भावना का अपमान है।

असुर

यह शादी के सबसे निंदनीय रूपों में से एक है। इस रूप में, पिता अपनी बेटी को दूल्हे के बाद दूल्हा और दुल्हन के पिता को वह सारी संपत्ति प्रदान करता है जो वह कर सकता है। रामायण में उल्लेख है कि राजा दशरथ के साथ विवाह के लिए कैकेयी के संरक्षक को एक असाधारण कीमत दी गई थी। यह मूल रूप से एक वाणिज्यिक लेनदेन है जहां दुल्हन खरीदी जाती है।

दैव

दैव-विवाह का अर्थ है 'देवताओं के संस्कार से संबंधित विवाह'। विवाह के इस रूप में, ब्रह्मा के विपरीत, पिता अपनी बेटी को दुल्हन के पिता द्वारा किए गए बलिदान में एक पुजारी को दक्षिणा (बलिदान शुल्क) के रूप में देता है।

प्रजापत्य

विवाह का प्रजापत्य रूप विवाह के ब्रह्मा रूप के समान है सिवाय प्रजापति के कोई व्यापार या कन्यादान नहीं होता है और दुल्हन के पिता वर की तलाश करते हैं। इन मतभेदों के कारण, प्रजापिता ब्रह्म से हीन है।

दुल्हन के पिता द्वारा अनुरोध की गई मूल शर्त यह है कि दूल्हा दुल्हन को एक साथी के रूप में व्यवहार करे और अपने धार्मिक और धर्मनिरपेक्ष कर्तव्यों को एक साथ पूरा करे।

अतः विकल्प (B) सही है।

18. भारतीय तत्त्वज्ञान में तत्त्वज्ञान, विश्व विचारों और शिक्षाओं का उल्लेख है जो प्राचीन भारत में सामने आया।

न्याय और वैशेषिक तत्त्वज्ञान के बीच समानता

- दोनों प्रणालियां अंतिम लक्ष्य के रूप में व्यक्तिगत स्वयं की मुक्ति को स्वीकार करती हैं।
- दोनों अज्ञानता को सभी दर्द और दुख के मूल कारण के रूप में देखते हैं।
- दोनों का मानना है कि वास्तविकता के सही ज्ञान से ही मुक्ति मिलती है।

न्याय और वैशेषिक तत्त्वज्ञान में अंतर

- न्याय दर्शन ज्ञान के चार स्वतंत्र स्रोतों को स्वीकार करता है - धारणा, अनुमान, तुलना और साक्ष्य- लेकिन वैशेषिक केवल दो को स्वीकार करता है - धारणा और निष्कर्ष।
- न्याय का मानना है कि वास्तविकता सभी सोलह श्रेणियों (पादर्थों) द्वारा समझे जाते हैं, जबकि वैशेषिक वास्तविकता के केवल सात श्रेणियों को पहचानती है। ये हैं: द्रव्य (पदार्थ), गुण (गुण), कर्म (क्रिया), सामान्य(व्यापकता), विशेष(विशिष्टत्व), समवाय (अंतःकरण), और अभव (शून्यत्व)।

अतः विकल्प (C) सही है।

19. छठी और चौथी शताब्दी ईसा पूर्व के बीच की अवधि को प्रारंभिक भारतीय इतिहास में बेहद महत्वपूर्ण माना जाता है क्योंकि यह समय बड़े पैमाने पर भारतीय नगरों के उद्भव का गवाह था, जो सिंधु घाटी सभ्यता के पतन के बाद बनाए गए थे।

ये विशाल भारतीय नगर प्राचीन ग्रंथों में वर्णित 16 महान राज्यों में से थे।

आधुनिक युग में, 16 महान राज्यों को संदर्भित करने के लिए अक्सर 'महाजनपद' शब्द का इस्तेमाल किया जाता है।

अवन्ती: अवंती पश्चिमी भारत में स्थित एक बहुत ही महत्वपूर्ण राज्य था और इसे भारत में बौद्ध धर्म शुरू होने के दौरान चार महत्वपूर्ण राजतंत्रों में से एक माना जाता था।

इसकी राजधानी उज्जैन थी।

कोशल: इसने पूर्वी उत्तर प्रदेश के कब्जे वाले क्षेत्र को अपनाया और इसकी राजधानी श्रावस्ती है।

यह गोमती नदी से घिरा था। प्रसेनजित, कोशल का राजा, बिंबिसार और राजा अजातशत्रु का समकालीन था।

अंग: मगध के पूर्व में स्थित अंग मोटे तौर पर मोंगहियर और भागलपुर के आधुनिक जिलों से मेल खाता है।

इसकी राजधानी चंपा है, जो उसी की नदी के तट पर स्थित है।

गांधार: यह महान साम्राज्य सिन्धु नदी के तट पर स्थित था और इसकी राजधानी तक्षशिला थी, यहीं पर प्रसिद्ध 'तक्षशिला विश्वविद्यालय' भी स्थित है।

यह मोटे तौर पर आधुनिक कश्मीर के अनुरूप है और काबुल घाटी तक फैला हुआ है।

दुनिया भर से विद्वान अधिक से अधिक ज्ञान और पांडित्य प्राप्त करने के लिए विश्वविद्यालय में आए।

अतः विकल्प (A) सही है।

20. जानवरों के वर्चस्व के शुरुआती प्रमाण एडमोलगढ़, एक मध्य पाषाण स्थल पर पाए गए हैं। अतः, कथन 1 सही है।

नवपाषाण काल के रूप में जब लोगों को कृषि के लिए पेश किया गया था।

पत्थर के उपकरण विकसित किए गए और हिमयुग समाप्त हो गया। अतः, कथन 2 सही है।

मध्य पाषाण अवधि के दौरान, औजार (उपकरण और हथियार) का आकार बहुत छोटा और 1 से 8 सेमी तक विविध था। अतः, कथन 3 सही नहीं है।

अतः विकल्प (C) सही है।

21. बोधिसत्व सिद्धांत महायान बौद्ध धर्म से जुड़ा है। बोधिसत्वों को उन व्यक्तियों के रूप में स्वीकार किया गया था जिन्होंने आत्मज्ञान प्राप्त किया था। यह माना जाता था कि आत्मज्ञान प्राप्त करने के बाद बोधिसत्व अलगाव में रह सकते हैं।

अतः विकल्प (A) सही है।

22. शंकराचार्य का द्वैतवाद या गैर-द्वैतवाद पूरे दार्शनिक विश्व में एक अद्वितीय भारतीय योगदान है।

शंकराचार्य के अनुसार, ज्ञान के तथाकथित साधन हमें वास्तविक ज्ञान नहीं देते हैं। वे केवल विषय और वस्तु के भेद पर आधारित अज्ञानता को दूर करते हैं। वास्तविक ज्ञान इन सबसे भिन्न है।

ज्ञान के साधन केवल अज्ञान के क्षेत्र में काम करते हैं। ज्ञान के लिए न साधनों की आवश्यकता होती है और न ही किसी प्रमाण की, क्योंकि यह आत्म-प्रदीप्त और स्व-सिद्ध है। लेकिन जिस तरह सांप के भ्रम के गायब होने से रस्सी का वास्तविक ज्ञान होता है, उसी तरह अज्ञान के बहुत दूर होने से ज्ञान होता है।

तथ्य के रूप में, अज्ञानता को हटाने और ज्ञान की शुरुआत को विभाजित करने वाली कोई तेज रेखा नहीं है। ज्ञान अज्ञान का लोप है। इसलिए, स्व और ब्रह्म के ज्ञान का अद्वैत दर्शन में एक प्रमुख स्थान है, जबकि महामारी विज्ञान को एक अधीनस्थ स्थान दिया गया है।

अद्वैत दर्शन नाम और रूप की सच्चाई की वास्तविकता से इनकार करता है जैसा कि भावना अंगों द्वारा प्रस्तुत किया गया है। इसलिए यह इंद्रियों के माध्यम से अर्जित ज्ञान पर भरोसा नहीं कर सकता है। हालाँकि, ऐसा ज्ञान हर दिन के जीवन में सहायक हो सकता है। इस प्रकार, शंकराचार्य के अनुसार, ज्ञान के सभी साधन और उनके माध्यम से प्राप्त सभी ज्ञान पारलौकिक दृष्टिकोण से असत्य हैं। लेकिन व्यावहारिक दृष्टिकोण से कोई भी उनके महत्व को अस्वीकार नहीं कर सकता है।

शंकराचार्य के दर्शन में, दुनिया केवल परम वास्तविकता का प्रतिबिंब है। वास्तव में, न तो व्यक्ति और न ही ब्रह्मांड और न ही भगवान का ब्रह्म के अलावा कोई अस्तित्व है। पारलौकिक दृष्टिकोण से, वे सभी समान रूप से झूठे हैं। इसलिए, सृजन का सवाल महज एक व्यावहारिक समस्या है और इसे हल करने के लिए ही ईश्वर को लाया गया है; अन्यथा, न तो कोई रचना है और न ही कोई रचनाकार है।

वास्तव में, जिम्मेदार ब्रह्म केवल वास्तविकता है। ब्रह्म शुद्ध, पारलौकिक, मुक्त, शाश्वत और बिना शर्त है। माया से आच्छादित ब्राह्मण ईश्वर या ईश्वर है। ईश्वर ब्रह्म का प्रतिबिंब है। ब्रह्म के अलावा वह कुछ भी नहीं है। ब्राह्मण अवैयक्तिक है, जबकि ईश्वर परम व्यक्ति है। वह भौतिक ब्रह्मांड का निर्माता, निरंतर और संहारक है। अतः, शंकराचार्य द्वारा प्रचारित अद्वैतवाद सिद्धांत धर्म को संदर्भित करता है।

अतः विकल्प (B) सही है।

23. मौर्य साम्राज्य में कुछ महत्वपूर्ण प्रशासन पद:

पद नाम	पद विवरण
सन्निधाता	मुख्य कोषाधिकारी
गोपा	खातों के लिए जिम्मेदार
समाहर्ता	राजस्व के जनरल कलेक्टर
संस्थाध्यक्ष	बाजार अधीक्षक
सुलक्षणाक्ष	चुंगी वसूलने वाला
आद्याशा	खान अधीक्षक
नवाध्यक्ष	जहाजों के अधीक्षक
व्याहारिक	दीवानी अदालत के मुख्य न्यायाधीश

अतः विकल्प (D) सही है।

24. एशियाटिक सोसाइटी की स्थापना 1784 में सर विलियम जोन्सने की थी। यह एक अनूठी संस्था है जो सभी साहित्यिक और वैज्ञानिक गतिविधियों के एक प्रमुख के रूप में कार्य करती है।

1832 में इसका नाम बदलकर "द एशियाटिक सोसाइटी ऑफ बंगाल" रख दिया गया और फिर 1936 में इसका नाम बदलकर "द रॉयल एशियाटिक सोसाइटी ऑफ बंगाल" रख दिया गया।

यह एशियाई अध्ययन के लिए एक केंद्र के रूप में कल्पना की गई थी जिसमें महाद्वीप की भौगोलिक सीमाओं के भीतर आदमी और प्रकृति के विषय में सब कुछ शामिल था। यह कोलकाता में स्थित है।

एशियाटिक सोसाइटी के पुस्तकालय में दुनिया की सभी प्रमुख भाषाओं की लगभग 1,17,000 पुस्तकों और 79,000 पत्रिकाओं का विशाल संग्रह है।

अतः विकल्प (B) सही है।

25. लाक्षागृह: वह टकसाल के अधीक्षक थे, आदि।

सीताध्यक्ष: राज्य के स्वामित्व वाली भूमि जिसे सीता भूमि कहा जाता है, जिसे सीधे तौर पर काम पर रखने वाले मजदूरों की देखरेख में काम किया गया था या उन्हें व्यक्तिगत खेती के लिए पट्टे पर दिया गया था।

पौतवध्यक्ष: वह भार और माप के प्रभारी या अधीक्षक थे।

पण्याध्यक्ष: वह वाणिज्य का नियंत्रक था जो वस्तुओं की आपूर्ति, खरीद और बिक्री के नियंत्रण के प्रभारी था।

अतः विकल्प (B) सही है।

26. तरिख-ए-फ़रिश्ता भारत का एक सामान्य इतिहास है, जिसमें दक्कन राज्यों का विशेष संदर्भ है, अकबर के शासनकाल के करीब आता है। इसे 1612 में मुहम्मद कासिम हिंदू शाह द्वारा लिखा गया था, जिसे फरिश्ता के नाम से जाना जाता है। यह स्पष्ट करता है कि यह पुस्तक अकबर के शासनकाल के दौरान नहीं लिखी गई थी।

अतः विकल्प (A) सही है।

27. अष्टाध्यायी: अष्टाध्यायी पाणिनि, एक संस्कृत भाषाविज्ञानी द्वारा लिखी गई थी, जिसे "भाषाविज्ञान के पिता" के रूप में भी जाना जाता है। 6 वीं से 5 वीं शताब्दी ईसा पूर्व में लिखे गए "अष्टाध्यायी" या "आठ अध्याय" संस्कृत भाषा में प्रयुक्त चार हजार नियमों के बारे में ज्ञान प्रदान करते हैं।

मालविकाग्निमित्र: मालविकाग्निमित्रम कालिदास (5 वीं शताब्दी ई.पू.) की रचनाएँ हैं, वे चंद्रगुप्त द्वितीय के दरबार में थे, जिन्हें विक्रमादित्य के नाम से भी जाना जाता है।

हर्षचरित: हर्षचरित कन्नौज के शासक हर्षवर्धन की जीवनी है, जो उनके दरबारी कवि बाणभट्ट (7 वीं शताब्दी में) द्वारा संस्कृत में रचित है।

राजतरंगिणी: कल्हण द्वारा रचित 12 वीं शताब्दी (1100-1150) की मूल संस्कृत छंद रचनाकार राजरांगिनी के साथ कश्मीर का 'निरंतर' दर्ज इतिहास है।

अतः विकल्प (D) सही है।

28. इरफान हबीब: इरफान हबीब ने कई किताबें लिखी हैं, जिनमें मध्यकालीन तकनीक: भारत और इस्लामी दुनिया के बीच आदान-प्रदान, मुगलकालीन कृषि प्रणाली आदि शामिल हैं।

जोसेफ नीडम: जोसेफ नीडम, पूरे नोएल जोसेफ टेरेंस मोंटगोमरी नीडम में, चीन में ऐतिहासिक इतिहास विज्ञान और सभ्यता को लिखा और संपादित किया, चीनी वैज्ञानिक विकास का एक व्यापक अध्ययन किया।

इख्तियार आलम खान: गनपाउडर एंड फायरअर्म्स: मध्यकालीन भारत में युद्ध- इस पुस्तक में भारत में बारूद और आग्नेयास्त्रों के इतिहास का सर्वेक्षण किया गया है, जो चीन से तेरहवीं शताब्दी में और यूरोप से पंद्रहवीं शताब्दी के अंत तक आने और मंगोल और पुर्तगालियों द्वारा निभाई गई भूमिका की जांच करता है।

जीन डेलोचे: जीन डेलोचे ने होयसला मूर्तिकला (बारहवीं और तेरहवीं शताब्दी) में सैन्य प्रौद्योगिकी लिखी।

अतः विकल्प (D) सही है।

29. "लोग खुश थे और उसके शासन के तहत और इसलिए युवा और बूढ़े, गुलाम और आज़ाद थे, उन्होंने काले वस्त्र पहनकर अपनी मृत्यु पर शोक व्यक्त किया" - ये पंक्तियां सैय्यद वंश के खिज्र खान के लिए हैं। तैमूर के आक्रमण के तुरंत बाद खिज्र खान ने उत्तरी भारत में दिल्ली सल्तनत के सैय्यद वंश की स्थापना की।

अतः विकल्प (A) सही है।

30. ब्रह्मगुप्त एक प्राचीन भारतीय खगोलशास्त्री और गणितज्ञ थे जो 597 ईस्वी से 668 ईस्वी तक थे। उनका जन्म उत्तर पश्चिम भारत के भीनमाल शहर में हुआ था। ब्रह्मगुप्त प्राचीन भारतीय गणितीय खगोल विज्ञान के केंद्र उज्जैन के खगोलीय वेधशाला के निदेशक थे।

अतः विकल्प (C) सही है।

31. कृषि से संबंधित दीवान-ए-अमीर-कोही नाम का विभाग मुहम्मद बिन तुगलक द्वारा स्थापित किया गया था। इसका प्रमुख उद्देश्य दोआब में खेती में सुधार करना था। विभाग ने एक अधिकारी की अगुवाई में दोआब को विकास ब्लाकों में विभाजित किया, जो किसानों को ऋण देगा और उन्हें बेहतर फसलों की खेती में संलग्न करेगा।मुहम्मद बिन तुगलक, तुगलक वंश का दूसरा सुल्तान (शासनकाल 1325-1151) था, जिसने उत्तरी भारत में दिल्ली सल्तनत के शासनकाल को अधिकांश उपमहाद्वीपो तक बढ़ाया।

अतः विकल्प (C) सही है।

32. नरसिंहवर्मन प्रथम (ममल्ला के रूप में जाना जाता है, जिसका अर्थ है 'महान पहलवान') ने मणिमंगलम की लड़ाई में पश्चिमी चालुक्यों के पुलकेशिन द्वितीय को हराया।

अतः विकल्प (B) सही है।

33. पुष्यभूति गुप्तों के सामंत थे। 6 वीं शताब्दी ईस्वी में गुप्त साम्राज्य के पतन के बाद पुष्यभूति राजवंश का उदय हुआ। यह राज्य अब थानेश्वरा में राजधानी के साथ हरियाणा राज्य में स्थित था। इस राजवंश का सबसे उल्लेखनीय शासक इसके अंतिम शासक, सम्राट हर्षवर्धन (606-647 CE) थे। ह्वेन त्सांग (602-664 CE) ने 7 वीं शताब्दी ईसवी में भारत का दौरा किया और हर्ष से मुलाकात की।

अतः विकल्प (A) सही है।

34. सुगंधा देवी जिन्होंने सिक्कों की आकृतियों वाली सिक्कों को जारी किया था, वह कश्मीर की रानी थीं। उसने 28 साल (855-883 ई।) तक शासन किया और इतिहास इसे 'स्वर्ण युग' के रूप में देखता है। वह अपने पति शंकरवर्मन के साथ जब युद्ध के मैदान में एक सैनिक द्वारा मारा गया।

अतः विकल्प (D) सही है।

35. मौर्य साम्राज्य के तीसरे राजा अशोक महान (268-232 ई.पू.) द्वारा खंभों, बड़े पत्थरों और गुफा की दीवारों पर उत्कीर्ण अशोक के 33 शिलालेख हैं।

इसमें निम्नलिखित शिलालेख शामिल हैं:

1. लघु शिलालेख
2. लघु स्तंभ शिलालेख
3. प्रमुख शिलालेख
4. प्रमुख स्तंभ शिलालेख

स्तंभ शिलालेख IV- राजुकों के कर्तव्यों से संबंधित है। यह इंगित करते है कि अशोक ने मृत्युदंड को समाप्त नहीं किया।

अतः विकल्प (A) सही है।

36. कर्नाटक में ऐहोल, चालुक्यों की पहली राजधानी थी जहाँ उन्होंने 6 वी शताब्दी ईस्वी सन् में कई मंदिरों का निर्माण किया था। कई शिलालेख ऐहोल में पाए गए, लेकिन मेगुटी मंदिर में पाए गए शिलालेख को ऐहोल शिलालेख के रूप में जाना जाता है।

पुलकेशिन द्वितीय का ऐहोल शिलालेख रविकृति द्वारा लिखा गया था, जो चालुक्य राजा के दरबार में एक शाही कवि था। पुलकेशिन द्वितीय ने 610 से 642 ईस्वी तक शासन किया।

अतः विकल्प (C) सही है।

37. पहली शताब्दी में, गांधार (अब पाकिस्तान में), उत्तर भारत में मथुरा और आंध्र प्रदेश में वेंगी कला उत्पादन के महत्वपूर्ण केंद्रों के रूप में उभरा।

प्रतीकात्मक रूप में बुद्ध को मथुरा और गांधार में मानव रूप मिला।

गांधार में मूर्तिकला परंपरा में बैक्ट्रिया, पार्थिया और स्थानीय गांधार परंपरा का संगम था। इसलिए, कथन 1 सही है।

सांस्कृतिक प्रभावों के दोराहे पर स्थित, गांधार क्षेत्र यूनानी और रोमन संस्कृति से प्रभावित था।

कुषाण साम्राज्य के काल में, रोम के साथ इसके संपर्क को देखते हुए, रोमन कला की तकनीकों को आत्मसात कर लिया गया था और पश्चिमोत्तर भारत में लागू किया गया था।

गांधार कला एक आध्यात्मिक अवस्था में बुद्ध के चित्रण के लिए प्रसिद्ध है, ध्यान में आँखें आधी बंद हैं। इसलिए, कथन 2 सही है।

अतः विकल्प (C) सही है।

38. व्याख्या और संदर्भ के अनुसार, संगम साहित्य को दो प्रकारों अगम (आंतरिक) और पुरम (बाहरी) में वर्णित किया जा सकता है।

आगम व्यक्तिगत और मानवीय पहलुओं जैसे कि प्रेम और यौन चीजों से जुड़ा हुआ है।

पुरम मानव अनुभव और भावनाओं जैसे कि वीरता, वीरता, नैतिकता और परोपकार से जुड़ा हुआ है।

अतः विकल्प (A) सही है।

39. खारवेल कलिंग का राजा था। मौर्य राजा अशोक के साथ युद्ध में तबाह होने के बाद उन्होंने कलिंग की सत्ता बहाल की। वह चेदि वंश का तीसरा राजा था । इस राजा के बारे में ज्यादा जानकारी नहीं है। सूचना का एकमात्र स्रोत उनका प्रसिद्ध हाथीगुम्फा शिलालेख है। यह उनके जीवन और उनके शासनकाल के तेरह वर्षों तक की उपलब्धियों का सटीक वर्णन करता है। खारवेल को एक ' नायक और जैन धर्म के संरक्षक के रूप में याद किया जाता है।

अतः विकल्प (A) सही है।

40. बौद्ध ग्रंथ अंगुत्तर निकाया में 6 वीं शताब्दी ईसा पूर्व में 16 महाजनपदों के बारे में जानकारी मिलती है।

विनय पिटक में भिक्षुओं और भिक्षुओं के मठवासी जीवन के लिए लागू आचरण और अनुशासन के नियम हैं।

सुत्त पिटक में बुद्ध का मुख्य उपदेश या धम्म है। इसे पाँच निकाया या संग्रह में विभाजित किया गया है:

- दीघा निकया
- मज्झिमा निकया
- संयुत निकया
- अंगुतारा निकया
- खुदाका निकया

अतः विकल्प (C) सही है।

41. चार्ल्स फ्रीर एंड्रयूज़ (12 फ़रवरी 1871 - 5 अप्रैल 1940) इंग्लैंड के चर्च के पुजारी थे| भारत में एक ईसाई मिशनरी, शिक्षक और सामाजिक सुधारक, महात्मा गांधी के करीबी दोस्त बन गए और भारत की आजादी के कारण के पहचाने गए। वह दक्षिण अफ्रीका से भारत लौटने के लिए गांधी को समझाने में महत्वपूर्ण भूमिका निभाइ थी, जहां गांधी भारतीय नागरिक अधिकारों के संघर्ष में अग्रणी रहे थे।

चार्ल्स फ्रीर एंड्रयूज़ को गांधी जी ने उनके आद्याश्रम के आधार पर क्राइस्ट की फेथफुल अपोस्टल से प्यार से पाला था, सी.एफ.ए. भारतीय स्वतंत्रता आंदोलन गांधी और दिल्ली के सेंट स्टीफन कॉलेज में उनके छात्रों के योगदान के लिए, उन्होंने उनका नाम दीना बंधु, या "फ्रेंड ऑफ द पुअर" रखा।

अतः विकल्प (A) सही है।

42. दिल्ली सल्तनत साहित्य की शुरुआत फारसी बोलने वाले लोगों के दिल्ली सल्तनत के सिंहासन पर बैठने से हुई। जल्द ही फारसी में साहित्यिक कृतियां दिखाई देने लगीं और इसे आधिकारिक भाषा घोषित किया गया।

अतः विकल्प (C) सही है।

43. 1773 ई. के नियामक अधिनियम की कमियों को दूर करने और कंपनी के भारतीय क्षेत्रों के प्रशासन को अधिक सक्षम और उत्तरदायित्वपूर्ण बनाने के लिये अगले एक दशक के दौरान जाँच के कई दौर चले और ब्रिटिश संसद द्वारा अनेक कदम उठाये गए।

इनमें सबसे महत्पूर्ण कदम 1784 ई. में पिट्स इंडिया अधिनियम को पारित किया जाना था,जिसका नाम ब्रिटेन के तत्कालीन युवा प्रधानमंत्री विलियम पिट के नाम पर रखा गया था। इस अधिनियम द्वारा ब्रिटेन में बोर्ड ऑफ़ कण्ट्रोल की स्थापना की गयी जिसके माध्यम से ब्रिटिश सरकार भारत में कंपनी के नागरिक,सैन्य और राजस्व सम्बन्धी कार्यों पर पूर्ण नियंत्रण रखती थी।

अतः विकल्प (A) सही है।

44. जैन-उल-अब्दीन द्वारा कश्मीर में निर्मित जामा मस्जिद फारसी शैली के साथ बौद्ध पगोड़े के समान है और इसकी वास्तुकला में 'बुर्ज' भी शामिल है।

अतः विकल्प (B) सही है।

45. पानीपत की पहली लड़ाई 21 अप्रैल 1526 को बाबर और लोदी साम्राज्य के बीच लड़ी गई थी। यह उत्तर भारत में हुई और भारत में मुग़ल साम्राज्य की नींव रखी।

अतः विकल्प (B) सही है।

46. मौर्य साम्राज्य की स्थापना चन्द्रगुप्त मौर्य ने चाणक्य के मार्गदर्शन में नंदा साम्राज्य पर विजय प्राप्त करने के बाद 320 ईसा पूर्व में की थी, वह केवल 20 वर्ष का था।

अतः विकल्प (A) सही है।

47. शम्स उद-दीन इल्तुतमिश मामलुक राजाओं में से तीसरे थे जिन्होंने उत्तर भारत में पूर्व घुरिद प्रदेशों पर शासन किया था। वह दिल्ली से शासन करने वाले पहले मुस्लिम संप्रभु थे और इस प्रकार उन्हें दिल्ली सल्तनत का प्रभावी संस्थापक माना जाता है।

इल्तुतमिश ने दिल्ली को सल्तनत की राजधानी के रूप में स्थापित किया। कुतुब अल-दीन ऐबक की मृत्यु के बाद, बंगाल के राज्यपाल ने विद्रोह कर दिया। उन्हें इल्तुतमिश ने हराया था।

अतः विकल्प (B) सही है।

48. कथन 1 सही नहीं है क्योंकि चंगेज खान 1221 ई. में ख्वारिज्म के शहजादे जलालुद्दीन का पीछा करते हुए इल्तुतमिश के शासनकाल के दौरान सिंधु तक पहुंच गया था।

कथन 2 सही है क्योंकि मंगोल शासक हलाकू के पोते अब्दुल्ला ने 1.5 लाख घुड़सवारों के साथ दिल्ली की ओर कूच किया था। भटिंडा में वह जलालुद्दीन खिलजी द्वारा पराजित हुआ था।

कथन 3 सही है क्योंकि अलाउद्दीन खिलजी को दिल्ली के निकट कुतलुग ख्वाजा के अधीन 2 लाख की मजबूत मंगोल सेना का सामना करना पड़ा था। इस घटना ने उसे मजबूत सेना खड़ी करने के लिए विवश किया।

अतः विकल्प (C) सही है।

49. मुगल सिक्का की विशेषता के लिए आने वाले त्रि-धातुवाद की व्यवस्था शेर शाह ने पेश की थी। जबकि रूपया शब्द को पहले किसी भी चांदी के सिक्का के लिए सामान्य शब्द के रूप में इस्तेमाल किया गया था, अपने शासनकाल के दौरान शब्द को 178 अनाज के मानक वजन के चांदी के सिक्का के नाम के रूप में इस्तेमाल किया गया था, जो कि आधुनिक रुपये का अग्रदूत था।

अतः विकल्प (B) सही है।

50. ग्रीक भाषा में बिन्दुसार को अमित्रघात कहा गया है जिसका अर्थ है शत्रुओं का नाश करने वाला।

बिन्दुसार चंद्रगुप्त मौर्य के पुत्र थे और भारत के दूसरे मौर्य सम्राट थे। उन्हें अमितोक्रेट्स (ग्रीक में) या अमित्रघात (संस्कृत में) के रूप में भी जाना जाता है, जिसका अर्थ है सभी दुश्मनों का कातिल।

अतः विकल्प (A) सही है।

51. मुगल काल के दौरान, भूमि को चार श्रेणियों में विभाजित किया गया था, जैसे कि पोलाज, पारती, चचर और बंजार। भूमि की विभिन्न श्रेणियों के लिए अलग-अलग राजस्व तय किया गया था। पोलाज वह भूमि थी जिसे उत्तराधिकार में प्रत्येक फसल के लिए प्रतिवर्ष खेती की जाती है और कभी भी परती नहीं होने दी जाती।

अतः विकल्प (B) सही है।

52. मकाऊ के प्रस्तावों को बेंटिक ने स्वीकार किया और मार्च 7, 1835 के एक संकल्प में सन्निहित किया, जिसमें उन्होंने घोषणा की कि "परिषद में उनकी प्रभुत्व राय है कि ब्रिटिश सरकार के महान उद्देश्य को मूल रूप से भारत में यूरोपीय साहित्य और विज्ञान को बढ़ावा देना चाहिए और शिक्षा के उद्देश्य के लिए विनियोजित सभी फंडों को अकेले अंग्रेजी शिक्षा पर सबसे अच्छा इस्तेमाल किया जाएगा। "अंग्रेजी शिक्षा प्रदान करने के लिए स्कूल और कॉलेजों की स्थापना की गई थी। अंग्रेजी भाषा भी आधिकारिक भाषा बन गई और उसने विचारों के आदान-प्रदान के लिए भारत के लोगों की मदद की।

अतः विकल्प (B) सही है।

53. लिंगायत या वीर शैव आंदोलन 12 वीं शताब्दी में एक लोकप्रिय आंदोलन था। वे शिव के उपासक थे और जैनियों के साथ विवादों के बाद अपना विश्वास स्थापित करते थे। इसलिए, कथन 1 सही नहीं है।

- उन्होंने जाति व्यवस्था का कड़ा विरोध किया।
- यज्ञ,तीर्थ यात्रा को स्वीकार किया।
- बाल विवाह का विरोध किया और विधवा पुनर्विवाह की अनुमति दी।

इसलिए, कथन 2 और 3 सही हैं।

अतः विकल्प (A) सही है।

54. अमीर खुसरो (1253-1325): उन्हें "कब्बाली के पिता" के रूप में जाना जाता है। वह एक भारतीय संगीतकार, विद्वान और कवि थे। वह भारतीय उपमहाद्वीप के सांस्कृतिक इतिहास में एक प्रतिष्ठित व्यक्ति थे। ऐसा कहा जाता है कि उन्होंने 'गियासुद्दीन बलबान से सुल्तान मुहम्मद बिन तुगलक' तक आठ दिल्ली सुल्तानों के शासनकाल को देखा है।

अतः विकल्प (D) सही है।

55. द्वितीय आंग्ल-मैसूर युद्ध 1780 से 1784 तक मैसूर साम्राज्य और ब्रिटिश ईस्ट इंडिया कंपनी के बीच संघर्ष था। उस समय, मैसूर भारत में एक प्रमुख फ्रांसीसी सहयोगी था, और फ्रांसीसियों और डचों के खिलाफ ब्रिटेन के बीच

संघर्ष था। अमेरिकी क्रांतिकारी युद्ध ने भारत में आंग्ल-मैसूरियन शत्रुता को जन्म दिया।

अतः विकल्प (A) सही है।

56. कन्नौज का युद्ध मुगल सम्राट हुमायूं और अफगान शेरशाह सूरी के बीच लड़ा गया था। कन्नौज की लड़ाई में अफगान सैनिक मुगल सेना को भगाने में सक्षम थे यह मुगलों के लिए एक बड़ा भ्रम था हुमायूं युद्ध क्षेत्र से भाग गया। अगले 15 वर्षों के लिए हुमायूं एक पथिक की भांति जीवन व्यतीत करने लगा। थार के रेगिस्तान पार करके, हुमायूं सिंध पहुंचे सिंध में वह केवल तीन साल तक रहा था। वह हमीदा, पंद्रह वर्ष की लड़की से प्रेम करने लगा हमीदा एक शेख की बेटी थीं, तत्पश्चात हमीदा ने अकबर को जन्म दिया।

अतः विकल्प (B) सही है।

57. शेर शाह सूरी (1540-1545) ने उपज के मामले में भूमि को मापा और वर्गीकृत किया और निपटान के साधन के रूप में कबुलीयत और पट्टा पेश किया। अकबर के समय के दौरान, टोडरमल ने उस प्रणाली में कुछ सुधार किए और पूरे साम्राज्य को उप, सरकार, परगना और महल में बांटा गया। जिसको टोडरमल बंदोबस्त के नाम से भी जाना जाता है।

अतः विकल्प (C) सही है।

58. पृथ्वीराज चौहान और मुहम्मद गौरी के बीच तराइन की लड़ाई लड़ी गई थी। तराइन की लड़ाई, जिसे ताराओरी के युद्ध के रूप में भी जाना जाता है, वर्तमान में हरियाणा में थानेसर, दिल्ली, भारत के लगभग 150 किलोमीटर उत्तर में, गुरिद बल के मुइज अल-दीन और पृथ्वीराज चौहान की अगुआई वाली चौहान राजपूत सेना के बिच लड़ा गया ।

अतः विकल्प (A) सही है।

59. सूरत भारत में ब्रिटिश ईस्ट इंडिया कंपनी का पहला प्रेसीडेंसी थी। पूर्व दिशा में उस समय कंपनी का अन्य प्रेसीडेंसी बंटाम, जावा में थी जहां कप्तान लंकास्टर ने 1601-1603 के दौरान कंपनी के कारखाने की स्थापना की थी।

अतः विकल्प (B) सही है।

60. सिंधु घाटी के लोगों का मुख्य व्यवसाय कृषि हुआ करता था। गेहूं, जौ, मटर, और केला जैसी फसलें उगाई जाती थी। उन दिनों में, उस क्षेत्र में पर्याप्त वर्षा होती थी और कभी-कभी बाढ़ के कारण क्षेत्र में उपजाऊ मिट्टी का एकत्र हो जाती थी जो फसलों के लिए अत्यधिक महत्वपूर्ण होती थी।

अतः विकल्प (A) सही है।

61. अफनासी निकितन रुसी व्यापारी था जिसने भारत की यात्रा की और उसने अपना वृतांत 'जर्नी बियांड थ्री सीज' नाम से लिखा है। इब्नबतूता मोरक्को का एक अन्वेषक था और इसे अब तक के इतिहास के सबसे सफल यात्रियों में से माना जाता है। मेगास्थनीज एक महान यूनानी अन्वेषक था तथा इसने पाटलिपुत्र की यात्रा की थी।

अतः विकल्प (A) सही है।

62. वर्ष 1580 में अकबर ने भूमि मापन की नई व्यवस्था दहशाला या बंदोबस्त अराजी या जब्ती व्यवस्था की शुरुआत की थी। इस व्यवस्था, जिसे आईने-दहशाला कहा जा सकता है, को विकसित करने का श्रेय राजा टोडरमल को जाता है।

अतः विकल्प (B) सही है।

63. 1580 में प्रवेश करने वाले तारिख-ए-शेर शाही (शेरशाह का इतिहास), अब्बास खान सरवानी द्वारा संकलित एक ऐतिहासिक कार्य है, जो मुगल सम्राट अकबर के अधीन एक वक़िया-नेवी है, जिसने शेरशाह शाही के शासन का विस्तार किया है।

अतः विकल्प (C) सही है।

64. हम्पी 14 वीं शताब्दी में हिंदू विजयनगर साम्राज्य की राजधानी का केंद्र बन गया। विजयनगर साम्राज्य (जिसे कर्ण साम्राज्य भी कहा जाता है, और पुर्तगालियों द्वारा बिसनेगर साम्राज्य) दक्षिण भारत के डेक्कन पठार क्षेत्र में स्थित था।

अतः विकल्प (D) सही है।

65. 1530 में बाबर की मृत्यु आगरा में हो गई थी और हुमायूँ ने उसके उत्तराधिकारी के रूप में स्थान प्राप्त किया । उन्हें पहले आगरा में दफनाया गया था, लेकिन उनके नश्वर अवशेषों को उनकी इच्छा के अनुसार काबुल ले जाया गया।

अतः विकल्प (A) सही है।

66. शाहरुख बाबर द्वारा परिसंचरित किया गया चांदी का एक सिक्का था।

रूपया भी चांदी का एक सिक्का था लेकिन शेरशाह द्वारा परिसंचरित किया गया था।

मनसबदारी प्रणाली अकबर द्वारा प्रारंभ की गई मुगल प्रशासन का एक हिस्सा थी। यह प्रणाली मूल रूप से चंगेज खान की दशमलव प्रणाली पर आधारित थी।

तुगलक शासक फिरोज शाह तुगलक ने उलेमा वर्ग को खुश करने के लिए ब्राह्मणों पर जजिया कर लगाया था।

अतः विकल्प (A) सही है।

67. शासकों के चरित को सबसे पहले फिरदौसी ने अपनी पुस्तक शाहनामा में दिया था जिसके अनुसार शासक पृथ्वी पर दिव्य कृपा का विशेषज्ञ था। मोहम्मद बिन तुगलक ने चीन और ईरान के शासकों की नकल के आधार पर हस्ताक्षरकर्ता मुद्रा प्रारंभ की थी, जो 1331-329 के दौरान प्रसार में था। मेहराब का पहला उपयोग बलबन की मकबरे में किया गया था।

अतः विकल्प (B) सही है।

68. तीसरी बौद्ध परिषद 250 ई.पू. में राजा अशोक के संरक्षण मै और मोगगलिपुट्टा तिसा के अध्यक्षता मै पाटलीपुत्र में आयोजित की गई थी।

अतः विकल्प (A) सही है।

69. राजा राम मोहन रॉय ब्रह्म समाज के संस्थापक थे और यह कलकत्ता में स्थापित किया गया था। इसके मुख्य विचार एकेश्वरवाद, बलिदानों का विरोध, मूर्तिपूजा, अंधविश्वास और सती प्रथा का विरोध थें।

अतः विकल्प (B) सही है।

70. चन्द्र गुप्त प्रथम, भारत का राजा और गुप्त साम्राज्य के संस्थापक थे। वह गुप्त वंश के पहले ज्ञात शासक श्री गुप्त के पोते थे। चंद्र गुप्त प्रथम, जिनका प्रारंभिक जीवन अज्ञात है, मगध राज्य (आधुनिक बिहार राज्य के कुछ हिस्सों) में एक स्थानीय प्रमुख बने।

अतः विकल्प (B) सही है।

71. जिन्ना खुद लखनऊ पैक्ट के मास्टरमाइंड और वास्तुकार थे। जिन्ना द्वारा कांग्रेस और लीग के बीच सामंजस्य स्थापित करने के कारण, नाइटिंगेल ऑफ़ इंडिया (भारत कोकिला) ,सरोजिनी नायडू ने उन्हें "हिंदू-मुस्लिम एकता का राजदूत" की उपाधि दी।

अतः विकल्प (D) सही है।

72. (A) असहयोग आंदोलन पहला अखिल भारतीय जन आंदोलन था। इसलिए, विकल्प (A) गलत है।

(B) लॉर्ड कैनिंग 1857 के विद्रोह के दौरान भारत का वायसराय था। इसलिए, विकल्प (B) गलत है।

(C) वर्नाक्युलर प्रेस अधिनियम, (1878) ने उन वर्नाक्यूलर अखबारों को जब्त करने की कोशिश की, जिन्हें ब्रिटिश सरकार की आलोचना करने में मदद मिली। इसलिए, इसे गैगिंग एक्ट भी कहा जाता था। इसलिए, विकल्प (C) सही उत्तर है।

(D) लॉर्ड रिपन को भारत में स्थानीय स्वशासन की पहल के साथ संबद्ध किया गया था। इसलिए, विकल्प (D) भी गलत है।

अतः विकल्प (C) सही है।

73. (1) डेक्कन विद्रोह: यह विद्रोह भूमि राजस्व में वृद्धि, जमींदारों और महाजनों द्वारा किसानों को के शोषण के खिलाफ महाराष्ट्र में पूना और अहमद नगर जिलों में विद्रोह हुआ था।

(2) एका आन्दोलन: 1921 के दौरान, अवध किराया (संशोधन) अधिनियम पारित होने के बाद भी, संयुक्त प्रांत में किसान संतुष्ट नहीं हुए। राजस्व में वृद्धि और उत्पाद के रूप में राजस्व का संग्रह उनके विरोध के पीछे मुख्य कारण था| कांग्रेस और खिलाफत नेताओं ने आंदोलन का समर्थन किया। इस आंदोलन को एका आन्दोलन कहा जाता है।

(3) नील विद्रोह: यह विद्रोह 1859-60 में हुआ था। बंगाल के किसान इंडिगो नील की खेती के खिलाफ विरोध कर रहे थे।

इसलिए, सभी तीन किसान विद्रोह थे।

अतः विकल्प (D) सही है।

74. बौद्ध, जैन और हिंदुओं ने अपने कस्बों और मंदिरों के गोपुरा या प्रवेश द्वार पर लगभग समान ध्यान देने का निर्देश दिया है। ये, दोनों रूप और उद्देश्य में, मिस्र के मंदिरों के तोरणों से मिलते जुलते हैं।

अतः विकल्प (C) सही है।

75. ग़दर पार्टी एक चरमपंथी क्रांतिकारी संगठन था जिसकी स्थापना ब्रिटिश शासन से भारत की आज़ादी हासिल करने के उद्देश्य से अमेरिका और कनाडा में सिखों द्वारा की गई थी। इसकी स्थापना लाला हरदयाल और सोहन सिंह भकना ने वर्ष 1913 में की थी। पार्टी का मुख्यालय सैन फ्रांसिस्को में था। इसने मुफ्त प्रसार के लिए एक साप्ताहिक समाचार पत्र "द ग़दर" शुरू किया।

इसके प्रमुख सदस्य भाई परमानंद, करतार सिंह सराभा, अब्दुल हफीज मोहम्मद बरकतुल्लाह, राशबिहारी बोस और गुलाब कौर थे।

अतः विकल्प (B) सही है।

76. असहयोग आंदोलन को महात्मा गांधी और भारतीय राष्ट्रीय कांग्रेस के नेतृत्व में सितंबर 1920 से फरवरी 1922 तक भारतीय स्वतंत्रता आंदोलन में एक नई जागृति का प्रतीक माना गया।

असहयोग आंदोलन को हिंदू और मुस्लिम दोनों का समर्थन मिला। प्रथम विश्व युद्ध के दौरान संबद्ध शक्तियों द्वारा तुर्की के विभाजन के कारण मुस्लिम ब्रिटिश सरकार का विरोध कर रहे थे।

अतः विकल्प (C) सही है।

77. तेभागा आंदोलन बंगाल क्षेत्र से संबंधित था। यह भूमि मालिकों द्वारा शोषण के खिलाफ 1946 के दूसरे छमाही में हुआ था। आंदोलन इस विषय पर आधारित था किउत्पाद का एक-तिहाई भाग भूमि मालिकों को दिया जाएगा।

अतः विकल्प (C) सही है।

78. भारतीय राष्ट्रीय कांग्रेस ने 28-31 दिसंबर 1885 से बंबई में अपना पहला सत्र सेवानिवृत्त सिविल सेवा अधिकारी एलन ओक्टावियन ह्यूम और कलकत्ता के वोमेश चंदर बनर्जी राष्ट्रपति बने की पहल पर कराया गया था।

अतः विकल्प (D) सही है।

79. मौर्य वंश ने नंद वंश के बाद मगध पर शासन किया। चंद्रगुप्त ने 321 ईसा पूर्व के आसपास नंद वंश को नष्ट कर दिया और महान मौर्य साम्राज्य के पहले राजा बने। गुप्त साम्राज्य श्री गुप्ता द्वारा स्थापित एक प्राचीन भारतीय साम्राज्य था। यह साम्राज्य लगभग 320 से 550 ईसा पूर्व के अपने चरम पर मौजूद था और भारतीय उपमहाद्वीप के अधिकांश हिस्से को कवर करता था। कुषाणों ने भारत पर 2 शताब्दी ईसा पूर्व से तीसरी शताब्दी ईस्वी तक शासन किया था। शुंग साम्राज्य मगध से एक प्राचीन भारतीय राजवंश था जिसने लगभग 187 से 78 ईसा पूर्व तक भारतीय उपमहाद्वीप के विशाल क्षेत्रों को नियंत्रित किया था।

अतः विकल्प (A) सही है।

80. ईस्ट इंडिया कंपनी जहाज हेक्टर में 1608 में सूरत, भारत में पहली बार पहुंची और कुछ वर्षों के भीतर वहाँ एक स्थायी कारखाना स्थापित किया था। सूरत गुजरात के कपड़ा निर्माताओं द्वारा इस्तेमाल किया जाने वाला बंदरगाह था और मुगल साम्राज्य के विदेशी व्यापार के लिए सबसे महत्वपूर्ण केंद्र था।

अतः विकल्प (B) सही है।

81. हालांकि आजाद हिन्द फौज (INA) का गठन 1 सितंबर 1942 को कप्तान मोहन सिंह द्वारा किया गया था, लेकिन यह असफल रहा और 2 जुलाई 1943 में फिर से अस्तित्व में आया, जब सुभाषचंद्र बोस सिंगापुर पहुंचे और "दिल्ली चलो" का उत्साही नारा दिया।

अतः विकल्प (C) सही है।

82. 'रेड शर्ट्स' आंदोलन, भारतीय राष्ट्रीय कांग्रेस के समर्थन में खुदाई खिदमतगार के नाम से, 1930 में भारत के उत्तर-पश्चिम सीमा प्रांत के अब्दुल गफ्फार खान द्वारा शुरू किया गया था। उन्हें फ्रंटियर गांधी(सीमांत गांधी) कहा जाता था और स्थानीय रूप से बच्चा खान या बादशाह खान के नाम से जाना जाता था।

अतः विकल्प (C) सही है।

83. कुतुब उल अकतब हजरत ख्वाजा सय्यद मुहम्मद बख्तियार अल हुसैनई कुतुबुद्दीन बख्तियार काकी दिल्ली के चिश्ती अनुक्रम के एक मुस्लिम सूफ़ी रहस्यवादी, संत और विद्वान थे। वह चिश्ती अनुक्रम के प्रमुख के रूप में मोइनुद्दीन चिश्ती के शिष्य और आध्यात्मिक उत्तराधिकारी थे और उन्हीं की स्मृति में कुतुबमीनार का निर्माण कराया गया।

अतः विकल्प (B) सही है।

84. भीखाजी रूस्तम कामा या मैडम कामा का जन्म 24 सितंबर 1861 को बॉम्बे में हुआ था। वह महान साहस, निडरता, निष्ठा, दृढ़ता और स्वतंत्रता के लिए जुनून की उत्कृष्ट महिला थीं। भारतीय स्वतंत्रता संग्राम में उनके योगदान के कारण उन्हें भारतीय क्रांति की जननी माना जाता है।

अतः विकल्प (B) सही है।

85. मशहूर नारा इंकलाब ज़िंदाबाद मौलाना हसरत मोहानी ने दिया था। दिल्ली में सेंट्रल असेंबली में बमबारी के बाद भगत सिंह द्वारा नारा लगाया गया था। मशहूर नारा 'इंकलाब जिन्दाबाद' उर्दू कवि तथा स्वतत्रंता सेनानी हसरत मोहानी ने 1921 में दिया। इस मशहूर नारे ने अशफाक उल्ला खान, भगत सिंह तथा चंद्रशेखर आजा़द की गतिविधियों को प्रभावित किया।इसका उपयोग शहीद-ए-आज़म भगत सिंह ने 1920 के दशक की शुरुआत में अपने भाषणों और लेखों के माध्यम से किया था।

अतः विकल्प (C) सही है।

86. रेड शर्ट्स आंदोलन खान अब्दुल गफ्फार खान द्वारा शुरू किया गया।

- ख़ुदाई खितमटगार के नाम से रेड शर्ट आंदोलन।
- (फ़ारसी: "भगवान के सेवक"), भारतीय राष्ट्रीय के समर्थन में।
- कांग्रेस, उत्तर-पश्चिम के अब्दुल गफ्फार खान द्वारा शुरू की गई कार्रवाई।
- 1930 में फ्रंटियर प्रोविंस ऑफ इंडिया।

जवाहरलाल नेहरू द्वारा पूरण स्वराज की माँग की गई थी।

भारतीय राष्ट्रीय कांग्रेस ने 19 दिसंबर 1929 को अपने लाहौर अधिवेशन में ऐतिहासिक 'पूर्ण स्वराज' - (कुल स्वतंत्रता) प्रस्ताव पारित किया। 26 जनवरी 1930 को एक सार्वजनिक घोषणा की गई थी - एक दिन जिसे कांग्रेस पार्टी ने भारतीयों से 'स्वतंत्रता दिवस' के रूप में मनाने का आग्रह किया था।

दांडी मार्च की शुरुआत महात्मा गांधी ने की थी।

दांडी मार्च या दांडी सत्याग्रह नमक उत्पादन पर ब्रिटिश एकाधिकार के खिलाफ एक अहिंसक विरोध था जो 12 मार्च, 1930 को महात्मा गांधी द्वारा शुरू किया गया था। उन्होंने गुजरात के अहमदाबाद में साबरमती आश्रम से राज्य के तटीय क्षेत्र के दंडी गाँव में ऐतिहासिक दांडी मार्च का नेतृत्व किया।

बारदोली सत्याग्रह का नेतृत्व सरदार वल्लभ भाई पटेल ने किया था।

बारडोली सत्याग्रह, 1928 स्वतंत्रता संग्राम में एक आंदोलन था, जो बारडोली के किसानों के लिए सरदार वल्लभभाई पटेल के नेतृत्व में करों के अन्यायपूर्ण उठाने के खिलाफ था।

अतः विकल्प (C) सही है।

87. चंपारण के किसानों ने पहले 1914 में (पिप्रा में) और 1916 में (तुर्कुलिया) में नील की खेती की शर्तों के खिलाफ विद्रोह किया था। फिर पंडित राजकुमार शुक्ला ने महात्मा गांधी को चंपारण जाने के लिए राजी किया और "चंपारण सत्याग्रह" शुरू हुआ। लगभग उसी समय दिसम्बर, 1916 में लखनऊ में भारतीय राष्ट्रीय कांग्रेस पारित हुई।

अतः विकल्प (A) सही है।

88. बंकिमचंद्र चटर्जी द्वारा संस्कृत में रचित गीत वंदे मातरम् को उनके प्रसिद्ध उपन्यास आनंद मठ (1882) में शामिल किया गया था। इसे राष्ट्रगान के बराबर दर्जा प्राप्त है। बाद में इस गीत को रवींद्रनाथ टैगोर ने गाया और कलकत्ता में 1896 में आयोजित भारतीय राष्ट्रीय कांग्रेस के 12 वें वार्षिक अधिवेशन में एकत्रित होने से पहले पहली बार गाया। इसे 1937 में एक प्रस्ताव के माध्यम से राष्ट्रीय गीत के रूप में घोषित किया गया था। श्लोक का अंग्रेजी अनुवाद श्री अरबिंदो ने किया था।

अतः विकल्प (C) सही है।

89. 19 वीं शताब्दी में भारतीय कृषि का व्यवसायीकरण भारत में ब्रिटिश शासन का परिणाम था। किसानों को नकदी फ़सलों को उगाने के लिए मजबूर किया गया, जिन्हें ग्रेट ब्रिटेन को अंग्रेजी कारखानों के कच्चे माल के रूप में निर्यात किया गया था। इस अवधि में शहरी आबादी में गिरावट देखी गई और घरेलू कारखानों को नष्ट कर दिया गया।

अतः विकल्प (C) सही है।

90. बेगम हजरत महल, नवाब वाजिद अली शाह की पत्नी थी। उन्होंने अपने 17 वर्ष के बेटे विरजिस कादिर की ओर से शासन किया और 1857 की क्रांति का नेतृत्व लखनऊ में किया। उन्होंने अंग्रेजों द्वारा उनके समक्ष पेश की गई पेंशन की पेशकश को अस्वीकार कर दिया और कुछ समय पश्चात उनकी नेपाल में मृत्यु हो गयी।

अतः विकल्प (D) सही है।

91. हुमायूँ का मकबरा हुमायूँ की पहली पत्नी और मुख्य पत्नी, महारानी बेगा बेगम (जिसे हाजी बेगम के नाम से भी जाना जाता है) के आदेश से बनाया गया था। उनकी मृत्यु के नौ साल बाद 1565 में निर्माण शुरू हुआ, और उस समय 1.5 मिलियन रुपये की लागत से 1572 ईस्वी में पूरा हुआ।

अतः विकल्प (D) सही है।

92. महात्मा गांधी द्वारा अगस्त 1920 में शुरू किये गये असहयोग आंदोलन ने पहली बार हिंदू मुस्लिम एकता को बड़े पैमाने पर देखा और लोगों के दिमाग से अंग्रेजों की "ताकत" के डर को हटा दिया।

अतः विकल्प (B) सही है।

93. 1835 में भारत में अंग्रेजी शिक्षा शुरू करने का श्रेय ब्रिटिश भारत के गवर्नर जनरल लॉर्ड विलियम बेंटिक को भारत में शिक्षा और साहित्य पर खर्च करने के लिए ब्रिटिश संसद द्वारा ईस्ट इंडिया कंपनी की आवश्यकता के लिए धन आवंटित करने के लिए जाता है।

अतः विकल्प (C) सही है।

94. वॉरेन हेस्टिंग्स, फोर्ट विलियम प्रेसीडेंसी (बंगाल) के पहले गवर्नर और बंगाल की सर्वोच्च परिषद् के अध्यक्ष थे, और इस तरह 1773 से 1785 तक वह भारत के प्रथम वास्तविक (डी-फैक्टो) गवर्नर जनरल रहे। 1787 में भ्रष्टाचार के मामले में उन पर महाभियोग चलाया गया लेकिन एक लंबे परीक्षण के बाद उसे 1795 में अंततः बरी कर दिया गया।

अतः विकल्प (C) सही है।

95. भारत में जिसकी हत्या हुई वह एकमात्र वाइसराय लॉर्ड मेयो था । शेर अली अफरीदी जिसे शेर अली भी कहा जाता है, जिसने 8 फरवरी 1872 को भारत के वाइसराय लॉर्ड मेयो की हत्या की थी । वह उस समय अंडमान और निकोबार द्वीपसमूह में कैदी थे।

अतः विकल्प (D) सही है।

96. 14 जुलाई 1942 को वर्धा में कांग्रेस कार्यकारिणी समिति ने एक प्रस्ताव पारित कर ब्रिटिश सरकार से पूर्ण स्वतंत्रता की मांग की थी। 8 अगस्त, 1942 को, महात्मा गांधी ने अपने भारत छोड़ो भाषण में "करो या मरो" का नारा दिया था जो बॉम्बे में गोवालिया टैंक मैदान में दिया गया था।

अतः विकल्प (A) सही है।

97. थियोसोफिकल सोसायटी का गठन आधिकारिक तौर पर न्यूयॉर्क शहर, संयुक्त राज्य अमेरिका में 17 नवंबर 1875 को हेलेना पेत्रोव्ना ब्लावात्स्की, कर्नल हेनरी स्टील ओलकोट, विलियम क्वान जज और अन्य द्वारा किया गया था। थियोसोफिकल सोसाइटी 1875 में थियोसोफी (अध्यात्मविद्या) को आगे बढ़ाने के लिए गठित एक संगठन था।मूल संगठन के विभाजन के पश्चात वर्तमान में इसके कई उत्तराधिकारी है।

अतः विकल्प (B) सही है।

98. तुर्की के ब्रिटिश नीति के खिलाफ 1920 में खिलाफत आंदोलन शुरू हुआ था। अन्य घटनाएं भारतीय राष्ट्रीय आंदोलन की महत्वपूर्ण घटनाएं हैं जो 1919 में हुईं थी।

खिलाफत आंदोलन (1919-1924) प्रथम विश्व युद्ध के बाद के वर्षों में भारतीय राष्ट्रवाद के साथ संबद्ध भारतीय मुसलमानों द्वारा एक आंदोलन था। इसका उद्देश्य ब्रिटिश सरकार पर युद्ध के अंत में ओटोमन साम्राज्य के टूटने के बाद इस्लाम के खलीफा के रूप में ओटोमन सुल्तान के अधिकार को संरक्षित करने के लिए दबाव डालना था।

अतः विकल्प (D) सही है।

99. यह तमिल भाषा के व्याकरण और तमिल साहित्य और भाषा विज्ञान के क्षेत्र में प्रारंभिक कार्य है। इसे तमिल में टोल्कपियार ने लिखा था। यह तमिल व्याकरण पर एक कार्य है। यह उस समय के राजनीतिक और सामाजिक परिदृश्य के विषय में भी बताता है।

अतः विकल्प (B) सही है।

100. भागवत पुराण में भाव की एक नवीन व्याख्या प्रस्तुत की गई है जो कृष्ण के साथ रासलीला (और गोपियों से मिलने वाले अन्य मार्ग) पर उनकी टिप्पणी को करीब से पढ़ने के लिए गोपियों के मार्ग के रूप में स्पष्ट रूप से पहचानती है, क्योंकि श्रीधर कथा में तीखे, विशिष्ट रूप से विशिष्ट कामातुरता और प्रेमन का परिचय देते हैं। इस तरह के प्राथमिक साक्ष्यों के बावजूद, भक्त और विद्वान समान रूप से प्रचलित दावे को लोकप्रिय बनाना जारी रखते हैं कि गोपियों (राधा सहित) को कृष्ण के लिए कामना नहीं बल्कि कर्म का अनुभव होता है, आमतौर पर प्रेमन के रूप में निस्वार्थ प्रेम को और काम के विपरीत भक्ति, निस्वार्थ इच्छा है।

अतः विकल्प (A) सही है।

101. वल्लभाचार्य: जैनम सही युग्म नहीं है, क्योंकि पुष्टिमार्ग को वल्लभाचार्य के शिक्षण के रूप में जाना जाता है।

शंकराचार्य: अद्वैत वेदांत सही युग्म है क्योंकि शंकराचार्य हिंदू धर्म से संबंधित थे और अद्वैत वेदांत के दर्शन के लिए जाने जाते थे।

रामानुजाचार्य: विशदद्वैतम् सही युग्म है क्योंकि श्री रामानुजाचार्य विष्टाद्वैत वेदांत के प्रणेता हैं।

माधवाचार्य: द्वैतमिस सही युग्म है क्योंकि माधवाचार्य एक हिंदू दार्शनिक थे और वेदांत के द्वैत (द्वैतवाद) विद्यालय के मुख्य प्रस्तावक थे।

अतः विकल्प (A) सही है।

102. वली: वली को ईश्वर का दोस्त माना जाता था जिसने अल्लाह से निकटता का दावा किया था।

ज़ियारत: ज़ियारत सूफी संतों की कब्रों की तीर्थयात्रा का चलन है।

तसव्वुफ: तसव्वुफ इस्लामिक ग्रंथों में सूफीवाद के लिए इस्तेमाल किया जाने वाला शब्द है।

अतः विकल्प (A) सही है।

103. पिएट्रा ड्यूरा सामान्य दृष्टिकोण से पत्थर को तराशने की कला है। 16 वीं शताब्दी के अंत में फ्लोरेंटाइन द्वारा डिजाइन और महारत हासिल, इसमें पहले से निरस्त संगमरमर की प्लेटों पर पत्थरों के समावेश से सजावटी टुकड़े बनाने में शामिल हैं। परिणाम, जब अच्छी गुणवत्ता, असाधारण ठीक है। रंग खेल काम को वास्तविकता के करीब बनाता है।

पिएट्रा ड्यूरा इसलिए लैपिडरी मार्कीट्री की एक कला तकनीक है। पिएट्रा ड्यूरा में काम अक्सर पुष्प रूपांकनों, पौधों या प्राकृतिक सेटिंग्स का प्रतिनिधित्व करते हैं। हाल ही में इस तकनीक का उपयोग ज्यामितीय आकृतियों का प्रतिनिधित्व करने के लिए किया जाता है।

इतिमाद-अल दौला के मकबरे की संरचना जहाँगीर के समय की गैर-गुंबददार संरचनाओं की उत्कृष्टता को दर्शाती है।

अतः विकल्प (A) सही है।

104. 'फर्र-ए- इजादी' सूफी संत शिहाबुद्दीन सुहरावर्दी द्वारा विकसित किया गया था। फर्र-ए- इजादी के अनुसार, मुगल शासक भगवान से शक्ति प्राप्त करता था, जिसमें एक पदानुक्रम था जिसके अनुसार दिव्य प्रकाश राजा पर प्रसारित किया जाता था जो आध्यात्मिक मार्गदर्शन का स्रोत बनता था।

अतः विकल्प (A) सही है।

105. सही मिलान है:

सूची-I	सूची- II
a. तीर्थंकर	2. जैन धर्म
b. जातक	1. बौद्ध धर्म
c. मुद्राक्ष	4. विशाखदत्त
d. कथासरितसागर	3. सोमदेव

अतः विकल्प (D) सही है।

106. पुष्यमित्र शुंग ने 184 ईसा पूर्व में अंतिम मौर्य राजा बृहद्रथ की हत्या की। वह सुंग वंश का संस्थापक था।

अतः विकल्प (A) सही है।

107. अग्निमित्र पुष्यमित्र का पुत्र था, जो कि कालिदास के नाटक मालविकाग्निमित्रम् का नायक था।

मालविकाग्निमित्रन कालीदास द्वारा रचित एक संस्कृत नाटक है। यह उनका पहला नाटक है। (कालीदास का मालविकाग्निमित्रम् पुष्यमित्र शुंग के शासनकाल की कुछ घटनाओं पर आधारित है।) कहानी अग्निमित्र के प्रेम प्रसंग को बताती है, उसे मालविका से प्यार हो जाता है जो एक नौकर की बेटी थी। जब अग्निमित्र की पत्नी को उसके प्रेम संबंध के बारे में पता चला, तो उसने मालविका को कैद कर लिया। लेकिन अंत में मालविका ने शाही जन्म की खोज की और उसे अपनी एक रानी के रूप में स्वीकार किया गया।

अतः विकल्प (B) सही है।

108. सातवाहन दक्कन में मौर्यों के उत्तराधिकारी के रूप में प्रकट हुए। इस वंश का संस्थापक सिमुक था। वह अशोक के तत्काल उत्तराधिकारी थे और ऐसे संदर्भ हैं कि उन्होंने कई बौद्ध और जैन मंदिरों का निर्माण किया।

अतः विकल्प (C) सही है।

109. सबसे प्रसिद्ध इंडो-ग्रीक शासक पंजाब की राजधानी सकला में अपनी राजधानी के साथ मेनांडर था। मेनांडर भारत में सोने के सिक्के जारी करने वाला पहला इंडो-ग्रीक शासक था, जो कुषाणों की संख्या में वृद्धि हुई थी।

अतः विकल्प (D) सही है।

110. तानसेन (1500-1586), जिसे तान सेन या रामतनु पांडे के रूप में भी जाना जाता है, उत्तर भारतीय (हिंदुस्तानी) शास्त्रीय संगीत के एक प्रमुख व्यक्तित्व थे। वे एक हिंदू परिवार में जन्मे थे उन्होंने आधुनिक मध्य प्रदेश के उत्तर-पश्चिम क्षेत्र में अपनी कला में निपुणता प्राप्त की थी।

अतः विकल्प (B) सही है।

111. कनिष्क ने रेशम मार्ग को नियंत्रित किया जो चीन से शुरू हुआ और मध्य एशिया, अफगानिस्तान और पश्चिमी एशिया से होकर गुजरा।

अतः विकल्प (B) सही है।

112. चोल राजवंश ने अद्भुत वास्तुकला के टुकड़े, संस्कृति को पीछे छोड़ दिया है। इस राजवंश का प्रशासन अनिवार्य रूप से चरित्र में राजतंत्रीय था जहां राजा प्रशासन के शीर्ष पर था और सभी कार्यकारी विधायी और सैन्य शक्तियां उसके साथ आराम करती थीं। राजेंद्र चोल प्रथम के शासनकाल के दौरान, तमिल कवियों अप्पार, सांभर और सुंदरार के ग्रंथों को एकत्र किया गया और थिरुमुराई नामक एक संकलन में संपादित किया गया।

अतः विकल्प (B) सही है।

113. शुंग वंश एक ब्राह्मण राजवंश था, जिसकी स्थापना अशोक की मृत्यु के लगभग 50 साल बाद 185 ईसा पूर्व में हुई थी, जब मौर्य साम्राज्य के अंतिम शासक सम्राट बृहद्रथ मौर्य की हत्या उनके सेनापति या कमांडर-इन-चीफ, पुष्यमित्र शुंग ने की थी, जबकि वह अपनी सेना के सम्मान गारद की समीक्षा कर रहा था।

अतः विकल्प (B) सही है।

114. तक्षशिला का हिंदू संस्कृति और संस्कृत भाषा पर बहुत प्रभाव था। यह संभवतः चाणक्य के साथ अपने संबंधों के लिए जाना जाता है, चाणक्य जिसे कौटिल्य के नाम से भी जाना जाता है, जो चंद्रगुप्त मौर्य का मार्गदर्शन करते थे और मौर्य साम्राज्य की स्थापना में सहायता करते थे।

अतः विकल्प (A) सही है।

115. मालविकाग्निमित्रम, कालिदास रचित द्वारा संस्कृत नाटक है। यह उनका पहला नाटक है। यह नाटक विदिशा के शुंग सम्राट, अपनी मुख्य रानी के खूबसूरत लून-युवती के लिए अग्निमित्रा के प्रेम की कहानी कहता है। उसे मालवीय नाम की एक निर्वासित नौकर लड़की की तस्वीर से प्यार हो जाता है।

अतः विकल्प (C) सही है।

116. कुषाण राजा कनिष्क को "द्वितीय अशोक" भी कहा जाता है। अशोक की तरह कनिष्क भी बौद्ध धर्म में परिवर्तित हो गया। कनिष्क प्रथम, या कनिष्क महान, दूसरी शताब्दी में कुषाण वंश के सम्राट थे (127–150 ई.पू.)। वह अपनी सैन्य, राजनीतिक और आध्यात्मिक उपलब्धियों के लिए प्रसिद्ध है।

अतः विकल्प (C) सही है।

117. कादम्बरी संस्कृत में एक प्रसंगयुक्त उपन्यास है। यह 7 वीं शताब्दी ईस्वी की पहली छमाही में बाभन द्वारा रचित था, जो इसे पूरा होने से देखने के लिए जीवित नहीं थे। यह उपन्यास बाणभट्ट के पुत्र भूषणभट्ट द्वारा अपने दिवंगत पिता द्वारा निर्धारित योजना के अनुसार पूरा हुआ। इसे पारंपरिक रूप से पूर्वभंगा (पूर्व भाग) में लिखा गया है जिसे बाणभट्ट द्वारा लिखा गया है, और

उत्तराभंगा (उत्तरार्द्ध) को भूषणभट्ट द्वारा लिखा गया है। (एक वैकल्पिक परंपरा बेटे का नाम पुलिंदभट्ट बताती है)।

अतः विकल्प (A) सही है।

118. कार्टाज़ प्रणाली सोलहवीं शताब्दी के दौरान हिंद महासागर में पुर्तगालियों द्वारा जारी एक नौसैनिक व्यापार लाइसेंस या पास का उल्लेख करती है। 20 वीं शताब्दी में ब्रिटिश द्वारा उपयोग की जाने वाली एक समान प्रणाली नाविक प्रणाली थी।

अतः विकल्प (D) सही है।

119. भारत सरकार अधिनियम 1919 की एक अलग प्रस्तावना थी। प्रस्तावना में यह उल्लेख किया गया है कि ब्रिटिश सरकार का उद्देश्य भारत में एक जिम्मेदार सरकार का क्रमिक परिचय था। प्रांतीय स्तर पर द्वैध शासन-पद्धति को इस अधिनियम के माध्यम से पेश किया गया था और बाद में केंद्र में द्वैध शासन-पद्धति को भारत सरकार अधिनियम 1935 के माध्यम से प्रांतो में द्वैध शासन-पद्धति को समाप्त करके पेश किया गया था।

अतः विकल्प (A) सही है।

120. सिराज उद दौला ने 1756 में बंगाल के नवाब के रूप में अलीवर्दी खान (मातृ दादा) को उत्तराधिकारी बनाया जब वह 23 जून 1757 को मीर जाफर (नवाब की सेना के कमांडर) के विश्वासघात के कारण प्लासी का युद्ध हार गया। उन्हें बंगाल का अंतिम स्वतंत्र नवाब माना जाता है।

अतः विकल्प (A) सही है।

121. इसके जयपुर अधिवेशन में कांग्रेस ने तीन सदस्यीय कमेटी नियुक्त की, जिसे जेवीपी समिति के नाम से भी जाना जाता है, अपने नेताओं के नाम पर - जवाहरलाल नेहरू, वल्लभ भाई पटेल और पट्टाभाई सीतारमैया। समिति ने राज्यों के पुनर्गठन के आधार के रूप में भाषा को खारिज कर दिया। पोटी श्रीरामुलु, तेलुगु-बहुल राज्य के गठन की मांग करने वाले कार्यकर्ताओं में से एक की मृत्यु 16 दिसंबर 1952 को एक आमरण-अनशन के बाद हुई। इसका परिणाम यह हुआ कि 1 अक्टूबर, 1953 को आंध्र प्रदेश कहे जाने वाले तेलुगु भाषी लोगों के लिए भाषाई आधार पर पहला राज्य बनाया गया। बाद में इसका नाम बदलकर आंध्र प्रदेश कर दिया गया।

अतः विकल्प (C) सही है।

122. हमारे जीवन की 'सच्ची प्रकृति' का प्रतिनिधित्व चार शासी ताकतों, अर्थात मन, शरीर, भावना और ऊर्जा द्वारा किया जाता है। इसे प्राप्त करने के लिए योग अर्थात कर्म योग, भक्ति योग, राज योग, ज्ञान योग के 4 मार्ग हैं। 19 वीं शताब्दी में, योग के चार मार्ग स्वामी विवेकानंद द्वारा प्रकट किए गए थे।

अतः विकल्प (B) सही है।

123. हिंदू महासभा की स्थापना 1914 में अमृतसर में हुई और इसका मुख्यालय हरिद्वार में स्थापित किया गया। इसके शुरुआती नेताओं में प्रमुख राष्ट्रवादी और शिक्षाविद् पंडित मदन मोहन मालवीय और पंजाबी लोकलुभावन लाला लाजपत राय थे, जिन्होंने बनारस हिंदू विश्वविद्यालय की स्थापना की। बनारस हिंदू विश्वविद्यालय 1915 में स्थापित किया गया था। मालवीय 1923 में हिंदू महासभा और आर्य समाज के साथ आने में महत्वपूर्ण भूमिका निभाई थी, ताकि गोहत्या और पुन: धर्म-परिवर्तन जैसे मुद्दों पर एकमत हो सके। वह प्रज्ञा हिंदू समाज, भारत धर्म महामंडल और सनातन धर्म महासभा जैसे निकायों से भी निकटता से जुड़े थे।

अतः विकल्प (C) सही है।

124.

- अंतरिम सरकार एक शाही संरचना और एक लोकतांत्रिक संरचना के बीच एक अनंतिम सरकार के रूप में बनाई गई थी।
- यह 15 अगस्त 1947 तक चला जब भारत स्वतंत्र हो गया और भारत और पाकिस्तान में विभाजित हो गया।
- यह अंतरिम सरकार संविधान सभा से बनाई गई थी जो अगस्त 1946 में चुनी गई थी।
- संविधान सभा का चुनाव प्रत्यक्ष नहीं था और प्रतिनिधि प्रांतीय विधानसभाओं द्वारा चुने गए थे।
- इन चुनावों में, भारतीय राष्ट्रीय कांग्रेस (INC) ने लगभग 69% सीटें जीतीं और बहुमत हासिल किया। कांग्रेस पार्टी ने 208 सीटें और मुस्लिम लीग ने 73 सीटें जीतीं।
- अंतरिम सरकार में, वायसराय की कार्यकारी परिषद मंत्रिपरिषद की स्थिति के बराबर थी, जो कार्यकारी के रूप में कार्य करती थी।
- पंडित जवाहरलाल नेहरू इसके उपाध्यक्ष बने और वास्तविक प्रधानमंत्री के रूप में कार्य किया।

अतः विकल्प (B) सही है।

125. 9 दिसंबर 1946 को पहली बार संविधान सभा की बैठक हुई, जो 14 अगस्त 1947 को भारत में ब्रिटिश संसद के अधिकार के लिए एक संप्रभु निकाय और उत्तराधिकारी के रूप में फिर से मिला। विभाजन के परिणामस्वरूप, माउंटबेटन योजना के तहत, 3 जून 1947 को पाकिस्तान की एक अलग संविधान सभा की स्थापना हुई।

अतः विकल्प (C) सही है।

मॉक टेस्ट 03

Q.1 समुद्र-जनित व्यापार एक प्राचीन पोतगाह की खोज से सिद्ध होता है, जो भोगावर नदी के माध्यम से कैम्बे की खाड़ी से जुड़ा था:

A. रंगपुर **B.** पोखरा **C.** लोथल **D.** सुरकोतड़ा

Q.2 मौर्य साम्राज्य और मुगल साम्राज्य के बीच निम्नलिखित तुलना पर विचार कीजिये:

1) बाद के सम्राटों का कमजोर नेतृत्व दोनों साम्राज्यों के पतन का एक प्रमुख कारण था।

2) मौर्य साम्राज्य में विघटित प्रांतों ने मुगल साम्राज्य के विपरीत स्वतंत्रता की घोषणा नहीं की।

3) अशोक के शासनकाल में मौर्य साम्राज्य की सीमा अकबर के शासनकाल के दौरान मुगल साम्राज्य से अधिक थी।

ऊपर दिए गए कथनों में से कौन सा सही हैं?

A. केवल 1 और 2 **B.** केवल 2 और 3
C. केवल 1 **D.** केवल 1 और 3

Q.3 निम्नलिखित में से किस स्थान पर यह पता चला है कि न केवल गढ़ बल्कि निचला शहर भी एक दीवार से घिरा हुआ था और किलेबंदी की गई थी?

A. हड़प्पा **B.** लोथल **C.** सुरकोटदा **D.** रंगपुर

Q.4 निम्नलिखित में से किसे यूनानियों द्वारा 'अमित्रोचेतस' के रूप में संदर्भित किया गया था?

A. चंद्रगुप्त मौर्य **B.** बिंदुसार
C. अशोक **D.** कौटिल्य

Q.5 सिंधु बस्तियों में से चावल-भूसी की खोज की गई है?

1. लोथल
2. रंगपुर
3. कालीबंगन
4. कोट दीजी

A. केवल 1 **B.** केवल 2 और 3
C. केवल 1 और 2 **D.** उपरोक्त सभी

Q.6 निम्नलिखित में से कौन सिंधु घाटी के लोगों का सच नहीं है?

A. बच्चों के लिए, उन्होंने चलने योग्य सिर के साथ मवेशी बनाए, बंदर एक स्ट्रिंग, छोटे खिलौने और पक्षियों की तरह सीटी बजाते हुए।
B. उन्होंने महिलाओं के टेराकोटा स्टैचू बनाए जो पूरी तरह से विस्तृत सिर के कपड़े पहने हुए थे।
C. उन्होंने नृत्य करने वाली लड़की की कांस्य प्रतिमा बनाई।
D. उन्होंने छोटे-छोटे बंदर और गिलहरियां बनाईं, जिन्हें पिन-हेड्स और बीड्स के रूप में इस्तेमाल किया गया।

Q.7 हड़प्पा के किस स्थल पर एक पैमाना पाया गया है?

A. कालीबंगा **B.** लोथल **C.** धोलावीरा **D.** सुरकोतड़ा

Q.8 नवपाषाण संस्कृति की प्रमुख विशेषता हैं:

1. कृषि का अभ्यास
2. धातु अयस्क को गलाने की तकनीक
3. जानवरों का वर्चस्व

कोड का उपयोग करके सही उत्तर चुनें।

A. केवल 1 और 2 **B.** केवल 3
C. केवल 1 और 3 **D.** इनमें से कोई नहीं

Q.9 निम्नलिखित में से कौन मेसोलिथिक युग का वर्णन करता है:

1. उपकरण के रूप में बड़े पत्थरों का उपयोग विशेषता थी।
2. लोग सामान्य रूप से छोटे जानवरों का शिकार करते थे।

निम्नलिखित कोड से चयन करें।

A. केवल 1 **B.** केवल 2
C. दोनों 1 और 2 **D.** न तो 1 और न ही 2

Q.10 प्रागैतिहासिक रॉक कला चित्रों के लिए इनमें से कौन सा क्षेत्र प्रमुख रूप से जाना जाता है?

1. मध्य प्रदेश की विंध्य पर्वतमाला
2. उत्तर प्रदेश का कैमूरियन विस्तार

उपरोक्त में से कौन सा सही हैं?

A. केवल 1 **B.** केवल 2
C. दोनों 1 और 2 **D.** इनमें से कोई नहीं

Q.11 मनुष्य ने भोजन-इकट्ठा करने की अवस्था से लेकर भोजन बनाने की अवस्था तक संक्रमण किया:

A. नवपाषाण काल **B.** मेसोलिथिक काल
C. चालकोलिथिक काल **D.** पुरापाषाण काल

Q.12 निम्नलिखित कथनों पर विचार करें:

1. कांसा, तांबे और लोहे का एक मिश्र धातु है।
2. मेसोपोटामिया के सबसे पुराने शहर कांस्य युग, 3000 ई.पू.।

उपरोक्त कथन में से कौन सा सही है/हैं?

A. केवल 1 **B.** केवल 2
C. दोनों 1 और 2 **D.** इनमें से कोई नहीं

Q.13 भीमबेटका गुफाएँ लोअर पैलियोलिथिक काल से मेसोलिथिक काल से चालकोलिथिक अवधि तक मानव विकास की निरंतरता को दर्शाती हैं। क्यों?

1. इसमें इन सभी अवधियों से औजारों के उपयोग और साक्ष्यों का प्रमाण है।
2. रॉक शेल्टर के भीमबेटका क्लस्टर में बड़ी संख्या में शंखलिपि शिलालेख हैं।

उपरोक्त में से कौन सा सही है/हैं?

A. केवल 1 **B.** केवल 2
C. दोनों 1 और 2 **D.** इनमें से कोई नहीं

Q.14 इस युग के लिए धातु का उल्लेख वेदों में बार-बार मिलता है और उम्र स्वयं चलकर काल के बाद आती है। यह हो सकता है:

A. पुरापाषाण युग **B.** लौह युग
C. तांबा-पाषाण युग **D.** बाद में पाषाण युग

Q.15 भारतीय उपमहाद्वीप में मेसोलिथिक युग से लौह युग तक के प्रमुख पुरातात्विक स्थलों पर विचार करें। वर्तमान भारत में उनके संबंधित क्षेत्रों के साथ उनका मिलान करें:

1. कोल्डिहवा : मध्य प्रदेश
2. मेहरगढ़: हरियाणा
3. पय्यमपल्ली: तमिलनाडु

नीचे दिए गए कोड का उपयोग करके सही उत्तर चुनें।

A. केवल 1 और 2 **B.** केवल 3
C. केवल 2 और 3 **D.** केवल 1

Q.16 कृषि की शुरुआत सबसे उपयुक्त रूप से इनमें से किस समय की जा सकती है?

A. 2500 वर्ष पहले मगध साम्राज्य की शुरुआत के साथ
B. 4700 वर्ष पहले सिंधु पर पहले शहरों की उपस्थिति के साथ
C. लगभग 8000-10000 वर्ष पूर्व
D. पहली पेनिस्टोन हिमनदों में लगभग 25000 वर्ष पहले

Q.17 किस मौर्य सम्राट ने कश्मीर में श्रीनगर शहर का निर्माण किया?
A. चंद्रगुप्त मौर्य **B.** बिंदुसार
C. अशोक **D.** इनमें से कोई नहीं

Q.18 सुभाष चन्द्र बोस द्वारा 'आजाद हिन्द' सरकार का उद्घाटन कहाँ किया गया?
A. रंगून **B.** कलकत्ता **C.** टोक्यो **D.** सिंगापुर

Q.19 निम्नलिखित में से कौन सा कथन सही नहीं है?
A. अंग्रेजों की भूमि औपनिवेशीकरण ने आदिवासी समुदायों के बीच संयुक्त स्वामित्व की संस्कृति को प्रभावित किया।
B. कृषि के तहत क्षेत्र के विस्तार के कारण आदिवासियों ने अपनी जमीन खो दी।
C. ईसाई मिशनरियों ने स्थानीय लोगों को बदलने की कोशिश की और उनके स्थानीय रीति-रिवाजों में हस्तक्षेप किया।
D. अंग्रेजों से आजादी हासिल करने के लिए राष्ट्रीय आंदोलन के साथ आदिवासी आंदोलनों का तालमेल था।

Q.20 महात्मा गांधी ने "अस्पृश्यता" की प्रथा के लिए निम्नलिखित में से किस प्राकृतिक आपदा को ईश्वर की सजा बताया?
A. दोजी बारा अकाल
B. 1770 का बंगाल अकाल
C. 1943 का बंगाल अकाल
D. 1934 बिहार-नेपाल भूकंप

Q.21 खानवा का युद्ध किसके बीच लड़ा गया था?
A. इब्राहिम लोदी और राणा संघ
B. बाबर और राणा सांगा
C. इब्राहिम लोदी और राणा कुंभा
D. बाबर और राणा कुंभा

Q.22 ब्रह्म समाज और आर्य समाज के संबंध में निम्नलिखित में से कौन सा कथन गलत है?
A. ब्रह्म समाज पश्चिमी संस्कृति और उसके दर्शन में विश्वास करता था।
B. आर्य समाज का ब्रिटिश सरकार की अखंडता में कोई विश्वास नहीं था।
C. आर्य समाज ने हिंदू धर्म की श्रेष्ठता को बनाए रखा और यह भी दावा किया कि यह जीवन का सबसे अच्छा तरीका था।
D. ब्रह्म समाज को केवल वेदों पर भरोसा था।

Q.23 निम्नलिखित में से किसे 'भारतीय क्रांतिकारी आंदोलन की ग्रैंडमदर' माना जाता है?
A. लक्ष्मी बाई **B.** एनी बेसेंट
C. सरोजिनी नायडू **D.** मैडम कामा

Q.24 निम्न में से किस सम्राट ने नालंदा विश्वविद्यालय की स्थापना की?
A. धर्मपाल **B.** कुमारगुप्त प्रथम
C. चन्द्रगुप्त द्वितीय **D.** चंद्रगुप्त प्रथम

Q.25 सत्यमेव जयते शब्द को देवनागरी लिपि में भारत के राज्य प्रतीक के नीचे अंकित किया गया है:
A. मुंडका उपनिषद **B.** कथा उपनिषद
C. साम वेद **D.** यजुर वेद

Q.26 समुद्रगुप्त के संदर्भ में निम्नलिखित कथनों पर विचार करें।
1) इलाहाबाद स्तंभ के शिलालेख में समुद्रगुप्त के शासनकाल का विस्तृत विवरण दिया गया है।
2) वह अपनी सैन्य उपलब्धियों के कारण बड़े स्तर पर भारतीय नेपोलियन के रूप में प्रतिष्ठित था।
3) वे शैव धर्म का प्रबल अनुयायी था।
ऊपर दिए गए कथनों में से कौन सा सही है/हैं?
A. केवल 1 और 2 **B.** केवल 2 और 3
C. केवल 2 **D.** केवल 1

Q.27 निम्न कथनों पर विचार करें:
1) नालंदा का निर्माण गुप्त सम्राट कुमारगुप्त प्रथम ने करवाया था।
2) गुप्त शासकों के शासनकाल में चीनी बौद्ध भिक्षु जुआनज़ैंग ने नालंदा का दौरा किया था।
सही विकल्प चुनें:
A. केवल 1 **B.** केवल 2
C. 1 और 2 **D.** दोनों में से कोई नहीं

Q.28 कालिदास एक शास्त्रीय लेखक थे और गुप्त सम्राट चंद्रगुप्त द्वितीय के दरबार में नवरत्नों में से एक थे। निम्न में से कौन सी रचना कालिदास की नहीं है:
1) रघुवंशम्
2) मालविकाग्निमित्रम्
3) विक्रमोर्वशीयम्
4) ऋतुसंहार
सही विकल्प चुनें:
A. केवल 2 **B.** केवल 1 और 4
C. केवल 3 **D.** उपरोक्त में से कोई नहीं

Q.29 यह _______ के शासनकाल के अंतर्गत था जब मुगल साम्राज्य क्षेत्र संबन्धित मामले में अपने चरम पर पहुंच गया था।
A. जहाँगीर **B.** औरंगजेब **C.** शाहजहाँ **D.** अकबर

Q.30 वेल्लोर सैन्य-विद्रोह किस वर्ष में हुआ था?
A. 1804 **B.** 1805 **C.** 1806 **D.** 1807

Q.31 आजीविका क्या है?
A. जैन धर्म का एक संप्रदाय
B. बौद्ध धर्म का एक संप्रदाय
C. हिंदू धर्म का एक संप्रदाय
D. इस्लाम का एक संप्रदाय

Q.32 विद्यानगर शहर का नाम बदलकर विजयनगर किसने रखा?
A. हरिहर प्रथम **B.** बुक्का प्रथम
C. (A) और (B) दोनों **D.** इनमें से कोई नहीं

Q.33 किस गुप्त शासक ने तांबे के सिक्के जारी किए थे?
A. चंद्रगुप्त प्रथम **B.** कुमारगुप्त
C. रामगुप्त **D.** समुद्रगुप्त

Q.34 झंडा सत्याग्रह किस वर्ष शुरू हुआ था?
A. 1907 **B.** 1919 **C.** 1923 **D.** 1917

Q.35 भारत में कम्युनिस्ट पार्टी की स्थापना कब हुई?
A. 1923 **B.** 1920 **C.** 1925 **D.** 1932

Q.36 बौद्ध साहित्य में 'जातक' का क्या अर्थ है?
A. सत्य की खोज के लिए बुद्ध के संघर्ष से संबंधित पाठ
B. बुद्ध के पिछले जन्म से संबंधित पाठ
C. बुद्ध के धम्म से संबंधित पाठ
D. बुद्धत्व के शुभ संस्कारों से संबंधित पाठ

Q.37 ____ दिल्ली के सिंहासन पर बैठने वाली पहली और एकमात्र मुस्लिम महिला थीं।

A. फातिमा अल फ़िहरी **B.** शजरत अल दुर्र
C. गेहर सुल्तान **D.** रज़िया बेगम

Q.38 लोकप्रिय बाघ गुफा चित्रकला_____ में पाई जाती हैं:

A. मध्य प्रदेश **B.** हिमाचल प्रदेश
C. सिक्किम **D.** ओडिशा

Q.39 समुद्रगुप्त के संदर्भ में निम्न में से कौन सा/से कथन सही है/हैं?

1) प्रयाग प्रशस्ति में समुद्रगुप्त की विजयों के विषय में वर्णन किया गया है।
2) वह गुप्त वंश का पहला राजा था जिसने सोने के सिक्के जारी किए थे।
3) उसे कविराज भी कहा जाता था, जिसने कला और साहित्य को संरक्षण प्रदान किया।

नीचे दिए गए कूट का उपयोग करके सही उत्तर चुनें:

A. केवल 1 **B.** केवल 2 और 3
C. केवल 1 और 3 **D.** 1, 2 और 3

Q.40 मौर्य प्रशासन के बारे में निम्नलिखित में से कौन सा कथन सही है?

A. मौर्य प्रशासन में अमात्य सिविल सेवक थे
B. सानिध्य मुख्य कोषागार था
C. दोनों कथन सही हैं
D. इनमे से कोई भी नहीं

Q.41 गुप्त युग के दौरान निम्नलिखित में से कौन सा ग्रंथ संकलित किया गया था?

1) रामायण
2) आर्यभट्टीयम्
3) सुश्रुत संहिता
4) सिद्धान्त शिरोमणि

सही विकल्प चुनें:

A. केवल 1, 2 और 3 **B.** केवल 2, 3 और 4
C. केवल 1, 3 और 4 **D.** 1, 2, 3 और 4

Q.42 कनिष्क ने निश्चित रूप से गंगा के मैदान के बड़े हिस्से पर विजय प्राप्त की होगी, 'इस कथन का प्रमाण निम्नलिखित में से किस तथ्य से मिलता है?

1) कनिष्क के सिक्के मथुरा, श्रावस्ती और बनारस जैसे स्थानों पर पाए जाते हैं।
2) इन चित्रों में केवल बौद्ध चित्र प्रदर्शित हैं, न कि हिंदू देवताओं के, बौद्ध धर्म तब गंगा के मैदान में लोकप्रिय था।

A. केवल 1 **B.** केवल 2
C. 1 और 2 दोनों **D.** न तो 1 और न ही 2

Q.43 भारत में जातिगत भेदभाव के बारे में यात्रियों के विचारों के संदर्भ में, निम्नलिखित कथनों पर विचार कीजिए।

1) चीनी बौद्ध भिक्षु फाह्यान ने लिखा कि अछूतों को गलियों में ताली बजानी पड़ती थी जिससे कि लोग उन्हें देखने से बच सकें।
2) कोरियाई तीर्थयात्री ज़ुआंगज़ैंग ने देखा कि जल्लादों और मैला ढोने वालों को शहर के बाहर रहने के लिए मजबूर किया गया था।

सही विकल्प चुनिए-

A. केवल 1 **B.** केवल 2
C. 1 और 2 दोनों **D.** न तो 1 और न ही 2

Q.44 उड़ीसा का अकाल निम्नलिखित में से किस वर्ष में हुआ था?

A. 1783 **B.** 1791 **C.** 1837 **D.** 1866

Q.45 विक्रमादित्य के दरबारी कवि कौन थे?

A. सूरदास **B.** कालीदास **C.** वेताल भट्ट **D.** हरीसेन

Q.46 निम्नलिखित में से कौन महिला अधिकारों के लिए लड़ाई के समय श्रीमती एनी बेसेन्ट की सहयोगी थी?

A. मार्गेट काजिन्स **B.** कृष्ण हुथेसिंग
C. अन्ना मणि **D.** इला भट्ट

Q.47 निम्नलिखित में से कौन ब्रिटिश साम्राज्य में बीए की डिग्री प्राप्त करने वाली पहली महिला थी?

A. विद्याबेन शाह **B.** रेणुका रे
C. रामादेवी चौधरी **D.** कादंबिनी गांगुली

Q.48 निम्नलिखित में से कौन N.W.F.P(उत्तर-पश्चिम सीमांत प्रांत) में खान अब्दुल गफ्फार खान के साथ काम करने के लिए जाना जाता था?

A. सुचेता कृपलानी **B.** खुर्शेदबेहन नौरोजी
C. श्योराजवती नेहरू **D.** सरला बेहन

Q.49 खुसरू का समर्थन करने के कारण किसने सिख गुरु अर्जुन देव की हत्या कर दी?

A. शाहजहाँ **B.** जहांगीर **C.** अकबर **D.** बाबर

Q.50 18 वीं शताब्दी ईस्वी के उत्तरार्ध के दौरान दोहरी शासन प्रणाली निम्नलिखित से संबंधित है:

A. रॉबर्ट क्लाइव **B.** कॉमवेलिस
C. वारेन हेस्टिंग्स **D.** विलियम बेंटिक

Q.51 माना जाता है कि निम्नलिखित में से किस मौर्य राजा ने दक्खन पर विजय प्राप्त की है?

A. अशोक **B.** बिंदुसार
C. चंद्रगुप्त मौर्य **D.** कुणाला

Q.52 बाद के वैदिक काल के गोत्र, विस और जन ईरानी विश्व के निम्नलिखित में से किसके अनुरूप हो सकते हैं?

A. विस, झंटू, दागुन **B.** झंटू, गण, दागुन
C. दगुन, विस, ज़ांटू **D.** इनमें से कोई नहीं

Q.53 बुद्धचरित, गौतम बुद्ध की जीवनी किसके द्वारा लिखी गई थी?

A. बोधिसेन **B.** असंग **C.** इंद्रभूति **D.** अश्वघोष

Q.54 जहाँगीर (1605-1627 ई।) किस वंश का शासक था?

A. नंदा **B.** हर्यंका **C.** मौर्य **D.** मुगल

Q.55 भारतीय राष्ट्रीय कांग्रेस के किस अधिवेशन की अध्यक्षता महात्मा गांधी ने की थी?

A. दिल्ली **B.** बेलगाम **C.** कानपुर **D.** कोलकाता

Q.56 इबादत खाना किस मुगल सम्राट द्वारा बनाया गया एक सभा भवन था?

A. बाबर **B.** हुमायूं **C.** अकबर **D.** औरंगजेब

Q.57 सुल्तान महमूद गजनी द्वारा भारत पर पहला आक्रमण था:

A. 1004 ईस्वी **B.** 1001 ईस्वी
C. 1000 ईस्वी **D.** 999 ईस्वी

Q.58 गौतम बुद्ध के उपदेशो की भाषा थी:

A. भोजपुरी **B.** मगधी **C.** पाली **D.** संस्कृत

Q.59 वेलु थम्पी ने राज्य में अंग्रेजों के खिलाफ विद्रोह का नेतृत्व किया:

A. त्रावणकोर **B.** बड़ौदा **C.** हैदराबाद **D.** मैसूर

Q.60 निम्नलिखित में से किस आरोप, 1908 में बाल गंगाधर तिलक को गिरफ्तार किया गया था?

A. डगलस की हत्या
B. राज - द्रोह

C. सहमति विधेयक की आयु का विरोध
D. चापेकर ब्रदर्स को हिंसा करना

Q.61 निम्नलिखित में से किसने अंग्रेजी में पहला भारतीय काव्य कृति लिखी?
A. काशी प्रसाद घोष **B.** रामचंद्र विद्यावागीश
C. कृष्ण मोहन बनर्जी **D.** हरिहरानंद

Q.62 भारतीय राजनीति का ग्रैंड ओल्ड मैन ______ था।
A. बिपिन चंद्र पाल **B.** दादाभाई नौरोजी
C. सुरेंद्र नाथ बनर्जी **D.** रासबिहारी बोस

Q.63 रवीन्द्र नाथ टैगोर के सुझाव पर, बंगाल के विभाजन की तारीख (16 अक्टूबर, 1905) को मनाया गया:
A. राखी बंधन दिवस **B.** भाईचारा दिवस
C. एकजुटता दिवस **D.** काला दिवस

Q.64 तुलदान और झरोखा दर्शन को किसने समाप्त किया?
A. बाबर **B.** अकबर **C.** औरंगजेब **D.** शेरशाह

Q.65 बंगाल विभाजन के बारे में निम्नलिखित में से कौन गलत है?
A. कर्जन ने इसका आदेश दिया।
B. ऑल इंडिया मुस्लिम लीग ने बंगाल विभाजन का समर्थन किया।
C. प्रथम विश्व युद्ध समाप्त होने के बाद इसे रद्द कर दिया गया था।
D. विभाजन के विरोध में स्वदेशी का कार्यक्रम अपनाया गया था।

Q.66 शिवाजी पर पेशवा की जीत के बाद, मराठा साम्राज्य की राजधानी बन गई थी:
A. नागपुर **B.** उज्जैन **C.** बड़ौदा **D.** पूना

Q.67 निम्नलिखित कथनों पर विचार करें:
1. मुस्लिम समुदाय ने बंगाल विभाजन का विरोध नहीं किया और स्वदेशी आंदोलन में भाग नहीं लिया।
2. भारतीय राष्ट्रीय कांग्रेस में कभी मुस्लिम राष्ट्रपति नहीं थे।
इनमें से कौन सा सही नहीं है?
A. केवल 1 **B.** केवल 2
C. दोनों 1 और 2 **D.** इनमें से कोई नहीं

Q.68 जहां तक भारतीय स्वतंत्रता संग्राम का सवाल है, 'स्वदेशी' शब्द 'बहिष्कार' से अलग कैसे है?
1. स्वदेशी मूलत: आर्थिक आंदोलन था; बहिष्कार नहीं था।
2. जबकि स्वदेशी ने भारतीय समाज के निचले तबके को आकर्षित किया; बहिष्कार ने उच्च स्तर को आकर्षित किया।
इनमें से कौन सा सही है / हैं?
A. केवल 1 **B.** केवल 2
C. दोनों 1 और 2 **D.** इनमें से कोई नहीं

Q.69 बंगाल का विभाजन 1911 में अंग्रेजों द्वारा रद्द कर दिया गया था:
1. वे क्रांतिकारी आतंकवाद पर अंकुश लगाना चाहते थे।
2. मुस्लिम नेताओं ने बंगाल के एक विभाजन के खिलाफ तीव्र विरोध किया था।
3. एक विभाजित बंगाल का प्रशासन करना कठिन हो रहा था।
नीचे दिए गए कोड का उपयोग करके सही कथन चुनें।
A. केवल 1 और 2 **B.** केवल 2 और 3
C. केवल 1 और 3 **D.** केवल 1

Q.70 स्वतंत्रता संग्राम के दौरान स्वदेशी आंदोलन और खादी के उपयोग के बारे में, निम्नलिखित कथनों पर विचार करें:
1. स्वदेशी आंदोलन के दौरान, खादी के लिए कपड़े के परिवर्तन ने गरीबों के बजाय बड़े पैमाने पर उच्च जातियों और वर्गों से अपील की।
2. खादी का उपयोग आम जनता से अपील की, और स्वदेशी आंदोलन के बाद भी, खादी का उपयोग ऊपरी और निचले दोनों वर्गों के लोगों द्वारा किया गया।
उपरोक्त कथन में से कौन सा सही है / हैं?
A. केवल 1 **B.** केवल 2
C. दोनों 1 और 2 **D.** इनमें से कोई नहीं

Q.71 दादाभाई नौरोजी ने भारतीय राष्ट्रीय कांग्रेस के 'एक्स' सत्र में घोषणा की कि स्व-सरकार या स्वराज कांग्रेस का लक्ष्य था। 'एक्स' से संबंधित है:
A. कलकत्ता सत्र (1906) **B.** लखनऊ सत्र (1916)
C. लाहौर सत्र (1929) **D.** बनारस (1912)

Q.72 1907 में कांग्रेस के विभाजन के बारे में, निम्नलिखित कथनों पर विचार करें।
1. नरमपंथियों द्वारा प्रस्तावित स्वराज, स्वदेशी और विदेशी वस्तुओं के बहिष्कार के प्रस्तावों का समर्थन किया, लेकिन इन विचारों को लागू करने के दृष्टिकोण में भिन्नता है।
2. सूरत अधिवेशन में, चरमपंथी लाला लाजपत राय या बाल गंगाधर तिलक को कांग्रेस के राष्ट्रपति पद के उम्मीदवार के रूप में चाहते थे जबकि नरमपंथियों ने डॉ। रासबिहारी घोष का समर्थन किया था।
उपरोक्त में से कौन सा सही है/हैं?
A. केवल 1 **B.** केवल 2
C. दोनों 1 और 2 **D.** इनमें से कोई नहीं

Q.73 अलाउद्दीन खिलजी के शासनकाल के दौरान, निर्मित जामा मस्जिद,काना मस्जिद तथा अलाई दरवाजा का निर्माण कहाँ किया गया था?
A. आगरा **B.** दिल्ली **C.** धार **D.** गुलबर्गा

Q.74 1907 में सूरत में भारतीय राष्ट्रीय कांग्रेस में विभाजन का मुख्य कारण क्या था?
A. लॉर्ड मिंटो द्वारा भारतीय राजनीति में सांप्रदायिकता का परिचय।
B. चरमपंथियों की ब्रिटिश सरकार के साथ बातचीत करने की मध्यम क्षमता में विश्वास की कमी है।
C. मुस्लिम लीग का फाउंडेशन।
D. अरबिंदो घोष का भारतीय राष्ट्रीय कांग्रेस के अध्यक्ष के रूप में निर्वाचित होने में असमर्थता।

Q.75 निम्न में से कौन सा / मध्यम और चरमपंथियों के बीच अंतर था?
1. विधान परिषदों का बहिष्कार।
2. सरकारी संस्थानों का बहिष्कार और हड़तालें।
3. भारत के लिए स्व-शासन।
नीचे दिए गए कोड का उपयोग करके सही उत्तर चुनें।
A. केवल 1 और 2 **B.** केवल 2 और 3
C. केवल 1 और 3 **D.** ऊपर के सभी

Q.76 दक्कन पर पहली मुस्लिम अवतार, के शासनकाल के दौरान हुई:
A. जलालुद्दीन खिलजी **B.** अला-उद-दीन खिलजी
C. बलबन **D.** मुहम्मद-बिन-तुगलक

Q.77 दिल्ली का पहला सुल्तान जिसने राजशाही को वंशानुगत बनाने का प्रयास किया:
A. इल्तुतमिश **B.** बलबन
C. अलाउद्दीन खिलजी **D.** फिरोज तुगलक

Q.78 मुहम्मद-बिन तुगलक द्वारा बनाए गए कृषि विभाग (दीवान-ए-कोही) की विफलता के लिए निम्नलिखित में से कौन सा कारण जिम्मेदार था?
A. प्रयोग के लिए चुनी गई भूमि का टुकड़ा उपजाऊ नहीं था।
B. इस योजना के लिए शुरू किया गया पैसा बुरी तरह से खर्च किया गया था।

C. सुल्तान इस योजना की ओर ध्यान नहीं दे सका जिसकी उसे आवश्यकता थी।
D. ऊपर के सभी

Q.79 शेरशाह सूरी ने रुपिया नामक एक सिक्का पेश किया और ______ तक एक ग्रैंड ट्रंक रोड का निर्माण किया.
A. आगरा से पेशावर
B. आगरा से कलकत्ता
C. कानपुर से इलाहाबाद
D. कलकत्ता से पेशावर

Q.80 भारत के भीतर और बाहर क्रांतिकारी आंदोलन में सक्रिय रूप से भाग लेने वाला एकमात्र भारतीय राजकुमार कौन था?
A. राजा अरिदमन सिंह
B. राजा हरि सिंह
C. राजा कुमार सिंह
D. राजा महेंद्र प्रताप

Q.81 निम्नलिखित में से किस राजा ने अपने सिक्कों पर अंकित किया था कि, "संप्रभुता हर आदमी को नहीं दी जाती है, लेकिन उसे चुनाव में रखा जाता है"?
A. इल्तुतमिश
B. अला-उद-दीन खिलजी
C. मुहम्मद-बिन-तुगलक
D. बलबन

Q.82 दिल्ली के सुल्तान, एक रोजगार ब्यूरो, एक दान ब्यूरो (दीवान-ए-खैरात) और एक धर्मार्थ अस्पताल (दीवान-ए-इंशा) का नाम क्या था?
A. फिरोज तुगलक
B. मुहम्मद-बिन-तुगलक
C. अला-उद-दीन खिलजी
D. बलबन

Q.83 निम्न में से कौन सा सही है?
A. फिरोज तुगलक ने शियाओं पर मुकदमा चलाया और उनकी धार्मिक पुस्तकें सार्वजनिक रूप से जला दी गईं।
B. फिरोज तुगलक ने महदियों पर मुकदमा चलाया।
C. फिरोज तुगलक ने कर्मठियों और इस्लामिक शियाओं पर मुकदमा चलाया।
D. ऊपर के सभी

Q.84 किसने न्यायिक पदाधिकारियों को दिल्ली के विभिन्न तिमाहियों के लिए जनगणना रजिस्टर पूरा करने का आदेश दिया?
A. मुहम्मद-बिन-तुगलक
B. फिरोज शाह
C. बलबन
D. अला-उद-दीन खिलजी

Q.85 पी मित्रा (प्रमथनाथ मित्रा) का नाम निम्नलिखित क्रांतिकारी संगठनों में से किसकी नींव से जुड़ा है?
A. अनुशीलन समिति
B. इंडिया हाउस
C. जुगांतर
D. इनमें से कोई नहीं

Q.86 साइमन कमीशन ने निम्नलिखित में से किस वायसराय के शासनकाल में भारत का दौरा किया था?
A. लॉर्ड इरविन
B. लॉर्ड चेम्सफोर्ड
C. लॉर्ड विलिंगडन
D. लार्ड वुड

Q.87 मुहम्मद-बिन-तुगलक ने टोकन मुद्रा जारी की थी। निम्नलिखित में से किस धातु का उपयोग टोकन मुद्रा जारी करने के लिए किया गया था?
A. निकेल
B. तांबा
C. पीतल
D. सोना

Q.88 टांका, शशगनी और जीतल के तीन प्रकार के सिक्के क्रमश बने थे:
A. चाँदी, चाँदी, तांबा
B. सोना, चांदी, तांबा
C. चांदी, कांसा, तांबा
D. सोना, कांसा, तांबा

Q.89 दिल्ली के एक सुल्तान को चीन के मंगोल सम्राट से एक दूतावास मिला, जो कुछ बौद्ध मंदिरों में जाने की अनुमति मांग रहा था।
A. अला-उद-दीन खिलजी
B. बलबन
C. मुहम्मद-बिन-तुगलक
D. फिरोज तुगलक

Q.90 "द बंगाली" समाचार पत्र 1879 में निम्नलिखित कार्यकर्ताओं में से किसके द्वारा शुरू किया गया था?
A. सुरेंद्रनाथ बनर्जी
B. आनंदमोहन बोस
C. नबगोपाल मित्र
D. राजनारायण बसु

Q.91 नौरोज़ नामक प्रसिद्ध फ़ारसी त्यौहार का प्रारम्भ किसके द्वारा किया गया?
A. अलाउद्दीन खिलजी
B. इल्तुतमिश
C. बलबन
D. फिरोज तुगलक

Q.92 मुगलई से क्या अभिप्राय है?
A. मुगलों की पैदल सेना
B. बहुत समृद्ध भोजन
C. शाही घराना
D. मुग़ल प्रदेश जिसमें से चौथ का दावा किया गया था

Q.93 निम्नलिखित में से किस शहर में "मोती मस्जिद" स्थित है?
A. आगरा
B. जयपुर
C. लाहौर
D. अहमदाबाद

Q.94 रोहिलखंड में 1857 के विद्रोह का कमांडर कौन था?
A. अहमदुल्लाह
B. बेगम हजरत महल
C. जंग बहादुर राणा
D. तात्या टोपे

Q.95 निम्नलिखित में से कौन सा किसान संघर्ष ब्रिटिश अफीम नीति का परिणाम था?
A. फुलागुरी धेवा (1861)
B. बिरसाइट उलगुलान (1899-1900)
C. पबना विद्रोह (1873)
D. मराठा किसान विद्रोह (1875)

Q.96 नालंदा विश्वविद्यालय किस गुप्त शासक द्वारा स्थापित किया गया था?
A. कुमारगुप्त द्वितीय
B. कुमारगुप्त प्रथम
C. चन्द्रगुप्त द्वितीय
D. चन्द्रगुप्त द्वितीय

Q.97 शेरशाह के प्रशासन के बारे में निम्नलिखित कथनों पर विचार करें:
1. उसने अपने साम्राज्य को सरकार में विभाजित किया, जो आगे परगना में विभाजित हो गए।
2. सरकार और परगना को सीधे शेर शाह द्वारा किसी अन्य अधिकारियों की मदद के बिना प्रशासित किया गया था।
ऊपर दिए गए कथनों में से कौन सा सही है/हैं?
A. केवल 1
B. केवल 2
C. दोनों 1 और 2
D. न तो 1 और न ही 2

Q.98 प्राचीन भारतीय महाजनपदों के बारे में निम्नलिखित में से कौन सा कथन सही है?
A. सभी महाजनपद कुलीन वर्ग थे जहाँ लोगों के समूह द्वारा शक्ति का प्रयोग किया जाता था
B. सभी महाजनपद पूर्वी भारत में स्थित थे
C. महाजनपदों के पास कोई सेना नहीं थी
D. बौद्ध और जैन ग्रंथों में सोलह महाजनपदों की सूची है

Q.99 निम्नलिखित में से कौन चोल राजाओं द्वारा निर्मित मंदिर था?
A. बृहदीश्वर मंदिर, तंजावुर
B. मीनाक्षी मंदिर, मदुरै
C. श्रीरंगम मंदिर, तिरुचिरापल्ली
D. दुर्गा मंदिर, आइहोल

Q.100 किसने गीता का फारसी में अनुवाद करवाया?
A. शाहजहाँ
B. अकबर

C. मुराद **D.** दारा शिकोह

Q.101 सूची- II के साथ सूची- I का मिलान करें और सूचियों के नीचे दिए गए कोड का उपयोग करके सही उत्तर चुनें:

सूची- I (हड़प्पा स्थल)	सूची- II (आधुनिक नाम)
A. धोलावीरा	1. सौराष्ट्र
B. राल्चिगारी	2. हिसार
C. भीराना	3. कादिर द्वीप
D. भोगावो	4. हरियाणा

A. A-2, B-3, C-4, D-1 **B.** A-1, B-2, C-4, D-3
C. A-3, B-2, C-4, D-1 **D.** A-3, B-4, C-2, D-1

Q.102 सूची- II के साथ सूची- I का मिलान करें और सूचियों के नीचे दिए गए कोड का उपयोग करके सही उत्तर चुनें:

सूची- I (व्यक्ति)	सूची- II (भारत का संविधान बनाने में भूमिका)
A. राजेंद्र प्रसाद	1. सदस्य, प्रसाद समिति का प्रारूप तैयार करना
B. टी टी कृष्णमचारी	2. अध्यक्ष, संविधान सभा
C. एच सी मुखर्जी	3. अध्यक्ष, प्रारूप समिति
D. बी आर अंबेडकर	4. उपाध्यक्ष, संविधान सभा

A. A-2, B-1, C-4, D-3 **B.** A-3, B-1, C-4, D-2
C. A-2, B-4, C-1, D-3 **D.** A-1, B-2, C-4, D-3

Q.103 सूची- II के साथ सूची- I का मिलान करें और सूचियों के नीचे दिए गए कोड का उपयोग करके सही उत्तर चुनें:

सूची- I (पाठ)	सूची- II (लेखक)
A. किताब-अल हिंद	1. इब्न बतूता
B. किताब-उल-रेहला	2. अल-बेरुनी
C. हुमायूँ नामा	3. लाहौरी
D. बादशाह नामा	4. गुलबदन बेगम

A. A-2, B-3, C-4, D-1 **B.** A-2, B-4, C-1, D-3
C. A-3, B-1, C-4, D-2 **D.** A-2, B-1, C-4, D-3

Q.104 सूची- II के साथ सूची- I का मिलान करें और सूचियों के नीचे दिए गए कोड का उपयोग करके सही उत्तर चुनें:

सूची- I (लेखक)	सूची- II (कार्य)
A. सोमदेव	1. मालविकाग्निमित्रम्
B. कालीदासा	2. कथासरित्सागर
C. भास	3. चौरपंचासिका
D. बिल्हाना	4. सत्पन्नवासवदत्त

A. A-2, B-1, C-4, D-3 **B.** A-1, B-2, C-4, D-3
C. A-2, B-1, C-3, D-4 **D.** A-2, B-4, C-1, D-3

Q.105 हाथीगुम्फा शिलालेख निम्नलिखित में से किस शासक के विषय में जानकारी प्रदान करता है?

A. अशोक **B.** चंद्रगुप्त मौर्य
C. खारवेल **D.** समुद्रगुप्त

Q.106 सर्वप्रथम जैन सभा कहाँ पर आयोजित की गई थी?

A. पावपुरी **B.** पाटलिपुत्र
C. जिम्भिकाग्रमा **D.** वैशाली

Q.107 कर्नाटक में जैन धर्म के प्रसार का श्रेय किस शासक को जाता है?

A. चंद्रगुप्त मौर्य **B.** बिम्बिसार
C. अशोक **D.** संपाती

Q.108 निम्नलिखित में से किस पुस्तक को 'तमिल कविता का ओडिसस' माना जाता है?

A. तिरुक्कुरल **B.** मणिमकलाई
C. सिलप्पादिकर्मा **D.** जीवक चिंतामणि

Q.109 समुद्रगुप्त की उपलब्धियों का उल्लेख किस शिलालेख में है?

A. हाथीगुम्फा शिलालेख
B. इलाहाबाद स्तंभ शिलालेख
C. बैरुत शिलालेख
D. जूनागढ़ स्तंभ शिलालेख

Q.110 निम्नलिखित में से किस राजा को मामलान (महान पहलवान) के रूप में भी जाना जाता था?

A. पुलकेशिन द्वितीय **B.** महेंद्रवर्मन प्रथम
C. नरसिंहवर्मन प्रथम **D.** इनमें से कोई नहीं

Q.111 अग्निमित्र, कालिदास के, मालविकाग्निमित्रम 'के नायक कौन हैं, निम्नलिखित में से किस राजवंश के राजा थे?

A. शुंग **B.** कण्व **C.** सातवाहन **D.** मौर्य

Q.112 राजा प्रसेनजिता भगवान बुद्ध के समकालीन और मित्र थे। वह _______ का राजा था।

A. कसी **B.** कोसल **C.** अंगा **D.** मगध

Q.113 पहले भारतीय गणितज्ञ जिन्होंने गणित को एक अलग अनुशासन माना था?

A. वराहमिहिर **B.** आर्यभट्ट **C.** रामानुजन **D.** बौधायन

Q.114 निम्नलिखित वेदों में से किसे "ब्रह्म वेद" कहा गया है?

A. ऋग्वेद **B.** सामवेद **C.** यजुर्वेद **D.** अथर्ववेद

Q.115 तैत्तिरीय आरण्यक और तैत्तिरीय उपनिषद _________ से जुड़े हैं।

A. ऋग्वेद **B.** सामवेद
C. कृष्ण-यजुर्वेद **D.** अथर्ववेद

Q.116 निम्नलिखित में से कौन सा धार्मिक पाठ प्रश्न और उत्तर के रूप में लिखा गया है?

A. विनय पिटक **B.** सुत्त पिटक
C. अभिधम्म पिटक **D.** प्रकिरण

Q.117 सिंधु घाटी युग के निम्नलिखित स्थलों में से कौन सा दुनिया में सबसे पुराना "अनुप्रमाणित क्षेत्र" माना जाता है?

A. हड़प्पा **B.** कालीबंगा **C.** लोथल **D.** रंगपुर

Q.118 निम्नलिखित में से किसके समय काल के दौरान गंगा के मैदानों के किनारे स्थित शहरी केंद्रों में कमी आई?

A. मौर्य काल **B.** गुप्ता काल
C. महाजनपद **D.** मगध साम्राज्य

Q.119 निम्नलिखित सम्राटों में से किसने व्याहार समता और डंडा समता नामक दो कानूनों को पेश किया?

A. चंद्रगुप्त मौर्य **B.** अशोक
C. चंद्रगुप्त विक्रमादित्य **D.** समुद्रगुप्त

Q.120 प्रारंभिक वैदिक काल में वर्ण व्यवस्था निम्न पर आधारित थी:

A. शिक्षा **B.** जन्म **C.** व्यवसाय **D.** प्रतिभा

Q.121 निकोलो डे कोंटी, अब्दुर रज्जाक, अफानसी निकितिन और फर्नाओ नूनिज ने किस साम्राज्य का दौरा किया?

A. कन्नौज का साम्राज्य **B.** विजयनगर साम्राज्य
C. होयसला साम्राज्य **D.** राष्ट्रकूट साम्राज्य

Q.122 यजुर्वेद का उपवेद क्या है?

A. आयुर्वेद **B.** धनुर्वेद **C.** गंधर्ववेद **D.** शिल्पवेद

Q.123 निम्नलिखित में से कौन तेईसवाँ तीर्थंकर था?

A. अबिनंदन नाथ
B. सुविधिनाथ
C. अरिष्टनेमि
D. पार्श्वनाथ

Q.124 निम्नलिखित में से कौन सा वर्ष 1939 में सभी प्रांतों में भारतीय मंत्रियों के इस्तीफे का कारण था?

A. राज्यपालों ने संवैधानिक प्रमुखों के रूप में कार्य करने से इनकार कर दिया
B. केंद्र ने प्रांतों को आवश्यक वित्तीय सहायता प्रदान नहीं की
C. गवर्नर-जनरल ने द्वितीय विश्व युद्ध की शुरुआत के कारण भारतीय प्रशासन को संघीय से एकात्मक में बदल दिया
D. भारत को प्रांतीय सरकारों की सहमति के बिना द्वितीय विश्व युद्ध के लिए एक फौज का भाग किया गया था

Q.125 निम्नलिखित में से कौन अकबर के दरबार का चित्रकार नहीं था?

A. दशवंत
B. अब्दुस समद
C. कल्याण दास
D. बसवान

// स्मार्ट उत्तर पुस्तिका //

सही उत्तर — उन छात्रों के प्रतिशत को इंगित करता है जिन्होंने प्रश्नों का सही उत्तर दिया था।

छोड़ दिया — उन छात्रों के प्रतिशत को इंगित करता है जिन्होंने प्रश्नों को छोड़ दिया था।

प्रश्न संख्या	उत्तर	सही उत्तर	छोड़ दिया
1	C	76.09 %	1.08 %
2	D	57.61 %	17.39 %
3	C	28.26 %	16.31 %
4	B	65.22 %	17.39 %
5	C	46.74 %	17.39 %
6	B	31.52 %	17.39 %
7	B	58.7 %	17.39 %
8	C	52.17 %	17.4 %
9	B	36.96 %	17.39 %
10	C	52.17 %	17.4 %
11	A	48.91 %	17.39 %
12	B	45.65 %	17.39 %
13	A	19.57 %	16.3 %
14	B	28.26 %	17.39 %
15	B	53.26 %	17.39 %
16	C	51.09 %	16.3 %
17	C	69.57 %	17.39 %
18	D	64.13 %	17.39 %
19	D	56.52 %	15.22 %
20	D	23.91 %	16.31 %
21	B	75.0 %	16.3 %
22	D	48.91 %	17.39 %
23	D	76.09 %	15.21 %
24	B	76.09 %	17.39 %
25	A	77.17 %	17.4 %
26	A	76.09 %	17.39 %
27	A	44.57 %	16.3 %
28	D	28.26 %	17.39 %
29	B	51.09 %	16.3 %
30	C	50.0 %	17.39 %
31	A	38.04 %	17.39 %
32	B	14.13 %	16.3 %
33	C	31.52 %	16.31 %
34	C	42.39 %	17.39 %
35	C	44.57 %	17.39 %
36	B	69.57 %	17.39 %
37	D	79.35 %	17.39 %
38	A	75.0 %	17.39 %
39	C	54.35 %	17.39 %
40	C	25.0 %	17.39 %
41	A	18.48 %	16.3 %
42	A	38.04 %	17.39 %
43	A	23.91 %	16.31 %
44	D	39.13 %	17.39 %
45	B	61.96 %	16.3 %
46	A	39.13 %	17.39 %
47	D	60.87 %	17.39 %
48	B	50.0 %	17.39 %
49	B	70.65 %	17.39 %
50	A	60.87 %	17.39 %
51	B	17.39 %	16.31 %
52	A	20.65 %	16.31 %
53	D	43.48 %	17.39 %
54	D	77.17 %	17.4 %
55	B	76.09 %	17.39 %
56	C	76.09 %	17.39 %
57	C	35.87 %	17.39 %
58	C	76.09 %	17.39 %
59	A	71.74 %	17.39 %
60	B	51.09 %	16.3 %
61	A	22.83 %	17.39 %
62	B	78.26 %	17.39 %
63	A	56.52 %	17.39 %
64	C	71.74 %	17.39 %
65	C	64.13 %	17.39 %
66	D	58.7 %	17.39 %
67	D	14.13 %	17.39 %
68	D	9.78 %	17.39 %
69	D	21.74 %	17.39 %
70	A	10.87 %	17.39 %
71	A	63.04 %	16.31 %
72	B	18.48 %	16.3 %
73	B	70.65 %	17.39 %
74	B	55.43 %	17.4 %
75	D	51.09 %	17.39 %
76	A	22.83 %	17.39 %
77	B	16.3 %	17.4 %
78	D	72.83 %	17.39 %
79	D	51.09 %	16.3 %
80	D	59.78 %	16.31 %

प्रश्न संख्या	उत्तर	सही उत्तर	छोड़ दिया
81	C	38.04 %	16.31 %
82	A	66.3 %	17.4 %
83	D	64.13 %	17.39 %
84	A	38.04 %	17.39 %
85	A	54.35 %	17.39 %
86	A	58.7 %	17.39 %
87	B	70.65 %	17.39 %
88	A	39.13 %	17.39 %
89	C	53.26 %	17.39 %

प्रश्न संख्या	उत्तर	सही उत्तर	छोड़ दिया
90	A	69.57 %	17.39 %
91	C	72.83 %	17.39 %
92	D	26.09 %	17.39 %
93	A	75.0 %	16.3 %
94	A	51.09 %	17.39 %
95	A	35.87 %	17.39 %
96	B	75.0 %	17.39 %
97	A	39.13 %	17.39 %
98	D	71.74 %	17.39 %

प्रश्न संख्या	उत्तर	सही उत्तर	छोड़ दिया
99	A	69.57 %	17.39 %
100	D	56.52 %	17.39 %
101	C	18.48 %	17.39 %
102	A	42.39 %	17.39 %
103	D	72.83 %	17.39 %
104	A	66.3 %	17.4 %
105	C	72.83 %	17.39 %
106	B	63.04 %	17.39 %
107	A	70.65 %	16.31 %

प्रश्न संख्या	उत्तर	सही उत्तर	छोड़ दिया
108	B	25.0 %	17.39 %
109	B	69.57 %	16.3 %
110	C	44.57 %	17.39 %
111	A	66.3 %	16.31 %
112	B	68.48 %	17.39 %
113	B	58.7 %	16.3 %
114	D	39.13 %	17.39 %
115	C	53.26 %	17.39 %
116	C	38.04 %	17.39 %

प्रश्न संख्या	उत्तर	सही उत्तर	छोड़ दिया
117	B	31.52 %	16.31 %
118	B	45.65 %	17.39 %
119	B	40.22 %	16.3 %
120	C	67.39 %	16.31 %
121	B	72.83 %	16.3 %
122	B	57.61 %	17.39 %
123	D	75.0 %	16.3 %
124	D	63.04 %	17.39 %
125	C	42.39 %	17.39 %

कार्य विश्लेषण	
औसत अंक (%)	52.94%
टॉपर्स स्कोर (%)	95.29%
आपका स्कोर	

//संकेत और समाधान//

1. 1955 में लोथल बंदरगाह और गोदी की खोज ने समुद्री क्षेत्र को उजागर किया। यह संरचना साबरमती की पुरानी नदी से जुड़ी हुई थी। साबरमती नदी और वर्तमान में कैम्बे तट की खाड़ी से कुछ बारह मील की दूरी पर है। यह व्यापार कम से कम आंशिक रूप से समुद्र-जन्य था जो लोथल में एक प्राचीन पोतगाह की खोज से सिद्ध होता है, जो भोगावार नदी के माध्यम से कैम्बे की खाड़ी से जुड़ा हुआ है।
अतः विकल्प (C) सही है।

2. मौर्य साम्राज्य में विघटनकारी प्रांतों ने उत्तर-पश्चिमी प्रांतों की तरह अलग-अलग राज्यों का गठन किया, जिन पर यूनानियों ने कब्जा कर लिया था, जिन्होंने बैक्ट्रिया के रूप में जाना जाने वाला राज्य का गठन किया था। कल्हण की राजतरंगिणी पुस्तक में उल्लेख है कि अशोक के पुत्र जालुका ने अपने अशोक की मृत्यु के बाद एक स्वतंत्र राजा के रूप में कश्मीर पर शासन किया।

अकबर के शासनकाल के दौरान मुगल साम्राज्य पूर्व में बंगाल से पश्चिम में काबुल तक और दक्षिण में विंध्य से उत्तर में कश्मीर तक फैला हुआ था। अकबर ने दक्षिण भारत की विजय के लिए मार्च शुरू किया था और मरने से पहले आंशिक रूप से सफल रहा।

बाद के मौर्य सम्राटों (अशोक के उत्तराधिकारी) का कमजोर नेतृत्व जिसने राज्य में वित्तीय संकट पैदा किया, प्रांतों में दमनकारी नीतियों को मौर्य साम्राज्य के पतन का एक बड़ा कारण माना गया। सम्राट द्वारा बौद्ध समर्थक नीतियों को भी एक बड़ा कारण माना गया।

अतः विकल्प (D) सही है।

3. सुरकोटदा में, गढ़ और निचला शहर एक साथ शामिल हो गए थे। कालीबंगन की तरह, गढ़ और शहर गढ़वाले थे, प्रत्येक में दक्षिण में स्वतंत्र प्रवेश द्वार थे और एक इंटरप्रिटेशन गेट भी था।

अतः विकल्प (C) सही है।

4. बिंदुसार चंद्रगुप्त मौर्य के पुत्र और मौर्य साम्राज्य के दूसरे सम्राट थे और 298 ईसा पूर्व से 272 ईसा पूर्व तक शासन किया था। उन्होंने कई विदेशी देशों के साथ सौहार्दपूर्ण संबंध स्थापित किए। डिमाचोस एक ग्रीक राजदूत थे, जिन्होंने उनके दरबार का दौरा किया था। कई संस्कृत साहित्य में, उन्हें अमित्र-घाटा (जो दुश्मन के कातिलों का अनुवाद करता है) के रूप में जाना जाता है। स्ट्रैबो, एक ग्रीक इतिहासकार ने अपनी रचनाओं में राजा बिंदुसार को अमित्रोचेट्स या एलीट्रोचैड्स के रूप में उल्लेख किया है जो अमित्राघता नाम का ग्रीक संस्करण है।

अतः विकल्प (B) सही है।

5. चावल के साक्ष्य की पुष्टि लोथल में लगभग 1800 ईसा पूर्व केवल अन्य सिंधु स्थल जहां चावल की भूसी मिली है, अहमदाबाद के पास रंगपुर है। बीदमकारों की दुकान लोथल और चन्हुद्रराव में देखी गई थी। लोथल को कपास व्यापार के विस्तार के कारण हड़प्पा सभ्यता के मैनचेस्टर शहर के रूप में जाना जाता है।

अतः विकल्प (C) सही है।

6. सिंधु घाटी सभ्यता या उससे पहले का है। भारतीयों ने मुख्य रूप से स्थानीय रूप से विकसित कपास से बने कपड़े पहने हैं। भारत उन पहली जगहों में से एक था जहाँ कपास की खेती की जाती थी और हड़प्पा काल के दौरान 2500 ईसा पूर्व के रूप में भी इसका इस्तेमाल किया जाता था। प्राचीन भारतीय कपड़ों के अवशेष सिंधु घाटी सभ्यता, रॉक-कट की मूर्तियों, गुफा चित्रों और मंदिरों और स्मारकों में पाए जाने वाले मानव कला रूपों के पास के स्थलों से खोजे गए मूर्तियों में पाए जा सकते हैं।
अतः विकल्प (B) सही है।

7. लोथल तीन माप पैमानों में से एक का योगदान देता है जो एकीकृत और रैखिक होते हैं (अन्य हड़प्पा और मोहनजोदड़ो में पाए जाते हैं)। लोथल से हाथीदांत पैमाने पर सिंधु सभ्यता में सबसे छोटे-छोटे दशमलव विभाजन हैं।
अतः विकल्प (B) सही है।

8. यह लगभग 6000 ईसा पूर्व से 4000 ईसा पूर्व तक था।

नवपाषाण काल में, कृषि का चलन शुरू हुआ। कृषि के साथ-साथ उन्होंने पशुओं के वर्चस्व, पत्थर के औजारों को चमकाने और मिट्टी के बर्तनों के निर्माण का भी अभ्यास किया।

धातु अयस्क को गलाने की तकनीक चालकोलिथिक काल में शुरू हुई थी न कि नवपाषाण काल के दौरान।

अतः विकल्प (C) सही है।

9. पुराने पाषाण युग में जानवरों के शिकार के लिए पत्थर के औजार, हाथ के आकार और परत-दर-परत बड़े कंकड़ का इस्तेमाल किया जाता था। क्वार्टजाइट पत्थर की चट्टानें हैं जो कठोर चट्टान से बनी होती हैं। मेसोलिथिक एज नामक साइट पर विभिन्न प्रकार के पत्थर के औजार पाए जाते हैं, जिन्हें उनके छोटे आकार के कारण माइक्रोलिथिक कहा जाता है, पांच सेंटीमीटर से अधिक नहीं।

शिकार पैटर्न में बदलाव को मेसोलिथिक युग के दौरान देखा जाता है, क्योंकि ऐसा लगता है कि इस युग में धनुष और तीर के उपयोग के साथ बड़े जानवरों के शिकार से लेकर छोटे जानवरों के शिकार और मछली पकड़ने तक की पारी हुई है।

एक विशेष क्षेत्र में लंबे समय तक बसने की प्रवृत्ति भी जानवरों के प्रभुत्व, बागवानी और आदिम खेती के साथ शुरू हुई। इन साइटों में कुत्ते, शुतुरमुर्ग, हिरण और बीयर जैसे जानवरों की हड्डियाँ पाई जाती हैं।

अतः विकल्प (B) सही है।

10. मध्य प्रदेश, उत्तर प्रदेश, आंध्र प्रदेश, कामतका और बिहार के कई जिलों की गुफाओं में शैल चित्रों के अवशेष प्राप्त हुए है ।

उत्तराखंड में कुमाऊँ की पहाड़ियाँ भी शैल चित्रों के लिए प्रसिद्ध हैं।

मध्य प्रदेश और उत्तर प्रदेश के जिलों में पाए गए चित्रों के अवशेष के रूप में, विंध्य पर्वतमाला और उनके कैमूरियन विस्तार सबसे समृद्ध चित्रों की सूचना प्रदान करते है।

अतः विकल्प (C) सही है।

11. पुरापाषाण काल और मेसोलिथिक काल की विशेषता भोजन के शिकार और एकत्रित गतिविधियों से थी।

नवपाषाण युग की विशिष्ट विशेषता कृषि है, जो खाद्य-उत्पादन का चरण है।

अतः विकल्प (A) सही है।

12. मेसोपोटामिया के सबसे पुराने शहर कांस्य युग में वापस आते हैं, 3000 ई.पू. कांस्य तांबे और टिन का एक मिश्र धातु है और कांस्य का उपयोग इन धातुओं की खरीद के लिए किया जाता है, अक्सर महान दूरी से।

धातु के उपकरण सटीक बढ़ईगीरी के लिए आवश्यक थे, ड्रिलिंग मोती, पत्थर की मुहरें, जाली फर्नीचर के लिए गोले काटना, आदि मेसोपोटामियन हथियार भी कांस्य के थे।

अतः विकल्प (B) सही है।

13. गुफाओं में, निम्न पुरापाषाण काल से मानव विकास की निरंतरता निम्नलिखित मध्य पुरापाषाण काल में छोटे पत्थर के औजारों द्वारा देखी गई है, इसके अलावा नए उपकरण जैसे स्क्रेपर्स भी हैं। ऊपरी पुरापाषाण काल के दौरान, ब्लेड, बोरर्स और ब्यूरिन जैसे नए उपकरण प्रकार भी सामने आए थे।

हालांकि, मेसोलिथिक अवधि में, सामग्री और उपकरण टाइपोलॉजी में स्पष्ट परिवर्तन होता है।

इससे पहले, उपकरण बड़े पैमाने पर क्वार्टजाइट और बलुआ पत्थर से बने होते थे, जबकि मेसोलिथिक काल में बनाए जाने वाले उपकरण ज्यादातर चेडलोनी थे।

भीमबेटका में मेसोलिथिक संस्कृति चालकोलिथिक कुम्हारों द्वारा अन्यथा मेसोलिथिक संदर्भों में समझाए गए लंबे समय तक जारी रही।

प्रारंभिक ऐतिहासिक समय तक, ऐसा प्रतीत होता है कि आसपास की संस्कृतियों के साथ बातचीत अधिक स्पष्ट हो गई।

रॉक-कट बेड इस बात का प्रमाण देते हैं कि इस स्थल पर बाद में बनाए गए मंदिर से बहुत दूर एक इंसलबर्ग की तरह के शीर्ष भाग पर एक रॉक शेल्टर में।

शंखलिपि या 'शैल-लिपि' विद्वानों में प्रचलित शब्द है और अलंकृत सर्पिल ब्राह्मी वर्णों से संबंधित है जो शंख (या शंख) से मिलते जुलते हैं। वे 4 से 8 वीं शताब्दी ईसा पूर्व तक के हैं और आज तक दक्षिण को छोड़कर पूरे भारत में शिलालेखों में वर्णित हैं।
अतः विकल्प (A) सही है।

14. चालकोलिथिक युग एक वैदिक काल के बाद है जहां लोहे दैनिक गतिविधियों में केंद्रीय था और वेदों में अक्सर उल्लेख किया गया है।

लोहे का व्यापक उपयोग उम्र की प्रारंभिक अवधि को दर्शाता है। इस सामग्री को अपनाने से समाज में होने वाले अन्य परिवर्तनों के साथ-साथ विभिन्न कृषि पद्धतियों, धार्मिक मान्यताओं और कलात्मक शैलियों का भी समावेश हुआ।
अतः विकल्प (B) सही है।

15. कथन 1: वर्तमान यूपी में स्थित, यह साइट तीन व्यावसायिक स्तरों का प्रतिनिधित्व करती है: नवपाषाण, चालकोलिथिक और लौह युग के चरण।

कथन 2: मेहरगढ़ सिंधु नदी घाटी के पश्चिम में बोलन दर्रे के पास स्थित है, और अब यह क्वेटा, कलात और सिबी के पाकिस्तानी शहरों के बीच है।

मेहरगढ़ माना जाता है कि यह प्राचीन भारत का सबसे परिष्कृत, सरल और योजनाबद्ध प्राचीन खेत है।

कथन 3: यह नवपाषाण और मेगालिथिक काल के उत्खनन अवशेषों के लिए जाना जाता है।
अतः विकल्प (B) सही है।

16. लगभग 200000 वर्ष पहले (मानव विकास देखें) लोग अपने वर्तमान स्वरूप में विकसित हुए, फिर भी उन्होंने वर्तमान से लगभग 15000-10000 वर्ष पहले तक कृषि में संलग्न होना शुरू नहीं किया।

जंगली अनाज कम से कम 20000 ईसा पूर्व से एकत्र और खाया जाता था।

पहली कृषि अंतिम प्लेइस्टोसिन हिमनदी अवधि, या हिमयुग (लगभग 11700 वर्ष पहले) के समापन पर विकसित हुई प्रतीत होती है।

लगभग 9500 ईसा पूर्व से, नवपाषाण ने फसलों जैसे कि इमेर गेहूं, फ़िन्कोम गेहूं, पतले जौ, मटर आदि पाए और इन फसलों की लेवंत क्षेत्र में खेती की। चीन में 11500 और 6200 ईसा पूर्व के बीच चावल का घरेलूकरण किया गया था।

अतः विकल्प (C) सही है।

17. कल्हण ने अपनी पुस्तक राजतरंगिणी में उल्लेख किया है कि मौर्य राजा अशोक ने श्रीनगर के पुराने शहर की स्थापना की और इसका नाम पुराणादिधान (अब पंड्रेथन) रखा। अशोक के शासन के विस्तार के साथ, घाटी में बौद्ध धर्म फैल गया। कल्हण का उल्लेख है कि अशोक द्वारा निर्मित श्रीनगर शहर (श्रीनगरी के रूप में पुस्तक में उल्लिखित) में 96,00,000 घर थे जो धन के साथ थे।

अशोक की मृत्यु के बाद उसका पुत्र जो कश्मीर का गवर्नर था, उसने इसे एक स्वतंत्र राज्य घोषित किया और उस पर शासन किया। मौर्यों के बाद, कुषाण सम्राट कनिष्क ने इस क्षेत्र में बौद्ध धर्म के प्रसार को सुदृढ़ किया।

अतः विकल्प (C) सही है।

18. 21 अक्टूबर 1943 में सुभाष चन्द्र बोस ने आजाद हिन्द फौज के सर्वोच्च सेनापति की हैसियत से सिंगापुर में स्वतंत्र भारत की अस्थायी सरकार "आज़ाद हिन्द" की स्थापना की।

आज़ाद हिन्द फौज का गठन पहली बार राजा महेन्द्र प्रताप सिंह द्वारा 29 अक्टूबर 1915 को अफगानिस्तान में हुआ था। मूल रूप से उस वक्त यह "आजाद हिन्द" सरकार की सेना थी, जिसका लक्ष्य अंग्रेजों से लड़कर भारत को स्वतंत्रता दिलाना था।

अतः विकल्प (D) सही है।

19. कई कारकों के कारण आदिवासी लोगों ने ब्रिटिशों के खिलाफ हिंसक रूप से विद्रोह किया। अंग्रेजों ने कई कानूनों को प्रभावित किया जिससे आदिवासी लोगों के तरीके और विश्वास प्रभावित हुए। वे भूमि के संयुक्त स्वामित्व में विश्वास करते थे और जब ब्रिटिश एकल स्वामित्व के लिए कानून पारित करते थे, तो आदिवासी लोग विरोध करते थे।

अतः विकल्प (D) सही है।

20. नेपाल-बिहार क्षेत्र में 1935 में विनाशकारी भूकंप देखा गया। 8.0 तीव्रता के भूकंप ने नेपाल और बिहार के लोगों को 15 जनवरी 1935 को हिला दिया और मुंगेर और मुजफ्फरपुर जैसे कई शहर पूरी तरह से नष्ट हो गए।

महात्मा गांधी ने भूकंप को "अस्पृश्यता" के अभ्यास के लिए भगवान की सजा के रूप में वर्णित किया। यह भोली लग सकती है, लेकिन महात्मा गांधी ने यह बयान दिया ताकि आम लोग अपनी भाषा में इसका कारण समझ सकें।

अतः विकल्प (D) सही है।

21. खानवा का युद्ध 17 मार्च 1527 को आगरा से 35 किमी दूर खानवा गाँव में बाबर एवं मेवाड़ के राणा सांगा के मध्य लड़ा गया। पानीपत के युद्ध के बाद बाबर द्वारा लड़ा गया यह दूसरा बड़ा युद्ध था ।

अतः विकल्प (B) सही है।

22. ब्रह्म समाज अपनी प्रेरणा वेदों, उपनिषदों और प्राचीन भारत के अन्य पवित्र ग्रंथों से निकालता है, जबकि आर्य समाज को केवल वेदों पर विश्वास था।

ब्रह्म समाज मुख्य रूप से एक सुधारवादी था, जबकि, आर्य समाज मुख्य रूप से एक पुनरुत्थानवादी था। ब्रह्मो समाज ने पश्चिमी संस्कृति और उसके दर्शन पर विश्वास किया था, जबकि आर्य समाज ने पश्चिमी संस्कृति के दर्शन को अस्वीकार कर दिया था और केवल भारतीय संस्कृति को स्वीकार किया था।

अतः विकल्प (D) सही है।

23. मैडम कामा (जिसे भिकाई रूस्तम कामा के नाम से भी जाना जाता है) भारत की स्वतंत्रता में प्रमुख हस्तियों में से एक थीं। उन्हें Move भारतीय क्रांतिकारी आंदोलन की दादी 'के रूप में माना जाता था, वर्ष 1907 में जर्मनी में आयोजित अंतर्राष्ट्रीय समाजवादी सम्मेलन में भाग लिया, भारतीय प्रतिनिधि के रूप में और भारत के राष्ट्रीय ध्वज को भी फहराया, उन्होंने सभी स्वतंत्रता प्रेमी देशों से आग्रह किया विदेशी जुए को उखाड़ फेंका।

अतः विकल्प (D) सही है।

24. गुप्त सम्राट कुमारगुप्त प्रथम नालंदा विश्वविद्यालय का संस्थापक था जिसे 15 जुलाई 2016 को यूनेस्को ने विश्व धरोहर घोषित किया था। उन्होंने महेन्द्रादित्य की उपाधि धारण की।

अतः विकल्प (B) सही है।

25. सत्यमेव जयते के शब्द मुंडका उपनिषद से लिए गए हैं।

मुंडका उपनिषद एक प्राचीन संस्कृत वैदिक ग्रन्थ है।

यह एक प्राथमिक उपनिषद है और इसे हिंदू धर्म के 108 उपनिषदों के मुक्ताका कैनन में नंबर 5 के रूप में सूचीबद्ध किया गया है।

अतः विकल्प (A) सही है।

26. गुप्त साम्राज्य 320 ईस्वी में श्रीगुप्त द्वारा स्थापित एक राजशाही साम्राज्य था। समुद्रगुप्त, चंद्रगुप्त प्रथम के पुत्र, गुप्त साम्राज्य के चौथे पीढ़ी के राजा थे जो 330 ईस्वी में सत्ता में आए थे। वह सबसे बड़े गुप्त राजा और विजेता के रूप में प्रतिष्ठित है। इलाहाबाद स्तंभ के शिलालेख समुद्रगुप्त के शासनकाल का एक विस्तृत विवरण प्रदान करते हैं।

गैर-शक्तिशाली शासकों की एक श्रृंखला के बाद, उन्होंने वैदिक काल के अश्वमेध यज्ञ को पुनर्जीवित किया, जो कि क्षेत्र का विस्तार करने के लिए केवल अत्यंत शक्तिशाली शासकों द्वारा किया गया यज्ञ है। यही कारण है कि उन्हें भारतीय नेपोलियन भी कहा जाता है।

यद्यपि विश्वास और धर्म के बारे में सहिष्णु, वह वैष्णववाद का अनुयायी था। इसके अलावा, वह बौद्ध धर्म के लिए बहुत उत्सुक थे और उन्होंने बौद्ध विद्वान वसुबंधु को भी संरक्षण दिया था।

अतः विकल्प (A) सही है।

27. नालंदा बिहार का एक प्राचीन बौद्ध मठ है। इसका निर्माण 5 वीं शताब्दी में गुप्त सम्राट कुमारगुप्त प्रथम कुमारगुप्त प्रथम द्वारा किया गया था जो चंद्रगुप्त द्वितीय और रानी ध्रुवदेवी के पुत्र थे। आज, नालंदा एक यूनेस्को विश्व धरोहर स्थल है।

चीनी बौद्ध भिक्षु जुआनज़ैंग (602-664 ईस्वी) ने 7 वीं शताब्दी में हर्ष के शासन के दौरान नालंदा का दौरा किया था। नालंदा, बिहार में एक ज़ुआंगज़ मेमोरियल हॉल मौजूद है।

अतः विकल्प (A) सही है।

28. रघुवंशम् संस्कृत के कवि कालिदास द्वारा लिखित एक संस्कृत महावाक्य है। इसमें रघु वंश की कहानियों का वर्णन है।

मालविकाग्निमित्रम् कालिदास द्वारा लिखित एक नाटक है। यह राजा अग्निमित्र की कहानी को बताता है, जो मालविका नामक एक निर्वासित नौकर लड़की की तस्वीर से प्यार करता है।

विक्रमोर्वशीयम् कालिदास द्वारा लिखित एक नाटक है। यह नश्वर राजा पुरुरव और आकाशीय अप्सरा उर्वशी की कहानी बताती है जो प्यार में पड़ जाते हैं।

ऋतुसंहार कालीदास द्वारा लिखित संस्कृत में एक लंबी कविता है। आमतौर पर इसे कालिदास का सबसे पहला काम माना जाता है।

अतः विकल्प (D) सही है।

29. यह मुग़ल साम्राज्य में औरंगज़ेब के शासनकाल के दौरान था जिसमें क्षेत्र के मामले में साम्राज्य अपने चरम पर पहुँच गया था। मुख्य कारण यह था कि औरंगजेब ने दक्षिण भारत पर सक्रिय रूप से आक्रमण किया जिसने मुगल साम्राज्य का बहुत विस्तार किया। अपने जीवनकाल के दौरान, दक्षिण में जीत ने मुगल साम्राज्य का 4 मिलियन वर्ग किलोमीटर तक विस्तार किया।

अतः विकल्प (B) सही है।

30. 10 जुलाई 1806 को वेल्लोर विद्रोह ईस्ट इंडिया कंपनी के खिलाफ भारतीय सिपाहियों द्वारा बड़े पैमाने पर और हिंसक विद्रोह था। विद्रोह के दौरान, विद्रोहियों ने वेल्लोर किले को जब्त कर लिया और 200 ब्रिटिश सैनिकों को मार डाला। म्यूट को आर्कोट से घुड़सवार सेना और तोपखाने द्वारा वश में किया गया था।

अतः विकल्प (C) सही है।

31. आजीविका जैन धर्म का एक संप्रदाय है जिसकी स्थापना गोसालमस्कृपुत्र ने की थी। यह भारतीय दर्शन में एक विषम विद्यालय के रूप में मान्यता प्राप्त है, क्योंकि इसके प्रचार और उपदेश मुख्य रूप से जैन ग्रंथों पर आधारित हैं।

अतः विकल्प (A) सही है।

32. बुक्का प्रथम ने विद्यानगर शहर का नाम बदलकर विजयनगर रखा। विजयनगर साम्राज्य और शहर की स्थापना हरिहर प्रथम और बुक्का ने की थी। मालाबार और सीलोन के शाही राजदूतों ने उनके दरबार को सुशोभित किया। उन्होंने वैष्णवों और जैनियों के बीच शांति बहाल की।

अतः विकल्प (B) सही है।

33. रामगुप्त को इतिहास में एक कायर गुप्त राजा के रूप में जाना जाता है। उसने अपनी रानी ध्रुवदेवी को शक आक्रमणकारी के सामने आत्मसमर्पण कर दिया था।

तांबे के सिक्के जारी करने वाला एकमात्र गुप्त शासक रामगुप्त था।

विशाखदत्त के देवी चन्द्रगुप्तम के अनुसार, समुद्रगुप्त के बाद रामगुप्त ने शासन किया था।

चंद्रगुप्त द्वितीय रामगुप्त का छोटा भाई था।

चंद्रगुप्त द्वितीय गुप्त वंश का एकमात्र शासक था जिसने अपने काल में चांदी के सिक्के जारी किए थे।

अतः विकल्प (C) सही है।

34. 'ध्वज सत्याग्रह' 1923 में जबलपुर में शुरू किया गया था, जो बाद में पूरे राज्य में फैल गया था। 1923 में जबलपुर में जब पुलिस कमिश्नर ने राष्ट्रीय ध्वज का अपमान किया था, तब राज्य भर में राष्ट्रीय ध्वज फहराया गया था और जबलपुर के टाउनहाल में सरोजिनी नायडू और मौलाना आज़ाद ने झंडा फहराया था।

अतः विकल्प (C) सही है।

35. भारतीय कम्युनिस्ट पार्टी भारत की सबसे पुरानी कम्युनिस्ट पार्टी है। इसकी स्थापना 1925 में हुई थी। पहला पार्टी सम्मेलन कानपुर में था। CPI को भारत के चुनाव आयोग ने 'राष्ट्रीय पार्टी' के रूप में मान्यता दी थी।

अतः विकल्प (C) सही है।

36. 'जातक' मूल रूप से बुद्ध की पूर्व जन्म की कहानियाँ हैं। 'जातक' का उल्लेख सुत्त पिटक के खुड्डका निकाय में किया गया है। 'जातक' को बौद्ध स्तूपों के तोरण द्वार और दीवारों पर भी अंकित किया गया है। खुड्डका निकाय में बुद्ध के पूर्व जीवन के 500 से अधिक किस्से वर्णित हैं।

अतः विकल्प (B) सही है।

37. रज़िया सुल्तान दिल्ली सल्तनत की पहली मुस्लिम महिला शासक थी, रज़िया सुल्तान ने 1236 से 1240 तक दिल्ली पर शासन किया। अपने शासनकाल के दौरान, उसने अपना शीर्षक "महिलाओं का स्तंभ, टाइम्स की रानी, शम्सुद्दीन इल्तुमिश की बेटी सुल्तान रजिया" के रूप में अंकित किया।

अतः विकल्प (D) सही है।

38. बाघ की गुफाएं मध्य प्रदेश राज्य के धार जिले में स्थित हैं। बाघ की गुफाएँ रॉक कट वास्तुकला के लिए जानी जाती हैं। मुख्य रूप से यह बौद्ध धर्म से प्रेरित है। सभी गुफाओं का उपयोग बौद्ध भिक्षुओं द्वारा निवास स्थान के रूप में किया जाता था।

अतः विकल्प (A) सही है।

39. समुद्रगुप्त (335-380 ईस्वी)

चंद्रगुप्त प्रथम, का पुत्र समुद्रगुप्त उसका उत्तराधिकारी हुआ, जो अपने प्रतिद्वंद्वी, कच्छ, राजवंश के राजा को अधीन करने के बाद शासक बना। वह भारत का एक महान विजेता था।

इलाहाबाद शिलालेख / प्रयाग प्रशस्ति में उसकी विजयों का वर्णन है। इसकी रचना उनके दरबारी कवि हरीसेन ने की है।

उसने विक्रमंका की उपाधि धारण की। जिसे कविराज भी कहा जाता है, जिसका अर्थ है कला और साहित्य का संरक्षक।

उसने अश्वमेध यज्ञ किया। वह स्वयं को "अश्वमेध का पुनर्निरीक्षक" कहता है।

उसे इतिहासकार विन्सेंट स्मिथ द्वारा भारत का नेपोलियन कहा गया है। वह एक कुशल वीणा वादक था।

अतः विकल्प (C) सही है।

40. मौर्य प्रशासन के बारे में दिए गए दोनों ही कथन सही है। महत्वपूर्ण तथ्य इस प्रकार है:

- मौर्य साम्राज्य पाटलिपुत्र में शाही राजधानी के साथ चार प्रांतों में विभाजित था।
- मौर्य प्रशासन में अमात्य सिविल सेवक थे।
- सानिध्य मुख्य कोषागार था।
- वैदिक युग में ग्रामिनी ग्राम प्रधान थे।
- समहर्ता राजस्व के कलेक्टर जनरल थे।
- युवराज राजपुत्र था, पुरोहित मुख्य पुजारी था, और सेनापति प्रधानसेनापति था।

अतः सही विकल्प (C) है।

41. गुप्तों ने लगभग 320 ई.पू.-550 ई.पू. के बीच शासन किया। माना जाता है कि चौथी-पाँचवीं शताब्दी ई.पू. में महाकाव्य रामायण और महाभारत को संकलित किया गया और उनको अंतिम रूप दिया गया।इस समय के दौरान, आर्यभट्ट ने आर्यभट्टीयम लिखी: जो कि ज्यामिति, बीजगणित, अंकगणित और त्रिकोणमिति पर एक प्रमुख कृति है।

चिकित्सा पर उल्लेखनीय रचनाएँ, जो इस समयावधि के दौरान लिखी गईं, उनमें चरक संहिता और सुश्रुत संहिता शामिल हैं।

भास्कर II ने सिद्धान्त शिरोमणि 1150 ई.पू. में लिखी। यह गणित का एक प्रमुख ग्रंथ है।

अतः विकल्प (A) सही है।

42. कनिष्क के साम्राज्य में अफगानिस्तान, गांधार, सिंध और पंजाब शामिल थे और बाद में उन्होंने मगध पर भी विजय प्राप्त की और बोधगया में अपनी शक्ति का विस्तार किया। कनिष्क ने बौद्ध धर्म ग्रहण किया लेकिन उसके सिक्के न केवल बुद्ध बल्कि हिंदू भगवानों की छवियों को भी प्रदर्शित करते हैं क्योंकि वह किसी भी धर्म के विरुद्ध नहीं थे।

अतः विकल्प (A) सही है।

43. जुआंगज़ैंग कोरियाई मूल का नहीं चीनी मूल का था। उन्होंने न केवल सामाजिक परिस्थितियों पर, बल्कि मनुस्मृति जैसे ग्रंथों में निर्धारित नियमों में भी यह देखा कि निचली जातियों को गाँव के बाहर रहना पड़ता था।

अतः विकल्प (D) सही है।

44. 1866 के उड़ीसा अकाल ने मद्रास के उत्तर भारत के पूर्वी तट को प्रभावित किया। इसने 180,000 मील के क्षेत्र को प्रभावित किया और 47,500,000 की आबादी को प्रभावित किया। उड़ीसा में अकाल के कारण लगभग एक तिहाई लोगों की मौत हो गई।

अतः विकल्प (D) सही है।

45. विक्रमादित्य के शासनकाल के दौरान कालिदास भारत के अमर कवि और नाटककार थे।

विक्रमादित्य के नौ रत्न हैं: अमरसिंह, धनवंतरि, हरिसेन, कालीदास, कहपनक सांकू, वराहमिहिर, वररुचि और वेतालभट्ट।

अतः विकल्प (B) सही है।

46. मार्गेट काजिन्स एक आयरिश महिला थीं, जिन्होंने श्रीमती एनी बेसेन्ट के साथ काम किया और महिला मताधिकार की पुरजोर माँग की। वह अंततः महिला के अधिकारों के लिए लड़ी।

अतः विकल्प (A) सही है।

47. कादंबिनी गांगुली ब्रिटिश साम्राज्य की पहली महिला थीं जिन्होंने बीए की डिग्री प्राप्त की, इस प्रकार कलकत्ता विश्वविद्यालय की पहली महिला स्नातक भी। वह भारत की पहली महिला डॉक्टरों में से एक थीं। वह बंगाल की पहली डॉक्टर थीं और भारतीय राष्ट्रीय कांग्रेस को संबोधित करने वाली पहली महिला प्रतिनिधि थीं। चंद्रमुखी बसु उसी समय के आसपास कलकत्ता विश्वविद्यालय से एक और स्नातक थीं।

अतः विकल्प (D) सही है।

48. खुर्शेदबेहन नौरोजी दादाभाई नौरोजी की पोती थी। उन्हें 1930 के नमक सत्याग्रह में भाग लेने के लिए जाना जाता है। वह N.W.F.P (उत्तर-पश्चिम सीमांत प्रांत) में खान अब्दुल गफ्फार खान के साथ काम करने के लिए जानी जाती हैं।

अतः विकल्प (B) सही है।

49. सिख धर्म के पांचवें गुरु अर्जुन देव को मुग़ल बादशाह जहाँगीर ने विद्रोही राजकुमार, ख़ुसरु को पैसे और प्रार्थना के साथ मदद करने के आरोप में कैद किया और बाद में हत्या कर दी।जिसके पश्चात गुरु हरगोबिंद सिख धर्म के छठे गुरु के रूप में उनकी गद्दी पर विराजमान हुए।

अतः विकल्प (B) सही है।

50. बंगाल में दोहरी शासन प्रणाली का प्रारम्भ 1765 में हुआ था जब क्लाइव ने शाह आलम द्वितीय (12 अगस्त.1765) और शुजाउद्दौला (16 अगस्त.1765) के साथ इलाहाबाद की दो अलग-अलग 'संधियाँ' कीं। इसके कुछ समय पश्चात वारेन हेस्टिंग्स ने 1772 में शासन की दोहरी प्रणाली को समाप्त कर दिया।

अतः विकल्प (B) सही है।

51. चंद्रगुप्त ने लगभग 25 वर्षों तक शासन किया और उसके बाद उन्होंने अपने बेटे बिंदुसार के लिए अपना सिंहासन छोड़ दिया। बिंदुसार को यूनानियों ने "अमित्रघाट" कहा था जिसका अर्थ है दुश्मनों का कातिल। कुछ विद्वानों के अनुसार बिंदुसार ने मैसूर तक डेक्कन को जीत लिया है। तिब्बती भिक्षु तरानाथ द्वारा पुष्टि के अनुसार, बिंदुसार ने 16 राज्यों को जीत लिया, जिनमें 'दो समुद्रों के बीच की भूमि' है। संगम साहित्य के अनुसार मौर्य ने सुदूर दक्षिण तक आक्रमण किया। इसलिए यह कहा जा सकता है कि बिंदुसार के शासन के दौरान, मौर्य राजवंश का विस्तार मैसूर के रूप में हुआ था और इसलिए इसमें लगभग पूरा भारत शामिल था, लेकिन कलिंग (ओडिशा) के पास अस्पष्टीकृत परीक्षण और वन क्षेत्रों के एक छोटे से हिस्से को छोड़कर दक्षिण के राज्य थे।

अतः विकल्प (B) सही है।

52. गोत्र की संस्था बाद के वैदिक काल में दिखाई दी। गोत्र, विस, और जन ईरानी दुनिया के अर्थात, झंटू और दागुन के अनुरूप हो सकते हैं।
अतः विकल्प (A) सही है।

53. बुद्धचरित, अश्वघोष द्वारा लिखा गया था और संभवतः पहली शताब्दी ईसा पूर्व में लिखा गया था। इसमें गौतम बुद्ध का जीवनचरित वर्णित है। इस महाकाव्य का आरम्भ बुद्ध के गर्भाधान से तथा इसकी परिणति बुद्धत्व-प्राप्ति में होती है। यह महाकव्य भगवान बुद्ध के संघर्षमय सफल जीवन का ज्वलन्त, उज्ज्वल तथा मूर्त चित्रपट है। इसकी कथा का रूप-विन्यास वाल्मीकिकृत रामायण से मिलता-जुलता है।

अतः विकल्प (D) सही है।

54. मिर्ज़ा नूर-उद-दीन बेग मुहम्मद खान सलीम, जिसे उनके शाही नाम से जाना जाता है, जहाँगीर (31 अगस्त 1569 - 28 अक्टूबर 1627), चौथे मुगल सम्राट थे जिन्होंने 1605 से 1627 तक अपनी मृत्यु तक शासन किया था।

अतः विकल्प (D) सही है।

55. भारतीय राष्ट्रीय कांग्रेस का बेलगाम अधिवेशन केवल एकमात्र अधिवेशन था जिसकी अध्यक्षता 1924 में महात्मा गांधी जी ने की थी। दिल्ली का कांग्रेस अधिवेशन 1923 में अबुल कलाम आज़ाद की अध्यक्षता में हुआ, कानपुर अधिवेशन 1925 में सरोजिनी नायडू की अध्यक्षता में और 1920 में कोलकाता का अधिवेशन हुआ था जिसकी अध्यक्षता लाला लाजपत राय ने की थी।

अतः विकल्प (B) सही है।

56. इबादत खाना (हाउस ऑफ उपासना) 1575 ईस्वी में मुगल सम्राट अकबर (1556-1605) द्वारा फतेहपुर सीकरी में विभिन्न धार्मिक आधारों के आध्यात्मिक नेताओं को इकट्ठा करने के लिए एक सभा भवन बनाया गया था ताकि संबंधित धार्मिक नेता की शिक्षाओं पर चर्चा हो सके।

अतः विकल्प (C) सही है।

57. गजनी के महमूद ने पहली बार 1000 ईस्वी में आधुनिक अफगानिस्तान और पाकिस्तान पर आक्रमण किया। उसने हिंदू शाही साम्राज्य की शासक जया पाला को हराया, जिसने बाद में खुद को मार डाला और उसका बेटा आनंद पाल उसका उत्तराधिकारी बना। 1006: गजनी ने मुल्तान पर आक्रमण किया।

अतः विकल्प (C) सही है।

58. गौतम बुद्ध के उपदेशो की भाषा पाली थी। यह हिंदू धर्म के कुछ धार्मिक ग्रंथों और बौद्ध धर्म के सभी ग्रंथों की पवित्र भाषा है।

अतः विकल्प (C) सही है।

59. थम्पी चंपकरामन वेलायुधन, जिसे वेलु थम्पी के नाम से जाना जाता है, त्रावणकोर साम्राज्य का दलावा (आधुनिक समय में प्रधानमंत्री के समकक्ष) था जिसने 18 वीं शताब्दी की शुरुआत में ब्रिटिश ईस्ट इंडिया कंपनी के खिलाफ विद्रोह का नेतृत्व किया था।

अतः विकल्प (A) सही है।

60. मुजफ्फरपुर बमबारी मामले के बाद प्रफुल्ल चाकी ने आत्महत्या कर ली और खुदीराम बोस को फांसी दे दी गई। बी.जी. तिलक ने क्रांतिकारियों का बचाव करना शुरू कर दिया और अपने कागज केसरी के माध्यम से तत्काल स्वराज या स्वशासन का आह्वान किया। फिर उन पर राजद्रोह का आरोप लगाया गया और उन्हें गिरफ्तार कर लिया गया। न्यायाधीश दिनेश डी. डावर ने उन्हें 1908 से 1914 तक बर्मा के मांडले में छह साल की जेल की सजा सुनाई।

अतः विकल्प (B) सही है।

61. काशी प्रसाद घोष द्वारा अंग्रेजी में पहला भारतीय काव्यात्मक कार्य, द शायर एंड अदर पोएम्स 1830 में प्रकाशित हुआ था

अतः विकल्प (A) सही है।

62. दादाभाई नौरोजी (4 सितंबर 1825 - 30 जून 1917) को "भारत के ग्रैंड ओल्ड मैन" के रूप में भी जाना जाता है और "भारत के अनौपचारिक राजदूत" एक भारतीय राजनीतिक नेता, व्यापारी, विद्वान और लेखक थे।

दादाभाई नौरोजी को गोपाल कृष्ण गोखले और महात्मा गांधी दोनों के गुरु के रूप में जाना जाता है। उनके मैग्नम ओपस "पावर्टी एंड अन-ब्रिटिश रूल इन इंडिया" ने "ड्रेन सिद्धांत" को प्रतिपादित किया। वह लिबरल पार्टी के टिकट पर हाउस ऑफ कॉमन्स के सदस्य बनने वाले पहले भारतीय थे। वह 1886, 1893, और 1906 में तीन बार INC (भारतीय राष्ट्रीय कांग्रेस) के अध्यक्ष बने।

अतः विकल्प (B) सही है।

63. बंगाल के विभाजन की घोषणा भारत के तत्कालीन वायसराय लॉर्ड कर्जन ने 20 जुलाई 1905 को की थी और 16 अक्टूबर 1905 को शुरू हुई थी। उस दिन, रवीन्द्र नाथ टैगोर ने हिंदू और मुसलमानों के बीच भाईचारा बढ़ाने के लिए राखी बंधन दिवस मनाना शुरू किया।

अतः विकल्प (A) सही है।

64. औरंगजेब ने शाहदरी और पंडरी सहित 80 करों को समाप्त कर दिया, इन दोनों ही प्रकार के करो को अबवाब के नाम से भी जाना जाता था। उन्होंने नवरोज़ के त्योहार को भी समाप्त कर दिया, सम्राट को मापने की प्रथा (तुलादान), और झरोखा दर्शन तथा सिक्को पर कालमस करने की प्रक्रिया को पूर्णता समाप्त कर दिया।

अतः विकल्प (C) सही है।

65. जुलाई 1905 में, वायसराय और गवर्नर-जनरल लॉर्ड कर्ज़न (1899-1905) ने विशाल और आबादी वाले क्षेत्र में प्रशासनिक दक्षता में सुधार के लिए बंगाल प्रांत के विभाजन का आदेश दिया। बंगाल में मुसलमानों और प्रमुख हिंदू शासनों के बीच बढ़ते संघर्षों के कारण इसका औचित्य भी था।

हालाँकि, भारतीयों ने विभाजन को अंग्रेजों द्वारा बंगाल में बढ़ते राष्ट्रीय आंदोलन को बाधित करने के प्रयास के रूप में देखा और इस क्षेत्र के हिंदुओं और मुसलमानों को विभाजित किया।

बंगाली हिंदू बुद्धिजीवियों ने स्थानीय और राष्ट्रीय राजनीति पर काफी प्रभाव डाला। सड़कों और प्रेस में व्यापक आंदोलन शुरू हुआ, और कांग्रेस ने स्वदेशी के बैनर तले ब्रिटिश उत्पादों का बहिष्कार करने की वकालत की। 1911 में बंगाल विभाजन को रद्द कर दिया गया था।
अतः विकल्प (C) सही है।

66. 1680 में छत्रपति शिवाजी की मृत्यु के बाद, मराठा राज्य ने मुगलों के खिलाफ अपनी पकड़ बनाने के लिए संघर्ष किया। 1689 में मुगलों द्वारा शिवाजी के बेटों, संभाजी को मार दिया गया था। संभाजी का बेटा शाहू 1708 में अपनी रिहाई से पहले लगभग अठारह साल तक मालवा के मुगल शिविरों में कैदी था। यद्यपि शाहू 1708 में सिंहासन पर बैठा, 1713 से, यह पेशवा, बालाजी विश्वनाथ थे, जिन्होनें सत्ता की बागडोर संभाली। 1761 तक जब पानीपत की तीसरी लड़ाई में अफगान दारोगा, अहमद शाह अब्दाली के हाथों मराठों की हार हुई, तब पेशवाओं ने छत्रपति की ओर से सत्ता का प्रयोग किया। शाहू का अनुसरण करने वाले छत्रपति नाममात्र के प्रमुख बन गए और सतारा से हट गए। पेशवाओं ने पूना में किले बनाए जो सत्ता का असली केंद्र बन गया। तो, विकल्प D सही है। पेशवाओं को उनके सैन्य प्रयासों में विभिन्न मराठा प्रमुखों - होलकर, सिंधिया (शिंदे), गायकवाड़ और भोंसले द्वारा सहायता प्रदान की गई थी, जिन्होंने पेशवा सेना का समर्थन करने वाले सैनिकों की रस्साकशी का नेतृत्व किया था।

अतः विकल्प (D) सही है।

67. सैयद अहमद की मृत्यु के बाद मुस्लिम सांप्रदायिकता निष्ठा की राजनीति का पालन करती रही।

उन्होंने 1905-1906 के दौरान बंगाल में स्वदेशी आंदोलन के दौरान सरकार के साथ खुलेआम आंदोलन किया और आंदोलन के मुस्लिम समर्थकों को इस्लाम के प्रति 'नीच देशद्रोही' और 'कांग्रेस के आघात' की निंदा की। लेकिन बढ़ते मुस्लिम बुद्धिजीवियों को राजनीतिक रूप से निष्क्रिय या वफादार बनाए रखने का प्रयास पूरी तरह से सफल नहीं रहा।

बदरुद्दीन तैयबजी ने 1887 में कांग्रेस अधिवेशन की अध्यक्षता की, और कांग्रेस के मुस्लिम प्रतिनिधियों की संख्या सफल होने के वर्षों में बढ़ गई। आरएम सयानी, ए। भीमजी, मीर मुशर्रफ हुसैन, हामिद अली खान और बम्बई, बंगाल और उत्तरी भारत के कई अन्य मुस्लिम बुद्धिजीवी कांग्रेस में शामिल हुए।

लोगो का ध्यान केंद्रित किया की कांग्रेस की एक भी माँग सांप्रदायिक या केवल हिंदुओं के लिए नहीं थी।

अतः विकल्प (D) सही है।

68. लोगों ने उसी आंदोलन के कुछ हिस्सों के रूप में 'बहिष्कार' और 'स्वदेशी' के दोहरे कार्यक्रम को अपनाया था। ये दो शब्द एक ही सिक्के के दो पहलू हैं, और दोनों का उपयोग आर्थिक और राजनीतिक उपकरणों के रूप में किया गया था।

बहिष्कार का उल्लेख ब्रिटिश सामानों के बहिष्कार के लिए किया गया था, जो बंगाल में घोर अन्याय के खिलाफ ब्रिटिश जनता के विरोध को दर्ज करने के लिए था।

बहिष्कार एक उचित नकारात्मक कार्यक्रम था और स्वदेशी को इसके सकारात्मक आधार के रूप में स्वीकार किया गया था। स्वदेशी का अर्थ था विदेशी उत्पादों के मुकाबले देशी उत्पादों का उपयोग और प्रोत्साहन। इस प्रकार, बहिष्कार और स्वदेशी आंदोलनों ने भारतीय समाज के सभी वर्गों, विशेष रूप से बंगाल में, एक राष्ट्रीय मंच के लिए एक सामान्य मंच पर ला दिया।

अतः विकल्प (D) सही है।

69. विभाजन ने धार्मिक रेखाओं के साथ एक बड़े राजनीतिक संकट को जन्म दिया। भारतीय राष्ट्रीय कांग्रेस ने स्वदेशी आंदोलन शुरू किया जिसमें ब्रिटिश वस्तुओं और सार्वजनिक संस्थानों, बैठकों और जुलूसों का बहिष्कार करना, समितियों का गठन, प्रेस और राजनयिक दबाव के माध्यम से प्रचार करना शामिल था।

इसके अलावा, क्रांतिकारी आतंकवाद भी बढ़ रहा था। अंग्रेजों को यह सब नियंत्रित करने की जरूरत थी। विरोध और आतंकवाद के कारण, अंग्रेजों को 1911 में विभाजन का अंत करना पड़ा। दूसरी ओर, पूर्वी बंगाल में मुसलमानों को उम्मीद थी कि एक अलग क्षेत्र उन्हें शिक्षा और रोजगार पर अधिक नियंत्रण देगा; इसलिए, उन्होंने उन आंदोलनों का विरोध किया।

1911 में, दिल्ली भारत की राजधानी बनी, जिसकी अध्यक्षता एक आयुक्त ने की और फिर 'मुख्य आयुक्त प्रांत' के नाम से जाना गया। उस युग के प्रमुख विधानों में, 1919 और 1935 में, दिल्ली को केंद्र शासित प्रदेश के रूप में देखा गया था।

1950 में दिल्ली एक भाग सी राज्य बन गया, लेकिन 1951 में इस श्रेणी को समाप्त कर दिया गया। सभी सी-राज्यों को अपनी-अपनी विधान सभा मिली।

यह अनुच्छेद 239 एए के तहत प्रशासित है। अनुच्छेद 239 एए को 1992 में संविधान में शामिल किया गया था। यह दिल्ली के लिए एक 'विशेष' संवैधानिक व्यवस्था बनाता है।

इसमें लोकप्रिय निर्वाचित विधानसभा, विधानसभा के लिए जिम्मेदार मंत्रियों की एक परिषद और एलजी और मंत्रियों की परिषद के बीच जिम्मेदारियों का एक निश्चित सीमांकन है।

अनुच्छेद 239 एए (3) (ए) के अनुसार, दिल्ली विधानसभा संघ राज्य क्षेत्रों में लागू राज्य सूची और समवर्ती सूची में सूचीबद्ध उन सभी मामलों पर कानून बना सकती है। सार्वजनिक आदेश, पुलिस और भूमि एलजी के लिए आरक्षित हैं।

इस विशेष सेटअप ने मुख्य रूप से अच्छा काम किया क्योंकि एक ही पार्टी ने केंद्र और दिल्ली में अधिक समय तक कार्यालय का आयोजन किया। हालात तब बदले जब विभिन्न सरकारों ने शहर और केंद्र पर शासन किया।

अतः विकल्प (D) सही है।

70. खादी का उपयोग देशभक्ति का कर्तव्य बना।

महिलाओं से आग्रह किया गया कि वे अपने सिल्क्स और कांच की चूड़ियों को फेंक दें और साधारण खोल की चूड़ियाँ पहनें। इसे लोकप्रिय बनाने के लिए गानों और कविताओं में मोटे होमस्पून कपड़े को महिमामंडित किया गया।

कपड़े के परिवर्तन ने बड़े पैमाने पर उच्च जातियों और वर्गों से अपील की बजाय उन लोगों के साथ जिन्हें कम करना था और नए उत्पादों का खर्च नहीं उठा सकते थे। 15 वर्षों के बाद, उच्च वर्गों में से कई यूरोपीय कपड़े पहनकर भी लौटे।

हालांकि कई लोगों ने इस समय राष्ट्रवाद के कारण रैली की, लेकिन सस्ते ब्रिटिश सामानों के साथ प्रतिस्पर्धा करना लगभग असंभव था जिन्होंने बाजार में बाढ़ ला दी थी।

अतः विकल्प (A) सही है।

71. दादाभाई नौरोजी द्वारा कलकत्ता सत्र (1906) में घोषित चरमपंथी कार्यक्रम ने कहा कि स्व-सरकार या स्वराज कांग्रेस का लक्ष्य था, अतिवादियों ने स्वदेशी और बहिष्कार के अलावा निष्क्रिय प्रतिरोध का आह्वान किया।

इसमें सरकारी स्कूलों और कॉलेजों, सरकारी सेवा, अदालतों, विधान परिषदों, नगर पालिकाओं, सरकारी उपाधियों आदि का बहिष्कार शामिल होगा, जैसा कि अरबिंदो ने कहा है, 'किसी भी चीज को करने से एक संगठित इंकार द्वारा वर्तमान परिस्थितियों में प्रशासन को असंभव बनाना। देश के शोषण में ब्रिटिश वाणिज्य की मदद करें या भारत के प्रशासन में ब्रिटिश अधिकारी बनें।

दिसंबर 1906 में कांग्रेस के कलकत्ता अधिवेशन में, चरमपंथियों की लोकप्रियता और क्रांतिकारी आतंकवादियों के कारण और सांप्रदायिक दंगों के कारण मध्यम उत्साह थोड़ा ठंडा हो गया था। यहाँ, चरमपंथी या तो तिलक या लाजपत राय को अध्यक्ष के रूप में चाहते थे, जबकि नरमपंथियों ने दादाभाई नौरोजी के नाम का प्रस्ताव रखा था, जो सभी राष्ट्रवादियों द्वारा व्यापक रूप से सम्मानित थे।

अंत में, दादाभाई नौरोजी को अध्यक्ष के रूप में चुना गया और उग्रवादियों को रियायत के रूप में, भारतीय राष्ट्रीय कांग्रेस के लक्ष्य को यूनाइटेड किंगडम या उपनिवेशों के स्वराज या स्व-सरकार के रूप में परिभाषित किया गया।

अतः विकल्प (A) सही है।

72. भारतीय राष्ट्रीय कांग्रेस की स्थापना 1885 में हुई थी जो चरमपंथियों के दो समूहों में विभाजित हो गई थी और वर्ष 1907 में कांग्रेस के सूरत अधिवेशन में भाग लिया था। कांग्रेस के बनारस सत्र की समाप्ति के साथ, 1905 में दोनों के बीच विभाजन हो गया।

सरकार के साथ छोटे मुद्दों को जानबूझकर निपटाना नरमपंथियों की नीति थी, जबकि अतिवादी अपनी मांगों को लागू करने के लिए बहिष्कार, आंदोलन और हड़ताल में विश्वास करते थे।

नरमपंथियों ने स्वराज, विदेशी वस्तुओं और राष्ट्रीय शिक्षा के बहिष्कार के प्रस्ताव का विरोध किया और कलकत्ता अधिवेशन में रखी गई नीति से पीछे हटने का अनुरोध किया। लेकिन चरमपंथियों ने ऐसा करने से इनकार कर दिया।

सूरत सत्र (1907) में, चरमपंथी लाला लाजपत राय या बाल गंगाधर तिलक को कांग्रेस के राष्ट्रपति पद के उम्मीदवार के रूप में चाहते थे और नरमपंथियों ने डॉ। रासबिहारी घोष को राष्ट्रपति बनाने का समर्थन किया।

लेकिन लाला लाजपत राय ने पद छोड़ दिया और डॉ। रास बिहारी घोष राष्ट्रपति बने। ब्रिटिश सरकार ने तुरंत चरमपंथियों पर एक बड़ा हमला किया और चरमपंथी अखबार को दबा दिया गया। उनके मुख्य नेता लोकमान्य तिलक को छह साल के लिए मंडलीय जेल भेजा गया था।

अतः विकल्प (B) सही है।

73. अलाई दरवाजा और जामात खाना उनकी राजधानी दिल्ली में 1311 ईस्वी में अलाउद्दीन खिलजी के दूसरे खिलजी सुल्तान द्वारा निर्मित दो प्रमुख स्मारक थे। अलाई दरवाज़ा क़ुव्वात-उल-इस्लाम मस्जिद के दक्षिणी ओर से मुख्य प्रवेश द्वार है यह सभी स्मारक दिल्ली में स्थित है।

अतः विकल्प (B) सही है।

74. सूरत विभाजन भारत में राष्ट्रवादी आंदोलन के इतिहास में एक महत्वपूर्ण मोड़ था।

भारतीय राष्ट्रीय कांग्रेस में विभाजन का मुख्य कारण यह विश्वास की कमी थी कि चरमपंथियों की ब्रिटिश सरकार के साथ बातचीत करने की मध्यम क्षमता थी।

क्यों आया सवाल: आधुनिक भारतीय इतिहास पर तथ्यात्मक सवाल अपेक्षित हैं। इसके अलावा, सांप्रदायिकता, राजनीतिक विभाजन और इतिहास से अतिवाद से संबंधित कुछ भी आज के वैश्विक और राष्ट्रीय राजनीतिक वातावरण में सवालों के संभावित उम्मीदवार हो सकते हैं।

अतः विकल्प (B) सही है।

75. नरमपंथी स्वशासन प्राप्त करना चाहते थे; उन्होंने कुल स्वतंत्रता का लक्ष्य नहीं रखा। उन्होंने ब्रिटिश सरकार से कुछ सुधारों और रियायतों की मांग की क्योंकि वे एक उदार ब्रिटिश शासन के मार्गदर्शन में भारत का विकास करना चाहते थे।

दूसरी ओर, चरमपंथी स्वराज चाहते थे, कुल स्वतंत्रता। नरमपंथी ब्रिटिश शासन और अंग्रेजी ताज के प्रति वफादार थे। वे ब्रिटिश शासन को भारत के लिए एक उपहार मानते थे।

चरमपंथी ब्रिटिश शासन के प्रति वफादार नहीं थे, और वे इसे अभिशाप मानते थे और भारत से इसे उखाड़ फेंकना चाहते थे। 'स्वराज विदेशी शासन के सर्वश्रेष्ठ स्वरूप से बेहतर है'-बाल गंगाधर तिलक

नरमपंथी अपने उद्देश्य को प्राप्त करने के लिए संवैधानिक और शांतिपूर्ण तरीकों को अपनाने में विश्वास करते थे। उन्हें न्याय की ब्रिटिश भावना पर पूरा भरोसा था। अतिवादियों ने असहयोग में विश्वास किया और विदेशी वस्तुओं और स्वदेशी और राष्ट्रीय शिक्षा के प्रचार के खिलाफ बहिष्कार पद्धति को अपनाया।

वे भारतीय संस्कृति, सभ्यता, धर्म और परंपरा में विश्वास करते थे, जबकि नरमपंथी ब्रिटिश संस्कृति में विश्वास करते थे। नरमपंथियों का मानना था कि भारतीय शासन करने के लायक नहीं थे। मॉडरेट के तहत, राष्ट्रीय आंदोलन लोकप्रिय नहीं था, इसका लोगों के साथ कोई संपर्क नहीं था। चरमपंथियों के अधीन रहते हुए, लोग उनके अधीन आ गए।

अतः विकल्प (D) सही है।

76. जलालुद्दीन खिलजी के शासनकाल के दौरान दक्कन पर पहला मुस्लिम अवतार हुआ था। जलाल-उद-दीन खिलजी (आर। 1290-1296; 19 जुलाई 1296; मृत्यु) खिलजी वंश का संस्थापक और पहला सुल्तान था जिसने 1290 से 1320 तक दिल्ली सल्तनत पर शासन किया था।
अतः विकल्प (A) सही है।

77. बलबन ने विस्तार के बजाय एकीकरण की नीति अपनाई। वे पहले सुल्तान थे जो राजशाही को वंशानुगत बनाने का प्रयास करते थे। बलबन ने सल्तनत को लौह युक्त शासक की भांति शक्ति प्रदान करने का भरसक प्रयास किया , जिसका उद्देश्य अंतर्क्षेत्र को मजबूत करना था।

अतः विकल्प (B) सही है।

78. मुहम्मद बिन तुगलक ने शुरू में एक कठोर कराधान नीति का पालन किया जिसके परिणामस्वरूप कृषि उत्पादन के रूप में प्रकट हुई। उत्पादन बढ़ाने और खेती के तहत अधिक भूमि लाने के लिए, उन्होंने दीवान-ए-अमीर-ए-कोही नामक एक विभाग की स्थापना की जिसके लिए एक अधिकारी को नियुक्त किया और उसे 100×100 वर्ग किमी क्षेत्र में खेती करने का काम सौंपा। मिट्टी की कम उर्वरता, भ्रष्टाचार, निधियों का गबन, खराब प्रबंधन और सुल्तान की ओर से ध्यान न देने के कारण यह योजना विफल रही।

अतः विकल्प (D) सही है।

79. शेरशाह सूरी ने कलकत्ता से पेशावर तक ग्रैंड ट्रंक रोड का निर्माण किया।

उन्होंने चाँदी की धातु से निर्मित रुपिया तथा तांबा धातु से निर्मित डैम नामक सिक्का चलाया।

शेरशाह सूरी ने धीरे-धीरे स्वयं को सत्ता में स्थापित किया।

उन्होंने हुमायूँ से दो युद्ध लड़े प्रथम चौसा का युद्ध 1539 ईसवी में तथा द्वितीय कन्नौज का युद्ध 1540 ईसवी में।

अतः विकल्प (D) सही है।

80. राजा महेंद्र प्रताप एक भारतीय स्वतंत्रता सेनानी, पत्रकार, लेखक और भारत के मार्क्सवादी क्रांतिकारी समाज सुधारक थे। वह धार्मिक एकता और नस्लीय समानता में विश्वास करते थे। उन्होंने हिंदी में दो अख़बार- "प्रेम" और हिंदी और उर्दू में "निर्बल सेवक" शुरू किए। 1915 में, उन्होंने अफगानिस्तान में भारत के बाहर पहली सरकार बनाई। वह 32 साल के निर्वासन के बाद भारत लौटे और 1957-1962 में दूसरी लोकसभा के सदस्य बने। उन्हें मथुरा निर्वाचन क्षेत्र से एक स्वतंत्र उम्मीदवार के रूप में चुना गया था। वह भारतीय स्वतंत्रता सेनानी संघ के अध्यक्ष थे और अखिल भारतीय जाट महासभा के अध्यक्ष भी थे। 29 अप्रैल 1979 को उनका निधन हो गया

अतः विकल्प (D) सही है।

81. मुहम्मद-बिन-तुगलक का मानना था कि वह ईश्वर की छाया है। उनके सिक्कों पर लिखे कुछ शिलालेखों पर लिखा गया है "संप्रभुता हर आदमी को नहीं दी जाती है, लेकिन उसे चुनाव पर रखा जाता है।" "जो सुल्तान का पालन करता है वह वास्तव में ईश्वर का पालन करता है।" "सुल्तान ईश्वर की छाया है" और "ईश्वर सुल्तान का समर्थक है।" उन्होंने खलीफा के सभी संदर्भों को छोड़ दिया।
अतः विकल्प (C) सही है।

82. फिरोज शाह तुगलक ने अपने शासनकाल के दौरान कई महत्वपूर्ण कदम उठाए। उन्होंने रोजगार ब्यूरो, मैरिज ब्यूरो की स्थापना की, सार्वजनिक अस्पतालों का निर्माण किया। उन्होंने सार्वजनिक कार्यों का एक विभाग भी स्थापित किया, जिसने पुराने स्मारकों की मरम्मत की और नए निर्माण किए। फिरोजपुर, हिसार-ए-फिरोज़ा जैसे कई नए शहर उनके शासनकाल के दौरान बनाए गए थे। उन्होंने दीवान-ए-खैरात नामक एक चैरिटी विभाग की भी स्थापना की। एक जल घड़ी और एक सूर्य घड़ी का निर्माण भी उसके पुनर्मिलन के दौरान किया गया था।
अतः विकल्प (A) सही है।

83. फ़िरोज़ तुगलक ने शियाओं पर मुकदमा चलाया और उनकी धार्मिक पुस्तकें सार्वजनिक रूप से जला दी गईं- फिरोज तुगलक के शासनकाल में शिया मुसलमानों के प्रति दमनकारी नीति शुरू की गई। 27 उनके धार्मिक ग्रंथ सार्वजनिक रूप से जलाए गए और सरकारी नौकरियों में उनकी भर्ती को रद्द कर दिया गया। कई शिया नेताओं को मौत के घाट उतार दिया गया। उन्होंने महदियों पर मुकदमा चलाया। उन्होंने कर्मठियों और इस्लामिक शियाओं पर भी मुकदमा चलाया।
अतः विकल्प (D) सही है।

84. मुहम्मद तुगलक जनसंख्या के रिकॉर्ड के बारे में केवल एक उदाहरण बताया गया है। जब मुहम्मद तुगलक ने दिल्ली के लोगों को राहत देने का फैसला किया, तो उन्होंने न्यायिक पदाधिकारियों को राजधानी शहर के विभिन्न तिमाहियों के लिए जनगणना रजिस्टर संकलित करने का आदेश दिया।

अतः विकल्प (A) सही है।

85. प्रथम उचित गुप्त क्रांतिकारी संगठन जिसे अनुशीलन समिति के नाम से जाना जाता है की स्थापना पी मित्रा जिन्हे प्रम नाथ मित्रा के नाम से भी जाना जाता है ने 24 मार्च 1902 को कलकत्ता में की थी।

इस संगठन से जुड़े हुए प्रमुख लोगों में श्री अरबिंदो घोष , देशबंधु चितरंजन दास, सुरेंद्रनाथ टैगोर, जतिंद्रनाथ बनर्जी, बाघा जतिन, भूपेंद्र नाथ दत्त, बरिंदर गोड़ इत्यादि थे।

उनमें से, भूपेंद्र नाथ दत्त स्वामी विवेकानंद के भाई थे। बम बनाने की विद्या सीखने के लिए बरिंद्र घोष को पेरिस भेजा गया था जहाँ वे मैडम कामा के संपर्क में आए। मैडम कामा जो की प्रारम्भ से ही इंडिया हाउस और पेरिस इंडिया सोसाइटी से जुड़ी हुई थीं।

अतः विकल्प (A) सही है।

86. 3 अप्रैल, 1926 को लॉर्ड इरविन को भारत का 30 वां वायसराय और गवर्नर-जनरल नियुक्त किया गया। 1927 में, ब्रिटिश सरकार ने सर जॉन साइमन की अध्यक्षता में एक आयोग की नियुक्ति की। आयोग को 1919 के सुधारों का अध्ययन करने और संवैधानिक सुधारों के लिए और उपाय सुझाने के लिए नियुक्त किया गया था। आयोग के पास इसमें कोई भारतीय सदस्य नहीं था। भारतीयों ने इस श्वेत आयोग का बहिष्कार किया तथा साइमन 'गो बैक' के नारे लगाए गए।

अतः विकल्प (A) सही है।

87. मुहम्मद बिन तुगलक 1325 से 1351 तक दिल्ली का सुल्तान था। 1330 में, देवगिरी में असफल रहने के बाद, उसने टोकन मुद्रा जारी की, जो पीतल और तांबे के सिक्के थे, जिनका मूल्य सोने और चांदी के सिक्के के बराबर था।
अतः विकल्प (B) सही है।

88. टांका एक चांदी का सिक्का था, शशगनी एक चाँदी का सिक्का था, तथा जीतल एक तांबे का सिक्का था।

अतः विकल्प (A) सही है।

89. मुहम्मद बिन तुगलक 1325 से 1351 तक दिल्ली का सुल्तान था। वह तुगलक वंश के संस्थापक गयासुद्दीन तुग़लक़ का सबसे बड़ा पुत्र था। उन्हें कुछ बौद्ध मंदिरों की यात्रा की अनुमति मांगने के लिए, चीन के मंगोल सम्राट से एक दूतावास मिला।
अतः विकल्प (C) सही है।

90. सुरेंद्रनाथ बनर्जी ब्रिटिश शासन के दौरान सबसे शुरुआती राजनीतिक नेताओं में से एक थे। उन्होंने 1879 में समाचार पत्र "द बंगाली" की स्थापना की और 26 जुलाई, 1876 को अपनी तरह का पहला भारतीय राजनीतिक संगठन आनंदमोहन बोस के साथ इंडियन नेशनल एसोसिएशन की स्थापना की। वह आज भारतीय राजनीति के अग्रणी नेता के रूप में प्रसिद्ध हैं। उन्होंने एक महत्वपूर्ण काम, ए नेशन इन मेकिंग प्रकाशित किया, जो व्यापक रूप से प्रशंसित था। अंग्रेजों ने उनका सम्मान किया और बाद के वर्षों के दौरान उन्हें 'सरेंडर नॉट' बनर्जी, कहा।

अतः विकल्प (A) सही है।

91. नौरोज़ ईरानी और फारसी का नया साल है; यह वसंत का पहला दिन है, इस त्योहार की शुरुआत गयासुद्दीन बलबन ने की थी। बाद में, मुग़ल बादशाह औरंगज़ेब ने नौरोज़ के उत्सव को समाप्त कर दिया।

अतः विकल्प (C) सही है।

92. चौथ (संस्कृत का अर्थ एक चौथाई) भारत में मराठा साम्राज्य द्वारा 18 वीं शताब्दी की शुरुआत से लगाया गया एक नियमित कर था। यह एक वार्षिक कर था जिसको राजस्व या उत्पादन पर 25% लगाया गया था, यह उन जमीनों पर लगाया गया था जो नाममात्र के मुगल शासन के अधीन थीं।

अतः विकल्प (D) सही है।

93. आगरा में मोती मस्जिद (अनुवाद: पर्ल मस्जिद) का निर्माण शाहजहाँ द्वारा किया गया था। मुगल सम्राट शाहजहाँ के शासन के दौरान, कई वास्तुशिल्प चमत्कार बनाए गए थे, उनमें से सबसे प्रसिद्ध ताजमहल था। मोती मस्जिद ने मोती की तरह चमकने के लिए इपीटेट पर्ल मस्जिद अर्जित किया।

अतः विकल्प (A) सही है।

94. अहमदुल्लाह शाह (1787 - 5 जून 1858) फैजाबाद के मौलवी के रूप में प्रसिद्ध, 1857 के भारतीय विद्रोह के एक नेता थे। मौलवी अहमदुल्ला शाह को अवध क्षेत्र में विद्रोह के प्रकाशस्तंभ के रूप में जाना जाता था।

अतः विकल्प (A) सही है।

95. मध्य असम के नागांव जिले में एक दूरस्थ और उजड़े हुए गाँव, फूलगुरी के किसानों ने 1861 में पूर्वोत्तर में अंग्रेजों को पहला झटका दिया था। विद्रोह, जिसे 'फुलागुरी धेवा' के नाम से जाना जाता था, जिसमें एक ब्रिटिश अधिकारी मारा गया था और कई पुलिस अधिकारी मारे और घायल हो गए थे। अफीम की खेती पर प्रतिबंध और सुपारी और अखरोट पर प्रस्तावित कराधान ने इस विद्रोह को प्रज्वलित करने में बहुत बड़ी भूमिका निभाई।

अतः विकल्प (A) सही है।

96. गुप्ता साम्राज्य के तहत नालंदा का विचारणीय इतिहास शुरू होता है और एक मुहर इसके संस्थापक के रूप में शारदित्य नाम के एक सम्राट की पहचान करती है। ज़ुआंगज़ैंग और एक कोरियाई तीर्थयात्री, जिसका नाम प्रज्ञवर्मन है, ने उसके लिए स्थल पर एक संस्कारम की नींव रखी। शक्रादित्य की पहचान 5 वीं शताब्दी के सीई गुप्त सम्राट, कुमारगुप्त प्रथम से है।

अतः विकल्प (B) सही है।

97. शेरशाह को कई प्रशासनिक सुधारों का श्रेय दिया जाता है। उन्होंने अपने पूरे राज्य को 47 सरकार (विभाजन) में विभाजित किया। सरकार को आगे परगना में विभाजित किया गया। परगना पर शासन करने वाले अधिकारी को शिकदार कहा जाता था जो कानून और व्यवस्था के प्रभारी थे।

अतः विकल्प (A) सही है।

98. बौद्ध अंगुत्र निकया सोलह महान देशों / महाजनपदों की सूची देता है। वे हैं - अंग, असाका (या अस्माका), अवंती, चेदि, गांधार, काशी, कम्बोज, कोसल, कुरु, मगध, मल्ल, मच्छ, पांचाल, सुरसेना, व्रिजी और वत्स।

अतः विकल्प (D) सही है।

99. तंजावुर के बृहदीश्वर मंदिर को 10 वीं शताब्दी में चोल सम्राट राजराजा ने बनवाया था। यह ग्रेनाइट से निर्मित है। इसे दक्षिण भारत में भवन निर्माण कला के विकास में एक 'मील का पत्थर' माना गया है और इसका विमाना भारतीय वास्तुकला का एक आधार है। मंदिर लगभग 240.9 मीटर लंबा (पूर्व-पश्चिम) और 122 मीटर चौड़ा (उत्तर-दक्षिण) के क्षेत्र में फैला हुआ है।

अतः विकल्प (A) सही है।

100. दारा शिकोह (20 मार्च 1615-30 अगस्त 1659) सबसे बड़े पुत्र और पांचवें मुगल सम्राट शाहजहाँ के उत्तराधिकारी थे। उनका जन्म अजमेर के अकबर किले में हुआ था, जिसे अब 'द मैगजीन' के रूप में जाना जाता है। फारसी में उनके नाम का अर्थ है "दारा के जैसा शानदार"। वह अपने पिता शाहजहाँ और उसकी बहन राजकुमारी जहाँआरा बेगम साहिब के उत्तराधिकारी के रूप में इष्ट था, लेकिन शाही सिंहासन की प्रतिस्पर्धा में वह अपने छोटे भाई राजकुमार मुहिउद्दीन (बाद में, बादशाह औरंगजेब) से हार गया। दारा ने ही योग वशिष्ठ और भगवद गीता का फारसी भाषा में अनुवाद करवाया।

अतः विकल्प (D) सही है।

101. धोलावीरा भारत के पांच सबसे बड़े हड़प्पा स्थलों और सबसे प्रमुख पुरातात्विक स्थलों में से एक है जो सिंधु घाटी सभ्यता से संबंधित है। दिल्ली के उत्तर-पश्चिम में 150 किलोमीटर की दूरी पर स्थित भारत के हरियाणा राज्य में हिसार जिले का एक गाँव है राखीगढ़ी। भिराना फतेहाबाद जिले में स्थित एक छोटा सा गाँव है। भोगावो गुजरात की एक नदी है। यह साबरमती नदी की एक प्रमुख दाहिनी सहायक नदी है। वर्तमान में सुरेंद्रनगर शहर भोगावो के किनारे है।

अतः विकल्प (C) सही है।

102. सही मिलान है:

सूची- I (व्यक्ति)	सूची- II (भारत का संविधान बनाने में भूमिका)
A. राजेंद्र प्रसाद	2. अध्यक्ष, संविधान सभा
B. टी टी कृष्णमचारी	1. सदस्य, प्रसाद समिति का प्रारूप तैयार करना
C. एच सी मुकर्जी	4. उपाध्यक्ष, संविधान सभा
D. बी आर अंबेडकर	3. अध्यक्ष, प्रारूप समिति

अतः विकल्प (A) सही है।

103. सही मिलान है:

सूची- I (पाठ)	सूची- II (लेखक)
A. किताब-अल हिंद	2. अल-बिरूनी
B. किताब-उल-रेहला	1. इब्न बतूता
C. हुमायूँ नामा	4. गुलबदन बेगम
D. बादशाह नामा	3. लाहौरी

अतः विकल्प (D) सही है।

104. मालविकाग्निमित्रम् प्रसिद्ध संस्कृत लेखक कालीदास का पहला नाटक है। कथासरित्सागर भारतीय कथाओं, परियों की कहानियों और लोक कथाओं का 11 वीं शताब्दी का प्रसिद्ध संग्रह है, जिसे सोमदेव नाम के शैव ने संस्कृत में लिखा है। चौरपंचासिका 11 वीं शताब्दी में कश्मीरी पंडित बिलहना द्वारा लिखित 50 छंदों का एक समूह है। सत्पन्नवासवदत्त प्राचीन भारतीय कवि भासा द्वारा लिखित छह कृत्यों में एक संस्कृत नाटक है।

अतः विकल्प (A) सही है।

105. उड़ीसा में भुवनेश्वर के पास उदयगिरी में हाथीगुम्फा शिलालेख दूसरी शताब्दी ईसा पूर्व में कलिंग के राजा खारवेल द्वारा उत्कीर्ण किया गया था। ये शासक खारवेल के विषय में जानकारी प्रदान करते है।

अतः विकल्प (C) सही है।

106. सर्वप्रथम जैन सभा तीसरी शताब्दी ईसा पूर्व की शुरुआत में शतुलबाहु द्वारा पाटलिपुत्र में आयोजित की गई थी और इसके परिणामस्वरूप खोए हुए पुराणों (पूर्व ग्रंथों) को बदलने के लिए 12 अंग (खंड या अंग) का संकलन किया गया था।

अतः विकल्प (B सही है।

107. कर्नाटक में जैन धर्म के प्रसार का श्रेय चंद्रगुप्त मौर्य को जाता है। सम्राट जैन बन गया, उसने अपना सिंहासन त्याग दिया और अपने जीवन के अंतिम वर्षों को कर्नाटक में एक जैन तपस्वी के रूप में व्यतीत किया।

अतः विकल्प (A) सही है।

108. मणिमकलाई सीथलाई सहथ्नार द्वारा लिखित एक महाकाव्य 'सिलप्पट्टीकरम' का कथावतार है और इन्हे 'तमिल कविता का ओडिसस' माना जाता है।

अतः विकल्प (B) सही है।

109. इलाहाबाद स्तम्भ शिलालेख, एक प्रशस्ति (स्तवन) जो उनके दरबारी हरीसेन द्वारा रचित है, उन्हें व्यापक सैन्य विजय का श्रेय देते है। और यह बताता है कि उसने उत्तर भारत के कई राजाओं को हराया और विभिन्न क्षेत्रों को अपने साम्राज्य में मिला लिया।

अतः विकल्प (B) सही है।

110. नरसिंहवर्मन प्रथम पल्लव वंश का एक तमिल राजा था जिसने 630–668 ई. से दक्षिण भारत पर शासन किया था। नरसिंहवर्मन को ममलन (महान पहलवान) और ममल्लापुरम (महावीरपुरम) के नाम से भी जाना जाता था।

अतः विकल्प (C) सही है।

111. मालविकाग्निमित्रम एक संस्कृत नाटक है, जिसमें अग्निमित्र को इसके नायक के रूप में दर्शाया गया है। मालविका एक नौकरानी है जिसे अग्निमित्र से प्यार हो जाता है। यह उसकी प्रमुख रानी को पता था, जो उसे कैद कर रही थी। बाद में यह पता चला कि मालविका शाही जन्म की थी और उसे अग्निमित्र की रानी के रूप में स्वीकार किया गया था। मालविकाग्निमित्रम अग्निमित्र के पिता पुष्यमित्र शुंग के राजसूय यज्ञ का विवरण देता है।

अतः विकल्प (A) सही है।

112. राजा प्रसेनजिता कोसल राज्य के इक्ष्वाकु वंश के शासक थे। श्रावस्ती उसकी राजधानी थी। वह गौतम बुद्ध के एक प्रमुख उपासक थे, जिन्होंने कई बौद्ध मंदिरों का निर्माण करवाया। वह भगवान बुद्ध के मित्र थे।

अतः विकल्प (B) सही है।

113. आर्यभट्ट भारतीय गणित और भारतीय खगोल विज्ञान के शास्त्रीय युग के प्रमुख गणितज्ञ-खगोलविदों में से एक थे। उन्होंने गणित को एक अलग अनुशासन माना।

अतः विकल्प (B) सही है।

114. अथर्ववेद को ब्रह्म वेद के रूप में जाना जाता है क्योंकि यह यज्ञ में ब्राह्मण पुजारी द्वारा इसका उच्चारण किया जाता है और इसलिए भी कि ब्रह्म के बारे में विचार-विमर्श होता है, जो कि वेदांत के अनुसार अंतिम वास्तविकता है।

अतः विकल्प (D) सही है।

115. प्रत्येक वेद के अपने आरण्यक और उपनिषद हैं। आरण्यक मुख्यतः वन में रहने वाले तपस्वियों के लिए थे। कौशीतकी आरण्यक और ऐतरेय आरण्यक ऋग्वेद के अंग हैं। तैत्तिरीय आरण्यक और तैत्तिरीय उपनिषद कृष्ण-यजुर्वेद के अंग हैं।

अतः विकल्प (C) सही है।

116. अभिधम्म पिटक सूक्तों में बुद्ध की शिक्षाओं का विस्तृत विद्वान विश्लेषण और सारांश है। इसमें लिखी गई हर चीज प्रश्न और उत्तर के रूप में है।

अतः विकल्प (C) सही है।

117. कालीबंगा साइट अपने अद्वितीय अग्नि वेदियों और "दुनिया के सबसे पुराने अनुप्रमाणित क्षेत्र" के लिए जानी जाती है।

अतः विकल्प (B) सही है।

118. गंगा के मैदानों के किनारे स्थित शहरी केंद्रों में गुप्त साम्राज्य के समय काल में गिरावट आई। प्रयाग, साकेत और मगध क्षेत्र के आसपास के क्षेत्रों में गिरावट आई है।

अतः विकल्प (B) सही है।

119. अपने व्यवहार-समता के कानून द्वारा, अशोक अपनी समस्त जनता को कानून के समक्ष समान प्रदर्शित करना चाहता था और अपने डंडा समता के द्वारा वह प्रत्येक व्यक्ति को सामान प्रकार की सजा के प्रावधान का पक्षकार था फिर वह किसी भी धर्म या जाति का क्यों न हो।

अतः विकल्प (B) सही है।

120. शब्द वर्ण (व्यावसायिक वर्गीकरण पर आधारित)। 'वर्ण' एक नवजात शिशु की वंशानुगत अवस्था को परिभाषित करता है, यह व्यक्ति के रंग, प्रकार, जाति तथा वर्ग को परिभाषित करता है।

अतः विकल्प (C) सही है।

121. निकोलो डे कोंटी, अब्दुर रज्जाक, अफनासी निकितिन और फर्नाओ नूनिज ने विजयनगर साम्राज्य का दौरा किया था। डेक्कन पठार क्षेत्र में स्थित विजयनगर साम्राज्य की स्थापना 1336 में हरिहर प्रथम और उनके भाई बुक्का राय प्रथम ने की थी।

अतः विकल्प (B) सही है।

122. यजुर्वेद प्रमुख रूप से बलिदानों के प्रदर्शन की प्रक्रिया से संबंधित है। यजुर्वेद के उपवेद को धनुर्वेद कहा जाता है। इसमें लघु जादू मंत्रों का संग्रह होता है, जो बलि के समय पुजारियों के एक निश्चित वर्ग द्वारा उपयोग किया जाता है।

अतः विकल्प (B) सही है।

123. "तीर्थंकर" शब्द जैन धर्म से जुड़ा है। पार्श्वनाथ तेईसवें जैन तीर्थंकर थे। जैन धर्म में कुल चौबीस तीर्थंकर हुए है जिन्होंने समय-समय पर जैन दर्शन का प्रचार-प्रसार किया।

अतः विकल्प (D) सही है।

124. अक्टूबर 1939 में, भारतीय लोगों की सुझाव के बिना द्वितीय विश्व युद्ध में भारत को युद्धकारी घोषित करने की वायसराय लॉर्ड लिनलिथगो की कार्रवाई के विरोध में कांग्रेस मंत्रालयों ने इस्तीफा दे दिया।

अतः विकल्प (D) सही है।

125. अकबर के शासनकाल से जुड़े कई चित्रकारों में से कुछ दशवंत, अब्दुस समद और बसावन थे। दशमंथ ने जयपुर के राजसमंद नामक लोक कथाओं के मूल परिवार के चित्रण में अग्रणी भूमिका निभाई। बसावन को अकबर की आधिकारिक जीवनी अकबरनामा के चित्रों में चित्रांकन के लिए जाना जाता है। अब्दुस समद फारसी लघु चित्रों का 16 वीं शताब्दी का चित्रकार था जो मुगल लघु परंपरा के संस्थापक आचार्यों में से एक था। कल्याण दास दिल्ली में सम्राट मुहम्मद शाह के दरबार के चित्रकार थे।

अतः विकल्प (C) सही है।

मॉक टेस्ट 04

Q.1 राष्ट्रकूट के अंतर्गत क्षेत्र का सही विभाजन चुनें:
1) राष्ट्रों को विषय में विभाजित किया गया था।
2) विषय को भुक्ति में विभाजित किया गया था।
3) विषय को राष्ट्रों में विभाजित किया गया था।
4) राष्ट्रों को भुक्तियों में विभाजित किया गया था
5) भुक्तियों को विषय में विभाजित किया गया था।
6) विषय को राष्ट्रों में विभाजित किया गया था।
A. 1 और 2 सही हैं, और 3,4,5 और 6 गलत हैं
B. 3 और 4 सही हैं, और 1,2,5 और 6 गलत हैं
C. 5 और 6 सही हैं, और 1,2,3 और 4 गलत हैं
D. 4 और 5 सही हैं, और 1,2,3, और 6 गलत हैं

Q.2 निम्नलिखित स्थलों में से कौन सा प्राचीन भारत में चावल की खेती के शुरुआती साक्ष्य प्रदान करता है?
A. बुर्जहोम **B.** बागौर
C. कोल्डिहवा **D.** चौपानीमांडो

Q.3 ईसा पूर्व 6वीं शताब्दी का कम्बोज महाजनपद स्थित था:
A. पाकिस्तान के हजारा जिले में
B. पाकिस्तान और पूर्वी अफगानिस्तान के पश्चिमी भाग में
C. आधुनिक भारत के बुंदेलखंड क्षेत्र में
D. बिहार में भागलपुर में

Q.4 भारत में वैदिक सभ्यता ______ नदी के किनारे विकसित हुई।
[SSC CGL, 2020]
A. तापी **B.** सरस्वती **C.** नर्मदा **D.** गोदावरी

Q.5 बौद्ध धर्म के हीनयान संप्रदाय के संबंध में निम्नलिखित में से कौन-सा विकल्प सही है?
A. इस संप्रदाय को बड़े वाहन के रूप में भी जाना जाता है
B. वे बुद्ध की मूर्ति पूजा में विश्वास करते हैं
C. हीनयान संप्रदाय में बोधिसत्वों की कोई अवधारणा नहीं है
D. हीनयान विद्वानों ने जनसाधारण के साथ बातचीत करने के लिए प्राकृत भाषा का उपयोग किया था

Q.6 मनुस्मृति में "एक युवती और उसके प्रेमी का स्वैच्छिक संघ" से विवाह किस रूप में होता है?
A. आठवाँ रूप **B.** पाँचवाँ रूप
C. सातवाँ रूप **D.** छठा रूप

Q.7 विनय पिटक एक पुस्तक से संबंधित है:
[CTET Paper-II (Social Science), 2015]
A. संस्कृत व्याकरण **B.** महावीर के उपदेश
C. जोरू के विचार **D.** बौद्ध संघ के नियम

Q.8 निम्नलिखित में से किसने विदेह साम्राज्य की शुरुआत की?
A. निमि विदेह **B.** इक्ष्वाकु
C. मिथिजानक विदेह **D.** इनमें से कोई नहीं

Q.9 सोनागिरि _________ का एक तीर्थस्थल है।
A. जैन **B.** मुस्लिम **C.** बौद्ध **D.** सिख

Q.10 ऋग्वेद की रचना किस काल में हुई थी?
A. प्रारंभिक वैदिक युग **B.** उत्तर वैदिक युग
C. प्रागैतिहासिक काल **D.** इनमे से कोई भी नहीं

Q.11 जैन कीर्ति स्तम्भ (चित्तौड़गढ़) किस जैन तीर्थंकर को समर्पित है?
A. महावीर स्वामी **B.** पशार्वनाथ
C. अजितनाथ **D.** आदिनाथ

Q.12 नचिकेता का _________ उल्लेख में है।
A. अथर्ववेद **B.** कठोपनिषद
C. शतपथ ब्राह्मण **D.** इनमें से कोई नहीं

Q.13 जैन धर्म के संबंध में, निम्नलिखित में से कौन सा शब्द "अचौर्य" को संदर्भित करता है?
[SSC Selection Post Phase IX, 2019]
A. सत्य **B.** बेघर
C. अस्तेय **D.** अविवाहित जीवन

Q.14 'कालचक्र' समारोह निम्नलिखित में से किस धर्म से संबंधित है?
A. जैन धर्म **B.** बौद्ध धर्म **C.** सिख धर्म **D.** हिन्दू धर्म

Q.15 बिहार में बहुतायत में पाए जाने वाले पंच-चिन्हित सिक्के ____ द्वारा निर्मित होते थे।
A. सोना **B.** चाँदी **C.** लीड **D.** तांबा

Q.16 जातक कथाएँ इनमें से किस संप्रदाय से जुड़ी हैं?
A. लिंगायत **B.** शैव धर्म **C.** जैन धर्म **D.** बौद्ध धर्म

Q.17 गुप्त काल का साहित्यकार कौन है?
A. भैरवी **B.** कालिदास
C. हरिसेना **D.** उपर्युक्त सभी

Q.18 अशोक द्वारा नियुक्त किए गए धार्मिक अधिकारी को क्या कहा जाता था?
A. धम्म-महामत्ता **B.** धम्मधिराजा
C. धम्माधिकारी **D.** धामाध्याक्षा

Q.19 निम्नलिखित विवरण से व्यक्ति की पहचान कीजिये:
a. एक महान साम्राज्य के संस्थापक।
b. सुसंस्कृत, विद्वान और कवि।
c. प्रसिद्ध कवि हरिसेन उनके दरबारी कवि थे और बौद्ध विद्वान वसुबन्धु उनके दरबार में थे।
d. विन्सेंट स्मिथ ने उन्हें 'भारतीय नेपोलियन' के रूप में प्रशंसा की।
[Maharashtra Public Service Commission, 2018]
A. हरिसेना **B.** कनिष्क
C. समुद्रगुप्त **D.** चन्द्रगुप्त मौर्य

Q.20 गुप्त युग के निम्नलिखित शिलालेखों में से कौन सा स्कंदगुप्त से संबंधित नहीं है ?
A. जूनागढ़ रॉक **B.** एरण शिला स्तंभ
C. इंदौर कॉपर प्लेट **D.** भिटारी स्तंभ

Q.21 सिंधु सभ्यता के निम्नलिखित खोजकर्ताओं को उनके द्वारा खोजे गए शहरों से मिलाइए:

a. हड़प्पा	I. राखालदास बनर्जी
b. मोहनजोदड़ो	II. रंगनाथ राव

c. चन्हुदड़ो	III. दयाराम साहनी
d. लोथल	IV. गोपाल मजूमदार

A. a-III, b-I, c-IV, d-II
B. a-II, b-III, c-I, d-IV
C. a-IV, b-9II, c-III, d-I
D. a-I, b-IV, c-II, d-III

Q.22 मौर्य युग के दौरान आधिकारिक 'अग्रोनोमोई' निम्नलिखित में से किस क्षेत्र से संबंधित था?
A. वजन और माप **B.** प्रशासनिक प्रबंधन
C. सड़कों का निर्माण **D.** राजस्व प्रबंधन

Q.23 निम्नलिखित में से किसने गुप्त वंश के अगले शासक के रूप में समुद्रगुप्त को सफल किया?
A. चन्द्रगुप्त द्वितीय **B.** विष्णुगुप्त
C. चन्द्रगुप्त **D.** स्कन्दगुप्त

Q.24 पैलियोलिथिक (पुराने पाषाण युग) लोगों का मुख्य व्यवसाय था:-
A. शिकार करना **B.** कृषि
C. पशुपालन **D.** मछली पकड़ना

Q.25 किस गुप्त शासक को भारत का नेपोलियन कहा जाता है?
A. रामगुप्त **B.** स्कन्दगुप्त
C. चंद्रगुप्त प्रथम **D.** समुद्रगुप्त

Q.26 किस राजा ने सबसे पहले पाटलिपुत्र को मगध की राजधानी बनाया था?
A. उदयन **B.** अजातशत्रु **C.** अनिरुद्ध **D.** मुंडक

Q.27 सिंधु घाटी सभ्यता का प्राचीन स्थल कालीबंगन भारत के किस राज्य में स्थित है?
A. गुजरात **B.** पंजाब **C.** राजस्थान **D.** हरियाणा

Q.28 अशोक के अध्यादेशों की लिपि क्या है?
A. देवनागरी **B.** ब्राह्मी **C.** गुरुमुखी **D.** चित्रलेख

Q.29 मृच्छकटिकम किसने लिखा है?
A. विशाखादत्ता **B.** शुद्रका
C. बाणभट्ट **D.** भास

Q.30 'यजुर्वेद में 'यजुर' शब्द का क्या अर्थ क्या है?
A. जिंदगी **B.** प्रकृति **C.** बलिदान **D.** सत्य

Q.31 गौतम बुद्र ने निर्वाण (आत्मज्ञान) कहाँ से प्राप्त किया?
A. लुम्बिनी **B.** सारनाथ **C.** कुशीनगर **D.** बोध गया

Q.32 निम्नलिखित में से कौन उत्तर-पूर्वी भारत का एक नवपाषाण स्थल है?
A. ताराडीह **B.** चिरांद **C.** सेनुर **D.** सरतरु

Q.33 16वीं शताब्दी के मध्य में पहली बार भारत में प्रिंटिंग प्रेस कौन लाया था?
A. हॉलैंड के कपड़ा व्यापारी
B. ब्रिटिश व्यापारी
C. पुर्तगाली मिशनरी
D. अरब पांडुलिपि लेखक

Q.34 कर्नाटक युद्ध (1740-1763) निम्नलिखित यूरोपीय शक्तियों में से किसके बीच लड़ा गया था?
A. डच और पुर्तगाली **B.** अंग्रेज और फ्रांसिसी
C. फ्रांसिसी और डच **D.** अंग्रेज और डच

Q.35 1905 में बंगाल के विभाजन का कदम भारतीय राष्ट्रीय कांग्रेस और बंगाल के राष्ट्रवादियों द्वारा देखा गया था
1. केवल एक प्रशासनिक उपाय के रूप में।
2. बंगाल में राष्ट्रवाद को कमजोर करने के लिए एक सोची समझी कोशिश के रूप में।
नीचे दिए गए कोड का उपयोग करके सही उत्तर चुनिए
A. केवल 1 **B.** केवल 2
C. 1 और 2 दोनों **D.** न तो 1 और न 2

Q.36 किस भारतीय सामाजिक कार्यकर्ता और राजनेता ने ब्राह्मणवाद के विरुद्र आत्म-सम्मान आंदोलन या द्रविड़ आंदोलन का नेतृत्व किया?
A. सी राजगोपालाचारी **B.** पी. तेगरेया चेट्टी
C. सी अन्नादुराई **D.** ई.वी. रामास्वामी

Q.37 "राष्ट्रीय स्वयंसेवक संघ" की स्थापना किस वर्ष में हुई थी?
A. 1922 **B.** 1923 **C.** 1925 **D.** 1926

Q.38 परमहंस मंडली द्वारा किया जाने वाला प्राथमिक कार्य निम्नलिखित में से कौन सा था?
A. श्रेष्ठ सेवाओं का भारतीयकरण।
B. भारतीय वस्तुओं पर भारी निर्यात करों को हटाना।
C. जाति के नियमों को तोड़ना।
D. वेदों की शिक्षाओं का प्रचार करना।

Q.39 किस सुधार / अधिनियम के तहत, गैर-आधिकारिक बहुमत प्रांतीय विधान परिषदों में पेश किया गया था?
A. मोंटेग्यू-चेम्सफोई सुधार
B. भारत सरकार अधिनियम, 1935
C. भारतीय परिषद अधिनियम, 1861
D. मॉर्ले-मिंटो सुधार

Q.40 बाल गंगाधर तिलक द्वारा होम रूल लीग का मुख्य उद्देश्य क्या था?
A. स्वशासन
B. भारत के लिए डोमिनियन स्टेटस
C. भारतीय स्वतंत्रता
D. दोनों (A) और (B)

Q.41 1927 में साइमन कमीशन के गठन का मुख्य उद्देश्य क्या था?
A. भारत में रेलवे के विकास पर खर्च किए गए धन का अनुमान लगाना
B. संवैधानिक सुधार के प्रश्न पर विचार करना
C. राजस्व के नए स्रोतों का अध्ययन
D. भारत की शिक्षा के प्रसार और सुधार का आकलन करना

Q.42 असहयोग आंदोलन प्रारम्भ होने का कारण क्या था?
A. बंगाल विभाजन
B. मॉर्ले-मिंटो सुधार
C. जालियांवाला बाग हत्याकांड
D. सूप्त विभाजन

Q.43 चम्पारण सत्याग्रह के संबंध में निम्नलिखित में से कौन-सा कथन सही है?
A. गांधी ने भारत में पहली बार भूख हड़ताल की तकनीक का इस्तेमाल किया।
B. राजकुमार शुक्ल ने गांधी को चंपारण क्षेत्र के किसानों की समस्याओं को देखने का अनुरोध किया।
C. (A) और (B) दोनों
D. ना तो (A) और ना ही (B)

Q.44 भारतीय राष्ट्रीय संघर्ष की निम्नलिखित में से कौन-सी घटना के साथ मोपला विद्रोह का विलय हुआ था?

A. सविनय अवज्ञा आंदोलन
B. भारत छोड़ो आंदोलन
C. दक्कन का दंगा
D. खिलाफत आंदोलन

Q.45 निम्नलिखित में से कौन-सा/कौन-से 19वीं शताब्दी में भारत में आर्थिक विकास की कमी का एक कारण था/थे?

1. आधिकारिक तौर पर ब्रिटिश सरकार लैसेफेयर की नीति के लिए प्रतिबंध थी, लेकिन यह वास्तव में पक्षपाती हस्तक्षेप की नीति थी।
2. यूरोपीय उद्यमियों का बैंकों और एजेंसी से संबंध था, जबकि भारतीयों को परिजनों, परिवार और जाति के लोगों पर निभर रहना पड़ता था
3. जब वृक्षारोपण को व्यक्तिगत पूंजीवादी स्वामित्व में स्थानांतरित किया गया, तो देशी निवेशकों को जानबूझकर नजरअंदाज कर दिया गया।

नीचे दिए गए कूट का प्रयोग करके सही उत्तर का चयन कीजिए।

A. केवल 1
B. केवल 2 और 3
C. केवल 1 और 3
D. 1,2 और 3

Q.46 फ्रांसीसी ईस्ट इंडिया कंपनी का गठन 1664 में किया गया था। भारत में फ्रांसीसी के तहत पहला कारखाना कहाँ और किसके द्वारा स्थापित किया गया था?

A. कोलबर्ट द्वारा और सूरत में स्थापित
B. फ्रांसिस केर्न द्वारा और सूरत में स्थापित
C. कोलबर्ट द्वारा और मसूलीपट्टनम में स्थापित
D. फ्रांसिस केरन के तहत और मसूलीपट्टनम में स्थापित

Q.47 1857 के विद्रोह के बारे में निम्नलिखित कथनों पर विचार कीजिए।

1. बंगाल की सेना में उक्च जाति वाले सजातीय सिपाहियों के बीच एक निरंतर भय था, कि अंग्रेज उन्हें ईसाई धर्म में परिवर्तित करने के लिए दृढ़ संकल्पी थे।
2. बंगाल और पंजाब शांतिपूर्ण रहे; लेकिन पूरे दक्षिण भारत ने विद्रोह में सक्रिय रूप से भाग लिया।
3. अवध, भूमिहीन अभिजात या तालुकदारों के असंतोष का केंद्र बन गया, जिन्होंने विट्रोह से लड़ने के लिए किसानों के साथ हाथ मिलाया।

उपरोक्त कथनों में से कौन-सा/कौन-से कथन सही है/हैं?

A. केवल 1
B. केवल 1 और 2
C. केवल 1 और 3
D. 1, 2 और 3

Q.48 टीटू मीर के आंदोलन के बारे में निम्नलिखित में से कौन-सा कथन सही नहीं है?

A. वह वहाबी आंदोलन के संस्थापक सैय्यद अहमद बरेलवी के शिष्य थे।
B. अपने गुरु की शिक्षाओं के विपरीत, उन्होंने वहाबवाद के बजाय सूफीवाद का प्रचार किया।
C. उन्होंने जमींदारों के खिलाफ बंगाल के मुस्लिम किसानों को संगठित किया, जो ज्यादातर हिंदू, और ब्रिटिश नील किसान थे।
D. उपरोक्त सभी कथन सही हैं।

Q.49 भारत महिला परिषद की स्थापना निम्नलिखित महिला सुधारकों में से किसके द्वारा की गई थी?

A. सरला देवी चौधुरानी
B. रमाबाई रानाडे
C. पंडिता रमाबाई सरस्वती
D. मेहराबाई टाटा

Q.50 लॉर्ड कर्जन ने _________ के नेतृत्व में पुलिस आयोग का गठन किया था।

A. सर जॉन शोर
B. सर एंड्रयू फ्रेजर
C. सर विलियम हंटर
D. उपरोक्त में से कोई नहीं

Q.51 निम्नलिखित में से कौन असहयोग आंदोलन के साथ संबंधित नहीं था?

A. 1919 अधिनियम के प्रावधानों के तहत चुनाव का बहिष्कार।
B. राष्ट्रीय स्कूलों, कॉलेजों और निजी पंचायत अदालतों की स्थापना।
C. समर्पण उपाधियाँ, लेकिन मानद पद नहीं, क्योंकि ये राष्ट्र के लिए गौरव के प्रतीक थे।
D. स्वदेशी वस्तुओं और खादी को लोकप्रिय बनाना।

Q.52 नमक सत्याग्रह मार्च के लिए सी. राजाजी ने निम्नलिखित में से कौन-सा मार्ग चुना था?

A. तिरुचिरापल्ली से वेदारण्यम
B. सलेम को इरोड
C. तिरुचिरापाली से ईरोड
D. ईरोड से वेदारण्यम

Q.53 1928 में खान अब्दुल गफ्फार खान ने निम्नलिखित में से कौन-सा प्रकाशन शुरू किया था?

A. खुदाई खतमटगर
B. पख्तून
C. यंग इंडिया
D. इंडिया एवकेंग

Q.54 इनमें से किस पशु के प्रतीक (मुहर) को संविधान सभा के प्रतीक के रूप में अपनाया गया था?

A. हाथी
B. शेर
C. चीता
D. हिरण

Q.55 ब्रिटिश भारत में सिक्किम के बारे में निम्नलिखित में से कौन-सा कथन सही है?

A. पड़ोसी देश भारत में ब्रिटिश शासन के दौरान सिक्किम ने अपने प्रमुख दुश्मन नेपाल के विरुद्र ब्रिटेन से हाथ मिला लिया।
B. 1835 में दार्जिलिंग को सिक्किम के राजा से 3,000 रुपये प्रति वर्ष के शुल्क पर पट्टे पर लिया गया था।
C. 1890 के बाद सिक्किम एक ब्रिटिश रक्षक बन गया, और धीरे-धीर अगले तीन दशकों में इसे अधिक संप्रभुता प्रदान की गई।
D. उपरोक्त सभी कथन सही हैं।

Q.56 निम्नलिखित में से कौन भारतीय पुरातत्व सर्वेक्षण के पहले सर्वेक्षक जनरल थे?

A. जेम्स प्रिंसेप
B. अलेक्जेंडर कनिंघम
C. जेम्स बर्जेस
D. इनमें से कोई नहीं

Q.57 निम्नलिखित में से कौन पूँजीवाद को साम्राज्यवाद से जोड़ने वाले पहले व्यक्ति थे?

A. सी.आर. दास
B. लाला लाजपत राय
C. दीवान चमन लाल
D. वी. वी. गिरि

Q.58 निम्नलिखित घटनाओं को उनके कालानुक्रमिक क्रम में व्यवस्थित करें और नीचे दिए गए कोड से सही उत्तर का चयन करे:

अ. हंटर कमीशन
ब. सल्डलर कमीशन
स. वुड का डिस्पैच
द. सरजेंट प्लान

A. अ, ब, द, स
B. स, ब, अ, द
C. अ, ब, स, द
D. स, अ, ब, द

Q.59 निम्नलिखित घटनाओं पर विचार कीजिये:

1. प्रथम गोलमेज सम्मेलन
2. साइमन कमीशन की नियुक्ति
3. पूना पैक्ट
4. दमित वर्गों को सांप्रदायिक पुरस्कार

कालानुक्रमिक क्रम में ऊपर दी गई घटनाओं को व्यवस्थित कीजिये:

A. 1, 2, 3, 4
B. 2, 1, 4, 3
C. 2, 1, 3, 4
D. 1, 2, 4, 3

Q.60 नेहरू रिपोर्ट के बारे में निम्नलिखित कथनों पर विचार कीजिये, जो भारतीयों द्वारा संवैधानिक सुधारों को तैयार करने का एक प्रयास था:

1. यह जवाहरलाल नेहरू और सुभाष चंद्र बोस द्वारा संयुक्त रूप से तैयार की गयी थी।
2. रिपोर्ट ने भारत के लिए औपनिवेशकि स्वराज्य की मांग की।
3. रिपोर्ट ने अलग सांप्रदायिक मतदाताओं के सिद्रांत को खारिज कर दिया।

ऊपर दिए गए कौन से कथन सही हैं?

A. केवल 1 और 2 **B.** केवल 2 और 3
C. केवल 1 और 3 **D.** 1,2 और 3

Q.61 निम्न में से कौन सा कथन नरमपंथी राष्ट्रवाद के बारे में सही है/हैं?

1. उन्होंने अपनी मांगों को प्राप्त करने के लिए शांतिपूर्ण और संवैधानिक साधनों को अपनाया।
2. वे अंग्रेजों के प्रति वफादार नहीं थे।
3. मध्यस्थों ने अपनी मांगों को प्रस्तुत करने के लिए याचिकाओं, प्रस्तावों, बैठकों, पत्रक और पर्चे, ज्ञापन और प्रतिनिधिमंडल का उपयोग किया।
4. रानाडे और गोखले जैसे कुछ नरमपंथी सामाजिक सुधारों के पक्षधर थे।

A. 1 और 2 **B.** 2 और 3
C. 1, 3 और 4 **D.** 1, 2 और 3

Q.62 लॉर्ड कर्जन की नीतियों के संबंध में कौन-सा कथन सही नहीं है/हैं?

A. शैक्षिक प्रणाली को निर्धारित करने के लिए, उन्होंने 1902 में एक विश्वविद्यालय आयोग का गठन किया।
B. प्राचीन स्मारक अधिनियम, 1904 जिसने इसे सरकार और स्थानीय अधिकारियों की ओर से पुरातात्विक महत्व के स्मारकों और उनके विनाश को संरक्षित करने के लिए अनिवार्य बना दिया।
C. पूरे ब्रिटिश भारत में समान नमक कर आरंभ किया।
D. उन्होंने 1902 में एक पुलिस आयोग की स्थापना की।

Q.63 लॉर्ड रिपन की नीतियों के बारे में कौन-सा कथन सही है/हैं?

1. रिपन ने प्रशासन को अलग किया और सरकार को लोगों के करीब लाया।
2. रिपन ने 1882 में शैक्षिक सुधारों के लिए सर विलियम हंटर की अध्यक्षता में एक आयोग की नियुक्ति की।

A. केवल 1 **B.** केवल 2
C. 1 और 2 दोनों **D.** न 1 न 2

Q.64 भारत छोड़ो आंदोलन के संदर्भ में, निम्नलिखित कथनों पर विचार कीजिये।

1. अखिल भारतीय कांग्रेस कमेटी ने 8 अगस्त 1942 को बंबई में बैठक की और भारत छोड़ो प्रस्ताव पारित किया।
2. नेतृत्व राम मनोहर लोहिया, अच्युता पटवर्धन, और एस.एम. जोशी।
3. भारत छोड़ो आंदोलन के दौरान, सतारा में ही एक समानांतर सरकार का गठन किया गया था।

उपरोक्त कथनों में से कौन सा सही है/हैं?

A. केवल 1 **B.** केवल 1 और 2
C. केवल 2 और 3 **D.** 1, 2 और 3

Q.65 क्रिप्स मिशन के बारे में निम्नलिखित में से कौन सा कथन सही है/हैं?

1. भारत को डोमिनियन स्टेटस का वादा क्रिप्स मिशन के माध्यम से दिया गया था।
2. गांधीजी ने क्रिप्स के प्रस्तावों को "पोस्ट डेटेड चेक" कहा।

A. केवल 1 **B.** केवल 2
C. 1 और 2 दोनों **D.** न तो 1 और न ही 2

Q.66 "रौलट एक्ट" के संबंध में निम्नलिखित में से कौन सा/से कथन सही है। हैं?

1. रौलट एक्ट का विरोध पंजाब में विशेष रूप से तीव्र था, जहां कई लोगों ने युद्ध में ब्रिटिश पक्ष की सेवा की थी उनकी सेवा के लिए पुरस्कृत होने की उमीद थी।
2. इसने बिना परीक्षण के नजरबंदी की अनुमति दी।

A. केवल 1 **B.** केवल 2
C. 1 और 2 दोनों **D.** न तो 1 और न ही 2

Q.67 निम्नलिखित घटनाओं का सही कालानुक्रमिक क्रम क्या है?

1. खेड़ा में किसान आंदोलन
2. चंपारण सत्याग्रह
3. अहमदाबाद में मजदूर हड़ताल

A. 1, 2, 3 **B.** 2, 1, 3 **C.** 2, 3, 1 **D.** 3, 2, 1

Q.68 निम्नलिखित में से कौन से दो वर्ग के लोग एक गणपति उत्सव के संगठन के खिलाफ थे?

a. स्कूल ऑफ रानाडे के उदारवादी हिंदू
b. रूढ़िवादी कांग्रेस के राजनेता
c. बौद्ध
d. जैन

A. केवल a और b **B.** केवल a और d
C. केवल b और c **D.** केवल a और c

Q.69 किसकी प्रसिद्ध आत्मकथा निम्न कथन के साथ शुरू होती है: "समृद्ध माता-पिता का एकमात्र पुत्र, विकारित होने के लिए उपयुक्त है, खासकर भारत में"?

A. जवाहर लाल नेहरू
B. मोहनदास करमचन्द गांधी
C. नसीरुद्दीन शाह
D. जे.आर.डी. टाटा

Q.70 भारत सरकार अधिनियम 1919 के बारे में गलत कथन को पहचानिये:

A. 1921 में भारत सरकार अधिनियम 1919 लागू हुआ।
B. इस अधिनियम को मॉर्ले मिंटो सुधार अधिनियम के रूप में भी जाना जाता है।
C. मोंटेगू भारत के राज्य सचिव थे और लॉर्ड चेम्सफोर्ड भारत के वायसराय थे।
D. यह अधिनियम केंद्रीय और प्रांतीय विषयों को अलग करता है।

Q.71 बंगाल में नील विद्रोह का मुख्य कारण क्या है?

A. किराए और भू-कर को जबरन वसूलते थे
B. ब्रिटिशों ने किसानों को खाद्य फसलों के बजाय नील उगाने के लिए मजबूर किया
C. साहूकारों के कब्जे में बंधों, फरमानों और अन्य दस्तावेजों को नष्ट किया जाता था
D. नील की खेती पर प्रतिबंध लगा दिया गया था

Q.72 पूना पैक्ट (1932) के बारे में कथनों पर विचार करें:

1. सांप्रदायिक पुरस्कार के अनुसार, अवसादग्रस्त वर्गों को एक अलग समुदाय माना जाता था और उनके लिए अलग निर्वाचकों के लिए इस तरह के प्रावधान किए गए थे।
2. पूना संधि पर हिंदुओं और गांधी की ओर से मदन मोहन मालवीय और दबे हुए वर्गों की ओर से अंबेडकर ने हस्ताक्षर किए थे।

A. केवल 1 **B.** केवल 2
C. 1 और 2 दोनों **D.** न तो 1 और न ही 2

Q.73 ब्रिटिश शासन के दौरान रेलवे के विकास के संदर्भ में, निम्नलिखित कथनों पर विचार कीजिये:

1. ब्रिटिश बैंकरों और निवेशकों ने भारत में रेलवे के विकास का समर्थन किया।

2. भारत सरकार ने अंग्रेजी पूंजीपतियों द्वारा निवेश पर कम से कम 5% की गारंटी ब्याज की पेशकश की।
निम्नलिखित में से कौन सा/से कथन सही है/हैं?

A. केवल 1 **B.** केवल 2
C. 1 और 2 दोनों **D.** न तो 1 और न ही 2

Q.74 निम्नलिखित सिद्धांतों पर विचार कीजिए:
1 . यह लॉर्ड डलहौजी द्वारा पेश किया गया था।
2. उसने शासकों के दत्तक पुत्रों के कानूनी उत्तराधिकार को अस्वीकृत कर दिया।
3. अवध इस सिद्धांत के तहत अनुबद्ध होने वाला पहला राज्य था।
ऊपर दिए गए कथनों में से कौन सा सही है / हैं?

A. केवल 1 और 2 **B.** केवल 2 और 3
C. 1, 2 और 3 **D.** केवल 1 और 3

Q.75 संगठनों/आंदोलन और उनके संस्थापकों की सही जोड़ी का चयन कीजिए।

A. आर्य समाज	स्वामी दयानंद सरस्वती
B. प्रार्थना समाज	एम.जी.रानाडे
C. सत्यशोधक समाज	महात्मा ज्योतिबा फुले
D. परमहंस सभा	महर्षि विठ्ठल रामजी शिंदे

A. A और B **B.** A और C **C.** B और C **D.** C और D

Q.76 निम्नलिखित में से किस संघ ने भारतीय राष्ट्रीय कांग्रेस के गठन की आधारशिला रखी ?
1. जमींदारी संघ
2. ब्रिटिश भारतीय संघ
3. ऑल इंडिया मुस्लिम लीग

A. 1 और 2 **B.** केवल 2
C. 1 और 3 **D.** 1, 2 और 3

Q.77 1857 के विद्रोह में किसने भाग लिया था?
A) सावंतवाड़ी के चिमाभाऊ साहब
B) राजा भगवंतराव
C) ज़ीनत महल बेगम
D) रानी बांकाबाई

A. A, B और C **B.** B, C और D
C. A और C **D.** C और D

Q.78 तराइन का प्रथम युद्ध कब लड़ा गया था?
[Delhi Forest Guard, 2021]

A. 1191 **B.** 1215 **C.** 1192 **D.** 1194

Q.79 किस शासक ने आगरा शहर की स्थापना की?

A. सिकंदर लोदी **B.** अकबर
C. फिरोज तुगलक **D.** शाहजहाँ

Q.80 निम्नलिखित में से कौन सी प्रसिद्ध लड़ाई है जो राणा प्रताप ने अकबर की सेना के खिलाफ लड़ी थी?

A. पानीपत **B.** प्लासी **C.** हल्दीघाटी **D.** कलिंग

Q.81 बीरबल का वास्तविक नाम क्या है?

A. राम दास **B.** श्याम दास **C.** महेश दास **D.** रमेश दास

Q.82 निम्नलिखित में से किसने 'अकबरनामा' लिखा था?

A. अमीर खुसरो **B.** अकबर
C. अबुल फजल **D.** बीरबल

Q.83 मुगल सम्राट ______ ने अंग्रेजी ईस्ट इंडिया कंपनी को सूरत में 1613 में अपना कारखाना स्थापित करने की अनुमति दी।

A. औरंगज़ेब **B.** जहाँगीर **C.** बाबर **D.** अकबर

Q.84 किस दिल्ली सुल्तान ने 'रक्त एवं लौह' की नीति अपनायी?
[Bihar PSC, 2020]

A. इल्तुतमिश **B.** बलबन
C. अलाउद्दीन खिलजी **D.** मुहम्मद बिन तुगलक

Q.85 विजयनगर साम्राज्य की राजधानी कौन सा शहर था?

A. मैसूर **B.** तंजौर **C.** हम्पी **D.** बेलूर

Q.86 निम्नलिखित में से किसके शासनकाल में मुगल कला और चित्रकला अपने उत्कर्ष पर पहुंचा?

A. हुमायूं **B.** अकबर **C.** जहांगीर **D.** शाहजहाँ

Q.87 निम्नलिखित में से किसने अपनी राजधानी दिल्ली से दौलताबाद में स्थानांतरित की?

A. कुतुबुद्दीन ऐबक **B.** अलाउद्दीन खिलजी
C. मुहम्मद बिन तुगलक **D.** इब्राहिम लोदी

Q.88 फतेहपुर सीकरी को _________ द्वारा मुगल साम्राज्य की राजधानी के रूप में स्थापित किया गया था।

A. बाबर **B.** हुमायूं **C.** जहांगीर **D.** अकबर

Q.89 दिल्ली सल्तनत की स्थापना किस वर्ष की गई थी?

A. 1289 **B.** 1206 **C.** 1534 **D.** 1134

Q.90 पानीपत का तीसरा युद्ध किसके बीच लड़ा गया था?

A. अकबर और शेरशाह
B. मराठा और अहमद शाह अब्दाली
C. हुमायूँ और हेमू
D. इनमे से कोई नही

Q.91 भारत में बारूद का उपयोग सबसे पहले किसने किया था?

A. अलाउद्दीन खिलजी **B.** नवाब सिराज-उद-दौला
C. शेरशाह सूरी **D.** बाबर

Q.92 प्रसिद्ध खजुराहो मंदिर किस राज्य में स्थित हैं?

A. आंध्र प्रदेश **B.** असम **C.** मध्य प्रदेश **D.** ओडिशा

Q.93 हिंदुस्तानी शास्त्रीय संगीत में एक शैली, ख्याल के बारे में निम्नलिखित कथनों पर विचार कीजिये:
1. इसका उल्लेख आइन-ए-अकबरी में है।
2. यह शास्त्रीय गायन के ध्रुपद शैली का एक उप-समुच्चय है।
3. खयाल उत्तर भारतीय शास्तीय संगीत की संस्थापक मुखर शैलियों में से एक है।
उपरोक्त कथनों में से कौन सा गलत है/हैं?

A. केवल 1 **B.** केवल 3
C. केवल 2 और 3 **D.** केवल 1 और 2

Q.94 भारत के मध्यकालीन इतिहास के संदर्भ में, निम्नलिखित में से कौन सा कथन सही है/हैं:
1. मुगल काल के दौरान नई कृषि तकनीक की शुरुआत की गई थी।
2. तंबाकू और मक्का जैसी नई फसलों को सत्रहवीं शताब्दी में पेश किया गया था।
3. चावल, जौ और दालें व्यावसायिक फसलें थीं।

A. केवल 1 और 2 **B.** केवल 2
C. केवल 1 और 3 **D.** 1, 2 और 3

Q.95 निम्नलिखित कथनों पर विचार कीजिये:

1. भावार्थदीपिका, अमृतानुभव, चांगदेव पश्यति और अभंग उनकी प्रसिद्ध कृतियाँ हैं।
2. उन्होंने भगवत गीता पर एक टिप्पणी लिखी।
3. एक गुंबद 'विश्व शांति स्मारक' उन्हें समर्पित है।

निम्नलिखित में से कौन सा व्यक्ति उपरोक्त लिखित कथनों से मेल खता है?

A. तुकाराम **B.** संत नामदेव
C. ज्ञानदेव **D.** संत ध्यानेश्वर

Q.96 निम्न में से कोन सा/से मध्ययुगीन इतिहास के संदर्भ में सही ढंग से मेल खाता है?

1.कोर्निश	औपचारिक प्रणाम
2.अरघट्टा	चाक
3.नौरोज़	अफगानी त्योहार

A. केवल 1 **B.** केवल 1 और 2
C. केवल 2 और 3 **D.** कोई नहीं

Q.97 निम्नलिखित कथनों पर विचार कीजिये:

1. भगवद् गीता, साथ ही उपनिषदों का उनके द्वारा फारसी में अनुवाद किया गया था।
2. उन्हें "उदार मुस्लिम" के रूप में वर्णित किया गया है।
3. संस्कृति मंत्रालय ने हाल ही में उसकी कब्र का पता लगाने के लिए सात सदस्यीय पैनल का गठन किया। उपरोक्त कथन सही ढंग से प्रदर्शित करते है:

A. शाहजहाँ **B.** मुराद बक्श
C. दारा शिकोह **D.** बाबर

Q.98 भारत के मध्यकालीन इतिहास के संदर्भ में, अकबर के बारे में निम्नलिखित में से कौन सा कथन सही है/हैं?

1. इसके शासनकाल में महाभारत का फारसी भाषा में अनुवाद किया गया था।
2. अकबर ने मनसबदारी प्रणाली शुरू की, जिसे दहसला के नाम से जाना जाता था।
3. इसने प्रयाग का नाम बदलकर इलाहाबाद कर दिया

नीचे दिए गए कूट का उपयोग करके सही उत्तर का चयन कीजिये।

A. केवल 1 और 2 **B.** केवल 2
C. केवल 1 और 3 **D.** केवल 2 और 3

Q.99 मध्ययुगीन भारतीय इतिहास के संदर्भ में 'सिलसिला' का उल्लेख है:

A. सूफीवाद के भीतर विभिन्न आदेश
B. इस्लामिक धार्मिक संस्था
C. सूफी संतों की कब्रें
D. भारत के विभिन्न हिस्सों में भक्ति आंदोलन का प्रसार।

Q.100 भारत में भक्ति आंदोलन पर विचार कीजिये;

1. यह दक्षिण भारत में था, जहाँ से भक्ति आंदोलन व्यापक आधार तक बढ़ा।
2. उत्तर में भक्ति आंदोलन में शामिल सामाजिक-धार्मिक आंदोलनों को कभी-कभी दक्षिण में उत्पन्न हुए आंदोलन की निरंतरता के रूप में देखा जाता है।
3. कर्नाटक में लिंगायतों ने जाति व्यवस्था की निंदा की और रामानुज के नेतृत्व में वैदिक अनुष्ठानों को चुनौती दी।

उपरोक्त में से कौन सा सही है/हैं?

A. 1 और 3 **B.** 1 और 2 **C.** 2 और 3 **D.** केवल 1

Q.101 निम्नलिखित का मिलान कीजिये:

सुल्तान का नाम	विशेषताएँ
1. महमूद-बिन-तुगलक	a.राजत्व के सिद्धांत
2. अलाउद्दीन खिलजी	b. हसन निजामी
3. बलबन	c.बाजार सुधार
4. कुतुबुद्दीन ऐबक	d. टोकन मुद्रा

A. 1-d, 2-c, 3-a, 4-b **B.** 1-a, 2-c, 3-b, 4-d
C. 1-a, 2-b, 3-c, 4-d **D.** 1-d, 2-b, 3-c, 4-a

Q.102 अलाउद्दीन खिलजी के बारे में निम्नलिखित कथनो पर विचार कीजिये:

1. अलाउद्दीन खिलजी की सबसे बड़ी उपलब्धि दक्खन और दक्षिण की विजय थी।
2. वह दिल्ली का पहला सुल्तान था जिसने भूमि की माप के लिए आदेश दिया था।
3. अलाउद्दीन खिलजी एक साहित्यिक सुल्तान था, उसने अमीर खुसरो और अमीर हसन जैसे कवियों का संरक्षण प्रदान किया।

उपरोक्त कथन/कथनों में से कौन सा सही है/हैं?

A. केवल 3 **B.** केवल 1 और 2
C. 1, 2 और 3 **D.** केवल 2 और 3

Q.103 तराइन की पहली लड़ाई किस वर्ष में लड़ी गई थी?

A. 1100 **B.** 1291 **C.** 1391 **D.** 1191

Q.104 निम्नलिखित में से कौन-सा स्मारक गुलाम वंश द्वारा नहीं बनाया गया था?

A. अढ़ाई दिन का झोंपड़ा
B. कुतुब मीनार
C. कुव्वत-उल इस्लाम मस्जिद
D. अलाई दरवाजा

Q.105 निम्नलिखित में से किस राजा को आंध्र भोज के नाम से भी जाना जाता था?

A. कृष्णदेवराय **B.** अकबर
C. हरिहर **D.** औरंगज़ेब

Q.106 हम्पी, विजयनगर की प्राचीन राजधानी कहाँ स्थित है?

A. तमिलनाडू **B.** केरल **C.** तेलंगाना **D.** कर्नाटक

Q.107 चालीस शक्तिशाली रईसों के शासक अभिजात वर्ग का एक नया वर्ग चहलगनी किसने बनाया?

A. इल्तुतमिश **B.** घियास-उद-दीन बलबन
C. रज़िया सुल्ताना **D.** रुक्नुद्दीन फिरोज़ शाह

Q.108 महान सिकंदर, किस वर्ष में मर गया?

A. 323 ई.पू. **B.** 360 ई.पू. **C.** 326 ई.पू. **D.** 330 ई.पू.

Q.109 दीपवम्सा और महावम्सा के अनुसार, अपने निन्यानवे भाइयों को मारने के बाद निम्नलिखित में से किसने सत्ता पर कब्जा किया?

A. चंद्रगुप्त मौर्य **B.** बिन्दुसार
C. सुसिमा **D.** अशोक

Q.110 अलाउद्दीन खिलजी के समय 'शाहाना' कौन थे?

A. सेना में विशेष प्रशिक्षित भाग
B. बड़े व्यापारी
C. भूमिहीन किसान
D. उच्च अधिकारी जो बाजार में मूल्य नियंत्रण देखते हैं

Q.111 बंगाल के निम्नलिखित नवाब में से किस ने अपनी राजधानी को ढाका, बांग्लादेश से मुर्शिदाबाद स्थानांतरित कर दिया?

A. मुर्शिद कुली खान **B.** अलीवर्दी खान
C. शुजा-उद-दीन **D.** नादिर शाह

Q.112 निम्नलिखित में से किस लोधी शासक ने भूमि को मापने के लिए गज़-ए-सिकंदरी की शुरुआत की थी?

A. बहलोल लोधी **B.** इब्राहिम लोधी
C. सिकंदर लोधी **D.** कोई नहीं

Q.113 निम्नलिखित में से कौन दीन-ए-इलाही / तौहीद-ए-इलाही में शामिल होने वाले पहले हिंदू थे?

A. मान सिंह **B.** टोडरमल
C. भगवंत दास **D.** बीरबल

Q.114 औरंगजेब के बारे में निम्नलिखित में से कौन सा कथन गलत है?

A. उन्होंने सौर कैलेंडर के बजाय चंद्र केलेंडर शुरू किया।
B. उन्होंने झरोखा दर्शन बंद कर दिया।
C. उन्होंने लाहौर में बादशाही मस्जिद का निर्माण किया।
D. उन्होंने इतिहास लेखन पर जोर दिया।

Q.115 दक्षिण भारत के नेपोलियन के रूप में किसे जाना जाता है?

[AFCAT, 2021]

A. राजेंद्र चोल **B.** राजाधिराज
C. आदित्य चोल **D.** राजेंद्र द्वितीय

Q.116 राज्य के खर्च पर हज तीर्थयात्रा आयोजित करने वाला पहला भारतीय शासक था:

[Territorial Army Officer, 2017]

A. अलाउद्दीन खिलज़ी **B.** फ़िरोज़ तुगलक
C. अकबर **D.** मुहम्द तुगलक

Q.117 गाज़ी मलिक किस वंश का संस्थापक था?

[Madhya Pradesh Public Service Commission (MPPSC), 2017]

A. तुगलक **B.** खिल्जी **C.** सैय्यद **D.** लोदी

Q.118 1761 में पानीपत के तीसरे युद्ध के दौरान मराठा शासक कौन थे?

A. बालाजी बाजीराव **B.** राघोवा
C. शिवाजी II **D.** बालाजी विश्वनाथ

Q.119 सिखों के नौवें गुरु कौन थे:

A. गुरु अर्जन देव **B.** गुरु गोबिंद सिंह
C. गुरु अमर दास **D.** गुरु तेगबहादुर

Q.120 अशोक के समकालीन सीलोन का राजा कौन था?

A. अभय **B.** पकंडुका
C. देवानम्पिया तिस्सा **D.** मुताशिवा

Q.121 भारत के पहले सम्राट कौन थे?

A. अकबर **B.** अशोक
C. चंद्रगुप्त मौर्य **D.** कृष्ण देवराय

Q.122 चंद्रगुप्त मौर्य के शासनकाल के दौरान, पाटलिपुत्र को एक बोर्ड द्वारा प्रशासित किया गया था, जिसमें निम्न ___ सदस्य शामिल थे:

A. 20 **B.** 30 **C.** 40 **D.** 50

Q.123 निम्नलिखित में से किस शिलालेख में, अशोक ने करों में कुछ रियायतें घोषित कीं?

A. माइनर रॉक एडिक्ट, सासाराम
B. भबरू-बैराट एडिक्ट
C. लुम्बिनी स्तंभ शिलालेख
D. रॉक शिलालेख XII

Q.124 अशोक के शासनकाल में सौराष्ट्र के राज्यपाल निम्नलिखित में से कौन थे?

A. तुषास्फा **B.** सुविशाखा **C.** पुष्यगुप्त **D.** राधागुप्त

Q.125 निम्नलिखित में से किस शिलालेख में, अशोक ने अपनी प्रसिद्ध घोषणा की "सभी पुरुष मेरे बच्चे हैं"?

A. अहरौरा का माइनर शिलालेख
B. स्तंभ शिलालेख VII
C. लुम्बिनी स्तंभ शिलालेख
D. अलग कलिंग रॉक शिलालेख P

// स्मार्ट उत्तर पुस्तिका //

सही उत्तर उन छात्रों के प्रतिशत को इंगित करता है जिन्होंने प्रश्नों का सही उत्तर दिया था।

छोड़ दिया उन छात्रों के प्रतिशत को इंगित करता है जिन्होंने प्रश्नों को छोड़ दिया था।

प्रश्न संख्या	उत्तर	सही उत्तर	छोड़ दिया
1	A	24.44 %	0.0 %
2	C	56.67 %	30.0 %
3	A	17.78 %	27.78 %
4	B	57.78 %	30.0 %
5	C	25.56 %	30.0 %
6	D	14.44 %	30.0 %
7	D	64.44 %	30.0 %
8	A	8.89 %	30.0 %
9	A	51.11 %	30.0 %
10	A	56.67 %	30.0 %
11	D	25.56 %	30.0 %
12	B	52.22 %	30.0 %
13	C	42.22 %	27.78 %
14	B	27.78 %	30.0 %
15	B	33.33 %	30.0 %
16	D	57.78 %	28.89 %
17	D	52.22 %	30.0 %
18	A	56.67 %	30.0 %
19	C	67.78 %	27.78 %
20	B	28.89 %	27.78 %
21	A	63.33 %	27.78 %
22	C	34.44 %	30.0 %
23	A	46.67 %	27.77 %
24	A	62.22 %	30.0 %
25	D	64.44 %	30.0 %
26	A	44.44 %	30.0 %
27	C	61.11 %	27.78 %
28	B	62.22 %	30.0 %
29	B	52.22 %	27.78 %
30	C	47.78 %	30.0 %
31	D	47.78 %	30.0 %
32	D	11.11 %	28.89 %
33	C	60.0 %	27.78 %
34	B	54.44 %	30.0 %
35	B	50.0 %	30.0 %
36	D	42.22 %	28.89 %
37	C	38.89 %	30.0 %
38	C	26.67 %	30.0 %
39	D	7.78 %	30.0 %
40	D	36.67 %	30.0 %
41	B	54.44 %	27.78 %
42	C	48.89 %	30.0 %
43	B	30.0 %	28.89 %
44	D	31.11 %	30.0 %
45	D	35.56 %	27.77 %
46	B	20.0 %	30.0 %
47	C	38.89 %	30.0 %
48	B	17.78 %	30.0 %
49	B	26.67 %	30.0 %
50	B	46.67 %	30.0 %
51	C	37.78 %	28.89 %
52	A	50.0 %	27.78 %
53	B	14.44 %	30.0 %
54	A	17.78 %	30.0 %
55	D	48.89 %	30.0 %
56	B	62.22 %	30.0 %
57	B	27.78 %	30.0 %
58	D	37.78 %	30.0 %
59	B	35.56 %	30.0 %
60	B	40.0 %	27.78 %
61	C	53.33 %	30.0 %
62	C	44.44 %	30.0 %
63	C	63.33 %	30.0 %
64	B	16.67 %	30.0 %
65	C	57.78 %	30.0 %
66	C	37.78 %	30.0 %
67	C	34.44 %	30.0 %
68	A	40.0 %	30.0 %
69	A	28.89 %	30.0 %
70	B	38.89 %	30.0 %
71	B	64.44 %	27.78 %
72	C	37.78 %	27.78 %
73	C	51.11 %	30.0 %
74	A	37.78 %	30.0 %
75	B	56.67 %	30.0 %
76	A	28.89 %	30.0 %
77	A	22.22 %	30.0 %
78	A	63.33 %	30.0 %
79	A	63.33 %	27.78 %
80	C	64.44 %	28.89 %

प्रश्न संख्या	उत्तर	सही उत्तर	छोड़ दिया
81	C	62.22 %	27.78 %
82	C	63.33 %	30.0 %
83	B	60.0 %	30.0 %
84	B	63.33 %	30.0 %
85	C	64.44 %	30.0 %
86	C	58.89 %	30.0 %
87	C	58.89 %	30.0 %
88	D	64.44 %	30.0 %
89	B	61.11 %	30.0 %

प्रश्न संख्या	उत्तर	सही उत्तर	छोड़ दिया
90	B	60.0 %	30.0 %
91	D	54.44 %	30.0 %
92	C	55.56 %	30.0 %
93	D	26.67 %	27.77 %
94	B	3.33 %	30.0 %
95	D	16.67 %	30.0 %
96	B	20.0 %	30.0 %
97	C	61.11 %	30.0 %
98	C	27.78 %	30.0 %

प्रश्न संख्या	उत्तर	सही उत्तर	छोड़ दिया
99	A	41.11 %	30.0 %
100	B	30.0 %	28.89 %
101	A	58.89 %	30.0 %
102	B	21.11 %	30.0 %
103	D	64.44 %	30.0 %
104	D	58.89 %	30.0 %
105	A	57.78 %	30.0 %
106	D	46.67 %	30.0 %
107	A	62.22 %	28.89 %

प्रश्न संख्या	उत्तर	सही उत्तर	छोड़ दिया
108	A	41.11 %	30.0 %
109	D	63.33 %	27.78 %
110	D	58.89 %	30.0 %
111	A	54.44 %	27.78 %
112	C	62.22 %	30.0 %
113	D	56.67 %	27.77 %
114	D	47.78 %	30.0 %
115	A	54.44 %	30.0 %
116	C	27.78 %	30.0 %

प्रश्न संख्या	उत्तर	सही उत्तर	छोड़ दिया
117	A	51.11 %	27.78 %
118	A	43.33 %	30.0 %
119	D	53.33 %	27.78 %
120	C	56.67 %	27.77 %
121	C	53.33 %	27.78 %
122	B	50.0 %	30.0 %
123	C	44.44 %	28.89 %
124	A	36.67 %	30.0 %
125	D	25.56 %	30.0 %

कार्य विश्लेषण	
औसत अंक (%)	54.12%
टॉपर्स स्कोर (%)	99.29%
आपका स्कोर	

//संकेत और समाधान//

1. राष्ट्रकूट साम्राज्य को कई प्रांतों में विभाजित किया गया था जिन्हें राष्ट्रों के रूप में जाना जाता है। राष्ट्रपति शासन के अधीन थे। राष्ट्रों को आगे विदेह या जिलों में विभाजित किया गया। विषय विषयपतियो के नियंत्रण में थे। विषयों को आगे 50 से 70 गाँवों से युक्त भुक्तियों में विभाजित किया गया था। भुक्ति भोगापति के नियंत्रण में थी।
अतः विकल्प (A) सही है।

2. कोल्डिहवा एक पुरातात्विक स्थल है जो उत्तर प्रदेश के ग्राम देवघाट के पास बेलन नदी की घाटियों में स्थित है। महागारा के साथ, यह उत्तर प्रदेश के कुछ नवपाषाण स्थलों में से एक है। कोल्डिहवा में, पुरातत्वविदों को चावल और कुछ खंडित हड्डियों के प्रमाण मिले। कोल्डिहवा की तीन रेडियोकार्बन तिथियां चावल की घरेलू किस्म के लिए लगभग 6500 ईसा पूर्व के शुरुआती प्रमाण प्रदान करती हैं, जो इसे दुनिया के किसी भी हिस्से में चावल की खेती का सबसे पुराना सबूत बनाती हैं।
अतः विकल्प (C) सही है।

3. गौतम बुद्ध के जन्म से पहले की अवधि को आम तौर पर महाजनपद युग कहा जाता है। वैदिक काल (लौह युग) में भारतीय उपमहाद्वीप के प्रमुख राज्य छठी शताब्दी ईसा पूर्व में सोलह महाजनपदों के रूप में विकसित हुए । प्रत्येक महाजनपद की एक राजधानी थी, जो अक्सर किलेबंद की जाती थी। ये महाजनपद काशी, कोसल, अंग, मगध, वज्जि, मल्ल, चेदि, वत्स, कुरु, पांचाल, मत्स्य, शूरसेन, अश्मक , अवंति, गांधार और कंबोज थे। कंबोज की राजधानी राजापुरा थी और वर्तमान में यह पाकिस्तान के हजारा जिले में है।
अतः विकल्प (A) सही है।

4. भारत में वैदिक सभ्यता सरस्वती नदी के किनारे विकसित हुई। ऋग्वेद की पुस्तक 6 में 'नादिस्तुति सूक्त' नाम का एक भजन शामिल है, जिसमे सरस्वती की स्तुति करने के लिए उन्हें "आदर्श माँ, नायाब नदी, सर्वोच्च्य देवी" कहा गया है। ऋग्वेद में एक शक्तिशाली, बर्फीली नदी सरस्वती का उल्लेख है, जिसके किनारों पर साहित्य की व्युत्पत्ति की जानी थी। धर्माभिमानी हिंदुओं द्वारा पवित्र माना जाने वाली इस नदी को "पहाड़ों से समुद्र तक अपने मार्ग में शुद्ध और अन्य सभी नदियों की महिमा से परे" वर्णित किया गया है। सरस्वती का पता लगाने के प्रयासों को शुरू में 2003 में फास्ट ट्रैक पर रखा गया था। सरस्वती हेरिटेज प्रोजेक्ट को केंद्रीय पर्यटन और संस्कृति मंत्रालय द्वारा शुरू किया गया था लेकिन इसे 2005 में रोक दिया गया था।
अतः विकल्प (B) सही है।

5. हीनयान बुद्ध के मूल शिक्षण का अनुसरण करता है। यह एक रूढ़िवादी विद्यालय से अधिक है। इसका अर्थ है कम वाहन। इसलिए विकल्प (A) सही नहीं है। वे बुद्ध की मूर्ति या छवि पूजा में विश्वास नहीं करते थे। इसलिए विकल्प (B) सही नहीं है। हीनयान का अंतिम उद्देश्य निर्वाण (मोक्ष) है। वे व्यक्तिगत उद्धार में विश्वास करते हैं और आत्म अनुशासन और ध्यान के माध्यम से व्यक्तिगत मोक्ष प्राप्त करने का प्रयास करते हैं। महायान संप्रदाय बोधिसत्वों की पूजा करता है और महायान सूत्र का अध्ययन करता है जबकि हीनयानवादी इनका प्रदर्शन नहीं करते हैं। इसलिए विकल्प (C) सही है। हीनयान विद्वानों ने जनसाधारण के साथ बातचीत करने के लिए पाली भाषा का उपयोग किया था। इसलिए विकल्प (D) सही नहीं है।

अतः विकल्प (C) सही है।

6. मनुस्मृति में दिए गए विवाह के कुल आठ रूप हैं। ये हैं -

पहला: एक बेटी का उपहार, उसे महंगे कपड़े पहनाने और उसे गहने भेंट करने के बाद, वेद में सीखे हुए व्यक्ति को, जिसे पिता स्वयं आमंत्रित करता है, को सम्मानित करता है। चौथा: पिता द्वारा बेटी को उपहार देने के बाद उसने जोड़े को पाठ के साथ संबोधित किया, "आप दोनों अपने कर्तव्यों को एक साथ निभा सकते हैं", और दूल्हे को सम्मान दिखाया है। पाँचवाँ: जब दूल्हे को अपनी इच्छा के अनुसार, संबंधियों को और दुल्हन को खुद के लिए जितना धन दिया जा सकता है उसके बाद एक युवती मिलती है। छठा: एक युवती और उसके प्रेमी का स्वैच्छिक संघ जो स्वेच्छा से हो।
अतः विकल्प (D) सही है।

7. बुद्ध (और अन्य शिक्षकों) ने मौखिक रूप से सिखाया - चर्चा और बहस के माध्यम से। पुरुषों और महिलाओं (शायद बच्चों के साथ) ने इन प्रवचनों में भाग लिया और चर्चा की कि उन्होंने क्या सुना। बुद्ध के किसी भी भाषण को उनके जीवनकाल में नहीं लिखा गया था।

उनकी मृत्यु के बाद, उनकी शिक्षाओं को उनके शिष्यों द्वारा "बुजुर्गों" या वरिष भिक्षुओं की एक परिषद (वर्तमान बिहार में वैशाली के लिए पाली) में संकलित किया गया था। इन संकलनों को टिपिटका के नाम से जाना जाता था - शाब्दिक रूप से, विभिन्न प्रकार के ग्रंथों को रखने के लिए तीन टोकरी।
अतः विकल्प (D) सही है।

8. विदेह साम्राज्य की शुरुआत निमि विदेह ने की थी। निमि विदेह इक्ष्वाकु पुत्र थे। यजुर्वेद में इसका उल्लेख किया गया था।

देवी सीता इस राज्य की राजकुमारी थीं, वह विदेह के राजा जनक की बेटी थीं। जनकपुर इसकी राजधानी थी।
अतः विकल्प (A) सही है।

9. सोनागिरि मध्य प्रदेश राज्य का एक स्थान है जो दतिया जिले में स्थित है। इस स्थान पर 9वीं शताब्दी से बहुत सारे जैन मंदिर स्थापित हुए हैं। भक्तों और तपस्वी संतों के बीच यह स्थान आत्म-अनुशासन, तपस्या और मोक्ष प्राप्त करने के लिए लोकप्रिय है। एक प्रसिद्ध जैन संग्रहालय भी सोनागिरि में स्थित है। जैन ग्रंथों के अनुसार, चंद्रप्रभु (8 वें तीर्थिकर) के समय से, साढ़े पांच करोड़ तपस्वी संतों ने यहां मोक्ष (मुक्ति) हासिल की है। पहाड़ी पर 77 और गाँव में 26 के साथ कुल 103 मंदिर हैं।
अतः विकल्प (A) सही है।

10. ऋग्वेद की रचना प्रारंभिक वैदिक युग में हुई थी। यह 1500 ईसा पूर्व - 1000 ईसा पूर्व के बीच था। चार वेद ऋग, यजुर, साम और अथर्व हैं। अन्य तीनों की रचना उत्तर वैदिक युग में हुई थी। उत्तर वैदिक काल 1000 ईसा पूर्व - 600 ईसा पूर्व के बीच था।

प्रागैतिहासिक काल उस समय को संदर्भित करता है जब कोई लेखन और विकास नहीं था या लेखन का कोई सबूत नहीं है।
अतः विकल्प (A) सही है।

11. जैन कीर्ति स्तम्भ और विजय स्तम्भ दोनों चित्तौड़गढ़(राजस्थान) में स्थित हैं। जैन कीर्ति स्तम्भ की ऊँचाई 22 मीटर है और इसमें 7 मंज़िलें हैं। इसका निर्माण भगरवाल जैन व्यपारी जीजाजी कथोड़ ने 12वीं शताब्दी में किया था। ऋषभदेव जैन धर्म के पहले तीर्थिकर थे।
अतः विकल्प (D) सही है।

12. कठोपनिषद में नचिकेता का उल्लेख है। काठोपनिषद यम (मृत्यु के स्वामी) और नचिकेता (12 साल के युवा लड़के) के बीच की बातचीत है। नचिकेता मृत्यु और उससे बाद के जीवन का अर्थ तलाश करने के लिए में घर छोड़कर चला गया। उपनिषद प्राचीन संस्कृत ग्रंथ हैं जिनमें हिंदू धर्म की कुछ केंद्रीय दार्शनिक अवधारणाएं और विचार हैं जिनमें से कुछ को बौद्ध धर्म और जैन धर्म जैसी धार्मिक परंपराओं के साथ साझा किया गया है। कथा उपनिषद प्राथमिक उपनिषदों में से एक है जो कृष्ण यजुर्वेद के कथा विद्यालय के अंतिम आठ खंडों में सन्निहित था।
अतः विकल्प (B) सही है।

13. जैन धर्म जिसे जैन धर्म के नाम से भी जाना जाता है, एक प्राचीन भारतीय धर्म है। वे अपने इतिहास को अपने चौबीस उद्धारकर्ताओं को तीर्थंकर के नाम से जानते हैं। पहले तीर्थंकर ऋषभनाथ थे और चौबीसवें तीर्थंकर महावीर थे जैन साहित्य उस आगम में समाहित है जिसमें कई जैन ग्रंथ अर्ध-मागधी प्राकृत भाषा में हैं।
अतः विकल्प (C) सही है।

14. 'कालचक्र' समारोह बौद्ध धर्मों से जुड़ा है। 'कालचक्र' संस्कृत में रचित इस परंपरा के मूलभूत बौद्ध तांत्रिक ग्रंथ का नाम है। बाद में इसका तिब्बती में अनुवाद किया गया। कालचक्र परंपरा के मूल संस्कृत ग्रंथ "11वीं शताब्दी के शुरुआती दशकों के दौरान उत्पन्न हुए थे। इस परंपरा के सबसे महत्वपूर्ण ग्रंथों में कालचक्रतंत्र शामिल है। इस पर व्याख्यात्मक टिप्पणी को विमलप्रभा कहा

जाता है।
अतः विकल्प (B) सही है।

15. ज्यादातर चांदी से बने पंच-चिन्हित सिक्के, बिहार में बहुतायत से पाए जाते थे। ये पटना शहर के गोलकपुर में, पूर्णिया और अन्य स्थानों पर पाए गए थे। कुशान सिक्के, बक्सर में खुदाई में पाए गये है जो कुषाण साम्राज्य की सीमा को दर्शाता है। हुविष्क का एक सिक्का जो ताबीज़ के रूप में इस्तेमाल किया जाता था, कुम्हरार की खुदाई में पाये गये थे। सारण जिले के चिरांद में 82 कुषाण तांबे के सिक्कों का ढेर मिला है।
अतः विकल्प (B) सही है।

16. जातक कथाएँ साहित्य रचनाएं हैं जो गौतम बुद्ध के पिछले जन्मों के बारे में हैं। बौद्ध धर्म: बौद्ध धर्म एक मत है जिसकी स्थापना सिद्धार्थ गौतम ("बुद्ध") ने पाचवीं शताब्दी ई.पू. में की थी बौद्ध धर्म अपने संस्थापक सिद्धार्थ गौतम की शिक्षाओं, जीवन के अनुभव पर आधारित है, जिनका जन्म लगभग 563 ईसा पूर्व में हुआ था।
अतः विकल्प (D) सही है।

17. गुप्त वंश की स्थापना 240 ई. में श्रीगुप्त ने की थी। गुप्त साम्राज्य के काल को भारतीय इतिहास के 'शास्त्रीय युग' या 'स्वर्ण युग' के रूप में जाना जाता है। फाह्यान एक चीनी तीर्थयात्री थे जो एक धार्मिक मिशन पर चंद्रगुप्त द्वितीय के शासनकाल के दौरान भारत आए थे। इस काल में कई साहित्यिक रचनाएँ की गईं। वो थीं, कालिदास ने अभिज्ञान शाकुंतलम और मेघदूतम् जैसे नाटक लिखे।
अतः विकल्प (D) सही है।

18. धम्म-महामत्ता, धम्म के विभिन्न पहलुओं को लागू करने और प्रचारित करने के लिए स्थापित अधिकारियों का एक समूह था।अशोक ने उन्हें समाज के विभिन्न वर्गों तक अपना संदेश पहुंचाने के लिए जिम्मेदार बनाया। बाद में वे बहुत शक्तिशाली हो गए और राज्य की राजनीति में हस्तक्षेप करने लगे।
अतः विकल्प (A) सही है।

19. समुद्रगुप्त के शासनकाल के लिए सबसे महत्वपूर्ण स्रोत इलाहाबाद स्तंभ शिलालेख है। अश्तमेध यज्ञ समुद्रगुप्त द्वारा किया गया था। उनके सोने के सिक्कों और शिलालेखों से पता चलता है कि वह एक कुशल कवि थे, और संगीत भी बजाते थे। समुद्रगुप्त का शासन आधुनिक यूपी के मध्य भाग, मध्य भारत के एक हिस्से और बंगाल के दक्षिण-पश्चिमी हिस्से और कुछ सहायक राज्यों में दक्षिण में उसके द्वारा विस्तारित किया गया था। समुद्रगुप्त कई कवियों और विद्वानों का संरक्षक था, जिनमें से एक हरिसेना भी था। विन्सेंट स्मिथ ने उन्हें 'भारतीय नेपोलियन' के रूप में प्रशंसा की।
अतः विकल्प (C) सही है।

20. यह भारत के मध्य प्रदेश के सागर जिले में एक प्राचीन शहर और पुरातात्विक स्थल है। यह भारतीय राजवंशों के लिए प्राचीन टकसालों में से एक था जैसा कि यहां खुदाई किए गए विभिन्न सिक्कों से स्पष्ट है। इस स्थल पर 5वीं और 6वीं शताब्दी के गुप्त युग के मंदिर और स्मारक हैं, विशेष रूप से मूर्तिकला के शरीर पर चित्रित ऋषियों और विद्वानों के साथ विशाल पत्थर के सूअर। एरण में पाए जाने वाले शिलालेख कालक्रम और गुप्त साम्राज्य के इतिहास के पुनर्निर्माण के लिए महत्वपूर्ण हैं।
अतः विकल्प (B) सही है।

21.

a. हड़प्पा	III. दयाराम साहनी
b. मोहनजोदड़ो	I. राखालदास बनर्जी
c. चन्हुदड़ो	IV. गोपाल मजूमदार
d. लोथल	II. रंगनाथ राव

अतः विकल्प (A) सही है।

22. मौर्य युग के दौरान आधिकारिक 'अग्रोनोमोई' सड़कों के निर्माण से संबंधित था। मौर्य साम्राज्य को चार प्रांतों में विभाजित किया गया था, अर्थात् तोसली, उज्जैन, सुवर्णगिरि और तक्षशिला। शाही राजधानी पाटलिपुत्र में थी। चंद्रगुप्त मौर्य मौर्य वंश के संस्थापक थे। ग्रीक विद्वानों द्वारा उन्हें सैंड्रोकोटस/एंड्रोकोटस भी कहा जाता था। सेल्यूकस ने एक ग्रीक राजदूत, मेगस्थनीज को चंद्रगुप्त मौर्य के दरबार में भेजा।
अतः विकल्प (C) सही है।

23. समुद्रगुप्त गुप्त वंश का चौथा राजा और "चंद्रगुप्त- I" का उत्तराधिकारी था। समुद्रगुप्त को गुप्त वंश के सबसे महान राजा और एक बहादुर योद्धा और कला के संरक्षक के रूप में जाना जाता है। चंद्रगुप्त-एल अपने पिता घटोत्कच (320 ईस्वी) के बाद राजा बने। समुद्रगुप्त गुप्त के साम्राज्य की राजधानी "पाटलिपुत्र" थी। चाणक्य चंद्रगुप्त मौर्य के राज्य के प्रधानमंत्री थे। वह "विष्णुगुप्त" और "कौटिल्य" के नाम से प्रसिद्ध थे। चंद्रगुप्त द्वितीय ने गुप्त वंश के अगले शासक के रूप में समुद्रगुप्त को सफल किया।
अतः विकल्प (A) सही है।

24. पैलियोलिथिक लोगों को शिकार और इकट्ठा करके जीवित रहने वाले छोटे समाजों में बांटा गया था। उन्होंने मछली पकड़ने, शिकार करने या जंगली जानवरों के काटने और पौधों से संसाधन जुटाने का अभ्यास किया। पैलियोलिथिक युग में लकड़ी या हड्डी के उपकरण के साथ पत्थर के औजारों के उपयोग की विशेषता थी। शिकार के दौरान उन्हें काटने और काटने के लिए सरल पत्थर के औजार के रूप में उपयोग किया जाता था। उन्हें कृषि के साथ-साथ गृह निर्माण की भी जानकारी नहीं थी।
अतः विकल्प (A) सही है।

25. चंद्रगुप्त द्वारा समुद्रगुप्त का चयन गुप्त वंश के हित में सबसे बड़ा एकल कारक साबित हुआ। उनके दरबारी कवि हरीसेना द्वारा लिखित इलाहाबाद पिलर शिलालेख (प्रयाग प्रशस्ति) समुंद्रगुप्त की विजय का विस्तृत विवरण देता है। यद्यपि उनके सैन्य अभियानों ने, समुद्रगुप्त ने भारत में राजनीतिक एकता को काफी हद तक फिर से स्थापित किया था। अपने सैन्य विजय के कारण, डॉ वी.ए. स्मिथ ने समुद्रगुप्त को भारत का नेपोलियन कहा है।
अतः विकल्प (D) सही है।

26. प्राचीन इतिहास में, छठी शताब्दी ईसा पूर्व में, उत्तर भारतीय प्रांतों को सात राज्यों में विभाजित किया गया था, जिनमें से अवंती, कोसाला, वत्स और मगध थे। जिसमें से मगध आसपास के अन्य प्रांतों को हराते हुए एक उभरती हुई शक्ति के रूप में उभरा। इसके अलावा, मगध व्यापार और उपजाऊ भूमि के लिए एक अच्छा केंद्र था। मगध पर शासन करने वाला पहला राजवंश हर्यक राजवंश था जिसके प्रमुख शासक बिम्बिसार और अजातशत्रु थे। बिम्बिसार ने राजगृह को राजधानी बनाया।
अतः विकल्प (A) सही है।

27. सिंधु घाटी सभ्यता का प्राचीन स्थल कालीबंगन, राजस्थान में स्थित है। कालीबंगन में खेत की सतह, 7 अग्नि वेदी, सजी हुई ईंटें और ऊंट की हड्डियाँ मिली।
अतः विकल्प (C) सही है।

28. सम्राट अशोक के शासनकाल के दौरान अशोक के अध्यादेश कुल 33 शिलालेखों, स्तंभों, शिलाखंडों और गुफाओं की दीवारों पर लिखे गए हैं, जो भारत, पाकिस्तान और नेपाल के क्षेत्रों में भारतीय उप-महाद्वीप पर फैले हुए हैं। मौर्य साम्राज्य के पूर्वी भागों में पाए गए शिलालेखों को मगधी भाषा में ब्राह्मी लिपि का उपयोग करते हुए लिखा गया है।

जबकि साम्राज्य के पश्चिमी हिस्सों में उपयोग की गयी लिपि खरोष्ठी है, जिसे प्राकृत में लिखा गया है। विविधता के लिए, अध्यादेश 13 में एक उद्धरण ग्रीक और अरामी में लिखा गया है। इन शिलालेखों में एक उल्लेखनीय बात यह है कि अशोक खुद को इन शिलालेखों में से कई में "देवमपीय" के रूप में संदर्भित करता है, जिसका अर्थ है "देवताओं का प्रिय" और "राजा पीयदासी।" दुनिया को मौर्य साम्राज्य और अशोक के इन विवरणों का पता चला जब ब्रिटिश पुरातत्वविद् जेम्स प्रिंसप द्वारा इन अध्यादेशों और शिलालेखों को डिकोड किया गया था।
अतः विकल्प (B) सही है।

29. "मृच्छकटिकम" संस्कृत नाटक शूद्रका द्वारा रचित है। विशाखादत्ता एक प्रसिद्ध संस्कृत नाटककार थे। उनकी प्रसिद्ध रचना "मुदर्रक्ष" है।कादम्बरी संस्कृत साहित्य का एक महान उपन्यास है। इसके निर्माता "बाणभट्ट" है। समीक्षा उन ग्रंथों की है जो अन्य ग्रंथों के अर्थ पर एक व्यापक व्याख्या या

टिप्पणी पेश करते हैं।
अतः विकल्प (B) सही है।

30. यजुर्वेद संस्कृत के मंत्रों और छंदों का एक प्राचीन संग्रह है, जिसका उपयोग हिंदू पूजा और अनुष्ठानों में किया जाता है। यह नाम संस्कृत की जड़ों से लिया गया था, यजुर, जिसका अर्थ है "पूजा" या "त्याग" और वेद, जिसका अर्थ "ज्ञान" है। यजुर वेद को कभी-कभी "बलिदान के ज्ञान" के रूप में अनुवादित किया जाता है।
अतः विकल्प (C) सही है।

31. गौतम बुद्ध का वास्तविक नाम "सिद्धार्थ गौतम" था। गौतम बुद्ध बौद्ध धर्म के प्रवर्तक थे। उनका जन्म 563 ईसा पूर्व और "महापरिनिर्वाण" 483 ईसा पूर्व में हुआ था। उनका जन्म शाक्य गणराज्य की राजधानी कपिलवस्तु के पास लुम्बिनी में हुआ था। सांसारिक समस्याओं से परेशान होकर सिद्धार्थ ने 29 वर्ष की आयु में घर छोड़ दिया। इस त्याग को बौद्ध धर्म में "महाभिनिष्करमण" के रूप में जाना जाता है। ज्ञान की खोज में, सिद्धार्थ ने सबसे पहले वैशाली के अलार कलाम से "सांख्य दर्शन" की दीक्षा ली। 35 वर्ष की आयु में, उन्होंने निरुला नदी के किनारे पीपल के पेड़ के नीचे उरुवेला (बोध गया) में ज्ञान का एहसास किया। उरुवेला में ज्ञान की प्राप्ति के बाद, लोग उन्हें "तथागत या बुद्ध" के नाम से संबोधित करने लगे। इस स्थान को बाद में "बोध गया" के रूप में भी जाना जाता था।
अतः विकल्प (D) सही है।

32. सरतरु असम के कामरूप जिले में स्थित एक नवपाषाण स्थल है। दिए गए विकल्पों में तराडीह, चिरांद और सेनुर बिहार में स्थित पूर्व ऐतिहासिक स्थल हैं।
अतः विकल्प (D) सही है।

33. पुर्तगाली मिशनरी 16वीं शताब्दी के मध्य में गोवा में प्रिंटिंग प्रेस लाए थे। पुर्तगाली पुजारियों ने कोंकणी सीखी और अनेक पुस्तकों का मुद्रण किया। 1674 तक उन्होंने कोंकणी और कन्नड़ भाषाओं में लगभग 50 किताबें छापीं।

जो किताबें छपी थीं उनमें से कुछ में कॉनक्लूसियस ई आउट्रास कोइस्स, कन्फेक्शनरियस और ड्यूट्रीना क्रिस्टा शामिल हैं। जोहान्स गुटेनबर्ग ने यूरोप में 15 वीं शताब्दी में प्रिंटिंग प्रेस का आविष्कार किया था।
अतः विकल्प (C) सही है।

34. यह मुख्य रूप से दो कारणों से यूरोप में अंग्रेज और फ्रांस के बीच के युद्धों के सत्रिपात था, वाणिजियिक हितों की सुरक्षा के लिए।

दक्षिण भारत और यूरोप में राजनीतिक विकास ने अपने दावों को स्थापित करने के लिए पूर्वता प्रदान की, जिसकी परिणति तीन कर्नाटक युद्धों के रूप में हुई।प्रथम कर्नाटक युद्ध (1744-48) - यह यूरोप में आंग्ल-फ्रांसीसी प्रतिद्वंद्विता का विस्तार था और 1748 में ऐक्स-ला-चैपल की संधि के साथ समाप्त हुआ। द्वितीय कर्नाटक युद्ध (1749-54) - हालांकि अनिर्णायक, इसने दक्षिण भारत में फ्रांस और अंग्रेज की सत्ता को कमजोर कर दिया।तीसरा कर्नाटक युद्ध (1758-63) - एक निर्णायक युद्ध, जिसे वांडिवाश का युद्ध के रूप में जाना जाता है।
अतः विकल्प (B) सही है।

35. बंगाल में भारतीय राष्ट्रीय कांग्रेस और राष्ट्रवादियों ने 1905 में बंगाल विभाजन के निर्णय का दृढ़ता से विरोध किया। उन्होंने विभाजन के कार्य को भारतीय राष्ट्रवाद के लिए एक चुनौती के रूप में देखा और न केवल एक प्रशासनिक उपाय के रूप में। उन्होंने इसे बंगाल में राष्ट्रवाद को कमजोर करने और बंगालियों को विभाजित करने के एक जानबूझकर प्रयास के रूप में देखा क्योंकि यह बंगाली संस्कृति और भाषा के लिए एक बड़ा झटका था।
अतः विकल्प (B) सही है।

36. ई.वी. रामास्वामी नाइकर ने आत्म सम्मान आंदोलन शुरू किया। उन्हें पेरियार के नाम से भी जाना जाता है। इस आंदोलन का उद्देश्य समाज में ब्राम्हणवादी वर्चस्व को समाप्त करना था। उन्होंने महसूस किया कि यह निचली जाति के शोषण का प्रमुख साधन था। उन्होंने जो तरीके अपनाए उनमें से एक था ब्राहणों के बिना विवाह का आयोजन करना। वह सामाजिक न्याय के अग्रणी थे और अस्पृश्यता के विरुद्ध लड़ाई लड़ी थी। उन्होंने कहा कि मनु का नियम अमानवीय और पुराण परियों की कहानियों के रूप में है। उन्होंने द्रविड़ों पर हिंदी थोपने का विरोध किया। उन्होंने होटलों पर जाति के नाम के पट्टों को फाड़ दिया, ब्राह्मणों के पवित्र धागे जनेऊ को काट दिया, मूर्तियों को तोड़ा और देवताओं को चप्पल से पीटा।
अतः विकल्प (D) सही है।

37. राष्ट्रीय स्वयंसेवक संघ: इसकी स्थापना 27 सितंबर 1925 को नागपुर में हुई थी। इसकी स्थापना डॉ. केशव बलिराम हेडगेवार ने की थी। यह हिंदुत्व की विचारधारा पर पाया गया था। मोहन मधुकर भागवत राष्ट्रीय स्वयंसेवक संघ के वर्तमान सरसंघचालक (प्रमुख) हैं। आरएसएस प्रमुख डॉ. मोहन भागवत ने 19 नवंबर 2019 को नागपुर में अंतर्राष्ट्रीय प्रिंसिपल एजुकेशन कॉन्फ्रेंस (IPEC) का उद्घाटन किया। सुपर 30 के संस्थापक और प्रख्यात गणितज्ञ आनंद कुमार को इस अवसर पर नचिकेता सर्वोत्तम पुरस्कार से सम्मानित किया गया। वर्ष 2019 के लिए 3-दिवसीय सम्मेलन का विषय था- स्किंग्स द लेजेंड्स ऑफ द ह्यूमन एक्सीलेंस विद स्कूल्स।
अतः विकल्प (C) सही है।

38. इसकी स्थापना 1849 में महाराष्ट्र में आत्माराम पांडुरंग और बाल शास्ती जमबेकर ने की थी। इसके संस्थापक एक ईश्वर में विश्वास करते थे और मुख्य रूप से जाति के नियमों को तोड़ने में रुचि रखते थे। विकल्प (C) सही है। इसकी बैठकों में, सदस्यों ने निम्न जाति के लोगों द्वारा पकाया गया भोजन लिया। वे महिलाओं के लिए शिक्षा, विधवा पुनर्विवाह पर भी विश्वास करते थे।

अतः विकल्प (C) सही है।

39. मॉर्ले-मिंटो सुधारों के तहत, इम्पीरियल लेजिस्लेटिव काउंसिल और प्रांतीय विधान परिषद में निर्वाचित सदस्यों की संख्या में वृद्धि हुई थी। प्रांतीय परिषदों में, गैर-आधिकारिक बहुमत पेश किया गया था, लेकिन चूंकि इनमें से कुछ गैर-आधिकारिक नामित किए गए थे और चयनित नहीं थे, इसलिए समग्र गैर-निर्वाचित बहुमत बने रहे।
अतः विकल्प (D) सही है।

40. होम रूल लीग अप्रैल 1916 में तिलक द्वारा और सितंबर 1916 में एनी बेसेंट द्वारा शुरू की गई। होम रूल लीग का उद्देश्य स्वयं की सरकार को प्राप्त करना और भारतीय राष्ट्रीय कांग्रेस को राष्ट्रीय पार्टी के साथ सम्मिलित करना था। होम रूल आंदोलन का उद्देश्य कनाडा और ऑस्ट्रेलिया जैसे देशों की तर्ज पर ब्रिटिश साम्राज्य के तहत भारत में गृह शासन या भारत के प्रभुत्व का दर्जा हासिल करना था। तिलक की छह शाखाओं का मुख्यालय दिल्ली में था जिनमें महाराष्ट्र, कर्नाटक, बरार और मध्य प्रांत शामिल थे। एनी बेसेंट ने देश के बाकी हिस्सों के लिए नेतृत्व प्रदान किया और उसकी लगभग 200 शाखाएँ थीं। तिलक और एनी बेसेंट ने लीगों के बीच घनिष्ठ सहयोग में काम किया लेकिन विलय नहीं किया। यह आयरिश होम रूल लीग की तर्ज पर आधारित था।
अतः विकल्प (D) सही है।

41. नवंबर 1927 में, ब्रिटिश सरकार ने संवैधानिक सुधारों को शुरू करने के लिए भारत की संवैधानिक प्रगति पर रिपोर्ट करने के लिए साइमन कमीशन को नियुक्त किया, जैसा कि वादा किया गया था। कई भारतीयों द्वारा इस आयोग का कड़ा विरोध किया गया।
अतः विकल्प (B) सही है।

42. महात्मा गांधी ने निम्नलिखित कारणों से इस आंदोलन की शुरुआत की: जलियांवाला बाग हत्याकांड और पूरे पंजाब क्षेत्र में परिणाम में पंजाब की गड़बड़ी। मोंटागु-चेम्सफोर्ड सुधार, 1919 के साथ असंतोष। खिलाफत आंदोलन।
अतः विकल्प (C) सही है।

43. गांधी ने चंपारण सत्याग्रह के दौरान भारत में पहली बार सविनय अवज्ञा (और ना कि भूख हड़ताल) की तकनीक का इस्तेमाल किया। अहमदाबाद मिल की हड़ताल के दौरान गांधी ने पहली बार भारत में भूख हड़ताल तकनीक का इस्तेमाल किया था। इसलिए, विकल्प (A) सही नहीं है। बिहार के चंपारण में नील की खेती के संदर्भ में किसानों की समस्याओं को देखने के लिए स्थानीय व्यक्ति राजकुमार शुक्ल द्वारा गांधी से अनुरोध किया गया था। यूरोपीय निलहों किसानों को कुल भूमि के 3/20 भाग (जिसे तिनकठिया प्रथा कहा जाता है) पर नील उगाने के लिए मजबूर कर रहे थे। इसलिए, विकल्प (A) सही है। चंपारण आंदोलन से जुड़े महत्वपूर्ण नेताओं में राजेंद्र प्रसाद, मज़हरुल-हक, महादेव

देसाई, नरहरि पारेख, जेबी कृपलानी, ब्रजकिशोर प्रसाद, अनुग्रह नारायण सिन्हा, रामनवमी प्रसाद और शंभुशरण वर्मा शामिल हैं।

अतः विकल्प (B) सही है।

44. मोपला मालाबार क्षेत्र में बसे मुस्लिम किरायेदार थे जहाँ अधिकांश जमींदार हिंदू थे। मोपलाओं ने उन्नीसवीं शताब्दी के दौरान जमींदारों के उत्पीड़न के खिलाफ भी अपना विद्राह व्यक्त किया था। किरायेदार-जमींदार संबंधों को नियंत्रित करने वाले सरकारी कानून के लिए स्थानीय कांग्रेस निकाय की मांग से मोपला किरायेदारों को विशेष रूप से प्रोत्साहित किया गया था। जल्द ही, मोपला आंदोलन को चल रहे खिलाफत आंदोलन से मिला दिया गया। खिलाफत-असहयोग आंदोलन के नेताओं जैसे गांधी, शौकत अली, और मौलाना आज़ाद ने मोपला की बैठकों को संबोधित किया था।
अतः विकल्प (D) सही है।

45. समग्र आर्थिक विकास की इस कमी के पीछे एक कारण यह था कि उन्नीसवीं शताब्दी में औपनिवेशिक राज्य ठीक एक "नाइट वॉचमैन" की तरह दूर था, जैसा कि मॉरिस डी. मॉरिस (1968) ने माना था। आधिकारिक तौर पर ब्रिटिश सरकार लैसेफेयर नीति के लिए प्रतिबद्ध थी, लेकिन वास्तव में यह पक्षपाती हस्तक्षेप की नीति थी, जिसे एक आर्थिक इतिहासकार ने उन्हें "सरकार द्वारा लगाए जाने वाले गैर-बाजार दबाव" के रूप में वर्णित किया है। इस तरह के दबावों ने द्वारकानाथ टैगोर जैसे भारतीय उद्यमियों को सफलतापूर्वक समाप्त कर दिया, जिन्होंने गलती से साझेदारी के विचार में विश्वास किया था। 1813 से जब भारतीय व्यापार को ईस्ट इंडिया कंपनी के एकाधिकार से मुक्त किया गया था, तो भारत को मुख्य रूप से रेलवे, जूट उद्योग, चाय बागान और खनन में ब्रिटिश निजी पूंजी निवेश के लिए एक आकर्षक क्षेत्र माना जाता था।
अतः विकल्प (D) सही है।

46. फ्रांसीसी ईस्ट इंडिया कंपनी का गठन 1664 में लूईस चौदहवें के अधीन एक मंत्री, कोलबर्ट द्वारा किया गया था। भारत में पहला फ्रांसीसी कारखाना सूरत में फ्रांसिस केरन द्वारा स्थापित किया गया था। इसलिए, विकल्प (B) सही है। बाद में, मराकरा ने मसूलीपट्टिनम में एक कारखाना स्थापित किया। फ्रेंकोइस मार्टिन ने 1673 में पांडिचेरी की स्थापना की। भारत में अन्य फ्रांसीसी कारखाने चंद्रनगर, माहे, और कराईकल में थे। फ्रांकोइस मार्टिन पांडिचेरी का पहला गवर्नर था, जो भारत में फ्रांसीसी आधिपत्य का मुख्यालय था।

अतः विकल्प (B) सही है।

47. बंगाल की सेना में सिपाहियों की उच्च-जाति की पृष्ठभूमि, जिन्हें ज्यादातर अवध से भर्ती किया गया था, ने उन्हें एक सजातीय चरित्र प्रदान किया।वे लंबे समय से कई शिकायतों का पोषण कर रहे थे: उनकी धार्मिक मान्यताएं थोड़े दिन में उनकी नई सेवा शर्तों के साथ विद्रोह के रूप में सामने आई थीं; उनका वेतन स्तर कम हो गया; उन्हें पदोन्नति और पेंशन के मामलों में भेदभाव का सामना करना पड़ा ।मामलों को बदतर बनाने के लिए, 1856 में नए सेवा नियमों का एक सेट पेश किया गया था, जिसने उनके स्वयं के क्षेत्रों के बाहर सेवा के लिए उनके अतिरिक्त भत्ते को समाप्त कर दिया।विदेशों में सेवा को उनकी जाति के नियमों के लिए पूर्वाग्रही माना जाता था, लेकिन ब्रिटिश साम्राज्य के विस्तार ने इसे अपरिहार्य बना दिया। बर्मा, सिंध, या अफ़गानिस्तान में सेवा करने से उनके इंकार ने विद्रोह और बर्खास्तगी को बढ़ावा दिया।
अतः विकल्प (C) सही है।

48. मीर निठार अली, जिन्हें टीटू मीर के नाम से जाना जाता है, वहाबी आंदोलन के संस्थापक सैय्यद अहमद बरेलवी के शिष्य थे। टीटू मीर ने वहहाबीवाद को अपनाया और शरिया की वकालत की। अतः विकल्प (A) सही नहीं है।उन्होंने जमींदारों के खिलाफ बंगाल के मुस्लिम किसानों को संगठित किया, जो ज्यादातर हिंदू, और ब्रिटिश नील किसान थे। आंदोलन उतना उग्रवादी नहीं था जितना कि ब्रिटिश रिकॉर्ड ने इसे बना दिया; केवल टीटू के जीवन के अंतिम वर्ष में उनके और ब्रिटिश पुलिस के बीच सामना हुआ था। उन्हें 1831 में मुठभेड़ में मार दिया गया था।

अतः विकल्प (B) सही है।

49. रमाबाई रानाडे ने 1904 में बॉम्बे में मूल संगठन राष्ट्रयय सामाजिक सम्मेलन के तहत महिलाओं के सामाजिक सम्मेलन (भारत महिला परिषद) की स्थापना की थी। 1910 में, सरला देवी चौधुरानी ने इलाहाबाद में भारत स्ती महामंडल की पहली बैठक बुलाई।

इसे एक महिला द्वारा स्थापित पहली प्रमुख भारतीय महिला संगठन के रूप में माना जाता है, इसके उद्देश्यों में महिलाओं के लिए शिक्षा को बढ़ावा देना, पर्दा प्रथा को समाप्त करना और पूरे भारत में महिलाओं की सामाजिक-आर्थिक और राजनीतिक स्थिति में सुधार शामिल है। सरला देवी का मानना था कि महिलाओं के उत्थान के लिए काम करने वाला पुरुष 'मनु की छांव में' रहता है।
अतः विकल्प (B) सही है।

50. उन्होंने 1902 में सर एंड्रयू फ्रेजर के नेतृत्व में एक पुलिस आयोग का गठन किया था। इसने अधिकारियों और सिपहियों के लिए एक अलग प्रशिक्षण केंद्र की सिफारिश की। इसने प्रांतीय पुलिस सेवा शुरू की और साथ ही भारतीय सेना को आधुनिक युद्धक बल बनाने के लिए कमांडर इन चीफ लॉर्ड किचनर ने भारतीय सेना में सुधार किया। उन्होंने वर्ष 1899 में कलकत्ता निगम अधिनियम पारित किया। अधिनियम के अनुसार इसने आधिकारिक सदस्यों की संख्या में वृद्धि की और निर्वाचित आधिकारिक सदस्यों की संख्या को कम किया। चूंकि आधिकारिक सदस्य ज्यादातर ब्रिटिश के थे, इसलिए इससे भारतीय जनता में आक्रोश था। वह प्राचीन भारतीय स्मारकों की सुरक्षा के लिए एक कानून पारित करने वाले वायसराय थे। उन्होंने 1904 में अपराध के रूप में प्राचीन स्मारकों को नष्ट करने का कानून पारित किया और अधिकारियों को प्राचीन स्मारकों को इकट्ठा करने और संरक्षित करने का निर्देश दिया। भारत में ब्रिटिश वायसराय लॉर्ड कर्जन ने मजबूत भारतीय राष्ट्रवादी विरोध के बावजूद बंगाल विभाजन (1905) किया।
अतः विकल्प (B) सही है।

51. महात्मा गांधी ने रोलेट एक्ट, जलियांवाला बाग हत्याकांड और खिलाफत आंदोलन की अगली कड़ी के रूप में सरकार के साथ असहयोग शुरू करने की अपनी योजना की घोषणा की। दिसंबर 1920 में नागपुर अधिवेशन में इसे भारतीय राष्ट्रीय कांग्रेस द्वारा अनुमोदित किया गया था।
अतः विकल्प (C) सही है।

52. सविनय अवज्ञा आंदोलन के भाग के रूप में, गांधी ने नमक सत्याग्रह शुरू किया था। उन्होंने 1930 में दांडी मार्च किया। सी. राजगोपालाचारी अप्रैल 1930 में TNCC के अध्यक्ष बने। तमिलनाडु में नमक सत्याग्रह के निर्देशन करने के लिए TNCC और AICC द्वारा अधिकृत, राजाजी ने प्रसिद्ध वेदारण्यम नमक सत्याग्रह मार्च निकाला। उन्होंने तंजुवीर जिले के तिरुचिरापल्ली से वेदारण्यम तक मार्ग का चयन किया। मार्च तमिल के नए साल के दिन (13 अप्रैल) से शुरू हुआ। 28 अप्रैल 1930 को मार्च वेदारण्यम पहुंचा। दो दिन बाद नमक कानून तोड़ने के लिए राजगोपालाचारी को गिरफ्तार कर लिया गया।
अतः विकल्प (A) सही है।

53. पेशावर में, खान अब्दुल गफ्फार खान के पठानों के बीच शैक्षिक और सामाजिक सुधार कार्य ने उनका राजनीतिकरण कर दिया था। गफ्फार खान, जिन्हें बादशाह खान और फ्रंटियर गांधी भी कहा जाता था, ने पहला पुश्तो राजनीतिक मासिक पुख्तून शुरू किया था। खान अब्दुल गफ्फार खान ने अहिंसक क्रांतिकारियों, ख़ुदाई खिदमतगारों (जिन्हें लाल शर्ट्स के रूप में जाना जाता है) का एक दल बनाया, जिन्होंने आंदोलन में सक्रिय भूमिका निभाई यंग इंडिया 1919 से 1931 तक मोहनदास करमचंद गांधी द्वारा प्रकाशित अंग्रेजी में एक साप्ताहिक पत्र या पत्रिका थी।
अतः विकल्प (B) सही है।

54. 29 अगस्त, 1947 को भारतीय संविधान की प्रारूप समिति की स्थापना की गई और डॉ. भीमराव रामजी अंबेडकर को इसका अध्यक्ष नियुक्त किया गया। बी.आर. अंबेडकर भारत के पहले कानून मंत्री भी थे। संविधान सभा का प्रतीक (मुहर) - हाथी। संविधान सभा के संवैधानिक सलाहकार (कानूनी सलाहकार)-सर बी.एन. राव संविधान सभा के पहले निर्वाचित अध्यक्ष- डॉ. राजेंद्र प्रसाद।

संविधान सभा के प्रथम अंतरिम अध्यक्ष- सच्चिदानंद सिन्हा सच्चिदानंद सिन्हा ने 9 दिसंबर 1946 को कार्यभार संभाला, लेकिन 11 दिसंबर 1946 को

इस्तीफा दे दिया क्योंकि डॉ. राजेंद्र प्रसाद को संविधान सभा के पहले अध्यक्ष के रूप में चुना गया था। संविधान सभा के सचिव- एच.वी.आर. आयंगर। संविधान संभा में संविधान के प्रमुख रचयिता- एस.एन.मुखर्जी मूल प्रस्तावना को बेहर राममनोहर सिन्हा द्वारा प्रकाशित, सुशोभित और अलंकृत किया गया है। प्रेम बिहारी नारायण रायज़ादा ने मूल प्रस्तावना की हस्तलिपि की।
अतः विकल्प (A) सही है।

55. 1717 और 1733 के बीच सिक्किम राज्य को पश्चिम में नेपाली और पूर्व में भूटानी द्वारा कई छापे का सामना करना पड़ा, जिसका समापन नेपालियों द्वारा राजधानी रबडेंटसे के विनाश के साथ हुआ।पड़ोसी देश भारत में ब्रिटिश शासन के दौरान सिक्किम ने अपने प्रमुख दुश्मन नेपाल के विरुद्ध ब्रिटेन से हाथ मिला लिया।1835 में दार्जिलिंग को सिक्किम के राजा से 3,000 रुपये प्रति वर्ष के शुल्क पर पट्टे पर लिया गया था। 1947 में जब भारत स्वतंत्र हुआ, तो सिक्किम के एक बड़े बहुमत ने भारतीय संघ में शामिल होने से इंकार कर दिया, और प्रधानमंत्री जवाहरलाल नेहरू सिक्किम के लिए एक विशेष रक्षा का दर्जा देने पर सहमत हुए |
अतः विकल्प (D) सही है।

56. अलेक्जेंडर कनिंघम "भारतीय पुरातत्व सर्वेक्षण (ASI)" के पहले सर्वेक्षक-जनरल थे। यह भारत सरकार का संगठन है। यह पुरातात्विक अनुसंधान, संरक्षण और सांस्कृतिक स्मारकों के संरक्षण के लिए जिम्मेदार है। इसकी स्थापना ब्रिटिश राज के दौरान वर्ष 1861 में तक्कालीन वायसराय केनिंग की मदद से की गई थी। कनिंघम 1885 में सेवानिवृत्त हुए थे
अतः विकल्प (B) सही है।

57. लाला लाजपत राय पूंजीवाद को साम्राज्यवाद से जोड़ने वाले पहले व्यक्ति थे- "साम्राज्यवाद और सेन्यवाद पूंजीवाद के जुड़वां बच्चे हैं"| लाला लाजपत राय एक भारतीय लेखक ओर राजनीतिज्ञ थे, जो भारतीय राष्ट्रीय कांग्रेस (कांग्रेस पार्टी) में उग्रवाद विरोधी ब्रिटिश राष्ट्रवाद की वकालत और हिंदू वर्चस्व आंदोलन के एक नेता के रूप में प्रसिद्ध थे। वे रूढ़िवादी हिंदू समाज आर्य समाज के संस्थापक दयानंद सरस्वती के अनुयायी बन गए।प्रथम विश्त युद्र के दौरान, लाजपत राय संयुक्त राज्य अमेरिका में रहते थे, जहाँ उन्होंने न्यूयॉर्क शहर में इंडियन होम रूल लीग ऑफ़ अमेरिका (1917) की स्थापना की।
अतः विकल्प (B) सही है।

58. इसका गठन भारत की प्रारंभिक शिक्षा की स्थिति को देखने के लिए किया गया था। इसका एक अन्य उद्देश्य वुड डिस्पैच के कार्यान्वयन में विफलता को देखना था। विलियम विल्सन हंटर इस आयोग के अध्यक्ष थे जो भारतीय सिविल सेवा के सदस्य थे। इसका दूसरा नाम उच्च शिक्षा आयोग था। यह भारत के वाइसराय लॉर्ड रिपन द्वारा नियुक्त किया गया था।
अतः विकल्प (D) सही है।

59. साइमन कमीशन ने नवंबर 1927 में ब्रिटिश सरकार द्वारा 1919 के भारत सरकार अधिनियम के कामकाज पर एक रिपोर्ट बनाने के लिए नियुक्त किया। 12 नवंबर 1930 से 19 जनवरी 1931 तक पहला गोलमेज सम्मेलन बुलाया गया। 'फूट डालो और शासन करो' की ब्रिटिश नीति को अगस्त 1932 में सांप्रदायिक पुरस्कार की घोषणा में एक और अभिव्यक्ति मिली। गांधीजी अपनी मांग को लागू करने के लिए 20 सितंबर 1932 को आमरण अनशन पर चले गए।
अतः विकल्प (B) सही है।

60. मोतीलाल नेहरू की अध्यक्षता में ऑल पार्टीज कॉन्फ्रेंस की एक समिति द्वारा नेहरू रिपोर्ट का मसौदा तैयार किया गया था, जिसमें उनके बेटे जवाहरलाल नेहरू सचिव थे। इस समिति में नौ अन्य सदस्य थे। अंतिम रिपोर्ट में मोतीलाल नेहरू और जवाहरलाल नेहरू, अली इमाम, तेज बहादुर सप्रू, माधव श्रीहरि एनी, मंगल सिंह, शुएब कुरैशी, सुभाष चंद्र बोस और जी. आर. प्रधान ने हस्ताक्षर किए थे।
अतः विकल्प (B) सही है।

61. मध्यम राष्ट्रवाद: राष्ट्रीय आंदोलन के पहले चरण के दौरान प्रमुख आंकड़े ए. ओ. ह्यूम, डब्ल्यू सी. बनर्जी, सुरेंद्र नाथ बनर्जी, दादाभाई नौरोजी, फिरोज शाह मेहता, गोपालकृष्ण गोखले, पंडित मदन मोहन मालवीय, बदरुद्दीन तैयबजी, न्यायमूर्ति रानाडे और जी.सुब्रमण्य अय्यर। नरमपंथियों को ब्रिटिश न्याय और सद्भावना में विश्वास था। उन्हें नरमपंथी कहा गया क्योंकि उन्होंने अपनी मांगों को प्राप्त करने के लिए शांतिपूर्ण और संवैधानिक साधनों को अपनाया।
अतः विकल्प (C) सही है।

62. लॉर्ड कर्जन (1899-1905): लॉर्ड वेलेजली और लॉर्ड डलहौज़ी जैसे ब्रिटिश भारत के शासकों के बीच लॉर्ड कर्ज़न का उच्च स्थान है। वह एक पूर्ण साम्राज्यवादी था। प्रशासन को कुशल बनाने के लिए, लॉर्ड कर्जन ने पूरे प्रशासनिक तंत्र को उखाड़ फेंका। उनके आंतरिक प्रशासन का अध्ययन निम्नलिखित शीर्षों के तहत किया जा सकता है। शैक्षिक सुधार: उनके विचार में विश्वविद्यालयों ने राजनीतिक क्रांतिकारियों के निर्माण के लिए कारखानों में अध: पतन किया था।
अतः विकल्प (C) सही है।

63. रिपन का मानना था कि स्वशासन राजनीति का उच्चतम और श्रेष्ठ सिद्धांत है। इसलिए, रिपन ने शहरों में नगर समितियों और तालुकों और गांवों में स्थानीय मंडलों जैसे स्थानीय निकायों के विकास में मदद की। नगरपालिकाओं की शक्तियों में वृद्धि की गई। उनके अध्यक्ष गैर-अधिकारी होने थें। उन्हें स्थानीय सुविधाओं, स्वच्छता, जल निकासी और पानी की आपूर्ति और प्राथमिक शिक्षा की देखभाल भी सौंपी गई थी। जिला और तालुक बोर्ड बनाए गए । यह जोर देकर कहा गया था कि इन बोर्डों के अधिकांश सदस्यों को गैर-अधिकारी चुना जाना चाहिए।
अतः विकल्प (C) सही है।

64. क्रिप्स मिशन की विफलता और भारत के आसन्न जापानी आक्रमण के डर से महात्मा गांधी ने अंग्रेजों द्वारा भारत छोड़ने के लिए अपना अभियान शुरू किया। महात्मा गांधी का मानना था कि अंग्रेजों के भारत छोड़ने और हिंदू-मुस्लिम समस्या के हल के बाद ही एक अंतरिम सरकार बनाई जा सकती है। ऑल इंडिया कांग्रेस कमेटी ने 8 अगस्त 1942 को बॉम्बे में मुलाकात की और भारत छोड़ो प्रस्ताव पारित किया। उसी दिन, गांधी ने करो या मरो' का आह्वान किया।
अतः विकल्प (B) सही है।

65. क्रिप्स मिशन के माध्यम से, भारत को ब्रिटिश राष्ट्रमंडल से अलग होने की शक्ति के साथ डोमिनियन स्टेटस का वादा किया गया था; इसने प्रस्तावित किया कि युद्ध बंद होने के तुरंत बाद, भारत के लिए संविधान बनाने के कार्य के लिए एक निर्वाचित निकाय की स्थापना के लिए कदम उठाए जाएंगे और कहा गया है कि नए संविधान के गठन तक ब्रिटिश सरकार की रक्षा के लिए जिम्मेदार रहेगी। भारत; अंतत: इस निकाय द्वारा बनाए गए संविधान को भी ब्रिटिश सरकार द्वारा लागू किया जाएगा, लेकिन ब्रिटिश भारत के किसी भी प्रांत को इस प्रकार बनाए गए संविधान को अस्वीकार करने और अपनी मौजूदा संवैधानिक स्थिति को बनाए रखने या ब्रिटिश सरकार के साथ समझौते से एक और संविधान बनाने का अधिकार होगा।

ब्रिटिश अपनी पकड़ खो रहे थे, इसलिए उपमहाद्वीप को डोमिनियन का दर्जा देने के प्रस्ताव को पोस्ट-डेटेड चेक कहा गया। गांधीजी ने इसे पोस्ट डेटेड चेक कहा था। गांधीजी ने भविष्यवाणी की थी कि हिला हुआ ब्रिटिश शासन जल्द ही पकड़ खो देगा इसलिए युद्ध के प्रयास के लिए वे भारत को जो सहायता दे रहे हैं वह बेकार थी।

अतः विकल्प (C) सही है।

66. 1914-18 के महान युद्ध के दौरान, अंग्रेजों ने प्रेस की अभिवेचन की स्थापना की थी और परीक्षण के बिना नजरबंदी की अनुमति दी थी। यह सर सिडनी रौलट की अध्यक्षता में एक समिति की सिफारिश पर है, इन कठोर उपायों को जारी रखा गया था। इसके जवाब में, गांधीजी ने "रौलट एक्ट" के खिलाफ एक देशव्यापी अभियान का आह्वान किया। उत्तर और पश्रिम भारत के शहरों में, जीवन अस्त-व्यस्त हो गया, क्योंकि भारत बंद के जवाब में दुकानें बंद हो गई और स्कूल बंद हो गए। विरोध पंजाब में विशेष रूप से तीव्र था, जहां कई लोगों ने युद्ध में ब्रिटिश पक्ष की सेवा की थी उनकी सेवा के लिए पुरस्कृत होने की उम्मीद थी। इसके बजाय, उन्हें रौलट एक्ट दिया गया। गांधीजी को पंजाब जाते समय हिरासत में लिया गया था, यहां तक कि प्रमुख स्थानीय

कांग्रेसियों को भी गिरफ्तार किया गया था।
अतः विकल्प (C) सही है।

67. चंपारण सत्याग्रह: दिसंबर 1916 में लखनऊ में आयोजित वार्षिक कांग्रेस में, गांधीजी को बिहार के चंपारण के एक किसान से संपर्क किया गया, जिन्होंने उन्हें ब्रिटिश इंडिगो प्लांटर्स द्वारा किसानों के कठोर उपचार के बारे में बताया। महात्मा गांधी को चंपारण में 1917 से अधिक का समय बिताना था, किसान की सुरक्षा के साथ-साथ अपनी पसंद की फसलों की खेती करने की स्वतंत्रता प्राप्त करने की मांग करना। श्रमिक हड़ताल: फरवरी-मार्च 1918 में, गांधीजी ने अहमदाबाद में एक श्रमिक विवाद में हस्तक्षेप किया, कपड़ा मिल श्रमिकों के लिए बेहतर काम करने की स्थिति की मांग की।
अतः विकल्प (C) सही है।

68. वर्ष 1857 में, स्वतंत्रता सेनानियों को स्वतंत्रता के प्रयासों को चैनलाइज़ करने और इसे साम्राज्यवादी शासकों के खिलाफ एक ठोस शक्ति बनाने की आवश्यकता थी। महाराष्ट्र के रत्नागिरी में 23 जुलाई, 1856 को जन्मे बाल गंगाधर तिलक को 'भारतीय अशांति के जनक' के रूप में जाना जाता है। नए उद्योगों का उदय, मुख्य रूप से वस्त्र, हजारों मुस्लिम पठान और हिंदू मराठा शहर में चले गए, निकटता में रहे और काम किया। बंबई के तत्कालीन गवर्नर के अनुसार, सांप्रदायिक रूप से अधिवासित वातावरण में प्रज्वलन, गौ रक्षा समितियों द्वारा पुनरुत्थानवादी प्रचार द्वारा प्रदान किया गया था।
अतः विकल्प (A) सही है।

69. जवाहरलाल नेहरू भारत के पहले प्रधानमंत्री थे और स्वतंत्रता से पहले और बाद में भारतीय राजनीति में एक केंद्रीय व्यक्ति थे। उनकी आत्मकथा बहुत ही चौंकाने वाले वाक्य के साथ खुलती है: "समृद्ध माता-पिता का इकलौता पुत्र विकारित होने के लिए उपयुक्त है, ख़ासकर भारत में। उनकी आत्मकथा जून 1934 से फरवरी 1935 तक 9 महीने से कम की अवधि में पूरी तरह से जेल में लिखी गई थी।
अतः विकल्प (A) सही है।

70. ब्रिटिश भारत के प्रांतों के लिए भारत सरकार अधिनियम (1919) द्वारा शुरू की गई दोहरी सरकार की एक प्रणाली डायार्की है। 1921 में भारत सरकार अधिनियम 1919 लागू हुआ। इसने भारत के ब्रिटिश प्रशासन की कार्यकारी शाखा में लोकतांत्रिक सिद्धांत का पहला परिचय अंकित किया। एडविन सैमुअल मोंटेगू (भारत के लिए राज्य का सचिव, 1917-22) और लॉर्ड चेम्सफोर्ड (भारत का वाइसराय, 1916-21) द्वारा दार्शनिक को एक संवैधानिक सुधार के रूप में पेश किया गया था। इस अधिनियम को मोंटागु - चेम्सफोर्ड सुधार के रूप में भी जाना जाता है। मोंटेगू भारत के राज्य सचिव थे और लॉर्ड चेम्सफोर्ड भारत के वायसराय थे।
अतः विकल्प (B) सही है।

71. 1777 में बंगाल में नील की खेती शुरू हुई। ईस्ट इंडिया कंपनी ने अपने लाभ के कारण किसानों को खाद्य फसलों के बजाय नील उगाने के लिए मजबूर किया। यदि किसी किसान ने नील उगाने से इंकार कर दिया और उसके बदले धान लगाया, तो बागवानों ने किसान को नील उगाने के लिए अवैध साधन का सहारा लिया जैसे कि लूट और फसल जलाना, किसान के परिवार के सदस्यों का अपहरण करना आदि।
अतः विकल्प (B) सही है।

72. 1930 तक डॉ. अंबेडकर देश के दबे-कुचले लोगों के कारण राष्ट्रीय कद के नेता बन गए थे। प्रथम गोलमेज सम्मेलन में इन लोगों की स्थिति की वास्तविक तस्वीर पेश करते हुए, उन्होंने उनके लिए अलग निर्वाचक मंडल की मांग की थी। 16 अगस्त 1932 को, ब्रिटिश प्रधान मंत्री रामसे मैकडोनाल्ड ने एक घोषणा की, जो सांप्रदायिक पुरस्कार के रूप में सामने आई। इस पुरस्कार के अनुसार, अवसादग्रस्त वर्गों को एक अलग समुदाय के रूप में माना जाता था, और उनके लिए अलग निर्वाचक मंडल के लिए इस तरह के प्रावधान किए गए थे। महात्मा गांधी ने सांप्रदायिक पुरस्कार के खिलाफ विरोध किया और 20 सितंबर 1932 को यरवदा जेल में आमरण अनशन पर चले गए।
अतः विकल्प (C) सही है।

73. ब्रिटिश निर्माताओं को उम्मीद थी कि इससे देश के अंदरूनी हिस्सों में विशाल और अबतक बंद बाजार खुल जाएंगे और अपनी कच्ची मशीनों और काम करने वालों को खिलाने के लिए भारतीय कच्चे माल और खाद्य सामग्री के निर्यात की सुविधा होगी। ब्रिटिश बैंकरों और निवेशकों ने अपनी अधिशेष पूंजी के सुरक्षित निवेश के लिए एक चैनल के रूप में भारत में रेलवे के विकास पर ध्यान दिया। ब्रिटिश स्टील निर्माताओं ने इसे अपने उत्पादों जैसे रेल, इंजन, वैगनों और अन्य मशीनरी और संयंत्रत्र के लिए एक आउटलेट के रूप में माना। रेलवे कंपनियों को संयुक्त स्टॉक कंपनियों के रूप में स्थापित किया गया था। अंग्रेजी पूँजीपतियों ने इन कंपनियों के शेयर लंदन के शेयर बाज़ार में खरीदें। इंग्लैंड से दूरस्थ व्यापार में शेयर खरीदने और उन पर विश्वास पैदा करने के लिए उन्हें प्रोत्साहित करने के लिए, भारत सरकार ने उनके निवेश पर कम से कम 5% ब्याज की गारंटी की पेशकश की।
अतः विकल्प (C) सही है।

74. लॉर्ड डलहौजी द्वारा व्यपगत के सिद्धांत की शुरुआत की गई थी। यह उनकी नीति निर्धारण का मुख्य साधन था। इस सिद्धांत के तहत, जब एक संरक्षित राज्य के शासक की मृत्यु एक प्राकृतिक उत्तराधिकारी के बिना हो जाती है, तो उसका राज्य किसी दत्तक उत्तराधिकारी को नहीं सौंपा जा सकता था, जैसा कि देश की सदियों पुरानी परंपरा से स्वीकृत है।
अतः विकल्प (A) सही है।

75. आर्य समाज- स्वामी दयानंद सरस्वती ने 1875 में मुंबई में आर्य समाज की स्थापना की थी। दयानंद सरस्वती ने प्रथण समाज द्वारा अनुरोध किए जाने पर पुणे में वेदों के बारे में व्याख्यान दिया। लेकिन पुणे के रूढ़िवादी लोगों ने इस पर आपत्ति जताई। इसलिए स्वामीजी नें अपना मुख्यालय लाहौर स्थानांतरित कर दिया।
अतः विकल्प (B) सही है।

76. 1875 और 1885 के बीच के वर्षों में नया राजनीतिक रुझान युवा, अधिक कट्टरपंथी राष्ट्रवादी बुद्धिजीवियों का निर्माण था, जिनमें से अधिकांश ने इस अवधि के दौरान राजनीति में प्रवेश किया। उन्होंने अपने कार्यक्रमों और राजनीतिक गतिविधियों के साथ-साथ सामाजिक आधारों के लिए नए संघों की स्थापना की। 1836 - बंगभाषा प्रकाशन सभा। 1838 - कलकत्ता में जमींदारी संघ या लैंडहोल्डर्स सोसायटी। इसका उद्देश्य सरकार के लिए याचिकाओं के माध्यम से भूस्वामियों के हितों को बढ़ावा देना था और नौकरशाही का विचारशील प्रोत्साहन करना था।1843- बंगाल ब्रिटिश इंडिया सोसाइटी।1851 - ब्रिटिश इंडियन एसोसिएशन ऑफ बंगाल।
अतः विकल्प (A) सही है।

77. 31 जुलाई 1857 को, अंग्रेजों के खिलाफ कोल्हापुर में विद्रोह हुआ था। भारतीय सैनिकों की 21वीं और 28वीं सैन्यदल ने विद्रोह में भाग लिया। 6 दिसंबर 1857 को, चिमाभाऊ साहब जो कोल्हापुर के राजा के छोटे भाई थे, विद्रोह में भाग लिया। कोनहर, बेलगाम, धारवाड़ के लोगों ने विद्रोह की योजना तैयार की थी। पहले विद्रोह में 31 लोगों की मौत हुई जबकि दूसरे विद्रोह में 51 लोगों की मौत हुई। पुर्तगाली कमांडर "जैकब" ने विद्रोह में अंग्रेजों की मदद की। चिमाभाऊ साहब को गिरफ्तार कर सिंध प्रांत में रखा गया, जहाँ 1869 में उनकी मृत्यु हो गई।
अतः विकल्प (A) सही है।

78. तराइन की पहली लड़ाई 1191 में तराइन के पास मुहम्मद गौरी और पृथ्वीराज चौहान और उनके सहयोगियों के बीच लड़ी गई। गौरी ने बठिंडा पर कब्जा कर लिया और इससे वह उत्तर पश्चिमी सीमांत पृथ्वीराज चौहान राज्य में आ गया। उत्तर भारत के सभी हिन्दू राजाओं ने पृथ्वीराज चौहान की कमान में महासंघ का गठन किया। गोविंद ताई के नेतृत्व में पृथ्वीराज सेना ने बठिंडा की ओर मार्च किया और तराइन की जगह गौरी सेना के साथ लड़ाई लड़ी। गौरी, गोविंद ताई के साथ व्यक्तिगत लड़ाई में घायल हो गया और गौरी सेना पीछे हट गई और पृथ्वीराज चौहान को जीत दी।
अतः विकल्प (A) सही है।

79. सिकंदर लोदी ने 1503 में आगरा के वर्तमान शहर की इमारत का निर्माण किया। सिकंदर लोदी दिल्ली सल्तनत के एक अफगान सुल्तान थे। उन्होंने 1489 और 1517 के बीच शासन किया। उन्हें अपने पिता बहलूल लोदी का उत्तराधिकारी बनाया। लोदी फारसी भाषा के भी कवि थे। उन्होंने 9000 छंदों का एक दीवान तैयार किया।
अतः विकल्प (A) सही है।

80. हल्दीघाटी का युद्ध महाराणा प्रताप और मुगल सम्राट अकबर के बीच लड़ा गया था। हल्दीघाटी का युद्ध 18 जून 1576 को लड़ा गया था। लड़ाई घुड़सवार सेना और तीरंदाजों के बीच थी। हल्दीघाटी लड़ाई का स्थल राजस्थान के गोगुन्दा के पास हल्दीघाटी में एक संकरा पहाड़ी दर्रा था।
अतः विकल्प (C) सही है।

81. बीरबल को मूल रूप से महेश दास के नाम से जाना जाता था जिनका जन्म (1528 -1586)में हुआ था, या राजा बीरबल, एक हिंदू सलाहकार और मुगल सम्राट अकबर के दरबार में सेना के मुख्य कमांडर थे। उन्हें ज्यादातर भारतीय उपमहाद्वीप में लोक कथाओं के लिए जाना जाता है जो उनकी बुद्धि पर केंद्रित हैं। पुरुषों ने नौ दरबारियों का गठन किया, जिन्हें अकबर के राज्य के 'नवरत्न ' के रूप में भी जाना जाता है नवरत्नों में अबुल फजल, अब्दुल रहीम खान-ए-खाना, बीरबल, मुल्ला दो-पियाजा, फैजी, राजा मान सिंह, राजा टोडर मल, फकीर अजीओ-दीन और तानसेन हैं।
अतः विकल्प (C) सही है।

82. अकबरनामा अकबर के शासनकाल का आधिकारिक इतिहास है। इसे उनके दरबारी इतिहासकार और जीवनी लेखक, अबू-फ़ज़ल इब्न मुबारक ने लिखा था। वह "अकबर के दरबार में नौ रत्नों" में से एक थे। इसे फारसी में लिखा गया था। अमीर खुसरो सूफी फकीर और निज़ामुद्दीन औलिया के आध्यात्मिक शिष्य थे। उनकी खलीक-ए-बारी, जिसे दुनिया के सबसे पुराने मुद्रित शब्दकोश के रूप में जाना जाता है, हिंदी और फारसी शब्दों से संबंधित है। उन्हें "कव्वाली का जनक" माना जाता है।
अतः विकल्प (C) सही है।

83. मुगल सम्राट जहांगीर ने 1613 में सूरत में अंग्रेजी ईस्ट इंडिया कंपनी को अपना कारखाना स्थापित करने की अनुमति दी थी। ब्रिटिश ईस्ट इंडिया कंपनी मसालों के व्यापार के लिए भारत आई, जो यूरोप में तब एक महत्वपूर्ण वस्तु थी और जैसा कि मांस को संरक्षित प्रयुक्त किया जाता था। इसके अलावा, वे मुख्य रूप से रेशम, कपास, इंडिगो डाई, चाय और अफीम का व्यापार करते हैं मुगल सम्राट जहांगीर ने कैप्टन विलियम हॉकिन्स को 1613 में सूरत में एक कारखाना बनाने के लिए अंग्रेजों अनुमति देने के लिए एक फरमान जारी किया। 1615 में, जेम्स प्रथम के राजदूत, थॉमस रो ने, जहाँगीर से मुगल साम्राज्य के सभी स्थानों पर व्यापार करने और कारखाने स्थापित करने के लिए एक शाही फरमान प्राप्त किया।
अतः विकल्प (B) सही है।

84. घियास उद दीन बलबन दिल्ली के मामलुक/गुलाम वंश का नौवाँ सुल्तान था। वह इल्तुतमिश के 40 तुर्क दासों के प्रसिद्ध समूह से संबंधित था। एक जल वाहक की निम्न स्थिति से उठकर सुल्तान के पद तक पहुँचना उसके असाधारण गुणों की बात करता है। उन्हें कुलीनता की शक्ति को कम करने और सुल्तान के कद को बढ़ाने के लिए जाना जाता है। वह रक्त और लोहे की नीति का उपयोग करने से जुड़ा हुआ है। 'रक्त और लोहे' की नीति का तात्पर्य दुश्मनों से निर्मम होना, तलवार का इस्तेमाल, कठोरता और सख्ती और खून बहाना है।
अतः विकल्प (B) सही है।

85. हम्पी विजयनगर साम्राज्य की राजधानी थी। इसने 14 वीं शताब्दी में विजयनगर साम्राज्य की राजधानी के रूप में कार्य किया| हम्पी उत्तरी कर्नाटक में स्थित एक शहर था हम्पी हिंदू और जैन धर्म का एक प्रसिद्ध तीर्थस्थल है। यह तुंगभद्रा नदी के तट पर स्थित है। हम्पी-विजयनगर को बीजिंग बाय 1500 सी ई के बाद दुनिया का दूसरा सबसे बड़ा मध्ययुगीन युग का शहर माना जाता था हम्पी में स्मारकों के समूह को 1986 में यूनेस्को की विश्व धरोहर स्थलों में शामिल किया गया था। इस जगह में लगभग 1,600 स्मारक हैं।
अतः विकल्प (C) सही है।

86. हिंदू, बौद्ध और जैन के अतिरिक्त प्रभावों के साथ, मुगल चित्रकला फारसी लघु चित्रकला परंपरा से उभरा, यह आमतौर पर पुस्तक चित्रण या एल्बमों में संरक्षित एकल पत्रक का रूप लेती थी। सम्राट जहाँगीर यूरोपीय कला से प्रभावित था और अपने चित्रकार को यूरोपीय चित्रकारों द्वारा पसंदीदा एकल बिंदु परिप्रेक्ष्य का अनुकरण करने के लिए प्रोत्साहित किया, जो कि चपटा, बहुस्तरीय शैली में पारंपरिक रूप से लघु चित्रकला में इस्तेमाल किया गया था।
अतः विकल्प (C) सही है।

87. मुहम्मद बिन तुगलक ने अपनी राजधानी दिल्ली से दौलताबाद स्थानांतरित कर दी। मुहम्मद बिन तुगलक ने अपने पिता के शासनकाल के दौरान दक्षिणी राज्यों में अभियान पर एक राजकुमार के रूप में जीवन का एक बड़ा समय बिताया। उन्हें उनकी जंगली नीति के झूलों के लिए भी याद किया जाता है। वह कई भारतीय भाषाओं में पारंगत थे और चिकित्सा में उनकी बड़ी रुचि थी।
अतः विकल्प (C) सही है।

88. फतेहपुर सीकरी शहर मुगल सम्राट, अकबर द्वारा बनाया गया था। उसने इस शहर को अपनी राजधानी बनाने की योजना बनाई थी, लेकिन पानी की कमी ने उसे शहर छोड़ने के लिए मजबूर कर दिया। इसके बाद 20 वर्षों के भीतर, मुगलों की राजधानी लाहौर में स्थानांतरित कर दी गई थी। फतेहपुर सीकरी 1571 और 1585 के बीच बनाया गया था।
अतः विकल्प (D) सही है।

89. भारत के इतिहास में 1206 ई और 1526 ई के बीच की अवधि को दिल्ली सल्तनत काल के रूप में जाना जाता है। तीन सौ वर्षों की इस अवधि के दौरान, पांच राजवंशों ने दिल्ली में शासन किया। ये पांच राजवंश इस प्रकार थे:

1. गुलाम वंश (1206-90)।
2. खिलजी वंश (1290-1320)।
3. तुगलक वंश (1320-1413)।
4. सैय्यद वंश (1414-51)।
5. लोधी वंश (1451-1526)।

अतः विकल्प (B) सही है।

90. पानीपत की तीसरी युद्ध 14 जनवरी 1761 को मराठों और अहमद शाह अब्दाली के बीच लड़ा गया था और मराठा यह युद्ध हार गए। पानीपत की दूसरा युद्ध अकबर और हेमू के बीच लड़ा गया था और अकबर ने 1556 में आदिल शाह सूरी के वजीर हेमू को हराया था। 21 अप्रैल, 1526 को पानीपत की पहले युद्ध में बाबर ने इब्राहिम लोदी को हराया।
अतः विकल्प (B) सही है।

91. भारत में मुगल शासन की नींव 1526 ई. में बाबर ने रखी थी। उन्हें भारत पर हमला करने के लिए पंजाब के सूबेदार दौलत खान लोधी, इब्राहिम लोधी के चाचा खान लोधी और राणा सांगा ने आमंत्रित किया था। बाबर ने 21 अप्रैल, 1526 ई. को पानीपत की पहली लड़ाई में इब्राहिम लोधी को हराया और मुगल वंश की स्थापना की। 1527 ई. में उसने खानवा के मेवाड़ के राणा साँगा को हराया। 1528 ई. में, उसने चंदेरी में चंदेरी के मेदिनी राय को हराया। 1529 ई. में, उसने घाघरा में मुहम्मद लोधी को हराया। बाबर खुद को 'बादशाह' का हकदार बनाने वाला पहला शासक था।
अतः विकल्प (D) सही है।

92. खजुराहो स्मारक भारतीय राज्य मध्य प्रदेश में, छतरपुर जिले में स्थित हैं। मंदिर लगभग 24,481 लोगों की जनसंख्या (2011 की जनगणना) के साथ एक छोटे से शहर के पास खजुराहो के रूप में स्थित हैं। खजुराहो समूह का स्मारक मध्य प्रदेश के छतरपुर जिले में हिंदू मंदिरों और जैन मंदिरों का एक समूह है वे यूनेस्को की विश्व धरोहर स्थल हैं। मंदिर अपनी नागर शैली के स्थापत्य के लिए प्रसिद्ध हैं। मंदिरों का शहर खजुराहो मंदिरों के लिए प्रसिद्ध है, जो पूरी दुनिया के पत्थरों से बने हैं।
अतः विकल्प (C) सही है।

93. ध्रुपद और ख्याल शास्त्रीय गायन के दो रूप हैं जो आज उत्तर भारत में मौजूद हैं। बादशाह अकबर के दरबार के दरबारी और चचेरे भाई अबुल फजल ने अपनी आइन-ए-अकबरी में ध्रुपद छंद शैली को "चार तुकांत पंक्तियों के रूप में परिभाषित किया है, जिनमें से प्रत्येक अनिश्चितकालीन अवधि की हैं।
अतः विकल्प (D) सही है।

94. मुगल काल में कृषि एक अनुमान का दावा है कि सत्रहवीं शताब्दी की शुरुआत में भारत की जनसंख्या लगभग 125 मिलियन थी। चूंकि खेती के लिए बहुत सारी भूमि उपलब्ध थी, कृषि समृद्ध थी। गेंहूं, चावल, चना, जौ, दलहन जैसी कई तरह की फसलों की खेती की गई। कपास, इंडिगो, गन्ना और तेल-बीज जैसी व्यावसायिक फसलों की भी खेती की जाती थी। सत्रहवीं शताब्दी के

दौरान दो नई फसलों, अर्थात्, तम्बाकू और मक्का को जोड़ा गया।
अतः विकल्प (B) सही है।

95. हाल ही में भारत के उपराष्ट्रपति ने संत ध्यानेश्वर को समर्पित महात्मा गांधी की 150 वीं जयंती पर लोनी कलभोर में महाराष्ट्र प्रौद्योगिकी संस्थान (MIT) के विश्व शांति विश्वविद्यालय (MIT-WPU) परिसर में दुनिया के सबसे बड़े गुंबद का उद्घाटन किया। संत ध्यानेश्वर द्वारा लिखी गई ध्यानेश्वर (भगवत गीता पर एक टिप्पणी) और अमृतानुभव को मराठी साहित्य में मील का पत्थर माना गया है।
अतः विकल्प (D) सही है।

96.

1.कोर्निश	औपचारिक प्रणाम
2.अरघट्टा	चाक
3.नौरोज़	अफगानी त्योहार

अरघट्टा शब्द का उपयोग प्राचीन ग्रंथों में फारसी चाक का वर्णन करने के लिए किया गया है। 'अर-घट्टा' शब्द 'अर' जिसका अर्थ है तीली और 'घट्टा' जिसका अर्थ है मटका के संयोजन से आया है। इसका उपयोग पानी के स्रोतों से पानी खीचने के लिए किया जाता है, आमतौर पर खुले कुएं।
अतः विकल्प (B) सही है।

97. संस्कृति मंत्रालय ने मुगल राजकुमार दारा शिकोह की कब्र का पता लगाने के लिए हाल ही में भारतीय पुरातत्व सर्वेक्षण (एएसआई) का सात सदस्यीय पैनल गठित किया। ऐसा माना जाता है कि उन्हें दिल्ली में हुमायूँ के मकबरे के परिसर में कहीं दफनाया गया था।
अतः विकल्प (C) सही है।

98. अबुल-फतह जलाल-उद-दीन मुहम्मद अकबर, जिसे अकबर महान के नाम से जाना जाता है, और अकबर प्रथम के नाम से भी, तीसरा मुगल सम्राट था, जिसने 1556 से 1605 तक शासन किया था अकबर, राज-प्रतिनिधि बैरम खान के संरक्षण में, अपने पिता, हुमायूँ, का उत्तराधिकारी बना। बैरम खान, जिन्होंने युवा सम्राट को भारत में मुगल साम्राज्य के विस्तार और समेकन में मदद की
अतः विकल्प (C) सही है।

99. सिलसिला एक अरबी शब्द है जिसका अर्थ है श्रृंखला, लिंक। इसे (धार्मिक) आदेश के रूप में चित्रित किया जा सकता है, जहां एक सूफी संत अपने खिलाफत को अपने आध्यात्मिक वंश को स्थानांतरित करता है। दिल्ली सल्तनत के शासनकाल के दौरान दसवीं और ग्यारहवीं शताब्दी में सूफीवाद को प्रमुखता मिली। भारत में, सूफीवाद ने कई मूल भारतीय अवधारणाओं को अपनाया जैसे योगिक आसन, संगीत और नृत्य।
अतः विकल्प (A) सही है।

100. यह दक्षिण भारत में था कि पहली बार भक्ति आंदोलन व्यापक आधार पर बढ़ा। उत्तर में भक्ति आंदोलन में शामिल सामाजिक-धार्मिक आंदोलनों को कंभी-कभी दक्षिण में उत्पन्न हुए आंदोलन की निरंतरता के रूप में देखा जाता है। कर्नाटक में लिंगायतों ने जाति व्यवस्था की निंदा की और बसवेश्वरा के नेतृत्व में वैदिक अनुष्ठानों को चुनौती दी।
अतः विकल्प (B) सही है।

101.

सुल्तान का नाम	विशेषताएँ
1. महमूद-बिन-तुगलक	d. टोकन मुद्रा
2. अलाउद्दीन खिलजी	c.बाजार सुधार
3. बलबन	a.राजत्व के सिद्धांत
4. कुतुबुद्दीन ऐबक	b. हसन निजामी

अतः विकल्प (A) सही है।

102. अलाउद्दीन खिलजी की सबसे बड़ी उपलब्धि दक्खन और सुदूर दक्षिण की विजय थी। वह दिल्ली का पहला सुल्तान था जिसने भूमि की माप के लिए आदेश दिया था। अलाउद्दीन खिलजी की सबसे बड़ी उपलब्धि दक्खन और दक्षिण की विजय थी। इस क्षेत्र पर चार महत्वपूर्ण राजवंशों - यादव, काकतीय, होयसला और पांड्य का शासन था। अलाउद्दीन ने मलिक काफूर को देवगिरि के शासक, रामचंद्र देवा के खिलाफ एक सेनापति के रूप में भेजा, जिसने प्रचुर श्रद्धांजलि दी।
अतः विकल्प (B) सही है।

103. पृथ्वीराज चौहान 1149-1192 ई। के दौरान दिल्ली और अजमेर के राज्यों पर शासन करने वाले चौहान वंश के राजा थे। मुहम्मद गोरी घुरिद साम्राज्य का शासक था।
अतः विकल्प (D) सही है।

104. इसका निर्माण सुल्तान अलाउद्दीन खिलजी ने वर्ष 1311 में करवाया था। कुतुब कॉम्प्लेक्स, महरौली (दिल्ली) में यह कुव्वत-उल-इस्लाम मस्जिद का दक्षिणी प्रवेश द्वार है। यह यूनेस्को की विश्व विरासत स्थल में शामिल है।
अतः विकल्प (D) सही है।

105. कृष्णदेव राय को आंध्र भोज और कन्नड़ राज्य रमन के नाम से भी जाना जाता था। वह विजयनगर का शासक था और तुलुवा वंश का था। अकबर मुगल साम्राज्य के थे। हरिहर विजयनगर साम्राज्य में संगम वंश के संस्थापक थे। औरंगजेब एक मुगल सम्राट था, और उसे जिंदा पीर के नाम से भी जाना जाता था।
अतः विकल्प (A) सही है।

106. हम्पी विजयनगर साम्राज्य की प्राचीन राजधानी थी। दो भाइयों, हरिहर और बुक्का ने 1336 में विजयनगर साम्राज्य की स्थापना की। विजयनगर या "विजय का शहर" एक शहर और एक साम्राज्य दोनों का नाम था। साम्राज्य की स्थापना 14 वी शताब्दी में हुई थी। इसके आंचल में, यह उत्तर में कृष्णा नदी से लेकर प्रायद्वीप के दक्षिण छोर तक फैला है। 1565 में शहर को लूट लिया गया था और बाद में सुनसान हो गया और हम्पी के खंडहरों को 1986 में एक यूनेस्को विश्व विरासत स्थल में नामित किया था।
अतः विकल्प (D) सही है।

107. इल्तुतमिश ने महसूस किया कि तुर्की रईस भरोसेमंद नहीं थे और उनके खिलाफ उन्हें उखाड़ फेंकने के लिए विश्वास कर सकते थे। इसलिए, उनकी रक्षा के लिए उनके पास वफादार गुलामों का एक समूह था जिसे अमीर-ए-चहलगनी या चालीस के नाम से जाना जाता था। चालीस महत्वपूर्ण पद सौंपे गए और समय बीतने के साथ बहुत प्रभावशाली और शक्तिशाली हो गया। इल्तुतमिश के शासन के दौरान, वे वफादार थे, एक बार उनका निधन हो गया और वे कुख्यात बन गए और रुक्नुद्दीन, रज़िया और बलबन जैसे अगले शासकों के खिलाफ हो गए और रजिया और रुकनुद्दीन के पतन के मुख्य कारणों में से एक बन गए।
अतः विकल्प (A) सही है।

108. सिकंदर 326 ई.पू. में पीछे हट गया क्योंकि उसके सैनिक थके हुए थे, होमिक थे, और युद्धवीर थे और उपमहाद्वीप में आगे जाने से इनकार कर दिया था। बाबुल में वापस लौटते समय, एलेक्जेंडर की मृत्यु 323 ईसा पूर्व में प्राकृतिक कारणों से हुई।
अतः विकल्प (A) सही है।

109. दीपवम्सा और महावम्सा के अनुसार अशोक ने अपने बड़े भाई सुसीमा सहित निन्यानवे भाइयों को मारने के बाद सत्ता पर कब्जा कर लिया। सिलोन के इन स्रोतों के अनुसार केवल तिस्सा अस्वस्थ रहा जो अशोक का छोटा भाई था।
अतः विकल्प (D) सही है।

110. मूल्य नियंत्रण प्रणाली अलाउद्दीन खिलजी के बाजार सुधार का एक महत्वपूर्ण घटक था। खिलजी की सैन्य महत्वाकांक्षाओं के लिए स्थाई और मजबूत सेना की आवश्यकता थी, खासकर दिल्ली की मंगोल घेराबंदी के बाद। हालांकि, नियमित वेतन पर एक बड़ी सेना को बनाए रखना, राजकोष पर भारी अपवाह होगा। मूल्य नियंत्रण की एक प्रणाली ने भुगतान की जाने वाली वेतन राशि को कम कर दिया। उन्होंने दुकानदारों और कीमतों को सख्ती से नियंत्रित करने के लिए 'शाहाना' नामक एक उच्च अधिकारी के नियंत्रण में बाजार रखा।
अतः विकल्प (D) सही है।

111. मुर्शीद कुली खान बंगाल के पहले नवाब थे जिन्होंने 1717 से 1727 तक शासन किया। उसने शहर का नाम बदलकर मकसुदाबाद (अकबर द्वारा दिया

गया) से मुर्शिदाबाद कर दिया और फर्रुखसियर द्वारा शहर का नवाब नाजिम बना दिया गया। उन्होंने औरंगज़ेब के आदेश के अनुसार राजधानी को ढाका, बांग्लादेश से मुर्शिदाबाद में स्थानांतरित कर दिया और शहर का नाम 'मुर्शिदाबाद' रखा।
अतः विकल्प (A) सही है।

112. वह बहलोल लोधी का पुत्र था जिसने बिहार और पश्चिमी बंगाल पर विजय प्राप्त की थी। उन्होंने आगरा शहर की स्थापना की और अपनी राजधानी को दिल्ली से आगरा स्थानांतरित कर दिया। उन्होंने खेती के खेतों को मापने के लिए 32 अंकों के गज-ए-सिकंदरी की शुरुआत की।
अतः विकल्प (C) सही है।

113. बीरबल दीन-ए-इलाही / तौहीद-ए-इलाही में शामिल होने वाले पहले हिंदू थे। अकबर ने 1581 ई। में एक नया धर्म दीन-ए-इलाही घोषित किया। बीरबल एकमात्र हिंदू थे जिन्होंने इस नए धर्म दीन-ए-इलाही का पालन किया। हालांकि यह लोकप्रिय नहीं हुआ।
अतः विकल्प (D) सही है।

114. औरंगजेब अरबी, फारसी और तुर्की भाषाओं का विद्वान था। वह कुरान में एक उस्ताद था। उन्होंने कट्टर धार्मिक नीतियों को अपनाया और सिक्कों पर कुरान की कालिमा लिखना बंद कर दिया। उन्होंने जजिया लगाया और संगीत पर प्रतिबंध लगा दिया। उन्होंने चित्रकला विभाग को बंद कर दिया और इतिहास लेखन पर प्रतिबंध लगा दिया।
अतः विकल्प (D) सही है।

115. राजेंद्र चोल को अपनी सैन्य विजय के कारण दक्षिण भारत का नेपोलियन भी कहा जाता है। उन्हें पंडिता चोल भी कहा जाता है। उन्होंने श्रीलंका पर आक्रमण किया था और बाद में कलिंग पर विजय प्राप्त की थी। उन्होंने पाल राजा महेंद्र पाला को हराकर उन्हें पहला दक्षिण भारतीय बनाया, जिन्हें उत्तर भारत या गंगा के मैदानों में सफलता मिली। उन्होंने बाद में गंगईकोंडा चोल का खिताब अपनाया। उन्होंने तमिलनाडु में एक नई राजधानी गंगाईकोंडा चोलापुरम का निर्माण किया।
अतः विकल्प (A) सही है।

116. अकबर राज्य के खर्च पर हज तीर्थयात्रा का समन्वय करने और तीर्थयात्रियों को सब्सिडी प्रदान करने वाला पहला मुस्लिम शासक था। हज, मुस्लिमों के लिए मक्का, सऊदी अरब, पवित्रतम स्थान के लिए एक वार्षिक इस्लामिक तीर्थ है। हज आवश्यक मुस्लिम परंपराओं और संस्थानों के "इस्लाम के पांच स्तंभ" का पांचवा हिस्सा है। हज का वर्तमान पैटर्न पैगंबर मुहम्मद द्वारा स्थापित किया गया था।
अतः विकल्प (C) सही है।

117. गाज़ी मलिक भारत में तुगलक वंश का संस्थापक था। सत्ता संभालने के बाद गाज़ी मलिक ने खुद का नाम गियासुद्दीन तुगलक रख लिया। उसके बाद राजवंश की बागडोर उसके बेटे मुहम्मद बिन तुगलक ने सम्भाली। तुगलक वंश का शासन (1320-1414)।
अतः विकल्प (A) सही है।

118. पानीपत का तीसरा युद्ध 14 जनवरी 1761 को दिल्ली से लगभग 60 मील (95.5 किमी) उत्तर में स्थित पानीपत में, मराठा साम्राज्य की एक उत्तरी अभियान बल और अफ़गानिस्तान के राजा, अहमद शाह दुर्रानी के गठबंधन के बीच हुआ था जिसमें दो भारतीय मुस्लिम सहयोगी दल - दोआब के रोहिल्ला अफगान, और अवध के नवाब शुजा-उद-दौला थे। इस युद्ध के दौरान बालाजी बाजीराव मराठा शासक थे।
अतः विकल्प (A) सही है।

119. गुरु तेगबहादुर सिखों के नौवें गुरु थे। वह दूसरे सिख शहीद हैं। उनका जन्म 1621 में पंजाब के अमृतसर में हुआ था। वह गुरु गोबिंद सिंह के पिता भी थे। गुरु तेग बहादुर को 1675 में मुगल सम्राट औरंगजेब के आदेश के तहत दिल्ली में फांसी दी गई थी।
अतः विकल्प (D) सही है।

120. अशोक ने सीलोन के शासक टिसा के साथ घनिष्ठ संबंध बनाए रखे। देवनाम्पिया तिस्सा मुटासिवा का दूसरा पुत्र था। राजा बनने से पहले ही वह अशोक का दोस्त था।
अतः विकल्प (C) सही है।

121. भारत के पहले सम्राट चंद्रगुप्त मौर्य थे। जब वह सिर्फ 20 वर्ष के थे, तब उन्होंने बड़ी लड़ाइयां जीतीं और सिकंदर के सैनिकों द्वारा कब्जाए गए प्रदेशों को फिर से हासिल किया। चंद्रगुप्त मौर्य भारत के इतिहास में एक निर्णायक व्यक्ति थे, जिन्होंने सबसे अधिक दक्षिण एशिया को एकजुट करने वाली पहली सरकार की नींव रखी। चंद्रगुप्त, चाणक्य के संरक्षण के तहत, राज्य के सिद्धांतों के आधार पर एक नया साम्राज्य बनाया, एक बड़ी सेना का निर्माण किया, और अपने साम्राज्य की सीमाओं का विस्तार तब तक जारी रखा जब तक कि अपने अंतिम वर्षों में एक तपस्वी जीवन के लिए इसे त्याग नहीं दिया।
अतः विकल्प (C) सही है।

122. मौर्य साम्राज्य के संस्थापक चंद्रगुप्त न केवल एक महान योद्धा थे बल्कि एक योग्य प्रशासक भी थे। उन्होंने अपने विशाल साम्राज्य में एक कुशल और कुशल प्रशासन प्रणाली स्थापित की। शहर के मामलों की देखभाल के लिए 30 सदस्यों की एक नगरपालिका समिति थी। उन्होंने सार्वजनिक भवनों, जल आपूर्ति, स्वच्छता, सड़कों, उद्यानों, अस्पतालों, स्कूलों, मंदिरों और सार्वजनिक उपयोगिता के अन्य कार्यों की देखभाल की।
अतः विकल्प (B) सही है।

123. लुम्बिनी स्तंभ शिलालेख, राजा अशोक ने लुंबिनी का दौरा किया और बुद्ध की पूजा की, वहां सक्यों के संत पैदा हुए थे। उन्होंने एक स्तंभ स्थापित किया और लुम्बिनी गांव को ललाट से छूट दी गई और उत्पाद का केवल एक-आठवां हिस्सा देने की आवश्यकता थी क्योंकि प्रभु का जन्म वहीं हुआ था। सासाराम में सम्राट अशोक का माइनर रॉक एडिशन शेरशाह सूरी के प्रसिद्ध मकबरे से लगभग दो किलोमीटर पहले स्थित है। शिलालेख, जो अब लगभग अदृश्य है, एक बहुत छोटे चट्टान आश्रय के तहत लम्बी पत्थर पर उत्कीर्ण किया गया था। भबरू शिलालेख: यह राजस्थान के बैराट में स्थित है और अशोक के बौद्ध धर्म में रूपांतरण से संबंधित है। रॉक शिलालेख XII: कलिंग युद्ध के बाद विभिन्न धर्मों के धर्म का प्रचार, हृदय परिवर्तन।
अतः विकल्प (C) सही है।

124. यवन तुषास्फा, अशोक के शासनकाल में सौराष्ट्र के राज्यपाल थे, जाहिर है क्योंकि पुष्यगुप्त का पुत्र जैन भिक्षु बन गया था और 4 वंशजों को पीछे नहीं छोड़ा था। पुष्यगुप्त चंद्रगुप्त मौर्य द्वारा नियुक्त सौराष्ट्र के राज्यपाल थे।
अतः विकल्प (A) सही है।

125. अलग शिलालेख P: अशोक ने घोषणा की कि सभी लोग मेरे बेटे हैं। स्तंभ शिलालेख VII: धम्म नीति के लिए अशोक द्वारा किया गया कार्य। वह कहते हैं कि सभी संप्रदाय आत्म-नियंत्रण और मन की शुद्धता दोनों की इच्छा रखते हैं। रुम्मिनदेई स्तंभ शिलालेख: अशोक की लुंबिनी की यात्रा और लुंबिनी को कर से छूट।
अतः विकल्प (D) सही है।

मॉक टेस्ट 05

Q.1 पहला ज्ञान जो आदिम आदमी ने सीखा था:

A. पहिया बनाना
B. पशुओं को पालतू बनाना
C. एक व्यवस्थित जीवन जीने के लिए
D. आग लगाना

Q.2 सबसे पहले 'मनुष्य जैसे प्राणी' जिसे नस्लीय रूप से 'होमो सेपियन्स' से भिन्न होते है, को आम तौर पर इस रूप में जाना जाता है:

A. होमिनिड **B.** पीथेनथ्रोपस
C. सिनंथ्रोपस **D.** इओंथ्रोपस

Q.3 निर्देश: निम्नलिखित प्रश्न में दो कथन हैं, जिनमें से एक को अभिकथन (A) और दूसरे को कारण (R) के रूप में लेबल किया जाता है। आपको इन दो कथनों की सावधानीपूर्वक जांच करनी है और यह तय करना है कि क्या अभिकथन (A) और कारण (R) व्यक्तिगत रूप से सत्य हैं और यदि हां, क्या कारण अभिकथन का सही स्पष्टीकरण है या नहीं।

अभिकथन (A): हिमालय भारत-गंगा के मैदानी इलाकों को अच्छी तरह से पानी से भरे उद्यान बनाने के लिए ज़िम्मेदार है, जो आबादी से भरा हुआ है।

कारण (R): यह एशियाई खानाबदोश का कारण था।

A. (A) और (R) दोनों सत्य हैं और R, (A) की सही स्पष्टीकरण है
B. (A) और (R) दोनों सत्य हैं लेकिन (R), (A) की सही स्पष्टीकरण नहीं है
C. (A) सत्य है, लेकिन (R) असत्य है
D. (A) गलत है, लेकिन (R) सत्य है

Q.4 हड़प्पा सभ्यता किस युग की थी?

A. पुरा पाषाण युग **B.** नव पाषाण युग
C. कांस्य युग **D.** लौह युग

Q.5 निम्न में से कौन सा दर्शन व्यक्तिवाद को बढ़ावा देता है?

A. जैन धर्म के दर्शन **B.** सांख्य दर्शन
C. बौद्र धर्म के दर्शन **D.** इनमे से कोई भी नहीं

Q.6 ऋग्वेद में निम्न में से किसका उल्लेख नहीं मिलता है?

A. कृषि **B.** यव **C.** ब्रीहि **D.** कपास

Q.7 भारत में पूजित पहली मानव प्रतिमा कौन-सी थी?

A. भगवान बुद्ध **B.** इन्द्र भगवान
C. महावीर स्वामी **D.** वासुदेव कृष्ण

Q.8 किसके समय में कलकत्ता में प्रथम न्यायालय की स्थापना की गई थी?

A. रॉबर्ट क्लाइव **B.** डलहौज़ी
C. वारेन हेस्टिंग्स **D.** कैनिंग

Q.9 राजा राममोहन राय द्वारा 'ब्रह्म समाज' की स्थापना कब की गई?

A. 1816 में **B.** 1820 में **C.** 1828 में **D.** 1830 में

Q.10 किस सिक्ख गुरु ने 'अमृत सरोवर' (अब अमृतसर) नामक एक नये नगर की स्थापना की?

A. गुरु अमरदास **B.** गुरु रामदास
C. गुरु अर्जुन देव **D.** गुरु गोविंद सिंह

Q.11 प्राचीन भारत में 'निष्क' किसे कहा जाता था?

A. स्वर्ण आभूषण को **B.** गाय को
C. ताँबे के सिक्के को **D.** चाँदी के सिक्के को

Q.12 जयपुर, दिल्ली, मथुरा, तथा उज्जैन में 'जन्तर-मन्तर' के नाम से वेधशाला का निर्माण किसने कराया था?

A. सवाई जयसिंह **B.** राणा प्रताप
C. मानसिंह **D.** सूरजमल

Q.13 फ़ारसी के साप्ताहिक 'मिरात-उल-अख़बार' को प्रारम्भ किया था?

A. लाला लाजपत राय **B.** राजा राममोहन राय
C. सैयद अहमद ख़ाँ **D.** मौलाना आज़ाद

Q.14 बंगाल का 'द्वैध शासन' कब से कब तक चला था?

A. 1757 से 1767 तक **B.** 1764 से 1793 तक
C. 1765 से 1772 तक **D.** 1760 से 1793 तक

Q.15 रंगपुर, जहाँ हड़प्पा की समकालीन सभ्यता थी, कहाँ पर है?

A. पंजाब में **B.** उत्तर प्रदेश में
C. सौराष्ट्र में **D.** राजस्थान में

Q.16 1857 ई. की क्रान्ति का चिह्न क्या निश्चित किया गया था?

A. कमल एवं चपाती **B.** कमल एवं गदा
C. कमल एवं गुलाब **D.** कमल एवं तलवार

Q.17 'ग़दर पार्टी' की स्थापना किस वर्ष हुई थी?

A. 1907 में **B.** 1913 में **C.** 1917 में **D.** 1920 में

Q.18 पैमानों की खोज ने यह सिद्ध कर दिया है कि सिन्धु घाटी के लोग माप और तौल से परिचित थे। यह खोज कहाँ पर हुई?

A. कालीबंगा **B.** मोहनजोदड़ो
C. रोपड़ **D.** लोथल

Q.19 323 ई.पू. में सिकन्दर की मृत्यु कहाँ पर हुई थी?

A. फ़ारस में **B.** बेबीलोन में
C. मेसीडोनिया में **D.** तक्षशिला में

Q.20 मौर्यकालीन भारत में 'एग्रोनोमोई' किसे कहा जाता था?

A. भवन निर्माण अधिकारी
B. सड़क निर्माण अधिकारी
C. कृषि विभाग का अधिकारी
D. माप-तौल का अधिकारी

Q.21 निम्नलिखित में से कौन अफ़ग़ानिस्तान स्थित सिन्धु सभ्यता का स्थल है?

A. मुंडीगाक **B.** शोरतुग़ई
C. देहमोरासीघुंडई **D.** उपरोक्त सभी

Q.22 गौतम बुद्ध ने 'भिक्षुणी संघ' की स्थापना कहाँ की थी?

A. सारनाथ में **B.** कपिलवस्तु में
C. वैशाली में **D.** गया में

Q.23 कौटिल्य के 'अर्थशास्त्र' में किस पहलू पर प्रकाश डाला गया है?

A. आर्थिक जीवन **B.** धार्मिक जीवन
C. सामाजिक जीवन **D.** राजनीतिक जीवन

Q.24 पाटलिपुत्र में स्थित चन्द्रगुप्त मौर्य का महल मुख्यत: किसका बना था?

A. ईंटों का **B.** पत्थरों का **C.** लकड़ी का **D.** मिट्टी का

Q.25 सिंहासन पर बैठने के बाद अशोक ने कौन-सी उपाधि धारण की?

A. जनानामप्रिय **B.** विगतशोक
C. देवानांप्रिय **D.** धर्मनामप्रिय

Q.26 समुद्रगुप्त के काल का इतिहास जानने का सबसे महत्त्वपूर्ण साधन क्या है?
A. इलाहाबाद स्तम्भ पर उत्कीर्ण लेख
B. मधुबनी का उत्कीर्ण लेख
C. साँची गुफ़ा अभिलेख
D. भरहुत भित्तिचित्र

Q.27 निम्न में से कौन 'भारतीय क्रांति की माँ' कहलाती हैं?
A. एनी बेसेंट **B.** रोजनी नायडू
C. रामा बाई **D.** भीखाजी-रूस्तम कामा

Q.28 गाँधी जी द्वारा असहयोग आन्दोलन कब समाप्त करने का निर्णय ले लिया गया?
A. 12 फ़रवरी, 1922 **B.** 13 अप्रैल, 1919
C. 5 मार्च, 1931 **D.** 3 फ़रवरी, 1928

Q.29 भारत के विभाजन की माउंटबेटन योजना कब प्रस्तुत की गई थी?
A. 14 अगस्त, 1947 **B.** 12 जुलाई, 1946
C. 3 जून, 1947 **D.** 13 अगस्त, 1948

Q.30 "पूर्व एक ऐसा विश्वविद्यालय है, जहाँ विद्यार्थी को कभी प्रमाणपत्र नहीं मिलता", यह कथन किसका है?
A. लॉर्ड कर्ज़न **B.** लॉर्ड डफ़रिन
C. विन्सटन चर्चिल **D.** विलियम हन्टर

Q.31 'कैबिनेट मिशन' की नियुक्ति क्लीमेंट एटली के मंत्रिमंडल द्वारा 1946 में की गई थी। इसके अध्यक्ष कौन थे?
A. ए. वी. अलेक्ज़ेंडर **B.** स्टेफ़ोर्ड क्रिप्स
C. पैथिक लारेंस **D.** लॉर्ड वेवेल

Q.32 सर्वप्रथम किस योजना में भारतीयों के लिए 'अपने संविधान' की बात कही गई थी?
A. अगस्त प्रस्ताव **B.** वेवेल योजना
C. कैबिनेट मिशन **D.** क्रिप्स योजना

Q.33 किस घटना के पश्चात् महात्मा गाँधी ने ब्रिटिश सरकार को 'शैतानी लोग' कहा था?
A. जलियाँवाला बाग़ हत्याकाण्ड
B. रौलट एक्ट पास होने के पश्चात
C. साम्प्रदायिक निर्णय के पश्चात
D. 1942 में क्रांतिकारियों पर हवाई हमलों के बाद

Q.34 द्वैध शासन प्रणाली की स्थापना किस वर्ष में हुई?
A. 1813 ई. **B.** 1833 ई. **C.** 1791 ई. **D.** 1919 ई.

Q.35 निम्नलिखित में से किस सुल्तान ने सैन्य सेवा को वंशानुगत बनाया?
A. इल्तुतमिश **B.** बलबन
C. फ़िरोजशाह तुग़लक़ **D.** ग़यासुद्दीन तुग़लक़

Q.36 किस मुग़ल बादशाह का राज्याभिषेक बैरम ख़ाँ द्वारा 'कलानौर' में किया गया?
A. अकबर **B.** जहाँगीर **C.** शाहजहाँ **D.** हुमायूँ

Q.37 'अद्धा' और 'मिस्र' नामक दो सिक्के चलाने का श्रेय किसे दिया जाता है?
A. क़ुतुबुद्दीन ऐबक **B.** इल्तुतमिश
C. फ़िरोज शाह तुग़लक़ **D.** इब्राहीम लोदी

Q.38 'महाराष्ट्र धर्म' का प्रणेता किसे माना जाता है?
A. ज्ञानेश्वर **B.** रामदास **C.** नामदेव **D.** तुकाराम

Q.39 निम्नलिखित में से कौन-सी पुस्तक हुमायूँ के शासन के बारे में सूचना देती है?
A. तारीख़-ए-रशीदी **B.** तबकात-ए-नासिरी
C. फ़ुतुहुस्सलातीन **D.** इनमें से कोई नहीं

Q.40 निम्नलिखित में से कौन एक समाज सुधार आंदोलन से जुड़े हुए नहीं थे?
A. ब्रह्मरामजी मालाबारी
B. मोहनदास करमचंद गाँधी
C. ईश्वरचन्द्र विद्यासागर
D. रमेश चन्द्र दत्त

Q.41 निम्नांकित संस्कारों में से किसका शिक्षा की समाप्ति से सम्बन्ध है?
A. चूड़ाकरण **B.** उपनयन
C. समावर्तन **D.** सीमन्तोन्नयन

Q.42 निम्नलिखित में से किसने भारत के भागों से राजस्व संग्रह किया?
A. साइरस **B.** कैम्बिसेस प्रथम
C. डेरियस प्रथम **D.** कैम्बिसेस द्वितीय

Q.43 किसके अभिलेखों से 'जल कर' का साक्ष्य प्राप्त होता है?
A. गुप्त **B.** वाकाटक **C.** प्रतिहार **D.** गहड़वाल

Q.44 निम्नलिखित में से किसका सम्बन्ध वैदिक युग से नहीं है?
A. सभा **B.** समिति **C.** धर्मासन **D.** विद्थ

Q.45 'समग्र राष्ट्रभाव' के सिद्धान्त को किस राष्ट्रीय नेता ने विकसित किया?
A. दादाभाई नौरोजी **B.** विपिन चन्द्र पाल
C. सुरेन्द्रनाथ बनर्जी **D.** बी. आर. अम्बेडकर

Q.46 निम्नलिखित में से किस प्रस्तर-कालीन स्थल से गर्त निवास का साक्ष्य प्राप्त हुआ है?
A. टेक्कलकोट **B.** बुर्ज़होम **C.** संगनकल्लू **D.** उटनूर

Q.47 'श्रीनारायण धर्म परिपालन योग आंदोलन' किसके द्वारा चलाया गया था?
A. भारतीय राष्ट्रीय कांग्रेस **B.** केरल के एजहावा
C. किसान सभा **D.** कम्युनिस्ट पार्टी

Q.48 विजयनगर साम्राज्य का सबसे प्रसिद्ध राजकीय त्यौहार कौन-सा था?
A. बसंत **B.** महानवमी
C. रामनवमी **D.** विनायक चतुर्थी

Q.49 दास प्रथा की स्पष्ट अवनति किस शताब्दी के पश्चात् हुई?
A. तेरहवीं शताब्दी **B.** चौदहवीं शताब्दी
C. पन्द्रहवीं शताब्दी **D.** सोलहवीं शताब्दी

Q.50 लॉर्ड विलियम बैंटिक ने भारतीय समाज में कई सुधार कार्य किए थे। निम्न में से कौन-सा कार्य उन्होंने नहीं किया?
A. सती प्रथा उन्मूलन **B.** नर बलि उन्मूलन
C. ठगी उन्मूलन **D.** विधवा विवाह

Q.51 1909 के अधिनियम में क्या पहली बार प्रस्तावित किया गया था?
A. पृथक् मतदान **B.** द्वैध शासन
C. विधायिका सभाएँ **D.** विकेन्द्रीकरण

Q.52 शिवाजी द्वारा प्राप्त किये गए किस क़िले पर उन्होंने रायगढ़ का क़िला बनवाया, जो भविष्य में उनकी राजधानी बना?

A. तोरण B. जंजीरा C. विजयदुर्ग D. पुरन्दर

Q.53 निम्न विकल्पों में से कौन-सा एक सही सुमेलित है?
A. कछवाहा - बूंदी
B. हाड़ा - जोधपुर
C. राठौर - आमेर
D. सिसोदिया - उदयपुर

Q.54 गांधीजी की मृत्यु पर किसने कहा, कि "हमारे जीवन से प्रकाश चला गया"?
A. लॉर्ड माउंटबेटन
B. राजेन्द्र प्रसाद
C. एस. राधाकृष्णन
D. जवाहरलाल नेहरू

Q.55 अहमदशाह अब्दाली के भारत पर आक्रमण और पानीपत की तीसरी लड़ाई लड़ने का तात्कालिक कारण क्या था?
A. वह मराठों द्वारा लाहौर से अपने वायसराय तैमूर शाह के निष्कासन का बदला लेना चाहता था।
B. उसे जालंधर के कुंठाग्रस्त राज्यपाल आदीन बेग ख़ान ने पंजाब पर आक्रमण करने के लिए आमंत्रित किया।
C. वह मुग़ल प्रशासन को चहार महल (गुजरात, औरंगाबाद, सियालकोट तथा पसरूर) के राजस्व का भुगतान न करने के लिए दंडित करना चाहता था।
D. वह दिल्ली की सीमाओं तक के पंजाब के सभी उपजाऊ मैदानों को हड़प कर अपने राज्य में विलय करना चाहता था।

Q.56 निम्नलिखित में से कौन एक आर्य समाज के साथ सम्बद्ध नहीं थे?
A. दयानन्द सरस्वती
B. लाला हंसराज
C. पंडित हरदयाल
D. लाला लाजपत राय

Q.57 निम्नांकित में से किस शासक ने अपने सिक्कों पर ये अंकित किया था- 'प्रभुसत्ता हर व्यक्ति को नहीं दी जाती है, बल्कि उसे दी जाती है जो चुना गया हो'।
A. इल्तुतमिश
B. अलाउद्दीन ख़िलज़ी
C. मुहम्मद बिन तुग़लक
D. बहलोल लोदी

Q.58 भारतीय स्वतंत्रता आंदोलन के संदर्भ में उषा मेहता की ख्याति है:
A. द्वितीय गोलमेज सम्मेलन में सहभागिता हेतु
B. भारत छोड़ो आंदोलन की वेला में गुप्त कांग्रेस रेडियो प्रसारण करने के लिए
C. आज़ाद हिन्द फ़ौज की एक टुकड़ी का नेतृत्व करने के कारण
D. जवाहरलाल नेहरू की अंतरिम सरकार के गठन में सहायक भूमिका निभाने के लिए

Q.59 हीरा उत्खनन किससे सम्बन्धित है?
A. फ़तेहपुर सीकरी
B. आगरा
C. गोलकुंडा
D. लाहौर

Q.60 नीचे उत्तर वैदिक साहित्य से ज्ञात राजाओं एवं राज्यों के नाम दिये गए हैं। इनमें से कौन-सा युग्म सही सुमेलित नहीं है?
A. अजातशत्रु - काशी
B. अश्वपति - बाहीक
C. जनक - विदेह
D. जनमेजय - कुरु-पंचाल

Q.61 'साइमन कमीशन' की घोषणा कब की गई थी?
A. 8 नवम्बर, 1927 ई.
B. 10 नवम्बर, 1928 ई.
C. 11 नवम्बर, 1927 ई.
D. 7 नवम्बर, 1928 ई.

Q.62 'सोशल डेमोक्रेटिक एलायंस' की स्थापना किसने की थी?
A. कार्ल मार्क्स
B. बाकूनिन
C. एंड्रयू जैकसन
D. जॉर्ज फर्नांडिस

Q.63 कन्फ़्यूशियस किस वंश में हुए थे?
A. झोऊ वंश B. हान वंश C. सुइ वंश D. तांग वंश

Q.64 निम्नलिखित में से किसने प्रथम बार बौद्ध भिक्षुओं को प्रशासनिक एवं वित्तीय मुक्ति प्रदान की?
A. गौतमीपुत्र शातकर्णी
B. मौर्य सम्राट अशोक
C. बृहद्रथ
D. यज्ञ शातकर्णी

Q.65 भारत के स्वदेशी आंदोलन के दौरान लिखा गया गीत "आमार सोनार बांग्ला" ने बांग्लादेश को उसके स्वतंत्रता संग्राम में प्रोत्साहित किया और उसे बांग्लादेश ने राष्ट्रीय गान के रूप में अपनाया। यह गीत किसने लिखा था?
A. रजनीकांत सेन
B. द्विजेन्द्रलाल रॉय
C. मुकुन्द दास
D. रबीन्द्रनाथ ठाकुर

Q.66 निम्नलिखित में से कौन-सा युग्म सही सुमेलित नहीं है?
A. हुमायूँनामा - हुमायूँ
B. शाहजहाँनामा - इनायत खान
C. बाबरनामा - बाबर
D. तुज़ुक-ए-जहाँगीरी - जहाँगीर

Q.67 'मत्तविलास प्रहसन' नामक नाटक के रचयिता कौन थे?
A. हर्ष
B. वीर राजेन्द्र
C. जयदेव
D. महेन्द्र वर्मन

Q.68 'सीरी' नामक नगर की स्थापना किसने की थी?
A. कैकुबाद
B. जलालुद्दीन ख़िलजी
C. अलाउद्दीन ख़िलजी
D. ग़यासुद्दीन ख़िलजी

Q.69 पुराणों की संख्या कितनी है?
A. 18 B. 19 C. 20 D. 21

Q.70 मंगोल आक्रमणकारी कुतलुग ख़्वाजा ने भारत पर किसके शासन काल में आक्रमण किया?
A. बलबन
B. ग़यासुद्दीन तुग़लक़
C. अलाउद्दीन ख़िलजी
D. इल्तुतमिश

Q.71 बौद्ध धर्म की किस शाखा ने मंत्र, हठयोग, तांत्रिक आचारों को प्रधानता दी?
A. महायान
B. वज्रयान
C. हीनयान
D. उपरोक्त में से कोई नहीं

Q.72 निम्नलिखित में से कौन 'क्रिप्स मिशन' के साथ कांग्रेस के आधिकारिक वार्ताकार थे?
A. महात्मा गांधी एवं सरदार पटेल
B. आचार्य जे. बी. कृपलानी एवं सी. राजगोपालाचारी
C. पंडित जवाहरलाल नेहरू एवं मौलाना आज़ाद
D. डॉ. राजेन्द्र प्रसाद एवं रफ़ी अहमद क़िदवई

Q.73 'आर्य महिला सभा' की स्थापना किसके द्वारा की गई थी?
A. राजकुमारी अमृत कौर
B. नेली सेनगुप्ता
C. दुर्गाबाई देशमुख
D. पंडिता रमाबाई

Q.74 निम्नलिखित में से किसने 'विधवा विवाह मंडल' की स्थापना की थी?
A. बाल गंगाधर तिलक
B. गोपाल कृष्ण गोखले
C. महादेव गोविंद रानाडे
D. विनायक दामोदर सावरकर

Q.75 अनेकांतवाद निम्नलिखित में से किसका सिद्धांत एवं दर्शन है?
A. बौद्ध B. जैन C. सिक्ख D. वैष्णव

Q.76 सिन्धु सभ्यता से सम्बद्ध किन स्थलों से चावल की खेती के प्रमाण मिले हैं?
A. मोहनजोदड़ो और हड़प्पा

B. लोथल और रंगपुर
C. कालीबंगा और रोजदी
D. इनमें से कोई नहीं

Q.77 'व्यक्तिगत सत्याग्रह' में विनोबा भावे प्रथम सत्याग्रही चुने गए थे। दूसरे सत्याग्रही कौन थे?
A. डॉ. राजेन्द्र प्रसाद
B. पंडित जवाहरलाल नेहरू
C. सी. राजगोपालाचारी
D. सरदार वल्लभभाई पटेल

Q.78 निम्नलिखित में से कौन सा युग्म सही सुमेलित नहीं है?
A. इक्ता - नागरिक एवं सैन्य सेवा के लिए दिया जाने वाला राजस्व नियत कार्य।
B. मनसब - सल्तनत प्रशासन में अमीरों की अधिकारिक स्थिति।
C. खालसा - मुग़ल सम्राट के सीधे प्रशासनिक अधिकार में आने वाली भूमि।
D. इजारा - राजस्व नियत कार्य की एक अनुबंधात्मक पद्धति।

Q.79 'गुलबदन बेगम' निम्न में से किसकी पुत्री थीं?
A. बाबर **B.** हुमायूँ **C.** शाहजहाँ **D.** औरंगज़ेब

Q.80 'गोविन्द महल', जो हिन्दू वास्तुकला का अप्रतिम उदाहरण है, कहाँ स्थित है?
A. दतिया **B.** खजुराहो **C.** ओरछा **D.** ग्वालियर

Q.81 कवि मुहम्मद इक़बाल, जिन्होंने 'सारे जहाँ से अच्छा' लिखा, भारत के किस स्थान से संबंधित हैं?
A. दिल्ली **B.** उत्तर प्रदेश
C. पंजाब **D.** कश्मीर

Q.82 वर्ष 1919 ई. में जलियाँवाला बाग़ हत्याकांड कहाँ पर हुआ?
A. अमृतसर **B.** नागपुर **C.** चंडीगढ़ **D.** कलकत्ता

Q.83 अकबर का अंतिम विजय अभियान कौन-सा था?
A. मालवा विजय **B.** गुजरात विजय
C. असीरगढ़ विजय **D.** हल्दीघाटी का युद्ध

Q.84 शिवाजी को 'राजा' की उपाधि किसने प्रदान की थी?
A. बीजापुर के शासक ने
B. अहमदनगर के शासक ने
C. औरंगजेब ने
D. महाराजा जयसिंह ने

Q.85 किस मराठा शासक के शासनकाल को पेशावाओं के शासनकाल के नाम से जाना जाता है?
A. राजाराम **B.** औरंगज़ेब **C.** शाहू **D.** शम्भाजी

Q.86 मानव द्वारा सर्वप्रथम प्रयुक्त अनाज कौन-सा था?
A. गेहूँ **B.** जौ **C.** चावल **D.** बाजरा

Q.87 हिन्दू विधि पर प्रसिद्ध ग्रन्थ 'मिताक्षरा' किसने लिखा है?
A. नयचन्द्र **B.** अमोघवर्ष **C.** विज्ञानेश्वर **D.** कंबन

Q.88 बाबर ने प्रसिद्ध 'तुगलमा नीति' का प्रयोग सर्वप्रथम किस युद्ध में किया?
A. खानवा के युद्ध में **B.** घाघरा के युद्ध में
C. पानीपत के प्रथम युद्ध में **D.** उपर्युक्त सभी में

Q.89 किस युद्ध को जीतने के बाद शेरशाह सूरी ने दिल्ली में अफ़ग़ान सत्ता की स्थापना की?
A. बिलग्राम का युद्ध **B.** कालिंजर का युद्ध
C. चौसा का युद्ध **D.** तालीकोटा का युद्ध

Q.90 निम्न इतिहासकारों में से किसने अकबर को 'इस्लाम का शत्रु' कहा था?
A. अब्बास ख़ाँ शेरवानी **B.** बदायूंनी
C. अहमद यादगार **D.** फ़रिश्ता

Q.91 जहाँगीर ने किसके द्वारा अबुल फ़ज़ल की हत्या करवाई?
A. वीरसिंह देव **B.** महावत ख़ाँ
C. राजा मानसिंह **D.** अस्करी

Q.92 अंग्रेज़ दूत कैप्टन हॉकिन्स एवं सर टामस रो किस मुग़ल बादशाह के दरबार में आये थे?
A. जहाँगीर **B.** अकबर **C.** शाहजहाँ **D.** औरंगज़ेब

Q.93 निम्न में से कौन-सी कर्नाटक की पूर्व राजधानी थी?
A. अर्काट **B.** श्रीरंगम **C.** तंजौर **D.** त्रिचनापल्ली

Q.94 'कुव्वत-उल-इस्लाम मस्जिद' का निर्माण किस मुस्लिम शासक ने कराया था?
A. शाहजहाँ **B.** कुतुबुद्दीन ऐबक
C. ग़यासुद्दीन तुग़लक़ **D.** फ़िरोज़शाह तुग़लक़

Q.95 झाँसी की रानी लक्ष्मीबाई की मृत्यु कब हुई थी?
A. 18 जून, 1858 **B.** 18 जुलाई, 1857
C. 25 मई, 1858 **D.** 29 अक्टूबर, 1859

Q.96 'नेहरू रिपोर्ट' का मूल विषय क्या था?
A. हिन्दू-मुस्लिम एकता
B. भावी राष्ट्रीय आन्दोलन की रूपरेखा
C. भारतीयों की दयनीय आर्थिक स्थिति
D. भारत का भावी संविधान

Q.97 किस गवर्नर-जनरल ने अपने को 'बंगाल का शेर' कहा था?
A. लॉर्ड कॉर्नवॉलिस **B.** लॉर्ड कर्ज़न
C. वारेन हेस्टिंग्स **D.** लॉर्ड वेलेज़ली

Q.98 मुस्लिम लीग' ने अपने किस अधिवेशन में 'बांटो और छोड़ो' का नारा दिया था?
A. लाहौर अधिवेशन, 1940 ई.
B. कराची अधिवेशन, 1933 ई.
C. कराची अधिवेशन, 1943 ई.
D. लखनऊ अधिवेशन, 1931 ई.

Q.99 'सविनय अवज्ञा आन्दोलन' अन्तिम रूप से कब वापस लिया गया?
A. 15 मार्च, 1933 ई. **B.** 31 जुलाई, 1934 ई.
C. 5 मार्च, 1931 ई. **D.** 7 अप्रैल, 1934 ई.

Q.100 मुस्लिमों ने 'असहयोग आन्दोलन' में भाग लिया। इसका मुख्य कारण क्या था?
A. 1931 ई. का मुस्लिम लीग का प्रस्ताव
B. 1916 ई. का 'लखनऊ एक्ट'
C. 'ख़िलाफ़त आन्दोलन' में मिला सहयोग
D. जिन्ना के विशेष अनुरोध पर

Q.101 ब्राह्मण ग्रंथों में सर्वाधिक प्राचीन कौन है?
A. ऐतरेय ब्राह्मण **B.** शतपथ ब्राह्मण
C. पंचविंश ब्राह्मण **D.** गोपथ ब्राह्मण

Q.102 'साइमन कमीशन' का वह कौन-सा सदस्य था, जो बाद में ब्रिटेन का प्रधानमंत्री बना?
A. रैम्जे मैकडोनाल्ड **B.** विन्स्टन चर्चिल
C. सैमुअल होर **D.** क्लिमेण्ट एट्ली

Q.103 मौर्य काल में शिक्षा का प्रमुख केन्द्र क्या था?
A. वैशाली **B.** नालंदा **C.** तक्षशिला **D.** उज्जैन

Q.104 1857 के विद्रोह का रुहेलखण्ड में नेतृत्व किसने किया था?
A. ख़ान बहादुर ख़ाँ **B.** शहज़ादा फ़िरोज़ ख़ाँ
C. राजा बेनी माधोसिंह **D.** मुहम्मद हसन ख़ाँ

Q.105 किस मुग़ल शासक को 'आलमगीर' कहा जाता था?
A. अकबर **B.** शाहजहाँ **C.** औरंगज़ेब **D.** जहाँगीर

Q.106 पटना को प्रान्तीय राजधानी किसने बनाया था?
A. शेरशाह सूरी ने **B.** दारा शिकोह ने
C. इब्राहिम लोदी ने **D.** बाबर ने

Q.107 मुग़ल सम्राट अकबर के समय का प्रसिद्ध चित्रकार कौन था?
A. बुल फ़ज़ल **B.** बिशनदास
C. दशवंत **D.** उस्ताद मसूर

Q.108 अंग्रेज़ों का सर्वाधिक विरोध किसने किया था?
A. राजपूतों ने **B.** मुग़लों ने **C.** सिक्खों ने **D.** मराठों ने

Q.109 पंजाब के राजा रणजीत सिंह की राजधानी कहाँ थी?
A. अमृतसर **B.** रावलपिंडी **C.** लाहौर **D.** पेशावर

Q.110 सर्वप्रथम रोम के साथ किन लोगों का व्यापार प्रारम्भ हुआ?
A. कुषाणों का **B.** तमिल एवं चेरों का
C. वाकाटकों का **D.** शकों का

Q.111 'नानू आसन' किसे कहा जाता था?
A. श्री नारायण गुरु
B. सी. एन. मुदालियार
C. इ. वी. रामास्वामी नायकर
D. टी. एम. नायर

Q.112 कौन-सी घटना महाराष्ट्र में घटित हुई?
A. कोल विद्रोह **B.** रम्पा विद्रोह
C. भील विद्रोह **D.** संथाल विद्रोह

Q.113 बाल विवाह की प्रथा कब से आरंभ हुई?
A. मौर्य काल से **B.** गुप्तकाल से
C. कुषाण काल से **D.** हर्षवर्धन काल से

Q.114 हर्षवर्धन की आत्मकथा किसने लिखी?
A. फ़िरदौसी **B.** वराहमिहिर
C. बाणभट्ट **D.** इनमें से कोई नहीं

Q.115 प्रसिद्ध भक्त कवयित्री मीराबाई के पति का नाम क्या था?
A. राणा रतन सिंह **B.** राजकुमार भोजराज
C. राणा उदयसिंह **D.** राणा सांगा

Q.116 अकबर द्वारा बनाई गयी श्रेष्ठतम इमारतें कहाँ पायी जाती हैं?
A. आगरा के क़िले में **B.** लाहौर के क़िले में
C. इलाहाबाद के क़िले में **D.** फ़तेहपुर सीकरी में

Q.117 प्रथम कर्नाटक युद्ध की समाप्ति किस संधि से हुई?
A. एक्स ला चैपेल की संधि **B.** गोडेहू की संधि
C. पाण्डिचेरी की संधि **D.** पेरिस की संधि

Q.118 दिल्ली के 'तुग़लक़ वंश' का संस्थापक कौन था?
A. ग़यासुद्दीन तुग़लक़ **B.** मुहम्मद बिन तुग़लक़
C. फ़िरोज़शाह तुग़लक़ **D.** उपर्युक्त में से कोई नहीं

Q.119 'मनसब' किन्हें प्रदान किया जाता था?
A. केवल अमीरों को
B. केवल सैन्य अधिकारियों को
C. राज्य के सभी अधिकारियों को
D. राजा के सगे सम्बन्धियों को

Q.120 किस जाट नेता को 'प्लेटो' की उपाधि दी गई?
A. बदनसिंह **B.** गोकुल सिंह
C. राजाराम **D.** सूरजमल

Q.121 कौन-सा विदेशी आक्रमणकारी 'कोहिनूर हीरा' एवं 'मयूर सिंहासन' लूटकर अपने साथ स्वदेश ले गया?
A. नादिरशाह **B.** अहमदशाह अब्दाली
C. मुहम्मद ग़ोरी **D.** अंग्रेज़

Q.122 'तेलंगाना किसान आन्दोलन' का मुख्य कारण क्या था?
A. ज़मींदारों का अत्याचार
B. कम क़ीमत पर गल्ला वसूली
C. लगान की दरों में वृद्धि
D. किसानों को भूमि से बेदख़ल करना

Q.123 मगध साम्राज्य की प्रथम राजधानी कौन-सी थी?
A. पाटलिपुत्र **B.** वैशाली **C.** गिरिव्रज **D.** चम्पा

Q.124 गुप्तकालीन पुस्तक 'नवनीतकम्' का संबंध किससे है?
A. खगोलशास्त्र से **B.** चिकित्सा विज्ञान से
C. गणित से **D.** धातु विज्ञान से

Q.125 निम्नांकित में से दिल्ली का पहला तुग़लक सुल्तान कौन था?
A. ग़यासुद्दीन तुग़लक़ **B.** महमूद तुग़लक
C. मुहम्मद बिन तुग़लक़ **D.** फ़िरोज़शाह तुग़लक़

// स्मार्ट उत्तर पुस्तिका //

सही उत्तर उन छात्रों के प्रतिशत को इंगित करता है जिन्होंने प्रश्नों का सही उत्तर दिया था।

छोड़ दिया उन छात्रों के प्रतिशत को इंगित करता है जिन्होंने प्रश्नों को छोड़ दिया था।

प्रश्न संख्या	उत्तर	सही उत्तर	छोड़ दिया
1	D	56.52 %	0.0 %
2	A	58.7 %	11.95 %
3	A	44.57 %	11.95 %
4	C	76.09 %	13.04 %
5	A	21.74 %	13.04 %
6	D	55.43 %	11.96 %
7	A	65.22 %	13.04 %
8	C	67.39 %	11.96 %
9	C	70.65 %	13.05 %
10	B	52.17 %	11.96 %
11	A	73.91 %	11.96 %
12	A	77.17 %	11.96 %
13	B	75.0 %	11.96 %
14	C	66.3 %	11.96 %
15	C	59.78 %	11.96 %
16	A	68.48 %	11.95 %
17	B	69.57 %	13.04 %
18	D	60.87 %	11.96 %
19	B	78.26 %	10.87 %
20	B	57.61 %	11.96 %
21	D	68.48 %	11.95 %
22	B	23.91 %	11.96 %
23	D	81.52 %	10.87 %
24	C	73.91 %	13.05 %
25	C	73.91 %	13.05 %
26	A	78.26 %	11.96 %
27	D	78.26 %	10.87 %
28	A	68.48 %	13.04 %
29	C	68.48 %	11.95 %
30	A	42.39 %	11.96 %
31	C	54.35 %	11.95 %
32	A	39.13 %	11.96 %
33	B	39.13 %	10.87 %
34	D	58.7 %	11.95 %
35	C	47.83 %	11.95 %
36	A	78.26 %	11.96 %
37	C	54.35 %	13.04 %
38	A	38.04 %	11.96 %
39	A	43.48 %	13.04 %
40	D	54.35 %	11.95 %
41	C	60.87 %	11.96 %
42	C	60.87 %	11.96 %
43	A	33.7 %	11.95 %
44	C	66.3 %	13.05 %
45	A	41.3 %	11.96 %
46	B	69.57 %	13.04 %
47	B	64.13 %	11.96 %
48	C	45.65 %	13.05 %
49	D	57.61 %	13.04 %
50	D	47.83 %	11.95 %
51	A	66.3 %	11.96 %
52	A	44.57 %	11.95 %
53	D	52.17 %	13.05 %
54	D	72.83 %	11.95 %
55	A	59.78 %	11.96 %
56	C	51.09 %	13.04 %
57	C	55.43 %	13.05 %
58	B	75.0 %	11.96 %
59	C	79.35 %	11.95 %
60	A	43.48 %	11.95 %
61	A	59.78 %	13.05 %
62	B	19.57 %	11.95 %
63	A	32.61 %	11.96 %
64	B	59.78 %	13.05 %
65	D	72.83 %	13.04 %
66	A	51.09 %	11.95 %
67	D	63.04 %	13.05 %
68	C	65.22 %	13.04 %
69	A	76.09 %	13.04 %
70	C	44.57 %	13.04 %
71	B	68.48 %	10.87 %
72	C	58.7 %	11.95 %
73	D	54.35 %	13.04 %
74	B	19.57 %	11.95 %
75	B	71.74 %	13.04 %
76	B	72.83 %	11.95 %
77	B	61.96 %	13.04 %
78	B	41.3 %	11.96 %
79	A	70.65 %	10.87 %
80	A	34.78 %	11.96 %

प्रश्न संख्या	उत्तर	सही उत्तर	छोड़ दिया
81	D	31.52 %	11.96 %
82	A	81.52 %	11.96 %
83	C	71.74 %	13.04 %
84	C	48.91 %	11.96 %
85	C	57.61 %	13.04 %
86	C	18.48 %	11.95 %
87	C	73.91 %	13.05 %
88	C	66.3 %	13.05 %
89	C	42.39 %	13.04 %

प्रश्न संख्या	उत्तर	सही उत्तर	छोड़ दिया
90	B	75.0 %	13.04 %
91	A	67.39 %	13.04 %
92	A	75.0 %	13.04 %
93	A	53.26 %	11.96 %
94	B	77.17 %	13.05 %
95	A	52.17 %	11.96 %
96	B	20.65 %	11.96 %
97	D	35.87 %	13.04 %
98	C	40.22 %	11.95 %

प्रश्न संख्या	उत्तर	सही उत्तर	छोड़ दिया
99	D	39.13 %	11.96 %
100	C	71.74 %	11.96 %
101	B	58.7 %	13.04 %
102	D	53.26 %	13.04 %
103	C	70.65 %	13.05 %
104	A	68.48 %	11.95 %
105	C	65.22 %	13.04 %
106	A	75.0 %	13.04 %
107	C	66.3 %	11.96 %

प्रश्न संख्या	उत्तर	सही उत्तर	छोड़ दिया
108	D	71.74 %	13.04 %
109	C	64.13 %	11.96 %
110	A	46.74 %	11.96 %
111	A	47.83 %	10.87 %
112	C	38.04 %	13.05 %
113	B	50.0 %	10.87 %
114	C	73.91 %	13.05 %
115	B	55.43 %	11.96 %
116	D	69.57 %	13.04 %

प्रश्न संख्या	उत्तर	सही उत्तर	छोड़ दिया
117	A	63.04 %	10.87 %
118	A	79.35 %	11.95 %
119	C	56.52 %	10.87 %
120	D	59.78 %	11.96 %
121	A	78.26 %	11.96 %
122	B	28.26 %	13.04 %
123	C	65.22 %	11.95 %
124	B	45.65 %	13.05 %
125	A	77.17 %	13.05 %

कार्य विश्लेषण	
औसत अंक (%)	56.24%
टॉपर्स स्कोर (%)	100.0%
आपका स्कोर	

//संकेत और समाधान//

1. आदिम आदमी ने जो पहला ज्ञान सीखा, वह था आग लगाना। मनुष्य का पहला ज्ञान ज्वालामुखी और बिजली से आया था, और दुर्लभ परिस्थितियों में, हवा से सूखी शाखाओं के घर्षण से। सभ्यता के उदय से, मनुष्य एक शिकारी और एक खाद्य इकट्ठा करने वाला रहा है। खाना बनाने के लिए शुरुआती आदिम आदमियों ने आग का इस्तेमाल किया।
अतः विकल्प (D) सही है।

2. होमिनिड वह समूह है जिसमें सभी आधुनिक और विलुप्त महान वानर (आधुनिक मनुष्य, चिंपैंजी, गोरिल्ला और वनमानुष आदि) हैं। वे सबसे पहले 'मानव जैसे प्राणी' हैं, जो नस्लीय रूप से 'होमो सेपियन्स' से भिन्न होते है।
अतः विकल्प (A) सही है।

3. सिंधु, गंगा, ब्रह्मपुत्र और उनकी सहायक नदियों जैसे भारत-गंगा के मैदानों की नदियाँ पहाड़ों से गाद (पानी के बहाव से लायी हुई मिट्टी या रेत) का भारी भार लाती हैं और उन्हें नदीतल पर जमा करती हैं। बर्फ से ढके हिमालय उत्तरी मैदानों को सिंचाई और कृषि के लिए पानी की बारहमासी आपूर्ति प्रदान करते हैं, जो एशियाई खानाबदोश का एक कारण है।
अतः विकल्प (A) सही है।

4. हड़प्पा सभ्यता कांस्य युग की थी। कांस्य युग, उस काल को कहते हैं, जिसमे मनुष्य ने तांबे और रांगे की मिश्र धातु का उपयोग किया। इतिहास के ग्राफ पर देखा जाये तो यह समय ताम्र युग और लौह युग के बीच का था। कांस्य युग की सबसे ख़ास बात यह थी कि इस युग में मनुष्य ने शहरी सभ्यताओं में बसना शुरू कर दिया था और दुनिया भर में पौराणिक सभ्यताओं का विकास हुआ।

अतः विकल्प (C) सही है।

5. जैन धर्म के दर्शन व्यक्तिवाद को बढ़ावा देता है। जैन धर्म के दर्शन एक प्राचीन भारतीय दर्शन है। इसमें अहिंसा को सर्वोच्च स्थान दिया गया है। जैन धर्म की मान्यता अनुसार 24 तीर्थंकर समय-समय पर संसार चक्र में फसें जीवों के कल्याण के लिए उपदेश देने इस धरती पर आते है। लगभग छठी शताब्दी ई. पू. में अंतिम तीर्थंकर, भगवान महावीर के द्वारा जैन दर्शन का पुनराव्रण हुआ।
अतः विकल्प (A) सही है।

6. ऋग्वेद में निम्न में से कपास का उल्लेख नहीं मिलता है। 'कपास' भारत की आदि फ़सल है, जिसकी खेती बहुत बड़ी मात्रा में की जाती है। भारत में इसका इतिहास काफ़ी पुराना है। हड़प्पा निवासी कपास के उत्पादन में संसार भर में प्रथम माने जाते थे। कपास उनके प्रमुख उत्पादनों में से एक था। भारत से ही 327 ई.पू. के लगभग यूनान में इस पौधे का प्रचार हुआ। यह भी उल्लेखनीय है कि भारत से ही यह पौधा चीन और विश्व के अन्य देशों को ले जाया गया। विश्व में प्रतिवर्ष लगभग 150 लाख मीट्रिक टन कपास पैदा होता है।
अतः विकल्प (D) सही है।

7. भारत में पूजित पहली मानव प्रतिमा भगवान बुद्ध की थी। मथुरा के ही शिल्पकार ने चित्तीदार लाल बलुए पत्थर पर विश्व की पहली भगवान बुद्ध की प्रतिमा बनाई थी। यह मूर्ति कटरा केशव देव मंदिर से सन् 1860 में मिली। यह विशालकाय बुद्ध प्रतिमा बौद्ध तीर्थ और पर्यटन मार्गों में से एक बोधगया, बिहार, भारत में है। यह भगवान बुद्ध की प्रतिमा ध्यान मुद्रा में 25 मीटर (82 फुट) ऊँची खुली हवा में एक कमल पर विराजमान है।
अतः विकल्प (A) सही है।

8. वारेन हेस्टिंग्स के समय में रेग्युलेटिंग एक्ट के तहत 1774 ई. में कलकत्ता (वर्तमान कोलकाता) में एक सर्वोच्च न्यायालय की स्थापना की गई, जिसका अधिकार क्षेत्र कलकत्ता तक था। कलकत्ता में रहने वाले सभी भारतीय तथा अंग्रेज़ इसकी परिधि में थे। कलकत्ता से बाहर के मामले यह तभी सुनता था, जब दोनों पक्ष सहमत हों। इस न्यायालय में न्याय अंग्रेज़ क़ानूनों द्वारा किया जाता था।
अतः विकल्प (C) सही है।

9. राजा राममोहन राय द्वारा ब्रह्म समाज की स्थापना 1828 में की गई थी। ब्रह्म समाज भारत का एक सामाजिक-धार्मिक आन्दोलन था जिसने बंगाल के पुनर्जागरण युग को प्रभावित किया। इसके प्रवर्तक, राजा राममोहन राय, अपने समय के विशिष्ट समाज सुधारक थे। इसका एक उद्देश्य भिन्न - भिन्न धार्मिक आस्थाओं में बँटी हुई जनता को एक जुट करना तथा समाज में फैली कुरीतियों को दूर करना था।
अतः विकल्प (C) सही है।

10. गुरु रामदास सिक्खों के चौथे गुरु थे। इन्होंने सिक्ख धर्म के सबसे प्रमुख पद 'गुरु' को 1574 ई. में प्राप्त किया था। इस पद पर ये 1581 ई. तक बने रहे। ये सिक्खों के तीसरे गुरु अमरदास के दामाद थे। इन्होंने 1577 ई. में 'अमृत सरोवर' नामक एक नये नगर की स्थापना की थी, जो आगे चलकर अमृतसर के नाम से प्रसिद्ध हुआ। गुरुजी ने 'सतोषसर' नामक पवित्र सरोवर की खुदाई भी आरंभ कराई थी।
अतः विकल्प (B) सही है।

11. प्राचीन भारत में 'निष्क' स्वर्ण आभूषण को कहा जाता था। सिक्कों के नियमित प्रचलन से पूर्व, वैदिक काल से ही निष्क गले में पहनने वाला एक सोने का आभूषण होता था। कालांतर में यह व्यापारिक लेन-देन में प्रयुक्त होने लगा। मौर्य युग तक आते-आते व्यापार-व्यवसाय में नियमित सिक्कों का प्रचलन हो चुका था, सिक्के सोने-चांदी तथा तांबे के बने होते थे। इन सिक्कों को 'निष्क' कहा जाता था।
अतः विकल्प (A) सही है।

12. गुलाबी शहर जयपुर के संस्थापक राजा सवाई जयसिंह ने 18वीं सदी में भारत में अलग-अलग जगहों पर पाँच अंतरिक्षीय अनुसंधान केन्द्र बनवाए थे। दिल्ली का जंतर-मंतर 1724 ई. में इस कड़ी में सबसे पहले बनवाया गया था। 1734 ई. में दिल्ली की वेधशाला को आधार बनाकर जयपुर में भी जंतर-मंतर की स्थापना की गई। बाद में वाराणसी, मथुरा और उज्जैन में भी इनकी स्थापना की गई।
अतः विकल्प (A) सही है।

13. 1821 ई. में ताराचंद्र और भवानी चरण ने बंगाली भाषा में साप्ताहिक पत्र 'संवाद कौमुदी' निकाला, लेकिन दिसंबर 1821 ई. में भवानी चरण ने संपादक पद से त्यागपत्र दे दिया, तो उसका भार राजा राममोहन राय ने संभाला। अप्रैल 1822 ई. में राजा राममोहन राय ने फ़ारसी भाषा में एक साप्ताहिक अख़बार 'मिरात-उल-अख़बार' नाम से प्रारम्भ किया, जो भारत में पहला फ़ारसी अख़बार था।
अतः विकल्प (B) सही है।

14. बंगाल का 'द्वैध शासन' 1765 से 1772 तक चला था। 1765 में बंगाल, बिहार और उड़ीसा में भू-राजस्व वसूलने का अधिकार ईस्ट इंडिया कंपनी के पास था जबकि प्रशासन बंगाल के नवाब के नाम से चलता था। अतः सत्ता के दो केंद्र थे। बंगाल में 'द्वैध शासन' का जनक रोबर्ट क्लाइव को कहा जाता है।
अतः विकल्प (C) सही है।

15. सौराष्ट्र (आधुनिक काठियावाड़) में भादर नदी के समीप स्थित 'रंगपुर' की खुदाई 1953-1954 ई. में 'ए. रंगनाथ राव' द्वारा की गई थी। यहाँ पर पूर्व हड़प्पा कालीन संस्कृति के अवशेष मिले हैं। यहाँ मिले कच्ची ईटों के दुर्ग, नालियाँ, मृद्भाण्ड, बाँट, पत्थर के फलक आदि महत्त्वपूर्ण हैं। यहाँ धान की भूसी के ढेर मिले हैं। यहाँ उत्तरोत्तर हड़प्पा संस्कृति के भी साक्ष्य पर्याप्त मात्रा में मिलते हैं।
अतः विकल्प (C) सही है।

16. 1857 ई. की क्रान्ति का चिह्न "कमल एवं चपाती" निश्चित किया गया था। देश के क्रांतिकारी बहादुर शाह जफर, तात्या टोपे, वीर कुंवर सिंह, रानी लक्ष्मीबाई आदि ने बड़े सुनियोजित ढंग से क्रांति की तिथि 10 मई "कमल एवं चपाती" को प्रतीक मानकर पूरे अखंड भारत में गुप्त ढंग से सूचना भेज रखी थी।
अतः विकल्प (A) सही है।

17. 'ग़दर पार्टी' की स्थापना 25 जून, 1913 ई. में की गई थी। पार्टी का जन्म अमेरिका के सैन फ्राँसिस्को के 'एस्टोरिया' में अंग्रेज़ साम्राज्य को उखाड़ फेंकने के उद्देश्य से हुआ। ग़दर पार्टी के संस्थापक अध्यक्ष 'सोहन सिंह भकना' थे। इसके अतिरिक्त केसर सिंह (उपाध्यक्ष), लाला हरदयाल (महामंत्री), लाला ठाकुरदास धुरी (संयुक्त सचिव) और पण्डित कांशीराम मदरोली (कोषाध्यक्ष)

थे। 'ग़दर' नामक पत्र के आधार पर ही पार्टी का नाम भी 'ग़दर पार्टी' रखा गया था।
अतः विकल्प (B) सही है।

18. लोथल गुजरात के अहमदाबाद ज़िले में 'भोगावा नदी' के किनारे 'सरगवाला' नामक ग्राम के समीप स्थित है। यहाँ से उत्तर अवस्था की एक अग्निवेदी मिली है। नाव के आकार की दो मुहरें तथा लकड़ी का अन्नागार मिला है। अन्न पीसने की चक्की, हाथी दांत तथा पीस का पैमाना मिला है। यहाँ से एक छोटा-सा दिशा मापक यंत्र (पैमाने) भी मिला है। इसी मापक यंत्र (पैमाने) की खोज ने यह सिद्ध कर दिया है कि सिन्धु घाटी के लोग माप और तौल से परिचित थे। यह खोज लोथल में हुई थी।
अतः विकल्प (D) सही है।

19. 323 ई.पू. में सिकन्दर की मृत्यु बेबीलोन में 33 साल की उम्र में हुई थी। सिकंदर मकदूनियाँ, (मेसेडोनिया) का ग्रीक प्रशासक था। वह एलेक्ज़ेंडर तृतीय तथा एलेक्ज़ेंडर मेसेडोनियन नाम से भी जाना जाता है। इतिहास में वह कुशल और यशस्वी सेनापतियों में से एक माना गया है। सिकंदर अपने पिता की मृत्यु के पश्चात अपने सौतेले व चचेरे भाइयों की हत्या करने के बाद मेसेडोनिया के सिंहासन पर बैठा था।
अतः विकल्प (B) सही है।

20. मौर्यकालीन भारत में सड़क निर्माण अधिकारी को 'एग्रोनोमोई' कहा जाता था। ये सड़कों की देखरेख करते थे और 10 स्टेडिया की दूरी पर एक स्तंभ खड़ा कर देते थे। साम्राज्य के राजमार्गों में उत्तर पश्चिम को पाटलिपुत्र से मिलाने वाला राजमार्ग था। मेगस्थनीज़ के अनुसार इसकी लम्बाई 1300 मील थी। पाटलिपुत्र के आगे यह मार्ग ताम्रलिप्ति तक जाता था। हिमालय की ओर जाने वाले मार्ग की तुलना, दक्षिण को जाने वाले मार्ग से करते हुए कौटिल्य ने दक्षिण मार्ग अधिक लाभदायक बताया है।
अतः विकल्प (B) सही है।

21. मुंडीगाक, शोरतुग़ई और देहमोरासीघुंडई आदि अफ़ग़ानिस्तान स्थित सिन्धु सभ्यता के स्थल है। मुंडीगाक का उत्खनन कार्य जे. एम. कैसल द्वारा किया गया था। शोरतुग़ई उत्तरी अफ़ग़ानिस्तान के बदख़्शान प्रान्त में कोकचा नदी और आमू दरिया के विलय क्षेत्र के पास 2000 ईसापूर्व में स्थापित सिन्धु घाटी सभ्यता की एक व्यापारिक बस्ती थी। मुंडीगाक, शोरतुग़ई और देहमोरासीघुंडई अफ़ग़ानिस्तान स्थित सिंधु सभ्यता के प्रमुख स्थलों में से एक है।
अतः विकल्प (D) सही है।

22. गौतम बुद्ध ने 'भिक्षुणी संघ' की स्थापना कपिलवस्तु में की थी। 'कपिलवस्तु' श्रावस्ती का समकालीन नगर था। यहाँ पर शाक्य राजा शुद्धोदन की राजधानी थी, जो गौतम बुद्ध के पिता थे। परंपरा के अनुसार वहाँ कपिल मुनि ने तपस्या की थी, इसीलिये यह 'कपिलवस्तु' (अर्थात् महर्षि कपिल का स्थान) नाम से प्रसिद्ध हो गया। नगर के चारों ओर एक परकोटा था, जिसकी ऊँचाई अठारह हाथ थी। गौतम बुद्ध के काल में भारतवर्ष के समृद्धशाली नगरों में इसकी गणना होती थी। यह उस समय तिज़ारती रास्तों पर पड़ता था। वहाँ से एक सीधा रास्ता वैशाली, पटना और राजगृह होते हुये पूरब की ओर निकल जाता था।
अतः विकल्प (B) सही है।

23. कौटिल्य के 'अर्थशास्त्र' में राजनीतिक जीवन पर प्रकाश डाला गया है। कौटिल्य की प्रणाली में राजा शासन तन्त्र की धुरी है और वह शासन के संचालन में सक्रिय रूप से भाग लेने तथा शासन को गति प्रदान करने का कार्य करता है। स्वयं कौटिल्य के शब्दों में,"यदि राजा सम्पन्न हो, तो उसकी समृद्धि से प्रजा भी सम्पन्न होती है। राजा का जो शील हो, वह शील प्रजा का भी होता है।
अतः विकल्प (D) सही है।

24. पाटलिपुत्र में स्थित चन्द्रगुप्त मौर्य का महल मुख्यत: लकड़ी का बना था। चन्द्रगुप्त मौर्य भारत के महानतम सम्राट थे। इन्होंने मौर्य साम्राज्य की स्थापना की थी। चन्द्रगुप्त पूरे भारत को एक साम्राज्य के अधीन लाने में सफल रहे। उन्होंने लगभग 24 वर्ष तक शासन किया और इस प्रकार उनके शासन का अन्त प्रायः 297 ई.पू. में हुआ।
अतः विकल्प (C) सही है।

25. सिंहासन पर बैठने के बाद अशोक ने देवानांप्रिय उपाधि धारण की। चक्रवर्ती सम्राट अशोक विश्व प्रसिद्ध एवं शक्तिशाली भारतीय मौर्य राजवंश के महान सम्राट थे। सम्राट अशोक का पूरा नाम देवानांप्रिय अशोक मौर्य (राजा प्रियदर्शी देवताओं का प्रिय) था। उनका राजकाल ईसा पूर्व 269 से 232 प्राचीन भारत में था। अशोक का 'देवानांप्रिय' एवं 'प्रियदर्शी' आदि नामों से भी उल्लेख किया जाता है। देवानांप्रिय ब्रह्मज्ञान से रहित उस पुरुष को कहते हैं जो यज्ञ और पूजा से भगवान को प्रसन्न करने का यत्न करता है।
अतः विकल्प (C) सही है।

26. समुद्रगुप्त के काल का इतिहास जानने का सबसे महत्त्वपूर्ण साधन "इलाहाबाद स्तम्भ पर उत्कीर्ण लेख" है। 'इलाहाबाद' का प्राचीन नाम 'प्रयाग' है और यह 'तीर्थराज' के नाम से भी जाना जाता है। सातवीं शताब्दी में सम्राट हर्षवर्धन यहाँ पाँच-पाँच वर्ष के अनन्तर पर एक सत्र का आयोजन किया करता था। ऐसे एक सत्र में चीनी यात्री ह्वेन त्सांग ने 643 ई. में भाग लिया था। इलाहाबाद में सबसे प्राचीन ऐतिहासिक स्मारक सम्राट अशोक (273-232 ई. पू.) के 6 स्तम्भ-लेखों में से एक है। इस पर गुप्त सम्राट समुद्रगुप्त के कवि 'हरिषेण' रचित प्रसिद्ध प्रशस्ति है, जिसमें उसके दिग्विजय होने का वर्णन है।
अतः विकल्प (A) सही है।

27. भीखाजी-रूस्तम कामा 'भारतीय क्रांति की माँ' कहलाती हैं। वह भारत के स्वाधीनता आंदोलन के महत्त्व को खूब समझती थीं, जिसका लक्ष्य संपूर्ण पृथ्वी से साम्राज्यवाद के प्रभुत्व को समाप्त करना था। उनके सहयोगी उन्हें 'भारतीय क्रांति की माता' मानते थे; जबकि अंग्रेज उन्हें कुख्यात् महिला, खतरनाक क्रांतिकारी, अराजकतावादी क्रांतिकारी, ब्रिटिश विरोधी तथा असंगत कहते थे।
अतः विकल्प (D) सही है।

28. असहयोग आन्दोलन गांधी जी ने 1 अगस्त, 1920 को आरम्भ किया था। किंतु 5 फ़रवरी, 1922 को गोरखपुर ज़िले के चौरी चौरा नामक स्थान पर पुलिस ने जबरन एक जुलूस को रोकना चाहा, इसके फलस्वरूप जनता ने क्रोध में आकर थाने में आग लगा दी, जिसमें एक थानेदार एवं 21 सिपाहियों की मृत्यु हो गई। इस घटना से गांधी जी स्तब्ध रह गए। 12 फ़रवरी, 1922 को बारदोली में हुई कांग्रेस की बैठक में 'असहयोग आन्दोलन' को समाप्त करने का निर्णय ले लिया गया।
अतः विकल्प (A) सही है।

29. 'माउंटबेटन योजना' 3 जून, 1947 ई. को लॉर्ड माउंटबेटन द्वारा प्रस्तुत की गई थी। यह योजना भारत के जनसाधारण लोगों में 'मनबाटन योजना' के नाम से भी प्रसिद्ध हुई। मुस्लिम लीग अपनी माँग पाकिस्तान के निर्माण पर अड़ी हुई थी। इस स्थिति में विवशतापूर्वक कांग्रेस तथा सिक्खों द्वारा देश के विभाजन को स्वीकार कर लेने के बाद समस्या के हल के लिए लॉर्ड माउंटबेटन लन्दन गये और वापस आकर उन्होंने देश के विभाजन की अपनी योजना प्रस्तुत की।
अतः विकल्प (C) सही है।

30. "पूर्व एक ऐसा विश्वविद्यालय है, जहाँ विद्यार्थी को कभी प्रमाणपत्र नहीं मिलता", यह कथन लॉर्ड कर्ज़न का है। लॉर्ड एलगिन द्वितीय के बाद 1899 ई. में लॉर्ड कर्ज़न भारत का वायसराय बनकर आया। भारत का वायसराय बनने के पूर्व भी कर्ज़न चार बार भारत आ चुका था। भारत में वायसराय के रूप में उसका कार्यकाल काफ़ी उथल-पुथल का रहा। शैक्षिक सुधारों के अन्तर्गत कर्ज़न ने 1902 ई. में 'सर टॉमस रैले' की अध्यक्षता में 'विश्वविद्यालय आयोग' का गठन किया। आयोग द्वारा दिये गए सुझावों के आधार पर विश्वविद्यालय अधिनियम, 1904 ई. पारित किया गया। इस अधिनियम के आधार पर विश्वविद्यालय पर सरकारी नियन्त्रण बढ़ गया।
अतः विकल्प (A) सही है।

31. 'कैबिनेट मिशन' की नियुक्ति क्लीमेंट एटली के मंत्रिमंडल द्वारा 1946 में की गई थी। इसके अध्यक्ष पैथिक लारेंस थे। लार्ड पैथिक लारेंस 1857 में प्रथम स्वतंत्रता आन्दोलन के समय राजपुताना रियासत के AGG थे। तथा 1946 में लंदन में भारत सचिव बनाए गये थे। 1946 मे कैबिनेट मिशन के अध्यक्ष के रूप मे तीन सदस्य समिति के साथ भारत आये थे।
अतः विकल्प (C) सही है।

32. सर्वप्रथम अगस्त प्रस्ताव में भारतीयों के लिए 'अपने संविधान' की बात कही गई थी। 'अगस्त प्रस्ताव' की घोषणा 8 अगस्त, 1940 ई. को भारत के तत्कालीन वायसराय लॉर्ड लिनलिथगो ने की थी। इन प्रस्तावों के द्वारा भारत में रहने वाले अल्प-संख्यकों को अधिकांशतः वे चीज़ें प्राप्त हो गईं, जिनकी उन्हें अपेक्षा भी नहीं थी। अगस्त प्रस्ताव के अंतर्गत ही सर्वप्रथम यह बात भी कही गई कि भारतीयों के लिए स्वयं का संविधान होना चाहिए।
अतः विकल्प (A) सही है।

33. 'रौलट एक्ट' 8 मार्च, 1919 ई. को लागू किया गया था। इस एक्ट के विरोध में राष्ट्रपिता महात्मा गाँधी ने 6 अप्रैल, 1919 ई. को एक देशव्यापी हड़ताल करवायी और एक्ट के पास होने पर अंग्रेज़ ब्रिटिश सरकार को 'शैतानी लोग' की संज्ञा दी। दिल्ली में आन्दोलन की बागडोर स्वामी श्रद्धानंदजी ने संभाली। वहाँ भीड़ पर चलाई गई गोली में पाँच आन्दोलनकारी आहत हुए। लाहौर एवं पंजाब में भी भीड़ पर गोलियाँ चलायी गईं। स्वामी श्रद्धानंद एवं डॉक्टर सत्यपाल के निमंत्रण पर महात्मा गांधी दिल्ली की ओर चले।
अतः विकल्प (B) सही है।

34. द्वैध शासन प्रणाली की स्थापना 1919 ई. में हुई। द्वैध शासन प्रणाली का अर्थ है - दोहरा शासन अर्थात दो स्वतंत्र सत्ताओं द्वारा शासन। द्वैध शासन का सिद्धान्त सबसे पहले लियोनेल कर्टिस नामक अंग्रेज ने अपनी पुस्तक 'डायर्की' में प्रतिपादित किया था।
अतः विकल्प (D) सही है।

35. फ़िरोजशाह तुग़लक़ ने सैन्य सेवा को वंशानुगत बनाया। 'फ़िरोजशाह तुग़लक़' के शासन काल में दासों की संख्या लगभग 1,80,000 तक पहुँच गई थी। इनकी देखभाल हेतु सुल्तान ने 'दीवान-ए-बंदग़ान' की स्थापना की। कुछ दास प्रांतों में भेजे गये तथा शेष को केन्द्र में रखा गया। दासों को नक़द वेतन या भूखण्ड दिए गये। सैन्य व्यवस्था के अन्तर्गत फ़िरोज ने सैनिकों को पुनः जागीर के रूप में वेतन देना प्रारम्भ कर दिया। उसने सैन्य पदों को वंशानुगत बना दिया, इससे सैनिकों की भर्ती और उनकी योग्यता की जाँच पर असर पड़ा।
अतः विकल्प (C) सही है।

36. दिल्ली की गद्दी पर बैठने के बाद मुग़ल बादशाह हुमायूँ का यह दुर्भाग्य ही था कि वह अधिक दिनों तक सत्ताभोग नहीं कर सका। जनवरी, 1556 ई. में 'दीनपनाह' भवन में स्थित पुस्तकालय की सीढ़ियों से गिरने के कारण हुमायूँ की मृत्यु हो गयी। हुमायूँ की मृत्यु का समाचार सुनकर बैरम ख़ाँ ने गुरदासपुर के निकट 'कलानौर' में 14 फ़रवरी, 1556 ई. को अकबर का राज्याभिषेक करवा दिया और वह 'जलालुद्दीन मुहम्मद अकबर बादशाह ग़ाज़ी' की उपाधि से राजसिंहासन पर बैठा। राज्याभिषेक के समय अकबर की आयु मात्र 13 वर्ष 4 महीने की थी।
अतः विकल्प (A) सही है।

37. फ़िरोज शाह तुग़लक़ ने मुद्रा व्यवस्था के अन्तर्गत बड़ी संख्या में ताँबा एवं चाँदी के मिश्रण से निर्मित सिक्के जारी करवाये, जिन्हें सम्भवतः 'अद्धा' एवं 'मिस्र' कहा जाता था। फ़िरोज शाह तुग़लक़ ने 'शंशगानी सिक्का', जो कि 6 जीतल का था, चलवाया था। उसने सिक्कों पर अपने नाम के साथ अपने पुत्र अथवा उत्तराधिकारी 'फ़तह ख़ाँ' का नाम भी अंकित करवाया। फ़िरोज ने अपने को 'ख़लीफ़ा का नाइब' पुकारा तथा सिक्कों पर ख़लीफ़ा का नाम अंकित करवाया। वह प्रथम सुल्तान था, जिसनें विजयों तथा युद्धों की तुलना में अपनी प्रजा की भौतिक उन्नति को श्रेष्ठ स्थान दिया।
अतः विकल्प (C) सही है।

38. 'महाराष्ट्र धर्म' का प्रणेता ज्ञानेश्वर को माना जाता है। 'ज्ञानेश्वर' की गणना भारत के महान् संतों एवं मराठी कवियों में होती है। इनका जन्म 1275 ई. में महाराष्ट्र के अहमदनगर ज़िले में पैठाण के पास 'आपेगाँव' में भाद्रपद के कृष्ण पक्ष की अष्टमी को हुआ था। पंद्रह वर्ष की उम्र में ही ज्ञानेश्वर भगवान श्रीकृष्ण के भक्त और योगी बन चुके थे। अपने बड़े भाई 'निवृत्तिनाथ' के कहने पर उन्होंने एक वर्ष के अंदर ही श्रीमद्भागवदगीता पर टीका लिख डाली। 'ज्ञानेश्वरी' नाम का यह ग्रंथ मराठी भाषा का अद्वितीय ग्रंथ माना जाता है। यह ग्रंथ 10,000 पद्यों में लिखा गया है।
अतः विकल्प (A) सही है।

39. तारीख़-ए-रशीदी पुस्तक हुमायूँ के शासन के बारे में सूचना देती है। मुग़लकालीन इस पुस्तक की रचना मिर्ज़ा हैदर दोगलत द्वारा की गई थी, जो कि बाबर का मौसेरा भाई था। मुग़लों और मध्य एशिया की राजनीति के लिए यह पुस्तक महत्त्वपूर्ण स्रोत है। मिर्ज़ा हैदर दोगलत ने 1540 ई. में कश्मीर पर कब्ज़ा कर हमायूँ के प्रतिनिधि के रूप में शासन किया था।
अतः विकल्प (A) सही है।

40. रमेश चन्द्र दत्त एक समाज सुधार आंदोलन से जुड़े हुए नहीं थे।क्योंकि यह धन के बहिर्गमन की विचारधारा के प्रवर्तक, मशहूर लेखक तथा महान् शिक्षाशास्त्री थे। वर्ष 1899 ई. में 'भारतीय राष्ट्रीय कांग्रेस' के 'लखनऊ अधिवेशन' की अध्यक्षता इन्होंने की थी। इनकी रचनाओं में 'ब्रिटिश भारत का आर्थिक इतिहास', 'विक्टोरिया युग में भारत' और 'प्राचीन भारतीय सभ्यता का इतिहास' आदि शामिल हैं। इन्होंने सिविल सेवा के भारतीयकरण में महत्त्वपूर्ण भूमिका निभाई थी।
अतः विकल्प (D) सही है।

41. हिन्दू धर्म में मान्य सोलह संस्कारों में 'समावर्तन संस्कार' द्वादश संस्कार है। यह संस्कार विद्याध्ययन पूर्ण हो जाने पर किया जाता है। पाँच वर्ष की अवस्था तक ब्रह्मचर्यपूर्वज गुरुकुल में रहकर गुरु से समस्त वेद-वेदांगों की शिक्षा प्राप्त करके, शिष्य जब गुरु की कसौटी पर खरा उतर जाता था, तब गुरु उसकी शिक्षा पूर्ण होने के प्रतीकस्वरूप उसका 'समावर्तन-संस्कार' करते थे। इसका सम्बन्ध शिक्षा की समाप्ति (शिक्षा पूर्ण) से है। यह संस्कार एक या अनेक शिष्यों का एक साथ भी होता था। वर्तमान युग में भी यह संस्कार विश्वविद्यालयों में होता है, किंतु उसका रूप व उद्देश्य बदल गया है।
अतः विकल्प (C) सही है।

42. डेरियस प्रथम अथवा 'दारा प्रथम' अथवा 'दारयबहु' ईरान के अख़ामनी वंश का तीसरा सबसे शक्तिशाली और इतिहास प्रसिद्ध राजा था। उसे इतिहास में धार्मिक सहिष्णुता तथा अपने शिलालेखों के लिए जाना जाता है। वह फ़ारसी साम्राज्य के संस्थापक 'साइरस' के बाद अख़ामनी वंश का सबसे प्रभावशाली शासक माना जाता है। डेरियस प्रथम को अपने भारतीय साम्राज्य से काफ़ी राजस्व प्राप्त होता था। डेरियस प्रथम ने भारत के भागों से राजस्व संग्रह किया।
अतः विकल्प (C) सही है।

43. गुप्त के अभिलेखों से 'जल कर' का साक्ष्य प्राप्त होता है। गुप्त साम्राज्य' का उदय तीसरी सदी के अन्त में प्रयाग के निकट कौशाम्बी में हुआ। गुप्त कुषाणों के सामन्त थे। इस वंश का आरंभिक राज्य उत्तर प्रदेश और बिहार में था। गुप्त सम्राटों के समय में गणतंत्रीय राजव्यवस्था का ह्रास हुआ। गुप्त प्रशासन राजतंत्रात्मक व्यवस्था पर आधारित था। देवत्व का सिद्धान्त गुप्तकालीन शासकों में प्रचलित था। राजपद वंशानुगत सिद्धान्त पर चलता था। राजा अपने बड़े पुत्र को युवराज घोषित करता था। अपने उत्कर्ष के समय में गुप्त साम्राज्य उत्तर में हिमालय से लेकर दक्षिण में विंध्य पर्वत तक एवं पूर्व में बंगाल की खाड़ी से लेकर पश्चिम में सौराष्ट्र तक फैला हुआ था।
अतः विकल्प (A) सही है।

44. धर्मासन का सम्बन्ध वैदिक युग से नहीं है। वैदिक साहित्य प्रधानतया धर्मपरक है। अतः इस युग के धार्मिक विश्वासों के सम्बन्ध में उनसे बहुत विशद रूप से परिचय प्राप्त होता है। उसी काल के आर्य विविध देवताओं की पूजा करते थे। इन्द्र, मित्र, वरुण, अग्नि, यम आदि ऐसे अनेक देवता थे, जिन्हें तृप्त व सन्तुष्ट करने के लिए वे अनेक विविध-विधानों का अनुसरण करते थे।
अतः विकल्प (C) सही है।

45. 'समग्र राष्ट्रभाव' के सिद्धान्त को दादाभाई नौरोजी ने विकसित किया।दादाभाई नौरोजी को भारतीय राजनीति का पितामह कहा जाता है। वह दिग्गज राजनेता, उद्योगपति, शिक्षाविद और विचारक भी थे। ब्रिटिश शासन को वे भारतीयों के लिए दैवी वरदान मानते थे। 1906 ई. में उनकी अध्यक्षता में प्रथम बार कांग्रेस के कलकत्ता अधिवेशन में स्वराज्य की मांग की गयी। दादाभाई नौरोजी ने कहा था कि- "हम दया की भीख नहीं मांगते। हम केवल न्याय चाहते हैं। ब्रिटिश नागरिक के समान अधिकारों का ज़िक्र नहीं करते, हम स्वशासन चाहते है।" अपने अध्यक्षीय भाषण में उन्होंने भारतीय जनता के तीन मौलिक अधिकारों का वर्णन किया।
अतः विकल्प (A) सही है।

46. 'बुर्ज़होम' एक महत्त्वपूर्ण ऐतिहासिक स्थल है, जो कश्मीर की घाटी में श्रीनगर से लगभग 6 मील (लगभग 9.6 कि.मी.) उत्तर-पूर्व की ओर स्थित है। इस स्थान से नवपाषाण युग की सभ्यता का पता लगा है। इस सभ्यता के लोग गर्तो में रहते थे और इन गर्तो को छप्परों से ढँकते थे। ये भूरे रंग के मृद्भाण्डों का प्रयोग करते थे। इनके पत्थर के औज़ार चिकनी कुल्हाड़ियाँ, मूसल और हड्डी के सूए, सूइयाँ, मत्स्य-भाले और गदा होते थे। ये लोग कुत्ते, भेड़ आदि को दफ़नाते भी थे। अतः 'बुर्ज़होम' से गर्त निवास का साक्ष्य प्राप्त हुआ है।
अतः विकल्प (B) सही है।

47. 'श्रीनारायण धर्म परिपालन योग आंदोलन' केरल के एजहावा के द्वारा चलाया गया था। एजहावा केरल के हिन्दू समुदायों के बीच में सबसे बड़ा समूह है। उन्हें प्राचीन तमिल चेर राजवंश के विलावर संस्थापकों का वंशज माना जाता है, जिनका कभी दक्षिण भारत के कुछ हिस्सों पर शासन हुआ करता था। मालाबार में उन्हें थिय्या कहा जाता है, जबकि तुलु नाडू में वे बिल्लवा नाम से जाने जाते हैं।
अतः विकल्प (B) सही है।

48. विजयनगर साम्राज्य का सबसे प्रसिद्ध राजकीय त्यौहार रामनवमी था। 'रामनवमी' एक ऐसा पर्व है, जिस पर चैत्र मास के शुक्ल पक्ष की प्रतिपदा को प्रतिवर्ष नये विक्रम सवंत्सर का प्रारंभ होता है। रामनवमी को राम के जन्मदिन की स्मृति में मनाया जाता है। इस दिन श्रद्धालु बड़ी संख्या में उनके जन्मोत्सव को मनाने के लिए राम की मूर्तियों को पालने में झुलाते हैं। राम को भगवान विष्णु का अवतार माना जाता है।
अतः विकल्प (C) सही है।

49. दास प्रथा की स्पष्ट अवनति सोलहवीं शताब्दी के पश्चात् हुई। 'दास प्रथा' भारत में प्रायः सभी युगों में विद्यमान रही है। यद्यपि चौथी शताब्दी ई.पू. में मेगस्थनीज ने लिखा था कि, "भारतवर्ष में दास प्रथा नहीं है", तथापि कौटिल्य के 'अर्थशास्त्र' तथा मौर्य सम्राट अशोक के अभिलेखों में प्राचीन भारत में दास प्रथा प्रचलित होने के संकेत उपलब्ध होते हैं। भारत में ब्रिटिश शासन के दौरान भी लम्बे समय तक चलने के बाद वर्ष 1843 ई. में इस प्रथा को बन्द करने के लिए एक अधिनियम पारित कर दिया गया।
अतः विकल्प (D) सही है।

50. भारत में विलियम बैंटिक के सामाजिक सुधार कुछ कम महत्त्व के नहीं थे। लेकिन भारतीय समाज में उन्होंने सुधार कार्य "विधवा विवाह" नहीं किया। 1829 ई. में उसने 'सती प्रथा' को समाप्त कर दिया। कर्नल स्लीमन के सहयोग से उसने ठगी का उन्मूलन किया। उस समय ठगों का देशव्यापी गुप्त संगठन था, वे देश भर में घूमा करते थे और भोले-भाले यात्रियों की रुमाल से गला घोंटकर हत्या कर दिया करते थे और उनका सारा माल लूट लेते थे। 1832 ई. में धर्म-परिवर्तन से होने वाली सभी अयोग्यताओं को लॉर्ड विलियम बैंटिक ने समाप्त कर दिया।
अतः विकल्प (D) सही है।

51. 1909 के अधिनियम में पृथक् मतदान पहली बार प्रस्तावित किया गया था। भारत परिषद अधिनियम वर्ष 1909 में ब्रिटिश संसद द्वारा पारित एक अधिनियम था, जिसे ब्रिटिश भारत में स्वशासित शासन प्रणाली स्थापित करने के लक्ष्य से पारित किया गया था। इस अधिनियम द्वारा मुसलमानों के लिये पृथक सामुदायिक प्रतिनिधित्व प्रणाली लागू की गयी। साथ ही मुसलमानों को प्रतिनिधित्व के मामले में विशेष रियायत दी गयी। उन्हें केंद्रीय एवं प्रांतीय विधान परिषद में जनसंख्या के अनुपात में अधिक प्रतिनिधि भेजने का अधिकार दिया गया। मुस्लिम मतदाताओं के लिये आय की योग्यता को भी हिन्दुओं की तुलना में कम रखा गया।
अतः विकल्प (A) सही है।

52. शिवाजी द्वारा प्राप्त किये गए तोरण क़िले पर उन्होंने रायगढ़ का क़िला बनवाया, जो भविष्य में उनकी राजधानी बना। तोरण दुर्ग महाराष्ट्र में शिवाजी के पिता शाहजी भोंसले की जागीर के दक्षिणी सीमांत प्रांत पर स्थित था। यह दुर्ग पुणे के दक्षिण-पश्चिम में 30 किलोमीटर की दूरी पर था। इस प्रसिद्ध दुर्ग को महाराष्ट्र केसरी शिवाजी ने बीजापुर के सुल्तान से 1646 ई. में छीन लिया था।
अतः विकल्प (A) सही है।

53. सन 556 ई. में जिस 'गुहिल वंश' की स्थापना हुई थी, बाद में वही 'गहलौत वंश' बना और इसके बाद यह 'सिसोदिया राजवंश' के नाम से जाना गया। इस वंश में कई प्रतापी राजा हुए, जिन्होंने इस वंश की मान-मर्यादा और सम्मान को न केवल बढ़ाया, बल्कि इतिहास के गौरवशाली अध्याय में अपना नाम भी जोड़ा। महाराणा महेन्द्र तक यह वंश कई उतार-चढ़ाव और स्वर्णिम अध्याय रचते हुए आज भी अपने गौरव और श्रेष्ठ परम्परा के लिये पहचाना जाता है। उदयपुर, दक्षिणी राजस्थान राज्य, पश्चिमोत्तर भारत में अरावली पर्वतश्रेणी पर स्थित है। "पूर्व का वेनिस" और "भारत का दूसरा कश्मीर" माना जाने वाला उदयपुर ख़ूबसूरत वादियों से घिरा हुआ है। महाराणा उदयसिंह ने सन 1559 ई. में उदयपुर नगर की स्थापना की थी। लगातार मुग़लों के आक्रमणों से सुरक्षित स्थान पर राजधानी स्थानान्तरित किये जाने की योजना से इस नगर की स्थापना हुई। उदयपुर के संस्थापक बप्पा रावल थे, जो कि सिसोदिया राजवंश के थे। आठवीं शताब्दी में सिसोदिया राजपूतों ने 'उदयपुर' (मेवाड़) रियासत की स्थापना की थी। अतः सिसोदिया - उदयपुर एक सही सुमेलित है।
अतः विकल्प (D) सही है।

54. पंडित जवाहरलाल नेहरू भारतीय स्वतन्त्रता संग्राम के महान् सेनानी एवं स्वतन्त्र भारत के प्रथम प्रधानमंत्री (1947-1964) थे। वे संसदीय सरकार की स्थापना और विदेशी मामलों में 'गुटनिरपेक्ष' नीतियों के लिए विख्यात हुए। 1930 और 1940 के दशक में भारत के स्वतंत्रता आंदोलन के प्रमुख नेताओं में से वह एक थे। जब गाँधी जी जैसे महान् नेता की मृत्यु का समाचार सुनकर सारा देश शोकाकुल हो उठा था, तब तत्कालीन प्रधानमंत्री जवाहरलाल नेहरू ने राष्ट्र को महात्मा जी की हत्या की सूचना इन शब्दों में दी थी- **हमारे जीवन से प्रकाश चला गया और आज चारों तरफ़ अंधकार छा गया है। मैं नहीं जानता कि मैं आपको क्या बताऊँ और कैसे बताऊँ। हमारे प्यारे नेता, राष्ट्रपिता बापू अब नहीं रहे।**

अतः विकल्प (D) सही है।

55. अहमद शाह अब्दाली के भारत पर आक्रमण और पानीपत की तीसरी लड़ाई लड़ने का तात्कालिक कारण मराठों द्वारा लाहौर से अपने वायसराय तैमूर शाह के निष्कासन का बदला लेना था। अहमद शाह अब्दाली दुर्रानी कबीले का अफगान सरदार था जो 1747 ई. में नादिरशाह की हत्या के पश्चात गद्दी पर बैठा। उसने 1748 ई. से 1767 ई. तक मध्य भारत पर 7 बार आक्रमण किया था।
अतः विकल्प (A) सही है।

56. पंडित हरदयाल आर्य समाज के साथ सम्बद्ध नहीं थे। पंडित हरदयाल भारतीय स्वतन्त्रता संग्राम के उन अग्रणी क्रान्तिकारियों में थे जिन्होंने विदेश में रहने वाले भारतीयों को देश की आजादी की लडाई में योगदान के लिये प्रेरित व प्रोत्साहित किया। पंडित हरदयाल गम्भीर आदर्शवादी, भारतीय स्वतन्त्रता के निर्भीक समर्थक, ओजस्वी वक्ता और लब्धप्रतिष्ठ लेखक थे। वे हिन्दू तथा बौद्ध धर्म के प्रकाण्ड पंडित थे।
अतः विकल्प (C) सही है।

57. ग़यासुद्दीन तुग़लक़ की मृत्यु के बाद उसका पुत्र 'जूना ख़ाँ', मुहम्मद बिन तुग़लक़ (1325-1351 ई.) के नाम से दिल्ली की गद्दी पर बैठा। इसका मूल नाम 'उलूग ख़ाँ' था। राजामुंदरी के एक अभिलेख में मुहम्मद तुग़लक़ (जौना या जूना ख़ाँ) को दुनिया का ख़ान कहा गया है। सम्भवतः मध्यकालीन सभी सुल्तानों में मुहम्मद तुग़लक़ सर्वाधिक शिक्षित, विद्वान् एवं योग्य व्यक्ति था। उसने अपने सिक्कों पर ये अंकित किया था- 'प्रभुसत्ता हर व्यक्ति को नहीं दी जाती है, बल्कि उसे दी जाती है जो चुना गया हो'।
अतः विकल्प (C) सही है।

58. बम्बई में उषा मेहता एवं उनके कुछ साथियों ने कई महीने तक भारत छोड़ो आंदोलन की वेला में गुप्त कांग्रेस रेडियो का प्रसारण किया। राममनोहर लोहिया नियमित रूप से रेडियो पर बोलते थे। नवम्बर 1942 ई. में पुलिस ने इसे खोज निकाला और जब्त कर लिया।
अतः विकल्प (B) सही है।

59. गोलकुंडा एक क़िला व भग्नशेष नगर है। यह आंध्र प्रदेश का एक ऐतिहासिक नगर है। हैदराबाद से पांच मील पश्चिम की ओर बहमनी वंश के सुल्तानों की राजधानी गोलकुंडा के विस्तृत खंडहर स्थित हैं। गोलकुंडा पहले

हीरा उत्खनन के लिए विख्यात था जिनमें से कोहिनूर हीरा सबसे मशहूर है।
अतः विकल्प (C) सही है।

60. अजातशत्रु बिंबिसार का पुत्र था। उसने मगध की राजगद्दी अपने पिता की हत्या करके प्राप्त की थी। यद्यपि यह एक घृणित कृत्य था, तथापि एक वीर और प्रतापी राजा के रूप में उसने बहुत ख्याति प्राप्त की थी। अपने पिता के समान ही उसने भी साम्राज्य विस्तार की नीति को अपनाया और साम्राज्य की सीमाओं को चरमोत्कर्ष तक पहुँचा दिया। अजातशत्रु ने अंग, लिच्छवी, वज्जी, कोसल तथा काशी जनपदों को अपने राज्य में मिलाकर एक विशाल साम्राज्य को स्थापित किया था। पालि ग्रंथों में अजातशत्रु का नाम अनेक स्थानों पर आया है, क्योंकि वह बुद्ध का समकालीन था।
अतः विकल्प (A) सही है।

61. 'साइमन कमीशन' की नियुक्ति ब्रिटिश प्रधानमंत्री ने सर जॉन साइमन के नेतृत्व में की थी। इस कमीशन में सात सदस्य थे, जो सभी ब्रिटेन की संसद के मनोनीत सदस्य थे। यही कारण था कि भारत में इसे श्वेत कमीशन कहा गया। 8 नवम्बर, 1927 को इस आयोग की स्थापना की घोषणा हुई।
अतः विकल्प (A) सही है।

62. 'सोशल डेमोक्रेटिक एलायंस' की स्थापना बाकूनिन ने की थी। बाकूनिन एक रूसी क्रांतिकारी अराजकतावादी, समाजवादी और सामूहिकवादी अराजकतावाद के संस्थापक थे। उन्हें अराजकतावाद के सबसे प्रभावशाली लोगों में माना जाता है और क्रांतिकारी समाजवादी और सामाजिक अराजकतावादी परंपरा के एक प्रमुख संस्थापक हैं।
अतः विकल्प (B) सही है।

63. कन्फ़्यूशियस झोऊ वंश काल में हुए थे। कंफ्यूशियसी दर्शन की शुरुआत 5वीं शताब्दी ईसा पूर्व चीन में हुई। जिस समय भारत में भगवान महावीर और बुद्ध धर्म के संबध में नए विचार रख रहें थे, चीन में भी एक महात्मा का जन्म हुआ, जिसका नाम कन्फ़्यूशियस था। उस समय झोऊ वंश का बसंत और शरद काल चल रहा था। कन्फ़्यूशियस का कहना था कि किसी देश में अच्छा शासन और शांति तभी स्थापित हो सकती है जब शासक, मंत्री तथा जनता का प्रत्येक व्यक्ति अपने स्थान पर उचित कर्तव्यों का पालन करता रहे।
अतः विकल्प (A) सही है।

64. मौर्य सम्राट अशोक ने प्रथम बार बौद्ध भिक्षुओं को प्रशासनिक एवं वित्तीय मुक्ति प्रदान की। मौर्य सम्राट अशोक बौद्ध धर्म का अनुयायी था। सभी बौद्ध ग्रंथ अशोक को बौद्ध धर्म का अनुयायी बताते हैं। अशोक के बौद्ध होने के सबल प्रमाण उसके अभिलेख हैं। अपने राज्याभिषेक से सम्बद्ध लघु शिलालेख में अशोक ने अपने को 'बुद्धशाक्य' कहा है। साथ ही यह भी कहा है कि वह ढाई वर्ष तक एक साधारण उपासक रहा। राज्याभिषेक के दसवें वर्ष में अशोक ने बोध गया की यात्रा की, बारहवें वर्ष वह निगालि सागर गया और कोनगमन बुद्ध के स्तूप के आकार को दोगुना किया। महावंश तथा दीपवंश के अनुसार उसने तृतीय बौद्ध संगीति भी बुलाई थी।
अतः विकल्प (B) सही है।

65. रबीन्द्रनाथ ठाकुर एक बांग्ला कवि, कहानीकार, गीतकार, संगीतकार, नाटककार, निबंधकार और चित्रकार थे। उन्हें 1913 में साहित्य के लिए 'नोबेल पुरस्कार' प्रदान किया गया था। दो-दो राष्ट्रगानों के रचयिता रवीन्द्रनाथ टैगोर पारंपरिक ढांचे के लेखक नहीं थे। वे एकमात्र ऐसे कवि थे, जिनकी दो रचनाएँ दो देशों का राष्ट्रगान बनीं। भारत का राष्ट्रगान- "जन गण मन" और बांग्लादेश का राष्ट्रीय गान "आमार सोनार बांग्ला" रबीन्द्रनाथ ठाकुर की ही रचनाएँ हैं। वे वैश्विक समानता और एकांतिकता के पक्षधर थे। ब्रह्मसमाजी होने के बावज़ूद उनका दर्शन एक अकेले व्यक्ति को समर्पित रहा।
अतः विकल्प (D) सही है।

66. हुमायूँनामा - हुमायूँ सही सुमेलित नहीं है।

गुलबदन बेगम ने अपने भाई हुमायूँ के ज़माने का विवरण एकत्र कर "हुमायूँनामा" नामक पुस्तक लिखी थी। गुलबदन बेगम प्रथम मुग़ल बादशाह बाबर की पुत्री और हुमायूँ की बहन थी। इस पुस्तक में हुमायूँ को बहुत ही विनम्र और नेक स्वभाव का बताया गया है।

अतः विकल्प (A) सही है।

67. महेन्द्र वर्मन (600-630 ई.) पल्लव सम्राट सिंह विष्णु का पुत्र एवं उत्तराधिकारी था। पल्लवराज महेन्द्र वर्मन के साथ पुलकेशी द्वितीय के अनेक युद्ध हुए, जिनमें पुलकेशी द्वितीय विजयी हुआ। पुलकेशी द्वितीय से परास्त हो जाने पर भी महेन्द्र वर्मन कांची में अपनी स्वतंत्र सत्ता क़ायम रखने में सफल रहा। 'कसक्कुडी' ताम्रपत्रों से ज्ञात होता है कि किसी युद्ध में महेन्द्र वर्मन ने भी पुलकेशी को परास्त किया था। उसने 'मत्तविलास प्रहसन' तथा 'भगवदज्जुकीयम' जैसे महत्त्वपूर्ण ग्रंथों की रचना की थी। 'मत्तविलास प्रहसन' एक हास्य ग्रंथ है।
अतः विकल्प (D) सही है।

68. अलाउद्दीन ख़िलजी 'ख़िलजी वंश' के संस्थापक जलालुद्दीन ख़िलजी का भतीजा और दामाद था। सुल्तान बनने से पहले उसे इलाहाबाद के निकट कड़ा की जागीर दी गयी थी। अलाउद्दीन ख़िलजी के समय में हुए मंगोलों के आक्रमण का उद्देश्य भारत की विजय और प्रतिशोध की भावना थी। 1306 ई. में मंगोल सेना का नेतृत्व करने वाला इक़बालमन्द, ग़यासुद्दीन तुग़लक़ द्वारा रावी नदी के किनारे परास्त किया गया। अलाउद्दीन ख़िलजी ने उसे अपना सीमा रक्षक नियुक्त किया। अलाउद्दीन ने अपने शासन काल में मंगोलों के सबसे अधिक एवं भयानक आक्रमण का सामना करते हुए सफलता प्राप्त की। मंगोल आक्रमण से सुरक्षा के लिए उसने 1304 ई. में 'सीरी' नामक नगर की स्थापना की तथा क़िलेबन्दी की।
अतः विकल्प (C) सही है।

69. 18 पुराणों में अलग-अलग देवी-देवताओं को केन्द्र मानकर पाप और पुण्य, धर्म और अधर्म, कर्म और अकर्म की गाथाएँ कही गयी हैं। कुछ पुराणों में सृष्टि के आरम्भ से अन्त तक का विवरण दिया गया है।

अतः विकल्प (A) सही है।

70. अलाउद्दीन ख़िलजी के शासन काल में हुए मंगोल आक्रमण का उद्देश्य भारत की विजय और प्रतिशोध की भावना थी। 1297-98 ई. में मंगोल सेना ने अपने नेता कादर के नेतृत्व में पंजाब एवं लाहौर पर आक्रमण किया। जालंधर के निकट इन आक्रमणकारियों को अलाउद्दीन ख़िलजी की सेना ने परास्त कर दिया। मंगोलों का दूसरा आक्रमण सलदी के नेतृत्व में 1298 ई. में सेहबान पर हुआ। इसके बाद वर्ष 1299 में कुतलुग ख़्वाजा के नेतृत्व में मंगोल सेना के आक्रमण को जफ़र ख़ाँ ने असफल कर दिया। इसी युद्ध के दौरान जफ़र ख़ाँ मारा गया, क्योंकि अलाउद्दीन एवं उलूग ख़ाँ वाली सेना से उसे कोई सहायता नहीं मिल सकी।
अतः विकल्प (C) सही है।

71. बौद्ध धर्म की 'वज्रयान' शाखा ने मंत्र, हठयोग, तांत्रिक आचारों को प्रधानता दी। 'वज्रयान' संस्कृत शब्द, अर्थात् हीरा या तड़ित का वाहन है। यह 'तांत्रिक बौद्ध धर्म' भी कहलाता है तथा भारत व पड़ोसी देशों में, विशेषकर तिब्बत में बौद्ध धर्म का महत्त्वपूर्ण विकास समझा जाता है। बौद्ध धर्म के इतिहास में वज्रयान का उल्लेख महायान के आनुमानिक चिंतन से व्यक्तिगत जीवन में बौद्ध विचारों के पालन तक की यात्रा के लिये किया गया है।
अतः विकल्प (B) सही है।

72. पंडित जवाहरलाल नेहरू एवं मौलाना आज़ाद 'क्रिप्स मिशन' के साथ कांग्रेस के आधिकारिक वार्ताकार थे। पंडित जवाहरलाल नेहरू कश्मीरी ब्राह्मण परिवार के थे, जो अपनी प्रशासनिक क्षमताओं तथा विद्वत्ता के लिए विख्यात थे। वे 18वीं शताब्दी के आरंभ में इलाहाबाद आ गये थे। 1931 में पिता की मृत्यु के बाद जवाहरलाल कांग्रेस की केंद्रीय परिषद में शामिल हो गए और महात्मा गाँधी के अंतरंग बन गए। यद्यपि 1942 तक गांधीजी ने आधिकारिक रूप से उन्हें अपना राजनीतिक उत्तराधिकारी घोषित नहीं किया था, किंतु 1930 के दशक के मध्य में ही देश को गाँधीजी के स्वाभाविक उत्तराधिकारी के रूप में जवाहरलाल नेहरू दिखाई देने लगे थे।
अतः विकल्प (C) सही है।

73. पंडिता रमाबाई एक प्रतिष्ठित भारतीय समाज सुधारिका एवं सामाजिक कार्यकर्ता थीं। वह एक कवयित्री, अध्येता और भारतीय महिलाओं के उत्थान की प्रबल समर्थक थीं। ब्राह्मण होकर भी एक गैर ब्राह्मण से विवाह किया था। महिलाओं के उत्थान के लिये उन्होंने न सिर्फ संपूर्ण भारत बल्कि इंग्लैंड की भी यात्रा की। 1881 में उन्होंने 'आर्य महिला सभा' की स्थापना की।

अतः विकल्प (D) सही है।

74. गोपाल कृष्ण गोखले ने 'विधवा विवाह मंडल' की स्थापना की थी। गोपाल कृष्ण गोखले अपने समय के अद्वितीय संसदविद और राष्ट्रसेवी थे। यह एक स्वतंत्रता सेनानी, समाजसेवी, विचारक एवं सुधारक भी थे। न्यायमूर्ति महादेव गोविन्द रानाडे के संपर्क में आने से गोपाल कृष्ण गोखले सार्वजनिक कार्यों में बढ़-चढ़कर रुचि लेने लगे थे। उन दिनों पूना की 'सार्वजनिक सभा' एक प्रमुख राजनीतिक संस्था थी। गोखले ने उसके मंत्री के रूप में कार्य किया। इससे उनके सार्वजनिक कार्यों का भी विस्तार हुआ। कांग्रेस की स्थापना के बाद वे उस संस्था से जुड़ गए।
अतः विकल्प (B) सही है।

75. 'जैन धर्म' भारत की श्रमण परम्परा से निकला धर्म और दर्शन है। 'जैन' उन्हें कहते हैं, जो 'जिन' के अनुयायी हों। जैन धर्म अर्थात् 'जिन' भगवान् का धर्म। वस्त्र-हीन बदन, शुद्ध शाकाहारी भोजन और निर्मल वाणी एक जैन अनुयायी की पहली पहचान होती है। यहाँ तक कि जैन धर्म के अन्य लोग भी शुद्ध शाकाहारी होते हैं तथा अपने धर्म के प्रति बड़े सचेत रहते हैं। 'स्यादवाद' या 'अनेकांतवाद' या 'सप्तभंगी' का सिद्धान्त इस धर्म के प्रमुख सिद्धांतों में से एक है।
अतः विकल्प (B) सही है।

76. 'लोथल' गुजरात के अहमदाबाद ज़िले में भोगावा नदी के किनारे 'सरगवाला' नामक ग्राम के समीप स्थित है। यहाँ की खुदाई वर्ष 1954-1955 ई. में रंगनाथ राव के नेतृत्व में की गई थी। लोथल में दो भिन्न-भिन्न टीले नहीं मिले हैं, बल्कि पूरी बस्ती एक ही दीवार से घिरी थी। यह छह खण्डों में विभक्त था। लोथल में गढ़ी और नगर दोनों एक ही रक्षा प्राचीर से घिरे हुए थे। यहाँ से अन्य अवशेषों में चावल, फ़ारस की मुहरों एवं घोड़ों की लघु मृण्मूर्तियों के अवशेष प्राप्त हुए हैं।

रंगपुर गुजरात के काठियावाड़ प्रायद्वीप में सुकभादर नदी के समीप स्थित है। इस स्थल की खुदाई वर्ष 1953-1954 में ए. रंगनाथ राव द्वारा की गई थी। यहाँ पर पूर्व हड़प्पा कालीन संस्कृति के अवशेष मिले हैं। रंगपुर से मिले कच्ची ईटों के दुर्ग, नालियां, मृदभांड, बांट, पत्थर के फलक आदि महत्त्वपूर्ण हैं। यहाँ चावल की भूसी के ढेर मिले हैं।
अतः विकल्प (B) सही है।

77. 'व्यक्तिगत सत्याग्रह' में विनोबा भावे प्रथम सत्याग्रही चुने गए थे। दूसरे सत्याग्रही पंडित जवाहरलाल नेहरू थे। पंडित जवाहरलाल नेहरू संसदीय सरकार की स्थापना और विदेशी मामलों में 'गुटनिरपेक्ष' नीतियों के लिए विख्यात हुए थे। 1930 और 1940 के दशक में भारत के स्वतंत्रता आंदोलन के प्रमुख नेताओं में से वे एक थे। जवाहरलाल नेहरू पहले राष्ट्राध्यक्ष थे, जिन्होंने 1963 ई. में रूस, इंग्लैण्ड तथा अमेरिका के बीच आंशिक परमाणविक परीक्षण-निषेध संधि पर हस्ताक्षर किये जाने का स्वागत किया था।
अतः विकल्प (B) सही है।

78. 'मनसब' मुग़ल शासन काल में बादशाह अकबर के समय दिया जाने वाला एक 'पद' या 'ओहदा' होता था। राज्य के अधिकारियों तथा कर्मचारियों को उनके मनसब के अनुसार ही वेतन दिया जाता था। मनसब प्रणाली मुग़ल साम्राज्य की रीढ़ समझी जाती थी। जिस व्यक्ति को मनसब दिया जाता था, उसे 'मनसबदार' कहते थे। अकबर ने कुछ राजपूत राजाओं, जैसे- भगवान दास, राजा मानसिंह, बीरबल एवं टोडरमल को उच्च मनसब प्रदान किया था।
अतः विकल्प (B) सही है।

79. 'गुलबदन बेगम' बाबर की पुत्री थीं। 14 फ़रवरी, 1483 ई. को फ़रग़ाना में 'ज़हीरुद्दीन मुहम्मद बाबर' का जन्म हुआ था। बाबर अपने पिता की ओर से तैमूर का पाँचवाँ एवं माता की ओर से चंगेज़ ख़ाँ (मंगोल नेता) का चौदहवाँ वंशज था। उसका परिवार तुर्की जाति के 'चग़ताई वंश' के अन्तर्गत आता था। बाबर अपने पिता 'उमर शेख़ मिर्ज़ा' की मृत्यु के बाद 11 वर्ष की आयु में शासक बना था।
अतः विकल्प (A) सही है।

80. गोविन्द महल मध्य प्रदेश के दतिया में स्थित है। दतिया में कई पर्यटन स्थान हैं। सात खण्डों में निर्मित यह महल पत्थरों से बनाया गया है। गोविन्द महल को 1614 ई. में राजा वीरसिंह देव बुन्देला ने बनवाया था। बुन्देल शासकों द्वारा बनवाए गए सबसे बेहतरीन इमारतों में इस महल की गणना की जाती है। महल में विभिन्न प्रकार के आकर्षक और सुन्दर भित्तिचित्र बने हुए हैं।
अतः विकल्प (A) सही है।

81. कवि मुहम्मद इक़बाल कश्मीर से संबंधित हैं। मुहम्मद इक़बाल अविभाजित भारत के प्रसिद्ध कवि, नेता और दार्शनिक थे। उर्दू और फ़ारसी में इनकी शायरी को आधुनिक काल की सर्वश्रेष्ठ शायरी में गिना जाता है। इकबाल के दादा सहज सप्रू हिंदू कश्मीरी पंडित थे। इनकी प्रमुख रचनाएं हैं: असरार-ए-ख़ुदी, रुमुज़-ए-बेख़ुदी और बंग-ए-दारा, जिसमें देशभक्तिपूर्ण तराना-ए-हिन्द (सारे जहाँ से अच्छा) शामिल है।
अतः विकल्प (D) सही है।

82. जालियाँवाला बाग हत्याकांड भारत के पंजाब प्रान्त के अमृतसर में स्वर्ण मन्दिर के निकट जलियाँवाला बाग में 13 अप्रैल 1919 (बैसाखी के दिन) हुआ था। रौलेट एक्ट का विरोध करने के लिए एक सभा हो रही थी जिसमें जनरल डायर नामक एक अँग्रेज ऑफिसर ने अकारण उस सभा में उपस्थित भीड़ पर गोलियाँ चलवा दीं जिसमें 400 से अधिक व्यक्ति मरे और 2000 से अधिक घायल हुए।
अतः विकल्प (A) सही है।

83. अकबर का अंतिम विजय अभियान असीरगढ़ विजय था। सम्राट अकबर असीरगढ़ की प्रसिद्धि सुनकर इस क़िले पर अपना अधिपत्य स्थापित करने के लिए व्याकुल हो रहा था। जैसे ही फ़ारूक़ी शासक 'बहादुरशाह' को इस बात की सूचना मिली, उसने अपनी सुरक्षा के लिए क़िले में ऐसी शक्तिशाली व्यवस्था की, कि दस वर्षों तक क़िला घिरा रहने पर भी बाहर से किसी वस्तु की आवश्यकता नहीं पड़ी। सम्राट अकबर ने 17 जनवरी, सन् 1601 ई. को असीरगढ़ के क़िले पर चढ़ाई की और उस पर विजय प्राप्त कर ली।
अतः विकल्प (C) सही है।

84. शिवाजी को 'राजा' की उपाधि औरंगजेब ने प्रदान की थी। 'जयपुर भवन' से फरार होने के बाद शिवाजी तीन वर्ष तक मुग़लों के साथ शांतिपूर्वक रहे। मुग़ल शासक औरंगज़ेब ने उन्हें राजा की उपाधि तथा बरार में एक जागीर प्रदान की तथा उनके पुत्र शम्भाजी को 'पंचहज़ारी सरदार' के पद पर नियुक्ति किया। शिवाजी ने रायगढ़ में 16 जून, 1674 ई. को अपना राज्याभिषेक करवाकर 'छत्रपति' की उपाधि धारण की। 14 अप्रैल, 1680 ई. को उनकी मृत्यु के बाद उनका पुत्र शम्भाजी मराठा शासक बना।
अतः विकल्प (C) सही है।

85. मराठा शासक शाहू के शासनकाल को पेशावाओं के शासनकाल के नाम से जाना जाता है।बाजीराव प्रथम तथा बालाजी बाजीराव ने, जो क्रमश: द्वितीय तथा तृतीय पेशवा हुए, शाहू की शक्ति एवं सत्ता का उत्तरी तथा दक्षिणी भारत में विशेष विस्तार किया। वस्तुत: शाहू ने पेशवा का पद बालाजी विश्वनाथ के वंशजों को पैतृक रूप में दे दिया था और स्वयं राज्यकार्य में विशेष रुचि न लेकर शासन का समस्त भार पेशवाओं पर ही छोड़ दिया।
अतः विकल्प (C) सही है।

86. मानव द्वारा सर्वप्रथम प्रयुक्त अनाज चावल था। चावल धार्मिक दृष्टि से भी अत्यंत महत्त्वपूर्ण है। कोई भी पूजा, यज्ञ आदि अनुष्ठान बिना चावल के पूर्ण नहीं हो सकता। चावल अर्थात् 'अक्षत' का मतलब, जिसका क्षय नहीं हुआ है। शास्त्रों के अनुसार अक्षत ही एक ऐसा अनाज है, जिसे पूर्ण स्वरूप माना जाता है। पूर्ण स्वरूप होने के कारण इसे सभी देवी-देवताओं को अर्पित किया जाता है।
अतः विकल्प (C) सही है।

87. विज्ञानेश्वर प्राचीन भारत का एक विद्वान था, जो चालुक्यों की राजधानी कल्याणी में विक्रमादित्य चालुक्य (1076-1126 ई.) के राज्य काल में रहता था। 'मिताक्षरा' संस्कृत भाषा में विज्ञानेश्वर द्वारा रचित धर्मशास्त्र का प्रसिद्ध ग्रन्थ है। बंगाल तथा आसाम के अतिरिक्त शेष भारत में हिन्दू क़ानून के विषय में 'मिताक्षरा' को प्रमाण माना जाता है। विज्ञानेश्वर ने पिता के जीवन काल में पुत्रों द्वारा सम्पत्ति के विभाजन का विरोध किया है।
अतः विकल्प (C) सही है।

88. बाबर ने प्रसिद्ध 'तुगलमा नीति' का प्रयोग सर्वप्रथम पानीपत के प्रथम युद्ध में किया। बाबर ने अपनी कृति 'बाबरनामा' में इस युद्ध को जीतने में मात्र 12000 सैनिकों के उपयोग का ज़िक्र किया है, किन्तु इस विषय पर

इतिहासकारों में मतभेद हैं। इस युद्ध में बाबर ने पहली बार प्रसिद्ध 'तुगलमा युद्ध नीति' का प्रयोग किया था। इसी युद्ध में बाबर ने तोपों को सजाने में 'उस्मानी विधि' (रूमी विधि) का प्रयोग किया था। बाबर ने तुगलमा युद्ध पद्धति उजबेकों से ग्रहण की थी।
अतः विकल्प (C) सही है।

89. चौसा का युद्ध जीतने के बाद शेरशाह सूरी ने दिल्ली में अफ़ग़ान सत्ता की स्थापना की। 'चौसा का युद्ध' भारतीय इतिहास में लड़े गये महत्त्वपूर्ण युद्धों में से एक है। यह युद्ध 26 जून, 1539 ई. को मुग़ल बादशाह बाबर के पुत्र हुमायूँ एवं शेर ख़ाँ (शेरशाह सूरी) की सेनाओं के मध्य गंगा नदी के उत्तरी तट पर स्थित 'चौसा' नामक स्थान पर लड़ा गया था। चौसा का यह महत्त्वपूर्ण युद्ध हुमायूँ अपनी कुछ ग़लतियों के कारण हार गया। युद्ध में मुग़ल सेना की काफ़ी तबाही हुई और उसे बहुत नुकसान उठाना पड़ा।
अतः विकल्प (C) सही है।

90. अकबर को 'इस्लाम का शत्रु' बदायूंनी ने कहा था। बदायूंनी फ़ारसी भाषा के भारतीय इतिहासकार एवं अनुवादक रहे थे। बदायूंनी का जन्म सन् 1540 ई. में बदायूँ, भारत में हुआ था। बदायूंनी की सबसे महत्त्वपूर्ण किताब 'मुंतख़ाब अत तवारीख़' थी, जिसे अक्सर तारीख़े बदायूंनी (बदायूंनी का इतिहास) भी कहा जाता है।
अतः विकल्प (B) सही है।

91. जहाँगीर ने वीरसिंह देव द्वारा अबुल फ़ज़ल की हत्या करवाई। जहाँगीर ने बादशाह अकबर के विश्वसनीय मित्र और परामर्शदाता तथा विद्वान अबुल फ़ज़ल को ओरछा के राजा वीरसिंह देव द्वारा 1602 ई में कत्ल करवा दिया था, जब वो दक्कन से आगरा की तरफ़ आ रहे थे। इस हत्या का सबसे जीवंत वर्णन असद बेग ने अपने वृतांत 'वाकए- असद बेग' में किया है।
अतः विकल्प (A) सही है।

92. अंग्रेज़ दूत कैप्टन हॉकिन्स एवं सर टामस रो मुग़ल बादशाह जहाँगीर के दरबार में आये थे। मुग़ल सम्राट जहाँगीर ने जमानबेग़ को 'महावत ख़ाँ' की उपाधि प्रदान कर डेढ़ हज़ार का मनसब दिया, अबुल फ़ज़ल के पुत्र अब्दुर्रहीम को दो हज़ार का मनसब प्रदान किया। सम्राट ने अपने कुछ कृपापात्र, जैसे कुतुबुद्दीन कोका को बंगाल का गर्वनर एवं शरीफ़ ख़ाँ को प्रधानमंत्री पद प्रदान किया। जहाँगीर के शासनकाल में कुछ विदेशियों का भी आगमन हुआ। इनमें कैप्टन हॉकिन्स और सर टामस रो प्रमुख थे, जिन्होंने सम्राट जहाँगीर से भारत में व्यापार करने के लिए अनुमति देने की याचना की।
अतः विकल्प (A) सही है।

93. अर्काट, कर्नाटक का एक नगर है, जिसे कर्नाटक के नवाब अनवरुद्दीन (1743-49 ई.) ने अपनी राजधानी बनाया। दूसरे कर्नाटक युद्ध (1751-54 ई.) में इस नगर का महत्त्वपूर्ण स्थान था। यहाँ पर एक मज़बूत क़िला था, जो आम्बूर (1749 ई.) की लड़ाई में अनवरुद्दीन की हार और मौत के बाद चन्दा साहब के नियंत्रण में चला गया।
अतः विकल्प (A) सही है।

94. 'कुव्वत-उल-इस्लाम मस्जिद' का निर्माण मुस्लिम शासक कुतुबुद्दीन ऐबक ने कराया था। तराइन के युद्ध के बाद मुइज्जुद्दीन ग़ज़नी लौट गया और भारत के विजित क्षेत्रों का शासन अपने विश्वनीय गुलाम 'कुतुबुद्दीन ऐबक' के हाथों में छोड़ दिया। पृथ्वीराज के पुत्र को रणथम्भौर सौंप दिया गया जो तेरहवीं शताब्दी में शक्तिशाली चौहानों की राजधानी बना। अगले दो वर्षों में ऐबक ने, ऊपरी दोआब में मेरठ, बरन तथा कोइल (आधुनिक अलीगढ़) पर क़ब्ज़ा किया।
अतः विकल्प (B) सही है।

95. झाँसी की रानी लक्ष्मीबाई की मृत्यु 18 जून 1858 में हुई थी। रानी लक्ष्मीबाई मराठा शासित झाँसी राज्य की रानी और 1857 की राज्यक्रांति की द्वितीय शहीद वीरांगना थीं। उन्होंने सिर्फ़ 29 साल की उम्र में अंग्रेज़ साम्राज्य की सेना से युद्ध किया और रणभूमि में वीरगति को प्राप्त हुईं।
अतः विकल्प (A) सही है।

96. 'नेहरू रिपोर्ट' का मूल विषय भावी राष्ट्रीय आन्दोलन की रूपरेखा था। नेहरू रिपोर्ट भारत के लिए प्रस्तावित नए अधिराज्य के संविधान की रूपरेखा थी। 28 अगस्त, 1928 को जारी यह रिपोर्ट ब्रितानी सरकार के भारतीयों के एक संविधान बनाने के अयोग्य बताने की चुनौती का भारतीय राष्ट्रीय कांग्रेस के नेतृत्व में दिया गया सशक्त प्रत्युत्तर था।
अतः विकल्प (B) सही है।

97. लॉर्ड वेलेज़ली ने ईस्ट इंडिया कम्पनी को व्यापारिक कम्पनी के स्थान पर एक शक्तिशाली राजनीतिक शक्ति के रूप में स्थापित किया। लॉर्ड वेलेज़ली 'बंगाल का शेर' के उपनाम से भी प्रसिद्ध थे। इनके समय में ही 1801 ई. में मद्रास प्रेसीडेन्सी का सृजन किया गया। नेपोलियन के विस्तार को रोकने के लिए वेलेज़ली ने भारत से जनरल वेयर्ड के नेतृत्व में एक सैनिक दस्ता मिस्र भेजा था। इन्हीं के कार्यकाल में द्वितीय आंग्ल मराठा युद्ध (1803-1806 ई.) हुआ था।
अतः विकल्प (D) सही है।

98. 'मुस्लिम लीग' ने अपने कराची अधिवेशन, 1943 ई. में 'बांटो और छोड़ो' का नारा दिया था। मुस्लिम लीग की स्थापना 1906 में ढाका में की गयी थी, मुहम्मद अली जिन्नाह इस संगठन के प्रमुख नेता थे। शुरू में मुस्लिम लीग का उद्देश्य मुस्लिमों के अधिकारों की रक्षा करना था, परन्तु बाद में मुस्लिम लीग के मुस्लिमों के लिए अलग देश की मांग शुरू कर दी।

अतः विकल्प (C) सही है।

99. 'सविनय अवज्ञा आन्दोलन' अन्तिम रूप से 7 अप्रैल, 1934 ई. को वापस लिया गया। महात्मा गाँधी जी द्वारा शुरू हुआ सविनय अवज्ञा आंदोलन ब्रिटिश साम्राज्य के खिलाफ, उनकी नींव को कमजोर बनाने के लिए था। सविनय अवज्ञा आंदोलन की औपचारिक घोषणा 6 अप्रैल 1930 को गाँधी जी के नेतृत्व में हुई थी। आंदोलन का मुख्य उद्देश्य ब्रिटिश सरकार द्वारा बनाये गए कानून को तोड़ना और उनकी बात की अवहेलना करना था।
अतः विकल्प (D) सही है।

100. मुस्लिमों ने 'असहयोग आन्दोलन' में भाग लिया। इसका मुख्य कारण 'ख़िलाफ़त आन्दोलन' में मिला सहयोग था। खिलाफत आन्दोलन मार्च 1919 में बंबई में एक खिलाफत समिति का गठन किया गया था। मोहम्मद अली और शौकत अली बंधुओ के साथ-साथ अनेक मुस्लिम नेताओं ने इस मुद्दे पर संयुक्त जनकार्यवाही की संभावना तलाशने के लिए महात्मा गाँधी के साथ चर्चा शुरू कर दी। इसी कारण से मुस्लिमों ने 'असहयोग आन्दोलन' में भाग लिया।
अतः विकल्प (C) सही है।

101. शतपथ ब्राह्मण, ब्राह्मण ग्रंथों में सर्वाधिक प्राचीन है। शतपथ ब्राह्मण शुक्ल यजुर्वेद के दोनों शाखाओं काण्व व माध्यन्दिनी से सम्बद्ध है। यह सभी ब्राह्मण ग्रन्थों में सर्वाधिक महत्त्वपूर्ण ग्रन्थ है। इसके रचयिता याज्ञवल्क्य को माना जाता है। शतपथ ब्राह्मण में 14 काण्ड हैं जिसमें विभिन्न प्रकार के यज्ञों का पूर्ण एवं विस्तृत अध्ययन मिलता है। 6 से 10 काण्ड तक को शाण्डिल्य काण्ड कहते हैं।
अतः विकल्प (B) सही है।

102. क्लिमेण्ट एट्ली 'साइमन कमीशन' का वह सदस्य था, जो बाद में ब्रिटेन का प्रधानमंत्री बना। क्लिमेण्ट एट्ली ब्रिटिश राजनीतिज्ञ, लेबर पार्टी के नेता तथा 1945 से 1951 तक युनाइटेड किंगडम के प्रधानमंत्री थे। उनके ही प्रधानमंत्रित्वकाल में भारत को स्वतंत्रता मिली। उनके काल में ही युनाइटेड किंगडम कल्याणकारी राज्य (वेल्फेयर स्टेट) बना जिसके अन्तर्गत अन्य बातों के अलावा वहाँ निःशुल्क सार्वजनिक स्वास्थ्य-सेवा आरम्भ हुई। वे युनाइटेड किंगडम के सर्वोत्तम प्रधानमंत्री माने जाते हैं तथा वहाँ के सबसे लोकप्रिय प्रधानमंत्रियों में उनकी गिनती होती है।
अतः विकल्प (D) सही है।

103. मौर्य काल में शिक्षा का प्रमुख केन्द्र तक्षशिला था। यहाँ का विश्वविद्यालय विश्व के प्राचीनतम विश्वविद्यालयों में शामिल है। यह हिन्दू एवं बौद्ध दोनों के लिये महत्व का केन्द्र था। चाणक्य यहाँ पर आचार्य थे। 405 ई में फाह्यान यहाँ आया था। वर्तमान समय में तक्षशिला, पाकिस्तान के पंजाब प्रान्त के रावलपिण्डी जिले की एक तहसील तथा महत्वपूर्ण पुरातात्विक स्थल है जो इस्लामाबाद और रावलपिंडी से लगभग 32 किमी उत्तर-पूर्व में स्थित है।

अतः विकल्प (C) सही है।

104. 1857 के विद्रोह का रुहेलखण्ड में नेतृत्व ख़ान बहादुर ख़ाँ ने किया था। 1857 का भारतीय विद्रोह भारत में ब्रिटिश ईस्ट इंडिया कंपनी के शासन

के खिलाफ एक व्यापक लेकिन असफल विद्रोह था जिसने ब्रिटिश राज की ओर से एक संप्रभु शक्ति के रूप में कार्य किया।
अतः विकल्प (A) सही है।

105. औरंगज़ेब को आलमगीर के नाम से जाना जाता था, भारत पर राज करने वाले छठे मुग़ल शहंशाह थे। उनका शासन 1658 से लेकर 1707 में उनकी मृत्यु तक चला। औरंगज़ेब ने भारतीय उपमहाद्वीप पर आधी सदी से भी ज्यादा समय तक राज किया। वे अकबर के बाद सबसे ज़ियादा समय तक शासन करने वाले मुग़ल शहंशाह थे।
अतः विकल्प (C) सही है।

106. शेरशाह सूरी ने ही सर्वप्रथम अपने शासन काल में आज की भारतीय मुद्रा रुपया को जारी किया था। इसीलिए इतिहासकार शेरशाह सूरी को आधुनिक रुपया व्यवस्था का अग्रदूत भी मानते है। मौर्यों के पतन के बाद पटना को पुनः प्रान्तीय राजधानी बनाया गया था। अतः आधुनिक पटना को शेरशाह द्वारा बसाया माना जाता है और प्रान्तीय राजधानी बनाया था।
अतः विकल्प (A) सही है।

107. मुग़ल सम्राट अकबर के समय का प्रसिद्ध चित्रकार दशवंत था। भारत की मुगल चित्रकला हुमायूँ के शासनकाल के दौरान विकसित हुई। जब वह अपने निर्वासन से भारत लौटा तो वह अपने साथ दो फारसी महान कलाकारों अब्दुल समद और मीर सैयद को लाया। इन दोनों कलाकारों ने स्थानीय कला कार्यों में अपनी स्थिति दर्ज कराई और धीरे-धीरे मुगल चित्रकला का विकास हुआ। अकबर के समय के प्रमुख चित्रकार मीर सैय्यद अली, दशवंत, बसावन, ख्वाज़ा, अब्दुस्समद, मुकुंद आदि थे। आइने अकबरी में कुल 17 चित्रकारों का उल्लेख है।
अतः विकल्प (C) सही है।

108. मराठा लोगों को 'महरट्टा' या 'महरट्टी' भी कहा जाता है। भारत के वे प्रमुख लोग, जो इतिहास में 'क्षेत्र रक्षक योद्धा' और हिन्दू धर्म के समर्थक के रूप में विख्यात हैं, इनका गृहक्षेत्र आज का मराठी भाषी क्षेत्र महाराष्ट्र राज्य है, जिसका पश्चिमी क्षेत्र समुद्र तट के किनारे मुंबई (भूतपूर्व बंबई) से गोवा तक और आंतरिक क्षेत्र पूर्व में लगभग 160 किमी. नागपुर तक फैला हुआ था।
अतः विकल्प (D) सही है।

109. लाहौर पर 1768 ई. में सिक्खों का अधिकार हो गया और 1799 ई. में यह रणजीत सिंह के अधिकार में आ गया। रणजीत सिंह ने लाहौर को अपनी राजधानी बनाया। 1799 ई. में पंजाब केसरी रणजीत सिंह के समय में लाहौर को फिर एक बार पंजाब की राजधानी बनने का गौरव मिला।
अतः विकल्प (C) सही है।

110. सर्वप्रथम रोम के साथ कुषाणों का व्यापार प्रारम्भ हुआ। कुषाणों का भारत के चीन, मध्य एशिया एवं पश्चिमी देशों दक्षिण पूर्व एशिया आदि के साथ व्यापारिक सम्बन्ध था। कुषाण काल में उत्तर-पश्चिम के स्थल मार्ग और पश्चिम के समुद्री मार्ग से विविध प्रकार की सामग्री का आयात-निर्यात होता रहा। कुषाण काल में चीन एंव बैक्ट्रिया के मध्य व्यापार अपने सर्वोच्च-शिखर पर था।
अतः विकल्प (A) सही है।

111. श्री नारायण गुरु को 'नानू आसन' कहा जाता था। श्री नारायण गुरु भारत के महान संत एवं समाजसुधारक थे। कन्याकुमारी जिले में मारुतवन पहाड़ों की एक गुफा में उन्होंने तपस्या की थी। गौतम बुद्ध को गया में पीपल के पेड़ के नीचे बोधि की प्राप्ति हुई थी। नारायण गुरु को उस परम की प्राप्ति गुफा में हुई।
अतः विकल्प (A) सही है।

112. भील विद्रोह की घटना महाराष्ट्र में घटित हुई। भील विद्रोह 1812 ई. में अंग्रेज़ों के विरुद्ध किया गया था। भील जाति के लोग पश्चिमी तट पर स्थित ख़ानदेश में निवास करते थे। इन लोगों ने खेती से सम्बन्धित कठिनाइयों तथा अंग्रेज़ी हुकूमत के डर के कारण 1812-1819 ई. के मध्य विद्रोह किया। यह विद्रोह 'सेवरम' के नेतृत्व में 1825 ई. में पुनः किया गया था। भीलों के द्वारा तीसरा विद्रोह 1831-1846 ई. के मध्य किया गया।
अतः विकल्प (C) सही है।

113. बाल विवाह की प्रथा गुप्तकाल से आरंभ हुई। गुप्त साम्राज्य का उदय तीसरी सदी के अन्त में प्रयाग के निकट कौशाम्बी में हुआ। गुप्त कुषाणों के सामन्त थे। इस वंश का आरंभिक राज्य उत्तर प्रदेश और बिहार में था। लगता है, कि गुप्त शासकों के लिए बिहार की उपेक्षा उत्तर प्रदेश अधिक महत्त्व वाला प्रान्त था, क्योंकि आरम्भिक अभिलेख मुख्यतः इसी राज्य में पाए गए हैं।
अतः विकल्प (B) सही है।

114. हर्षवर्धन की आत्मकथा बाणभट्ट ने लिखी। बाणभट्ट की लेखनी से अनेक ग्रन्थ रत्नों का लेखन हुआ है, किन्तु बाणभट्ट का महाकवित्व केवल 'हर्षचरित' और 'कादम्बरी' पर प्रधानतया आश्रित है। इन दोनों गद्य काव्यों के अतिरिक्त 'मुकुटताडितक', 'चण्डीशतक' और 'पार्वती-परिणय' भी बाणभट्ट की रचनाओं में परिगणित हैं।
अतः विकल्प (C) सही है।

115. प्रसिद्ध भक्त कवयित्री मीराबाई के पति का नाम राजकुमार भोजराज था। मीराबाई (1498-1573) सोलहवीं शताब्दी की एक कृष्ण भक्त और कवयित्री थीं। उनकी कविता कृष्ण भक्ति के रंग में रंग कर और गहरी हो जाती है। मीरा बाई ने कृष्ण भक्ति के स्फुट पदों की रचना की है। मीरा कृष्ण की भक्त हैं। उनके गुरु रविदास जी थे तथा रविदास जी के गुरु रामानंद जी थे।
अतः विकल्प (B) सही है।

116. अकबर द्वारा बनाई गयी श्रेष्ठतम इमारतें फ़तेहपुर सीकरी में पायी जाती हैं। आगरा से 22 मील दक्षिण में मुग़ल सम्राट अकबर के बसाए हुए भव्य नगर के खंडहर आज भी अपने प्राचीन वैभव की झाँकी प्रस्तुत करते हैं। अकबर से पूर्व यहाँ फ़तेहपुर और सीकरी नाम के दो गाँव बसे हुए थे, जो अब भी हैं। इन्हें अंग्रेज़ शासक ओल्ड विलेजेस के नाम से पुकारते थे।
अतः विकल्प (D) सही है।

117. प्रथम कर्नाटक युद्ध की समाप्ति एक्स ला चैपेल की संधि से हुई। यूरोप में ऑस्ट्रिया के उत्तराधिकार के युद्ध में इंग्लैंड और फ्रांस के बीच जो संघर्ष चला, उसी का परिणाम भारत में प्रथम कर्नाटक युद्ध के रूप में सामने आया। इस युद्ध का तात्कालिक कारण था, अंग्रेज कैप्टन बर्नेट के नेतृत्व में अंग्रेजी सेना द्वारा कुछ फ्रांसीसी जहांजों पर अधिकार कर लेना।
अतः विकल्प (A) सही है।

118. ग़यासुद्दीन तुग़लक़ दिल्ली के 'तुग़लक़ वंश' का संस्थापक था। ग़यासुद्दीन तुग़लक़ (1320-1325 ई.), 8 सितम्बर, 1320 ई. को दिल्ली के सिंहासन पर बैठा था। इसने कुल 29 बार मंगोल आक्रमण को विफल किया। सुल्तान बनने से पहले वह क़ुतुबुद्दीन मुबारक़ ख़िलजी के शासन काल में उत्तर-पश्चिमी सीमान्त प्रान्त का शक्तिशाली गर्वनर नियुक्त हुआ था।
अतः विकल्प (A) सही है।

119. 'मनसब' राज्य के सभी अधिकारियों को प्रदान किया जाता था। 'मनसब' एक अरबी शब्द है, जिसका अर्थ है 'स्थान निश्चित करना। ' इरविन के मतानुसार, मनसबदारी मुगल राज्य के अधिकारी का वह पद था, जो उसके पद, उसके वेतन तथा दरबार में उसका स्थान निश्चित करता था। राज्य के प्रत्येक अधिकारी को मनसब प्रदान किया जाता था।
अतः विकल्प (C) सही है।

120. राजा सूरजमल एक सुयोग्य जाट शासक था। उसने ब्रज में एक स्वतंत्र हिन्दू राज्य की स्थापना करके इतिहास में गौरव प्राप्त किया है। उसके शासन का समय सन् 1755 ई. से सन् 1763 ई. है। वह सन् 1755 ई. के कई साल पहले से ही अपने पिता बदनसिंह के शासन के समय से ही राज्य के समस्त कार्यों को संभालने लगा था। सूरजमल ने बहुत पहले ही अपनी सैन्य क्षमताओं को विकसित कर लिया था। सूरजमल को 'प्लेटो' की उपाधि दी गई।
अतः विकल्प (D) सही है।

121. नादिरशाह के आक्रमण के कारण दिल्ली में हज़ारों नागरिक मारे गये थे और वहाँ भारी लूट की गई। इस लूट में नादिरशाह को बेशुमार दौलत मिली थी। उसे 20 करोड़ की बजाय 30 करोड़ रुपया नक़द मिला। उसके अतिरिक्त ढेरों जवाहरात, बेगमों के बहुमूल्य आभूषण, सोना-चाँदी के अगणित वर्तमान तथा अन्य वेश-क़ीमती वस्तुएँ उसे मिली थीं। इनके साथ ही साथ दिल्ली की लूट में उसे कोहिनूर हीरा और शाहजहाँ का 'तख़्त-ए-ताऊस' (मयूर सिंहासन) भी

मिला था।
अतः विकल्प (A) सही है।

122. तेलंगाना किसान आन्दोलन तेलंगाना क्षेत्र के सामंती प्रभुओं के खिलाफ एक किसान विद्रोह था जो विद्रोह बाद में 1946 और 1951 के बीच हैदराबाद राज्य के खिलफ़ लड़ा गया। जिसका मुख्य कारण कम क़ीमत पर गल्ला वसूली करना था।
अतः विकल्प (B) सही है।

123. बुद्ध के समकालीन मगध नरेश बिंबिसार ने शिशुनाग अथवा हर्यक वंश के नरेशों की पुरानी राजधानी गिरिव्रज को छोड़कर नई राजधानी उसके निकट ही बसाई थी। पहले गिरिव्रज के पुराने नगर से बाहर उसने अपने प्रासाद बनवाए थे, जो राजगृह के नाम से प्रसिद्ध हुए। पीछे अनेक धनिक नागरिकों के बस जाने से राजगृह के नाम से एक नवीन नगर ही बस गया। गिरिव्रज महाभारत के समय में जरासंध की राजधानी भी रह चुकी थी।
अतः विकल्प (C) सही है।

124. गुप्तकालीन पुस्तक 'नवनीतकम्' का संबंध चिकित्सा विज्ञान से है। गुप्तकालीन पुस्तक 'नवनीतकम्' आयुर्वेद का प्राचीन ग्रन्थ है। यह संस्कृत-प्राकृत में रचित है तथा लिपि गुप्त लिपि है। इसका रचनाकाल ईसा की चौथी शताब्दी सम्भावित है। इसकी प्रति पूर्वी तुर्किस्तान से प्राप्त हुई जो मध्य एशिया से चीन को जोड़ने वाले मार्ग पर स्थित है। भारत के बौद्ध भिक्षु इसी मार्ग से दूरस्थ प्रदेशों की यात्रा करते थे।
अतः विकल्प (B) सही है।

125. ग़यासुद्दीन तुग़लक़ (1320-1325 ई.), 8 सितम्बर, 1320 ई. को दिल्ली के सिंहासन पर बैठा। इसे तुग़लक़ वंश का संस्थापक भी माना जाता है। इसने कुल 29 बार मंगोल आक्रमण को विफल किया। सुल्तान बनने से पहले वह क़ुतुबुद्दीन मुबारक़ ख़िलजी के शासन काल में उत्तर-पश्चिमी सीमान्त प्रान्त का शक्तिशाली गर्वनर नियुक्त हुआ था।
अतः विकल्प (A) सही है।

मॉक टेस्ट 06

Q.1 निम्नलिखित में से किस प्रतिहार राजा ने 'प्रमाण' की उपाधि ग्रहण की थी?

A. मिहिरभोज **B.** वत्सराज **C.** राम भोज **D.** नागभट्ट II

Q.2 निम्नलिखित में से कौन सा स्थान नवपाषाण काल का सबसे पुराना प्रमाण प्रस्तुत करता है?

A. चीम्ड **B.** मेहरगढ़ **C.** बुर्जहोम **D.** दैमाबाद

Q.3 'नाट्य शास्त्र' के संदर्भ में, निम्नलिखित कथनों पर विचार कीजिए:

1. यह नाटक, नृत्य और संगीत कला पर आधारित एक ग्रंथ है।
2. इसकी रचना भरत मुनि द्वारा की गई है।

उपर्युक्त कथनों में से कौन-सा/से सही है/हैं?

A. केवल 1 **B.** केवल 2
C. 1 और 2 दोनो **D.** न तो 1 न 2

Q.4 वीरशैववाद के संदर्भ में, निम्नलिखित कथनों में से कौन-सा सही नहीं है?

A. इसने दृढ़तापूर्वक सभी मनुष्यों की समानता का समर्थन किया।
B. इसने पुनर्जन्म के सिद्धांत पर संदेह व्यक्त किया।
C. इसने जैन धर्म की शिक्षाओं का समर्थन किया।
D. इसने विधवाओं को पुनर्विवाह की अनुमति प्रदान की।

Q.5 निम्नलिखित कथनों में से कौन-सा मौर्य साम्राज्य के पतन का एक कारण नहीं है?

A. उत्तर-पश्चिम सीमा से सिकंदर का आक्रमण
B. परिधीय क्षेत्रों में लोहे के औजारों एवं हथियारों का प्रसार
C. अशोक की नीतियों के विरूद्ध ब्राह्मणवादी प्रतिक्रिया
D. विशाल सेना के रखरखाव के कारण वित्तीय संकट

Q.6 'कमल महल' और 'महानवमी डिब्बा' का निर्माण किस राज्य की उल्लेखनीय विशेषता थी?

A. विजयनगर **B.** चंदेल **C.** पाल **D.** राष्ट्रकूट

Q.7 इक्ता प्रणाली के संदर्भ में, निम्नलिखित कथनों पर विचार कीजिए:

1. इक़्ता का प्रशासन मुक़्तियों द्वारा किया जाता था।
2. सुल्तान फ़िरोज़ शाह तुगलक ने इक्ता को वंशानुगत बना दिया था।

उपर्युक्त कथनों में से कौन-सा/से सही है/हैं?

A. केवल 1 **B.** केवल 2
C. 1 और 2 दोनो **D.** न तो 1 न 2

Q.8 निम्नलिखित पर विचार कीजिए:

1. स्टेटाइट
2. कांस्य
3. टेराकोटा

उपर्युक्त में से किन सामग्रियों का हड़प्पा की आकृतियों/मूर्तियों के लिए उपयोग किया गया था?

A. केवल 1 और 3 **B.** केवल 2 और 3
C. केवल 1 और 2 **D.** 1, 2 और 3

Q.9 निम्नलिखित ऐतिहासिक मंदिरों पर विचार कीजिए:

1. सूर्य मंदिर, कोणार्क
2. दशावतार विष्णु मंदिर, देवगढ़
3. विरुपाक्ष मंदिर, मैसूर

उपर्युक्त मंदिरों में से कौन-सा/से नागर शैली में निर्मित है/हैं?

A. केवल 1 **B.** केवल 1 और 2
C. 1, 2 और 3 **D.** इनमें से कोई नहीं

Q.10 अलाउद्दीन खिलजी के संदर्भ में, निम्नलिखित कथनों में से कौन-सा सही है?

A. उसने गैर-मुस्लिम तीर्थयात्रियों पर आरोपित "जज़िया" कर समाप्त कर दिया।
B. उसके शासन में किसानों से किसी प्रकार भी भूराजस्व नहीं लिया जाता था।
C. उसने घोड़ों की दागने (दाग) की प्रणाली आरंभ की थी।
D. उसने दास प्रथा को समाप्त कर दिया था।

Q.11 निम्नलिखित युग्मों पर विचार कीजिए:

प्राचीन नाम	आधुनिक नाम (ऋग्वैदिक नदियाँ)
1. परुष्णी	झेलम
2. विपाशा	ब्यास
3. अस्किनी	चेनाब

ऊपर्युक्त युग्मों में से कौन से सही सुमेलित हैं?

A. केवल 1 और 2 **B.** केवल 2 और 3
C. केवल 1 और 3 **D.** 1, 2 और 3

Q.12 निम्न में से कौन सा तत्व पुरातात्विक अवशेष के रूप में लोथल से नही पाए गये?

A. युगल शवाधान **B.** फारस की मुहरे
C. बंदरगाह **D.** उत्तम किस्म के जौ

Q.13 इनमें से किसने कहा था ,"हुनुज दिल्ली दूर अस्त" (दिल्ली अभी दूर है)?

A. अमीर खुसरो **B.** निजामुद्दीन औलिया
C. याहिया सरहिन्दी **D.** मोइनुद्दीन चिश्ती

Q.14 कन्नौज की लड़ाई वर्ष ___ में लड़ी गई थी?

A. 1764 **B.** 1526 **C.** 1540 **D.** 1857

Q.15 भारत के नेपोलियन के रूप में किसे जाना जाता है?

[RRB (NTPC), 2021]

A. अशोक **B.** अकबर **C.** चंद्रगुप्त **D.** समुद्रगुप्त

Q.16 वांडीवाश के युद्ध में अंग्रेजी सेना ने ___ को हराया था।

A. जर्मन **B.** फ्रेंच **C.** भारतीय **D.** अमेरिकन

Q.17 अकबर ने अपने दरबारी संगीतज्ञ के रूप में किसे नियुक्त किया था?

A. अबुल फजल **B.** मियाँ तानसेन
C. राजा बीरबल **D.** राजा टोडरमल

Q.18 पृथ्वीराज चौहान ने ___ से विवाह किया था, वह उनके शत्रु जयचंद गहड़वाल की बेटी थी।

A. कृष्णावती **B.** पूर्ववती **C.** संयुक्ता **D.** सौम्यवती

Q.19 किस सम्राट ने अपनी राजधानी दिल्ली से दौलताबाद के लिए स्थानांतरित की थी?

A. औरंगजेब **B.** मुहम्मद बिन तुगलक
C. शेरशाह सूरी **D.** चंगेज खान

Q.20 अजातशत्रु ___ का बेटा था।

A. ब्रह्मदत्त **B.** बिन्दुसार **C.** बिम्बिसार **D.** चेटका

Q.21 बाबर (1526-1530 ईस्वी) किस वंश का शासक था?
A. मुगल **B.** नंद **C.** मौर्य **D.** हर्यक

Q.22 तराईन का युद्ध पृथ्वीराज चौहान और ___ के बीच लड़ा गया था।
A. महमूद गजनवी **B.** मुहम्मद गोरी
C. बाबर **D.** हूमायुँ

Q.23 औरंगजेब ने अपते पिता ___ को आगरे के किले में कैद करके रखा था।
A. हुमायूं **B.** शाहजहाँ
C. अकबर **D.** बहादुर शाह

Q.24 कलिंग युद्ध के बाद सम्राट अशोक ने किस धर्म को स्वीकार किया था?
A. जैन **B.** बौद्ध
C. इसाई **D.** इनमें से कोई नहीं

Q.25 निम्नलिखित में से किस राजा के शासनकाल में चीनी यात्री ह्वेन सांग भारत आया था?
A. हर्षवर्धन **B.** प्रभाकर वर्धन
C. चन्द्रगुप्त मौर्य **D.** अशोक

Q.26 निम्नलिखित में से कौन दिल्ली का पहला सैयद शासक था?
A. मुबारक शाह **B.** आलम शाह
C. मुहम्मद शाह **D.** खिज्र खाँ

Q.27 परम-सौगात की उपाधि किसने धारण की?
A. राज्यवर्धन **B.** हर्षवर्धन
C. प्रभाकर वर्धन **D.** इनमें से कोई नहीं

Q.28 समुद्रगुप्त के समय काँची का राजा कौन था?
A. हस्तिवर्मन **B.** मंतराज **C.** नीलराज **D.** विष्णुगोप

Q.29 ग्रीक-रोमन साहित्य में चंद्रगुप्त मौर्य को सेन्ड्रोकोट्स कहा गया है। इसका उल्लेख सर्वप्रथम किसने किया?
A. डी आर भंडारकर **B.** अलेक्जेंडर कनिंघम
C. आर पी चंद **D.** विलियम जोन्स

Q.30 किस राज्य के राजाओं ने सीरिया के साथ राजनीतिक संबंध बनाए?
A. मौर्य **B.** गुप्त **C.** पल्लव **D.** चोल

Q.31 सल्तनत काल की पहली महिला सम्राट कौन थी?
A. रजिया सुल्तान **B.** गुलबदन बेगम
C. मुमताज **D.** इनमें से कोई नहीं

Q.32 कौन सा मिलान सही है?
A. शाक्य- कपिलवस्तु **B.** कोलिय- रामग्राम
C. कालम – अल्लाकप्पा **D.** मल्ल – कुशीनगर

Q.33 जूनागढ़ अभिलेख में किस शक राजा का नाम दर्ज है?
A. रुद्रदामन **B.** मोगा **C.** अजेस **D.** नाहपान

Q.34 चतुर्थ बौद्ध संगीति किसके समय हुई?
A. कनिष्क **B.** वासुदेव **C.** कालाशोक **D.** अशोक

Q.35 प्रसिद्ध इंडो ग्रीक राजा मिनांडर प्रथम ने अपनी राजधानी कहाँ बनाई?
A. तक्षशिला **B.** मथुरा **C.** उज्जैन **D.** पाटलिपुत्र

Q.36 किस सातवाहन राजा ने शक राजाओं से मालवा को वापस जीता था?
A. गौतमीपुत्र सातकर्णी **B.** सातकर्णी प्रथम
C. हाल **D.** सिमुक

Q.37 अशोक के अपने शिलालेख में किस क्षेत्र को करमुक्त बनाने और मात्र 1/8 कर लगाने की जानकारी दी है?
A. लुम्बिनी **B.** कुशीनगर **C.** जूनागढ़ **D.** भाब्रू

Q.38 निम्नलिखित में किस भारतीय राजा ने धर्म महामात्त नियुक्त किए थे?
A. अशोक **B.** समुद्रगुप्त
C. चन्द्रगुप्त प्रथम **D.** चन्द्रगुप्त मौर्य

Q.39 मातृनामा किस वंश के शासकों द्वारा शुरू किया गया?
A. मौर्य **B.** गुप्त **C.** सातवाहन **D.** कण्व

Q.40 राजा ब्राह्मणों को छोड़कर सबका स्वामी है।" यह विचार किसके थे?
A. मनु **B.** गौतम **C.** याज्ञवल्क्य **D.** व्यास

Q.41 किस चोल राजा ने मालदीव को जीता?
A. राजराज **B.** राजेंद्र चोल I
C. राजेंद्र चोल II **D.** राजराज II

Q.42 अशोक के ब्राह्मी शिलालेख को सर्वप्रथम किसने पढ़ा?
A. जेम्स प्रिंसेप **B.** मैक्स मूलर
C. कनिंघम **D.** इनमें से कोई नहीं

Q.43 किस गुप्त राजा को लिच्छवि दौहित्र कहा जाता था?
A. श्रीगुप्त **B.** चंद्रगुप्त I **C.** चंद्रगुप्त II **D.** समुद्रगुप्त

Q.44 मौर्य काल के दौरान राज्य के राजस्व की वसूली कौन सा अधिकारी करता था?
A. सन्निधात्री **B.** प्रदेष्ठ **C.** संहर्ता **D.** सेनापति

Q.45 निम्नलिखित में अष्टमहस्थान कौन सा नहीं है?
A. लुम्बिनी **B.** राजगृह **C.** कुशीनगर **D.** तक्षशिला

Q.46 एलोरा स्थित कैलाश मंदिर के संदर्भ में, निम्नलिखित कथनों पर विचार कीजिए:
1. यह विश्व की सबसे बड़ी एकाश्म संरचना है।
2. मंदिर के भीतर शेषशायी विष्णु की विशाल प्रतिमा प्रतिष्ठापित की गई है।
3. विभिन्न मामलों में, यह महाबलिपुरम के रथ के समान प्रतीत होता है।
उपर्युक्त कथनों में से कौन-सा/से सही है/हैं?
A. केवल 1 **B.** केवल 2 और 3
C. केवल 1 और 3 **D.** 1, 2 और 3

Q.47 निम्नलिखित कथनों पर विचार कीजिए:
1. चार्वाक इस दर्शन का मुख्य प्रतिपादक था।
2. इस दर्शन की प्रकृति भौतिकवादी है।
3. इसने किसी अन्य लोक में अविश्वास को प्रदर्शित किया और अलौकिक सत्ता के अस्तित्व को अस्वीकार कर दिया।
उपर्युक्त कथनों द्वारा निम्नलिखित में से किस दर्शन का उल्लेख किया जा रहा है?
A. वैशेषिक **B.** सांख्य **C.** लोकायत **D.** मीमांसा

Q.48 मौर्योत्तर काल के संदर्भ में, निम्नलिखित कथनों में से कौन-सा सही है?
A. शक संवत महानतम शक शासक रूद्रदामन-I द्वारा आरंभ किया गया था।
B. कुषाण वंश की स्थापना कनिष्क द्वारा की गई थी।
C. भारत में ईसाई धर्मप्रचारक सेंट थॉमस के अधीन गोंडोफर्न के दरबार में आए थे।
D. हिंद-यवन शासक मिनांडर ने जैन धर्म को अपना लिया था।

Q.49 अकबर द्वारा निम्नलिखित में से कौन-सा/से सामाजिक एवं शैक्षणिक सुधार आरंभ किया गया था/किए गए थे?

1. उसने संपूर्ण मुगल साम्राज्य में सती प्रथा को पूर्णतः प्रतिबंधित कर दिया।
2. उसने विधवा पुनर्विवाह को वैधता प्रदान की।
3. उसने धर्मनिरपेक्ष विषयों पर अधिक बल देने के लिए शैक्षणिक पाठ्यक्रम को संशोधित किया।

नीचे दिए गए कूट का प्रयोग कर सही उत्तर चुनिए।

A. केवल 1 और 2 **B.** केवल 2 और 3
C. केवल 3 **D.** 1, 2 और 3

Q.50 मध्यकालीन भारत के आर्थिक इतिहास के संदर्भ में, 'रहट' शब्द संदर्भित करता है:

A. सिंचाई हेतु जल निकालने के लिए प्रयुक्त पहिया
B. मस्जिदों एवं मंदिरों को भूमि अनुदान
C. बंधुआ श्रमिक
D. दिल्ली सल्तनत के अधीन दक्कन क्षेत्र में विशाल कृषि भूखंड

Q.51 निम्नलिखित में से कौन-सा प्रसिद्ध "कर्नाटक संगीत की त्रिमूर्ति" का सृजन करता है?

A. पम्पा, पोन्न और रन्न
B. त्यागराज, मुत्तुस्वामी और श्यामाशास्त्री
C. नन्नय्य, तिक्कुन एवं एरेन
D. संबंधर, सुंदरर, अप्पर

Q.52 बौद्ध ग्रंथ 'दीपवंश' और 'महावंश' के संदर्भ में, निम्नलिखित कथनों पर विचार कीजिए:

1. इन्हें श्रीलंका में रचित और संकलित किया गया था।
2. इनमें बौद्ध धर्म के क्षेत्रीय इतिहास के साथ-साथ बुद्ध की जीवनी का उल्लेख है।
3. इनकी रचना पालि भाषा में की गई थी।

उपर्युक्त कथनों में से कौन-सा/से सही है/हैं?

A. केवल 1 **B.** केवल 1 और 2
C. केवल 2 और 3 **D.** 1, 2 और 3

Q.53 हड़प्पा सभ्यता में व्यापार के संदर्भ में, निम्नलिखित कथनों पर विचार कीजिए:

1. व्यापार धन के उपयोग के बिना वस्तु-विनिमय प्रणाली पर आधारित था।
2. हड़प्पावासियों को समुद्र का ज्ञान नहीं था।

उपर्युक्त कथनों में से कौन-सा/से सही है/हैं?

A. केवल 1 **B.** केवल 2
C. दोनो 1 और 2 **D.** न तो 1 न ही 2

Q.54 सूफीवाद के संदर्भ में, निम्नलिखित कथनों पर विचार कीजिए:

1. इसने मोक्ष प्राप्त करने के लिए ईश्वर की आज्ञा का पालन करते हुए उसके प्रति गहन भक्ति और प्रेम पर बल दिया।
2. इसने व्यक्तिगत अनुभव के आधार पर कुरान की व्याख्या की।
3. इसने महिलाओं को सूफी संत बनने से प्रतिबंधित किया।

उपर्युक्त कथनों में से कौन-से सही हैं?

A. केवल 1 और 2 **B.** केवल 2 और 3
C. केवल 1 और 3 **D.** 1, 2 और 3

Q.55 गुरु नानक के संदर्भ में, निम्नलिखित कथनों में से कौन - सा सही नहीं है?

A. उन्होंने भक्ति के सगुण रूप का समर्थन किया
B. उन्होंने हिंदुओं व मुसलमानों दोनों की तपस्या और धर्मशास्त्रों को अस्वीकार कर दिया
C. उन्होंने "सबद" नामक भजनों के माध्यम से अपने विचारों को व्यक्त/संकलित किया
D. उन्होंने समानता का सिद्धांत बनाए रखने के लिए लंगर आरंभ किया

Q.56 मोहिनीअट्टम के संदर्भ में, निम्नलिखित कथनों पर विचार कीजिए:

1. यह केरल राज्य से संबंधित शास्त्रीय नृत्य है।
2. इसका उल्लेख संगम युग के महाकाव्य "शिलप्पादिकारम" में मिलता है।
3. यह लास्य शैली पर आधारित है।

ऊपर्युक्त कथनों में से कौन-सा/से सही है/हैं?

A. केवल 1 **B.** केवल 2 और 3
C. केवल 1 और 2 **D.** 1,2 और 3

Q.57 सिंधु घाटी सभ्यता की मुहरों के संदर्भ में, निम्नलिखित कथनों में से कौन-सा/से सही है/हैं?

1. मुहरें मुख्यतः वाणिज्यिक उद्देश्य के लिए निर्मित की गई थी।
2. मुहरें अधिकांशतः हाथी दांत से निर्मित थीं।
3. प्रत्येक मुहर चित्रात्मक लिपि में उत्कीर्णित है।

नीचे दिए गए कूट का प्रयोग कर सही उत्तर चुनिए।

A. केवल 1 और 3 **B.** केवल 2 और 3
C. केवल 1 **D.** केवल 1 और 2

Q.58 द्रविड़ शैली के मंदिरों का उपविभाजन सामान्यतः किया जाता है:

A. सूर्य के संबंध में दिशा के आधार पर
B. गोपुरम के आकार के आधार पर
C. विमान के आकार के आधार पर
D. प्रयुक्त सामग्री के आधार पर

Q.59 निम्नलिखित में से कौन-सा साहित्यिक स्रोत वेदांत का मूल पाठ है?

A. शुल्वसूत्र **B.** श्रौतसूत्र **C.** ब्रह्मसूत्र **D.** धर्मसूत्र

Q.60 प्राचीन भारतीय इतिहास के संदर्भ में, गंधिक संदर्भित करता है:

A. व्यापार श्रेणियों को **B.** सैन्य शिविरों को
C. गंधियों को **D.** कारागार को

Q.61 निम्नलिखित में से कौन-सा/से जैन धर्म का/के मूल सिद्धांत है/हैं?

1. संपूर्ण जगत प्राणवान है।
2. विहारों में निवास करना मोक्ष की अनिवार्य शर्त है।
3. जन्म और पुनर्जन्म का चक्र कर्म द्वारा निर्धारित होता हैं।

नीचे दिए गए कूट का प्रयोग कर सही उत्तर चुनिए।

A. केवल 2 और 3 **B.** केवल 1 और 3
C. 1, 2 और 3 **D.** केवल 2

Q.62 मोहम्मद बिन तुगलक के संबंध में, निम्नलिखित कथनों पर विचार कीजिए:

1. उसने अपनी राजधानी दिल्ली से देवगिरि स्थानांतरित की।
2. उसने कृषि के लिए दीवान-ए-अमीर-कोही नामक एक अलग विभाग की स्थापना की।
3. महान सूफी संत शेख निज़ामुद्दीन औलिया उसके समकालीन थे।

उपर्युक्त कथनों में से कौन-सा/से सही है/हैं?

A. 1, 2 और 3 **B.** केवल 2 और 3
C. केवल 1 और 3 **D.** केवल 1 और 2

Q.63 भारत के सांस्कृतिक इतिहास के संदर्भ में, 'कीर्तन- घोष' की रचना निम्नलिखित में से किसके द्वारा की गई थी?

A. शंकरदेव **B.** मीराबाई **C.** कबीर **D.** रैदास

Q.64 निम्नलिखित में से कौन-सी भारतीय वैदिक युग की प्रसिद्ध कवयित्रियां थीं?

1. लोपामुद्रा

2. गार्गी
3. घोषा
4. मीरा बाई
5. एतुकुरी मोल्ला
नीचे दिए गए कूट का प्रयोग कर सही उत्तर चुनिए।
A. केवल 1, 4 और 5 **B.** केवल 1, 2 और 4
C. केवल 2 और 3 **D.** केवल 1, 2 और 3

Q.65 शिवाजी के अधीन प्रशासन के संदर्भ में, निम्नलिखित कथनों में से कौन-सा सही नही है?
A. शिवाजी के अधीन प्रशासन मुख्यतः दक्कनी राज्यों की प्रशासनिक पद्धतियों के अनुरूप था।
B. उसने राज्य के मामलों पर परामर्श देने हेतु मंत्रिपरिषद की नियुक्ति की।
C. उसने जमींदारी (देशमुखी) प्रणाली को समाप्त कर दिया।
D. नियमित सैनिकों के वेतन का नकद और राजस्व अनुदान दोनों में भुगतान किया जाता था।

Q.66 निम्नलिखित कथनों पर विचार कीजिए:
1. बलबन द्वारा एक पृथक सैन्य विभाग या दीवान- ए-अर्ज़ की स्थापना की गई।
2. दिल्ली सल्तनत के अंतर्गत आरिज़-ए-मुमालिक सशस्त्र बलों का सेनापति था।
उपर्युक्त कथनों में से कौन-सा/से सही है/हैं?
A. केवल 1 **B.** केवल 2
C. दोनो 1 और 2 **D.** न तो 1 न ही 2

Q.67 मध्यकालीन भारत के धार्मिक इतिहास के संदर्भ में, 'उलेमा' शब्द संदर्भित करता है:
A. सूफी संतों के मध्य वार्तालाप के संग्रह को
B. सूफी संतों की जीवनी संबंधी लेख को
C. सामाजिक-राजनीतिक जीवन का त्याग करने वाले मुस्लिम उपासकों या धर्मगुरुओं को
D. इस्लामिक दर्शन के विद्वान और मुस्लिम शासकों के सलाहकार को

Q.68 निम्नलिखित में से कौन-सा मंदिर जैन धर्म से संबंधित है?
1. पार्श्वनाथ मंदिर, खजुराहो
2. दिलवाड़ा मंदिर, माउंट आबू
3. शोर (तट) मंदिर, महाबलीपुरम
नीचे दिए गए कूट का प्रयोग कर सही उत्तर चुनिए।
A. केवल 2 **B.** केवल 1 और 2
C. केवल 2 और 3 **D.** 1, 2 और 3

Q.69 सिंधु घाटी की सभ्यता के धर्म के संदर्भ में, निम्नलिखित कथनों पर विचार कीजिए:
1. धार्मिक प्रथाओं के लिए मंदिरों का वृहत पैमाने पर विकास हुआ था।
2. सिंधु घाटी की सभ्यता के लोगों द्वारा पशुओं की पूजा की जाती थी।
उपर्युक्त कथनों में से कौन-सा/से सही है/हैं?
A. केवल 1 **B.** केवल 2
C. दोनो 1 और 2 **D.** न तो 1 न ही 2

Q.70 निम्नलिखित राजवंशों में से कौन-सा 8वीं शताब्दी के दौरान कन्नौज पर नियंत्रण के लिए लंबे समय तक चले त्रिपक्षीय संघर्ष का भाग नहीं था?
A. गुर्जर-प्रतिहार **B.** राष्ट्रकूट
C. चालुक्य **D.** पाल

Q.71 खजुराहो मंदिर परिसर को निम्नलिखित में से किस राजवंश द्वारा संरक्षण प्रदान किया गया था?
A. सोलंकी वंश **B.** चंदेल वंश
C. परमार वंश **D.** चौहान वंश

Q.72 सम्राट अशोक के शासनकाल के संबंध में निम्नलिखित कथनों पर विचार कीजिए:
1. अपने अभिलेखों के माध्यम से प्रजा से प्रत्यक्ष संवाद करने वाला वह प्रथम भारतीय सम्राट था।
2. अशोक के अभिलेख केवल भारत में पाए जाते हैं।
3. संस्कृत के साथ-साथ अभिलेखों पर आरमाइक और यूनानी जैसी भाषाओं का भी उपयोग किया गया था।
उपर्युक्त कथनों में से कौन-सा/से सही है/हैं?
A. केवल 1 **B.** केवल 1 और 2
C. केवल 1 और 3 **D.** केवल 2 और 3

Q.73 आजाद हिन्द फौज (INA) के संदर्भ में, निम्नलिखित कथनों पर विचार कीजिए:
1. सर्वप्रथम ब्रिटिश भारतीय सेना के एक अधिकारी मोहन सिंह द्वारा INA का विचार परिकल्पित किया गया था।
2. इसमें केवल भारतीय युद्धबंदियों और ब्रिटिश सेना के पूर्व-सैनिकों की भर्ती का प्रयास किया गया था।
3. INA का मुख्यालय कलकत्ता में था।
उपर्युक्त कथनों में से कौन-सा/से सही है/हैं?
A. केवल 1 और 2 **B.** केवल 1
C. केवल 2 और 3 **D.** 1, 2 और 3

Q.74 कांग्रेस सोशलिस्ट पार्टी के संदर्भ में, निम्नलिखित कथनों पर विचार कीजिए:
1. इसकी स्थापना जयप्रकाश नारायण, मीनू मसानी और अन्य नेताओं के प्रयासों से हुई थी।
2. यह कांग्रेस पार्टी के भीतर कार्यरत थी और इसने कांग्रेस को राष्ट्रीय आंदोलन का नेतृत्व करने वाली प्राथमिक संस्था के रूप में स्वीकार किया।
उपर्युक्त कथनों में से कौन-सा/से सही है/हैं?
A. केवल 1 **B.** केवल 2
C. दोनो 1 और 2 **D.** न तो 1 न ही 2

Q.75 निम्नलिखित प्रावधानों में से कौन-सा/से भारत सरकार अधिनियम, 1935 में शामिल था/थे?
1. इसमें अखिल भारतीय महासंघ की स्थापना प्रस्तावित की गई थी।
2. इसने प्रांतीय स्तर पर द्वैध शासन समाप्त करने का प्रावधान किया।
3. इसने वायसराय को अवशिष्ट शक्तियां प्रदान कीं।
नीचे दिए गए कूट का प्रयोग कर सही उत्तर चुनिए।
A. केवल 1 और 2 **B.** केवल 2 और 3
C. केवल 1 और 3 **D.** 1, 2 और 3

Q.76 क्रिप्स मिशन प्रस्ताव, 1941 के संदर्भ में, निम्नलिखित कथनों पर विचार कीजिए:
1. इसने मुस्लिम लीग द्वारा पृथक पाकिस्तान की मांग को पूर्णतया अस्वीकार कर दिया।
2. इसने द्वितीय विश्व युद्ध के पश्चात् संविधान निर्माण करने वाले निकाय की स्थापना को प्रस्तावित किया।
उपर्युक्त कथनों में से कौन-सा/से सही है/हैं?
A. केवल 1 **B.** केवल 2
C. दोनो 1 और 2 **D.** न तो 1 न ही 2

Q.77 1937 के निर्वाचन के संदर्भ में, निम्नलिखित कथनों पर विचार कीजिए:
1. केवल प्रांतीय स्तर पर निर्वाचन हुए और संघीय स्तर पर निर्वाचन नहीं हुआ।

2. बंगाल और पंजाब को छोड़कर सभी प्रांतों में कांग्रेस मंत्रिपरिषद का गठन हुआ।

उपर्युक्त कथनों में से कौन-सा/से सही है/हैं?

A. केवल 1 **B.** केवल 2
C. दोनो 1 और 2 **D.** न तो 1 न ही 2

Q.78 निम्नलिखित में से किसे 'लोकहितवादी' के उपनाम से जाना जाता है?

A. केशव चंद्र सेन **B.** महात्मा फूले
C. ईश्वरचन्द्र विद्यासागर **D.** गोपाल हरि देशमुख

Q.79 स्वतंत्रता संघर्ष के दौरान हुई क्रांतिकारी गतिविधियों के संदर्भ में, निम्नलिखित युग्मों पर विचार कीजिए:

स्वतंत्रता सेनानी	**षड्यंत्र केस**
1- भगत सिंह	लाहौर षड्यंत्र केस
2- रामप्रसाद बिस्मिल	काकोरी षड्यंत्र केस
3- राजगुरु	कानपुर बोल्शेविक षड्यंत्र केस

ऊपर्युक्त युग्मों में से कौन सा सही सुमेलित है?

A. केवल 1 **B.** केवल 1 और 2
C. केवल 2 और 3 **D.** 1, 2 और 3

Q.80 वर्ष 1929 में दिल्ली घोषणापत्र जारी करने के पीछे निहित उद्देश्य क्या था?

A. सैन्य विद्रोह के माध्यम से ब्रिटिश शासन के विरूद्ध सैन्य अभियान प्रारंभ करना।
B. ब्रिटिश भारत में मुस्लिमों के राजनीतिक अधिकारों का संरक्षण करना
C. ब्रिटेन के साथ संबंध समाप्त करना और भारत के लिए पूर्ण स्वतंत्रता की मांग करना।
D. गोलमेज सम्मेलनों में 'डोमिनियन स्टेटस' के कार्यान्वयन की माँग करना।

Q.81 निम्नलिखित युग्मों पर विचार करें:

समाचार पत्र	**सम्बन्धित व्यक्तित्व**
1. अमृत बाजार पत्रिका	शिशिर कुमार घोष
2. सुधारक	दादाभाई नौरोजी
3. वा ॅयस आफ इण्डिया	गोपाल कृष्ण गोखले

ऊपर्युक्त युग्मों में से कौन सा सही सुमेलित है?

A. केवल 1 और 2 **B.** केवल 2 और 3
C. केवल 1 **D.** केवल 2

Q.82 खिलाफत आंदोलन के प्रारंभ का मुख्य कारण था:

A. विधायिका और कार्यपालिका में मुसलमानों के लिए अधिक राजनीतिक प्रतिनिधित्व की मांग करना।
B. भारतीय मुसलमानों के साथ हो रहे भेदभाव के विरूद्ध आदोलन करना।
C. ब्रिटेन द्वारा आटोमन साम्राज्य से किए जा रहे व्यवहार का विरोध करना।
D. बंगाल विभाजन पर पीछे हटने के सरकार के निर्णय के विरूद्ध असंतोष प्रदर्शित करना।

Q.83 1820 के दशक में यंग बंगाल आंदोलन का प्रारंभ निम्नलिखित में से किसके द्वारा किया गया?

A. डेविड हेयर **B.** केशव चंद्र सेन
C. हेनरी विवियन डेरोजियो **D.** द्वारकानाथ टैगोर

Q.84 भारतीय राष्ट्रीय आंदोलन को प्रेरित करने में निम्नलिखित में से कौन-से बाल गंगाधर तिलक द्वारा किए गए योगदान थे?

1. राष्ट्रवादी विचारों का प्रचार-प्रसार करने के लिए पारंपरिक धार्मिक उत्सवों के उपयोग करने की प्रथा आरंभ करना।
2. होम रूल लीग आंदोलन से संबद्धता।
3. लखनऊ समझौता संपन्न करना, जिसने राष्ट्रवादी संघर्ष में हिंदू-मुस्लिम एकता स्थापित की।

नीचे दिए गए कूट का प्रयोग कर सही उत्तर चुनिए।

A. केवल 1 और 2 **B.** केवल 2 और 3
C. केवल 1 और 3 **D.** 1, 2 और 3

Q.85 वल्लभभाई पटेल के नेतृत्व में आयोजित बारदोली सत्याग्रह की मुख्य मांग क्या थी?

A. किसान ऋण माफ करना
B. भूमि जोतने वालों को भूस्वामित्व प्रदान करना
C. असहयोग आंदोलन के दौरान गिरफ्तार किए गए राजनीतिक कैदियों की रिहाई
D. बढ़ी हुई लगान की वापसी

Q.86 नमक सत्याग्रह के संदर्भ में, निम्नलिखित कथनों पर विचार कीजिए:

1. महात्मा गांधी ने दांडी में नमक कानून को भंग किया।
2. के. केलप्पन ने तंजौर तट पर वेदारण्यम तक नमक मार्च का नेतृत्व किया।
3. सरोजिनी नायडू ने धरासना नमक फैक्ट्री तक अहिंसक मार्च में भाग लिया।

उपर्युक्त कथनों में से कौन-सा/से सही है?

A. केवल 3 **B.** केवल 1 और 2
C. केवल 1 और 3 **D.** 1, 2 और 3

Q.87 निम्नलिखित में से कौन-सा नेता 1940 में प्रारंभ व्यक्तिगत सत्याग्रह का प्रथम सत्याग्रही था?

A. विनोबा भावे **B.** महात्मा गांधी
C. जवाहर लाल नेहरू **D.** ब्रह्म दत्त

Q.88 पब्लिक सेफ्टी बिल के संदर्भ में, निम्नलिखित कथनों पर विचार कीजिए:

1. इसका उद्देश्य समाजवादी और साम्यवादी विचारों का प्रसार रोकने के लिए सरकार को 'अवांछनीय' एवं 'विध्वंसकारी' विदेशी नागरिकों को निर्वासित करने का अधिकार प्रदान करना था।
2. इस बिल का विधान परिषद में स्वराजवादियों द्वारा विरोध किन्तु पूंजीपतियों तथा उदारवादियों द्वारा समर्थन किया गया था।

उपर्युक्त कथनों में से कौन-सा/से सही है/हैं?

A. केवल 1 **B.** केवल 2
C. दोनो 1 और 2 **D.** न तो 1 न ही 2

Q.89 निम्नलिखित में से कौन भारत में उपनिवेशवाद का/के आर्थिक आलोचक था/थे?

1. जी.के. गोखले
2. जी.वी. जोशी
3. सैय्यद अहमद खान

नीचे दिए गए कूट का प्रयोग कर सही उत्तर चुनिए।

A. केवल 1 **B.** केवल 1 और 2
C. केवल 2 और 3 **D.** 1, 2 और 3

Q.90 भारतीय स्वतंत्रता आंदोलन की निम्नलिखित घटनाओं को सही कालानुक्रम में व्यवस्थित कीजिए:

1. द्वितीय गोलमेज सम्मेलन
2. ऑल इंडिया स्टू ेंडेंट्स फेडरेशन की स्थापना
3. प्रथम स्वतंत्रता दिवस (स्वराज्य) दिवस मनाया जाना

नीचे दिए गए कूट का प्रयोग कर सही उत्तर चुनिए।

A. 1-2-3 **B.** 1-3-2 **C.** 3-1-2 **D.** 3-2-1

Q.91 1857 के विद्रोह के सन्दर्भ में निम्नलिखित युग्मों पर विचार करें:

नेता	1857 के विद्रोह का केन्द्र
1. नाना साहब	कानपुर
2. खान बहादुर	फैजाबाद
3. कुंवर सिंह	बिहार
4. बेगम हजरत महल	लखनऊ

ऊपर्युक्त युग्मों में से कौन से सही सुमेलित हैं?

A. केवल 1, 3 और 4 **B.** केवल 1 और 2
C. केवल 2, 3 और 4 **D.** 1, 2, 3 और 4

Q.92 1930 के दशक में, कर्षक संघम निम्नलिखित में से किस क्षेत्र में किसान आदोलनों का नेतृत्व करने के लिए सुविदित था?

A. मालाबार क्षेत्र **B.** संयुक्त प्रांत
C. मध्य प्रांत **D.** मैसूर

Q.93 वर्ष 1925 में स्थापित "लेबर-स्वराज पार्टी ऑफ इंडियन नेशनल कांग्रेस" के संस्थापक निम्नलिखित में से कौन थे?

A. जवाहर लाल नेहरू, सुभाष चंद्र बोस और एम. ए. अंसारी
B. बी. कृष्णा पिल्लई, ई.एम. एस. नंबूदरीपाद और के. सी. जॉर्ज
C. मुज़फ़्फ़र अहमद, क़ाज़ी नजरूल इस्लाम और हेमंत कुमार सरकार
D. मोतीलाल नेहरू, सी.आर. दास और लाला लाजपत राय

Q.94 भारत सरकार अधिनियम, 1858 के संदर्भ में निम्नलिखित कथनों पर विचार कीजिए?

1. इसे "एक्ट फॉर द बेटर गवर्नमेंट ऑफ़ इंडिया" के रूप में जाना जाता है।
2. इस अधिनियम के तहत वायसराय का पद समाप्त कर दिया गया।
3. इस अधिनियम द्वारा सृजित भारत सचिव सीधे ब्रिटिश संसद के प्रति उत्तरदायी था।

उपर्युक्त कथनों में से कौन-सा/से सही है/हैं?

A. केवल 1 और 2 **B.** केवल 1 और 3
C. केवल 2 और 3 **D.** 1, 2 और 3

Q.95 नीचे दिए गए गांधीवादी आंदोलनों और संबद्ध भारतीय राष्ट्रीय कांग्रेस के उन अधिवेशनों पर विचार कीजिए जिसमें आंदोलन का प्रस्ताव पारित किया गया था:

आंदोलन	अधिवेशन
1. असहयोग आंदोलन	नागपुर अधिवेशन
2. सविनय अवज्ञा आंदोलन	कराची अधिवेशन
3. भारत छोड़ो आंदोलन	कलकत्ता अधिवेशन

ऊपर्युक्त दिए गए युग्मों में से कौन सा सही सुमेलित है?

A. केवल 1 और 2 **B.** केवल 2 और 3
C. केवल 1 **D.** 1, 2 और 3

Q.96 रैयतवाड़ी बंदोबस्त के संदर्भ में, निम्नलिखित में से कौन-सा कथन सही नहीं है?

A. यह प्रारंभ में दक्षिण और दक्षिण-पश्चिमी भारत में लागू किया गया था।
B. इस व्यवस्था के अंतर्गत बंदोबस्त को समय-समय पर संशोधित किया जाता था।
C. कृषकों द्वारा राज्य को भू राजस्व का भुगतान मध्यस्थ के माध्यम से किया जाता था।
D. यह बंदोबस्त 1820 में सर थॉमस मुनरो द्वारा लागू किया गया था।

Q.97 निम्नलिखित नेताओं में से कौन-सा/से भारतीय स्वतंत्रता लीग से संबंधित है/हैं?

1. महात्मा गांधी
2. जवाहरलाल नेहरू
3. सुभाष चंद्र बोस

नीचे दिए गए कूट का प्रयोग कर सही उत्तर चुनिए।

A. केवल 1 **B.** केवल 2
C. केवल 2 और 3 **D.** 1, 2 और 3

Q.98 ब्रिटिश ईस्ट इंडिया कंपनी (EIC) के संदर्भ में, निम्नलिखित कथनों में से कौन-सा सही नहीं है?

A. महारानी एलिजाबेथ द्वारा एक शाही चार्टर (आदेश-पत्र) जारी करके कंपनी को पूर्व में व्यापार करने के लिए अनन्य विशेषाधिकार प्रदान किए गए।
B. जहाँगीर कंपनी को फरमान प्रदान करने वाला प्रथम मुग़ल बादशाह था।
C. कंपनी ने अपनी प्रथम फैक्ट्री हुगली में स्थापित थी।
D. कंपनी ने भारतीय उत्पादों और विनिर्मित वस्तुओं के लिए नवीन बाजार खोले।

Q.99 स्थायी बंदोबस्त के संदर्भ में, निम्नलिखित कथनों पर विचार कीजिए:

1. इसे बंगाल और बिहार में वारेन हेस्टिंग्स द्वारा लागू किया गया था।
2. इसके तहत जमींदारों को संपूर्ण भूमि का स्वामी बनाया गया।
3. इसके तहत जमींदारों के अधिकार वंशानुगत और हस्तांतरणीय थे।

उपर्युक्त कथनों में से कौन-सा/से सही है/हैं?

A. केवल 1 और 3 **B.** केवल 2
C. केवल 2 और 3 **D.** केवल 1 और 3

Q.100 19वीं शताब्दी में, अंग्रजों की निम्नलिखित आर्थिक नीतियों में से किस/किन के कारण भारतीय हस्तशिल्प का पतन हुआ?

1. ब्रिटेन में भारतीय वस्तुओं पर उच्च आयात शुल्क
2. ब्रिटेन से सस्ते मशीन निर्मित वस्त्रों का आयात
3. भारतीय दस्तकारों के लिए संरक्षण का अभाव

नीचे दिए गए कूट का प्रयोग कर सही उत्तर चुनिए।

A. केवल 1 **B.** केवल 1 और 3
C. केवल 3 **D.** 1, 2 और 3

Q.101 भारत में ब्रिटिश शासन के संबंध में, अधोमुखी निस्यंदन सिद्वांत का प्रयोग निम्नलिखित में से किसके संदर्भ में किया जाता था?

A. सेना **B.** पुलिस सुधार
C. स्वास्थ्य **D.** शिक्षा

Q.102 निम्नलिखित में से किसने "मानव जाति के लिए कोई धर्म नहीं, कोई जाति नहीं और कोई ईश्वर नहीं" का नारा दिया था?

A. श्री नारायण गुरु **B.** राजा राममोहन रॉय
C. स्वामी दयानंद **D.** सहोदरन अय्यप्पन

Q.103 1882 का रिपन प्रस्ताव संबंधित था:

A. स्थानीय निकायों को वित्तीय हस्तांतरण से
B. श्रम की स्थितियों में सुधार से
C. ब्रिटिश भारत की राजधानी के स्थानांतरण से
D. वर्नाकुलर प्रेस एक्ट के कठोरतापूर्वक विनियमन से

Q.104 निम्नलिखित में से कौन-से 1931 के गांधी-इरविन समझौते के उपबंधों में सम्मिलित थे?

1. व्यक्तिगत उपभोग के लिए नमक बनाने का अधिकार
2. राजनीतिक बंदियों की रिहाई जो हिंसा के लिए सिद्धदोषी नहीं थे
3. पुलिस के अत्याचारों की सार्वजनिक जाँच
4. शांतिपूर्ण धरना-प्रदर्शन का अधिकार

नीचे दिए गए कूट का प्रयोग कर सही उत्तर चुनिए।

A. केवल 1 और 3 **B.** केवल 3 और 4
C. केवल 1, 2 और 4 **D.** 1, 2, 3 और 4

Q.105 वर्नाकुलर प्रेस एक्ट (1878) के संदर्भ में, निम्नलिखित कथनों में से कौन-सा/से सही है/हैं?

1. इस एक्ट का उद्देश्य भारत में भारतीय भाषा और अंग्रेजी समाचार पत्रों दोनों की स्वतंत्रता को प्रतिबंधित करना था।
2. इस एक्ट के अंतर्गत जिला मजिस्ट्रेट को दंडात्मक कार्यवाही करने का अधिकार प्रदान किया गया, जिसके विरूद्ध न्यायालय में अपील नहीं की जा सकती थी।
3. 1882 में लिटन द्वारा इस एक्ट को निरस्त कर दिया गया।
नीचे दिए गए कूट का प्रयोग कर सही उत्तर चुनिए।

A. केवल 1 और 3 **B.** केवल 2
C. केवल 2 और 3 **D.** 1, 2 और 3

Q.106 बक्सर का युद्ध भारतीय इतिहास के सर्वाधिक निर्णायक युद्धों में से एक था। बक्सर के युद्ध के परिणामों के संदर्भ में, निम्नलिखित कथनों में से कौन-
से सही हैं?
1. कंपनी को संपूर्ण मुगल भारत का दीवानी अधिकार मिल गया।
2. बंगाल प्रशासन की द्वैध प्रणाली के अंतर्गत आ गया।
3. यह युद्ध इलाहाबाद की संधि पर हस्ताक्षर के साथ समाप्त हुआ।
नीचे दिए गए कूट का प्रयोग कर सही उत्तर चुनिए।

A. केवल 1 और 2 **B.** केवल 2 और 3
C. केवल 1 और 3 **D.** 1, 2 और 3

Q.107 वर्ष 1905 के कांग्रेस के बनारस अधिवेशन के संबंध में निम्नलिखित में से कौन-सा/से कथन सही है/हैं?
1. इसकी अध्यक्षता दादाभाई नौरोजी ने की थी।
2. इस अधिवेशन में स्वशासन या स्वराज को कांग्रेस का लक्ष्य घोषित किया गया।
3. इस अधिवेशन में स्वदेशी आंदोलन को बंगाल के बाहर विस्तार करने का निर्णय लिया गया।
नीचे दिए गए कूट का प्रयोग कर सही उत्तर चुनिए।

A. केवल 1 **B.** केवल 1 और 2
C. केवल 2 और 3 **D.** इनमें से कोई नहीं

Q.108 निम्नलिखित में से कौन-सा 1920 से 1940 के दशक तक की भारतीय राष्ट्रीय आंदोलन की रणनीति का सर्वश्रेष्ठ वर्णन करता है?

A. संघर्ष-विराम-संघर्ष
B. स्वतंत्रता तक संघर्ष
C. संवैधानिक दायरे के भीतर संघर्ष
D. ब्रिटिश शासन को हानि पहुँचाए बिना संघर्ष

Q.109 'वह अनुशीलन समिति में सम्मिलित हुए तथा लाहौर षड्यंत्र मामले में उन पर मुकदमा चलाया गया। राजनीतिक बंदियों के लिए श्रेष्ठतर व्यवहार की मांग करते हुए 63 दिनों तक चलने वाले अनशन के बाद उनकी मृत्यु हो गई।' वह थे:

A. जतिन दास **B.** बटुकेश्वर दत्त
C. सूर्य सेन **D.** सचीन्द्रनाथ सान्याल

Q.110 "यह आंदोलन पूर्वी बंगाल में हुआ था। किसानों ने जमींदारों द्वारा लगान वृद्धि का विरोध करने के लिए कृषक संघों का गठन किया। संघर्ष का मुख्य रूप कानूनी प्रतिरोध था। इस विद्रोह के बाद, काश्तकारों के अधिकारों की रक्षा करने के लिए बंगाल काश्तकार अधिनियम, 1885 पारित किया गया।"
उपर्युक्त परिच्छेद में निम्नलिखित में से कौन-से आंदोलन का वर्णन किया जा रहा है?"

A. तेभागा आंदोलन **B.** पाबना विद्रोह
C. नील विद्रोह **D.** एका आंदोलन

Q.111 निम्नलिखित में से कौन-सा/से संगठन/आंदोलन प्रकृति में सुधारवादी था/थे?
1. तत्वबोधिनी सभा
2. रहनुमाई मज़दायसन सभा
3. देवबंद आंदोलन
नीचे दिए गए कूट का प्रयोग कर सही उत्तर चुनिए।

A. केवल 1 **B.** केवल 1 और 2
C. केवल 2 और 3 **D.** 1, 2 और 3

Q.112 'वह बंगाल में संस्कृत कॉलेज के प्राचार्य थे। उन्होंने विधवा पुनर्विवाह अधिनियम 1855 के पक्ष में अपनी आवाज उठाई। स्कूलों के सरकारी निरीक्षक के रूप में, उन्होंने पैंतीस बालिका स्कूलों का संगठन किया।'
उपर्युक्त अवतरण निम्नलिखित में से किस समाज सुधारक को संदर्भित कर रहा है?

A. देबेंद्रनाथ टैगोर **B.** ईश्वर चंद्र विद्यासागर
C. जगन्नाथ शंकर सेठ **D.** करसनदास मूलजी

Q.113 भारतीय राष्ट्रीय कांग्रेस का वर्ष 1907 का सूरत अधिवेशन स्वतंत्रता आंदोलन के इतिहास में महत्वपूर्ण है, क्योंकि:

A. कांग्रेस द्वारा मुस्लिमों के लिए पृथक निर्वाचक मंडल स्वीकार किया गया
B. कांग्रेस नरमपंथियों एवं गरमपंथियों में विभाजित हो गई
C. स्वदेशी आंदोलन आरंभ हुआ था
D. भारतीय राष्ट्रीय कांग्रेस के लक्ष्य के रूप में "स्वराज" को अपनाया गया था

Q.114 निम्नलिखित नेताओं में से किसने 1932 में "हरिजन सेवक संघ" की स्थापना की थी?

A. महात्मा गांधी **B.** डॉ. बी.आर. अम्बेडकर
C. जवाहर लाल नेहरू **D.** के. केलप्पन

Q.115 साइमन कमीशन के संबंध में निम्नलिखित कथनों पर विचार कीजिए:
1. कोई भी भारतीय साइमन कमीशन का सदस्य नहीं था।
2. साइमन कमीशन की रिपोर्ट ने भारत के लिए डोमिनियन स्टेटस की अनुशंसा की।
उपर्युक्त कथनों में से कौन-सा/से सही है/हैं?

A. केवल 1 **B.** केवल 2
C. दोनो 1 और 2 **D.** न तो 1 न ही 2

Q.116 वर्ष 1858 के पश्चात सेना में किए गए परिवर्तनों के संदर्भ में, निम्नलिखित कथनों पर विचार कीजिए:
1. सेना में भारतीयों की तुलना में यूरोपियों का अनुपात कम कर दिया गया।
2. यूरोपीय सैनिकों को भौगोलिक और सैन्य रूप से महत्वपूर्ण स्थानों पर तैनात किया गया।
उपर्युक्त कथनों में से कौन-सा/से सही है/हैं?

A. केवल 1 **B.** केवल 2
C. दोनो 1 और 2 **D.** न तो 1 न ही 2

Q.117 भारतीय राष्ट्रीय कांग्रेस के लाहौर अधिवेशन (1929) में, निम्नलिखित में से कौन-सी घटनाएं घटित हुई थीं?
1. राष्ट्रीय आर्थिक कार्यक्रम पर प्रस्ताव
2. द्वि-राष्ट्र सिद्धांत अस्वीकार करने का प्रस्ताव
3. पूर्ण स्वराज की घोषणा
4. मूल अधिकारों पर प्रस्ताव
नीचे दिए गए कूट का प्रयोग कर सही उत्तर चुनिए।

A. केवल 1 और 2 **B.** केवल 3
C. केवल 3 और 4 **D.** केवल 1, 3 और 4

Q.118 19वीं सदी के नील विद्रोह के संदर्भ में, निम्नलिखित कथनों पर विचार कीजिए:

1. यह विद्रोह संयुक्त प्रांत के पश्चिमी क्षेत्रों में हुआ था।
2. यूरोपीय बागान मालिकों के विरूद्ध यह विद्रोह बाद में औपनिवेशिक सरकार के विरूद्ध आंदोलन में परिवर्तित हो गया।
3. समस्या की जांच करने के लिए नियुक्त किए गए नील आयोग ने पाया कि नील की खेती की प्रणाली दमनात्मक थी।

उपर्युक्त कथनों में से कौन-सा/से सही है/हैं?

A. केवल 1 और 2 **B.** केवल 3
C. केवल 2 और 3 **D.** केवल 1 और 3

Q.119 प्लासी के युद्ध के संबंध में निम्नलिखित कथनों पर विचार कीजिए:

1. यह एक तरफ ब्रिटिश ईस्ट इंडिया कंपनी और दूसरी तरफ बंगाल के नवाब और फ्रांसीसी बलों के मध्य लड़ा गया था।
2. इस युद्ध के पश्चात, मीर जाफ़र को बंगाल का नवाब बनाया गया।

उपर्युक्त कथनों में से कौन-सा/से सही है/हैं?

A. केवल 1 **B.** केवल 2
C. दोनो 1 और 2 **D.** न तो 1 न ही 2

Q.120 निम्नलिखित में से कौन-सी 1928 की नेहरू रिपोर्ट की मांग थी/मांगें थीं?

1. नेहरू रिपोर्ट में सभी प्रांतीय सरकारों में मुसलमानों के लिए आरक्षण की मांग सम्मिलित थी।
2. इसने सार्वभौमिक वयस्क मताधिकार और धर्म से राज्य के पृथक्करण की अनुशंसा की।
3. इसने भारत की पूर्ण स्वतंत्रता की मांग की।

नीचे दिए गए कूट का प्रयोग कर सही उत्तर चुनिए।

A. केवल 1 और 2 **B.** केवल 2
C. केवल 1 और 3 **D.** 1, 2 और 3

Q.121 सविनय अवज्ञा आंदोलन के दौरान, असम में 'कनिंघम सर्कुलर" के विरूद्ध शक्तिशाली आंदोलन का आरंभ हुआ क्योंकि:

A. इसने राष्ट्रीय और क्षेत्रीय प्रेस पर सेंसरशिप लगा दिया था
B. इसने औद्योगिक श्रमिकों को व्यापार संघ स्थापित करने से मना कर दिया था
C. इसने छात्रों को राजनीतिक गतिविधियों में भाग लेने से प्रतिबंधित किया था
D. इसने बिना मुकदमा चलाए कारावास का प्रावधान किया था।

Q.122 निम्नलिखित में से कौन-से दल 1928 में साइमन कमीशन के बहिष्कार में भागीदार थे?

1. लिबरल फेडरेशन
2. बहिष्कृत हितकारिणी सभा
3. भारतीय औद्योगिक और वाणिज्यिक कांग्रेस
4. हिंदू महासभा

नीचे दिए गए कूट का प्रयोग कर सही उत्तर चुनिए।

A. केवल 1 और 2 **B.** केवल 2 और 3
C. केवल 1, 3 और 4 **D.** 1, 2, 3 और 4

Q.123 पुर्तगाली भारत में सर्वप्रथम आए और उन्होंने लगभग एक शताब्दी तक पूर्वी व्यापार पर एकाधिकार बनाए रखा। फिर भी वे भारत में प्रभुत्व बनाए रखने में असमर्थ थे क्योंकि:

1. उनके व्यापारियों को भूस्वामी जमींदारों की तुलना में कम शक्ति प्राप्त थी।
2. अन्य यूरोपीय शक्तियों की तुलना में वे नौवहन के विकास में पिछड़ गए।
3. उन्होंने धार्मिक असहिष्णुता की नीति का अनुसरण किया।

नीचे दिए गए कूट का प्रयोग कर सही उत्तर चुनिए।

A. केवल 1 और 2 **B.** केवल 2 और 3
C. केवल 1 और 3 **D.** 1, 2 और 3

Q.124 क्रांतिकारी समाजवादी नेता, भगत सिंह निम्नलिखित में से किस संगठन से संबंधित थे?

1. हिंदुस्तान सोशलिस्ट रिपब्लिकन एसोसिएशन
2. नौजवान भारत सभा
3. वर्कर्स एंड पीजेंट्स पार्टी

नीचे दिए गए कूट का प्रयोग कर सही उत्तर चुनिए।

A. केवल 1 **B.** केवल 2 और 3
C. केवल 1 और 2 **D.** 1, 2 और 3

Q.125 भारतीय स्वतंत्रता आंदोलन के संदर्भ में, खुदाई खिदमतगारों ने आयोजित किया था:

A. पंजाब में किसान आंदोलन
B. गुजरात में जनजातियों के उत्थान के लिए आंदोलन
C. उत्तर-पश्चिमी सीमांत प्रांत में अहिंसक प्रतिरोध आंदोलन
D. भारत में ब्रिटिश शासन के उन्मूलन के लिए अंतर्राष्ट्रीय राजनीतिक आंदोलन।

// स्मार्ट उत्तर पुस्तिका //

सही उत्तर उन छात्रों के प्रतिशत को इंगित करता है जिन्होंने प्रश्नों का सही उत्तर दिया था।

छोड़ दिया उन छात्रों के प्रतिशत को इंगित करता है जिन्होंने प्रश्नों को छोड़ दिया था।

प्रश्न संख्या	उत्तर	सही उत्तर	छोड़ दिया
1	A	42.86 %	0.0 %
2	B	69.64 %	8.93 %
3	C	76.79 %	7.14 %
4	C	32.14 %	8.93 %
5	A	53.57 %	10.72 %
6	A	75.0 %	8.93 %
7	C	48.21 %	10.72 %
8	D	37.5 %	8.93 %
9	B	58.93 %	10.71 %
10	C	73.21 %	8.93 %
11	B	50.0 %	7.14 %
12	D	58.93 %	8.93 %
13	B	76.79 %	7.14 %
14	C	75.0 %	8.93 %
15	D	85.71 %	8.93 %
16	B	76.79 %	7.14 %

प्रश्न संख्या	उत्तर	सही उत्तर	छोड़ दिया
17	B	80.36 %	10.71 %
18	C	73.21 %	8.93 %
19	B	85.71 %	7.15 %
20	C	73.21 %	7.15 %
21	A	83.93 %	7.14 %
22	B	78.57 %	8.93 %
23	B	82.14 %	7.15 %
24	B	85.71 %	8.93 %
25	A	76.79 %	10.71 %
26	D	67.86 %	8.93 %
27	A	30.36 %	7.14 %
28	D	51.79 %	10.71 %
29	D	55.36 %	7.14 %
30	A	57.14 %	8.93 %
31	A	85.71 %	8.93 %
32	A	32.14 %	7.15 %

प्रश्न संख्या	उत्तर	सही उत्तर	छोड़ दिया
33	A	82.14 %	7.15 %
34	A	76.79 %	8.92 %
35	A	55.36 %	8.93 %
36	A	73.21 %	7.15 %
37	A	69.64 %	10.72 %
38	A	76.79 %	8.92 %
39	C	73.21 %	10.72 %
40	B	17.86 %	8.93 %
41	A	23.21 %	7.15 %
42	A	75.0 %	8.93 %
43	D	58.93 %	7.14 %
44	C	64.29 %	10.71 %
45	D	66.07 %	7.14 %
46	C	33.93 %	8.93 %
47	C	46.43 %	8.93 %
48	C	50.0 %	8.93 %

प्रश्न संख्या	उत्तर	सही उत्तर	छोड़ दिया
49	B	32.14 %	10.72 %
50	A	67.86 %	8.93 %
51	B	28.57 %	7.14 %
52	D	44.64 %	7.15 %
53	A	58.93 %	10.71 %
54	A	55.36 %	8.93 %
55	A	35.71 %	8.93 %
56	D	41.07 %	10.72 %
57	A	67.86 %	10.71 %
58	C	42.86 %	8.93 %
59	C	48.21 %	8.93 %
60	C	30.36 %	7.14 %
61	C	42.86 %	10.71 %
62	A	55.36 %	8.93 %
63	A	50.0 %	8.93 %
64	D	69.64 %	10.72 %

प्रश्न संख्या	उत्तर	सही उत्तर	छोड़ दिया
65	C	53.57 %	10.72 %
66	A	14.29 %	8.92 %
67	D	64.29 %	10.71 %
68	B	39.29 %	10.71 %
69	B	69.64 %	10.72 %
70	C	64.29 %	8.92 %
71	B	73.21 %	7.15 %
72	A	28.57 %	7.14 %
73	B	30.36 %	10.71 %
74	C	69.64 %	8.93 %
75	D	46.43 %	10.71 %
76	B	19.64 %	8.93 %
77	A	17.86 %	10.71 %
78	D	64.29 %	8.92 %
79	B	60.71 %	7.15 %
80	D	44.64 %	7.15 %

प्रश्न संख्या	उत्तर	सही उत्तर	छोड़ दिया
81	C	48.21 %	7.15 %
82	C	62.5 %	8.93 %
83	C	66.07 %	10.72 %
84	D	64.29 %	8.92 %
85	D	55.36 %	10.71 %
86	C	26.79 %	8.92 %
87	A	76.79 %	10.71 %
88	A	16.07 %	8.93 %
89	B	42.86 %	10.71 %
90	C	33.93 %	8.93 %
91	A	50.0 %	10.71 %
92	A	37.5 %	10.71 %
93	C	10.71 %	7.15 %
94	B	64.29 %	8.92 %
95	C	35.71 %	8.93 %
96	C	48.21 %	8.93 %
97	C	39.29 %	10.71 %
98	C	55.36 %	8.93 %
99	C	50.0 %	8.93 %
100	D	71.43 %	7.14 %
101	D	60.71 %	10.72 %
102	D	23.21 %	8.93 %
103	A	51.79 %	10.71 %
104	C	32.14 %	8.93 %
105	B	44.64 %	10.72 %
106	B	46.43 %	8.93 %
107	D	21.43 %	7.14 %
108	A	28.57 %	10.72 %
109	A	67.86 %	7.14 %
110	B	41.07 %	8.93 %
111	B	25.0 %	7.14 %
112	B	76.79 %	10.71 %
113	B	73.21 %	7.15 %
114	A	83.93 %	8.93 %
115	A	53.57 %	8.93 %
116	B	48.21 %	8.93 %
117	B	37.5 %	7.14 %
118	B	8.93 %	8.93 %
119	C	37.5 %	7.14 %
120	B	39.29 %	7.14 %
121	C	42.86 %	7.14 %
122	C	33.93 %	8.93 %
123	D	30.36 %	7.14 %
124	D	26.79 %	10.71 %
125	C	58.93 %	10.71 %

कार्य विश्लेषण	
औसत अंक (%)	49.41%
टॉपर्स स्कोर (%)	97.65%
आपका स्कोर	

//संकेत और समाधान//

1. मिहिरभोज ने 'प्रमाण' की उपाधि ग्रहण की थी। मिहिरभोज भारत के गुर्जर-प्रतिहार वंश के शासक थे। उन्होंने अपने पिता रामचंद्र को प्रतिस्थापित किया। भोज विष्णु के भक्त थे और आदिवराह की उपाधि धारण की जो उनके कुछ सिक्कों पर अंकित है। इन्होने हिमालय की तलहटी से लेकर नर्मदा नदी तक एक बड़े क्षेत्र का विस्तार किया जिसमें उत्तर प्रदेश के वर्तमान इटावा जिला भी शामिल था।

अतः विकल्प (A) सही है।

2. मेहरगढ़ नवपाषाण काल का सबसे पुराना प्रमाण प्रस्तुत करता है। मेहरगढ़ भारतीय उपमहाद्वीप कृषि आधारित नवपाषाण बस्तियों में सबसे पुरानी कृषि बस्ती है। एक कृषि बस्ती होने के बावजूद, यह केवल पत्थर के औजारों का उपयोग करता था, इसीलिए इसे नवपाषाण काल में रखा गया। यह सातवीं सहस्राब्दी ई.पू. में समृद्ध हुई। मेहरगढ़, बोलन नदी, सिंधु की सहायक नदी, बलूचिस्तान पठार के पूर्वी किनारे पर सिंधु के मैदान पर अवस्थित है।

अतः विकल्प (B) सही है।

3. भरतमुनि द्वारा रचित नाट्य-शास्त्र शास्त्रीय नृत्य पर उपलब्ध प्राचीन ग्रंथ है। यह नाटक, नृत्य और संगीत की कला की स्रोत पुस्तक है।

नाट्य शास्त्र की रचना का काल सामान्यतः द्वितीय शताब्दी ईसा पूर्व से द्वितीय शताब्दी ईस्वी के मध्य स्वीकार किया जाता है। नाट्य शास्त्र को पांचवे वेद के रूप में भी जाना जाता है।

इस ग्रंथ के रचनाकार के अनुसार, ऋग्वेद से शब्दों, सामवेद से संगीत, यजुर्वेद से आंगिक अभिनय और अथर्ववेद से भावों को ग्रहण करके इस वेद की रचना की गई है। कुछ अनुश्रुति के अनुसार स्वयं भगवान ब्रह्मा द्वारा नाट्यवेद की रचना की गई थी, जिसमें 36,000 से अधिक श्लोक थे।
अतः विकल्प (C) सही है।

4. वीरशैववाद आंदोलन बारहवीं शताब्दी में कर्नाटक में प्रारंभ हुआ। इसका नेतृत्व बसवन्ना नामक एक ब्राह्मण द्वारा किया गया था। उनके अनुयायी वीरशैव (शिव के नायक) या लिंगायत (लिंग धारण करने वाले) के नाम से जाने जाते थे।

वीरशैव समी मनुष्यों की समानता के विचार के प्रबल समर्थक थे। ये ब्राह्मणवादी जाति व्यवस्था और महिलाओं के साथ दुर्व्यवहार एवं बाल विवाह के विरोधी थे। ये सभी प्रकार के कर्मकांड और मूर्ति पूजा के विरोधी थे।

लिंगायतों ने ब्राह्मणों द्वारा प्रतिपादित जाति व्यवस्था और कुछ वर्गों को अपवित्र मानने के विचार को चुनौती दी। उन्होंने पुनर्जन्म के सिद्धांत पर भी प्रश्न उठाए। इसी वजह से लिंगायत ऐसे लोगों को अनुयायी बनाने में सफल रहे, जो ब्राह्मणवादी सामाजिक क्रम में अधिकारहीन या उपेक्षित थे।

लिंगायतों ने कुछ ऐसी प्रथाओं को भी प्रोत्साहित किया, जो धर्मशास्त्रों में वर्जित थीं, जैसे प्रौढ़ विवाह और विधवा पुनर्विवाह।

लिंगायतों का विश्वास है कि मृत्यु के बाद उपासक का समावेश भगवान शिव के साथ हो जाएगा और वह इस संसार में वापस नहीं आएगा। इसीलिए ये धर्मशास्त्रों में विहित अंत्येष्टि संस्कारों, जैसे दाह संस्कार की परंपरा का पालन नहीं करते हैं।

वीरशैव एक व्यवस्था-विरोधी आंदोलन था। यह केवल ब्राह्मणवाद को चुनौती देने वाले एक धार्मिक संप्रदाय का तथ्यात्मक साक्ष्य नहीं है, बल्कि इसने आक्रामक रीति से जैन धर्म का भी विरोध किया, जिसका 12वीं-13वीं सदी के दौरान कर्नाटक में प्रभुत्व था। अबालुर अभिलेख के अनुसार जैन धर्म को समाप्त करने के लिए वृहद् पैमाने पर जैन मंदिरों को क्षतिग्रस्त करना एक मुख्य साधन था। कालांतर में, इन जैन मंदिरों के पुनःप्रयोग या जीर्णोद्वार के भी उदाहरण प्राप्त हुए हैं।
अतः विकल्प (C) सही है।

5. मौर्य साम्राज्य चंद्रगुप्त मौर्य द्वारा मगध में स्थापित भौगोलिक रूप से विस्तारित लौह युग की एक ऐतिहासिक शक्ति थी जिसका 322 से 185 ईसा पूर्व के मध्य भारतीय उपमहाद्वीप पर प्रभुत्व स्थापित रहा।

232 ई.पू. में अशोक की मृत्यु के पश्चात मौर्य साम्राज्य का तेजी से पतन हुआ। मौर्य राजवंश के अंतिम शासक बृहद्रथ की हत्या उसके ब्राह्मण सेनापति पुष्यमित्र शुंग द्वारा कर दी गई थी। 326 ई.पू. में सिकंदर ने भारत पर आक्रमण किया, सिंधु नदी पार करने के पश्चात वह तक्षशिला की ओर अग्रसरित हुआ। झेलम और चेनाब नदियों के मध्य स्थित राज्य के शासक पोरस द्वारा सिकंदर को चुनौती दी गई। हाइडेस्पीज या झेलम नदी के तट पर हुए भीषण युद्ध में पोरस की पराजय हुई। सिकंदर ने पोरस को बंधक बना लिया और अन्य पराजित स्थानीय शासकों के समान उसे भी अपने अधीन शासन करने की अनुमति प्रदान कर दी। सिकंदर के आक्रमण के दौरान धनानंद मगध का शासक था।
अतः विकल्प (A) सही है।

6. राजा का भवन विजयनगर साम्राज्य का एक महत्वपूर्ण भाग था। यह भवन सर्वाधिक विशाल संरचना है लेकिन इसके राजकीय आवास होने का कोई सुनिश्चित साक्ष्य उपलब्ध नहीं हुए है। इसमें दो अत्यधिक आकर्षक मंच हैं जिन्हें प्रायः 'सभामंडल' और 'महानवमी डिब्बा' के रूप में वर्णित किया जाता है।

लोटस या कमल महल विजयनगर राज्य के शाही केंद्र में निर्मित सर्वाधिक सुंदर इमारतों में एक है। इसका नामकरण 19वीं सदी में इस महल की भव्यता और सुंदरता से प्रभावित होकर ब्रिटिश यात्रियों द्वारा किया गया था।

अतः विकल्प (A) सही है।

7. इक़्ता एक अरबी शब्द है और यह संस्था राजकीय सेवाओं के प्रतिफल के रूप में प्रारम्भिक इस्लामी शासन में लागू की गई थी। खलीफा प्रशासन में इसका उपयोग विभिन्न अभियानों के वित्तीयन और नागरिक एवं सैनिक अधिकारियों के भुगतान के लिए किया जाता था।

मूल रूप से इक़्ता अनुदान न तो भूमि पर स्वामित्व के रूप में था और न ही यह आनुवांशिक था, लेकिन फिरोज़ तुग़लक के शासन काल में इक़्ता धारक ने आनुवांशिक अधिकार प्राप्त कर लिए थे।

इक्ता संबंधी राजस्व पदभार हस्तांतरणीय था, इक़्तेदार का प्रत्येक तीन-चार वर्ष बाद एक क्षेत्र से दूसरे क्षेत्र में स्थानांतरण कर दिया जाता था।

इक्ता प्रणाली को इल्तुतमिश द्वारा संस्थागत किया गया था, बाद में गुलाम वंश के अधीन यह प्रणाली सल्तनत प्रशासन का मुख्य आधार बन गई।

13वीं सदी के प्रारम्भ में तुर्कों ने अपनी विजय के उपरांत कई स्थानीय प्रमुखों को विस्थापित किया (जिन्हें समकालीन स्रोतों में राय या राणा के रूप में संदर्भित किया गया है।। तुर्की शासन को सुदृढ़ करने के लिए तुर्की शासकों ने अपने अभिजात वर्ग (उलेमाओं) को धन के बदले राजस्व पदभार (इक़्ता) देने की प्रथा अपनायी। पदभार पाने वाला (जिसे मुक्ती और वली कहा जाता था) इन क्षेत्रों से राजस्व वसूल करता था। स्वयं का खर्च चुकाने और अपने अधीन सैन्यदल को भुगतान करने के पश्चात् शेष राजस्व (जवाज़िल) केंद्र को भेज दिया जाता था।
अतः विकल्प (C) सही है।

8. हड़प्पा स्थलों से धातु और पाषाण निर्मित दोनों प्रकार की मूर्तियां प्राप्त हुई है। मोहनजोदाड़ो से प्राप्त एक नर्तकी की कांस्य प्रतिमा धातु की मूर्ति का सर्वोत्तम उदाहरण है। पाषाण निर्मित मूर्ति का सर्वोत्तम उदाहरण मोहनजोदाड़ो से प्राप्त दाढ़ी वाले पुरुष की स्टेटाइट निर्मित मूर्ति है। हड़प्पा, डाबरकोट और मुंडीगाक से भी पाषाण निर्मित मूर्तियां प्राप्त हुई हैं।

टेराकोटा मूर्तियों का निर्माण मिट्टी की मूर्तियों को पकाकर किया जाता था। ये अधिकांशतः हस्त निर्मित थी। पुरुष और महिला दोनों की मूर्तियां पाई गई हैं हालांकि परवर्ती काल में महिलाओं की मूर्तियां अधिक प्राप्त हुई हैं। इसके अतिरिक्त पक्षियों और पशुओं की टेराकोटा निर्मित मूर्तियाँ भी प्राप्त हुई हैं, जिसमें बंदर, कुत्ते, भेड़, मवेशियों क मूर्तियां शामिल हैं। कूबड़ और बिना कूबड़ वाले दोनों तरह के बैल मिले हैं। बिना कूबड़ वाले बैलों को संभवतः प्रतिष्ठित पशु माना जाता था।

अतः विकल्प (D) सही है।

9. उत्तरी भारत में मंदिर स्थापत्यकला नागर शैली प्रचलित थी। इस शैली के अधिकांश मन्दिर पत्थर के चबूतरे पर बनाए गए थे और चबूतरे तक पहुंचने के लिए सीढ़ियां बनी हुई थीं। जबकि दक्षिण भारत के मंदिरों में विस्तृत चाहरदीवारी या प्रवेश द्वार पाए जाते हैं। शिखर के आकार के आधार पर, नागर मंदिरों को लतीना, फेमसाना और वल्लभी प्रकार के शिखर में उप-विभाजित किया जाता है।

नागर शैली से संबंधित महत्वपूर्ण मंदिर हैं: सूर्य मंदिर, कोणार्क, दशावतार विष्णु मंदिर, देवगढ़, विश्वनाथ मंदिर और लक्ष्मण मंदिर, खजुराहो, सूर्य मंदिर, मोढेरा इत्यादि।

विरुपाक्ष मंदिर कर्नाटक में बेल्लारी जिले के हम्पी में स्थित है। यह हम्पी के यूनेस्को की विश्व धरोहर स्थल की सूची में शामिल स्मारक समूह का भाग है। यह मंदिर शिव के एक रूप, भगवान विरुपक्ष को समर्पित है। विरुपाक्ष मंदिर द्रविड़ शैली में निर्मित मंदिर है।

अतः विकल्प (B) सही है।

10. अलाउद्दीन खिलजी ने अपने साम्राज्य की सुरक्षा के लिए एक शक्तिशाली और विशाल स्थायी सेना की स्थापना की। उसने गलत गणना और भ्रष्ट प्रथाओं को रोकने के लिए घोड़ों के दागने (दाग) की प्रथा का प्रारंभ किया और सैनिकों के विवरण को दर्ज करने की शुरुआत की।

जज़िया गैर-मुस्लिमों पर लगाया जाने वाला सुरक्षात्मक कर था। उन्हें तीर्थयात्रा कर, चुंगी कर इत्यादि जैसे अन्य करों के साथ इसका भी भुगतान करना होता था।

सुल्तान ने खूत, मुक़द्दम और चौधरियो को उनके विशेषाधिकार से वंचित कर दिया। उन्हें अन्य कृषकों की तरह भू-राजस्व देने के लिए बाध्य किया गया। खुत बड़े जमींदार और मुक़द्दम गांव के मुखिया थे। इन्हें इक़्ता भूमि में कर एकत्र करने क जिम्मेदारी दी गई थी, हालाँकि इन्हें पूर्ववर्ती सुल्तानों के शासनकाल के दौरान प्रायः भू-राजस्व नहीं देने का विशेषाधिकार प्राप्त था।

सेना को उसके वेतन से संतुष्ट करने के लिए उसने कठोर मूल्य नियंत्रण व्यवस्था शुरू की, जिसे बाजार सुधार प्रणाली के रूप में जाना गया। उसने मवेशी, घोड़ों और गुलामों की कीमत नियत कर दी। उसने कठोरतापूर्वक किसी भी तरह के मुनाफाखोरी के विरुद्ध कड़े दंड की व्यवस्था की, इसके कारण उसके सैनिक अपने वेतन से संतुष्ट बने रहे। अतः दास प्रथा को समास नहीं किया गया था, बल्कि दासों की कीमत को निर्धारित कर दिया गया था।
अतः विकल्प (C) सही है।

11.

प्राचीन नाम	आधुनिक नाम(ऋग्वैदिक नदियाँ)
1. परुष्णी	रावी
2. विपाशा	ब्यास
3. अस्क्निी	चेनाब

अतः विकल्प (B) सही है।

12. लोथल में जौ की उत्तम किस्म पुरातात्विक अवशेषों के रूप में नहीं पाई गई। लोथल का उत्खनन स्थल सिंधु घाटी सभ्यता का एकमात्र बंदरगाह शहर है। पुरातत्व सर्वेक्षण के अनुसार, युगल दफन, फारसी मुहर और बंदरगाह के प्रमाण भी यहाँ से प्राप्त हुए हैं।
अतः विकल्प (D) सही है।

13. निजामुद्दीन औलिया ने "हुनुज दिल्ली दूर अस्त" कहा था। निज़ामुद्दीन औलिया, जिन्हें हज़रत निज़ामुद्दीन भी कहा जाता है, चिश्ती सम्प्रदाय के सूफ़ी संत थे और भारतीय उपमहाद्वीप के सबसे प्रसिद्ध सूफ़ियों में से एक थे।

उन्होंने खानकाह का निर्माण किया था जहाँ सभी क्षेत्रों के लोग भोजन करते थे तथा जहां उन्होंने दूसरों को आध्यात्मिक शिक्षा प्रदान की थी।
अतः विकल्प (B) सही है।

14. कन्नौज की लड़ाई वर्ष 1540 में अफगान शासक शेर खान और मुगल शासक हुमायूँ के बीच हुई थी जिसमें हुमायूँ की हार हुई और वह सिंध भाग गया। इस बीच शेरखान ने प्रभावी प्रशासन नीतियों के साथ आगरा और दिल्ली पर शासन किया।
अतः विकल्प (C) सही है।

15. गुप्त वंश के समुद्रगुप्त (335-375 ई.) को भारत के नेपोलियन के रूप में जाना जाता है। इतिहासकार ए वी स्मिथ ने उनके दरबारी कवि हरिसेण, जो उन्हें सौ लड़ाइयों का नायक भी बताते हैं, द्वारा लिखित 'प्रयाग प्रशस्ति' से ज्ञात उनकी महान सैन्य विजय के कारण यह नाम दिया है।

अतः विकल्प (D) सही है।

16. वांडीवाश की लड़ाई, 1760 यूरोप में सात साल के युद्ध का स्थानीय संस्करण था। इसने भारत में एक औपनिवेशिक साम्राज्य बनाने के लिए फ्रांसीसी की महत्वाकांक्षाओं को समाप्त कर दिया।

फ्रांसीसी सेना का नेतृत्व कोंटे डी लिलि ने किया था। ब्रिटिश सेना का नेतृत्व सर आयर कूट द्वारा किया गया था। 1760 में वांडीवाश की लड़ाई में अंग्रेजो ने फ्रैंच को हराया।
अतः विकल्प (B) सही है।

17. अकबर के दरबार में नौ सबसे विद्वान लोग नवरत्नों के रूप में जाने जाते थे। वे इस प्रकार हैं:

अबुल फ़ज़ल (कवि), फैजी (कवि), मियाँ तानसेन (संगीतकार), राजा बीरबल (कोर्ट जस्टर), राजा टोडर मल (वित्त मंत्री), राजा मान सिंह (सैन्य कमांडर), अब्दुल रहीम खान-ए-खाना (लेखक), फ़क़ीर आज़ियोद्दीन (सूफ़ी रहस्यवादी), मिर्ज़ा अज़ीज़ कोका (प्रमुख रईस)।
अतः विकल्प (B) सही है।

18. पृथ्वीराज चौहान ने संयुक्ता से विवाह किया था। वह पृथ्वीराज चौहान के शत्रु जयचंद्र गहड़वाल की पुत्री थी, जिसे पृथ्वीराज चौहान ने कई बार पराजित किया था। वह उत्तर पश्चिम भारत में चौहान राजवंश के शासक थे, उनकी राजधानी अजमेर थी। उन्होने गोरी के आक्रमण को रोका लेकिज बाद में तराइन II की लड़ाई में गोरी ने उन्हें पराजित कर दिया।
अतः विकल्प (C) सही है।

19. मुहम्मद बिन तुगलक ने अपनी राजधानी दिल्ली से दौलताबाद में स्थानांतरित की थी। सन 1327 में, तुगलक ने दक्षिण भारत के दक्कन क्षेत्र में दिल्ली से राजधानी को दौलाबाद में स्थानांतरित करने का आदेश पारित किया क्योंकि इससे उन्हें दक्कन पठार की उपजाऊ भूमि पर नियंत्रण स्थापित करने और दक्षिण में अधिक फैल चुके अपने साम्राज्य से अधिक धन जुटाने का अवसर मिलेगा। उसने यह भी महसूस किया कि यह उन्हें मंगोल हमलों से सुरक्षित बनाएगा जिनका लक्ष्य मुख्य रूप से उत्तर भारत में दिल्ली और समीपवर्ती क्षेत्र थे लेकिन उसका प्रयोग विफल रहा।
अतः विकल्प (B) सही है।

20. अजातशत्रु राजा बिम्बिसार का पुत्र था। वह उत्तर भारत में मगध के हर्यंक वंश का राजा था। उसने बलपूर्वक अपने पिता से मगध राज्य छीन लिया और उन्हें कारागार में बंदी बना लिया।
अतः विकल्प (C) सही है।

21. बाबर मुगल वंश का शासक था। वह मुगल वंश का संस्थापक और पहला सम्राट था और तुर्क सम्राट तैमूर का प्रत्यक्ष वंशज था। उसने 1526 में पानीपत की लड़ाई में इब्राहिम लोदी तथा खानवा के युद्ध में मेवाड़ के राणा सांगा को हराकर उत्तरी भारत का नियंत्रण प्राप्त किया।
अतः विकल्प (A) सही है।

22. तराईन की लड़ाई 1191 और 1192 में पृथ्वीराज चौहान और मुहम्मद गोरी के बीच लड़ी गई थी। पहली लड़ाई चौहान ने जीती और दूसरी लड़ाई गोरी ने जीती।
अतः विकल्प (B) सही है।

23. औरंगजेब व्यापक रूप से अंतिम प्रभावी मुगल सम्राट माना जाता था। उसका शासनकाल 1658 से 49 वर्षों तक रहा, जब तक कि 1707 में

उसकी मृत्यु नहीं हो गई। अपने भाइयों को मारने के बाद, वह दिल्ली के सिंहासन पर आसीन हुआ और अपने पिता शाहजहाँ को आगरा किले में नजरबंद किया था।
अतः विकल्प (B) सही है।

24. कलिंग युद्ध के बाद अशोक बौद्ध धर्म में परिवर्तित हो गया। कलिंग युद्ध के दौरान कई लोगों की जान जाने के कारण, अशोक बौद्ध धर्म में परिवर्तित हो गया और धर्म संस्कार का पालन किया। अशोक के सार्वभौमिक धर्म का उद्देश्य मानव चरित्र का आध्यात्मिककरण करना और हिंसा, क्रोध, क्रूरता, घमंड विरोधी ईर्ष्या का त्याग करना और सज्जनता का विकास करना था।
अतः विकल्प (B) सही है।

25. ह्वेन सांग एक चीनी तीर्थयात्री था जिसने प्रामाणिक बौद्ध साहित्य को हासिल करने के उद्देश्य से हर्षवर्धन के शासनकाल में भारत का दौरा किया था। कन्नौज सम्मेलन (643 ईस्वी) ह्वेन सांग के सम्मान में आयोजित किया गया था। वह लगभग पंद्रह वर्षों तक भारत में रहा।
अतः विकल्प (A) सही है।

26. सैय्यद राजवंश की स्थापना खिज्र खाँ ने की थी। खिज्र खाँ भारत में मुल्तान और तैमूर के डिप्टी गवर्नर थे। इस वंश ने 1414 से 1451 ई तक चार शासकों खिज्र खाँ, मुबारक, मुहम्मद शाह, आलम शाह द्वारा 37 वर्षों तक शासन किया।
अतः विकल्प (D) सही है।

27. परम- सौगात की उपाधि राज्यवर्धन ने धारण की। राज्यवर्धन हर्ष की बहन राज्यश्री का पति और वर्धन वंश का राजा था, जिसकी हत्या गौड़ के राजा शशांक ने कर दी थी।
अतः विकल्प (A) सही है।

28. समुद्रगुप्त के समय काँची का राजा विष्णुगोप था। उसका उल्लेख इलाहाबाद स्तंभ शिलालेख में है। विष्णुगोप पल्लव वंश का राजा था।
अतः विकल्प (D) सही है।

29. विलियम जोन्स से सर्वप्रथम बताया कि ग्रीक-रोमन साहित्य में चंद्रगुप्त मौर्य को सेन्ड्रोकोट्स कहा गया है। इसके अलावा उसे एंड्रोकोट्स भी कहा गया है।
अतः विकल्प (D) सही है।

30. मौर्य राजा बिंदुसार ने सर्वप्रथम सीरिया के राजा एण्टियोकस प्रथम से राजनीतिक सम्बंध बनाये। बिंदुसार के राज्य में डाइमोकस नामक सीरियाई राजदूत था। अशोक के 13वें शिलालेख में भी सीरिया के 5 राजाओं का उल्लेख है।
अतः विकल्प (A) सही है।

31. रजिया सुल्तान भारत की पहली महिला सम्राट थी और 1236 से 1240 के अंत तक दिल्ली पर शासन किया था। वह उपमहाद्वीप की पहली महिला मुस्लिम शासक थी और दिल्ली की एकमात्र महिला मुस्लिम शासक थी।
अतः विकल्प (A) सही है।

32. कपिलवस्तु में क्षत्रियों के शाक्य वंश के राजा शुद्धोदन राज्य करते थे। उन्ही के यहाँ गौतम बुद्ध का जन्म हुआ था।
अतः विकल्प (A) सही है।

33. जूनागढ़ अभिलेख गुजरात के जूनागढ़ में है| इसमें शक राजा रुद्रदामन का नाम है| इसमें वर्णन है कि सुदर्शन झील का पुनर्निर्माण रुद्रदामन ने कराया जो मौर्यों द्वारा निर्मित थी।
अतः विकल्प (A) सही है।

34. चतुर्थ बौद्ध संगीति कनिष्क के समय हुई| कनिष्क कुषाणों का राजा था| इस संगीति के अध्यक्ष वसुमित्र थे और उपाध्यक्ष अश्वघोष थे जो कनिष्क के दरबारी कवि और बुद्धचरित के रचयिता थे। यह कश्मीर के कुंडलवन में हुई थी|
अतः विकल्प (A) सही है।

35. मिनांडर प्रथम प्रसिद्ध यवन राजा था। उसने अपनी राजधानी तक्षशिला में बनाई।
अतः विकल्प (A) सही है।

36. गौतमीपुत्र सातकर्णी ने मालवा को शक राजाओं से वापस जीत लिया जिसे पूर्व के सातवाहन राजा हार चुके थे।
अतः विकल्प (A) सही है।

37. अपने सिंहासन की 20वीं वर्षगांठ पर, अशोक ने लुम्बिनी को कर-मुक्त के रूप में घोषित किया और केवल 1/8वी हिस्सा करयोग्य के रूप में घोषित किया। इस तथ्य का वर्णन निग्लिवा और रुमंदेई के शिलालेखों में पाया जाता है।
अतः विकल्प (A) सही है।

38. अशोक ने अपने धम्म या धर्म के प्रचार के लिए धर्म महामात्त नियुक्त किये थे जो उसके धर्म का प्रचार करते थे। इसकी जानकारी अशोक के शिलालेख से मिलती है।
अतः विकल्प (A) सही है।

39. मातृनामा अपने नाम के आगे माता का नाम लिखने की प्रथा थी। मातृनामा सातवाहन राजाओ ने शुरू की। उदाहरण के लिए सातवाहन वंश का सबसे महान राजा सातकर्णी था जिसने अपना नाम अपनी माँ गौतमी के नाम पर गौतमीपुत्र सातकर्णी रखा।
अतः विकल्प (C) सही है।

40. "राजा ब्राह्मणों को छोड़कर सबका स्वामी है।" यह विचार गौतम धर्मसूत्र का था। गौतम धर्मसूत्र की रचना गौतम ऋषि ने की। गौतम धर्मसूत्र हिन्दू धर्म के चार धर्मसूत्रो नें से सबसे पुराना प्रामाणिक और श्रेष्ठ है।
अतः विकल्प (B) सही है।

41. राजराज चोल चोल वंश का एक प्रमुख राजा था। उसकी समुद्री सेना 12000 की थी। उसने श्रीलंका और मालदीव को जीतकर अपनी समुद्री शक्ति का परिचय दिया था। इसके अलावा उसने कलिंग को भी जीता। चोल वंश तीसरी सदी से 11वीं सदी तक राज्य करने वाला दक्षिण भारत का एक प्रमुख वंश था।
अतः विकल्प (A) सही है।

42. जेम्स प्रिंसेप एक इंग्लिश विद्वान थे। वह यंग बंगाल आंदोलन के प्रारम्भक थे। उन्होने सर्वप्रथम अशोक के शिलालेखों को पढ़ा और सर्वप्रथम उन्होने ही ब्राह्मी लिपि को पढ़ा।
अतः विकल्प (A) सही है।

43. समुद्रगुप्त चंद्रगुप्त। का बेटा था। वह चंद्रगुप्त की पत्नी लिच्छवि राजकुमारी का पुत्र था। इसी कारण समुद्रगुप्त को लिच्छवि दौहित्र कहा जाता था अर्थात लिच्छवियों की पुत्री का पुत्र।
अतः विकल्प (D) सही है।

44. मौर्य काल के दौरान राजस्व विभाग का मुख्य अधिकारी संहर्ता होता था जिसका कार्य पूरे राज्य से राजस्व की वसूली था। राजस्व का प्रमुख स्रोत कृषि था।
अतः विकल्प (C) सही है।

45. महात्मा बुद्ध से जुड़े आठ स्थान लुम्बिनी, गया, सारनाथ, कुशीनगर, श्रावस्ती, सकास्य, राजगृह और वैशाली को बौद्ध ग्रंथो में अष्टमहास्थान के नाम से जाना गया।
अतः विकल्प (D) सही है।

46. महाराष्ट्र के औरंगाबाद शहर से लगभग 30 किमी दूर एलोरा की गुफाओं में स्थित शैल-कृत्य कैलाश मंदिर विश्व की सबसे बड़ी एकाश्म संरचना है। ऐसा माना जाता है कि एलोरा के कैलाश मंदिर और उत्तरी कर्नाटक के विरुपाक्ष मंदिर में अत्यधिक समानताएं विद्यमान हैं।

शेषशायी विष्णु की विशाल प्रतिमा दशावतार मंदिर (देवगढ़, उत्तर प्रदेश) में प्रतिष्ठापित की गई है। यह ब्रह्मांड के विघटन और उसके नवसृजन के मध्य अंतराल में सृष्टि की सर्वव्यापी सत्ता को अनंत काल के प्रतीक अनंत नाग पर अर्द्धजागृत मुद्रा में निरूपित करता है। यह गुप्त कला का उत्कृष्ट उदाहरण है।

एलोरा का प्रसिद्ध कैलाश मंदिर स्वयं में एक विशिष्ट श्रेणी का मन्दिर है। यह एक शैल-कृत्य मंदिर परिसर है, जो कई मामलों में महाबलिपुरम में स्थित विभिन्न रथमन्दिरों के समान प्रतीत होता है। इस मंदिर का निर्माण 8वीं शताब्दी ईस्वी के मध्य काल में राष्ट्रकूट शासक कृष्ण प्रथम के शासनकाल के दौरान किया गया था।
अतः विकल्प (C) सही है।

47. चार्वाक भौतिकवादी दर्शन के मुख्य प्रतिपादक थे। इस दर्शन को लोकायत के रूप में जाना जाता है, जिसका तात्पर्य जनसामान्य में व्याप्त विचार है। इसने विश्व (लोक) के साथ अंतरंग संपर्क के महत्व को रेखांकित करने के साथ-साथ परलोक में अविश्वास को प्रदर्शित किया। इन्होंने आध्यात्मिक उद्धार की खोज का विरोध किया। इन्होंने किसी भी दिव्य या अलौकिक सत्ता के अस्तित्व को अस्वीकार कर दिया। इन्होंने केवल उन वस्तुओं के अस्तित्व/वास्तविकता को स्वीकार किया, जिन्हें मानव इंद्रियों और अंगों द्वारा अनुभव किया जा सकता है। इसमें स्पष्ट रूप से ब्रह्म और ईश्वर के अस्तित्व में विश्वास के अभाव को दर्शाया गया है।
अतः विकल्प (C) सही है।

48. ईसाई धर्म के प्रचारक सेंट थॉमस, जिनके कारण देश ईसाई धर्म के संपर्क में आया, हिन्द-पार्थियन राजा गोंडोफर्न के दरबार में आया था। ईसा पूर्व प्रथम शताब्दी में भारत में शक शासन का संस्थापक मोअस था। मोअस का पुत्र ऐजेज प्रथम इसका उत्तराधिकारी था।

कुषाण वंश का संस्थापक कुजुल कैडफाइसिस या कडफिसेस प्रथम था। उसने काबुल घाटी पर कब्जा किया तथा अपने नाम के सिक्के जारी किए। कनिष्क (78-120 ई.) कैडफाइसिस का उत्तराधिकारी था।

मिनांडर ने बौद्ध धर्म में अत्यधिक रुचि प्रकट की तथा बौद्ध भिक्षु नागसेन के साथ उनके संवादों को पालि रचना 'मिलिन्दपन्हो' (मिलिंद के प्रश्न) में संकलित किया गया था। उन्होंने बौद्ध धर्म को भी अपनाया था।
अतः विकल्प (C) सही है।

49. अकबर ने कई सामाजिक एवं शैक्षणिक सुधार आरंभ किए। उसने सती प्रथा (विधवाओं को जलाने की प्रथा) पर प्रतिबंध आरोपित कर दिया। हालांकि, यदि कोई स्त्री स्वयं अपनी इच्छा से तथा बारंबार सती होने की इच्छा प्रकट करे तो उसे वैसा करने की छूट होती थी। कम आयु की विधवाओं (जिन्होंने अपने पति के साथ सहवास न किया हो) के सती होने पर पूर्ण प्रतिबंध था। उसने केवल उन मामलों को प्रतिबंधित किया, जिनमें महिलाओं को सती होने के लिए बाध्य किया जाता था। विधवा पुनर्विवाह को भी कानूनी समर्थन प्रदान किया गया। अकबर बहुविवाह के भी विरुद्ध था, जब तक कि पहली पत्नी बांझ न हो। विवाह की आयु को बढ़ाकर लड़कियों के लिए 14 वर्ष एवं लड़कों के लिए 16 वर्ष कर दिया गया। शराब एवं मदिरा की बिक्री को प्रतिबंधित कर दिया गया। अकबर ने शिक्षा के पाठ्यक्रम को भी संशोधित किया। उसने नैतिक शिक्षा और गणित एवं कृषि, ज्यामिती, खगोल विज्ञान, शासन के नियम, तर्कशास्त्र, इतिहास आदि जैसे धर्मनिरपेक्ष विषयों की शिक्षा पर अधिक बल दिया।
अतः विकल्प (B) सही है।

50. रहट: उत्तर भारत में सिंचाई हेतु गहरे कुओं से जल निकालने के लिए प्रयुक्त एक पहिया था। यह 'अरघट्ट' अर्थात प्राचीन एवं मध्यकाल में सिंचाई हेतु उपयोग किए जाने वाले पहिये का उन्नत रूप था। दिल्ली सल्तनत एवं मुगल काल में इसका व्यापक रूप से उपयोग किया जाता था।
अतः विकल्प (A) सही है।

51. सन 1750 से 1850 ई के मध्य तिरुवरूर में कर्नाटक संगीत की त्रिमूर्ति - त्यागराज, मुत्तुस्वामी दीक्षितार और श्यामा शास्त्री के जन्म के फलस्वरूप कर्नाटक संगीत में तीव्र विकास का युग प्रारंभ हुआ। ये तीनों परस्पर समकालिक होने के साथ-साथ पश्चिमी संगीत के महान रचनाकारों के भी समकालिक थे। पम्पा, पोन्न और रन्न को "प्राचीन कर्नाटक साहित्य के त्रिरन" के रूप में जाना जाता है। नन्नय्य, तिक्कुन एवं एरेन "कवित्रयम" के नाम से प्रसिद्ध है, जिसका अर्थ है कवियों की त्रिमूर्ति। इन कवियों ने महान महाकाव्य महाभारत का तेलुगु में अनुवाद किया। संबंधर, सुंदरर, अप्पर 7वीं तथा 8वीं शताब्दियों के तीन सर्वाधिक विख्यात तमिल कवि थे, जिनकी रचनाएं एक शिव भक्ति काव्य तिरुवरई के प्रथम सात खंड थेवरम का सृजन करती हैं।
अतः विकल्प (B) सही है।

52. बौद्ध शिक्षकों ने बुद्ध की शिक्षाओं का प्रसार करने के लिए ग्रंथों के साथ सुदूरवर्ती क्षेत्रों की यात्रा की। बौद्ध धर्म के श्रीलंका जैसे नवीन क्षेत्रों में प्रसार के साथ ही वहां दीपवंश (शाब्दिक रूप से, द्वीप का इतिवृत्त) और महावंश (महान इतिवृत्त) जैसे ग्रंथों की रचना की गई, जिनमें बौद्ध धर्म के क्षेत्रीय इतिहास का वर्णन किया गया है। इनमें से कई ग्रंथों में बुद्ध की जीवनी का भी उल्लेख किया गया है। कुछ सर्वाधिक प्राचीन ग्रंथ पालि भाषा में लिखे गए हैं, जबकि उत्तरकालीन रचनाएं संस्कृत भाषा में की गई हैं।
अतः विकल्प (D) सही है।

53. धातु मुद्रा का उपयोग नहीं किया जाता था और व्यापार वस्तु विनिमय प्रणाली पर आधारित था। हड़प्पाई लोग समुद्री यात्रा के माध्यम से विदेशों के साथ व्यापार करते थे। ये अरब सागर के तटों के माध्यम से नौपरिवहन करते थे। उत्खननों से प्राप्त हड़प्पाई मुहरें मस्तूल और पाल युक्त नाव के प्रचलन के साक्ष्य प्रस्तुत करती हैं जबकि मोहेनजोदड़ों से प्राप्त मुहरों और एक टेराकोटा ताबीज में कोठरी और पक्षियों के साथ एक जहाज को अंकित किया गया है। लोथल में उत्खननों से गोदी और मिट्टी की नौकाएं प्राप्त हुई हैं जो हड़प्पा कालीन एक पत्तन नगर था।
अतः विकल्प (A) सही है।

54. सूफीवाद ने मोक्ष प्राप्त करने के लिए ईश्वर के प्रति पूर्ण समर्पण तथा प्रेम और उनके आदेशों का पालन करने पर बल दिया। उन्होंने पैगंबर मोहम्मद को इंसान-ए-कामिल बताते हुए उनका अनुसरण करने की शिक्षा दी। इस प्रकार सूफियो ने कुरान को व्याख्या अपने व्यक्तिगत अनुभव के आधार पर करने का प्रयास भी किया।

ऐतिहासिक स्रोतों में कई सूफी महिलाओं के भी नाम हैं, जिन्होंने आध्यात्मिक इस्लामी धर्म में स्त्रियों की भागीदारी सुनिश्चित की। राबिया बसरी इस बात का एक उत्कृष्ट उदाहरण हैं कि कैसे आस्था और प्रेम द्वारा मुक्ति प्राप्त की जा सकती है। वह इस्लाम धर्म की पहली महिला सूफी संत थी। उन्होंने सूफीवाद के विकास में अहम योगदान दिया। वह महिलाओं तथा पुरुषों दोनों को शिक्षा प्रदान करती थीं, वह एक ऐसी महिला थीं जो अपने निर्णय लेने के लिए किसी पुरुष पर निर्भर नहीं थीं और ना ही किसी पुरुष का उन पर स्वामित्व था। उनकी प्रतिष्ठा सूफीवाद के आरंभ के कई मुस्लिम पुरुषों से अधिक थी।
अतः विकल्प (A) सही है।

55. बाबा गुरु नानक के संदेशों को उनके भजनों और उपदेशों में संकलित किया गया है। इनसे ज्ञात होता है कि उन्होंने निर्गुण (विशेषताओं रहित) भक्ति मार्ग का समर्थन किया। निर्गुण भक्ति ईश्वर के अमूर्त रूप की उपासना होती थी। जबकि, सगुण (विशेषताओं के साथ) भक्ति में वे परंपराएँ शामिल थीं जो शिव, विष्णु और उनके अवतारों (अवतार) और देवी या देवी के रूपों की पूजा पर केंद्रित थीं, जिन्हें प्रायः सभी मानवशास्त्रीय रूपों में प्रतिष्ठित किया गया था।

उन्होंने धर्म के सभी बाहरी आडम्बरों का विरोध किया। उन्होंने बलिप्रथा, आनुष्ठानिक स्नान, मूर्तिपूजा तथा हिंदुओं और मुस्लिमों की अतिवादिताओं तथा धर्मशास्त्रों को भी अस्वीकार कर दिया।

गुरु नानक के लिए, अमूर्त ईश्वर या "रब" न तो पुरुष या स्त्री है और न ही उसका कोई रूप है। उन्होंने रब की उपासना के लिए निरंतर स्मरण और जाप जैसे सरल मार्ग का अनुसरण करने को कहा। उनके विचारों को क्षेत्रीय भाषा पंजाबी में "सबद" नामक भजनों में अभिव्यक्त किया गया है।
अतः विकल्प (A) सही है।

56. मोहिनीअट्टम की शाब्दिक व्याख्या हिंदू पौराणिक कथाओं की दिव्य 'मोहिनी' के नृत्य के रूप में की जाती है। यह केरल का शास्त्रीय एकल नृत्य रूप है।

इस नृत्य को नंगल नाटकम, दासियाट्टम, तेवितिचियाट्टम आदि नामों से भी जाना जाता है। दासियाट्टम के अस्तित्व के विषय में चेर राजकुमार इल्लंगों अडिक्क्दल के द्वारा 2-5 वीं ईस्वी सदी में रचित 'शिलप्पादिकारम' महाकाव्य में उल्लेख किया गया है।

आकर्षक, बिना किसी झटके वाले या अचानक छलांगों से मुक्त अंग संचलन मोहिनीअट्टम की विशेषता हैं। यह लास्य शैली से संबंधित है, जो स्त्रैण, कोमल और आकर्षक है। पद-संचलन थकाऊ नहीं होता है और सौम्य रूप में प्रस्तुत किया जाता है। हाथ की मुद्राओं और चेहरे की भाव-भंगिमाओं के माध्यम से मुखाभिनय को महत्व दिया जाता है।

अतः विकल्प (D) सही है।

57. पुरातत्वविदों ने हजारों मुहरों की खोज की है जो अधिकांशतः स्टेटाइट और कभी-कभी एगेट, चर्ट, तांबा, फाएंस और टेराकोटा (आग में पकी मिट्टी से बनी) से निर्मित हैं। इन पर पशुओं की सुंदर आकृतियां चित्रित हैं। इसके अतिरिक्त हाथी दांत से निर्मित कुछ मुहरें भी प्राप्त हुई हैं। मुहरें मुख्यतः वाणिज्यिक उद्देश्य के लिए निर्मित की गई थी। प्रत्येक मुहर भावचित्रात्मक (पिक्टोग्राफिक) लिपि में उत्कीर्णित है जिनकी गूढ़लिपि को अभी तक पढ़ा नहीं जा सका है।
अतः विकल्प (A) सही है।

58. मंदिर की योजना और विमान का आकार प्रतिष्ठित देवता की प्रतीकात्मक प्रकृति के आधार पर निर्मित किया जाता था। इसलिए विशिष्ट प्रकार के प्रतिरूप (आइकन) के लिए विशिष्ट प्रकार के मंदिरों का निर्माण किया गया था। नागर शैली के मंदिरों की कई उपशैलियों के समान ही द्रविड़ शैली के मंदिरों की भी कई उपशैलियां हैं। विमान की आकृति के आधार पर पांच भिन्न प्रकार के द्रविड़ शैली के मंदिर निर्मित किए गए हैं।
अतः विकल्प (C) सही है।

59. वेदांत का अर्थ है वेद का अंत। ईसा पूर्व द्वितीय शताब्दी में संकलित बादरायण का ब्रह्मसूत्र इसका मूल ग्रंथ बना।

वेदांत दर्शन के अनुसार ब्रह्म ही सत्य है और शेष सब कुछ मिथ्या (माया) है। स्व या आत्मा ब्रह्म ही हैं। अतः व्यक्ति को स्वयं (आत्म) का ज्ञान होने पर उसे ब्रह्म का ज्ञान हो जाता है और इस प्रकार उसे मोक्ष की प्राप्ति हो जाती है। कर्म का सिद्धांत वेदांत दर्शन से संबद्ध है।
अतः विकल्प (C) सही है।

60. व्यापार एवं शिल्प और वाणिज्य में प्रगति के कारण अनेक व्यापारियों और कारीगरों को प्रसिद्धि प्राप्त हुई। व्यापारी अपने मूल नगर का नाम अपने नाम के साथ जोड़ने में गर्व का अनुभव करते थे। शिल्पकारों और व्यापारियों दोनों ने बौद्ध धर्म के लिए उदारतापूर्वक दान किया। उन्होंने छोटी स्मारक पटलिकाओं की भी स्थापना की। दानदाताओं में, गंधिको का बार-बार उल्लेख मिलता है। गंधिक गंधी या इत्र बेचने वाले व्यापारी थे। कालांतर में यह उपनाम सभी दुकानदारों से संबद्ध किया जाने लगा।
अतः विकल्प (C) सही है।

61. संपूर्ण जगत प्राणवान है, यहां तक के पत्थरों, चट्टानों और जल में भी जीवन है। सजीव प्राणियों विशेष रूप से मनुष्यों, जानवरों, पौधों और कीड़ों को चोट न पहुंचाना जैन दर्शन का केन्द्र बिंदु है। जन्म और पुनर्जन्म का चक्र कर्म द्वारा निर्धारित होता है। कर्म के चक्र से स्वयं को मुक्त करने के लिए त्याग और तपस्या आवश्यक है। यह केवल संसार का त्याग करके ही प्राप्त किया जा सकता है। इसलिए विहारों में निवास करना मोक्ष/मुक्ति की अनिवार्य शर्त है।
अतः विकल्प (C) सही है।

62. मुहम्मद तुगलक सूफी संतों का सम्मान करता था और अजमेर में मोइनुद्दीन चिश्ती की मज़ार पर जाने वाला वह प्रथम सुल्तान था। उसने दिल्ली में निजामुद्दीन औलिया सहित कई सूफी संतों की मज़ारों पर दरगाह का निर्माण भी करवाया था। लेकिन जब निजामुद्दीन औलिया ने उसे स्वर्ग का अभिशाप घोषित कर दिया तो उसने उन्हें इसके लिए दंडित करने की धमकी दी।

अपने शासनकाल के आरंभ में मुहम्मद बिन तुगलक द्वारा उठाए गए सर्वाधिक विवादास्पद कदमों में से एक अपनी राजधानी को देवगिरि में स्थानांतरित करना था (इसका नाम परिवर्तित करके दौलताबाद कर दिया गया था) और सुल्तान के कथित आदेश के तहत दिल्ली से नई राजधानी में लोगों के सामूहिक स्थानांतरण का आदेश देना शामिल था।

मुहम्मद तुगलक ने खेती का विस्तार और सुधार करने के लिए एक व्यापक योजना बनाई। 'दीवान-ए-अमीर-कोही' नामक एक विभाग बनाया जिसके प्रभार में 30 किरोह (या क्रोह) लंबा और 30 किरोह चौड़ा (लगभग 100 किलोमीटर गुणा 100 किलोमीटर) क्षेत्र सौंपा गया। उसने उस क्षेत्र में खेती का विस्तार करने की योजना बनाई। बरनी के अनुसार सुल्तान का उद्देश्य बंजर भूखंडों को, न कि अकृष्य (उसर) भूमि खेती के दायरे में लाना था। साथ ही कृषित फसलों में भी सुधार किया जाना था।
अतः विकल्प (A) सही है।

63. शंकरदेव पंद्रहवीं शताब्दी के अंत में असम में वैष्णववाद के प्रमुख प्रवर्तकों में से एक थे। भगवद गीता व भगवत पुराण पर आधारित उनके उपदेश प्रायः भगवती धर्म के रूप में जाने जाते हैं क्योंकि ये परम देव विष्णु के प्रति पूर्ण समर्पण पर केंद्रित हैं। उन्होंने कीर्तन (सत्संग या धर्मनिष्ठ भक्तों की मंडली में प्रभु के नामों के सस्वरपाठ) की आवश्यकता पर बल दिया। उन्होंने आध्यात्मिक ज्ञान के प्रसारण के लिए क्षत्रपोंया मठों एवं नाम गृह या प्रार्थना कक्ष की स्थापना को भी प्रोत्साहित किया। उनकी प्रमुख रचनाओं में कीर्तन-घोष शामिल हैं। यह सामुदायिक गायन के लिए काव्यात्मक रचनाओं का एक संग्रह है।

अतः विकल्प (A) सही है।

64. घोषा, लोपामुद्रा, गार्गी, मैत्री, अपाला, रोमाषा ब्रह्मवादिनी आदि महिला रचनाकारों ने ऋग्वैदिक काल से ही (1500 ई.पू. से 1000 ई.पू.) संस्कृत साहित्य की मुख्यधारा में महिलाओं की छवि पर ध्यान केंद्रित किया। मुट्टा और उब्बीरी जैसी बौद्ध मठवासिनियों (6वीं शताब्दी ई.पू.) के गीतों ने और मेत्तिका ने पाली में उपेक्षित जीवन के लिए मनोभावों की यातना को व्यक्त किया है। अन्दाल और अन्य अलवार महिला कवियित्रियों ने (6ठी शताब्दी ईस्वी) ईश्वर के प्रति अपनी भक्ति को अभिव्यक्ति प्रदान की।

अतः विकल्प (D) सही है।

65. राजस्व प्रणाली संभवतः मिलक अबर की प्रणाली पर आधारित थी। वर्ष 1679 में अन्नाजी दत्ता द्वारा एक नवीन राजस्व मूल्यांकन को सम्पन्न किया गया। यह मानना सही नहीं है कि शिवाजी ने जमींदारी (देशमुखी) प्रणाली को समाप्त कर दिया था या उन्होने अपने अधिकारियों को जागीर (मोकासा) प्रदान नहीं की। यद्यपि, शिवाजी ने भूमि पर वंशानुगत अधिकार रखने वाले मीरासदारों पर कठोरता से निगरानी रखी।

अतः विकल्प (C) सही है।

66. बलबन प्रथम सुल्तान था जिसने आरिज़-ए-मुमालिक के अधीन पृथक दीवान-ए-अर्ज़ नामक विभाग की स्थापना की। आरिज़-ए-मुमालिक सैन्य बलो का सेनापति नहीं था क्योंकि स्वयं सुल्तान ही सेनापति होता था। आरिज सेना के प्रत्येक सिपाही की भूमिका का विवरण रखता था और वजीर के पश्चात् वह दूसरा सबसे प्रमुख अधिकारी था। सल्तनत काल के दौरान वह सेना के प्रशासन के लिए उत्तरदायी अधिकारी था। सैनिकों की भर्ती, वेतन का भुगतान, आपूर्ति और परिवहन उसकी जिम्मेदारी थी। लेकिन उसके पास युद्ध की घोषणा करने या सेनापति के तौर पर सेना का नेतृत्व करने का अधिकार नहीं था।

अतः विकल्प (A) सही है।

67. उलेमा (आलिम का बहुवचन, या ज्ञाता) इस्लामिक दर्शन के अध्येता या विद्वान होते हैं। मुस्लिम शासकों को उलेमाओं से मार्गदर्शन प्राप्त होता था। इनसे यह सुनिश्चित करने की अपेक्षा की जाती थी कि शासक शरियत के अनुसार शासन करें। परंपरा के संरक्षक के रूप में वे विभिन्न प्रकार के धार्मिक, न्यायिक और शैक्षिक कार्यों को संपन्न करते थे।

अतः विकल्प (D) सही है।

68. हिंदुओं की तरह जैन भी विशाल संख्या में मंदिरों के निर्माता थे। पर्वतीय क्षेत्रों को छोड़कर संपूर्ण भारत में जैनियों के पवित्र मंदिर और तीर्थ स्थल पाए जाते हैं। बिहार में जैन धर्म के प्राचीनतम तीर्थ स्थल हैं। इनमें से अधिकतर स्थल आरम्भिक बौद्ध मंदिरों के लिए प्रसिद्ध हैं। दक्कन में, एलोरा और ऐहोल में वास्तुकला की दृष्टि से कुछ बहुत महत्वपूर्ण स्थल पाए गए हैं। मध्य भारत में देवगढ़, खजुराहो, चंदेरी और ग्वालियर में जैन मंदिरों के कुछ उत्कृष्ट उदाहरण हैं। कर्नाटक में जैन मंदिरों की समृद्ध परम्परा है। श्रवण बेलगोला में गोमतेश्वर की प्रसिद्ध प्रतिमा है। ग्रेनाइट पत्थरों से बनी यह प्रतिमा भगवान बाहुबली की

है। माउंट आबू के जैन मंदिरों का निर्माण विमल शाह द्वारा करवाया गया था। इन्हें माउंट आबू का दिलवाड़ा मंदिर कहा जाता है।

वास्तुकला की दृष्टि से शोर (तट) मंदिर की महत्ता अत्यधिक है, यह पल्लव वास्तुकला के दो वास्तु- चरणों की पराकाष्ठा है। यह चट्टान काट कर बनाई जाने वाली संरचना से स्वतंत्र रूप से खड़े संरचनात्मक मंदिर की प्रगति को दर्शाता है, इसमें परिपक्व द्रविड़ वास्तुकला के सभी तत्व प्रदर्शित होते हैं। यह मंदिर शिव और विष्णु दोनों को समर्पित पवित्र स्थानों के साथ धार्मिक सद्भाव को प्रकट करता हैं। यह पल्लवों की राजनैतिक और आर्थिक शक्ति का भी महत्वपूर्ण प्रतीक है।

अतः विकल्प (B) सही है।

69. हड़प्पा के राजनीतिक संगठन के संदर्भ में कोई स्पष्ट जानकारी उपलब्ध नहीं है। मिस्र और मेसोपोटामिया के विपरीत, किसी भी हड़प्पाई स्थल पर कोई मंदिर नहीं पाया गया है। पशु पूजा हड़प्पा के धार्मिक विश्वास की एक और विशिष्ट विशेषता थी। हाथी, गैंडे, बाघ और वृषभ जैसे पशुओं की पूजा काफी प्रचलित थी। नाग देवता की पूजा या सर्प पूजा और वृषभ पूजा भी काफी प्रचलित थी। वृषभ सामान्यतः भगवान शिव के साथ सम्बद्ध है।

अतः विकल्प (B) सही है।

70. कन्नौज गंगा के व्यापार मार्ग पर स्थित था और रेशम मार्ग से जुड़ा हुआ था। इसने कन्नौज को रणनीतिक और वाणिज्यिक रूप से अत्यंत महत्वपूर्ण बना दिया था। यह उत्तर भारत में हर्षवर्धन के साम्राज्य की प्रथम राजधानी भी थी। 8वीं शताब्दी के दौरान, कन्नौज पर नियंत्रण के लिए भारत के तीन प्रमुख साम्राज्यों- पालों, प्रतिहारों और राष्ट्रकूटों के मध्य संघर्ष हुआ। पाल शासकों ने भारत के पूर्वी हिस्से पर शासन किया जबकि पश्चिम भारत (अवंति-जालोर क्षेत्र) पर प्रतिहारों का नियंत्रण था। राष्ट्रकूटों ने भारत के दक्कन क्षेत्र पर शासन किया। कन्नौज पर नियंत्रण के लिए इन तीनों राजवंशों के मध्य हुए संघर्ष को भारतीय इतिहास में त्रिपक्षीय या त्रिगुट संघर्ष के रूप में जाना जाता है। पाल राजा धर्मपाल और प्रतिहार राजा वत्सराज कन्नौज के लिए एक-दूसरे के विरूद्ध लड़े थे। इस युद्ध में वत्सराज विजयी रहा, लेकिन उसे राष्ट्रकूट राजा ध्रुव प्रथम के हाथों पराजय का मुंह देखना पड़ा। हालांकि, राष्ट्रकूट राजा ध्रुव के दक्षिण में अपने राज्य वापस लौटने पर, पाल राजा धर्मपाल ने स्थिति का लाभ उठाते हुए कन्नौज पर अधिकार कर लिया। किन्तु कन्नौज पर उसका नियंत्रण अधिक समय तक नहीं रह पाया। इस प्रकार जो त्रिपक्षीय संघर्ष आंरभ हुआ, वह दो शताब्दियों तक चलता रहा और दीर्घकाल में तीनों राजवंशों की दुर्बलता का कारण बना।

अतः विकल्प (C) सही है।

71. खजुराहो में मंदिरों का निर्माण चंदेल वंश के शासन काल में किया गया था, जो 950 से 1050 ईस्वी के मध्य अपने चरमोत्कर्ष पर था। ये तीन अलग-अलग समूहों में हैं और दो भिन्न धर्मों- हिंदू और जैन से संबंधित हैं। खजुराहो के सभी मंदिर बलुआ पत्थर से निर्मित हैं। चंदेल वंश के शासकों ने इन्हें संरक्षण प्रदान किया था।

अतः विकल्प (B) सही है।

72. वह प्रथम सम्राट था जिसने अपने शिलालेखों के माध्यम से प्रजा से प्रत्यक्ष संवाद किया। ये शिलालेख न सिर्फ भारतीय उपमहाद्वीप में बल्कि अफगानिस्तान के कांधार जैसे अन्य स्थानों पर भी पाए गए हैं। ये साम्राज्य के बड़े भाग में, ब्राह्मी लिपि में प्राकृत भाषा (संस्कृत नहीं) में उत्कीर्ण किये गए हैं।

अतः विकल्प (A) सही है।

73. आजाद हिंद फौज (INA) का विचार सर्वप्रथम मलाया में ब्रिटिश भारतीय सेना के एक भारतीय अधिकारी मोहन सिंह द्वारा परिकल्पित किया गया था। सुभाष चंद्र बोस ने रंगून और सिंगापुर में INA के दो मुख्यालय स्थापित किए और इसका पुनर्गठन प्रारम्भ किया। नागरिकों से इसमें भर्ती होने की मांग की गई, धन एकत्रित किया गया और यहां तक कि रानी झांसी रेजिमेंट नामक एक महिला रेजिमेंट का गठन किया गया।

अतः विकल्प (B) सही है।

74. इसकी स्थापना 1934 में बंबई में जयप्रकाश नारायण, मीनू मसानी, राम मनोहर लोहिया और आचार्य नरेंद्र देव द्वारा की गई थी। प्रारम्भ से ही, सभी कांग्रेस समाजवादी इन आधारमूत प्रस्तावों पर सहमत थे कि:

भारत में प्राथमिक संघर्ष स्वतंत्रता के लिए राष्ट्रीय संघर्ष था और समाजवाद के मार्ग पर राष्ट्रवाद एक आवश्यक चरण था, समाजवादियों को राष्ट्रीय कांग्रेस में रहते हुए कार्य करना चाहिए क्योंकि यह राष्ट्रीय संघर्ष का नेतृत्व करने वाला प्राथमिक निकाय था। अपने उद्देश्य को प्राप्त करने के लिए उन्हें अपने वर्ग संगठनों में श्रमिकों व किसानों को संगठित करना होगा, अपनी आर्थिक मांगों के लिए संघर्ष करना होगा और उन्हें राष्ट्रीय संघर्ष का सामाजिक आधार बनाना होगा।

अतः विकल्प (C) सही है।

75. इस अधिनियम के तहत ब्रिटिश भारतीय प्रांतों और रियासतों के संघ के आधार पर अखिल मारतीय महासंघ की स्थापना का प्रावधान किया गया था। भारत सरकार अधिनियम, 1919 में प्रांतीय स्तर पर आरम्भ किए गए द्वैध शासन को समाप्त कर दिया गया था। अधिनियम ने 3 सूचियों के संदर्भ में केंद्र और इकाइयों के मध्य शक्तियों को विभाजित किया: संघीय सूची (केंद्र के लिए 59 विषयों के साथ), प्रांतीय सूची (प्रांतों के लिए 54 विषयों के साथ) और समवर्ती सूची (दोनों के लिए 36 विषयों के साथ)। अवशिष्ट शक्तियां वायसराय को प्रदान की गई।

अतः विकल्प (D) सही है।

76. घोषणा के तहत द्वितीय विश्व युद्ध के पश्चात भारत के लिए डोमिनियन स्टेटस और एक संविधान निर्माता निकाय की स्थापना का प्रावधान किया गया था, जिसके सदस्यों का चयन प्रांतीय विधान सभाओं द्वारा किया जाना था और रियासतों के मामले में राजाओं द्वारा नामित किया जाना था।

पाकिस्तान की माँग को इस प्रावधान द्वारा अप्रत्यक्ष रूप से समायोजित किया गया था कि जो भी प्रांत नए संविधान को स्वीकार करने के लिए तैयार नहीं हो, उसे अपने भविष्य की स्थिति के विषय में ब्रिटेन के साथ एक पृथक समझौते पर हस्ताक्षर करने का अधिकार होगा। हालांकि तत्कालीन परिस्थितियों में देश की प्रतिरक्षा पर एकमात्र नियंत्रण ब्रिटेन द्वारा जारी रखने का प्रावधान किया गया।

अतः विकल्प (B) सही है।

77. ब्रिटिश भारत में प्रांतीय निर्वाचन का आयोजन 1936-37 में किया गया। निर्वाचन का प्रावधान भारत सरकार अधिनियम, 1935 के तहत किया गया था। निर्वाचन ग्यारह प्रांतों- मद्रास, केंद्रीय प्रांत, बिहार, ओडिशा, संयुक्त प्रांत, बॉम्बे प्रेसिडेंसी, असम, उत्तर पश्रिमी सीमांत प्रांत (NWFP), बंगाल, पंजाब और सिंध में कराया गया। रियासतों के विरोध के कारण भारत सरकार अधिनियम, 1935 के उपरांत संघ अस्तित्व में नहीं आ सका था, इसलिए संघीय स्तर पर किसी भी निर्वाचन का आयोजन नहीं हो पाया था।

सरकार के साथ कुछ माह तक जारी गतिरोध के उपरांत कांग्रेस कार्य समिति ने 1935 के अधिनियम के अधीन कार्यभार स्वीकार करने का निर्णय लिया। जुलाई में, इसने छह प्रांतों- मद्रास, बॉम्बे, केंद्रीय प्रांत, ओडिशा, बिहार और संयुक्त प्रांत में मंत्रिमंडल के गठन का निर्णय किया। इसके बाद उत्तर-पश्रिम सीमांत प्रांत और असम में भी कांग्रेस के मंत्रिमंडल का गठन किया गया। गैर-कांग्रेसी मंत्रिमंडल का गठन बंगाल (मुस्लिम लीग और इंडिपेंडेंट मुस्लिम्स के समर्थन से कृषक प्रजा पार्टी), पंजाब (यूनियनिस्ट पार्टी) और सिंध (यूनाइटेड सिंध पार्टी) में हुआ।

अतः विकल्प (A) सही है।

78. गोपाल हरि देशमुख भारतीय कार्यकर्ता, विचारक, समाज सुधारक और लेखक थे जिनका संबंध महाराष्ट्र से था। 25 साल की आयु में देशमुख ने महाराष्ट्र में सामाजिक सुधार के उद्देश्य से लेख लिखना आरंभ किया। उनके लेख समाहिक पत्रिका प्रभाकर में लोकहितवादी उपनाम से प्रकाशित होते थे। उन्होंने महिलाओं की स्वतंत्रता व शिक्षा का समर्थन किया और तत्कालीन भारत में व्याप्त बाल विवाह, दहेज प्रथा एवं बहु विवाह की समस्या के विरूद्ध लेख लिखे। उन्होंने जाति प्रथा की बुराई के विरूद्ध लेख प्रकाशित किए, हिंदू धर्म की रूढ़िवादिता की निंदा की, धार्मिक मामलों और संस्कारों (ब्राह्मण पंडितों

द्वारा दीर्घकाल से मान्य) के एकाधिकार पर प्रहार किया। हालांकि देशमुख स्वयं जाति से ब्राह्मण थे। उन्होंने हिंदू समाज में धार्मिक सुधार हेतु 15 सिद्धांतों का प्रतिपादन किया। अपने सामाजिक कार्यों के कारण वे लोकहितवादी (एक व्यक्ति जो जनता के हितों के लिए कार्य करता है) के नाम से जाने जाते थे।

अतः विकल्प (D) सही है।

79. वर्ष 1920 के दशक में क्रांतिकारी गतिविधियों का संचालन मुख्य रूप से हिंदुस्तान रिपब्लिकन एसोसिएशन/आर्मी या HRA द्वारा किया गया। कालांतर में हिंदुस्तान रिपब्लिकन एसोसिएशन का नाम परिवर्तित कर हिंदुस्तान सोशलिस्ट रिपब्लिकन एसोसिएशन या HSRA कर दिया गया। HRA की स्थापना अक्टूबर वर्ष 1924 में कानपुर में रामप्रसाद बिस्मिल, जोगेश चंद्र चटर्जी और सचिन सान्याल द्वारा की गई थी। इसका उद्देश्य औपनिवेशिक सत्ता की समाप्ति हेतु एक सशस्त्र क्रांति को आयोजित करना था। HRA का सबसे महत्वपूर्ण कार्य वर्ष 1925 में 'काकोरी डकैती' था। क्रांतिकारियों ने 8-डाउन रेलगाड़ी को काकोरी नामक गाँव में रोक कर रेल विभाग के सरकारी खजाने को लूट लिया। सरकार द्वारा भारी संख्या में क्रांतिकारियों को गिरफ्तार करके काकोरी षडयंत्र का मुकदमा चलाया गया। अशफाकुल्ला खान, रामप्रसाद बिस्मिल, रोशन सिंह और राजेंद्र लाहिड़ी को फांसी दे दी गई, चार क्रांतिकारियों को आजीवन कारावास की सजा देकर अंडमान भेज दिया गया तथा अन्य 17 क्रांतिकारियों को लंबी कैद की सजाएं सुनाई गयीं।

लाला लाजपत राय की मृत्यु साइमन कमीशन के विरूद्ध प्रदर्शन में हुए लाठी-चार्ज के दौरान घायल होने के कारण हुई। बाद में भगत सिंह, चंद्रशेखर आज़ाद तथा राजगुरु ने लाहौर में हुए लाठीचार्ज और लाला लाजपत राय की मृत्यु के लिए पुलिस अफसर सांडर्स को दोषी मानते हुए उसकी हत्या कर दी। भगत सिंह, सुखदेव और राजगुरु पर लाहौर षडयंत्र के विरूद्ध मुकदमा चलाया गया।

अंग्रेजो द्वारा साम्यवादियो के तीव्र विकास तथा वर्कस एंड पीजेन्ट पार्टी के वर्ष 1920 के दशक में राष्ट्रीय आंदोलन पर व्यापक प्रभाव को दो प्रकार से नियंत्रित किया गया। प्रथम, कठोरतापूर्वक दमन, जिसके माध्यम से सरकार ने कम्युनिस्टों पर नियंत्रण किया। द्वितीय, वर्ष 1924 में सरकार ने एस.ए. डांगे, मुज़फ्फर अहमद, नलिनी गुप्ता और शौकत उस्मानी के विरुद्ध कानपुर बोल्शेविक षडयंत्र के लिए मुकदमा चलाकर उभरते हुए कम्युनिस्ट आंदोलन के दमन का प्रयास किया। सभी चारों लोगों को चार वर्ष कैद की सजा सुनाई गई।

अतः विकल्प (B) सही है।

80. 1929 में देश के प्रमुख राष्ट्रीय नेताओं ने एक 'दिल्ली घोषणा-पत्र' जारी किया। इसमें यह मांग की गई कि यह स्पष्ट किया जाना चाहिए कि गोलमेज सम्मेलन का उद्देश्य डोमिनियन स्टेटस देने के समय पर विचार-विमर्श करना नहीं होना चाहिए बल्कि इस बैठक में इसके कार्यान्वियन की योजना बनायी जानी चाहिए। उन्होंने यह भी मांग की कि सम्मेलन में कांग्रेस प्रतिनिधित्व का बहुमत होना चाहिए साथ ही इसमें राजनीतिक कैदियों के क्षमादान तथा सहमति की एक सामान्य नीति के निर्धारण की भी मांग की गई।

अतः विकल्प (D) सही है।

81. प्रेस, राष्ट्रवादी जनमत की भावना को जागृत करने, प्रशिक्षित करने, सक्रिय और संगठित करने हेतु प्रमुख साधन था। इन अवधि के दौरान कई प्रसिद्ध और निर्भीक पत्रकारों के संरक्षण में अनेक सशक्त समाचार-पत्रों का प्रकाशन प्रारंभ हुआ। इन समाचार-पत्रों में प्रमुख थे- जी. सुत्रमण्यम अय्यर द्वारा संपादित हिंदू एवं स्वदेश मित्र, बाल गंगाधर तिलक द्वारा संपादित केसरी एवं मराठा, सुरेंद्रनाथ बनर्जी द्वारा संपादित द बंगाली, शिशिर कुमार घोष एवं मोतीलाल घोष के संरक्षण में संपादित अमृत बाज़ार पत्रिका, गोपाल कृष्ण गोखले के संरक्षण में संपादित सुधारक, एन.एन. सेन के संरक्षण में संपादित इंडियन मिरर, दादाभाई नौरोजी के संरक्षण में संपादित वा ॅयस आफ इण्डिया, जी.पी. वर्मा के संरक्षण में संपादित हिंदुस्तानी एवं एडवोकेट, पंजाब में ट्रिब्यून एवं अखबार-ए-आम, बम्बई में इंदु प्रकाश, ध्यान प्रकाश, काल एवं गुजराती तथा बंगाल में सोम प्रकाश, बंगनिवासी एवं साधारणी उल्लेखनीय थे।

अतः विकल्प (C) सही है।

82. प्रथम विश्व युद्ध के उपरान्त आटोमन साम्राज्य के साथ अंग्रेजों के व्यवहार को प्रभावित करने के लिए खिलाफत नेताओं और भारतीय राष्ट्रीय कांग्रेस ने खिलाफत आंदोलन आरंभ किया। साथ ही इसके माध्यम से भारतीय राष्ट्रीय आंदोलन के लक्ष्यों को भी आगे बढ़ाया।

अतः विकल्प (C) सही है।

83. 1820 के दशक के अंतिम और 1830 के दशक के प्रारंभिक वर्षों के दौरान बंगाली बुद्धिजीवियों के मध्य कट्टरपंथी प्रवृत्ति उत्पन्न हुई। यह प्रवृत्ति राम मोहन राय की तुलना में अधिक आधुनिक थी और इसे हेनरी विवियन डेरोजियो द्वारा प्रारंभ यंग बंगाल आंदोलन के रूप में जाना जाता है। उन्होंने फ्रांस की महान क्रांति से प्रेरणा लेकर उस काल के सर्वाधिक उग्र विचारों का अनुसरण किया।

अतः विकल्प (C) सही है।

84. बाल गंगाधर तिलक एक प्रबल राष्ट्रवादी नेता थे, जिन्होंने राष्ट्रीय आंदोलन में ब्रिटिश शासन की अवज्ञा की अपनी रणनीति के माध्यम से भारतीय स्वतंत्रता की नींव स्थापित करने में सहायता की। उन्होंने राष्ट्रवादी आंदोलन के दौरान अनेक अवसरों पर प्रेस की स्वतंत्रता के लिए संघर्ष किया। 1881 में, जी.जी. आगरकर के साथ, उन्होंने समाचार पत्र केसरी (मराठी में) और मराठा (अंग्रेजी में) का संपादन प्रारंभ किया। वर्ष 1893 में, उन्होंने देशभक्ति के गीतों और भाषणों के माध्यम से राष्ट्रवादी विचारों के प्रचार के लिए पारंपरिक धार्मिक गणपति उत्सव का उपयोग करने की प्रथा आरम्भ की। वर्ष 1896 में, उन्होंने युवा मराठियों में राष्ट्रवाद को प्रोत्साहित करने के लिए शिवाजी उत्सव आरम्भ किया। उसी वर्ष, उन्होंने कपास पर उत्पाद शुल्क लगाने के विरोध में विदेशी वस्त्रों के बहिष्कार के लिए संपूर्ण महाराष्ट्र में एक अभियान का आयोजन किया। वह संभवत: प्रथम राष्ट्रीय नेता थे, जिन्होंने निम्न मध्यम वर्ग, किसानों, कारीगरों और श्रमिकों द्वारा राष्ट्रीय आंदोलन में निभाई जा सकने वाली भूमिका को पहचानते हुए उन्हें कांग्रेस में सम्मिलित करने की आवश्यकता को प्रकट किया। तिलक ने अप्रैल 1916 में होमरूल लीग की स्थापना की। तिलक द्वारा स्थापित लीग का प्रभाव क्षेत्र महाराष्ट्र (बंबई शहर को छोड़कर), कर्नाटक, मध्य प्रांत और बरार तक विस्तारित था। वर्ष 1916 में उन्होंने मोहम्मद अली जिन्ना के साथ लखनऊ समझौता सम्पन्न कराने में सहायता की, जिसने राष्ट्रवादी संघर्ष में हिंदू-मुस्लिम एकता स्थापित की।

अतः विकल्प (D) सही है।

85. 1926 में ब्रिटिश अधिकारियों के लगान में 30 प्रतिशत तक वृद्धि करने के निर्णय के विरोध में बारदोली सत्याग्रह आंदोलन आरम्भ किया गया। लगान वृद्धि के मुद्दे का विश्लेषण करने के लिए कांग्रेस के नेताओं ने बारदोली जाँच समिति का गठन किया। समिति ने लगान वृद्धि को अनुचित माना। वल्लभभाई पटेल को लगान में की गई वृद्धि की वापसी के लिए प्रारंभ आंदोलन का नेतृत्व करने हेतु आमंत्रित किया गया था।

अतः विकल्प (D) सही है।

86. ऐतिहासिक दांडी मार्च, सविनय अवज्ञा आंदोलन के आरंभ के साथ 12 मार्च, 1930 को प्रारंभ हुआ। यह यात्रा 6 अप्रैल को दांडी (गुजरात) में महात्मा गांधी द्वारा नमक कानून को भंग किए जाने के साथ सम्पन्न हुई। कानून के इस उल्लंघन को भारतीयों द्वारा ब्रिटिश-निर्मित कानूनों के अंतर्गत व ब्रिटिश शासन के अधीन न रहने के संकल्प के प्रतीक के रूप में देखा गया था। गाँधीजी ने स्पष्ट रूप से लोगों को अपने घरों में समुद्र के जल से नमक बनाने व नमक कानून का उल्लंघन करने का आह्वान किया।

1930 में नमक कानून को भंग करने के लिए सी.राजगोपालाचारी ने तंजौर तट पर तिरुचिरापल्ली (अंग्रेजों द्वारा इसे त्रिचिनापोली के रूप में वर्णित किया जाता था) से वेदारण्यम तक एक मार्च का आयोजन किया गया।।

21 मई को, सरोजिनी नायडू (कांग्रेस की अध्यक्ष बनने वाली पहली भारतीय महिला), इमाम साहब (दक्षिण अफ्रीकी संघर्ष में गांधीजी के सहयोगी) तथा मणिलाल (महात्मा गांधी के पुत्र) ने 2000 लोगों के एक समूह के साथ धरासना नमक कारखाना को बंद करने के लिए की गई पुलिस की घेराबंदी की ओर कूच किया। निहत्थे एवं अहिंसक भीड़ पर क्रूरता के साथ लाठियों से प्रहार किए गए, जिसमें 2 लोगों की मृत्यु हो गई तथा 320 लोग घायल हो गए।

अतः विकल्प (C) सही है।

87. आचार्य विनोबा भावे, पंडित जवाहरलाल नेहरू तथा ब्रह्मदत्त को क्रमश: प्रथम, द्वितीय और तृतीय सत्याग्रही के रूप में चयनित किया गया था।

अतः विकल्प (A) सही है।

88. समाजवादी और साम्यवादी विचारों के प्रसार एवं प्रभाव से भयभीत होकर तथा इस विश्वास के साथ कि कम्युनिस्ट इंटरनेशनल द्वारा भारत को भेजे गए ब्रिटिश और अन्य विदेशी आंदोलनकारियों द्वारा इस संबंध में महत्वपूर्ण भूमिका निभाई जा रही थी, सरकार ने 'अवांछनीय' और 'विध्वंसकारी' विदेशियों को निर्वासित करने की शक्ति अर्जित करने का प्रस्ताव किया। विधान परिषद में पब्लिक सेफ्टी बिल,1928 प्रस्तुत करते हुए ऐसा किया गया था।

नरमपंथी से लेकर उग्रपंथी तक, सभी प्रकार के राष्ट्रवादी विधेयक के विरुद्ध एकजुट हो गए। लाला लाजपत राय ने कहा, "पूंजीवाद साम्राज्यवाद का ही दूसरा नाम है। हमें बोल्शेविकवाद या साम्यवाद से कोई खतरा नहीं है। हमें सबसे बड़ा खतरा पूंजीवाद और शोषण करने वालों से हैं।" मोतीलाल नेहरू (स्वराजवादी) ने अपने अनुभवों को सोवियत यूनियन में आख्यायित किया तथा सोवियत विरोधी प्रचार की निंदा की। उन्होंने पब्लिक सेफ्टी बिल को 'भारतीय राष्ट्रवाद और भारतीय राष्ट्रीय कांग्रेस पर प्रत्यक्ष हमला' तथा 'भारत की दासता, बिल नंबर-1' के रूप में वर्णित किया। टी. प्रकाशम ने कहा बिल का उद्देश्य कामगारों और किसानों के मध्य राष्ट्रवाद के प्रसार को रोकना है। दीवान चमन लाल, जो उस समय मोतीलाल के एक तेजतर्रार समर्थक थे, उन्होंने घोषणा की कि- 'यदि आप समाजवाद के विरुद्ध उपदेश देने का प्रयास कर रहे हैं, यदि आप समाजवाद को कुचलने के लिए अधिकारों की मांग कर रहे हैं तो आपको ऐसा अधिकार प्राप्त करने से पहले हमारे शवों के ऊपर से गुजरना होगा। यहां तक की पूंजीवादी वर्ग के दो प्रवक्ता पुरुषोत्तमदास ठाकुरदास और जी.डी. बिड़ला ने भी विधेयक का दृढता से विरोध किया। एम.आर. जयकर जैसे उदारवादियों सहित सभी भारतीयों के विरोध के कारण विधान परिषद में बिल पारित नही हो पाया। बिल पारित कराने में विफल होने पर मार्च 1929 में सरकार द्वारा 31 प्रमुख साम्यवादियों, ट्रेड यूनियन के नेताओं एवं अन्य वामपंथी नेताओं को गिरफ्तार कर लिया गया तथा उन पर मेरठ में मुकदमा चलाया गया। इसके कारण राष्ट्रवादियों द्वारा सरकार की कड़ी आलोचना की गई।

अतः विकल्प (A) सही है।

89. 19वीं सदी में पाश्चात्य शिक्षित बुद्धिजीवियों जैसे दादाभाई नौरोजी (धन निष्कासन का सिद्धांत), महादेव गोविंद रानाडे, आर.सी. दत्त (द इकोनॉमिक हिस्ट्री ऑफ इंड़िया), जी.वी. जोशी, जी सुत्रमण्य अय्यर, जी.के. गोखले आदि ने अंग्रेजों की लूट आधारित आर्थिक नीतियों को स्पष्ट रूप से समझा तथा ये अंग्रेजों के दृढ आलोचक बन गए। ये लोग जीवन-पर्यन्त भारतीय जनता के मध्य आर्थिक आधारों पर राष्ट्रीय जागरुकता उत्पन्न करने हेतु प्रयासरत रहे।

अतः विकल्प (B) सही है।

90. गांधी-इर्विन समझौते के अंतर्गत महात्मा गांधी कांग्रेस की ओर से संवैधानिक प्रश्नों पर होने वाले द्वितीय गोलमेज सम्मेलन में सम्मिलित होने के लिए तैयार हो गए। द्वितीय गोलमेज सम्मेलन 7 सितंबर, 1931 से 1 दिसंबर, 1931 के बीच लंदन में आयोजित हुआ। भारतीय राष्ट्रीय कांग्रेस ने गांधी जी को अपने एकमात्र प्रतिनिधि के तौर पर नामित किया था। द्वितीय गोलमेज सम्मेलन के असफल होने पर कांग्रेस वर्किंग कमेटी ने 29 दिसंबर, 1931 को सविनय अवज्ञा आंदोलन को पुनः आरंभ करने का निर्णय लिया। आंदोलन का यह चरण लंबे समय तक नहीं चल पाया।

ऑल इंडिया स्टूडेंट्स फेडरेशन(AISF) भारत का सबसे पुराना छात्र संगठन है। इसकी स्थापना 12 अगस्त 1936 को लखनऊ में की गई थी। इसकी स्थापना वामपंथियों के लिए एक अन्य महत्वपूर्ण उपलब्धि थी।

लाहौर अधिवेशन में 26 जनवरी, 1930 की तिथि को प्रथम स्वतंत्रता (स्वराज्य) दिवस के रूप में निर्धारित किया गया जिसे प्रत्येक स्थान पर मनाया जाना था। इस दिन, देश भर में गांव और शहर प्रत्येक स्थान पर जन सभाओं का आयोजन किया गया, स्वतंत्रता के संकल्प को स्थानीय भाषाओं में पढ़ा गया और राष्ट्रीय ध्वज फहराया गया।

अतः विकल्प (C) सही है।

91. 1857 के विद्रोह के कई केंद्र थे जिनका नेतृत्व विभिन्न नेताओं द्वारा किया गया था। दिल्ली में मुगल सम्राट बहादुर शाह को विद्रोह के नाममात्र एवं प्रतीकात्मक नेता के रूप में नियुक्त किया गया था, परंतु वास्तविक नियंत्रण जनरल बख्त खान के नेतृत्व में सैनिकों की एक परिषद के पास था।

कानपुर में स्वाभाविक विकल्प अंतिम पेशवा बाजी राव द्वितीय के दत्तक पुत्र नाना साहब थे। उन्हें पारिवारिक उपाधि से वंचित कर पूना से निर्वासित कर दिया गया था निर्वासन के पश्चात् वह कानपुर के समीप जीवन व्यतीत कर रहे थे।

लखनऊ का शासन बेगम हज़रत महल के अधीन था। जहां 4 जून, 1857 को विद्रोह प्रारंभ हुआ तथा जनता की सहानुभूति अपदस्थ नवाब के पक्ष में थी। उनके बेटे, बिरजिस कादिर को नवाब घोषित किया गया, तथा मुसलमानों एवं हिंदुओं की समान भागीदारी वाले महत्वपूर्ण पदों के साथ एक नियमित प्रशासन को नियमबद्ध किया गया।

बरेली में, रुहेलखंड के पूर्व शासक के वंशज खान बहादुर को विद्रोह का नेतृत्व सौंपा गया। अंग्रेजों द्वारा दी जा रही पेंशन से असंतुष्ट खान बहादुर ने 40,000 सैनिकों की एक सेना का गठन किया तथा अंग्रेजों का कठोरता पूर्वक विरोध किया।

बिहार में, विद्रोह का नेतृत्व जगदीशपुर के जमींदार कुंवर सिंह ने किया। जब वह दीनापुर (दानापुर) से आरा पहुंचे तो सिपाहियों द्वारा उन्हें नेता स्वीकार कर लिया गया।

अतः विकल्प (A) सही है।

92. 1930 के दशक में केरल के मालाबार क्षेत्र में, मुख्य रूप से कांग्रेस सोशलिस्ट पार्टी के कार्यकर्ताओं के प्रयासों के परिणामस्वरूप एक शक्तिशाली किसान आंदोलन विकसित हुआ। उन्होंने गांवों की यात्राएं कीं तथा कर्षक संधमों (किसान संघों) की स्थापना की।

अतः विकल्प (A) सही है।

93. प्रारंभिक साम्यवादियों द्वारा प्रयुक्त राजनीतिक कार्य का मुख्य स्वरूप कृषक व श्रमिक समूहों को संगठित करना एवं उनके माध्यम से कार्य करना था। इस प्रकार का प्रथम संगठन मुज़फ़्फ़र अहमद, क़ाज़ी नज़रूल इस्लाम, हेमंत कुमार सरकार और बंगाल के अन्य नेताओ द्वारा नवंबर 1925 में संगठित "लेबर-स्वराज पार्टी ऑफ इंडियन नेशनल कांग्रेस" था।

अतः विकल्प (C) सही है।

94. भारत सरकार अधिनियम, 1858 ब्रिटिश संसद द्वारा पारित एक अधिनियम था जिसे मूल रूप से "एक्ट फॉर द बेटर गवर्नमेंट ऑफ़ इंडिया" के रूप में नामित किया गया था। अधिनियम के अंतर्गत, सरकार को पूर्व की भांति, गवर्नर-जनरल द्वारा संचालित किया जाना था, जिसे अब वायसराय की उपाधि प्रदान की गई थी वायसराय भारत में क्राउन का प्रतिनिधि था। वर्ष 1858 में इस अधिनियम द्वारा ईस्ट इंडिया कंपनी का शासन समाप्त कर शासन को ब्रिटिश राजशाही को स्थानांतरित कर दिया गया। इससे पूर्व, भारत पर कंपनी के निर्देशकों तथा नियंत्रण मंडल का अधिकार था, वहीं अब इसे समाप्त कर इन शक्तियों व अधिकारों के प्रयोग का अधिकार भारत सचिव को सौंप दिया गया। भारत सचिव की सहायता के लिए एक मंत्रिपरिषद की स्थापना की गई। भारत सचिव ब्रिटिश मंत्रिमंडल का सदस्य था तथा यह संसद के प्रति उत्तरदायी था।

अतः विकल्प (B) सही है।

95. 4 सितंबर 1920 को कांग्रेस का विशेष अधिवेशन कलकत्ता में आयोजित किया गया था। इस विशेष अधिवेशन की अध्यक्षता लाला लाजपत राय द्वारा की गई थी। दिसंबर 1920 में नागपुर में कांग्रेस अधिवेशन का पुन: आयोजन किया। इस समय तक सी.आर. दास के असहयोग आंदोलन के मुद्दे पर मतभेद समाप्त हो गए थे। इसलिए इस अधिवेशन में उन्होंने ही असहयोग का मुख्य प्रस्ताव प्रस्तुत किया। उपाधियां लौटाने, स्कूलों, न्यायालयों, परिषदों, विदेशी

वस्तुओं का बहिष्कार करने, हिंदू-मुस्लिम एकता का संवर्धन करने और कठोर अहिंसात्मक कार्यक्रम अपनाने का प्रस्ताव पारित किया गया।

वर्ष 1929 के लाहौर अधिवेशन का सर्वप्रमुख प्रस्ताव यह था कि नेहरू समिति की रिपोर्ट के अस्वीकृत हो जाने के पश्चात् अब अधिराज्य का दर्जा स्वीकार्य नहीं होगा। अत: पूर्ण स्वराज्य का प्रस्ताव पारित किया गया। इस प्रस्ताव का पालन करते हुए केंद्रीय और प्रांतीय विधायिकाओं एवं सभी भावी निर्वाचनों के बहिष्कार पर सहमति व्यक्त की गई। जिसके लिए सविनय अवजा का कार्यक्रम आरंभ किया जाना प्रस्तावित था।

8 अगस्त 1942 को बंबई में अखिल भारतीय कांग्रेस समिति के अधिवेशन में मोहनदास करमचंद गांधी ने 'भारत छोड़ो' आंदोलन आरंभ किया। अगले ही दिन गांधी, नेहरू और भारतीय राष्ट्रीय कांग्रेस के कई अन्य वरिष्ठ नेताओं को ब्रिटिश सरकार द्वारा गिरफ्तार कर लिया गया। जिससे आगामी दिनों में संपूर्ण देश में अव्यवस्थित और अहिंसक प्रदर्शन हुए।

अतः विकल्प (C) सही है।

96. रैयतवाड़ी बंदोबस्त व्यवस्था पूर्व में तमिलनाडु में लागू किया गया और बाद में इसे महाराष्ट्र, बरार, पूर्वी पंजाब, कुर्ग और असम तक विस्तारित किया गया। यह बंदोबस्त सर थॉमस मुनरो द्वारा वर्ष 1820 में लागू किया गया था। इस व्यवस्था में, लगान का भुगतान करने का दायित्व "रैयत" नामक कृषकों पर व्यक्तिगत रूप से था। सरकार और कृषक के मध्य कोई बिचौलिया नहीं था। रैयतवाड़ी बंदोबस्त के अंतर्गत कृषकों द्वारा भू-राजस्व का भुगतान सीधे सरकार को किया जाता था।

अतः विकल्प (C) सही है।

97. 1920 के दशक के उत्तरार्ध और 1930 के दशक में भारत में एक शक्तिशाली वामपंथी समूह का विकास हुआ जिसने राष्ट्रीय आंदोलन को उग्र स्वरूप प्रदान किया। जवाहरलाल नेहरू ने राष्ट्रीय आंदोलन को समाजवादी दृष्टिकोण प्रदान करने में महत्वपूर्ण भूमिका निभाई। वर्ष 1929 के पश्चात वे भारत में समाजवाद और समाजवादी विचारों के प्रतीक बन गए। वर्ष 1928 में, पूर्ण स्वराज (समाज की आर्थिक संरचना में समाजवादी संशोधन) हेतु संघर्ष करने के लिए जवाहरलाल नेहरू द्वारा सुभाष चंद्र बोस और श्रीनिवास अयंगर के सहयोग से भारतीय स्वतंत्रता लीग का गठन किया गया। जवाहर लाल नेहरू इसके महासचिव और श्रीनिवास अयंगर इसके प्रथम अध्यक्ष थे।

अतः विकल्प (C) सही है।

98. वर्ष 1599 में मर्चेंट एडवेंचर नामक व्यापारियों के एक समूह के तत्वावधान में पूर्व के साथ व्यापार करने के लिए अंग्रेजी संघ या कंपनी का गठन किया गया था। 31 दिसंबर, 1600 को महारानी एलिजाबेथ द्वारा एक शाही चार्टर (आदेश-पत्र) जारी करके कंपनी को पूर्व में व्यापार करने के लिए अनन्य विशेषाधिकार प्रदान किये गए। सामान्यतः इसे ईस्ट इंडिया कंपनी (EIC) के रूप में जाना गया। आरंभ से ही यह कंपनी राजशाही से संबंधित थी- महारानी एलिजाबेथ कंपनी के शेयरधारकों में से एक थीं। वर्ष 1608 में EIC ने भारत के पश्चिमी तट पर सूरत में एक कारखाना खोलने की योजना बनाई। कंपनी ने शाही फरमान प्राप्त करने के लिए कैप्टन विलियम हॉकिंस को मुग़ल बादशाह जहांगीर के दरबार में भेजा। वर्ष 1613 में, जहांगीर ने एक फरमान जारी करके अंग्रेजों को सूरत में एक स्थायी फैक्ट्री स्थापित करने की अनुमति प्रदान कर दी। इसलिए EIC की प्रथम फैक्ट्री सूरत में स्थापित की गई थी। वर्ष 1600 से वर्ष 1757 तक भारत में ईस्ट इंडिया कंपनी की भूमिका एक व्यापारिक निगम की थी। यह भारत में वस्तुएं या कीमती धातुएं लाकर उन्हें वस्त्र, मसाले आदि जैसी भारतीय वस्तुओं से विनिमय करती थी। तत्पश्चात् भारतीय वस्तुओं की विदेशों में बिक्री करती थी। कंपनी का मुनाफा मुख्यतः विदेशों में भारतीय वस्तुओं की बिक्री से होता था। स्वाभाविक रूप से, इसने ब्रिटेन और अन्य देशों में भारतीय वस्तुओं के लिए नवीन बाजारों को खोलने का निरंतर प्रयास किया। इस प्रकार, इसने भारतीय विनिर्मित वस्तुओं के निर्यात में वृद्धि की तथा उनके उत्पादन को प्रोत्साहित किया।

अतः विकल्प (C) सही है।

99. बंगाल के द्वितीय गवर्नर जनरल कॉर्नवालिस ने 1793 में स्थायी बंदोबस्त लागू किया। स्थायी बंदोबस्त की यह प्रणाली बंगाल, बिहार, उड़ीसा और वाराणसी में लागू की गई थी। इस बंदोबस्त के अंतर्गत, जमींदारों को (जिन्हें पहले केवल राजस्व एकत्र करने का अधिकार था) न केवल किसानों से भू-राजस्व एकत्र करने में सरकार के एजेंट के रूप में कार्य करना था, बल्कि अपनी जमींदारी के अंतर्गत वे सम्पूर्ण भूमि के स्वामी भी बन गए। वसूल की गई राशि को 11 भागों में विभाजित किया जाता था। 1/11 अंश पर जमींदारों का और 10/11 अंश पर ईस्ट इंडिया कंपनी का अधिकार होता था। जमींदारों का स्वामित्व संबंधी अधिकार वंशानुगत और हस्तांतरणीय बना दिया गया था।

अतः विकल्प (C) सही है।

100. अंग्रेजों ने 1813 के उपरांत भारत पर एकपक्षीय मुक्त व्यापार की नीति लागू की। इसके तहत भारत में ब्रिटिश निर्यात पर आरोपित शुल्क इतना कम कर दिया गया, कि ब्रिटिश वस्तुएं स्थानीय भारतीय बाजारों में अत्यधिक सस्ती हो गईं। साथ ही, भारतीय हस्तशिल्प संबंधित वस्तुओं (जिनकी प्रारंभ में पश्चिमी देशों में अत्यधिक मांग थी) को उच्च आयात शुल्क आरोपित कर इनकी मांग को कम कर दिया गया, जिससे भारतीय वस्तुएं अधिक महंगी हो गयीं।

ब्रिटिश वस्तुओं का शक्तिशाली भाप चालित मशीनों द्वारा व्यापक स्तर पर उत्पादन किया जाता था। भारतीय वस्तुएं सस्ती और मशीनों द्वारा व्यापक स्तर पर उत्पादित वस्तुओं के आयात से प्रतिस्पर्धा नहीं कर सकीं और इस प्रकार भारतीय हस्तशिल्प का अचानक पतन हो गया।

रेलवे के निर्माण के पश्चात् भारतीय उद्योगों, विशेष रूप से ग्रामीण दस्तकारी उद्योगों के पतन में अधिक वृद्धि हुई। रेलवे ने ब्रिटिश विनिर्माताओं को देश के सुदूरवर्ती ग्रामीण इलाकों में पहुंचने और पारंपरिक उद्योगों को समाप्त करने में सक्षम बनाया। अतः तत्कालीन सभी ब्रिटिश आर्थिक नीतियों ने ब्रिटिश व्यापारियों का पक्षपोषण किया और ब्रिटिश सरकार द्वारा अपने औपनिवेशिक लोगों के समर्थन की स्पष्ट कमी थी।

अतः विकल्प (D) सही है।

101. शिक्षा पर बजट या व्यय राशि की कमी को पूर्ण करने हेतु ब्रिटिश अधिकारियों ने तथा-कथित "अधोमुखी निस्यंदन सिद्धांत" का प्रयोग किया। चूंकि आवंटित राशि से केवल कुछ ही भारतीयों को शिक्षित किया जा सकता था इसलिए उच्च और मध्यम वर्ग के कुछ लोगों की शिक्षा पर व्यय करने का निर्णय लिया गया। इन कुछ शिक्षित लोगों से जनसमुदाय को शिक्षित करने और उनमें आधुनिक विचारों का प्रसार करने की अपेक्षा की गई थी। इस प्रकार यह माना गया कि शिक्षा और आधुनिक विचार उच्च और मध्यम वर्ग से प्रसारित होकर निचले वर्ग तक पहुंच जाएंगे।
अतः विकल्प (D) सही है।

102. सहोदरन अय्यप्पन केरल के एक समाज सुधारक, चिंतक, बुद्धिवादी, पत्रकार और नेता थे। ये श्री नारायण गुरु के मुखर समर्थक थे और केरल सुधार आंदोलन से संबधित अनेक कार्यक्रमों और गतिविधियों में संलग्न रहे। इन्होंने 1917 में चेरई में विभिन्न जातियों के सहभोज का आयोजन किया। इन्होंने सहोदर संघ और पत्रिका सहोदरन की स्थापना की। ये पत्रिका युक्तिवधि के संस्थापक संपादक थे। इन्होंने अपने गुरु के नारे को संशोधित कर-"मानव जाति के लिए कोई धर्म नहीं, कोई जाति नहीं और कोई ईश्वर नहीं" कर दिया।
अतः विकल्प (D) सही है।

103. 1882 का रिपन प्रस्ताव - रिपन प्रशासन प्रांतीय सरकारों में भी स्थानीय निकाय व्यवस्था लागू करने के समर्थक थे। इसके लिए रिपन प्रशासन ने वित्तीय विकेंद्रीकरण के मेयो की सरकार द्वारा प्रारंभ किए गए सिद्धांतों का समर्थन किया।

अतः विकल्प (A) सही है।

104. 5 मार्च, 1931 को गांधी-इर्विन समझौते पर कांग्रेस की ओर से गांधी जी और सरकार की तरफ से लॉर्ड इर्विन द्वारा हस्ताक्षर किए गए। इस समझौते ने कांग्रेस को सरकार के बराबर की स्थिति लाकर खड़ा कर दिया। इस समझौते में निम्नलिखित प्रावधान सम्मिलित थे-

- ऐसे सभी राजनीतिक कैदी जो हिंसा के दोषी नहीं हैं, उन्हें शीघ्र रिहा किया जाए,
- सभी जुर्माने जो अभी वसूल नहीं किये गए हैं उन्हें माफ किया जाए,

- कब्जे में ली गई भूमि जो अब-तक तीसरे पक्ष को विक्रय नही की गई हैं उन्हें वापस किया जाए, और
- जिन सरकारी कर्मचारियों ने इस्तीफा दिया है उनके साथ नरमी बरती जाए।

सरकार तटीय क्षेत्र के गाँवों को उपभोग के लिए नमक बनाने का अधिकार और शांतिपूर्ण तथा अहिंसक धरने का अधिकार प्रदान करने के लिए भी तैयार हो गई। कांग्रेस की पुलिस कार्रवाई की सार्वजनिक जांच की मांग स्वीकार नहीं की गई, लेकिन समझौते में जांच के लिए गांधी जी के आग्रहपूर्ण अनुरोध को दर्ज कर लिया गया। कांग्रेस द्वारा भी अपनी ओर से सविनय अवज्ञा आंदोलन को समाप्त करने पर सहमति व्यक्त की गई। यह भी स्पष्ट किया गया कि कांग्रेस भी अगले गोल मेज सम्मेलन में भाग लेगी।

अतः विकल्प (C) सही है।

105. वर्नाकुलर प्रेस एक्ट, मातृभाषा या देशी भाषा के प्रेस (अंग्रेजी अखबारों पर नहीं) पर 'बेहतर नियंत्रण' के लिए और विद्रोही लेखन को प्रभावी तरीके से दंडित एवं दमन करने हेतु बनाया गया था।

जिला मजिस्ट्रेट को यह शक्ति दी गई कि वो किसी भी मातृभाषा या देशी भाषा के अखबार के मुद्रक और प्रकाशक को बुलाकर उनसे सरकारी उपक्रम के साथ बॉन्ड या अनुबंध लिखने के लिए कह सकता था। इस बॉन्ड या अनुबंध में सरकार के विरुद्ध असंतोष का कारण नहीं बनने या विभिन्न समूहों के लोगों के बीच सरकार के प्रति विद्वेष उत्पन्न नहीं करने जैसे प्रावधान थे।

मजिस्ट्रेट की कार्रवाई अंतिम थी और इसके विरुद्ध न्यायालय में अपील नहीं की जा सकती थी। वर्नाकुलर प्रेस एक्ट के तहत सोम प्रकाश पर कार्यवाही आरंभ की गई थी लेकिन अमृत बाज़ार पत्रिका एक्ट से बचने के लिए रात-भर में अंग्रेजी अखबार के रूप में परिवर्तित हो गयी थी। एक्ट का सुदृढ़ता से विरोध किया गया और अंततः रिपन ने 1882 में इसे निरस्त कर दिया।

अतः विकल्प (B) सही है।

106. बक्सर का युद्ध (1764) ब्रिटिश ईस्ट इंडिया कंपनी और बंगाल के नवाब मीर कासिम, अवध के नवाब तथा मुगल बादशाह शाह आलम द्वितीय की सम्मिलित सेनाओं के मध्य लड़ा गया था। मुगल सेनाओं को पराजित कर ईस्ट इंडिया कंपनी विजेता बनकर उभरी। 1765 ई. में इलाहाबाद की संधि पर हस्ताक्षर के साथ युद्ध समाप्त हुआ। भारत में ब्रिटिश साम्राज्य की स्थापना में बक्सर के युद्ध का दूरगामी प्रभाव था। इसने दृढ़ता के साथ अंग्रेजों को बंगाल, बिहार और उड़ीसा के शासक के रूप में स्थापित कर दिया और अवध को उनकी दया पर छोड़ दिया गया। इसने विशेष रूप से बंगाल और सामान्य रूप से सम्पूर्ण भारत की राजनीतिक-आर्थिक परिस्थितियों को प्रभावित किया। इस संधि के द्वारा बंगाल के नवाब को अपनी अधिकांश सेना को भंग करना था, और बंगाल का प्रशासन नायब सूबेदार के माध्यम से प्रशासित करना था, जिसे कंपनी द्वारा नामित किया जाना था और जिसे कंपनी की स्वीकृति के बिना हटाया नहीं जा सकता था। इस प्रकार कंपनी को बंगाल के प्रशासन (या निज़ामत) पर सर्वोच्च नियंत्रण प्राप्त हो गया। शाह आलम द्वितीय जो अब भी नाममात्र का मुगल साम्राज्य का प्रमुख बना हुआ था, उससे कंपनी को दीवानी या बंगाल, बिहार और उड़ीसा (पूरे भारत से नहीं) से राजस्व संगृहीत करने का अधिकार प्राप्त हो गया। इस तरह बंगाल पर कंपनी के नियंत्रण को विधिक मान्यता मिल गई और भारत के इन अत्यधिक राजस्व संपन्न प्रांतों में उसने अपने प्रभुत्व को स्थापित किया। ईस्ट इंडिया कंपनी बंगाल की वास्तविक स्वामी बन गई। नवाब अपनी आंतरिक और बाह्य सुरक्षा के लिए अग्रेंजो पर निर्भर हो गया। दीवान के रूप में कंपनी प्रत्यक्ष रूप से राजस्व संग्रह करती थी, जबकि "नायब सूबेदार" को नामित करने के अधिकार से उसने निज़ामत या पुलिस और न्यायिक शक्तियों पर नियंत्रण स्थापित कर लिया। इतिहास में इस व्यवस्था को द्वैध-शासन के नाम से जाना जाता है। इसने अंग्रेजों को बहुत लाभ पहुंचाया: उनको बिना उत्तरदायित्व के अधिकार प्राप्त हो गया। इस प्रकार बंगाल द्वैध-शासन के अधीन आ गया। इलाहाबाद की संधि ने ब्रिटिश ईस्ट इंडिया कंपनी को औपचारिक रूप से पूर्वी प्रांत बंगाल में राजस्व संग्रह करने का अधिकार दे दिया। इससे कंपनी का आर्थिक भाग्य बदल गया। इसने कंपनी को विशाल संसाधन उपलब्ध करा दिए, जिनका उपयोग सेना को सुदृढ़ करने में किया जा सकता था। यह अंग्रेजों के प्रादेशिक विजय के लक्ष्य को आगे बढ़ाने हेतु एक अत्यधिक महत्वपूर्ण हथियार था।

अतः विकल्प (B) सही है।

107. भारतीय राष्ट्रीय कांग्रेस का यूनाइटेड किंगडम या उपनिवेशों की भांति 'स्वशासन या स्वराज' का लक्ष्य दादाभाई नौरोजी की अध्यक्षता में 1906 के कलकत्ता अधिवेशन में घोषित किया गया था।

भारतीय राष्ट्रीय कांग्रेस ने स्वदेशी का आह्वान किया और जी.के. गोखले की अध्यक्षता में बनारस अधिवेशन, 1905 में बंगाल के लिए स्वदेशी और बहिष्कार आंदोलन का समर्थन किया। हालांकि तिलक, बिपिन चंद्र पाल, लाजपत राय और अरविंद घोष के नेतृत्व में उग्रपंथी राष्ट्रवादी इस आंदोलन को शेष भारत तक विस्तार करने और इसे मात्र स्वदेशी और बहिष्कार के कार्यक्रम से आगे पूर्ण राजनीतिक जन संघर्ष तक ले जाने के पक्ष में थे। इसका स्वराज और विभाजन के निरसन का उद्देश्य अब 'सभी राजनीतिक उद्देश्यों में नगण्य और संकीर्ण' बन गया था। समग्र रूप से, नरमपंथी, अभी अधिक दूर जाने के लिए तैयार नहीं थे।

अतः विकल्प (D) सही है।

108. 1920 के दशक से लेकर 1947 तक राष्ट्रवादी रणनीति का एक प्रमुख पहलू आधिपत्य वाले संघर्ष का दीर्घ अवधि से तैयार चरित्र था। इस रणनीति के अंतर्गत, जिसे संघर्ष-विराम-संघर्ष के रूप में वर्णित किया जा सकता है, ओजपूर्ण संविधानेत्तर जन आंदोलन और औपनिवेशिक प्राधिकरण के साथ सीधे टकराव के चरण के पश्चात् वह चरण आता था जिस दौरान प्रत्यक्ष टकराव वापस ले लिया जाता था, और औपनिवेशिक शासन से छीनी गई राजनीतिक रियायतें, यदि कोई होती थी, को काम करने दिया जाता था और अपर्याप्त दिखाया जाता था। इसके उत्तरार्ध अधिक निष्क्रिय चरण के दौरान, विद्यमान कानूनी और संवैधानिक ढांचे के भीतर आम जनता के मध्य गहन राजनीतिक और वैचारिक कार्य किए जाते थे और उच्च स्तर पर एक और जनांदोलन के लिए शक्तियों को एकत्रित किया जाता था। संघर्ष-विराम-संघ की इस रणनीति की परिणति 'भारत छोड़ो' के आह्वान और स्वतंत्रता की प्राप्रि में हुई।

अतः विकल्प (A) सही है।

109. जतिंद्र नाथ दास, जिन्हें जतिन दास के नाम से भी जाना जाता है, एक क्रांतिकारी और स्वतंत्रता कार्यकर्ता थे। वह बंगाल में सक्रिय क्रांतिकारी समूह अनुशीलन समिति में सम्मिलित हुए तथा मात्र 17 वर्ष की कम आयु में ही उन्होंने वर्ष 1921 में महात्मा गांधी के असहयोग आंदोलन में भी भाग लिया।

14 जून, 1929 को जतिन दास को क्रांतिकारी गतिविधियों के लिए गिरफ्तार कर लिया गया और पूरक लाहौर षड्यंत्र मामले के अंतर्गत मुकदमा चलाने के लिए भगत सिंह और अन्य लोगों के साथ लाहौर जेल में बंद कर दिया गया। जेल में HSRA के सदस्य राजनीतिक बंदियों के लिए श्रेष्ठतर व्यवहार की मांग को लेकर लंबी अवधि के भूख हड़ताल पर चले गए और सितंबर में भूख हड़ताल के 64वें दिन उनमें से जतिन दास की मृत्यु हो गई जिन्होंने देश में हुए सर्वाधिक बड़े धरनाप्रदर्शनों में से कुछ प्रदर्शनों का नेतृत्व किया था।

अतः विकल्प (A) सही है।

110. 1870 और 1880 के दशक के दौरान, पूर्वी बंगाल के वृहत भाग में जमींदारों की दमनकारी प्रथाओं के कारण कृषक अशांति देखी गई। जमींदारों ने विधिक सीमा से परे लगान में वृद्धि की थी और काश्तकारों को 1869 के अधिनियम X के अंतर्गत अध्यावास अधिकारों को अर्जित करने से प्रतिबंधित किया। अपने उद्देश्यों को प्राप्त करने के लिए, जमींदारों ने बल पूर्वक बेदखली, मवेशियों और फसलों की जब्ती और न्यायालयों में लंबे समय तक चलने वाली एवं महंगी मुकदमेबाजी का सहारा लिया, जहां गरीब किसानों ने स्वयं को हानिप्रद स्थिति में पाया।

दमनकारी शासन बहुत अधिक हो जाने पर, पाबना जिले में यूसुफशाही परगना (अब बांग्लादेश में) के किसानों ने जमींदारों की मांगों का विरोध करने के लिए कृषक संघ का गठन किया। कृषक संघ ने लगान हड़ताल का आयोजन किया- रैयतों ने न्यायालयों में जमींदारो को चुनौती देते हुए बढ़ी हुई लगान देने से इनकार कर दिया। रैयतों द्वारा न्यायालय में मुकदमा लड़ने के लिए धन जुटाया

गया। यह संघर्ष पूरे पाबना और पूर्वी बंगाल के अन्य जिलों में प्रसारित हो गया। संघर्ष का मुख्य रूप कानूनी प्रतिरोष का था; अत: बहुत कम हिंसा हुई।

अतः विकल्प (B) सही है।

111. तत्वबोधिनी सभा का मुख्य उद्देश्य वेदांत, वेदों के अंतिम भाग उपनिषदों पर आधारित हिंदू धर्म के अधिक तर्कसंगत और मानवतावादी रूप को बढ़ावा देना था। तत्वबोधिनी सभा का उद्देश्य इस 'पुराने' संस्करण से स्वयं को दूर करके स्वयं को और अपने संशोधित विश्वास को आलोचना से बचाना था।

रहनुमाई मजदायसन सभा ने रूढ़िवाद के विरूद्ध अभियान चलाया और सामान्यत: महिलाओं की शिक्षा, विवाह और महिलाओं की सामाजिक स्थिति के संबंध में पारसी सामाजिक रीति-रिवाजों का आधुनिकीकरण आरंभ किया। समय के साथ पारसी भारतीय समाज का सर्वाधिक पाश्चात्यीकृत वर्ग बन गए।

देवबंद आंदोलन, देवबंद शहर में गठित पुनरुत्थानवादी आंदोलन था। 1866 में मुहम्मद कासिम नानोतवी, राशिद अहमद गंगोही और कई अन्य व्यक्तियों द्वारा इस मदरसे की स्थापना की गई थी। देवबंदी आंदोलन ब्रिटिश उपनिवेशवाद के प्रति प्रतिक्रिया के रूप में विकसित हुआ था जिसे भारतीय विद्वानों के समूह द्वारा इस्लाम को भ्रष्ट करने वाला माना जाता था और जिनका उद्देश्य इस्लामी पुनरूद्धार और साम्राज्यवाद विरोधी विचारधारा का संगठन करना था।

अतः विकल्प (B) सही है।

112. पंडित ईश्वर चंद्र विद्यासागर महान विद्वान और समाज सुधारक थे। उन्होंने अपना पूरा जीवन समाज सुधार के लिए समर्पित कर दिया। 1851 में वह कलकत्ता संस्कृत कॉलेज के प्राचार्य बने। उन्होंने इस कॉलेज में गैर-ब्राह्मण छात्रों को प्रवेश दिलाना प्रारम्भ किया। हालांकि वह महान संस्कृत विद्वान थे, किन्तु उनका मस्तिष्क पश्चिमी विचारों में सर्वश्रेष्ठ विचारों के लिए खुला था, और वह भारतीय एवं पश्चिमी संस्कृति के सुखद मिश्रण का प्रतिनिधित्व करते थे। उन्होंने विधवा पुनर्विवाह के पक्ष में लंबा संघर्ष चलाया। उन्होंने 1855 में विधवा पुनर्विवाह के पक्ष में अपरिमित पारंपरिक शिक्षा की सहायता से अपनी आवाज उठाई। वह महिलाओं की शिक्षा में भी गहरी रुचि रखते थे और स्कूलों के सरकारी निरीक्षक के रूप में, उन्होंने 35 बालिका स्कूलों को संगठित किया, जिनमें से कई को वह अपने व्यय पर चलाते थे। बेथून स्कूल के सचिव के रूप में, वह महिलाओं के लिए उच्च शिक्षा के अग्रणी महापुरूषों में से थे।

अतः विकल्प (B) सही है।

113. 1907 के सूरत अधिवेशन मे गरमपथियो द्वारा रख़ गए दो मुख्य लक्ष्य थे:

- स्वराज प्रस्ताव लाने की मांग
- लाला लाजपत राय को भारतीय राष्ट्रीय कांग्रेस का अध्यक्ष बनाना

नरमपंथियों को ये दोनों मांगे स्वीकार नहीं थीं। अत: नरमपंथियों ने लाला लाजपत राय के स्थान पर रास बिहारी घोष को अध्यक्ष बनाए जाने के विचार का समर्थन किया। नरमपंथी नेतृत्व ने कांग्रेस की मशीनरी या प्रशासन पर नियंत्रण कर लिया और आक्रामक गरमपंथी तत्वों को इससे बाहर कर दिया। कांग्रेस का नरमपंथी और गरमपंथी दो अलग-अलग गुटों में विभाजन हो गया।

अतः विकल्प (B) सही है।

114. हरिजन सेवक संघ की स्थापना 1932 में महात्मा गांधी द्वारा की गई थी। इसकी स्थापना तब हुई जब उन्होंने साबरमती को छोड़ दिया और स्वराज तथा अस्पृश्यता निवारण का लक्ष्य पाने तक वर्धा मे ही रहने का निर्णय किया। उन्होनें "हरिजन यात्रा" आरंभ की तथा पूरे देश में यात्रा की तथा अस्पृश्यता के प्रत्येक रुप एवं प्रथाओं के निराकरण के लिए लोगों को प्रेरित किया। उन्होने इस संगठन के अंतर्गत धनराशि भी एकत्रित की।

अतः विकल्प (A) सही है।

115. एक ऐसा निकाय, जो भारत के राजनीतिक भविष्य को निर्धारित करने का अधिकार रखने का दावा करता हो, उसमें किसी भी भारतीय को सम्मिलित करने योग्य नहीं समझना प्रत्येक भारतीय के लिए अपमान का विषय था।

साइमन कमीशन ने मई 1930 में दो-संस्करणों वाली एक रिपोर्ट प्रकाशित की। कमीशन की इस रिपोर्ट में डोमिनियन स्टेटस का कहीं भी उल्लेख नहीं किया गया था, इसके अतिरिक्त अन्य तरीके से भी यह एक प्रतिगामी या पीछे की ओर ले जाने वाला दस्तावेज था। इसमें द्वैध शासन को समाप्त करने का प्रस्ताव रखा गया, साथ ही प्रांतों में प्रतिनिधि सरकार का प्रस्ताव था जिसे स्वायत्तता दी जानी थी। इसमें कहा गया था कि गवर्नर के पास आतंरिक सुरक्षा के संबंध में विवेकाधीन शक्तियां और विभिन्न समुदाय की रक्षा के लिए प्रशासकीय शक्तियां होनी चाहिए।

अतः विकल्प (A) सही है।

116. सेना में भारतीयों की तुलना में यूरोपियों का अनुपात बढ़ा दिया गया। बंगाल की सेना में अब यह अनुपात 1 भारतीय के सापेक्ष 2 यूरोपीय और मद्रास एवं बंबई की सेना में यह अनुपात 2 और 5 तक निश्चित किया गया।

यूरोपीय सैन्य तुकड़ियो को महत्वपूर्ण भौगोलिक और सैन्य स्थानो पर तैनात किया गया। सेना की प्रमुख शाखाएं जैसे तोपखाना और बाद में 20वीं सदी में टैंक और बखतरबंद गाड़ियों को पूरी तरह यूरोपीय सैनिकों के अधीन कर दिया गया।

अतः विकल्प (B) सही है।

117. मुख्य रूप से गांधी जी के समर्थन के कारण जवाहरलाल नेहरू कांग्रेस के लाहौर अधिवेशन (दिसंबर 1929) के अध्यक्ष नामित किए गए। लाहौर अधिवेशन में निम्नलिखित महत्वपूर्ण निर्णय लिए गए:

- गोल मेज सम्मेलन का बहिष्कार।
- पूर्ण स्वतंत्रता (पूर्ण स्वराज्य) को कांग्रेस का लक्ष्य घोषित किया गया।
- कांग्रेस कार्यसमिति को सविनय अवज्ञा कार्यक्रम आरंभ करने के लिए प्राधिकृत किया गया जिसमें करों का भुगतान नहीं करना भी सम्मिलित था। विधानसभाओं के सभी सदस्यों से अपने पद से इस्तीफा देने के लिए कहा गया।

26 जनवरी, 1930 का दिन संपूर्ण राष्ट्र में प्रथम स्वतंत्रता (स्वराज्य) दिवस के रूप में मनाने हेतु निश्चित किया गया। वर्ष 1931 में कांग्रेस के कराची अधिवेशन में मूल अधिकार और राष्ट्रीय आर्थिक कार्यक्रम के प्रस्तावों को अंगीकृत किया गया। वर्ष 1940 में मुस्लिम लीग के लाहौर अधिवेशन में द्वि-राष्ट्र सिद्धांत का प्रतिपादन किया गया।

अतः विकल्प (B) सही है।

118. बंगाल में 19वीं सदी के मध्य में लगभग सभी नील बागान मालिक यूरोपीय थे। उन्होने बलपूर्वक स्थानीय किसानों को चावल जैसे अच्छा प्रतिफल देने वाली फसल के बजाय नील की खेती करने के लिए विवश कर उनका उत्पीड़न किया। नील की खेती की दो पद्धतियां थीं- निज और रैयती। निज खेती में बागान मालिक अपने प्रत्यक्ष नियंत्रण वाली भूमि पर स्वयं नील का उत्पादन करते थे। रैयत पद्धति के अंतर्गत बागान मालिक रैयतों को एक करार या एक समझौता (सट्टा) पर हस्ताक्षर करने के लिए विवश करते थे जिसके तहत किसानों को कर्ज के रूप में अग्रिम राशि दी जाती थी और इस कपटपूर्ण समझौते में किसान फंस जाते थे जिसका बाद में किसानों के विरुद्ध प्रयोग किया जाता था।

नील किसानों को ऐसा लग रहा था कि ब्रिटिश सरकार बागान मालिकों के विरुद्ध उनके संघर्ष का समर्थन करेगी। विद्रोह मुख्य रूप से बागान मालिकों के विरुद्ध था न कि ब्रिटिश सरकार के।

नील की खेती से जुड़ी समस्याओं की जांच-पड़ताल के लिए सरकार ने नील आयोग की नियुक्ति की। इस आयोग ने जांच में पाया कि नील की खेती की प्रणाली दमनात्मक थी, ऐसा विशेषरूप से अग्रिम धनराशि की व्यवस्था के कारण था। आयोग ने बागान मालिकों को दोषी ठहराया और नील की खेती करने वाले किसानों के साथ उत्पीड़नकारी पद्धतियों का प्रयोग करने पर उनकी आलोचना की।

अतः विकल्प (B) सही है।

119. 1757 में, राबर्ट क्लाइव ने प्लासी में सिराजुद्दौला के विरुद्ध कंपनी की सेना का नेतृत्व किया। प्लासी का युद्ध प्रसिद्ध हो गया, क्योंकि यह भारत में

कंपनी की प्रथम बड़ी विजय थी। प्लासी में पराजय के पश्चात सिराजुद्दौला की हत्या कर दी गई तथा मीर जाफ़र को बंगाल का नवाब बना दिया गया। कंपनी अब भी शासन पर कब्जा करने की इच्छुक नहीं थी। इसका मुख्य उद्देश्य व्यापार का विस्तार करना था। और ऐसा स्थानीय शासकों की सहायता से, जो विशेषाधिकार देने के लिए तैयार थे, प्रदेशों को अधीन किए बिना भी किया जा सकता था इसलिए प्रदेशों पर नियंत्रण स्थापित करने की आवश्यकता नहीं थी।

अतः विकल्प (C) सही है।

120. 1928 में एक सर्वदलीय सम्मेलन का आयोजन किया गया तथा संविधान का एक मसौदा तैयार करने के लिए मोतीलाल नेहरू की अध्यक्षता में एक उपसमिति का गठन किया गया। जिसकी महत्वपूर्ण अनुशंसाएं निम्न थी-

1. इस रिपोर्ट में डोमिनियन स्टेटस को भारत द्वारा वांछित सरकार के रूप में परिभाषित किया गया था।
2. इसने संप्रदाय के आधार पर पृथक निर्वाचन-क्षेत्र के सिद्धांत, जिस पर पूर्व के संवैधानिक सुधार आधारित थे, को भी अस्वीकार कर दिया। मुसलमानों के लिए केंद्र में तथा उन प्रांतों में जहां वे अल्प मत में थे, सीटें आरक्षित की जानी थी, परंतु उन जगहों पर नहीं, जहां उनकी संख्या बहुमत में थी।
3. रिपोर्ट में सार्वभौमिक वयस्क मताधिकार, महिलाओं हेतु समान अधिकार, संगठनों के गठन की स्वतंत्रता तथा किसी भी रूप में धर्म से राज्य के वियोजन की अनुशंसा की गई थी।
4. केंद्र एवं प्रांतों में उत्तरदायी सरकार का गठन।
5. प्रांतीय परिषदों का कार्यकाल 5 वर्ष के लिए निर्धारित किया गया। प्रांतीय परिषदों का नेतृत्व प्रांतीय कार्यकारी परिषद के परामर्श से गवर्नर द्वारा किया जाता था।

अतः विकल्प (B) सही है।

121. कनिंघम सर्कुलर ने असम में स्वतंत्रता संग्राम को आकार देने में अत्यंत महत्वपूर्ण भूमिका निभाई। 1930 में जहां संपूर्ण देश सविनय अवज्ञा आंदोलन आरंभ करने की तैयारी कर रहा था, वही असम में छात्रों ने भी स्वतंत्रता संग्राम में महत्वपूर्ण योगदान दिया। सविनय अवज्ञा आंदोलन में छात्रों की सहभागिता पर रोक लगाने हेतु अंग्रेजों द्वारा 1930 में 'कनिंघम सर्कुलर' लागू किया गया था। इस व्यवस्था ने छात्रों को राजनीतिक गतिविधियों में भाग लेने से प्रतिबंधित किया। इसने छात्रों एवं उनके अभिभावकों को अच्छे आचरण का आश्वासन देने के लिए बाध्य किया। विरोध में छात्रों ने स्कूलों को छोड़ दिया तथा गुवाहाटी में कामरूप अकादमी तथा सिबसागर विद्यापीठ जैसे अनेक शैक्षणिक संस्थानों की स्थापना की गई।

अतः विकल्प (C) सही है।

122. नवंबर 1927 में संवैधानिक सुधारों के सूत्रपात के लिए भारत की संवैधानिक प्रगति पर प्रतिवेदन प्रस्तुत करने हेतु ब्रिटिश सरकार द्वारा साइमन कमीशन की नियुक्ति की गई। भारत में प्रतिक्रिया तत्काल व सर्वसम्मत थी। किसी भी भारतीय को एक ऐसे निकाय की सेवा करने के योग्य न समझा जाना, जिसने भारत के राजनीतिक भविष्य का फैसला करने के अधिकार का दावा किया था, इतना अपमानजनक था कि कोई भी भारतीय चाहे वह सबसे उदार राजनीतिक चिंतन का ही क्यों न हो, इस बात को स्वीकार करने को तैयार नहीं था। तेज बहादुर सप्रू के नेतृत्व में लिबरल फेडरेशन द्वारा, भारतीय औद्योगिक व वाणिज्यिक कांग्रेस द्वारा, तथा हिंदू महासभा द्वारा आयोग के बहिष्कार के आह्वान का समर्थन किया गया। मुस्लिम लीग भी इस मुदे पर दो भागों में विभाजित हो गई जिसमे मोहम्मद अली जिन्ना बहुमत के साथ बहिष्कार के पक्ष में थे।

अतः विकल्प (C) सही है।

123. पुर्तगाली व्यापारियों को भूस्वामी जमींदारों की तुलना में कम शक्ति प्राप्त थी। अन्य यूरोपीय शक्तियों की तुलना में वे नौवहन के विकास में पिछड़ गए। उन्होंने धार्मिक असहिष्णुता की नीति का अनुसरण किया।

अतः विकल्प (D) सही है।

124. उपरोक्त दी गई सभी संगठनो से किसी न किसी रुप में भगत सिंह सम्बन्धित थे।

भगत सिंह मार्क्सवादी विचारधारा पर विश्वास करने लगे थे और उनका मानना था कि लोकप्रिय व्यापक जन आंदोलनों से ही सफल क्रांति संभव हो सकती है। अन्य शब्दों में, क्रांति को केवल 'जनता द्वारा जनता के लिए' के माध्यम से ही सफल बनाया जा सकता है। इसलिए, वर्ष 1926 में भगत सिंह ने पंजाब नौजवान भारत सभा (वह इसके संस्थापक सचिव बने) की स्थापना में सहायता की, यह क्रांतिकारियों के लिए एक सार्वजनिक शाखा थी।

अतः विकल्प (D) सही है।

125. खुदाई खिदमतगार (ईश्वर का सेवक) मुख्यतः पश्तूनों (पठानों) का अहिंसक प्रतिरोध आंदोलन था, जिसे औपनिवेशिक भारत में ब्रिटिश राज के विरूद्ध इसकी सक्रियता के लिए जाना जाता है। यह आंदोलन ब्रिटिश भारत के उत्तर-पश्चिमी सीमांत प्रांत (अब खैबर पखूनख्वा, पाकिस्तान) में केन्द्रित था।

अतः विकल्प (C) सही है।

मॉक टेस्ट 07

Q.1 सिंधु घाटी सभ्यता के निम्नलिखित में से कौन से स्थान पर हल का मिट्टी का मॉडल पाया गया है?

A. राखीगढ़ी **B.** बनवाली **C.** कालीबंगा **D.** मैथल

Q.2 निम्नलिखित में से किस राजा ने "अवनीसिम्हा" की उपाधि धारण की थी?

A. सिंहवर्मन **B.** सिम्हाविष्णु
C. महेंद्रवर्मन प्रथम **D.** शिवस्कंदवर्मन

Q.3 रसरत्नाकर किसने लिखी थी?

A. श्रीधर **B.** माधवकर
C. नागार्जुन **D.** इनमें से कोई नहीं

Q.4 राष्ट्रकूट किस शासकों के विरुद्ध लड़ाई में लगातार शामिल थे?

A. कांची के पल्लव **B.** मदुरै के पंड्या
C. वेंगी के पूर्वी चालुक्य **D.** ऊपर के सभी

Q.5 राष्ट्रकूट साम्राज्य की स्थापना किसने की?

A. कृष्ण प्रथम **B.** अमोघवर्ष प्रथम
C. दन्तिदुर्ग (दंती वर्मन) **D.** ध्रुव

Q.6 निम्नलिखित में से किसने मदुरै पर अपना अधिपत्य स्थापित किया और मदुरांतक तथा मदुराईकोंडा की उपाधि प्राप्त की?

A. आदित्य प्रथम **B.** परांतक प्रथम
C. परांतक द्वितीय **D.** विजयालय

Q.7 उत्तर-पूर्व भारत का नवपाषाण स्थल कौन सा है?

A. चिरांद **B.** सेनुर **C.** सरतरु **D.** ताराडीह

Q.8 निम्नलिखित में से किसे शूद्रों का भगवान माना जाता था?

A. रुद्र **B.** विष्णु **C.** पूषन **D.** इंद्र

Q.9 भारतीय पुरातत्व का जनक किसे कहा जाता है?

A. रॉबर्ट सीवेल **B.** जॉन मार्शल
C. कर्नल मैकेंजी **D.** अलेक्ज़ेंडर कनिंघम

Q.10 निम्न में से किस स्थान पर मुख्य रूप से गेरू रंग के बर्तनों की संस्कृति (OCP) पाई जाती है?

A. बिहार **B.** पूर्वी उत्तर प्रदेश
C. पश्चिमी उत्तर प्रदेश **D.** बंगाल

Q.11 निम्नलिखित में से कौन बौद्ध धर्म के अनुसार "होने" के स्थानों में से एक नहीं है?

A. प्राणी **B.** प्रेत **C.** असुर **D.** बोधिसत्त्व

Q.12 बौद्ध धर्म से संबंधित नागसेन और मेन्डरेंडर-प्रथम के मध्य हुआ संवाद किस पुस्तक में अंकित है?

A. मिलिन्दपंहो **B.** पनिहमानंद
C. नागपहनो **D.** मेनंदापानो

Q.13 चंद्रगुप्त मौर्य के साथ ग्रीको-रोमन साहित्य के "सैंड्रोकोटस" की पहचान किसने की?

A. बोध गया **B.** आर. पी. चंदा
C. अलेक्जेंडर कनिंघम **D.** विलियम जोन्स

Q.14 गौतम बुद्ध के जन्म का क्या प्रतीक है?

A. बोध वृक्ष **B.** कमल **C.** घोड़ा **D.** पहिया

Q.15 एक प्राचीन स्थल देह मोरासी गुंडई का सही स्थान क्या है?

A. पूर्वी फारस **B.** उत्तरी पाकिस्तान
C. अफ़ग़ानिस्तान **D.** आधुनिक तुर्की

Q.16 पुष्कलवती निम्नलिखित प्राचीन राज्यों में से किसकी राजधानी थी?

A. कोसल **B.** गांधार **C.** काशी **D.** मगध

Q.17 हेलियोडोरस निम्नलिखित में से किस भारतीय-यूनानी राजा के दरबार का ग्रीक राजदूत था?

A. सेल्यूकस निकेटर
B. एंटियालिडास नाइकेफोरोस
C. कोंसटेंटाइन
D. सिकंदर

Q.18 अग्निमित्र, जो कालिदास के 'मालविकाग्निमित्रम्' का नायक है, निम्न में से किस राजवंश का राजा था?

A. कण्व **B.** शुंग **C.** मौर्य **D.** सातवाहन

Q.19 किसने 'क्षत्रसप्तपति' (सौ राजाओं का भगवान) की उपाधि धारण की?

A. समुद्रगुप्त **B.** स्कंदगुप्त
C. अशोक **D.** चंद्रगुप्त प्रथम

Q.20 निम्नलिखित में से किस राजा ने अंतिम मौर्य राजा बृहद्रथ की हत्या की?

A. अग्निमित्र **B.** पुष्यमित्र शुंग
C. वसुज्येष्ठ **D.** वसुमित्र

Q.21 गौतम बुद्ध की माता "महामाया", निम्नलिखित राजवंशों में से किससे सम्बंधित थी?

A. शाक्य **B.** कोलिया **C.** लिच्छवी **D.** मौर्य

Q.22 निम्नलिखित में से कौन INC (भारतीय राष्ट्रीय कांग्रेस) के संस्थापक सदस्यों में से एक थे?

A. दिनशा इडलजी वाचा **B.** काशीनाथ त्र्यंबक तेलंग
C. गोपाल गणेश अगरकर **D.** फ़िरोज़शाह मेहता

Q.23 असहयोग आंदोलन किस वर्ष प्रारम्भ किया गया था?

A. 1921 **B.** 1930 **C.** 1920 **D.** 1919

Q.24 आधिकारिक रूप से भारत का झंडा कब अंगीकृत किया गया था?

A. 24 जनवरी 1950 **B.** 22 जुलाई 1947
C. 22 जून 1948 **D.** 26 जनवरी 1950

Q.25 1923 में केंद्रीय विधानमंडल के पहले भारतीय अध्यक्ष कौन बने?

A. सुरेंद्रनाथ बनर्जी **B.** फिरोज शाह मेहता
C. वल्लभभाई पटेल **D.** विट्ठलभाई पटेल

Q.26 बंगाल प्रांत का विभाजन कब हुआ था?

A. 1905 **B.** 1906 **C.** 1907 **D.** 1911

Q.27 भारतीय स्वतंत्रता अधिनियम किसने पारित किया?

A. भारत का वायसराय **B.** ब्रिटिश संसद
C. संविधान सभा **D.** भारत के गवर्नर जनरल

Q.28 स्वराज पार्टी के अध्यक्ष कौन थे?

A. चित्तरंजन दास **B.** मोतीलाल नेहरू
C. करमचंद्र गांधी **D.** दादाभाई नौरोजी

Q.29 विश्व भारती विश्वविद्यालय 1921 में किसके द्वारा शुरू किया गया था?
A. देवेंद्रनाथ टैगोर **B.** रविंद्रनाथ टैगोर
C. दादाभाई नौरोजी **D.** एनी बेसेंट

Q.30 निम्नलिखित में से कौन भारत की सबसे पुरानी राजनीतिक पार्टी है?
A. स्वराज पार्टी
B. भारत राष्ट्रीय कांग्रेस
C. मुस्लिम लीग
D. भारतीय कम्युनिस्ट पार्टी

Q.31 महात्मा गांधी ने सरोजिनी नायडू को उनके किस रूप में योगदान के कारण "नाइटिंगेल ऑफ़ इंडिया" (भारत कोकिला) की उपाधि प्रदान की थी?
A. संगीतकार **B.** कवि
C. स्वतंत्रता सेनानी **D.** गायक

Q.32 प्रारंभिक वैदिक काल में महिलाओं के बारे में, निम्न में से कौन सी सही हैं।
(i) उन्हें अध्ययन करने की अनुमति थी।
(ii) वे अच्छे पदों पर रहे।
(iii) उन्होंने पुरदाह प्रणाली का अभ्यास नहीं किया।
(iv) उन्होंने सभा और समिति में भाग लिया।
A. (i) और (ii) **B.** (iii) और (iv)
C. (ii) और (iii) **D.** ऊपर के सभी

Q.33 भगवान गौतम बुद्ध की जन्मभूमि है:
A. लुंबिनी **B.** सारनाथ **C.** बोध गया **D.** वैशाली

Q.34 गुप्त काल के दौरान, इलाहाबाद स्तंभ के शिलालेख गुप्त की सैन्य विजय का सबसे विस्तृत विवरण देते हैं, यह किसके द्वारा लिखा गया था?
A. कालिदास **B.** कुमारदेवी
C. हरिषेण **D.** इनमें से कोई नहीं

Q.35 वर्नाक्युलर प्रेस अधिनियम पारित किया गया था?
A. लॉर्ड कर्जन **B.** लॉर्ड वैलेस्ली
C. लॉर्ड लिटन **D.** लॉर्ड हार्डिंग

Q.36 तुगलक वंश के निम्नलिखित सुल्तानों में से किसने चांदी के बजाय तांबे के सिक्के जारी किए?
[Territorial Army Officer, 2017]
A. फ़िरोज़ शाह तुगलक **B.** मुहम्मद बिन तुगलक
C. गियासुद्दीन तुगलक **D.** महमूद तुगलक

Q.37 बंगाल का विभाजन किसके द्वारा रद्द कर दिया गया:
[Territorial Army Officer, 2019]
A. लॉर्ड हार्डिंग **B.** लॉर्ड मिंटो
C. लॉर्ड लिबर्ट **D.** लॉर्ड लिटन

Q.38 भारत का पहला समाचार पत्र कौन सा था?
[Territorial Army Officer, 2019]
A. पेकिंग गैज़ेट **B.** कश्मीर टाइम्स
C. दैनिक जागरण **D.** बंगाल गैज़ेट

Q.39 कलकत्ता में बेथ्यून स्कूल का मुख्य उद्देश्य था:
A. अवसादग्रस्त वर्गों के बीच शिक्षा को बढ़ावा देना
B. महिला शिक्षा का समर्थन करना
C. (A) और (B) दोनों
D. न तो (A) और (B)

Q.40 निम्न में से कौन सा स्थल पकिस्तान के सिंध प्रान्त के लरकाना जिले में स्थित है?
A. आलमगीरपुर **B.** हड़प्पा
C. रंगपुर **D.** मोहनजोदड़ो

Q.41 कन्नौज के संघर्ष में इन तीन राज्यों (त्रिपक्षीय) में से कौन सम्मिलित था?
A. चोल, पाल और राष्ट्रकूट
B. पाल, प्रतिहार और चोल
C. चेरा, राष्ट्रकूट और पांड्य
D. पाल, प्रतिहार और राष्ट्रकूट

Q.42 संगम काल के निम्नलिखित राज्यों में से कौन सा उनके प्रतीक चिन्ह के साथ सही रूप से सुमेलित है?
A. चेर - बाघ **B.** चोल - धनुष
C. पाण्ड्य - मछली **D.** उपर्युक्त सभी

Q.43 निम्नलिखित सुल्तानों में से किसने एक कुलीन परिवार में जन्म न लेने वाले व्यक्तियों को महत्वपूर्ण आधिकारिक पद देने से इनकार कर दिया?
A. इल्तुतमिश **B.** अलाउद्दीन खिलजी
C. मुहम्मद बिन तुगलक **D.** बलबन

Q.44 किसके शासनकाल में राज-तंत्र और तुर्की प्रमुख के बीच सत्ता संघर्ष की शुरुआत हुई?
A. बलबन **B.** रजिया
C. इल्तुतमिश **D.** जलालुद्दीन

Q.45 दिल्ली सल्तनत के किस शासक ने अपनी राजधानी दिल्ली से देवगिरि में स्थानांतरित कर दी थी?
A. मुहम्मद बिन तुगलक **B.** फिरोज शाह तुगलक
C. अलाउद्दीन खिलजी **D.** खिज्र खान

Q.46 मुगल साम्राज्य के दौरान प्रशासन की व्यवस्था के बारे में निम्नलिखित कथनों पर विचार कीजिए और नीचे दिए गए विकल्पों में से सही विकल्पों का चयन कीजिए।
1. भू-राजस्व प्रशासन में, पूर्व निर्धारित बकाया मूल्यांकन की प्रणाली को अकबर ने वार्षिक मूल्यांकन की एक प्रणाली में स्थानांतरित कर दिया।
2. अकबर ने विभिन्न फसलों की औसत उपज का निर्धारण करने के लिए दहसाला प्रणाली की स्थापना की।
3. अकबर के समय में उपयोग की जाने वाली नस्ख प्रणाली मुख्य रूप से किसानों के पिछले बकाया की जांच के लिए इस्तेमाल किया गया था।
A. केवल 1 और 2 **B.** केवल 2 और 3
C. केवल 1 और 3 **D.** 1, 2 और 3

Q.47 मुगलों के समय में प्रचलित सामाजिक परिस्थितियों के संबंध में निम्नलिखित में से कौन सा कथन सही है?
A. सामान्य लोगों - किसानों, कारीगरों और मजदूरों में गरीबी का चरम रूप था
B. मुगलों के समय का ग्राम समाज अत्यधिक समतावादी था
C. मुगल कुलीनता के दरवाजे अभिजात वर्ग के परिवार को कोई लाभ नहीं देते थे
D. फ्रेंकोइस बर्नियर के अनुसार, मुगलों के समय भारत में मध्यम वर्ग का अस्तित्व था

Q.48 मराठा साम्राज्य के बारे में निम्नलिखित कथनों पर विचार कीजिए और नीचे दिए गए विकल्पों में से सही विकल्प का चयन कीजिए।
1. प्रशासनिक मामलों में, शिवाजी को "अष्टप्रधान" द्वारा सलाह दी गई, जिन्होंने मंत्रीमंडल के रूप में कार्य किया।

2. चौथ और सरदेशमुखी पूरे मराठा राज्य में एकत्र किए गए कर थे।

A. केवल 1 B. केवल 2
C. 1 और 2 दोनों D. इनमें से कोई नहीं

Q.49 प्राचीन भारत के उस बंदरगाह का नाम बताइए जो अंतर-महाद्वीपीय व्यापार में विकसित हुआ और कावेरी नदी के मुहाने पर स्थित था?

A. मुसिरी B. तोंडी C. पुहर D. कोरकई

Q.50 निम्नलिखित संतों में से कौन भारत में सूफी आंदोलन के सुहरावर्दी सिलसिला से संबंधित है?

A. मोइनुद्दीन चिश्ती B. बहाउद्दीन ज़कारिया
C. शाह नमतुल्लाह D. अहमद सरहिंदी

Q.51 निम्नलिखित सूफी शब्दावली में से कौन सा सही सुमेलित है?

A. पीर - अनुयायी
B. मुरीद - संत
C. खानकाह - वह स्थान जहाँ सूफी रहते थे
D. फना - आध्यात्मिक नृत्य

Q.52 महाराष्ट्र क्षेत्र में भक्ति आंदोलन के संस्थापक कौन थे?

A. ज्ञानदेव B. चैतन्य C. तुकाराम D. रामानंद

Q.53 भक्ति आंदोलन की विशेषताओं के संबंध में निम्नलिखित में से कौन सा सही नहीं है?

A. इसमें जाति व्यवस्था और लैंगिक भेदभाव के खिलाफ बात की गई थी।
B. इसमें भगवान के साथ संबंध स्थापित करने के लिए अनुष्ठानों पर जोर दिया गया।
C. इसने धार्मिक भेदभाव के खिलाफ बात की।
D. यह अपने उपदेशों में भाषा का उपयोग करता था।

Q.54 अशोकन शिलालेख में श्रीलंका का नाम क्या था?

A. ताम्रपाणि B. बराबर C. कन्हेरी D. अमरपाली

Q.55 कलिंग के युद्ध का उल्लेख अशोक के किस संस्करण में पाया जाता है?

A. मास्की मामूली संस्करण
B. प्रमुख संस्करण XIII
C. प्रमुख संस्करण XIV
D. प्रमुख संस्करण III

Q.56 कलिंग का युद्ध किस वर्ष लड़ा गया था?

A. 235 ई.पू. B. 234 ई.पू. C. 268 ई.पू. D. 261 ई.पू.

Q.57 किस वंश को हराकर, चंद्रगुप्त मौर्य ने मौर्य वंश की स्थापना की?

A. शिशुनाग वंश B. हर्यंका वंश
C. नंद वंश D. सुंग वंश

Q.58 निम्नलिखित का मिलान करें:

सूची I	सूची II
1. मुद्राराक्षस	A. चाणक्य
2. इंडिका	B. मेगस्थनीज
3. अस्त्रशास्त्र	C. विशाखदत्त

A. 1-C, 2-B, 3-A B. 1-A, 2-C, 3-B
C. 1-B, 2-A, 3-C D. 1-C, 2-A, 3-B

Q.59 किसके प्रभाव में चंद्रगुप्त मौर्य ने जैन धर्म अपनाया?

A. उपगुप्त B. मोगलिपुत्त तिस्सा
C. भद्रबाहु D. सबकामी

Q.60 तृतीय बौद्ध परिषद, किस स्थान पर अशोक द्वारा संरक्षित थी?

A. वैशाली B. कुंडलवन C. पाटलिपुत्र D. राजगृह

Q.61 मेगस्थनीज किस मौर्य राजा के दरबार में सेल्यूकस निकेटर का राजदूत था?

A. अशोक B. चंद्रगुप्त मौर्य
C. बिन्दुसार D. बृहद्रथ

Q.62 निम्नलिखित में से कौन दक्षिण में अशोक का तत्काल उत्तराधिकारी था?

A. कनिष्क B. मेनांडर
C. सिमुक D. रुद्रदामन प्रथम

Q.63 फ्री हिंदुस्तान नामक अखबार किसके द्वारा शुरू किया गया था?

A. श्यामजी कृष्णवर्मा B. तारकनाथ दास
C. वीरेन्द्रनाथ चट्टोपाध्याय D. मैडम भीकाजी कामा

Q.64 किसके शासनकाल में, पहली वाणिज्यिक रेल यात्रा शुरू की गई थी?

A. लॉर्ड हार्डिंग B. लॉर्ड डलहौजी
C. लॉर्ड कैनिंग D. लॉर्ड ऑकलैंड

Q.65 सही जोड़ी का चयन करें -

1) निम्न पुरापाषाण: हाथ कुल्हाड़ियों, छुरा, गंडासा और काटने वाले उपकरण
2) मध्य पुरापाषाण: तक्षणी और कुदाली
3) उच्च पुरापाषाण: परत उद्योग

A. 1 और 3 B. केवल 1
C. केवल 3 D. ऊपर के सभी

Q.66 निम्न में से कौन सा युग सबसे प्राचीन है?

A. ताम्र पाषाण युग B. प्रौगएतिहासिक युग
C. मध्यपाषाण युग D. नवपाषाण युग

Q.67 मध्यपाषाण युग के संदर्भमें निम्नलिखित कथनों पर विचार करें:

1) भीमबेटका और आदमगढ़ मध्य प्रदेश में स्थित मध्यपाषाण युग के दो महत्वपूर्ण स्थल हैं।
2) बैकड ब्लेड्स, तिरछे कटे हुए ब्लेड्स, पॉइंट्स, क्रेस्केंट्स, ट्राइएंगल, ट्रेपेज आदि मध्यपाषाण युग के मुख्य टूल प्रकार हैं।
3) पुरापाषाण युग के उपकरणों का उपयोग मध्यपाषाण युग के दौरान बंद कर दिया गया।

उपरोक्त दिया गया कौन सा/से कथन सही हैं?

A. केवल 1 B. 1 और 2
C. 1, 2 और 3 D. कोई नहीं

Q.68 इनमें से किस युग को शिकार करने और भोजन एकत्र करने के चरण के रूप में जाना जाता है?

A. पुरापाषाण युग B. मेसोलिथिक युग
C. नवपाषाण युग D. इनमें से कोई नहीं

Q.69 निम्नलिखित कथनों पर विचार कीजिए।

1) पुरापाषाण स्थल सिंधु और गंगा के जलोढ़ मैदानों में पाए जाते हैं।
2) यह पहाड़ी ढलानों और देश की नदी घाटियों में अनुपस्थित था।

सही कथन चुनें।

A. केवल 1 B. केवल 2
C. दोनों 1 और 2 D. उपरोक्त में से कोई नहीं

Q.70 निम्नलिखित पर विचार करें:

1) निम्न और मध्य पुरापाषाणयुगीन काल में बहुत सारी कलात्मक गतिविधियों को देखा गया है।

2) शिकार, नृत्य, संगीत, हाथी और घुड़सवारी आदि की छवियां मध्य प्रदेश के विंध्य पर्वतमाला से विस्तारित होकर उत्तर प्रदेश तक के पेन्टिंग्स में केंद्रीय थीं।
3) भीमबेटका गुफाएं और जोगीमारा गुफाएं भारत में प्रागैतिहासिक काल के रॉक/गुफ़ा पेन्टिंग्स के दो प्रमुख स्थल हैं।
उपरोक्त में से कौन सा सही हैं?

A. 1 और 2 **B.** 1 और 3 **C.** 2 और 3 **D.** केवल 1

Q.71 मौर्य के बारे में निम्नलिखित कथनों पर विचार करें:
1. उन्होंने अचमेनियन स्तंभों के समान चट्टानों को काटकर स्तंभ बनाए।
2. उन्होंने पहली बार उत्तर-पूर्वी भारत में पक्की ईंटों की शुरुआत की।
3. उन्होंने व्यापार के लिए सोने के सिक्कों का उपयोग किया
4. लोमस ऋषि गुफा का अग्र भाग एक आयताकार डिजाइन पैटर्न से सजाया गया है।
निम्नलिखित में से कौन सा कथन सही है?

A. 1, 2, 3 सही हैं **B.** 2 और 3 सही हैं
C. केवल 2 सही है **D.** केवल 3 सही है

Q.72 निम्नलिखित में से किसके शासनकाल के दौरान धौली (उड़ीसा) में शिलालेखों से ऊपर चट्टानों को काटकर हाथी बनाया गया था?

A. चंद्रगुप्त मौर्य **B.** हर्षवर्धन
C. अशोक **D.** बिम्बिसार

Q.73 चंद्रगुप्त के शत्रुओं के खिलाफ चाणक्य की कूटनीति का वर्णन निम्नलिखित में से किस नाटक में किया गया है?

A. शतसाहस्त्री संहिता **B.** सुतसूत्र
C. मुशिका वम्शा **D.** मुद्राराक्षस

Q.74 चंद्रगुप्त मौर्य और सेलेकस निकेटर के बीच संधि की किन शर्तों पर हस्ताक्षर किए गए थे?
1) एक वैवाहिक संबंध स्थापित करना।
2) सेलेकस ने चंद्रगुप्त मौर्य के लिए 4 शहरों को आत्मसमर्पण कर दिया।
3) चंद्रगुप्त मौर्य ने सेलेकस निकेटर को 500 हाथी दिए।

A. केवल 1 **B.** 1 और 2
C. 1, 2 और 3 **D.** 2 और 3

Q.75 मौर्य युग में 'सीता' का अर्थ है:

A. देवी **B.** एक धार्मिक संप्रदाय
C. राजकीय भूमि से राजस्व **D.** बंजर भूमि

Q.76 1942 के भारत छोड़ो आंदोलन के बारे में निम्नलिखित में से कौन सा अवलोकन सही नहीं है?

A. यह एक अहिंसक आंदोलन था
B. इसका नेतृत्व महात्मा गांधी ने किया था
C. यह एक सहज आंदोलन था
D. यह सामान्य रूप से श्रमिक वर्ग को आकर्षित नहीं करता था

Q.77 भारत छोड़ो आंदोलन की प्रतिक्रिया किसके बाद शुरू किया गया था?

A. कैबिनेट मिशन योजना
B. क्रिप्स मिशन
C. साइमन कमीशन की रिपोर्ट
D. वेवेल योजना

Q.78 भारत के लोगों ने साइमन कमीशन के आगमन के खिलाफ आंदोलन किया क्योंकि:

A. भारतीय कभी नहीं चाहते थे कि 1919 के अधिनियम की समीक्षा हो
B. साइमन कमीशन ने प्रांतों में डायार्की (राजशाही) के उन्मूलन की सिफारिश की
C. साइमन कमीशन में कोई भी भारतीय सदस्य नहीं था
D. साइमन कमीशन ने देश के विभाजन का सुझाव दिया

Q.79 भारतीय स्वतंत्रता संग्राम के संदर्भ में, उषा मेहता के लिए जाना जाता है:

A. भारत छोड़ो आंदोलन के मद्देनजर गुप्त कांग्रेस रेडियो चलाना
B. दूसरे गोलमेज सम्मेलन में भाग लेना
C. भारतीय राष्ट्रीय सेना का एक प्रमुख दल
D. पंडित जवाहरलाल नेहरू के अधीन अंतरिम सरकार के गठन में सहायता करना

Q.80 महात्मा गांधी ने 1932 में आमरण अनशन किया था, मुख्यतः:

A. गोलमेज सम्मेलन भारतीय राजनीतिक आकांक्षाओं को पूरा करने में विफल रहा
B. कांग्रेस और मुस्लिम लीग के बीच मतभेद थे
C. रामसे मैकडोनाल्ड ने सांप्रदायिक पुरस्कार की घोषणा की
D. कोई भी कथन सही नहीं है

Q.81 रेडक्लिफ समिति को नियुक्त किया गया था:

A. भारत में अल्पसंख्यकों की समस्या का समाधान करें
B. स्वतंत्रता विधेयक को प्रभाव दें
C. भारत और पाकिस्तान के बीच सीमाओं का परिसीमन करें
D. पूर्वी बंगाल के दंगों में पूछताछ

Q.82 जैन धर्म के पहले तीर्थंकर कौन थे?

A. पारसनाथ **B.** महावीर **C.** जीना सेना **D.** ऋषभनाथ

Q.83 जैन धर्म में कैवल्य किसे संदर्भित करता है?

A. जन्म **B.** घर का त्याग
C. जिन की प्राप्ति **D.** मृत्यु

Q.84 प्राचीन जैन धर्म के सम्बन्ध में निम्नलिखित कथनों में से कौन-सा एक सही है?

A. स्थलबाहु के नेतृत्व में दक्षिण भारत में जैन धर्म का प्रचार हुआ
B. पाटलिपुत्र में हुई परिषद के पश्चात जो जैन धर्म के लोग भद्रबाहु के नेतृत्व में रहे, वे श्वेताम्बर कहलाए
C. प्रथम शतक ई.पू.जैन धर्म को कलिंग के राजा खारवेल का समर्थन मिला
D. बौद्धों के विपरीत, जैन धर्म की प्रारम्भिक अवस्था में, जैन धर्म के लोग चित्रों का पूजन करते थे

Q.85 जैन धर्म का संरक्षण करने वाले मौर्य शासक कौन थे?

A. बिंदुसार **B.** अशोक
C. कुमारगुप्त **D.** चंद्रगुप्त मौर्य

Q.86 निम्न में से कौन सा जैन धर्म का पवित्र ग्रंथ है?

A. 12 अंग **B.** 14 अंग **C.** 16 अंग **D.** 18 अंग

Q.87 दीवान-ए-खैरात से संबंधित था:

A. पेंशन विभाग **B.** बकाया का विभाग
C. दान का विभाग **D.** कृषि विभाग

Q.88 निम्नलिखित मुगल शासकों में से किसने दिल्ली में दीनपनाह का निर्माण किया था?

A. बाबर **B.** हुमायूं **C.** अकबर **D.** औरंगजेब

Q.89 निम्नलिखित में से किसने पुराना किले का निर्माण किया था?

A. शेरशाह **B.** हुमायूं **C.** अकबर **D.** औरंगजेब

Q.90 ज़िया-उद-दीन बरानी का संरक्षण था:

A. मुहम्मद तुगलक **B.** फिरोज शाह
C. गियासुद्दीन तुगलक **D.** दोनों (A) और (B)

Q.91 अकबर के शासन के संदर्भ में, बारिद हुआ करते थे:
A. राजस्व विभाग के प्रमुख **B.** सैन्य विभाग के प्रमुख
C. खुफ़िया अधिकारी **D.** संवाददाता

Q.92 निम्नलिखित कथनों पर विचार करें:
1. ताजमहल के प्रोटोटाइप के रूप में हुमायूँ का मकबरा लोकप्रिय है।
2. काबुलबाग (पानीपत) की मस्जिद का निर्माण हुमायूँ ने करवाया था।
नीचे दिए गए कोड से सही उत्तर चुनें:
A. केवल 1 **B.** केवल 2
C. दोनों **D.** न तो 1 और न ही 2

Q.93 अकबर ने चुनार कब जीता?
A. 1561 **B.** 1559 **C.** 1575 **D.** 1571

Q.94 सूफी शब्दावली के संदर्भ में, 'फना' संदर्भित करता है:
A. नृत्य
B. उत्तराधिकारी
C. आत्म-विस्मृति
D. सूफी संतों की कब्रों की तीर्थयात्रा

Q.95 इब्न बतूता किसके शासनकाल के दौरान भारत आए थे?
A. मोहम्मद बिन तुगलक **B.** गियासुद्दीन तुगलक
C. फिरोज शाह तुगलक **D.** अलाउद्दीन खिलजी

Q.96 निम्नलिखित में से किसने परमार (मालवा के) राजवंश की स्थापना की थी?
A. वासुदेव **B.** नागभट्ट प्रथम
C. उपेंद्र **D.** मूलाराजा

Q.97 निम्नलिखित में से किसने नुश्खा-दिलकुशा लिखा था?
A. सुजान राय खत्री **B.** भीमसेन
C. ईसर दास **D.** निमात खान अली

Q.98 शिवाजी के प्रशासन के संदर्भ में, 'सर-ए-नौबत' का अर्थ है:
A. महालेखाकार
B. खुफिया और घरेलू मामले
C. चोबदार
D. सैन्य कमांडर

Q.99 हुमायूँ की मृत्यु कब हुई?
A. पोलो खेलते वक़्त
B. लड़ते वक़्त (युद्ध में)
C. अपने पुस्तकालय की सीढ़ियों से नीचे जाते वक़्त
D. घोड़े की सवारी करते वक़्त

Q.100 निम्नलिखित में से किस मुगल सम्राट का नाम रंगीला शाह था?
A. बहादुर शाह **B.** जहांदार शाह
C. मोहम्मद शाह **D.** फ़रुख़ सियर

Q.101 निम्नलिखित में से कौन सी मस्जिद केवल संगमरमर से निर्मित एकमात्र मस्जिद थी?
A. लाहौर की मोती मस्जिद **B.** आगरा की मोती मस्जिद
C. दिल्ली की जामा मस्जिद **D.** अकबर का मकबरा

Q.102 निम्नलिखित में से किस मुगल सम्राट ने बीबी का मकबरा का निर्माण किया था?
A. शाहजहाँ **B.** जहांगीर **C.** अकबर **D.** औरंगजेब

Q.103 निम्नलिखित में से किसने आगरा किले में जंजीर-ए-अदल की स्थापना की थी?
A. अकबर **B.** हुमायूं **C.** शाहजहाँ **D.** जहाँगीर

Q.104 बौद्ध धर्म में, पातिमोख का क्या अर्थ होता है?
A. महायान बौद्ध धर्म का वर्णन
B. हीनयान बौद्ध धर्म का वर्णन
C. संघ के नियम
D. राजा मियान्डर के प्रश्न

Q.105 वह कौन सा देश है, जहां बौद्ध धर्म का प्रचार नहीं किया गया था?
A. थाईलैंड **B.** श्रीलंका **C.** इंडोनेशिया **D.** ग्रीस

Q.106 निम्नलिखित में से कौन सा महायान बौद्ध धर्म और हीनयान बौद्ध धर्म के बीच मूलभूत अंतर को दर्शाता है?
A. अहिंसा पर जोर **B.** जातिविहीन समाज
C. देवी-देवताओं की पूजा **D.** स्तूप की पूजा

Q.107 बौद्ध धर्म की पवित्र पुस्तक कौन सी है?
A. त्रिपिटक **B.** मिलिंडापान्हों
C. तोराह **D.** इनमें से कोई नहीं

Q.108 किस राज्य को 'बौद्ध धर्म का पालना' कहा जाता है?
A. बिहार **B.** सिक्किम
C. उत्तर प्रदेश **D.** मध्य प्रदेश

Q.109 राल्फ फिच ने किसके शासनकाल में भारत की यात्रा की?
A. अकबर **B.** हुमायूं **C.** शाहजहाँ **D.** जहांगीर

Q.110 "कुकस" किसे कहा जाता था?
A. नामधारी **B.** निरंकारी
C. तिलक **D.** श्री अरबिंदो

Q.111 श्रीमती एनी बेसेंट भारतीय राष्ट्रीय कांग्रेस की पहली महिला अध्यक्ष कब बनीं?
A. 1916 **B.** 1917 **C.** 1918 **D.** 1920

Q.112 जलियांवाला बाग त्रासदी का संबंध किस ब्रिगेडियर से था?
A. जनरल डायर **B.** आर्थर वेल्स
C. जनरल हैरिस **D.** कर्नल वेल्स

Q.113 ज्योतिराव का परिवार _________ जाति का था।
A. माली **B.** थिय्या **C.** पुलया **D.** महार

Q.114 'यंग इंडिया' और 'हरिजन' के संपादक कौन थे?
A. नेहरू **B.** अम्बेडकर
C. महात्मा गांधी **D.** सुभाष चंद्र बोस

Q.115 कर्नाटक-युद्ध में आंग्ल-फ्रांसीसी संघर्ष के दौरान, अंततः अंग्रेजों को किस युद्ध में हार का सामना करना पड़ा?
A. वंदिवाश **B.** त्रिचिनोपोली
C. अर्काट **D.** पांडिचेरी

Q.116 किसने घोषणा की "यह वर्षों से है जब मैंने जातियों और धर्मों को छोड़ दिया है। फिर भी कुछ लोग सोचते हैं कि मैं उनकी जाति से संबंधित हूं। यह सही नहीं है। मैं किसी विशेष जाति या धर्म से संबंधित नहीं हूं।"?
A. महात्मा गांधी **B.** टी के माधवन
C. राजाराम मोहन राय **D.** नारायण गुरु

Q.117 किस वैदिक काल को पेंटड ग्रे वेयर (पीडब्लूजी) के नाम से जाना जाता है?
A. पूर्व वैदिक काल **B.** ऋग वैदिक काल
C. यजुर वैदिक काल **D.** अथर्व वैदिक काल

Q.118 उत्तरकालीन वैदिक काल की आर्थिक स्थितियों से संबंधित निम्नलिखित कथनों पर विचार करें:

1) उत्तरकालीन वैदिक काल को लौह युग संस्कृति के रूप में जाना जाता था।

2) इस युग के दौरान व्यवस्थित कृषि का प्रयोग होता था।

3) व्यापार और वाणिज्य अभी भी विकासशील चरण में थे।

उपरोक्त में से कौन सा/से कथन सही हैं?

A. केवल 1 और 2 **B.** केवल 2 और 3
C. केवल 1 और 3 **D.** 1, 2 और 3

Q.119 उत्तरकालीन वैदिक काल के दौरान महिलाओं की स्थिति के संदर्भ में निम्नलिखित कथनों पर विचार करें:

1) उत्तरकालीन वैदिक काल के दौरान महिलाओं की स्थिति गिर गई।

2) इस अवधि के दौरान सती प्रथा प्रचलित हो गई।

3) विद्या केवल पुरुषों तक ही सीमित थी।

उपरोक्त में से कौन सा/से कथन सही हैं?

A. केवल 1 और 2 **B.** केवल 1 और 3
C. केवल 2 और 3 **D.** उपरोक्त सभी

Q.120 निम्न में से कौन सा उत्तरकालीन वैदिक काल में आदिवासी सभाओं के निरंतर कमजोर होने के कारणों में से एक नहीं था?

A. शाही शक्ति में वृद्धि
B. बड़े प्रादेशिक राज्यों में आम लोग अपनी बैठकों में भाग लेने के लिए लंबी दूरी की यात्रा नहीं कर सकते थे
C. सभा ने एक अभिजात वर्ग की ख्याति हासिल की जिसने उसकी अधिकांश प्रभावशीलता को कम कर दिया
D. उन्होंने अपनी कुछ गतिविधियों को रत्नीन नामक नए अधिकारियों को आत्मसमर्पित कर दिया

Q.121 कौन से वैदिक देवता तूफान को व्यक्त करते हैं?

A. मारुत **B.** वरुण **C.** इंद्र **D.** पूषा

Q.122 दृषाद्वती नदी (ऋग वैद काल) का आधुनिक नाम क्या है?

A. सरस्वती **B.** क्रुमु **C.** घग्घर **D.** गोमल

Q.123 वैदिक साहित्य में प्रयोग किया गया शब्द 'अयस' संबंधित है-

A. गुप्तचरों के नायक
B. लौह और अन्य धातु के उपकरण
C. गांवों का समूह
D. राजन के तहत आयोजित मूलभूत अदालत

Q.124 पूर्व वैदिक आर्यों का धर्म मुख्य रूप से क्या था?

A. भक्ति **B.** प्रतिमा पूजा एवं यज्ञ
C. यज्ञ एवं प्रकृति की पूजा **D.** प्रकृति एवं भक्ति पूजा

Q.125 वैदिक आर्यों का मुख्य भोजन क्या था?

A. चावल और दाल **B.** सब्जियां और फल
C. दूध और उसके उत्पाद **D.** मांस और अंडे

// स्मार्ट उत्तर पुस्तिका //

सही उत्तर उन छात्रों के प्रतिशत को इंगित करता है जिन्होंने प्रश्नों का सही उत्तर दिया था।

छोड़ दिया उन छात्रों के प्रतिशत को इंगित करता है जिन्होंने प्रश्नों को छोड़ दिया था।

प्रश्न संख्या	उत्तर	सही उत्तर	छोड़ दिया
1	B	38.71 %	3.23 %
2	B	27.42 %	37.1 %
3	C	22.58 %	37.1 %
4	D	30.65 %	37.09 %
5	C	56.45 %	37.1 %
6	B	43.55 %	37.1 %
7	C	17.74 %	37.1 %
8	C	46.77 %	37.1 %
9	D	53.23 %	37.09 %
10	C	32.26 %	37.09 %
11	A	8.06 %	37.1 %
12	A	54.84 %	37.1 %
13	D	41.94 %	35.48 %
14	B	51.61 %	37.1 %
15	C	40.32 %	37.1 %
16	B	37.1 %	37.09 %

प्रश्न संख्या	उत्तर	सही उत्तर	छोड़ दिया
17	B	37.1 %	37.09 %
18	B	51.61 %	37.1 %
19	B	16.13 %	32.26 %
20	B	58.06 %	35.49 %
21	B	40.32 %	35.49 %
22	A	16.13 %	37.1 %
23	C	54.84 %	32.26 %
24	B	41.94 %	37.09 %
25	D	30.65 %	37.09 %
26	A	53.23 %	37.09 %
27	B	46.77 %	35.49 %
28	A	46.77 %	37.1 %
29	B	41.94 %	35.48 %
30	B	48.39 %	37.09 %
31	B	25.81 %	37.09 %
32	D	43.55 %	37.1 %

प्रश्न संख्या	उत्तर	सही उत्तर	छोड़ दिया
33	A	59.68 %	33.87 %
34	C	56.45 %	37.1 %
35	C	50.0 %	37.1 %
36	B	50.0 %	37.1 %
37	A	45.16 %	37.1 %
38	D	56.45 %	37.1 %
39	B	22.58 %	37.1 %
40	D	43.55 %	37.1 %
41	D	50.0 %	35.48 %
42	C	27.42 %	37.1 %
43	D	41.94 %	37.09 %
44	B	45.16 %	37.1 %
45	A	58.06 %	35.49 %
46	D	43.55 %	37.1 %
47	A	14.52 %	37.09 %
48	D	4.84 %	37.1 %

प्रश्न संख्या	उत्तर	सही उत्तर	छोड़ दिया
49	C	43.55 %	37.1 %
50	B	43.55 %	37.1 %
51	C	46.77 %	37.1 %
52	A	27.42 %	35.48 %
53	B	32.26 %	37.09 %
54	A	45.16 %	37.1 %
55	B	54.84 %	37.1 %
56	D	48.39 %	37.09 %
57	C	56.45 %	37.1 %
58	A	54.84 %	37.1 %
59	C	53.23 %	37.09 %
60	C	54.84 %	35.48 %
61	B	54.84 %	37.1 %
62	C	45.16 %	37.1 %
63	B	25.81 %	37.09 %
64	B	51.61 %	37.1 %

प्रश्न संख्या	उत्तर	सही उत्तर	छोड़ दिया
65	B	11.29 %	37.1 %
66	B	48.39 %	37.09 %
67	B	32.26 %	37.09 %
68	A	37.1 %	37.09 %
69	D	8.06 %	37.1 %
70	C	29.03 %	37.1 %
71	B	12.9 %	33.87 %
72	C	43.55 %	35.48 %
73	D	53.23 %	37.09 %
74	C	53.23 %	37.09 %
75	C	53.23 %	37.09 %
76	A	14.52 %	37.09 %
77	B	41.94 %	37.09 %
78	C	56.45 %	37.1 %
79	A	56.45 %	35.49 %
80	C	43.55 %	37.1 %

प्रश्न संख्या	उत्तर	सही उत्तर	छोड़ दिया
81	C	58.06 %	35.49 %
82	D	53.23 %	37.09 %
83	C	53.23 %	37.09 %
84	C	33.87 %	37.1 %
85	D	53.23 %	37.09 %
86	A	30.65 %	37.09 %
87	C	53.23 %	37.09 %
88	B	45.16 %	37.1 %
89	A	51.61 %	37.1 %

प्रश्न संख्या	उत्तर	सही उत्तर	छोड़ दिया
90	D	50.0 %	37.1 %
91	C	46.77 %	37.1 %
92	A	29.03 %	37.1 %
93	A	24.19 %	35.49 %
94	C	41.94 %	37.09 %
95	A	54.84 %	37.1 %
96	C	12.9 %	37.1 %
97	A	14.52 %	37.09 %
98	D	29.03 %	37.1 %

प्रश्न संख्या	उत्तर	सही उत्तर	छोड़ दिया
99	C	54.84 %	37.1 %
100	C	50.0 %	37.1 %
101	C	11.29 %	37.1 %
102	D	51.61 %	37.1 %
103	D	51.61 %	37.1 %
104	C	38.71 %	37.1 %
105	D	46.77 %	37.1 %
106	C	37.1 %	37.09 %
107	A	51.61 %	37.1 %

प्रश्न संख्या	उत्तर	सही उत्तर	छोड़ दिया
108	A	35.48 %	37.1 %
109	A	41.94 %	35.48 %
110	A	17.74 %	37.1 %
111	B	46.77 %	35.49 %
112	A	56.45 %	37.1 %
113	A	30.65 %	35.48 %
114	C	56.45 %	37.1 %
115	A	24.19 %	37.1 %
116	D	37.1 %	37.09 %

प्रश्न संख्या	उत्तर	सही उत्तर	छोड़ दिया
117	A	25.81 %	35.48 %
118	D	50.0 %	37.1 %
119	D	25.81 %	35.48 %
120	A	11.29 %	35.48 %
121	A	43.55 %	35.48 %
122	C	29.03 %	37.1 %
123	B	51.61 %	37.1 %
124	C	45.16 %	37.1 %
125	C	45.16 %	37.1 %

कार्य विश्लेषण	
औसत अंक (%)	49.18%
टॉपर्स स्कोर (%)	100.0%
आपका स्कोर	

//संकेत और समाधान//

1. बनवाली एक पुरातात्विक स्थल है जो हरियाणा के फतेहाबाद जिले में स्थित सिंधु घाटी सभ्यता से संबंधित है, जहाँ हल का एक मिट्टी का मॉडल मिला है।

अतः विकल्प (A) सही है।

2. सिम्हाविष्णु, सिंघवर्मन का उत्तराधिकारी था, जिसने 575 से 600 ईसवी तक शासन किया। सिम्हाविष्णु ने "अवनीसिम्हा" की उपाधि भी धारण की।

अतः विकल्प (B) सही है।

3. 8 वीं शताब्दी में, नागार्जुन द्वारा रसरत्नाकर लिखी गयी थी। वह एक भारतीय धातुशोधन करनेवाला और रसायन बनानेवाला थे। इस पुस्तक में सोने, चांदी, टिन और तांबे जैसी धातुओं के निष्कर्षण का वर्णन है।

अतः विकल्प (C) सही है।

4. राष्ट्रकूट कांची के पल्लव, मदुरै के पंड्या और वेंगी के पूर्वी चालुक्य के खिलाफ लड़ाई में लगातार शामिल थे। क्योंकि शाही राष्ट्रकूटों के परिवार ने दावा किया था कि वे महाभारत काल के यदु परिवार से आए थे।

अतः विकल्प (D) सही है।

5. एलिचपुर कबीला बादामी चालुक्यों का एक सामंत था, और दन्तिदुर्ग के शासन के दौरान, इसने चालुक्य कीर्तिवर्मन द्वितीय को उखाड़ फेंका और इसके आधार के रूप में आधुनिक कर्नाटक में गुलबर्गा क्षेत्र के साथ एक साम्राज्य का निर्माण किया। इस कबीले को मान्याखेत के राष्ट्रकूट के रूप में जाना जाता है, जिसने दक्षिण भारत में 753 में सत्ता हासिल की।

राष्ट्रकूट कन्नडिगा थे। वे आरंभ में चालुक्यों के सामंत थे। बाद में वे दक्षिण में विशाल राज्य के शासकों के रूप में प्रसिद्ध हो गए। दन्तिदुर्ग से शुरू हुआ राज्य कृष्ण, गोविंदा द्वितीय, ध्रुव, गोविंदा तृतीय, अमोघवर्ष और अन्य लोगों के साथ जारी रहा और अपने चरम पर पहुंच गया।

अतः विकल्प (C) सही है।

6. परांतक प्रथम ने 907 - 953 शताब्दी के बीच शासन किया। उन्होंने मदुरै पर अधिपत्य स्थापित किया और मदुरांतक की उपाधि धारण की, जिसका अर्थ है मदुरै को नष्ट करने वाला, और मदुराइकोंडा, जिसका अर्थ मदुरै पर आधिपत्य स्थापित करने वाला।

अतः विकल्प (B) सही है।

7. सरतरु एक नवपाषाण स्थल है, जो असम के कामरूप जिले में स्थित है। ऊपर दिए गए विकल्पों में, ताराडीह, चिरांद और सेनुर बिहार में स्थित प्रागैतिहासिक स्थल हैं।

अतः विकल्प (C) सही है।

8. बाद के वैदिक काल में, पूषन, जिसे मवेशियों की देखभाल करना था, को शूद्रों का भगवान माना जाने लगा। बाद के वैदिक काल के अन्य देवताओं में विष्णु (लोगों के संरक्षक और रक्षक के रूप में कल्पना की गई) और रुद्र (जानवरों के भगवान) शामिल थे।

अतः विकल्प (C) सही है।

9. भारतीय पुरातत्व सर्वेक्षण (एएसआई) की स्थापना 1861 में अलेक्ज़ैंडर कनिंघम ने की थी जो इसके पहले महानिदेशक भी बने। उन्हें अक्सर भारतीय पुरातत्व का पिता कहा जाता है। उपमहाद्वीप के इतिहास में पहला व्यवस्थित शोध एशियाटिक सोसाइटी द्वारा किया गया था, जिसे 15 जनवरी 1784 को ब्रिटिश इंडोलॉजिस्ट विलियम जोन्स द्वारा स्थापित किया गया था।

अतः विकल्प (D) सही है।

10. गेरू रंग के बर्तनों की संस्कृति (OCP) इंडो-गंगेटिक प्लेन की कांस्य युग की संस्कृति है, जो आमतौर पर पूर्वी पंजाब से लेकर उत्तर-पूर्वी राजस्थान और पश्चिमी उत्तर प्रदेश तक फैली हुई है। इन संस्कृति के कलाकृतियाँ प्राचीन हड़प्पा संस्कृति और वैदिक संस्कृति दोनों के साथ समानता दर्शाती हैं।

अतः विकल्प (C) सही है।

11. बौद्ध धर्म में बताए जा रहे दसों लोकों में बुद्ध, बोधिसत्व, प्रत्याय बुद्ध, श्रावक, स्वर्गीय प्राणी, मानव, असुर, जानवर, प्रीता, उत्कीर्ण पुरुष हैं। ये दस क्षेत्र सह-घटित होते हैं, जिसका अर्थ है कि प्रत्येक एक ज्ञानक्षेत्र में शेष नौ क्षेत्र शामिल हैं।

अतः विकल्प (A) सही है।

12. मेन्डरेंडर (एक इंडो-ग्रीक राजा) ने बौद्ध बनने से पहले नागासेन से बौद्ध धर्म के बारे में कई प्रश्न पूछे। सभी प्रश्न और उत्तर 'मिलिंदपन्हो (या मिलिंडा के प्रश्न) के रूप में ज्ञात पांडुलिपि में अंकित हैं।

अतः विकल्प (A) सही है।

13. विलियम जोन्स ने ग्रीको-रोमन साहित्य के "सैंड्रोकोटस" को चंद्रगुप्त मौर्य के रूप में पहचाना। वह एक एंग्लो-वेल्श भाषा विज्ञानी हैं जिन्होंने इंडो-यूरोपियन शब्द को भारतीय और यूरोपीय भाषाओं के बीच समानता से देखा था।

अतः विकल्प (D) सही है।

14. कमल और बैल गौतम बुद्ध के जन्म के प्रतीक के समान हैं। घोड़ा महान प्रस्थान (महाभिनिष्कर्ण) का प्रतीक है। बोध वृक्ष आत्मज्ञान (निर्वाण) के प्रतीक जैसा दिखता है। पहिया पहले उपदेश (धम्मचक्रपरिवार्तन) के प्रतीक जैसा दिखता है। स्तूप मृत्यु का प्रतीक (परिनिर्वाण) जैसा दिखता है।

अतः विकल्प (B) सही है।

15. अफ़ग़ानिस्तान के कंधार प्रांत में स्थित देह मोरासी गुंडई, अफगानिस्तान में खुदाई करने वाला पहला प्रागैतिहासिक स्थल है। स्थल में एक बड़े टीले, 140 × 80 मीटर क्षेत्र में एक उत्पादक और आबादी वाले कांस्य युग निर्माण/व्यापार केंद्र और निपटान के अवशेष हैं।

अतः विकल्प (C) सही है।

16. पुष्कलवती गांधार के प्राचीन साम्राज्य की राजधानी थी। इसके खंडहर वर्तमान में पाकिस्तान के चरसड्डा, खैबर पख्तूनख्वा प्रांत (पूर्व में NWFP) में पेशावर घाटी में स्थित हैं। पुष्कलवती संस्कृत व्याकरण संबंधी पाणिनी का घर था।

अतः विकल्प (B) सही है।

17. हेलियोडोरस शुंग राजवंश के राजा भागभद्र के दरबार में तक्षशिला के इंडो-ग्रीक राजा एंटियालिडास नाइकेफोरोस के यूनानी राजदूत थे। उन्होंने मध्य प्रदेश के विदिशा नामक स्थान के पास 110 ईसा पूर्व में प्रसिद्ध हेलियोडोरस स्तंभ का निर्माण कराया था।

अतः विकल्प (B) सही है।

18. मालविकाग्निमित्रम् एक संस्कृत नाटक है, जिसमें अग्निमित्र को इसके नायक के रूप में दर्शाया गया है। मालविका एक नौकरानी है जिसे अग्निमित्र से प्यार हो जाता है। यह उसकी मुख्य रानी को पता था, जिसने उसे कैद किया था। बाद में, मालविका शाही नवजात बच्चे को जन्म देती है जिसके फलस्वरूप उसे अग्निमित्र की रानी के रूप में स्वीकार कर लिया जाता है।
मालविकाग्निमित्रम् अग्निमित्र के पिता पुष्यमित्र शुंग के राजसूय यज्ञ का विवरण देता है।

अतः विकल्प (B) सही है।

19. स्कन्दगुप्त की उपाधियाँ परमभट्टारक, परमदेवता, महाराजाधिराज, क्रामादित्य, विक्रमादित्य आदि हैं। कहुम शिलालेख में, उन्हें क्षत्रसप्तपति (या सौ राजाओं का स्वामी) के रूप में भी जाना जाता है।

अतः विकल्प (B) सही है।

20. बृहद्रथ एक कमजोर शासक था, और उसके सेनापति पुष्यमित्र शुंग ने, पूरे मौर्य सेना को पराजित करते हुए बृहद्रथ से पहले उसे सेना की ताकत दिखाने के लिए, उसकी हत्या कर दी, और यह मौर्यों का अंत था। पुष्यमित्र शुंग ने लगभग 183-185 ईसा पूर्व में शुंग वंश की स्थापना की थी।

अतः विकल्प (B) सही है।

21. गौतम बुद्ध की माता, 'महामाया', कोलिया जनजाति की थीं, और उन्होंने शुद्धोधन से शादी की थी, जो शाक्य वंश के राजा थे। शाक्य और कोलिया ने नेपाल के लुंबिनी के वर्तमान रूपंदेही जिले में रोहिणी नदी के किनारे पर शासन किया। ये दोनों ही गणतंत्र राजवंश थे।

अतः विकल्प (B) सही है।

22. दिनशा इडलजी वाचा भारतीय राष्ट्रीय कांग्रेस की स्थापना में प्रमुख योगदान देने वाले बंबई के तीन मुख्य पारसी नेताओं में से एक थे। अपने अन्य दोनों साथी पारसी नेताओं, फ़िरोज़शाह मेहता तथा दादा भाई नौरोजी के सहयोग से दिनशा वाचा ने भारत की गरीबी और गरीब जनता से सरकारी करों के रूप में वसूल किए गए धन के अपव्यय के विरुद्ध स्वदेश में और शासक देश ब्रिटेन में लोकमत जगाने के लिए अथक परिश्रम किया। सर दिनशा आर्थिक और वित्तीय मामलों के विशेषज्ञ थे और इन विषयों में उनकी सूझ बड़ी ही पैनी थी। वे भारत में ब्रिटिश शासन के विशेषत: ब्रिटेन द्वारा भारत के आर्थिक शोषण के अत्यंत कटु आलोचक थे। वे इस विषय के विभिन्न पहलुओं पर लेख लिखकर और भाषण देकर लोगों का ध्यान आकर्षित करते थे।

अतः विकल्प (A) सही है।

23. अंग्रेजों को देश से निकालने के उद्देश्य से महात्मा गांधी द्वारा 1920 में असहयोग आंदोलन प्रारम्भ किया गया था। असहयोग आंदोलन भारतीयों को मुक्ति दिलाने के उद्देश्य से चलाए गए भारतीय स्वतंत्रता आंदोलन का एक महत्वपूर्ण चरण था। जलियांवाला बाग नरसंहार के बाद इसका नेतृत्व महात्मा गांधी ने किया था। इसने अहिंसक साधनों के माध्यम से भारत में ब्रिटिश शासन का विरोध करने का लक्ष्य रखा।

अतः विकल्प (C) सही है।

24. पिंगली वैंकैया द्वारा डिज़ाइन किये गए , तिरंगे को 22 अप्रैल 1947 को भारत की संविधान सभा द्वारा राष्ट्रीय ध्वज के रूप में अंगीकृत किया गया था।

राष्ट्रीय ध्वज के शीर्ष पर केसरिया रंग, बीच में सफेद और समान अनुपात में सबसे नीचे हरा रंग है। ध्वज की चौड़ाई और लंबाई का अनुपात दो से तीन है। सफेद रंग की पट्टी के केंद्र में एक नीला पहिया है जो चक्र का प्रतिनिधित्व करता है। शीर्ष पर केसरिया रंग देश की ताकत और साहस को इंगित करता है। सफेद मध्य पट्टी धर्म चक्र के साथ शांति और सच्चाई को इंगित करता है। हरा रंग भूमि की उर्वरता, वृद्धि और शुभता को दर्शाता है।

अतः विकल्प (B) सही है।

25. स्वराज पार्टी के सह-संस्थापक विट्ठलभाई पटेल 1925 में विधान सभा के लिए चुने जाने वाले पहले भारतीय वक्ता थे। उन्होंने भारत में विधायिका की स्वतंत्रता और उसके सचिवालय के लिए बुनियादी नियमों का पालन किया। एक विधायक के रूप में, उनका प्रयास था कि अनिवार्य शिक्षा बिल और आयुर्वेद और युनानी मेडिसिन बिल पारित किए जाये।

अतः विकल्प (D) सही है।

26. लॉर्ड कर्ज़न ने बंगाल प्रांत के विभाजन की घोषणा की जो 16 अक्टूबर, 1905 को प्रशासनिक प्रभावशीलता के आधार पर लागू हुआ। बंगाल को कलकत्ता और पूर्वी बंगाल की राजधानी के साथ बंगाल प्रांत में विभाजित किया गया था और इसकी राजधानी के रूप में ढाका के साथ असम था।

अतः विकल्प (A) सही है।

27. ब्रिटिश संसद ने 5 जुलाई 1947 को भारतीय स्वतंत्रता अधिनियम पारित किया। इस अधिनियम को 18 जुलाई 1947 को रॉयल असेंट प्राप्त हुआ और इस तरह भारत और पाकिस्तान, जिसमें पश्चिम (आधुनिक पाकिस्तान) और पूर्व (आधुनिक दिन बांग्लादेश) क्षेत्र शामिल थे, 14 अगस्त को अस्तित्व में आया।

अतः विकल्प (B) सही है।

28. स्वराज पार्टी की स्थापना जनवरी 1923 में कांग्रेस खिलाफत स्वराज पार्टी के रूप में हुई थी। चितरंजन दास अध्यक्ष थे और मोतीलाल नेहरू स्वराज पार्टी के सचिव थे।

अतः विकल्प (A) सही है।

29. 1921 में प्रथम गैर-यूरोपीय नोबेल पुरस्कार विजेता रवींद्रनाथ टैगोर द्वारा स्थापित, विश्व-भारती को 1951 में संसद के एक अधिनियम द्वारा एक केंद्रीय विश्वविद्यालय और राष्ट्रीय महत्व का संस्थान घोषित किया गया था। भारत के राष्ट्रपति परासरका (आगंतुक) हैं। विश्वविद्यालय, पश्चिम बंगाल के राज्यपाल प्रधान (रेक्टर) हैं, और भारत के प्रधान मंत्री आचार्य (चांसलर) के रूप में कार्य करते हैं।

अतः विकल्प (B) सही है।

30. असहयोग आंदोलन के अचानक वापस लेने के मुद्दे पर 1922 के गया सत्र के बाद सी आर दास द्वारा स्वराज पार्टी का गठन किया गया था। भारतीय कम्युनिस्ट पार्टी का गठन दिसंबर 1925 में एम एन रॉय द्वारा किया गया था। बंगाल के विभाजन ने एक सांप्रदायिक विभाजन पैदा किया। आगा खान के नेतृत्व में 30 दिसंबर, 1906 को मुस्लिम लीग का गठन किया गया था। 28 दिसंबर 1885 को गोकुलदास तेजपाल संस्कृत महाविद्यालय (बॉम्बे) में भारतीय राष्ट्रीय कांग्रेस का गठन किया गया था, जिसमें सेवानिवृत्त सिविल सेवक एलन ऑक्टेवियन ह्यूम की उपस्थिति में 72 प्रतिनिधि थे।

अतः विकल्प (B) सही है।

31. महात्मा गांधी ने कविता के क्षेत्र में योगदान के कारण सरोजिनी नायडू को 'नाइटिंगेल ऑफ इंडिया' (भारत कोकिला) का खिताब दिया था। उनकी कविता में देशभक्ति, प्रेम लीला और त्रासदी जैसे विषय शामिल हैं। "हैदराबाद के बाज़ारों में" उनकी सबसे लोकप्रिय कविताओं में से एक है।

अतः विकल्प (B) सही है।

32. यदि वैदिक काल को दो हिस्सों में विभाजित किया जाता है, तो यह कहा जा सकता है कि महिलाओं की स्थिति दूसरी छमाही में खराब हो गई है, अर्थात देर से! वैदिक काल की तुलना में यह वैदिक काल के शुरुआती दौर में था। प्रारंभिक वैदिक काल (या ऋग-वैदिक) की अवधि में महिलाओं की समाज में उच्च स्थिति थी। परिवार में भी महिलाओं का बहुत सम्मान किया जाता था। परिवार में पुरुषों की प्रमुखता के बावजूद महिलाओं को घर का स्वामी माना जाता था। अविवाहित महिलाएं अपने माता-पिता के घर में रहकर अपनी पढ़ाई कर सकती हैं, उन्होंने पुरधा प्रणाली का अभ्यास नहीं किया और उन्हें सभा और समिति में शामिल होने का अधिकार है।

अतः विकल्प (D) सही है।

33. लुंबिनी नेपाल में लुंबिनी प्रांत के रूपन्देही जिले में एक बौद्ध तीर्थ स्थल है। यह वह स्थान है जहां, बौद्ध परंपरा के अनुसार, रानी महामायादेवी ने लगभग 563 ईसा पूर्व में सिद्धार्थ गौतम को जन्म दिया था।

अतः विकल्प (A) सही है।

34. केवल कुछ शिलालेखों ही इस बात का प्रमाण देते है की समुद्रगुप्त ने कई राजाओं को अपने अधीनस्थ कर लिया था। बाद में इलाहाबाद स्तंभ में समुंद्र गुप्त द्वारा लिखित एक शिलालेख था, जो एक मंत्री और सैन्यअधिकारी था, हरिषेण, उसे व्यापक विजय का श्रेय देता है। यह समुद्र गुप्त की सैन्य विजय का सबसे विस्तृत विवरण देता है। उन्हें मुख्य रूप से भौगोलिक और आंशिक रूप से कालानुक्रमिक क्रम में सूचीबद्ध किया गया है।

अतः विकल्प (C) सही है।

35. लॉर्ड लिटन ने 1878 में वर्नाक्युलर प्रेस अधिनियम की शुरुआत की। वर्नाक्युलर प्रेस अधिनियम ने किसी भी सामग्री को प्रकाशित करने के लिए जातीय समाचार पत्रों को प्रतिबंधित कर दिया, जो ब्रिटिश सरकार के खिलाफ असंतोष की भावनाओं को उत्तेजित कर सकते थे।

अतः विकल्प (C) सही है।

36. मुहम्मद बिन तुगलक ने दोआब क्षेत्र पर कर लगाया था, लेकिन समय गलत था और उसकी योजना विफल हो गई। इसके साथ ही उनकी स्थानांतरण राजधानी की योजना विफल हो गई।

इन योजनाओं की विफलता और उनकी उदारता के कारण, चांदी की कमी उनके राज्य में पाई गई थी, इसलिए उन्होंने एक टोकन मुद्रा के रूप में कांस्य और तांबे के सिक्के जारी करने का फैसला किया।

अतः विकल्प (B) सही है।

37. लॉर्ड हार्डिंग ने किंग जॉर्ज पंचम के राज्याभिषेक का जश्न मनाने के लिए दिसंबर 1911 में एक दरबार आयोजित किया। यहां बंगाल का विभाजन रद्द कर दिया गया और राजधानी कलकत्ता से दिल्ली स्थानांतरित हो गई। इसका कारण विभाजन का व्यापक विरोध था और बढ़ते बंगाली राष्ट्रवाद के कारण, विभाजन रद्द कर दिया गया था।

अतः विकल्प (A) सही है।

38. जेम्स ऑगस्टस हिक्की द्वारा स्थापित बंगाल गैज़ेट, भारत के कोलकाता (तब कलकत्ता) से प्रकाशित एक अंग्रेजी समाचार पत्र था। यह भारत का पहला प्रमुख समाचार पत्र था जो 1780 में शुरू हुआ था। यह दो वर्षों के लिए प्रकाशित किया गया था।

अतः विकल्प (D) सही है।

39. ईश्वर चंद्रा महिलाओं के लिए शिक्षा के बारे में चिंतित थे। उन्होंने शिक्षा को सही रूप में महिलाओं के लिए खुद को उन सभी सामाजिक उत्पीड़न से मुक्ति दिलाने के लिए प्राथमिक तरीके के रूप में कल्पना की, जो उन्हें उस समय सामना करना पड़ा था।

महिला शिक्षा का समर्थन करने के लिए, ईश्वर चंद्र विद्यासागर ने नारी शिक्षा भंडार नामक एक फंड का आयोजन किया।

उन्होंने 7 मई 1849 को भारत में बेथ्यून स्कूल में पहली स्थायी लड़कियों के स्कूल की स्थापना के लिए जॉन इलियट ड्रिंकवाटर बेथ्यून का समर्थन किया।

अतः विकल्प (B) सही है।

40. वर्ष 1921 में सिंध प्रान्त के लरकाना जिले में ही सिंधु घाटी की सभ्यता की खोज हुई थी। भारतीय पुरातत्वविद राखालदास बनर्जी ने यहां खोदाई करवाई थी। सिंधु सभ्यता का प्रमुख स्थल मोहनजोदड़ो सिंध प्रान्त में स्थित है। देश विभाजन के समय अंग्रेजो ने यह क्षेत्र पाकिस्तान को दे दिया।

अतः विकल्प (D) सही है।

41. उत्तर भारत के नियंत्रण के लिए त्रिपक्षीय संघर्ष नौवीं शताब्दी में हुआ था। संघर्ष प्रतिहार साम्राज्य, पाल साम्राज्य और राष्ट्रकूट साम्राज्य के बीच था। गुर्जर-प्रतिहार वंश के नागभट्ट द्वितीय के उत्तराधिकारी के अंत में, कन्नौज पर सफलतापूर्वक हमला किया और वहां नियंत्रण स्थापित किया।

अतः विकल्प (D) सही है।

42. संगम युग के दौरान चेरों, चोलों और पांड्यों के नाम से तमिल देश पर तीन राजवंशों का शासन था।
इन राज्यों की राजधानी और प्रतीक नीचे दिए गए हैं:

राज्य का नाम	राजधानी	प्रतीक
चेर	वांची	धनुष
चोल	पहले उरैयर में स्थित थी और और बाद में पुहर स्थानांतरित हो गयी।	बाघ
पांड्य	मदुरै	मछली

अतः विकल्प (C) सही है।

43. इतिहासकार बरनी के अनुसार, बलबन ने कहा: "जब भी मैं एक आधार-जनित अज्ञानी व्यक्ति को देखता हूं, तो मेरी आंखें जल जाती हैं और मैं अपनी तलवार से क्रोध में उसे मारने के लिए पहुंचता हूं।" अपने दावे कुलीन रक्त को साबित करने के लिए, बलबन तुर्की महानता के विजेताओं में चौथे स्थान पर था। उसने किसी को भी महत्वपूर्ण सरकारी पद देने से मना कर दिया, जो कुलीन परिवार से नहीं था। यह वस्तुतः भारतीय मुसलमानों को सत्ता और अधिकार के सभी पदों से बाहर करने का पक्षधर था।

अतः विकल्प (D) सही है।

44. इल्तुतमिश ने अपने पुत्र को सिंहासन के योग्य नहीं पाया और इसलिए अपनी पुत्री रजिया को सिंहासन के लिए नामित किया। इल्तुतमिश की मृत्यु के बाद, तुर्की प्रमुख सत्ता और अहंकार के नशे में थे, सिंहासन पर एक कठपुतली स्थापित करना चाहते थे, जिसे वे नियंत्रित कर सके और दिल्ली सल्तनत के सिंहासन के लिए नियुक्त एक महिला के लिए बहुत आलोचनात्मक थे। केवल चार वर्षों के उसके शासन के दौरान, राज-तंत्र और तुर्की प्रमुख, जिसे कभी-कभी "चालीस" या "चहलगनी" कहा जाता था के बीच संघर्ष की शुरुआत हुई।

अतः विकल्प (B) सही है।

45. मुहम्मद बिन तुगलक देवगिरी को अपनी दूसरी राजधानी बनाना चाहता था ताकि वह दक्षिण भारत को बेहतर तरीके से नियंत्रित कर सके। 1327 में, उन्होंने राजघराने और दिल्ली से देवगिरि तक के उलेमाओं और सूफियों के स्थानांतरण की व्यापक तैयारी की, जिसका नाम बदलकर दौलताबाद कर दिया गया। इन दोनों स्थानों के बीच की दूरी 1500 किलोमीटर से अधिक थी। गर्मियों में कठोर यात्रा के दौरान कई लोगों की मौत हो गई। दो साल बाद, सुल्तान ने दौलताबाद को छोड़ दिया और उन्हें दिल्ली लौटने के लिए कहा।

अतः विकल्प (A) सही है।

46. प्रारंभ में, अकबर ने शेर शाह के निर्धारित बकाया मूल्यांकन की प्रणाली को अपनाया।

लेकिन, जल्द ही यह पाया गया कि कीमतों की एक केंद्रीय सूची को तय करने में अक्सर काफी देरी होती है, और किसान को बड़ी कठिनाइयों का सामना करना पड़ता क्योंकि कीमतें तय की गई थीं जो आम तौर पर शाही दरबार में प्रचलित थीं, जो ग्रामीण इलाकों की तुलना में अधिक थीं।

इस प्रकार, किसानों को अपनी उपज का बड़ा हिस्सा देना पड़ा।

इसलिए, अकबर वार्षिक मूल्यांकन की एक प्रणाली पर वापस लौट आया। इसलिए, कथन 1 सही है।

कानूनगो, जो भूमि के वंशानुगत धारक होने के साथ-साथ स्थानीय अधिकारियों से स्थानीय परिस्थितियों के साथ बातचीत करते थे, को वास्तविक उपज, खेती की स्थिति, स्थानीय कीमतों आदि पर वर्णन करने का आदेश दिया गया था।

अकबर ने एक नई प्रणाली भी शुरू की जिसे "दहसला प्रणाली" कहा जाता है। इस प्रणाली के तहत, विभिन्न फसलों की औसत उपज, साथ ही पिछले दस (डुह) वर्षों में प्रचलित औसत कीमतों की गणना की गई थी। इसलिए, कथन 2 सही है।

अकबर द्वारा शुरू की गई नस्ख प्रणाली का अर्थ किसान द्वारा अतीत में भुगतान की गई राशि के आधार पर देय राशि की गणना करना था। इसलिए, कथन 3 सही है।

इसलिए, कुछ आधुनिक इतिहासकारों का मानना है कि यह केवल किसानों के बकाए की गणना करने की एक प्रणाली थी, न कि मूल्यांकन की एक अलग प्रणाली। इसे "कंकुट" भी कहा जाता है।

अतः विकल्प (D) सही है।

47. एक ओर समय के दौरान आर्थिक और सामाजिक स्थितियों की एक महत्वपूर्ण विशेषता शासक वर्गों के अत्यधिक अस्थिर जीवन-शैली के बीच विषमता थी, और दूसरी ओर लोगों- किसानों, कारीगरों, और मजदूरों, की तीव्र गरीबी थी। घी और तेल खाद्यान्नों के सापेक्ष बहुत सस्ते थे और लगता है कि गरीब आदमी के भोजन का एक मुख्य हिस्सा थे। लेकिन नमक और चीनी बहुत महंगे थे।

अतः विकल्प (A) सही है।

48. "अष्टप्रधान" 8 मंत्रियों की एक परिषद थी, जिन्होंने शिवाजी के शासनकाल में मराठा साम्राज्य का संचालन किया था। वे मंत्रीमंडल के रूप में कार्य नहीं करते थे। हर मंत्री अपने विभाग का प्रमुख होता था। इसलिए, कथन 1 सही नहीं है।

चौथ और सरदेशमुखी, मराठा साम्राज्य में नहीं बल्कि मुगल साम्राज्य या दक्खन सल्तनत के पड़ोसी क्षेत्रों में एकत्र किए गए कर थे। इसलिए, कथन 2 सही नहीं है।

अतः विकल्प (D) सही है।

49. पुहर या पूमपुहर का उल्लेख संगम तमिल साहित्य के कार्यों में किया गया है जो लगभग 3,000 वर्ष पूर्व कावेरी नदी के मुहाने पर दक्षिणी तमिलनाडु में मौजूद पूमपुहर शहर से 30 किमी दूर स्थित शहर को संदर्भित करता है। यह अंतर-महाद्वीपीय व्यापार में विकसित हुआ चोल वंश का एक बंदरगाह था।

अतः विकल्प (C) सही है।

50. चिश्ती सिलसिलाह की स्थापना भारत में ख्वाजा मोईनुद्दीन चिश्ती ने की थी। सुहरावर्दी सिलसिलाह भारत में शेख बहाउद्दीन ज़कारिया द्वारा स्थापित किया गया था। कादरिया सिलसिलाह को भारत में शाह नमतुल्ला द्वारा स्थापित किया गया था। नक्शबंदी सिलसिलाह को भारत में ख्वाजा बहाउद्दीन नक्शबंदी ने स्थापित किया था। सिलसिला के सबसे लोकप्रिय संत शेख अहमद सरहिंदी थे।

अतः विकल्प (B) सही है।

51. एक खानकाह सूफी आवास है जिसका उपयोग यात्रियों के लिए एक विश्राम गृह के रूप में किया जा सकता है और एक ऐसे स्थान पर जहां लोग आध्यात्मिक मामलों पर चर्चा करने आते हैं, संतों का आशीर्वाद प्राप्त करते हैं, और सूफी संगीत सुनते हैं।

अतः विकल्प (C) सही है।

52. ज्ञानदेव तेरहवीं शताब्दी में महाराष्ट्र में भक्ति आंदोलन के संस्थापक थे। इसे महाराष्ट्र धर्म भी कहा जाता था। उन्होंने भगवत गीता का भाष्य भी लिखा जिसे ज्ञानेश्वरी कहा जाता है। महाराष्ट्र के एक और भक्ति संत तुकाराम थे, जो शिवाजी के समकालीन थे। वह मराठा राष्ट्रवाद की पृष्ठभूमि तैयार करने के लिए जिम्मेदार थे। चैतन्य बंगाल के एक अन्य प्रसिद्ध भक्ति संत और सुधारक थे जिन्होंने कृष्ण पंथ को लोकप्रिय बनाया। रामानंद का जन्म इलाहाबाद में हुआ था। वह मूल रूप से रामानुज के अनुयायी थे। बाद में उन्होंने अपने स्वयं के संप्रदाय की स्थापना की और बनारस और आगरा में हिंदी में अपने सिद्धांतों का प्रचार किया। वे राम के उपासक थे।

अतः विकल्प (A) सही है।

53. भक्ति आंदोलन ने धार्मिक, सामाजिक और सांस्कृतिक सुधारों की बहुत आवश्यकता को पूरा करने में महत्वपूर्ण भूमिका निभाई।

इन्होंने जाति और लिंग भेदभाव के खिलाफ बात की और एक समतावादी सामाजिक व्यवस्था स्थापित करने की कोशिश की। इसलिए, विकल्प (A) सही है।

उन्होंने धार्मिक सद्भाव को प्रोत्साहित किया और सार्वभौमिक भाईचारे का प्रचार किया। कुछ संतों ने हिंदुओं और मुसलमानों को करीब लाया और उनके परस्पर विरोधी हितों के बीच तालमेल बिठाने में मदद की। इसलिए, विकल्प (C) सही है।

उनकी शिक्षाओं में स्थानीय भाषाओं के प्रयोग ने धर्म को जन-जन तक पहुँचाया। इसने भाषा और साहित्य के विकास और विकास का भी नेतृत्व किया। इसलिए, विकल्प (D) सही है।

भक्ति संतों ने पुरोहितों द्वारा विस्तृत अनुष्ठानों के पर्चे का पुरजोर विरोध किया। अनुष्ठानों के बजाय, भजन और कीर्तन के माध्यम से भगवान के साथ एक व्यक्तिगत जुड़ाव पूजा का लोकप्रिय रूप बन गया। इसलिए, विकल्प (B) सही नहीं है।

अतः विकल्प (B) सही है।

54. श्रीलंका को अशोकन शिलालेख में ताम्रपाणि कहा जाता था। तीसरी शताब्दी ईसा पूर्व के भारतीय सम्राट अशोक के शिलालेख में उनके विदेशी मिशन के संबंध में ताम्रपाणि शब्द ("ताम्बापनी" के रूप में) का उल्लेख है। एक संस्करण में कहा गया है कि उनका धम्म विजया (धम्म के माध्यम से जीत) चोडा (चोल), पाडा (पंड्या) के सीमांत राज्यों में प्रचलित था, और तम्बापानी के रूप में।

अतः विकल्प (A) सही है।

55. प्रमुख संस्करण XIII में कलिंग युद्ध और अशोक की धम्म नीति का वर्णन है। यह अशोक का सबसे बड़ा संपादन है।

यह संस्करण से सबसे बड़ा शिलालेख है। यह कलिंग पर अशोक की जीत के बारे में बात करता है और उस युद्ध में हताहतों की संख्या का भी उल्लेख करता है। राजा ने "धम्म" से जीत को सबसे महत्वपूर्ण जीत माना।

अतः विकल्प (B) सही है।

56. कलिंग का युद्ध (261 ई.पू. में)भारत में अशोक के अधीन मौर्य साम्राज्य और कलिंग राज्य के राजा अनंत के बीच लड़ा गया था, जो उड़ीसा और आंध्र प्रदेश के राज्य में पूर्वी तट पर स्थित एक स्वतंत्र सामंती राज्य था।

अतः विकल्प (D) सही है।

57. मौर्य साम्राज्य की स्थापना 322 ईसा पूर्व में चंद्रगुप्त मौर्य ने की थी, जिन्होंने नंद वंश को उखाड़ फेंका था और सिकंदर महान द्वारा वापसी के मद्देनजर स्थानीय शक्तियों के विघटन का लाभ उठाने के लिए मध्य और पश्चिमी भारत में तेजी से अपनी शक्ति का विस्तार किया था।

अतः विकल्प (C) सही है।

58. इंडिका को मेगस्थनीज द्वारा लिखा गया था जो चन्द्रगुप्त मौर्य के दरबार में सेल्यूकस। निकेटर का राजदूत था। मुद्राराक्षस विशाखदत्त द्वारा लिखी गयी थी, इसके द्वारा विशाखदत्त ने चंद्रगुप्त मौर्य के काल की सामाजिक-आर्थिक परिस्थितियों पर प्रकाश डाला है तथा यह बताने का प्रयास किया है किस प्रकार चन्द्रगुप्त ने चाणक्य के सहयोग से नन्द वंश पर विजय प्राप्त की।अर्थशास्त्र को चाणक्य ने लिखा था।

अतः विकल्प (A) सही है।

59. भद्रबाहु अविभाजित जैन संस्कार का अंतिम आचार्य था। वह मौर्य साम्राज्य के संस्थापक चंद्रगुप्त मौर्य के आध्यात्मिक गुरु थे। जैन धर्म के दिगंबर संप्रदाय के अनुसार, जैन धर्म में पांच श्रुति केवली थे - गोवर्धन महामुनि, विष्णु, नंदीमित्रा, अपराजिता और भद्रबाहु।

अतः विकल्प (C) सही है।

60. तृतीय बौद्ध परिषद को लगभग 240 ईसा पूर्व में पाटलिपुत्र के असोकारामा में सम्राट अशोक के संरक्षण में बुलाया गया था। यह हालांकि विवादित है, क्योंकि परिषद का उल्लेख अशोक के संपादकों में कभी नहीं दिखाई देता है। तीसरे बौद्ध परिषद को बुलाने का पारंपरिक कारण दुश्मनों के रूप में संघ के भ्रष्टाचार से छुटकारा पाने के लिए बताया गया है, जिन्होंने समर्थकों की आड़ में संघ में घुसपैठ की थी, साथ ही साथ विधर्मी विचारों को रखने वाले भिक्षुओं को भी बताया गया है।

अतः विकल्प (C) सही है।

61. मेगस्थनीज एक प्राचीन यूनानी इतिहासकार, राजनयिक था। वह पाटलिपुत्र में चंद्रगुप्त मौर्य के सेल्यूकस प्रथम निकेटर के राजदूत बने। उन्होंने इंडिका नामक एक पुस्तक लिखी जो मौर्यकालीन भारत का एक लेख है। अपने अग्रणी कार्य के लिए उन्हें भारतीय इतिहास का पिता माना जाता है।

अतः विकल्प (B) सही है।

62. सातवाहन दक्कन में मौर्यों के उत्तराधिकारी के रूप में प्रकट हुए। इस वंश का संस्थापक सिमुका था। वह अशोक के तत्काल उत्तराधिकारी थे और ऐसे संदर्भ हैं कि उन्होंने कई बौद्ध और जैन मंदिरों का निर्माण किया।

अतः विकल्प (C) सही है।

63. 1905 में, तारकनाथ दास जापान पहुंचे और वहाँ एक काल्पनिक नाम तारक ब्रह्मचारी के साथ निर्वासन काल में रहे। उसे एक वर्ष के पश्चात वह सैन फ्रांसिस्को (यूएसए) गए और अपनी पत्रिका "फ्री हिंदुस्तान" का संपादन प्रारंभ किया।

अतः विकल्प (B) सही है।

64. देश की पहली यात्री ट्रेन, जो 16 अप्रैल 1853 को बॉम्बे के बोरीबंदर स्टेशन और ठाणे के बीच चलती थी, लॉर्ड डलहौजी द्वारा समर्पित थी। 14-कैरिज ट्रेन को तीन स्टीम लोकोमोटिव: साहिब, सिंध और सुल्तान द्वारा संचालित किया गया था। 34 किलोमीटर (21 मील) की यात्रा करते हुए, ट्रेन ने 400 लोगों को चलाया।

अतः विकल्प (B) सही है।

65. आदिमानव के साथ जुड़े उपकरण या प्रारम्भिक पत्थर की कलाकृतियों की शिल्पकारी करने के लिए उपयोग आने वाले चमकीले पत्थर को काटने वाले औजार के रूप में जाना जाता था। पत्थर के औजारों (निम्न पुरापाषाण) के विकास के अगले चरण में कुल्हाड़ी और छुरा आने वाले थे। मध्य पुरापाषाण को पत्थर प्रौद्योगिकी और उपकरण प्रकार के संदर्भ में क्षेत्रीय और स्थानीय विविधता के रूप में देखा जाता है और साथ ही साथ तापमान में भारी कमी की स्थिति में ग्रहण क्षमता बढ़ाने के रूप में भी देखा गया। इस काल में प्रमुख उपकरण धारदार, नोकदार, बेधने और कुदाल की किस्मों के बने थे। उच्च पुरापाषाण युग हल्के और छोटे पत्थर की कलाकृतियों की खासियत को दर्शाता है जोकि पत्थर की कारीगरी के नए तरीकों से संभव हुई।

अतः विकल्प (B) सही है।

66. पाषाण युग को मुख्यतः तीन अलग-अलग अवधि में विभाजित किया जाता है, अर्थात्, पुरापाषाण काल, मध्यपाषाण युग, और नवपाषाण काल - उपकरणों के चलन और उपयोग में परिष्कार के आधार पर। सर्वप्रथम प्रौगएतिहासिक युग (5,00,000-10,000 ईसा पूर्व) था, फिर मध्यपाषाण युग (10,000-5000 ईसा पूर्व) तथा अंत में नवपाषाण युग (5000-1000 ईसा पूर्व) है।

अतः विकल्प (B) सही है।

67. विंध्य पर्वत में होशंगबाद और भोपाल के बीच स्थित भीमबेटका गुफाओं में चित्रों और प्रारंभिक मनुष्यों के साक्ष्य मिलते हैं, इस खोज का सबसे अधिक श्रेय वी.एस. वाकंकर को जाता है। आदमगढ़ पहाड़ियाँ मध्य प्रदेश के होशंगाबाद शहर में स्थित हैं।

प्रारंभिक पुरापाषाण युग के दौरान उपयोग किए जाने वाले पाषाण उपकरण आकार और कुंद में भी बड़े थे, लेकिन मेसोलिथिक युग के दौरान पत्थर के औज़ार तैयार करने में महत्वपूर्ण बदलाव आया। अब उपयोग किए जाने वाले उपकरण आकार में छोटे, तीखे, समर्थित ब्लेड, तिरछे कटे हुए ब्लेड, पॉइंट, क्रेस्केंट्स, त्रिकोण, ट्रेपेज़ आदि थे, जो मुख्य उपकरण मेसोलिथिक समय के दौरान उपयोग किए गए थे।

मेसोलिथिक के दौरान, पुरापाषाण युग के औजारों का उपयोग बंद नहीं हुआ, दोनों प्रकार के औजारों का उपयोग मेसोलिथिक समय के दौरान किया गया था।

अतः विकल्प (B) सही है।

68. पुरापाषाण युग को शिकार और भोजन एकत्र करने के चरण के रूप में जाना जाता है। यह प्रागऐतिहासिक काल का सबसे लंबा हिस्सा था। यह काल लगभग 5,00,000 ईसा पूर्व से 10,000 ईसा पूर्व तक चला। इस चरण में आदिमानव चट्टानों से बने घरों, गुफाओं और नदी के किनारों पर रहते थे, उन्होंने जानवरों का शिकार करने के लिए पत्थर के हथियार बनाए। इस अवधि की दो प्रमुख उपलब्धियां आग की खोज एवं उपकरण बनाना था। यह उपकरण कई स्थानों पर जैसे कि मध्यप्रदेश में भीमबेटका, उत्तरप्रदेश में मिर्ज़ापुर में और आँध्रप्रदेश के कुरनूल में पाए गए है।

अतः विकल्प (A) सही है।

69. लोअर पैलियोलिथिक चरण पंजाब (पाकिस्तान), कश्मीर, थार मिठाई और बेलन घाटी नदी की घाटी में पाए जाते हैं। मध्य पुरापाषाण स्थल नर्मदा नदी के स्थानों में पाए जाते हैं, और तुंगभद्रा नदी के दक्षिण में भी। ऊपरी पुरापाषाण काल ज्यादातर आंध्र प्रदेश, कर्नाटक, महाराष्ट्र, मध्य मध्य प्रदेश, बिहार और उत्तर प्रदेश के दक्षिण में पाया जाता है। इसलिए,

1) पुरापाषाण स्थल देश की कई पहाड़ी ढलानों और नदी घाटियों में पाए जाते हैं।

2) यह सिंधु और गंगा के जलोढ़ मैदानों में अनुपस्थित था।

अतः विकल्प (D) सही है।

70. 1) निम्न और मध्य पुरापाषाणयुगीन काल में अभी तक कला कार्यों से संबंधित कोई साक्ष्य नहीं मिला है। ऊपरी पुरापाषाणयुगीन काल में बहुत सारी कलात्मक गतिविधियों को देखा गया है। भारत में सबसे पुरानी पेंटिंग ऊपरी पुरापाषाणयुगीन काल से हैं। दुनिया में रॉक पेंटिंग की पहली खोज पुरातत्वविद् आर्किबाल्ड कर्ल्लेआइल द्वारा 1867-68 (सोहगीघाट, मिर्जापुर जिला, उत्तर प्रदेश में) में भारत की गई थी।

2) मध्यप्रदेश विंध्य श्रृंखला से उत्तरप्रदेश तक फैले पेन्टिंग्स – मध्यप्रदेश के विन्ध्य की पहाड़ियों में भीमबेटका में करीब लगभग 500चट्टानी आश्रय थे। शिकार, नृत्य, संगीत, हाथी और घुड़सवारी, शहद संग्रह, पशुओं की लड़ाई, शरीर की सजावट, घरेलू दृश्य आदि की छवियां।

3) भारत में प्रागैतिहासिक चट्टान/गुफा पेन्टिंग्स के दो प्रमुख स्थल: भीमबेटका गुफाएं और जोगीमारा गुफाएं (अमरनाथ, मध्य प्रदेश)।

अतः विकल्प (C) सही है।

71. 1. आचमेनियन खंभे मौर्य स्तंभों से अलग थे। अचमेनियन स्तंभों का निर्माण राजमिस्त्री द्वारा टुकड़ों में किया गया था, जबकि मौर्य स्तंभों को एक ही रंग के भैंस के बलुआ पत्थर से बनाया गया था।

2. उन्होंने उत्तर-पूर्वी भारत में पहली बार शहरों के ऊपर उठने के लिए जली हुई ईंटें और अंगूठी अच्छी तरह से पेश की।

3. वे चिह्नित चांदी के सिक्कों को व्यापार के लिए इस्तेमाल करते हैं।

4. लोमस ऋषि गुफा का अग्रभाग अर्ध गोलाकार चैत्य आर्च था। यह बाराबर गुफाओं में मानव निर्मित गुफा है। यह एक चैत्य हॉल प्रकार की संरचना है। प्रवेश करने के बाद, पहले एक बड़ा हॉल है, जो पक्ष में और आयताकार आकार में दर्ज किया गया है, जो एक सभा हॉल के रूप में कार्य करता है। इसके अंदर एक दूसरा हॉल है, आकार में छोटा है, जो एक अर्ध-गोलार्द्ध का कमरा है, जिसमें एक गुंबद के रूप में छत है, और जो एक संकीर्ण आयताकार मार्ग से आयताकार कमरे से पहुँचा है। कक्षों की आंतरिक सतहों को बहुत बारीक रूप से समाप्त किया गया है।

अतः विकल्प (B) सही है।

72. धौली पहाड़ियाँ ओडिशा में दया नदी के तट पर स्थित हैं। यह एक पहाड़ी है, जिसके आस-पास विशाल खुला स्थान है और अशोक के शिलालेख पहाड़ी के शिखर तक जाने वाली सड़क के किनारे चट्टान के एक समूह पर उत्कीर्ण है। इसके अग्र भाग को हाथी के आकार का बनाया गया है।

अतः विकल्प (C) सही है।

73. यह विशाखदत्त द्वारा संस्कृत में किया गया एक ऐतिहासिक नाटक है जो भारत में राजा चंद्रगुप्त मौर्य की शक्ति को बताता है। यहां चाणक्य और चंद्रगुप्त ने एक अन्य राजा परवेश्वरा के साथ गठबंधन में राजा नंदा को हराया।

विशाखदत्त एक भारतीय संस्कृत कवि और नाटककार थे। उनका अन्य प्रसिद्ध नाटक देवीचंद्रगुप्तम है। यह एक नाटक है जिसमें बताया गया है कि कैसे राजा

रामगुप्त को शक शासक के साथ अपमानजनक संधि पर हस्ताक्षर करने में धोखा दिया जाता है। संधि के तहत, रामगुप्त अपनी पत्नी ध्रुवदेवी को शक राजा को भेजने वाला है। रामगुप्त का छोटा भाई, चंद्रगुप्त, कहानी का नायक, खुद को इस अपमान का बदला लेने के लिए लेता है। वह शक शासक और रामगुप्त को मारता है, गुप्त साम्राज्य की कमान संभालता है और ध्रुवदेवी से शादी भी करता है।

अतः विकल्प (D) सही है।

74. सेल्यूकस निकेटर सिकंदर के सेनापति थे। सिकंदर की मृत्यु के बाद, निकेटर को सीरिया/बाबुल में रखा गया था। उन्होंने तब उन क्षेत्रों को जीतने का फैसला किया जो पहले भारत में सिकंदर द्वारा जीते गए थे। इस प्रकार उन्होंने सिंधु के आसपास के क्षेत्रों पर हमला किया, जहां उन्होंने मौर्य राजा चंद्रगुप्त/सैंड्रोकोटस (ग्रीक ग्रंथों के अनुसार) का सामना किया, जिन्होंने पहले से ही सिंधु के आसपास के क्षेत्रों में अपना आधिपत्य स्थापित किया था। युद्ध में दोनों पक्षों के बीच संधि पर हस्ताक्षर किए गए जिसमें चंद्रगुप्त ने सेल्यूकस निकेटर को 500 हाथी दिए और बदले में सेल्यूकस ने अपनी बेटी को चंद्रगुप्त मौर्य को शादी के लिए दे दिया और साथ ही 4 वी अर्थात आरिया, अर्चोसिया, गेड्रोसिया और पारोपामिसादे को भी आत्मसमर्पण कर दिया।

अतः विकल्प (C) सही है।

75. मौर्य काल के लिए राज्य भूमि को प्रबंधित करने वाले मुख्य अधिकारी दासों, श्रमिकों और कैदियों की मदद से खेती करते थे। इससे होने वाली आय को सीता कहा जाता था।

अतः विकल्प (C) सही है।

76. भारत छोड़ो आंदोलन जिसे 'अगस्त क्रांति' के रूप में भी जाना जाता है, क्रिप्स मिशन की विफलता के बाद शुरू किया गया था जब यह संवैधानिक गतिरोध को हल करने में विफल रहा था। संकल्प को महात्मा गांधी द्वारा ब्रिटिश वापसी और किसी भी जापानी आक्रमण के खिलाफ अहिंसक असहयोग आंदोलन के लिए तैयार किया गया था।

असहयोग और सविनय अवज्ञा जैसे अन्य गांधीवादी आंदोलनों की तुलना में भारत छोड़ो आंदोलन जनता की सहज भागीदारी थी। इस ऐतिहासिक आंदोलन का बड़ा महत्व यह था कि इसने राष्ट्रीय आंदोलन के तत्काल कार्यसूची पर स्वतंत्रता की मांग रखी।

अतः विकल्प (A) सही है।

77. भारत छोड़ो आंदोलन जिसे 'अगस्त क्रांति' के रूप में भी जाना जाता है, क्रिप्स मिशन की विफलता के बाद शुरू किया गया था जब यह संवैधानिक गतिरोध को हल करने में विफल रहा था। संकल्प को महात्मा गांधी द्वारा ब्रिटिश वापसी और किसी भी जापानी आक्रमण के खिलाफ अहिंसक असहयोग आंदोलन के लिए तैयार किया गया था।

अतः विकल्प (B) सही है।

78. साइमन कमीशन यूनाइटेड किंगडम के सात ब्रिटिश सदस्यों का एक समूह था जो संवैधानिक सुधार का अध्ययन करने के लिए 1928 में भारत आया था। भारत के लोगों को आक्रोश था, क्योंकि साइमन कमीशन, जिसे भारत के भविष्य का निर्धारण करना था, उसमें एक भी भारतीय सदस्य शामिल नहीं था।

अतः विकल्प (C) सही है।

79. उषा मेहता (25 मार्च 1920 - 11 अगस्त 2000) भारत की एक गांधीवादी और स्वतंत्रता सेनानी थीं। उन्हें कांग्रेस रेडियो के आयोजन के लिए भी याद किया जाता है, जिसे गुप्त कांग्रेस रेडियो भी कहा जाता है, एक भूमिगत रेडियो स्टेशन, जो 1942 के भारत छोड़ो आंदोलन के दौरान कुछ महीनों के लिए काम किया था।

अतः विकल्प (A) सही है।

80. 1932 में महात्मा गांधी ने आमरण अनशन किया, क्योंकि रामसे मैकडोनाल्ड ने सांप्रदायिक पुरस्कार घोषित किया। यह पुरस्कार मुस्लिम और सिख समुदायों के साथ अवसादग्रस्त वर्ग के लिए सीटों के आरक्षण से संबंधित था।

अतः विकल्प (C) सही है।

81. सीमा रेखा का नाम सर सिरिल रेडक्लिफ के नाम पर रखा गया है, जिनके पास मुस्लिम बहुसंख्यक पाकिस्तान को भारत से बाहर निकालने के लिए विभाजन की रेखा खींचने का शुक्र है। सर सिरिल रेडक्लिफ को दो प्रांतों के लिए दो सीमा आयोगों के संयुक्त अध्यक्ष के रूप में नियुक्त किया गया था।

अतः विकल्प (C) सही है।

82. जैन ब्रह्माण्ड विज्ञान के अनुसार, ब्रह्मांडीय समय चक्र के प्रत्येक आधे हिस्से में, चौबीस तीर्थंकर ब्रह्मांड के इस हिस्से को प्रसन्न करते हैं। पहला तीर्थंकर ऋषभनाथ थे, जिसे मनुष्य को समाज में रहने के लिए तैयार करने और संगठित करने का श्रेय दिया जाता है।

अतः विकल्प (D) सही है।

83. महावीर द्वारा जिन प्राप्त करना कैवल्य कहलाता है। महावीर की मृत्यु को निर्वाण के नाम से जाना जाता है। त्रिरत्न का अर्थ सम्यक ज्ञान, सम्यक दर्शन, सम्यक आचरण है।

अतः विकल्प (C) सही है।

84. जैन धर्म ने पहली शताब्दी ई.पू. जैन धर्म में राजा राजा खारवेल के संरक्षण का आनंद भद्रबाहु के तहत दक्षिण भारत में फैला था। शतुलभद्र के नेतृत्व में रहने वाले जैनों को बुलाया गया था। श्वेतांबर और शुरू में जैन लोग बौद्ध जैसे चित्रों की पूजा नहीं करते हैं।

अतः विकल्प (C) सही है।

85. जैन धर्म के सबसे महान शाही संरक्षकों में से चन्द्रगुप्त मौर्य एक थे। जिन्होंने जैन धर्म को अपनाया तथा जैन भिक्षुओ की भांति जीवन व्यतीत करने लगे। यह संरक्षण उनके पोते अशोक के बौद्ध धर्म अपनाने तक जारी रहा था। लेकिन अशोक के पोते- संप्राती के साथ फिर से स्थितियां बदली और उसने पुन: जैन धर्म अपनाया। उन्हें भारत के महान सम्राटों में से एक माना जाता है और उन्होने लगभग पूरे भारतीय उपमहाद्वीप पर शासन किया था।

अतः विकल्प (D) सही है।

86. श्रुत-ज्ञान का ज्ञान, उन चीजों का हो सकता है जो अंगस (लिम्ब्स या पवित्र जैन पुस्तकों) या अंगस के बाहर की चीजों में निहित हैं। 12 अंग:

1. आचारांग
2. सूत्रकृतांग
3. स्थानांग
4. समवायांग
5. भगवती
6. ज्ञाता
7. उपासक दशांग
8. अंतकृत् दशा
9. अनुतरोपपातिकदशा
10. प्रश्न व्याकरण
11. विपाक
12. दृष्टिवाद (अब विलुप्त)

अतः विकल्प (A) सही है।

87. फ़िरोज़ शाह तुगलक ने अनाथों और विधवाओं की देखभाल के लिए दीवान-ए-ख़ैरात (धर्मार्थ विभाग) नामक एक नए विभाग की स्थापना की। दर-उल-शफ़ा और गरीब मुसलमानों के लिए विवाह ब्यूरो जैसे मुफ्त अस्पताल भी

स्थापित किए गए थे। उन्होंने दासों या दीवान-ए-बंदगन का विभाग भी बनाया है।

अतः विकल्प (C) सही है।

88. पुराण किला के दीनपना और शेरगढ़: क्यों 2 प्रतिद्वंद्वी राजाओं ने शहरों को उठाने के लिए एक ही जगह को चुना। दूसरे मुगल बादशाह हुमायूँ ने दीनपनाह का निर्माण किया और 1556 में लाहौर से आगरा जाते समय उसकी मृत्यु हो गई। शेरगढ़ी के लिए शेरशाह सूरी ने 1540 में जनवरी 1956 में हुमायूँ को हराया।

अतः विकल्प (B) सही है।

89. भारत में सबसे पुराने किलों में से एक, पुराना किले का निर्माण अफगान राजा, शेरशाह सूरी ने किया था, उस स्थान को पांडवों की राजधानी इंद्रप्रस्थ के रूप में भी जाना जाता था। पुराने किले की दीवारें 18 मीटर की ऊंचाई तक बढ़ती हैं और 1.5 किलोमीटर में फैली हैं।

अतः विकल्प (A) सही है।

90. ज़ियाउद्दीन बरनी (1285-1358 CE) मुहम्मद बिन तुगलक और फ़िरोज़ शाह के शासनकाल के दौरान उत्तर भारत के वर्तमान उत्तर भारत में स्थित दिल्ली सल्तनत का एक मुस्लिम राजनीतिक विचारक था।

अतः विकल्प (D) सही है।

91. भारत में, मुगल साम्राज्य सबसे महान साम्राज्यों में से एक था। मुगल साम्राज्य ने करोड़ों लोगों पर शासन किया। भारत एक नियम के तहत एकजुट हो गया, और मुगल शासन के दौरान बहुत समृद्ध सांस्कृतिक और राजनीतिक वर्ष थे।

दीवान-ए-वज़रात - राजस्व और वित्त विभाग

दीवान-ए-आरज़ - सैन्य विभाग

दीवान-ए-रसालतमुहतासिब - विदेश मामलों का विभाग

दीवान-ए-इंशा - सरकार का कस्टोडियन पत्रों

दीवान-ए-क़ज़ा - न्याय विभाग

दीवान-ए-बारिद - खुफिया विभाग

दीवान-ए-समन - शाही घराने का प्रभारी विभाग

अतः विकल्प (C) सही है।

92. हुमायूं का मकबरा ताजमहल से पहले बनाया गया एक प्रोटोटाइप है और जैसा कि इतिहासकार कहते हैं कि ताजमहल का डिजाइन किस आधार पर बनाया गया था।

काबुली बाग मस्जिद पानीपत में एक मस्जिद है, जिसे 1527 में पानीपत की पहली लड़ाई में सुल्तान इब्राहिम लोधी पर अपनी जीत के लिए सम्राट बाबर ने 1527 में बनवाया था। पानीपत में स्थित मस्जिद का नाम बाबू की पत्नी काबुली बेगम के नाम पर रखा गया है।

अतः विकल्प (A) सही है।

93. अकबर, तीसरे मुगल सम्राट, ने 1561 में चुनार कब जीता था। उन्होंने इसे अधिग्रहित किया क्योंकि उन्होंने गंगा और पूर्वी भारत के लिए प्रमुख भूमि मार्गों पर रणनीतिक रूप से किले को स्थित माना। अबुल अल फज़ल ने अकबर द्वारा किले पर इस जीत को एक महत्वपूर्ण घटना बताया।

अतः विकल्प (A) सही है।

94. फना ("निधन," "अस्तित्व को रोकना", या "विस्मृति"), स्वयं का पूर्ण इनकार, और ईश्वर की प्राप्ति जो मुस्लिम सूफी (रहस्यवादी) द्वारा संघ की उपलब्धि के लिए उठाए गए कदमों में से एक है परमेश्वर।

अतः विकल्प (C) सही है।

95. इब्न बतूता मोहम्मद बिन तुगलक के शासनकाल के दौरान दिल्ली पहुंचे और उनके साथ उन्होंने सुल्तान के लिए कई कीमती उपहार खरीदे। इब्न बतूता ने शाही दरबार में न्यायाधीश के रूप में सात साल तक राजा की सेवा की।

अतः विकल्प (A) सही है।

96. परमारा राजवंश की स्थापना 9 वीं शताब्दी की शुरुआत में उपेंद्र (कृष्णराज) नामक एक प्रमुख ने की थी। परमार की राजधानी शुरू में उज्जैन थी जिसे बाद में धरा द्वारा बदल दिया गया। वे 1305 तक शासन करने में सक्षम थे जब मालवा को अंततः अलाउद्दीन खिलजी ने जीत लिया था।

अतः विकल्प (C) सही है।

97. औरंगजेब के शासनकाल के दौरान, मुगल सेवा में बुंदेला अधिकारी भीमसेन बुरहानपुरी द्वारा लिखित नुसखा-ए-दिल खुशा। दक्कन मामलों को जानने के लिए उनका काम काफी महत्वपूर्ण है। उनके पिता रघुनंदन बुरहानपुर के एक कुलीन थे। उनके भाई भगवान दास भी शाही सेवा में थे। इसलिए उनके पास सरकार के रिकॉर्ड से गुजरने के लिए सभी सुविधाएं थीं। उन्होंने सरकार की लागत पर व्यापक दौरे किए और बहुत सारी जानकारी एकत्र की।

अतः विकल्प (A) सही है।

98. सर-ए-नौबत या सेनापति - कमांडर-इन-चीफ, साम्राज्य की सेना और रक्षा का प्रबंधन। नेताजी पालकर को पहले सेनापति के रूप में नियुक्त किया गया था। उस समय का सबसे प्रसिद्ध सेनापति था, हम्बिराओ मोहिते।

अतः विकल्प (D) सही है।

99. पुस्तकालय की सीढ़ियों से गिरकर हुमायूँ की मृत्यु हो गई। 24 जनवरी 1556 की शाम को, राजा हुमायूं अपने पुस्तकालय की छत पर बैठा हुआ था, जिसे दीन पनाह के नाम से जाना जाता था। वह अपने कुछ प्रतिष्ठित रईसों और ज्योतिषियों से बात कर रहा था और इसे शुक्र ग्रह के दिखने के समय एक दरबार में रखने की व्यवस्था की गई थी। वह खड़ी सीढ़ियों से उतरने और शाम की प्रार्थना में भाग लेने के लिए उठ गया। वह फिसल गया और वह सीढ़ियों से नीचे गिर गया और उसकी खोपड़ी फ्रैक्चर हो गई और 26 जनवरी, 1556 को उसकी मृत्यु हो गई।

अतः विकल्प (C) सही है।

100. मोहम्मद शाह को "रंगीला शाह" के नाम से भी जाना जाता था। उनके शासनकाल के दौरान, फारस और अफगानिस्तान के सम्राट नादिर शाह ने 1739 ई। में दिल्ली पर आक्रमण किया और लूटपाट की। उन्होंने शाहजहाँ के प्रसिद्ध मयूर सिंहासन और कोहिनूर हीरे सहित समृद्ध खजाने लूट लिए।

अतः विकल्प (C) सही है।

101. दिल्ली की जामा मस्जिद को मुगल सम्राट शाहजहाँ ने 1650 और 1656 के बीच एक लाख रुपये की लागत से बनवाया था, और इसका उद्घाटन बुखारा के इमाम सैयद अब्दुल गफूर शाह बुखारी ने किया था। मस्जिद 1656 ई. में तीन महान द्वारों और लाल बलुआ पत्थर और सफेद संगमरमर की पट्टियों के साथ निर्मित दो 40 मीटर ऊँची मीनारों के साथ पूरी हुई।

अतः विकल्प (C) सही है।

102. औरंगाबाद में बीबी का मकबरा एक शानदार मकबरा है जो असाधारण स्थापत्य सौंदर्य को प्रदर्शित करता है। मुगल शासक औरंगजेब द्वारा अपनी पहली पत्नी राबिया-उल-दुरानी उर्फ दिलूास बानू बेगम के स्मृति के रूप में निर्मित, यह 17 वीं शताब्दी की संरचना ताजमहल से एक अकल्पनीय समानता रखती है, जो उसकी मां का अंतिम विश्राम स्थल है। सफेद रंग में लिपटा प्रेम का यह नजारा मंत्रमुग्ध कर देने वाला दृश्य पेश करता है और शहर के सबसे प्रमुख स्थलों में से एक है।

अतः विकल्प (D) सही है।

103. जहाँगीर की न्याय श्रृंखला वह स्थान है जहाँ मुग़ल राजा जहाँगीर ने अपने 'न्याय की श्रृंखला' (जंजीर-ए-अदल) को 1605 ई. में स्थापित किया था। उन्होंने

अपने संस्मरण में दर्ज किया कि उनके परिग्रहण के बाद, पहला आदेश जो उन्होंने दिया, "न्याय की श्रृंखला के बन्धन के लिए था ताकि यदि न्याय के प्रशासन में लगे लोग देरी करें या पाखंड का अभ्यास करें, तो आफत आ सकती है। यह श्रृंखला और इसे हिलाएं ताकि इसका शोर मेरा ध्यान आकर्षित कर सके।"

अतः विकल्प (D) सही है।

104. थेरवाद बौद्ध धर्म में, पातिमोक्ख, मठवासी अनुशासन का मूल कूट है, जिसमें पूरी तरह से नियोजित भिक्षुओं (भिक्खुओं) के लिए 227 नियम और महिला भिक्षुणियों के लिए 311 नियम शामिल हैं। यह विनय पिटक के एक मंडल सुत्तविभंग में निहित है।

अतः विकल्प (C) सही है।

105. ग्रीस वह देश है, जहाँ बौद्ध धर्म का प्रचार नहीं हुआ था। मौर्य साम्राज्य सम्राट अशोक अपने चरम पर पहुंच गया, जो कलिंग के युद्ध के बाद बौद्ध धर्म में परिवर्तित हो गया। इसने बौद्ध सम्राट के तहत स्थिरता की एक लंबी अवधि की शुरुआत की। साम्राज्य की शक्ति विशाल थी - बौद्ध धर्म के प्रचार के लिए राजदूतों को दूसरे देशों में भेजा जाता था। ग्रीक दूत मेगस्थनीज ने मौर्य राजधानी की संपत्ति का वर्णन किया है। पत्थरों पर स्तूप, स्तंभ और शिलालेख सांची, सारनाथ और मथुरा में बने हुए हैं, जो साम्राज्य की सीमा का संकेत देते हैं।

अतः विकल्प (D) सही है।

106. बौद्ध धर्म को दो मुख्य धार्मिक समूहों महायान बौद्ध और हीनयान बौद्ध धर्म में विभाजित किया गया है। ये दोनों धार्मिक समूह दोनों में काफी समानताएँ हैं। लेकिन कुछ अंतर हैं। मतभेदों में से एक यह है कि महायान बौद्ध मानते हैं कि बुद्ध (सिद्धार्थ गौतम) एक भगवान हैं लेकिन हीनयान बौद्ध मानते हैं कि बुद्ध एक साधारण मानव थे।

अतः विकल्प (C) सही है।

107. बौद्ध धर्म की पवित्र पुस्तक को त्रिपिटक (पाली में त्रिपिटका) कहा जाता है। जिस भाषा में यह पहली बार लिखी गयी थी, उसके बाद इसे पाली कैनन भी कहा जाता है।

यह पाली नामक एक प्राचीन भारतीय भाषा में लिखा गया है, जो उस भाषा के बहुत करीब है जिसे बुद्ध ने स्वयं बोला था। त्रिपिटक एक विस्तृत पुस्तक है। इसके अंग्रेजी अनुवाद में लगभग चालीस खंड हैं।

अतः विकल्प (A) सही है।

108. बिहार को 'बौद्ध धर्म का पालना' कहा जाता है। बिहार (गया) बौद्ध धर्म के लिए जाना जाता है। गौतम बुद्ध, बौद्ध धर्म के संस्थापक, बिहार के गया के पास एक बरगद के पेड़ के नीचे प्रबुद्ध थे। बोध गया पूर्वोत्तर भारत के बिहार राज्य का एक गाँव है। बोधगया को सबसे महत्वपूर्ण बौद्ध तीर्थ स्थलों में से एक माना जाता है। बोधगया में प्राचीन महाबोधि मंदिर परिसर का प्रभुत्व है जो ईंटों से बना है ,जो उस जगह को चिह्नित करने के लिए बनाया गया है जहां बुद्ध ने एक पवित्र बोधि वृक्ष के नीचे आत्मज्ञान प्राप्त किया था।

अतः विकल्प (A) सही है।

109. फरवरी 1583 में, जॉन न्यूबेरी, जॉन एल्ड्रेड, विलियम लीड्स और जेम्स स्टोरी के साथ, फिच ने टाइगर में अवतार लिया और अप्रैल के अंत में सीरिया पहुंच गए। (अधिनियम I, विलियम शेक्सपियर के मैकबेथ यात्रा के दृश्य 3)। अलेप्पो (सीरिया) से, वे यूफ्रेट्स की ओर गए, जिसे वे अल-फालुजा, जो अब इराक में थे, और वहां से बगदाद को पार कर गए और टिगरिस से बसरा (मई-जुलाई 1583) के लिए रवाना हुए। एल्ड्रेड बने रहे, लेकिन फिच और अन्य लोगों ने फारस की खाड़ी को होर्मुज के व्यापारिक केंद्र में भेज दिया, जहां उन्हें वेनिस के व्यापारियों की जिम्मेदारी पर गिरफ्तार किया गया और पुर्तगाली भारत में गोवा के द्वीप पर ले जाया गया। उन्हें दो जेसुइट द्वारा प्रदान किए गए बांड पर रिहा होने तक जेल में रखा गया था। अप्रैल 1584 में फिच, न्यूबेरी और लीड्स बच गए और पूरे भारत में अपनी यात्रा शुरू की। उन्होंने उत्तर-मध्य भारत के आगरा के पास, फतेहपुर सीकरी में मुगल सम्राट अकबर के दरबार का दौरा किया, जहाँ लीड्स कोर्ट जौहरी के रूप में बस गए।

अतः विकल्प (A) सही है।

110. नामधारी को "गुरबाणी" (गुरु की बातें/उपदेश) सुनाने की उनकी ट्रेडमार्क शैली के कारण "कुकस" के रूप में भी जाना जाता था। यह शैली पंजाबी में "कूक्क" नामक एक उच्च-स्वर में थी। इस प्रकार, नामधारी को "कुकस" भी कहा जाता था।

अतः विकल्प (A) सही है।

111. श्रीमती एनी बेसेंट ने 1916 में होम रूल लीग की शुरुआत की, जिसमें आयरलैंड की भारतीय दुर्दशा का वर्णन किया गया था। वह जार्ज बर्नार्ड शॉ के साथ घनिष्ठ संबंध के कारण फेबियन सोसाइटी की सदस्य थीं। 1917 में वह कलकत्ता में एक सत्र में भारतीय राष्ट्रीय कांग्रेस की पहली महिला अध्यक्ष बनीं।

अतः विकल्प (B) सही है।

112. जनरल कर्नल रेजिनाल्ड एडवर्ड हैरी डायर सीबी ब्रिटिश भारतीय सेना के एक अधिकारी थे, जो अस्थायी ब्रिगेडियर-जनरल के रूप में अमृतसर में जलियांवाला बाग नरसंहार के लिए जिम्मेदार थे। उन्होंने मार्शल लॉ लागू किया और 13 अप्रैल, 1919 को जलियांवाला बाग में एकत्रित जनता के लिए खुली गोली का आदेश दिया।

अतः विकल्प (A) सही है।

113. ज्योतिराव का परिवार 'माली' जाति का था और उनका मूल शीर्षक 'गोराय' था। माली को ब्राह्मणों द्वारा एक नीच जाति के रूप में माना जाता था और सामाजिक रूप से दूर किया जाता था। ज्योतिराव के पिता और चाचा फूलवाले के रूप में सेवा करते थे, इसलिए परिवार को 'फुले' के नाम से जाना जाने लगा।

अतः विकल्प (A) सही है।

114. यंग इंडिया 1919 से 1931 तक महात्मा गांधी द्वारा प्रकाशित अंग्रेजी में एक साप्ताहिक पत्र या पत्रिका थी। गांधी ने इस पत्रिका में कई उद्धरण लिखे, जिन्होंने कई लोगों को प्रेरित किया।

महात्मा गाँधी ने सन 1933 में अंग्रेजी साप्ताहिक पत्र 'हरिजन' की स्थापना की, साबरमती तट पर बने सत्याग्रह आश्रम का नाम हरिजन आश्रम रखा।

अतः विकल्प (C) सही है।

115. वंदिवाश के युद्ध, (जनवरी 22, 1760), भारत के इतिहास में, फ्रांस के बीच, कॉम्ते डे लाली के तहत, और अंग्रेजों के बीच, सर आइरे कोटे के तहत टकराव। यह सात साल युद्ध (1756–63) के दौरान दक्षिणी भारत में आंग्ल-फ्रांसीसी अंग्रेजो से हार गए।

अतः विकल्प (A) सही है।

116. नारायण गुरु ने घोषणा की: "यह वर्षों से है जब मैंने जातियों और धर्मों को छोड़ दिया। फिर भी कुछ लोग सोचते हैं कि मैं उनकी जाति का हूं। यह सही नहीं है। मैं किसी जाति या धर्म से संबंधित नहीं हूं।"

नारायण गुरु (20 अगस्त 1856 - 20 सितंबर 1928) भारत में एक दार्शनिक, आध्यात्मिक नेता और समाज सुधारक थे। उनका जन्म एक ऐसे परिवार में हुआ था जो एझावा जाति का था। उन्होंने आध्यात्मिक ज्ञान और सामाजिक समानता को बढ़ावा देने के लिए केरल के जाति-ग्रस्त समाज में अन्याय के खिलाफ एक सुधार आंदोलन का नेतृत्व किया।

अतः विकल्प (A) सही है।

117. पूर्व में वैदिक काल को पेंटेड ग्रे वेयर (पीडब्लूजी) चरण के रूप में जाना जाता है और इसका इतिहास बाद के वैदिक कर पर आधारित है, जिसे ऋग्वेद के बाद संकलित किया गया था। इस अवधि के दौरान, आर्य लोग ऊपरी गंगा,

यमुना और सदानीरा (गंडक) के क्षेत्रों में फैल गए और इस अवधि में चावल और गेहूं एक मुख्य फसल बन गया। एक समाज वर्णों में विभाजित हो गया और इंद्र और अग्नि ने अपना महत्व खो दिया और प्रजापति सर्वोच्च देवता बन गए।

अतः विकल्प (A) सही है।

118. प्रारंभिक वैदिक काल एक कांस्य (ताम्र) युग की संस्कृति थी जहाँ बाद के वैदिक काल में एक लौह युग की संस्कृति थी। वैदिक समाज के अर्द्ध-खानाबदोश जीवन से लेकर बाद के वैदिक युग तक के कृषि में परिवर्तन से व्यापार और संसाधनों की प्रतिस्पर्धा में वृद्धि हुई।

अतः विकल्प (D) सही है।

119. महिलाएं गुरुओं के व्याख्यान में शायद ही कभी जाती थीं। वृहदारण्यक उपनिषद में एक पढ़ी-लिखी महिला गार्गी वाचकनवी के बारे में बताया गया है, जो ऋषि याज्ञवल्क्य की चर्चा में शामिल हुईं, उन्होंने कहा कि ज्ञान केवल पुरुष के लिए ही सीमित था। इस काल में सती और घूंघट प्रथा प्रचलित हो गई। हिंदू धर्मशास्त्र में प्रार्थना और बलिदान, तपस्या करने और महिलाओं को धार्मिक यात्रा करने से मना किया गया था।

अतः विकल्प (D) सही है।

120. वैदिक काल के अंत में, ऋग्वैदिक लोकप्रिय सभाओं ने अपना महत्व खो दिया था और शाही शक्ति बढ़ गई थी। विधाता पूरी तरह से गायब हो गए थे। समिति की तुलना में सभा अधिक शक्तिशाली हो गई थी और अब वर्तमान में इस पर रईसों और ब्राहम्णों का प्रभुत्व था, अब महिलाओं को सभा में शामिल होने की अनुमति नहीं थी। शाही शक्ति में वृद्धि बाद के वैदिक काल में आदिवासी सभाओं के निरंतर कमजोर होने के कारणों में से एक नहीं था।

अतः विकल्प (A) सही है।

121. (A) वैदिक धर्म में, मारुत तूफान देवता हैं और रुद्र और प्रिसनी के पुत्र हैं। मारुत की संख्या 27 से 60 तक भिन्न है। वे बहुत हिंसक और आक्रामक हैं।

(B) वरुण ने पानी का उपयोग किया; वह 'रीता' या प्राकृतिक क्रम (ऋतस्यगोपा') को कायम रखने वाला है।

(C) इंद्र या पुरंदर (किले को नष्ट करने वाला) सबसे महत्वपूर्ण वैदिक देवता थे। उन्होंने सरदारों की भूमिका निभाई और उन्हें बारिश का देवता माना।

(D) पूषा अदिति के बेटों में से एक है। वह वैदिक सौर देवता हैं और सभा के देवता हैं। पूषा विवाह, यात्रा, सड़क, और मवेशियों को खिलाने के लिए जिम्मेदार था। वह मानसिक आडंबर था, आत्माओं को दूसरी दुनिया में ले जाना। उसने यात्रियों को डाकुओं और जंगली जानवरों से बचाया और पुरुषों को अन्य पुरुषों द्वारा शोषण से बचाया। उन्होंने एक सुनहरा लांस किया, जो गतिविधि का प्रतीक था।

अतः विकल्प (A) सही है।

122. घग्घर दृषाद्वती नदी का आधुनिक नाम है। दृषाद्वती नदी ऋग वैद काल की नदी सरस्वती और ब्रह्मवर्त की स्थिति के मार्ग की पहचान करने के लिए विद्वान द्वारा परिकल्पित नदी है। मनुस्मृति के अनुसार, ब्रह्मावर्त, जहाँ ऋषियों ने वैदिक धर्म के वेदों और अन्य संस्कृत ग्रंथों की रचना की, वैदिक काल के दौरान सरस्वती और दृषाद्वती नदियों के संगम पर था।

अतः विकल्प (C) सही है।

123. अयस, लोहे और अन्य धातुओं के उपकरणों को संदर्भित करते है। अयस, लोहे को तथा धाम और कर्मारा शब्द लौहा-वेल्डर्स को संदर्भित करते हैं। कृष्ण-अयस या श्यामा-अयस क्रमशः काली धातु और गहरी धातु को संदर्भित करती हैं।

अतः विकल्प (B) सही है।

124. प्रारंभिक वैदिक आर्यों का धर्म ऋग्वेदिक धर्म था जो प्राकृतिक शक्तियों की पूजा करते थे और ईश्वरीय शक्ति में विश्वास करते थे जैसे कि आग, पानी, हवा, आदि बलिदान या यज्ञ ऋग वैदिक धर्म की मुख्य विशेषता थी।

अतः विकल्प (C) सही है।

125. वैदिक आर्यों का मुख्य भोजन दूध और उसके उत्पाद थे।

- आर्यों ने मिश्रित अर्थव्यवस्था का पालन किया जिसमें कृषि और पशुचारण दोनों शामिल थे।
- ऋग्वेद में गाय के संदर्भ से पता चलता है कि ऋग्वैदिक आर्य मुख्यतः देहाती लोग थे।
- ऋग्वेद में युद्ध के लिए शब्द गविष्ठी या गायों की खोज है।
- गाय विनिमय की मानक इकाई थी।

अतः विकल्प (C) सही है।

मॉक टेस्ट 08

Q.1 निम्नलिखित में से किस भारतीय उपमहाद्वीप के किस स्थान पर कृषि के आरंभिक प्रमाण मिले हैं?

A. प्रतापगढ़ **B.** मेहरगढ़ **C.** क्वेटा **D.** कलात

Q.2 सिंधु सभ्यता में मुहरों को बनाने के लिए निम्न में से किस नरम पत्थर का उपयोग किया गया था?

A. हेमाटाइट **B.** मैग्नेटाइट **C.** लिमोनाईट **D.** स्टिएटाइट

Q.3 उस राज्य का नाम बताइए जिसने पहले युद्धों में हाथियों का इस्तेमाल किया था?

A. चंपा **B.** मगध **C.** कोशल **D.** अवंती

Q.4 निम्नलिखित में से किस भारतीय शासक को देवानामप्रिया प्रियदर्शिन (देवताओं के प्रिय) के रूप में भी जाना जाता है?

A. चंद्रगुप्त मौर्य **B.** विक्रमादित्य
C. अशोक **D.** पुलकेशिन

Q.5 "सत्य की खोज" में सिद्धार्थ के प्रस्थान को ______________ के रूप में जाना जाता है।

A. धर्मचक्रपरिवर्तन **B.** महाभिनिष्क्रमण
C. निर्वाण **D.** परिनिर्वाण

Q.6 भारत में धार्मिक प्रथाओं के संदर्भ में, "स्थानकवासी" संप्रदाय का संबंध है-

A. बुद्ध धर्म **B.** जैन धर्म
C. वैष्णव संप्रदाय **D.** शैव

Q.7 किस गुप्त शासक ने हूण आक्रमण को निरस्त किया?

A. समुद्रगुप्त **B.** चन्द्रगुप्त द्वितीय
C. स्कन्दगुप्त **D.** कुमारगुप्त

Q.8 "रज्मनामा" किस हिंदू ग्रंथ का फारसी अनुवाद है?

A. रामायण **B.** महाभाष्य **C.** महाभारत **D.** अष्टाध्यायी

Q.9 'पंचतंत्र' के लेखक कौन हैं?

A. कालिदास **B.** वाल्मीकि **C.** विष्णु शर्मा **D.** श्री हर्ष

Q.10 निम्नलिखित में से किस राजवंश के शासकों ने देवपुत्र की उपाधि धारण की?

A. मौर्य **B.** शुंग
C. कुषाण **D.** सका-कस्त्रपा

Q.11 महायान बौद्ध धर्म के संदर्भ में, भविष्य का बुद्ध ______ है?

A. क्रकचंदा **B.** अमिताभ **C.** मैत्रेय **D.** कनक मुनि

Q.12 विक्रमशिला विश्वविद्यालय पाल वंश के किस शासक द्वारा स्थापित किया गया था?

A. धर्मपाल **B.** रामपाल
C. गोपाल **D.** Kumarpala

Q.13 दशकुमारचरितम के लेखक कौन थे और वह किसके दरबार में रहते थे?

A. डंडिन, नंदीवर्मन II **B.** भारवी, नंदीवर्मन II
C. अप्पार, दंडनिवर्मन I **D.** भारवी, नरसिंहवर्मन I

Q.14 अशोक के बैरुत शिलालेख को किसके द्वारा इलाहाबाद में लाया गया था?

A. कनिंघम **B.** जेम्स प्रिंसेप
C. फ़िरोज़ शाह तुगलक **D.** जहांगीर

Q.15 निम्नलिखित में से कौन से कालिदास के दो कार्य हैं?

A. रघुवंश और किर्तजुनिआ
B. कुमारसंभव और रघुवंश
C. मालती माधव और कुमारसंभव
D. इनमे से कोई भी नहीं

Q.16 हर पांच साल में, हर्षवर्धन अपनी सभी संपत्ति एक सभा में निम्नलिखित स्थानों में से किस पर दान कर दिया करते थे?

A. उज्जैन **B.** बनारस **C.** प्रयाग **D.** कन्नौज

Q.17 चित्रलिपि लेखन किस प्राचीन सभ्यता का एक हिस्सा है?

A. सिंधु घाटी **B.** मिस्त्र देशीय
C. चीनी **D.** मेसोपोटामिया

Q.18 16 महाजनपदों में से सावित्री किसकी राजधानी थी?

A. कसी **B.** कोशल **C.** मत्स्य **D.** अंगा

Q.19 मगध के शासकों में से किसने गंगा नदी के तट पर पाटलिपुत्र (पटना) शहर की स्थापना की?

A. चंद्रगुप्त मौर्य **B.** अजातशत्रु
C. बिम्बिसार **D.** बिन्दुसार

Q.20 हिंदू दर्शन के अनुसार, प्रतिबंधों और प्रथाओं (यम और नियामा) के तहत लेखों की संख्या कितनी है?

A. 5 **B.** 15 **C.** 20 **D.** 36

Q.21 निम्नलिखित में से कौन सा दर्शन तर्क से संबंधित है?

A. योग **B.** सांख्य
C. न्याय **D.** इनमे से कोई भी नहीं

Q.22 मौर्य साम्राज्य के संदर्भ में, निम्नलिखित कथनों में से कौन सा सही है / हैं?

1. मौर्य काल में रिंग कुएँ पहली बार प्रचलन में आए
2. मौर्य वंश के शासकों को उनके मेट्रोनॉमिक्स की विशेषता थी।
3. मौर्यों की सरकार चरित्र में अत्यधिक केंद्रीकृत थी।

नीचे दिए गए कोड से सही विकल्प का चयन करें:

A. केवल 1 और 2 **B.** केवल 2 और 3
C. केवल 1 और 3 **D.** केवल 3

Q.23 निम्नलिखित में से कौन बौद्ध कैनोनिकल साहित्य के बारे में सही कथन नहीं है?

A. अभिधम्म पिटक को तीसरे बौद्ध परिषद में संकलित किया गया था।
B. दीघा निकया सुत्त पिटक का एक हिस्सा है।
C. विनय पिटक मुख्य रूप से भिक्षुओं और ननों के लिए मठ के नियमों से संबंधित है।
D. सुत्त पिटक दर्शन और मनोविज्ञान से संबंधित है और मन को प्रशिक्षित करने के तरीकों की व्याख्या करता है।

Q.24 किस तरह से गुप्तों का प्रशासन मौर्यों के साथ अलग था?

1. गुप्त युग में राजा मौर्यों की तुलना में स्थानीय प्रशासन में अधिक रुचि रखते थे।
2. गुप्त युग में मौर्यों की तुलना में नकदी में वेतन देने की बढ़ती प्रवृत्ति देखी गई।

नीचे दिए गए कोड से सही विकल्प का चयन करें:

A. केवल 1
B. केवल 2
C. दोनों 1और 2
D. न तो 1 और न ही 2

Q.25 निम्नलिखित को ध्यान मे रखते हुए:

1.महाभिनिष्करमण
2. उपासिका
3. तथागत
4. स्याद्वाद

उपरोक्त में से कौन बौद्ध धर्म से संबंधित हैं?

A. केवल 1, 2 और 3
B. केवल 2, 3 और 4
C. केवल 1, 3 और 4
D. 1, 2, 3 और 4

Q.26 दक्षिण भारत में मिले मेगालिथ किस काल के थे?

A. पुरापाषाण युग
B. मेसोलिथिक युग
C. नवपाषाण काल
D. लौह युग

Q.27 अशोकन स्तंभों के निर्माण के लिए निम्नलिखित में से किस सामग्री का उपयोग किया गया था?

A. चूना पत्थर
B. बलुआ पत्थर
C. ग्रेनाइट
D. लाल पत्थर

Q.28 बिन्दुसार की अदालत में राजदूत के रूप में डीमाचस को किसने भेजा?

A. सेल्यूकस
B. एंटिओकस
C. राजा टॉलेमी द्वितीय
D. सिकंदर

Q.29 निम्नलिखित में से किसे ब्राह्मणों का समापन भाग माना जाता है?

A. अरण्यक **B.** उपनिषदों **C.** वेदान्त **D.** वेदांग

Q.30 निम्नलिखित में से कौन 'श्रेनी 'शब्द की व्याख्या करता है?

A. एक धार्मिक समूह
B. राजा को सलाह देने के लिए एक समिति
C. व्यापारियों का संगठन या समिति
D. इनमे से कोई भी नहीं

Q.31 पंचाल के उत्तरी भाग की राजधानी क्या थी?

A. इंद्रप्रस्थ **B.** अहिच्छत्र **C.** कौशाम्बी **D.** कंपिलिया

Q.32 अशोक के कितने शिलालेख हैं?

A. 30 **B.** 31 **C.** 32 **D.** 33

Q.33 धम्म महामत्ताओं का उल्लेख निम्नलिखित में से किस शिलालेख में किया गया था?

A. तीसरा शिलालेख
B. पांचवां शिलालेख
C. छठा शिलालेख
D. सातवीं शिलालेख

Q.34 अशोकन स्तंभों में निम्न में से किस प्रतीक को रूपांकनों के रूप में इस्तेमाल किया गया था?

1) कमल
2) बाघ
3) बैल
4) हाथी

नीचे दिए गए कोड से सही विकल्प का चयन करें:

A. केवल 1 और 2
B. केवल 1, 3, और 4
C. केवल 1, 2 और 3
D. 1, 2, 3, और 4

Q.35 निम्नलिखित में से किस स्तंभ में सामाजिक संहिता के बारे में उल्लेख है?

A. पहला स्तम्भ शिलालेख
B. दूसरा स्तम्भ शिलालेख
C. तीसरा स्तम्भ शिलालेख
D. चौथा स्तम्भ शिलालेख

Q.36 गुप्त काल के दौरान, शूद्रों को निम्नलिखित देवताओं में से किसकी पूजा करने की अनुमति थी?

A. इंद्र **B.** अग्नि **C.** कृष्ण **D.** विष्णु

Q.37 निम्नलिखित में से कौन सी अजंता में रॉक-कट गुफाएं चैत्य गृह हैं?

1) गुफा संख्या 9
2) गुफा संख्या 12
3) गुफा संख्या 19

नीचे दिए गए कोड से सही विकल्प का चयन करें:

A. केवल 1 और 3
B. केवल 1 और 2
C. केवल 2
D. केवल 2 और 3

Q.38 निम्नलिखित में से किस राजा ने कन्नौज की ओर मार्च किया और अपनी बहन राजश्री को बचाया, जो सती होने के कगार पर थी?

A. राज्यवर्धन
B. प्रभाकर वर्धन
C. हर्षवर्धन
D. इनमे से कोई भी नहीं

Q.39 निम्नलिखित में से किसने 'सिलादित्य' की उपाधि धारण की?

A. हर्षवर्धन
B. राज्यवर्धन
C. प्रभाकर वर्धन
D. इनमे से कोई भी नहीं

Q.40 निम्नलिखित में से किस राजा को अल-मसुदी द्वारा राजा बौरा कहा जाता था?

A. मिहिर भोज
B. हरिचंद्र
C. नागभट्ट प्रथम
D. वत्सराज

Q.41 गंगा की प्राचीनतम राजधानी कहाँ स्थित थी?

A. बनवासी **B.** कोलार **C.** मदुरै **D.** कांची

Q.42 निम्नलिखित में से किसके शासनकाल के दौरान बौद्ध धर्म में स्तोत्र और स्तव अस्तित्व में आए थे?

A. गोपाल **B.** सर्वजन्मित्र **C.** चन्द्रकीर्ति **D.** संतदेव

Q.43 कृष्ण द्वितीय का निम्नलिखित में से किस राजा ने स्थान लिया था?

A. दन्तिदुर्ग
B. कृष्ण प्रथम
C. इंद्र तृतीय
D. कृष्ण तृतीय

Q.44 पुलकेशिन II का नियम निम्नलिखित में से किस अवधि से संबंधित है?

A. 605 - 622 ई.
B. 606 – 630 ई.
C. 609 – 635 ई.
D. 610 – 642 ई.

Q.45 सेल्यूकस निकेटर को किसने हराया था?

A. अशोक
B. चंद्रगुप्त मौर्य
C. बिन्दुसार
D. वैशाली

Q.46 अशोक ने पूरे भारत और सीलोन में बौद्ध धर्म का कैसे प्रसार किया?

A. त्रिरत्न को पढ़ाना
B. धर्म महामंत्रों को भेजना
C. वागिंस युद्ध
D. बौद्ध भिक्षु बनना

Q.47 'दूसरा अशोक' किसे कहा जाता है?

A. समुद्रगुप्त
B. चंद्रगुप्त मौर्य
C. कनिष्क
D. हर्षवर्धन

Q.48 चन्द्र गुप्त मौर्य के बाद किसने गद्दी संभाली?

A. बिम्बिसार **B.** अशोक **C.** बिन्दुसार **D.** विष्णुगुप्त

Q.49 कुषाण काल में सबसे बड़ा विकास किसके क्षेत्र में हुआ था?

A. धर्म **B.** कला
C. साहित्य **D.** वास्तु-कला

Q.50 मौर्य काल में स्थानिक कौन था?

A. जिला प्रशासक **B.** प्रांतीय प्रशासक
C. ग्राम प्रशासक **D.** शहर का प्रशासक

Q.51 सात वर्गों में मौर्यकालीन समाज का निम्नलिखित में से कौन सा विभाजन है?

A. अशोक के शिलालेख **B.** इंडिका
C. कौटिल्य का अर्थशास्त्र **D.** विष्णु पुराण

Q.52 अर्थशास्त्र किसके द्वारा लिखा गया था?

A. धनानंद **B.** कौटिल्य **C.** बिम्बिसार **D.** पुष्यमित्र

Q.53 अशोक को बौद्ध धर्म अपनाने के लिए प्रभावित करने वाला भिक्षु था-

A. विष्णुगुप्त **B.** उपगुप्त **C.** ब्रह्मगुप्त **D.** बृहद्रथ

Q.54 अंतिम मौर्य शासक बृहद्रथ की हत्या करने के बाद मौर्यों से किसने सत्ता छीनी?

A. पुष्यमित्र शुंग **B.** अगणिमित्रा
C. वसुमित्र **D.** ज्येष्ठमित्र

Q.55 निम्नलिखित में से कौन मौर्य साम्राज्य के पतन का वास्तविक कारण नहीं था?

A. अशोक की शांतिवादी नीतियां
B. अशोक के बाद साम्राज्य का विभाजन
C. विदेशी आक्रामकता विशेष रूप से ग्रीक
D. आर्थिक और वित्तीय संकट

Q.56 निम्नलिखित में से कौन मुग़लों के अधीन काज़ी-उल-क़ज़ात के कार्यालय का सही अर्थ है?

A. वित्त विभाग के प्रमुख
B. सार्वजनिक नैतिकता का सेंसर
C. न्याय में सर्वोच्च प्राधिकरण
D. दान का प्रभारी

Q.57 निम्नलिखित में से किस शब्द का उपयोग चार्यपाद के लेखन के लिए किया जाता है?

A. योगाचारी **B.** महासिद्ध **C.** सकयापा **D.** चर्यापुरुष

Q.58 भारत में शुद्ध अरबी सिक्का जारी करने वाला पहला शासक कौन था?

A. मोहम्मद गोरी **B.** कुतुबुद्दीन ऐबक
C. इल्तुतमिश **D.** रजिया सुल्तान

Q.59 दिल्ली सल्तनत के निम्नलिखित में से किस शासक ने इकतारों को समाप्त कर दिया?

A. अलाउद्दीन खिलजी **B.** मुहम्मद तुगलक
C. फिरोजशाह तुगलक **D.** बलबन

Q.60 निम्नलिखित में से कौन फारसी में राजतरंगिणी के अनुवाद से जुड़ा है?

A. दारा शिकोह **B.** ज़ैन-उल-अबिदीन
C. अब्दुल रज्जाक जिलानी **D.** बंदे नवाज

Q.61 देवगिरि किस मुस्लिम आक्रमणकारी के अधीन था?

A. अला-उद-दिन खिलजी **B.** जलाल-उद-दीन फिरोज़
C. मलिक काफूर **D.** कुतुबुद्दीन ऐबक

Q.62 निम्नलिखित में से कौन मुस्लिम विजय से पहले भारतीय समाज में प्रचलित था?

A. पर्दा प्रणाली **B.** बाल विवाह
C. सती प्रणाली **D.** गुलामी

Q.63 सयाना, वेदों का एक बहुत महत्वपूर्ण टीकाकार निम्नलिखित में से किसमें फला-फूला?

A. होयसला साम्राज्य **B.** काकतीय वंश
C. विजयनगर साम्राज्य **D.** पांडियन साम्राज्य

Q.64 प्रसिद्ध चित्रकार उस्ताद मंसूर किस मुगल सम्राट द्वारा संरक्षण प्राप्त था?

A. अकबर **B.** जहांगीर
C. शाहजहाँ **D.** शाह आलम

Q.65 निम्नलिखित में से कौन गुरु ग्रंथ साहिब का मूल लेखक था?

A. भाई गुरदास **B.** बंदा सिंह बहादुर
C. बाबा बुड्ढा जी **D.** बाबा गुरदित सिंह

Q.66 औरंगज़ेब के शासनकाल में निम्नलिखित में से कौन सा कार्य राज्य के कागजात पर आधारित है और उनकी मृत्यु के बाद संकलित किया गया था?

A. मासीसिर-ए-आलमगिरी **B.** आलमगीरनामा
C. फतुहात-ए-अल्मगिरी **D.** मुन्तखब-उल-लुबाब

Q.67 किस मुगल राजा के सिक्के में स्वस्तिक दर्शाया गया है?

A. अकबर **B.** जहांगीर
C. शाहजहाँ **D.** मुहम्मद शाह

Q.68 मोहम्मद गोरी द्वारा हमला किए जाने पर पंजाब में गजनवीड शासक कौन था?

A. ख़ुसरो शाह **B.** ख़ुसरो मलिक
C. बहराम शाह **D.** शिरज़ाद

Q.69 निम्नलिखित में से कौन भारत पर मोहम्मद गोरी के आक्रमण का प्रमुख उद्देश्य था?

A. भारत की धन और लूट की संपत्ति
B. घुरिद साम्राज्य का विस्तार करने के लिए
C. तलवार द्वारा इस्लाम का प्रसार करना
D. राजपूतों को दंडित करने के लिए जिन्होंने उसके प्रभुत्व पर हमला किया

Q.70 उत्तरी सीमांतों से भारत पर अपने प्रारंभिक हमलों में, मोहम्मद गोरी ने निम्नलिखित में से कौन सा मार्ग चुना?

A. खैबर पास **B.** गोमल दर्रा
C. हाजीगक दर्रा **D.** बोलन दर्रा

Q.71 शिव राजवंश का संस्थापक कौन था?

A. बल्लाल सेना **B.** सेमांता सेन
C. लक्ष्मण सेन **D.** विजय सेन

Q.72 अंतिम राष्ट्रकूट राजा कौन थे?

A. गोविंदा तृतीय **B.** इंदिरा तृतीय
C. कृष्ण द्वितीय **D.** कृष्ण तृतीय

Q.73 मुहम्मद-बिन-कासिम ने भारत पर कब आक्रमण किया?

A. 622 ई. **B.** 630 ई. **C.** 632 ई. **D.** 711 ई.

Q.74 सिंध पर मुहम्मद बिन कासिम के अभियान के उद्धृत कारणों में से एक सिंध के बावारिज को दंडित करना था। ये लोग कौन थे?

A. डाकू **B.** समुद्री लुटेरे
C. सैनिकों **D.** व्यापारी

Q.75 निम्नलिखित में से किस राजा के चांदी के सिक्के में चित्रांकन और द्विभाषी किंवदंतियाँ थीं, जो क्षत्रप के प्रकारों से प्रेरित थे?

A. सातवाहन **B.** कुषाण **C.** गुप्त **D.** मौर्य

Q.76 पुराने किले का निर्माण निम्नलिखित में से किसके शासनकाल के दौरान किया गया था?

A. अकबर **B.** हुमायूं **C.** शेरशाह **D.** जहांगीर

Q.77 उनकी जीत के बाद भारत में जारी सिक्कों में मोहम्मद गोरी के लिए क्या नाम इस्तेमाल किया गया था?

A. श्री मुईजुद्दीन मोहम्मद **B.** श्री महामद सम
C. श्री इब्न सम **D.** श्री मोहम्मद मुईजुद्दीन

Q.78 इतिहासकार मिन्हाज - हम - सिराज और ऊष के संत कुतुबुद्दीन को किसने संरक्षण दिया?

A. कुतुबुद्दीन ऐबक **B.** इल्तुतमिश
C. अलाउद्दीन खिलजी **D.** रज़िया सुल्ताना

Q.79 तबकात-ए-अकबरी निम्नलिखित में से किस लेखक द्वारा लिखा गया था?

A. मीर मुहम्मद मासूम
B. मुहम्मद बिहामद खानी
C. याह्या इब्न अहमद सिहरिंदी
D. निजामुद्दीन अहमद

Q.80 पृथ्वीराज चौहान ने तराइन की पहली लड़ाई में निम्नलिखित में से किस राजा को हराया था?

A. अलाउद्दीन हुसैन **B.** गजनी का महमूद
C. मुहम्मद गोरी **D.** घियाथ उद-दिन

Q.81 देव राय लगातार युद्ध में निम्नलिखित में से किस राज्य के साथ थे?
1) तेलंगाना के वेलामास
2) गुलबर्गा के बहमनी सुल्तान
३) कोंडविदु की रेडिस
नीचे दिए गए कोड से सही विकल्प का चयन करें:

A. केवल 1 और 2 **B.** केवल 2 और 3
C. केवल 1 और 3 **D.** 1, 2, और 3

Q.82 जोधपुर का किला किसने बनवाया था?

A. गुरु रामदास **B.** शाहजहाँ
C. राव जोधाजी **D.** महात्मा गांधी

Q.83 हैदराबाद का प्रसिद्ध चारमीनार किसने बनवाया था?

A. कृष्णदेव राय
B. मुहम्मद कुली कुतुब शाह
C. नादिर शाह
D. औरंगजेब

Q.84 निम्नलिखित में से कौन अकबर का शिक्षक था?

A. कबीर **B.** अबुल फजल
C. बैरम खान **D.** अब्दुल लतीफ

Q.85 लाल किले, दिल्ली में मोती मस्जिद का निर्माण किसके द्वारा किया गया था?

A. शेरशाह **B.** शाहजहाँ
C. औरंगजेब **D.** बहादुर शाह जफर

Q.86 मुस्लिम लीग के निम्नलिखित सत्रों में से, मोहम्मद अली जिन्ना ने एक नया नारा "डिवाइड एंड क्विट" का आविष्कार किया था?

A. लखनऊ सत्र 1931 **B.** कराची सत्र 1933
C. लाहौर सत्र 1940 **D.** कराची सत्र 1943

Q.87 निम्नलिखित में से किसे महात्मा गांधी द्वारा 1940 के व्यक्तिगत सत्याग्रह के लिए प्रथम सत्याग्रही के रूप में नामित किया गया था?

A. विनोबा भावे **B.** जवाहर लाल नेहरू
C. लाल बहादुर शास्त्री **D.** एस. सत्यमूर्ति

Q.88 निम्नलिखित तारीखों में से किस पर, द्वितीय गोलमेज सम्मेलन आयोजित किया गया था?

A. 17 नवंबर, 1932 **B.** 12 नवंबर, 1930
C. 7 सितंबर, 1931 **D.** 7 सितंबर, 1932

Q.89 स्वतंत्रता आंदोलन के दौरान, 'केसरी' अखबार किसके द्वारा प्रकाशित किया गया था?

A. सुभाष चंद्र बोस **B.** बाल गंगाधर तिलक
C. मुहम्मद अली जिन्ना **D.** लाला लाजपत राय

Q.90 निम्नलिखित में से किस देश में, द्वितीय विश्व युद्ध के दौरान, भारतीय राष्ट्रीय सेना (आजाद हिंद फौज) की एक विरासत इकाई, बत्तग्लियोन आज़ाद हिंडोस्टर का गठन किया गया था?

A. जापान **B.** जर्मनी **C.** इटली **D.** सिंगापुर

Q.91 निम्नलिखित में से कौन संविधान सभा के पहले अध्यक्ष थे?

A. डॉ. राजेंद्र प्रसाद **B.** सचिदानंद सिन्हा
C. जवाहर लाल नेहरू **D.** बी आर अम्बेडकर

Q.92 सूरत सत्र 1907 में सूरत विभाजन के लिए भारतीय राष्ट्रीय कांग्रेस का अध्यक्ष किसे चुना गया?

A. डॉ. रास बिहारी घोष **B.** लाला लाजपत राय
C. दादाभाई नौरोजी **D.** फिरोजशाह मेहता

Q.93 निम्नलिखित में से किसने स्वाध्याय आंदोलन और स्वाध्याय परिवार संगठन की स्थापना की?

A. अच्युतानंद **B.** सत्स्वरुप दसा गोस्वामी
C. स्वामी शिवानंद **D.** पांडुरंग शास्त्री आठवले

Q.94 पश्चिमी भारत के नवजागरण के जनक कौन थे?

A. बी.एम. मालाबारी **B.** एम. जी. रानाडे
C. आर. जी. भंडारकर **D.** के.टी. तेलंग

Q.95 निम्नलिखित में से किसे ईस्ट इंडिया कंपनी के शुरुआती समय में पश्चिमी प्रेसीडेंसी के रूप में भी जाना जाता था?

A. बॉम्बे **B.** सूरत **C.** पणजी **D.** पुणे

Q.96 भारत के निम्नलिखित राज्यों में से, समानांतर भारत सरकार 1942 से 1944 के बीच भारत छोड़ो आंदोलन के दौरान चल रही थी?

A. ओडिशा **B.** बिहार
C. पश्चिम बंगाल **D.** बॉम्बे

Q.97 1853 भारत के परिवहन में एक मील का पत्थर है क्योंकि?

A. पहली ट्रेन **B.** पहला मालवाहक विमान
C. पहला जहाज **D.** इनमें से कोई भी नहीं

Q.98 ब्रिटिश सरकार द्वारा भारतीय मामलों के प्रत्यक्ष नियंत्रण के लिए निम्नलिखित में से कौन सा कार्य प्रदान किया गया है?

A. भारत सरकार अधिनियम 1858
B. 1784 का पिट्स इंडिया एक्ट
C. भारत सरकार अधिनियम 1909
D. भारतीय परिषद अधिनियम 1892

Q.99 सेरिंगपटम की संधि पर किस एंग्लो-मैसूर युद्ध के बाद हस्ताक्षर किए गए थे?

A. पहला **B.** दूसरा **C.** तीसरा **D.** चौथा

Q.100 अखिल भारतीय किसान सभा जो भारत का पहला किसान संगठन था, किस वर्ष गठित किया गया था?

A. 1920 **B.** 1936 **C.** 1942 **D.** 1945

Q.101 ईस्ट इंडिया कंपनी में "नियंत्रण बोर्ड" के संदर्भ में, निम्नलिखित कथनों पर विचार करें:

1. यह 1784 के पिट्स इंडिया अधिनियम द्वारा गठित किया गया था
2. इसने कंपनी के वाणिज्यिक मामलों को नियंत्रित किया
3. इसे भारत सरकार अधिनियम 1858 द्वारा समाप्त कर दिया गया था

उपरोक्त कथनों में से कौन सा सही है / हैं?

A. केवल 1 सही है **B.** केवल 1 और 2 सही हैं
C. 1 और 3 सही हैं **D.** 1, 2 और 3 सही हैं

Q.102 भारत को स्वतंत्रता प्रदान करने का कार्यकारी निर्णय पहली बार किस माध्यम से आया था?

A. अगस्त ऑफर
B. क्रिप्स प्रस्ताव
C. कैबिनेट मिशन योजना
D. भारतीय स्वतंत्रता अधिनियम

Q.103 भारतीय राष्ट्रीय कांग्रेस में मॉडरेट और अतिवादियों के बीच निम्नलिखित अंतरों पर विचार करें:

1. जबकि नरमपंथी ब्रिटिश शासन के खिलाफ संवैधानिक तरीकों को अपनाने में विश्वास करते थे, चरमपंथी नेताओं ने स्वतंत्रता प्राप्त करने के लिए क्रांतिकारी कदम उठाए।
2. जब गोपाल कृष्ण गोखले एक उदार राष्ट्रवादी थे, बाल गंगाधर तिलक एक उग्रवादी थे।

उपरोक्त कथनों में से कौन सा सही है / हैं?

A. केवल 1 **B.** केवल 2
C. दोनों 1 और 2 **D.** न तो 1 और न ही 2

Q.104 गदर पार्टी की स्थापना (नवंबर 1913) सैन फ्रांसिस्को यूएसए में किसके द्वारा की गई थी?

A. मैडम भीकाजी कामा
B. लाला हर दयाल
C. श्यामजी कृष्ण वर्मा
D. उपर्युक्त (A) और (B) दोनों

Q.105 पूना पैक्ट (1932) किनके बीच एक समझौता था?

A. जवाहरलाल नेहरू और डॉ. बाबासाहेब अम्बेडकर
B. महात्मा गांधी और बाबासाहेब अम्बेडकर
C. मदन मोहन मालवीय और बाबासाहब अंबेडकर
D. महात्मा गांधी और जवाहर लाल नेहरू

Q.106 1877 के इंपीरियल दरबार में किसने शिरकत की, जो हाथ से तैयार खादी पहने हुए था?

A. एम. के. गांधी **B.** बाल गंगाधर तिलक
C. बिपिन चंद्र पाल **D.** गणेश वासुदेव जोशी

Q.107 बंगाल के विभाजन के खिलाफ स्वदेशी और बहिष्कार के कार्यक्रम की कल्पना किसके की गई थी?

A. सुरेंद्रनाथ बनर्जी **B.** बिपिन चन्द्र पाल
C. अरबिंदो घोष **D.** रास बिहारी बोस

Q.108 अगस्त 1940 के प्रस्ताव के अनुसार भारत का संविधान किसके द्वारा तैयार किया जाएगा?

A. हाउस ऑफ कॉमन्स **B.** उच्च सदन
C. रियासतें **D.** भारतीयों

Q.109 निम्नलिखित में से कौन सा कथन 1833 के चार्टर अधिनियम के प्रावधान से संबंधित है?

A. चाय व्यापार और चीन के साथ व्यापार के एकाधिकार की अनुमति दी।
B. कंपनी के चाय व्यापार और चीन के साथ व्यापार का अंत करें।
C. इन्होने चीन के साथ कंपनी के चाय व्यापार और व्यापार में हस्तक्षेप नहीं किया है।
D. चाय के व्यापार और दस वर्षों के लिए चीन के साथ व्यापार के एकाधिकार की अनुमति दी।

Q.110 गांधी ने निम्नलिखित में से किस संस्थान की स्थापना नहीं की थी?

A. सेवाग्राम आश्रम **B.** रामकृष्ण मिशन
C. फीनिक्स आश्रम **D.** साबरमती आश्रम

Q.111 12 अप्रैल, 1944 को सुभाष चंद्र बोस ने एक कस्बे में INA का झंडा फहराया। अब वह कौन सा राज्य / केंद्र शासित प्रदेश है?

A. त्रिपुरा **B.** कलकत्ता **C.** मणिपुर **D.** मिजोरम

Q.112 किसकी सिफारिशों पर संविधान सभा का गठन किया गया था?

A. भारत सरकार अधिनियम, 1935
B. कैबिनेट मिशन योजना
C. क्रिप्स मिशन
D. माउंटबेटन योजना

Q.113 निम्नलिखित में से कौन सा विकल्प नीचे दिए गए कथन के लिए सही नहीं है?

1935 के अधिनियम के अनुसार, संघीय न्यायालय के बीच विवादों को तय करने के लिए क्षेत्राधिकार होगा-

A. फ़ेडरेट इकाइयों
B. फेडरेटिंग यूनिट्स और फेडरल सरकार
C. संघीय सरकार और एक फ़ेडरेट इकाइयों
D. राज्य सचिव और वायसराय परिषद

Q.114 अखिल भारतीय मुस्लिम लीग की स्थापना 1906 में मुख्य रूप से भारतीय मुसलमानों के बीच प्रचार करने के लिए क्यों की गई थी?

A. आपसी एकता और सद्भावना
B. राजनीतिक चेतना
C. ब्रिटिश सरकार के प्रति निष्ठा की भावना
D. कांग्रेस से नफरत

Q.115 1919 के भारत सरकार अधिनियम ने यूनाइटेड किंगडम में भारत के लिए __________ की नियुक्ति का प्रावधान किया।

A. दूत
B. परिषद
C. उच्चायुक्त
D. इंग्लैंड की संसद में भारतीय सदस्य

Q.116 निम्नलिखित को पेहचानिये जो की डॉ. बी. आर. आंबेडकर द्वारा नहीं स्थापित किया गया था?

A. समाज समता संघ
B. पीपुल्स एजुकेशन सोसायटी
C. डेक्कन एजुकेशन सोसायटी
D. डिप्रेस्ड क्लासेस इंस्टीट्यूट

Q.117 स्वतंत्रता संग्राम का निर्माण, आयोजन और प्रचार करने वाले पहले भारतीय राष्ट्रीय नेता थे-

A. दादाभाई नौरोजी **B.** लाला लाजपत राय
C. बाल गंगाधर तिलक **D.** गोपाल कृष्ण गोखले

Q.118 निम्नलिखित में से जिन्हें 1853 के अधिनियम के अनुसार विधान परिषद में जगह नहीं मिली?

A. गवर्नर-जनरल **B.** अतिरिक्त सदस्य
C. कमांडर-इन-चीफ **D.** उपराज्यपाल

Q.119 निम्नलिखित में से किस संधि ने पेशवा बाजी राव- II के स्वतंत्र अस्तित्व को समाप्त कर दिया?

A. पुरंदर की संधि **B.** वाडगांव का सम्मेलन
C. बेससीन की संधि **D.** सालबाई की संधि

Q.120 भारत में किसी राज्य की मुख्यमंत्री बनने वाली पहली महिला कौन थी?

A. नंदिनी सत्पथी **B.** डॉ. जे. जयललिता
C. सुचेता कृपलानी **D.** सुश्री मायावती

Q.121 1923 में स्वराज पार्टी शुरू करने के लिए मोतीलाल नेहरू के साथ शामिल होने वाले अन्य कांग्रेसी नेता कौन थे?

A. बी. जी. तिलक **B.** चित्तरंजन दास
C. एम. के. गांधी **D.** जी.के. गोखले

Q.122 सरदार पटेल ने सभी भारतीय राज्यों को देश की एकता में कैसे लाया?

A. एक खूनी क्रांति द्वारा
B. सशस्त्र बलों का उपयोग करके
C. एक रक्तहीन क्रांति द्वारा
D. अंग्रेजी की मदद से

Q.123 1972 में __________ की पहल पर स्व कर्मचारी महिला संघ (SEWA) का गठन हुआ था।

A. इला भट्ट **B.** रूप कंवर
C. राजा राधाकांत देव **D.** द्वारकानाथ टैगोर

Q.124 कम्युनिस्ट इंटरनेशनल के नेतृत्व के लिए चुने गए पहले भारतीय थे-

A. एसए डांगे **B.** एसएस जोशी
C. एमएन रॉय **D.** पीसी जोशी पीसी जोशी

Q.125 जब वे भारत आए तो ब्रिटिश ईस्ट इंडिया कंपनी का मकसद क्या था?

A. व्यापार और क्षेत्र **B.** व्यापार, क्षेत्र नहीं
C. केवल क्षेत्र **D.** इनमे से कोई भी नहीं

// स्मार्ट उत्तर पुस्तिका //

सही उत्तर उन छात्रों के प्रतिशत को इंगित करता है जिन्होंने प्रश्नों का सही उत्तर दिया था।

छोड़ दिया उन छात्रों के प्रतिशत को इंगित करता है जिन्होंने प्रश्नों को छोड़ दिया था।

प्रश्न संख्या	उत्तर	सही उत्तर	छोड़ दिया
1	B	62.5 %	1.79 %
2	D	41.07 %	33.93 %
3	B	51.79 %	33.92 %
4	C	57.14 %	33.93 %
5	B	37.5 %	33.93 %
6	B	26.79 %	33.92 %
7	C	51.79 %	33.92 %
8	C	55.36 %	33.93 %
9	C	60.71 %	33.93 %
10	C	37.5 %	33.93 %
11	C	48.21 %	33.93 %
12	A	60.71 %	33.93 %
13	A	44.64 %	32.15 %
14	A	14.29 %	33.92 %
15	B	53.57 %	33.93 %
16	C	57.14 %	33.93 %
17	B	5.36 %	33.93 %
18	B	32.14 %	33.93 %
19	B	51.79 %	30.35 %
20	C	19.64 %	32.15 %
21	C	33.93 %	32.14 %
22	D	7.14 %	33.93 %
23	D	37.5 %	30.36 %
24	D	14.29 %	33.92 %
25	A	50.0 %	33.93 %
26	D	16.07 %	33.93 %
27	B	42.86 %	32.14 %
28	B	44.64 %	33.93 %
29	A	17.86 %	32.14 %
30	D	5.36 %	33.93 %
31	B	42.86 %	33.93 %
32	D	26.79 %	33.92 %
33	B	33.93 %	32.14 %
34	B	8.93 %	33.93 %
35	A	8.93 %	33.93 %
36	C	25.0 %	33.93 %
37	A	23.21 %	33.93 %
38	C	53.57 %	33.93 %
39	A	42.86 %	33.93 %
40	A	37.5 %	33.93 %
41	B	10.71 %	32.15 %
42	B	19.64 %	33.93 %
43	C	30.36 %	33.93 %
44	D	26.79 %	33.92 %
45	B	64.29 %	32.14 %
46	B	55.36 %	33.93 %
47	C	39.29 %	33.92 %
48	C	53.57 %	33.93 %
49	B	28.57 %	33.93 %
50	A	21.43 %	33.93 %
51	B	37.5 %	33.93 %
52	B	60.71 %	33.93 %
53	B	57.14 %	33.93 %
54	A	60.71 %	33.93 %
55	A	17.86 %	33.93 %
56	C	51.79 %	33.92 %
57	B	10.71 %	33.93 %
58	C	42.86 %	33.93 %
59	A	41.07 %	33.93 %
60	B	33.93 %	33.93 %
61	A	42.86 %	33.93 %
62	D	12.5 %	33.93 %
63	C	42.86 %	33.93 %
64	B	48.21 %	33.93 %
65	A	21.43 %	33.93 %
66	A	10.71 %	33.93 %
67	A	39.29 %	33.92 %
68	B	28.57 %	33.93 %
69	B	26.79 %	33.92 %
70	B	26.79 %	33.92 %
71	B	28.57 %	32.14 %
72	D	39.29 %	33.92 %
73	D	48.21 %	33.93 %
74	B	51.79 %	33.92 %
75	A	7.14 %	33.93 %
76	C	57.14 %	33.93 %
77	B	16.07 %	33.93 %
78	B	33.93 %	33.93 %
79	D	39.29 %	32.14 %
80	C	60.71 %	33.93 %

प्रश्न संख्या	उत्तर	सही उत्तर	छोड़ दिया
81	D	26.79 %	32.14 %
82	C	41.07 %	33.93 %
83	B	57.14 %	33.93 %
84	D	30.36 %	33.93 %
85	C	39.29 %	33.92 %
86	D	39.29 %	33.92 %
87	A	57.14 %	33.93 %
88	C	44.64 %	33.93 %
89	B	53.57 %	33.93 %

प्रश्न संख्या	उत्तर	सही उत्तर	छोड़ दिया
90	C	3.57 %	33.93 %
91	B	39.29 %	33.92 %
92	A	44.64 %	33.93 %
93	D	19.64 %	32.15 %
94	B	46.43 %	33.93 %
95	B	42.86 %	33.93 %
96	C	42.86 %	33.93 %
97	A	57.14 %	33.93 %
98	A	35.71 %	33.93 %

प्रश्न संख्या	उत्तर	सही उत्तर	छोड़ दिया
99	C	41.07 %	33.93 %
100	B	50.0 %	33.93 %
101	C	12.5 %	33.93 %
102	C	25.0 %	33.93 %
103	C	60.71 %	33.93 %
104	B	50.0 %	33.93 %
105	B	46.43 %	33.93 %
106	D	50.0 %	33.93 %
107	C	28.57 %	33.93 %

प्रश्न संख्या	उत्तर	सही उत्तर	छोड़ दिया
108	D	48.21 %	33.93 %
109	B	37.5 %	32.14 %
110	B	58.93 %	33.93 %
111	C	25.0 %	32.14 %
112	B	50.0 %	33.93 %
113	D	32.14 %	32.15 %
114	C	41.07 %	33.93 %
115	B	19.64 %	33.93 %
116	C	50.0 %	33.93 %

प्रश्न संख्या	उत्तर	सही उत्तर	छोड़ दिया
117	A	39.29 %	32.14 %
118	D	25.0 %	33.93 %
119	C	42.86 %	32.14 %
120	C	57.14 %	33.93 %
121	B	62.5 %	32.14 %
122	C	41.07 %	33.93 %
123	A	32.14 %	33.93 %
124	C	37.5 %	33.93 %
125	B	57.14 %	33.93 %

कार्य विश्लेषण	
औसत अंक (%)	48.24%
टॉपर्स स्कोर (%)	94.35%
आपका स्कोर	

//संकेत और समाधान//

1. यह एक नवपाषाण युग स्थल है जो पाकिस्तान के बलूचिस्तान के कच्छी मैदान में बोलन दर्र के पास स्थित है। मेहरगढ़ सिंधु नदी के पश्चिम में और वर्तमान में, सिबी, कलात और केटा के पाकिस्तानी शहरों के बीच सित है। इस स्थल पर कृषि के आरंभिक साक्ष्यों से पता चलता है कि मेहरगढ़ स्थल पर 7000 ईसा पूर्व से पहले सभ्यता उपस्थित थी जो हड़प्पा सभ्यता से 3500 वर्ष प्राचीन थी। इस स्थल में कृषि तकनीकों के विकास और दक्षिण एशिया के प्राचीन पाषाण काल के कृषि जीवन शैली पर नयी शालिका की खोज की। इस स्थल की खोज 1974 में फ्रांसीसी पुरातत्वविदों कैंथरीन जारिजे और जीन-फ्रांस्वा जारिग द्वारा निर्देशित एक पुरातत्व टीम द्वारा की गई थी और 1974 से 1986 के बीच और फिर 1997 से 2000 के बीच लगातार खुदाई की गई थी। भारतीय पुरातत्व सर्वेक्षण ने उस क्षेत्र में कृषि खेती और किसानी के कुछ प्रारम्भिक साक्ष्यों का पता लगाया है । मेहरगढ़ पूर्वी नवपाषाण स्थलों के पास के स्थलों से मृदभांडों के बीच समानता के साथ, खेती, घरेलू गेहूं की किस्मों अन्य पुरातात्विक कलाकृतियों, कुछ पालतू पशुओं और पौधों से प्रभावित था। इस क्षेत्र में प्रारम्भिक कृषि को अर्ध-घुमंतू समुदाय के व्यक्तियों द्वारा विकसित किया गया था जिसमें जो-गेहूं जेसे फसल और गोवंश, बकरी और भेड़ जेसे पशुओं का उपयोग किया गया था।
अतः विकल्प (B) सही है।

2. हड़प्पा की मुहरें स्टिएटाइट (सॉफ्ट स्टोन) से बनी हैं। आकार आधा इंच से ढाई इंच तक भिन्न होता है।

दो मुख्य आकृतियाँ नक्काशीदार जानवरों और उस पर शिलालेख और केवल एक शिलालेख के साथ आयताकार प्रकार के साथ वर्ग रूप हैं। सीटों का उद्देश्य संभवतः संपत्ति के स्वामित्व को चिह्नित करना था, इसलिए प्रत्येक महत्वपूर्ण नागरिक के पास एक होना चाहिए।

अतः विकल्प (D) सही है।

3. राजा पोरस ने जलप्रपात की लड़ाई में एलेक्जेंडर के खिलाफ हाथियों का इस्तेमाल किया। चंद्रगुप्त मौर्य जब मगध के राजा थे, तो उन्होंने युद्ध के लिए हाथियों का इस्तेमाल किया और फिर मगध के राजा अशोक ने युद्ध के लिए हाथियों का इस्तेमाल किया।

अतः विकल्प (B) सही है।

4. अशोक को देवानामप्रिया प्रियदर्शिन के नाम से भी जाना जाता था। "देवमन्प्रिया" का अर्थ 'देवताओं को प्रिय' है और "प्रियदर्शी" का अर्थ है, जो सभी के लिए बहुत सम्मान करता है। अशोक बिन्दुसार का पुत्र था। अशोक की माता का नाम सुभद्रांगी था। वह अपने पिता के शासनकाल के दौरान तक्षशिला और उज्जैन के राज्यपाल थे। अशोक ने अपने शासनकाल के 9 वें वर्ष में 261 ईसा पूर्व कलिंग पर विजय प्राप्त की। कलिंग युद्ध एक भयानक घटना थी क्योंकि अशोक के 13वें रॉक एडिक्ट में इसका उल्लेख किया गया था।
अतः विकल्प (C) सही है।

5. "सत्य की खोज" में सिद्धार्थ के प्रस्थान को महाभिनिष्क्रमण के रूप में जाना जाता है।

महाभिनिष्करमण का तात्पर्य 29 वर्ष की आयु में सिद्धार्थ के अपने घर से चले जाने से है।

धर्मचक्रप्रवर्तन सारनाथ में सिद्धार्थ के पहले धार्मिक उपदेश को संदर्भित करता है।

निर्वाण का तात्पर्य बोधगया में बुद्ध द्वारा ज्ञान प्राप्ति से है।

परिनिर्वाण का तात्पर्य कुशीनगर में सिद्धार्थ की मृत्यु से है।

अत: विकल्प (B) सही है।

6. यह श्वेतांबर जैन धर्म का एक संप्रदाय है। स्थानकवासी मूर्ति पूजा में विश्वास नहीं करते हैं। उनका मानना है कि आत्मा की शुद्धि और निर्वाण / मोक्ष की प्राप्ति के लिए मूर्ति पूजा आवश्यक नहीं है।

अतः विकल्प (B) सही है।

7. स्कन्दगुप्त उत्तर भारत का गुप्त सम्राट था। भितरी स्तंभ शिलालेख उन्होंने अपने विद्रोहियों या विदेशी आक्रमणकारियों को हराकर गुप्त शक्ति को बहाल किया। उसने हूणों के आक्रमण को निरस्त कर दिया।

अतः विकल्प (C) सही है।

8. रज्मनामा महाभारत का फारसी अनुवाद था। अकबर के शासनकाल के दौरान फतेहपुर सीकरी स्थित मकतब खाना में रज्मनामा अनुवाद शुरू किया गया था। मकतब खाना एक अनुवाद विभाग था जो अकबर द्वारा संस्कृत में महत्वपूर्ण संस्कृत ग्रंथों का अनुवाद करने के लिए स्थापित किया गया था। अनुवाद का पहला काम नकीब खान द्वारा किया गया था और फिर इसे फैजी द्वारा सुधार दिया गया था। आज कृति की एक प्रति जयपुर के "सिटी पैलेस म्यूजियम" में मिल सकती है। इस प्रति के कलाकार बसावन, दासवंत और लाल थे।

अतः विकल्प (C) सही है।

9. विष्णु शर्मा 'पंचतंत्र' के लेखक हैं। पंचतंत्र से तात्पर्य अंतःसंबंधित पशु दंतकथाओं के प्राचीन भारतीय संग्रह से है और यह मूल रूप से संस्कृत भाषा में लिखा गया था। यह 200 ईसा पूर्व के आसपास लिखा गया था और सबसे पुराने जीवित ग्रंथों में से एक है। पंचतंत्र का अन्य भाषाओं जैसे फारसी, सीरियाई और अरबी भाषाओं में अनुवाद किया गया। विष्णु शर्मा एक भारतीय विद्वान थे।

अतः विकल्प (C) सही है।

10. कुषाण साम्राज्य: कनिष्क (100 - 126 ई।), कुषाण वंश का एक प्रमुख शासक जिसने जम्मू-कश्मीर राज्य में उल्लेखनीय मील के पत्थर हासिल किए। उनके वंशजों ने उन्हें देवपुत्र कहा जिसका अर्थ है देवताओं का पुत्र।

अतः विकल्प (C) सही है।

11. मैत्रेय भविष्य के बुद्ध हैं। शास्त्रों के अनुसार, मैत्रेय ऐतिहासिक शाक्यमुनि बुद्ध के उत्तराधिकारी होंगे, जो बौद्ध परंपरा में पृथ्वी पर प्रकट होते हैं, पूर्ण ज्ञान प्राप्त करते हैं, और शुद्ध धर्म की शिक्षा देते हैं।

अतः विकल्प (C) सही है।

12. विक्रमशिला विश्वविद्यालय की स्थापना 8 वीं शताब्दी के अंत में या 9 वीं शताब्दी के आरंभ में बिहार के भागलपुर में पाल वंशीय राजा धर्मपाल द्वारा की गई थी। प्राचीन विक्रमशिला विश्वविद्यालय का उद्देश्य नालंदा और तक्षशिला में मौजूदा विश्व स्तरीय विश्वविद्यालयों के पूरक थे। यह दिल्ली सल्तनत के बख्तियार खिलजी के एक हमले के दौरान नष्ट होने से पहले चार शताब्दियों तक चला।

अतः विकल्प (A) सही है।

13. दशकुमारचरितम की रचना डंडिन ने की थी, जो 6 ठी-7 वीं शताब्दी में काव्य पर गद्य रोमांस और प्रतिपादक के संस्कृत लेखक थे। भैरवी और दंडिन, दोनों क्रमश: किरातार्जुनीयम और दशकुमारचरितम के लेखक हैं,जो पल्लव दरबार में रहते थे।
अतः विकल्प (A) सही है।

14. कनिंघम द्वारा अशोक के बैरुत शिलालेख को इलाहाबाद लाया गया था। दूसरी ओर, फिरोजशाह तुगलक द्वारा टोपरा और मेरठ के स्तम्भों को दिल्ली लाया गया। कौशाम्बी स्तंभ को मुगल सम्राट जहांगीर द्वारा इलाहाबाद लाया गया था।

अतः विकल्प (A) सही है।

15. कालीदास गुप्त राजा चंद्रगुप्त द्वितीय (375–415 CE) के दरबार के रत्नों में से एक था। उन्होंने जो कविताएँ लिखीं, वे आमतौर पर महाकाव्य के अनुपात में थीं और शास्त्रीय संस्कृत में लिखी गईं थीं। उन्होंने दो महाकाव्य कविताएँ लिखीं जिनका नाम कुमारा सम्भव है, जिसका अर्थ कुमार और रघुवंश का जन्म है, जिसका अर्थ रघु का वंश है। कालिदास द्वारा लिखित दो गीत कविताएँ भी हैं

जिन्हें मेघदूत के रूप में जाना जाता है, और ऋतुसुमर है जिसका अर्थ है ऋतुओं का वर्णन। विश्व साहित्य की दृष्टि से मेघदूत कालिदास की सर्वश्रेष्ठ कृतियों में से एक है। निर्दोष संस्कृत में निरंतरता की सुंदरता आज तक बेजोड़ है। कालीदास का सबसे प्रसिद्ध और सुंदर काम है शकुंतलम।

अतः विकल्प (B) सही है।

16. हर्ष ने प्रयाग (इलाहाबाद) में अपने शासन के प्रत्येक पांचवें वर्ष में धार्मिक सभाएँ आयोजित कीं। पाँच साल बाद जो चीज राजकीय खजाने में बची थी, हर्ष उस समय दान में दे देता था। उन्होंने अपने शासनकाल के दौरान इस तरह की छह सभाएं की हैं।

अतः विकल्प (C) सही है।

17. 4000 और 3000 ईसा पूर्व के बीच, मिस्त्र देशीय लोगो ने चित्र लेखन का एक प्रकार विकसित किया, जिसे चित्रलिपि के रूप में जाना जाता है। पहले लेखन में वस्तुओं की तस्वीरें शामिल थीं, जैसे कि एक घर। धीरे-धीरे, उन्होंने विचारों के साथ-साथ वस्तुओं का उपयोग करना शुरू कर दिया। उदाहरण के लिए, एक आंख की तस्वीर का मतलब दृष्टि या आंख हो सकता है। समय में, लेखकों ने ध्वनि को इंगित करने के लिए चित्र संकेतों का भी उपयोग किया।

अतः विकल्प (B) सही है।

18. श्रावस्ती कोसल की राजधानी थी। 16 महाजनपद हैं। महाजनपद 600 ई.पू. की राज्य प्रणाली का प्रतिनिधित्व करते हैं। महाजनपदों के उद्भव की प्रक्रियाएँ कुछ महत्वपूर्ण आर्थिक परिवर्तनों द्वारा आरंभ की गईं।

अतः विकल्प (B) सही है।

19. प्राचीन शहर पाटलिपुत्र की स्थापना 5 वीं शताब्दी ईसा पूर्व में मगध के राजा अजातशत्रु ने की थी। पटना एक नदी के किनारे का शहर है जो गंगा नदी के दक्षिण तट पर लगभग 12 मील तक फैला हुआ है।

अतः विकल्प (B) सही है।

20. 10 यम अहिंसा, सत्य, अस्तेय (चोरी न करना), ब्रह्मचर्य (वैवाहिक निष्ठा और शुद्धता), क्षा, धृति (भाग्य), दया (करुणा), आरजव (ईमानदारी और अपरिग्रह), मिथारा (मापा गया आहार) हैं।

10 नियमावली तपस (दृढ़ता), संतोसा (संतोष), अस्तेय (स्वयं और ईश्वर में विश्वास), दाना (उदारता), ईश्वरपूजन (किसी के ईश्वर की पूजा), सिद्धान्त श्रवण (शास्त्रों को सुनना), माटी (सोच और समझ) है। , जप (पूजा पाठ), हुता और व्रत। हुता का अर्थ है धार्मिक अनुष्ठान और व्रत का अर्थ है धार्मिक प्रतिज्ञाओं को पूरा करना।
अतः विकल्प (C) सही है।

21. न्यया हिंदू धर्म के छह रूढ़िवादी (एस्टिका) स्कूलों में से एक है। भारतीय दर्शन में स्कूल का सबसे महत्वपूर्ण योगदान तर्कशास्त्र, पद्धति के सिद्धांत का व्यवस्थित विकास था, और महामारी विज्ञान पर इसके ग्रंथ थे।

अतः विकल्प (C) सही है।

22. गुप्त काल में पहली बार रिंग वेल प्रचलन में आए, इसलिए पहला कथन सही नहीं है। मेट्रोनॉमिक्स का अर्थ है एक माँ या महिला पूर्वज के नाम से लिया गया नाम। सातवाहन शासकों के नाम उनकी माताओं के नाम के साथ थे जैसे कि गौतमीपुत्र सतकर्णी, जिन्होंने अपनी मां 'गौतमी' के नाम पर 'गौतमी' को अपनाया। इस प्रकार दूसरा कथन भी सही नहीं है। तीसरा कथन सही है।

अतः विकल्प (D) सही है।

23. अभिधम्म पिटक प्रारंभिक बौद्ध थेरवाद परंपरा में मान्यता प्राप्त पाली विहित ग्रंथों का तीसरा और नवीनतम है। इसका संकलन मौर्य सम्राट अशोक के शासनकाल के दौरान आयोजित तीसरे बौद्ध परिषद के लिए दिनांकित है, अर्थात् सी। तीसरी शताब्दी ई.पू. पाठ दर्शन और मनोविज्ञान पर केंद्रित है और मन को प्रशिक्षित करने के लिए तरीकों की व्याख्या करता है।

अतः विकल्प (D) सही है।

24. गुप्त राजाओं ने अतिशयोक्तिपूर्ण उपाधियाँ लीं - 'द किंग ऑफ़ किंग्स, द सुप्रीम लॉर्ड' इत्यादि, फिर भी बाद के शासकों के मामले में ये उपाधियाँ अतिशयोक्तिपूर्ण थीं क्योंकि उनके दावेदार शायद ही पिछली शताब्दियों के बादशाहों के साथ तुलना कर सकें, उनकी राजनीतिक सीमित किया जा रहा है। गुप्त घाटी, जो गुप्तों के प्रत्यक्ष नियंत्रण में थी, में प्रशासनिक पदानुक्रम मौर्यों के लिए सतही रूप से था। यह साबित करता है कि पहला कथन सही नहीं है। दोनों में, अवधि के वेतन का भुगतान नहीं किया गया था, लेकिन भूमि के अनुदान में भुगतान किया गया था। इसलिए दूसरा कथन भी सही नहीं है।

अतः विकल्प (D) सही है।

25. तथागत एक पाली और संस्कृत शब्द है, गौतम बुद्ध खुद का जिक्र करते समय इसका इस्तेमाल करते हैं। तथागत वह है जिसने सत्य को प्राप्त किया। स्याद्वाद जैन धर्म से जुड़ा है। यह बताता है कि सभी निर्णय सशर्त हैं, केवल कुछ शर्तों और परिस्थितियों में अच्छे हैं। उपासक (पुल्लिंग) और उपासिका (स्त्रीलिंग) बुद्ध के अनुयायियों को दी जाने वाली उपाधियाँ थीं जिन्होंने कुछ प्रतिज्ञाएँ कीं, लेकिन वे भिक्षु, नन या सन्यासी नहीं थीं। गौतम बुद्ध ने अपने परिवार को सत्य की खोज में तपस्वी बनने के लिए छोड़ दिया। इसे "महान प्रस्थान 'या महाभिनिष्करमण कहा जाता है।

अतः विकल्प (A) सही है।

26. दक्षिण भारत में कुछ लोग अपने औजारों, हथियारों, मिट्टी के बर्तनों और अन्य सामानों के साथ बड़े और भारी पत्थरों के नीचे दबे हुए थे। इन कब्रों को मेगालिथ के रूप में जाना जाता है। इन मेगालिथ ब्यूरो ने दक्षिण भारत की पहली लोहे की वस्तुओं की पैदावार की है। इनके अलावा ब्लैक और रेड वेयर पॉटरी का उपयोग भी मेगालिथिक लोगों की एक विशिष्ट विशेषता थी।

अतः विकल्प (D) सही है।

27. अशोक स्तंभ शिलालेख ज्यादातर समान रूपों और आयामों में थे। स्तंभ बलुआ पत्थर से बना था जो उत्तर प्रदेश के मिर्जापुर जिले के चुनार से आया था। ज्यादातर इन खंभों को पत्थर के एक टुकड़े से उकेरा गया था।

अतः विकल्प (B) सही है।

28. बिन्दुसार मौर्य साम्राज्य का दूसरा शासक था। विभिन्न ग्रीक स्रोतों का उल्लेख है कि पश्चिमी राजाओं के साथ उनके राजनयिक संबंध थे। स्ट्रैबो के अनुसार, एंटिओकस (सीरियाई राजा) ने डिमचस को बिन्दुसार के दरबार में एक राजदूत के रूप में भेजा।

अतः विकल्प (B) सही है।

29. अरण्यकों को ब्राह्मणों का समापन भाग माना जाता है। वे रहस्यवाद और दर्शन से निपटते हैं। वे ध्यान पर जोर देते हैं और बलिदान का विरोध करते हैं। उन्हें 'वन पुस्तकें' कहा जाता है।

अतः विकल्प (A) सही है।

30. श्रेनी ने व्यापारियों के संगठन या समिति का संकेत दिया। बाद के वैदिक काल के दौरान विनिमय वस्तु विनिमय प्रणाली के माध्यम से था। हालांकि, निक्शा का उपयोग मूल्य की एक सुविधाजनक इकाई के रूप में किया गया था, हालांकि इसका उपयोग एक विशिष्ट मुद्रा के रूप में नहीं किया गया था।

अतः विकल्प (D) सही है।

31. पंचाल पश्चिमी उत्तर प्रदेश में स्थित है। गंगा नदी ने पंचाल राज्य को दो भागों में विभाजित किया। उत्तरी भाग की राजधानी अहिच्छत्र थी, अर्थात पश्चिमी उत्तर प्रदेश में आधुनिक-बरेली।

अतः विकल्प (B) सही है।

32. सम्राट अशोक के कुल 33 शिलालेख हैं। इन्हें मुख्य रूप से वर्गीकृत किया गया है:प्रमुख रॉक शिलालेख, अल्पप्रमुख रॉक शिलालेख, अलग रॉक शिलालेख, प्रमुख स्तम्भ शिलालेख और अल्पप्रमुख स्तम्भ शिलालेख।

अतः विकल्प (D) सही है।

33. अशोक के पाँचवें प्रमुख रॉक शिलालेख ने धम्म महामातों की नियुक्ति का उल्लेख किया है। धम्म महामाता अधिकारियों का एक विशेष कैडर था जिसे राज्य के भीतर धम्म फैलाने के लिए सौंपा गया था।

अतः विकल्प (B) सही है।

34. अशोकन स्तंभों में ऐसे रूपांकनों का समावेश है जो भारत की कई प्रचलित धार्मिक परंपराओं के साथ प्रतिध्वनि में समृद्ध और विविध प्रतीक हैं। सबसे आम रूपांकनों में कमल, शेर, बैल, हाथी, घोड़ा और पहिया शामिल थे।

अतः विकल्प (B) सही है।

35. अशोक के 7 प्रमुख स्तंभ शिलालेख हैं। वे बौद्ध धर्म के भौतिक साक्ष्य और धम्म की नीति का प्रतिनिधित्व करते हैं। पहला स्तम्भ शिलालेख अपने लोगों की सुरक्षा के लिए सामाजिक संहिता या राजा की जिम्मेदारी का प्रतिनिधित्व करता है।

अतः विकल्प (A) सही है।

36. गुप्त काल के दौरान, शूद्रों की सामाजिक और आर्थिक स्थिति में सुधार हुआ। उन्हें कुछ घरेलू अनुष्ठानों को करने की भी अनुमति दी गई थी जो पहले उनके लिए निषिद्ध थे। उन्हें कृष्ण नामक एक नए देवता की पूजा करने की भी अनुमति थी।

अतः विकल्प (C) सही है।

37. गुप्त काल के दौरान कला के बेहतरीन उदाहरण अजंता की गुफाएँ हैं। अजंता में 31 रॉक-कट गुफा स्मारकों में से पाँच चैत्य गृह हैं। पांच चैत्य गृह गुफा संख्या 9, 10, 19, 26 और 29 हैं।

अतः विकल्प (A) सही है।

38. हर्षवर्धन की आयु केवल सोलह वर्ष की थी जब वह सिंहासन पर चढ़ा। अभिगमन के बाद, उन्होंने तुरंत कन्नौज की ओर प्रस्थान किया और अपनी बहन राजश्री को बचाया। माना जाता है कि राजश्री सती होने के कगार पर थी।
अतः विकल्प (C) सही है।

39. हर्ष के शासनकाल को कई सैन्य जीत द्वारा चिह्नित किया गया था। उसने अधिकांश उत्तर भारत को अपने नियंत्रण में ले लिया जैसे कि - पंजाब, कन्नौज, बंगाल, उड़ीसा, मिथिला। उन्होंने 'सिलादित्य 'की उपाधि धारण की जैसा कि जुआनजैंग (ह्वेन त्सांग) के यात्रा रिकॉर्ड में उल्लेख किया गया है जो एक चीनी यात्री था।

अतः विकल्प (A) सही है।

40. मिहिर भोज को अरब लेखकों ने अपने साम्राज्य को लुटेरों से सुरक्षित रखने के लिए सराहा। अरब यात्री, अल-मसुदी द्वारा उन्हें राजा बौरा भी कहा जाता था। अन्य अरब यात्रियों के अनुसार, प्रतिहार शासकों के पास भारत में सर्वश्रेष्ठ घुड़सवार सेना थी।

अतः विकल्प (A) सही है।

41. गंगा की प्रारंभिक राजधानी कोलार के पास स्थित थी। कोलार ने गंगा के साम्राज्य को बहुत सारा सोना दिया। उन्होंने अधिकांश भूमि अनुदान जैनों को दिया। वे पहले पल्लवों के सामंत थे।

अतः विकल्प (B) सही है।

42. 650 ईस्वी से 1000 ईस्वी तक, शुद्ध हीनयानवाद और महाज्ञानवाद का क्षय था। बौद्ध तर्क और दर्शन के गौरवशाली दिन चंद्रकीर्ति और शांतिदेव के साथ समाप्त हो गए और फिर 8 वीं शताब्दी ईस्वी में कश्मीर के सर्वजन्मित्र द्वारा शुरू किए गए स्तोत्रों और श्लोकों के दिन शुरू हुए।

अतः विकल्प (B) सही है।

43. इंद्र तृतीय जिन्होंने 914 ई. से 929 ई. तक राष्ट्रकूट साम्राज्य पर शासन किया था। राजा अमोघवर्ष प्रथम के पोते थे, जिन्होंने कृष्ण द्वितीय को उत्तराधिकारी बनाया था। उसने महीपाला । को हराया और 915 ई. में कन्नौज पर कब्जा कर लिया, और अपने समय के सबसे शक्तिशाली शासक के रूप में उभरा।
अतः विकल्प (C) सही है।

44. चालुक्य वंश का सबसे बड़ा राजा पुलकेशिन द्वितीय था। उसने 610 - 642 ई. तक शासन किया। उन्हें वल्लभ, पृथ्वी-वल्लभ, श्री पृथ्वी-वल्लभ, परमेस्वर और परम-भगवत्ता जैसे विभिन्न नामों से जाना जाता है।

अतः विकल्प (D) सही है।

45. सेल्यूसीड-मौर्य युद्ध 305 और 303 ईसा पूर्व के बीच लड़ा गया था। यह तब शुरू हुआ जब सेल्यूकाइड साम्राज्य के सेल्यूकस-। निकेटर ने मौर्य साम्राज्य के सम्राट चंद्रगुप्त मौर्य द्वारा कब्जा किए गए मैसेडोनियन साम्राज्य के भारतीय क्षत्रपों को वापस लेने की मांग की।

अतः विकल्प (B) सही है।

46. अशोक बुद्ध का उपासक बन गया। उन्होंने बौद्ध संघ के साथ अंतरंग संबंध स्थापित किया और कहा जाता है कि वे एक भिक्षु बन गए। उन्होंने लोगों को धर्म का निर्देश देते हुए धर्म यात्रा शुरू की। उन्होंने शाक्यमुनि की जन्मस्थली तक तीर्थ यात्रा की। अपने साम्राज्य की विशाल सीमा तक धर्म का संदेश फैलाने के लिए। उन्होंने धार्मिक प्रसार के प्रभारी अधिकारी नियुक्त किए। धर्म के अपने विचारों को फैलाने और बौद्ध धर्म को पूरे भारत और सीलोन में फैलाने के लिए उन्हें धर्म महामंत्र कहा गया।

अतः विकल्प (B) सही है।

47. कुषाण राजा कनिष्क को "द्वितीय अशोक" भी कहा जाता है। अशोक की तरह कनिष्क भी बौद्ध धर्म में परिवर्तित हो गया। कनिष्क I, या कनिष्क महान, दूसरी शताब्दी में कुषाण वंश के सम्राट थे (सी. 127–150 ई.पू.)। वह अपनी सैन्य, राजनीतिक और आध्यात्मिक उपलब्धियों के लिए प्रसिद्ध है।

अतः विकल्प (C) सही है।

48. 298 ईसा पूर्व में, चंद्रगुप्त ने स्वेच्छा से अपने बेटे बिंदुसार के पक्ष में सिंहासन छोड़ दिया, जो नए मौर्य सम्राट बने। इस बिंदु के बाद जो हम जानते हैं वह एक वास्तविक ऐतिहासिक खाते की तुलना में किंवदंती के करीब लगता है। ऐसा कहा जाता है कि चंद्रगुप्त जैन धर्म के एक तपस्वी और अनुयायी के रूप में बदल गए।

अतः विकल्प (C) सही है।

49. कुषाण आधिपत्य के चौराहे पर गंधार की कला और संस्कृति ने ग्रीको-बौद्ध कला की परंपराओं को जारी रखा और पश्चिमी लोगों के लिए कुषाण प्रभाव की सबसे प्रसिद्ध अभिव्यक्ति हैं।
अतः विकल्प (B) सही है।

50. स्थानिक मौर्य साम्राज्य में जिला प्रशासक थे। प्रशासन के प्रयोजनों के लिए प्रांतों को जिलों में विभाजित किया गया था, और अधिकारियों के एक समूह ने प्रत्येक जिले में काम किया था। प्रादेशिका जिला प्रशासन की प्रमुख थी। वह अपने नियंत्रण वाले क्षेत्रों के प्रशासन का निरीक्षण करने के लिए हर पांच साल में पूरे जिले का दौरा करता था।

अतः विकल्प (A) सही है।

51. इंडिका, मेगास्थनीज द्वारा लिखी गई पुस्तक है, जो 300 ईसा पूर्व के भारत में यूनानी राजदूत थे। मौर्य समाज का सात वर्गों में विभाजन विशेष रूप से मेगस्थनीज के 'इंडिका' में उल्लेख किया गया था। आम तौर पर भारतीयों को सात श्रेणियों, ब्राह्मणों (ब्राह्मणों), किसानों, चरवाहों, कारीगरों, सैनिकों, सेना और नौसेना अधिकारियों सहित सरकारी अधिकारियों में विभाजित किया गया था।
अतः विकल्प (B) सही है।

52. अर्थशास्त्र एक साम्राज्य चलाने के लिए एक हस्तपुस्तिका का शीर्षक है, जिसे कौटिल्य (चाणक्य के रूप में भी जाना जाता है, सी. 350-275 ईसा पूर्व) एक भारतीय राजनेता और दार्शनिक, मुख्य सलाहकार और भारतीय सम्राट चंद्रगुप्त जो की मौर्य साम्राज्य के पहले शाषक थे, के प्रधानमंत्री थे।
अतः विकल्प (B) सही है।

53. उपगुप्त (तीसरी शताब्दी ईसा पूर्व) एक बौद्ध भिक्षु थे। संस्कृत ग्रंथ अशोकवदना में कुछ कहानियों के अनुसार, वह मौर्य सम्राट अशोक के आध्यात्मिक गुरु थे। उपगुप्त के शिक्षक संन्यासी थे जो बुद्ध के परिचारक, आनंद के शिष्य थे।
अतः विकल्प (B) सही है।

54. बृहद्रथ मौर्य को 180 ई.पू. में मार दिया गया और उनके सामान्य, पुष्यमित्र शुंग ने सत्ता हथिया ली, जिसने तब सिंहासन संभाला और शुंग साम्राज्य की स्थापना की। पुष्यमित्र शुंग विदिशा का वंशानुगत शासक था। यह मौर्य साम्राज्य में तब तक शामिल था जब तक उनका नेतृत्व तख्तापलट नहीं हुआ। कई सूत्र बताते हैं कि पुष्यमित्र एक ब्राह्मण योद्धा था और 16 वीं शताब्दी के बौद्ध विद्वान तारानाथ ने उसे स्पष्ट रूप से ब्राह्मण राजा कहा था।
अतः विकल्प (A) सही है।

55. मौर्य राजवंश का पतन अशोक की मृत्यु के बाद तेजी से हुआ। इसका एक स्पष्ट कारण कमजोर राजाओं का उत्तराधिकार था। एक और तात्कालिक कारण साम्राज्य का दो में विभाजन था। यदि विभाजन नहीं हुआ था, तो मौर्यों को अपनी पिछली शक्ति के कुछ अंशों को फिर से स्थापित करने का मौका देते हुए ग्रीक आक्रमणों को वापस आयोजित किया जा सकता था। 232 ईसा पूर्व में अशोक की मृत्यु के बाद मौर्य साम्राज्य का पतन शुरू हुआ। अंतिम राजा बृहद्रथ की हत्या उनके सामान्य पुष्यमित्र शुंग ने की थी जो ब्राह्मण थे।
अतः विकल्प (A) सही है।

56. साम्राज्य के मुख्य न्यायाधीश काजी-उल-क़ज़ात न्याय में सर्वोच्च अधिकारी थे। चूंकि सम्राट के लिए सभी मामलों में न्याय करना मुश्किल था, इसलिए उसने मुस्लिम कानून के अनुसार न्याय करने के लिए काज़ी-उल-क़ज़ात को नियुक्त किया।
अतः विकल्प (C) सही है।

57. चर्यापद, पाल राजवंश के दौरान संभवतः सबसे अधिक रचित बौद्ध कविताओं का संग्रह है (हालाँकि, उत्पत्ति पर विभिन्न विवाद हैं)। ये रहस्यवादी कविताएँ तांत्रिक परंपरा से हैं। महासिद्धि किसी के लिए एक शब्द है जो "पूर्णता की सिद्धि" का प्रतीक है और खेती करता है। सिद्ध एक व्यक्ति है, जो साधना के माध्यम से सिद्धियों, मानसिक और आध्यात्मिक क्षमताओं और शक्तियों की प्राप्ति करता है। महासिद्धि योग और तंत्र, या तांत्रिकों के चिकित्सक थे।
अतः विकल्प (B) सही है।

58. इल्तुतमिश ने दिल्ली सल्तनत के दो सिक्कों सिल्वर टांका और कॉपर जीटल को पेश किया। इल्तुतमिश से पहले के सिक्के आक्रमणकारियों द्वारा पेश किए गए थे, जो संस्कृत वर्ण और यहां तक कि हिंदू देवता, बैल और शिवलिंग भी हैं।
अतः विकल्प (C) सही है।

59. अलाउद्दीन खिलजी ने अचानक एक कलम के झटके के साथ छोटे इकतारों की प्रणाली को समाप्त कर दिया और उन्हें केंद्र सरकार के अधीन लाया, इसे अलाउद्दीन खिलजी के सबसे महत्वपूर्ण कृषि सुधार में से एक माना जाता है। इक़्टा एक अरबी शब्द है जो एक प्रकार की प्रशासनिक क्षेत्रीय इकाई को दर्शाता है। यह आमतौर पर एक प्रांत के बराबर माना जाता है। प्रारंभ में, दिल्ली सुल्तानों ने अपने साम्राज्य को कई t इकतारों 'या प्रांतों या प्रभाव क्षेत्र में विभाजित किया था और उन्हें इकतदारों' (राज्यपालों) नामक अधिकारियों के प्रभार में रखा था।
अतः विकल्प (A) सही है।

60. राजतरंगिणी उत्तर-पश्चिमी भारतीय उपमहाद्वीप, विशेष रूप से कश्मीर के राजाओं का एक महान पौराणिक और ऐतिहासिक इतिहास है। यह 12 वीं शताब्दी ईस्वी में कश्मीरी इतिहासकार कल्हण द्वारा संस्कृत में लिखा गया था। बाद के मुस्लिम शासक ज़ैन-उल-अबिदीन के आदेशों से इसका फ़ारसी में अनुवाद किया गया।
अतः विकल्प (B) सही है।

61. नर्बदा के दक्षिण में पहला हमला 1294 में अला-उद-दीन द्वारा किया गया था, जिन्होंने बरार और खंडेश में 700 मील की दूरी पर मार्च किया और राजा रामचंद्र देव, यादव को मजबूर किया। 1308 के आसपास, दिल्ली सल्तनत के शासक अलाउद्दीन खिलजी ने अपने सामान्य मलिक काफ़ूर के नेतृत्व में एक बड़ी सेना भेजी, जो यादव राजा रामचंद्र की राजधानी देवगिरी में थी।

अलाउद्दीन ने इससे पहले 1296 में देवगिरी पर छापा मारा था और रामचंद्र को उसे श्रद्धांजलि देने और अपनी बेटी झटियापाली को शादी में देने के लिए मजबूर किया था। हालाँकि, रामचंद्र ने इन श्रद्धांजलि भुगतानों को बंद कर दिया था और वाघेला राजा कर्ण को शरण दी थी, जिसे 1304 में अलाउद्दीन ने गुजरात से विस्थापित कर दिया था।

अतः विकल्प (A) सही है।

62. अन्य विकल्पों की तुलना में मुस्लिम विजय के पहले किसी प्रकार की गुलामी प्रचलित थी। पर्दा मुस्लिम आक्रमणों का उपहार था, और यही बात बाल विवाह पर भी लागू होती है जो मुस्लिमों द्वारा हिंदू लड़कियों को जिहाद के पवित्र कार्य के रूप में उठाने के नए खतरे से बचने के लिए प्रचलन में आया, सती और जौहर भी आक्रमणकारियों की पत्नियों के रूप में स्थापित हो गए अपने पति को आखिरी लड़ाई में जाने से पहले खुद को मार दिया करते थे। गुलामी अधिक प्रचलित हुई क्योंकि यह उस समय मुसलमानों के बीच एक फैशन और स्टेटस सिंबल था। जैसा कि हमने पढ़ा कि अलादीन के पास 84000 गुलाम थे और फिरोज तुगलक के पास 2 लाख थे, उन सभी को राज्य की लागत पर रखा गया था।
अतः विकल्प (D) सही है।

63. सयाना एक संस्कृत मीमांसा विद्वान थे। वह कर्नाटक में दक्षिण भारत के विजयनगर साम्राज्य से थे। वेदों पर एक प्रभावशाली टिप्पणीकार, वह राजा बुक्का राया और उसके उत्तराधिकारी हरिहर द्वितीय के तहत फला-फूला।
अतः विकल्प (C) सही है।

64. मुग़ल सम्राट जहाँगीर अपने वायसराय के दिनों से ही चित्रकला के महान संरक्षक थे। उन्होंने उस्ताद मंसूर सहित उस समय के कई महान चित्रकारों का संरक्षण किया। मुगल चित्रकला मुगल दरबार तक ही सीमित रही और लोगों तक नहीं पहुंची। जहाँगीर की मुगल चित्रकला पर बहुत ही भेदभावपूर्ण नज़र थी।
अतः विकल्प (B) सही है।

65. भाई गुरदास एक इतिहासकार और उपदेशक, लेखक थे। उन्हें गुरु ग्रंथ साहिब का मूल ग्रंथ माना जाता था। उन्होंने अकाल तख्त के पहले जत्थेदार के रूप में भी काम किया। अकाल तख्त श्री गुरु हरगोबिंद द्वारा बनवाया गया था जो कि पंजाब के अमृतसर में स्थित है।
अतः विकल्प (A) सही है।

66. मुहम्मद साकी मुस्तैद खान चालीस साल तक औरंगजेब की सेवा में रहे। उनके द्वारा दर्ज की गई कई घटनाओं के वे प्रत्यक्षदर्शी थे। औरंगज़ेब की मृत्यु के बाद मा 'असीर-ए-आलमगिरी लिखा गया था, लेकिन यह राज्य के कागज़ात पर आधारित है। यह तुलनात्मक रूप से बहुत संक्षिप्त है क्योंकि यह केवल 541 पृष्ठों में इकतालीस वर्षों के इतिहास से संबंधित है।
अतः विकल्प (A) सही है।

67. उनकी विचारधारा की तरह, अकबर के सिक्के भी धर्मनिरपेक्षता को दर्शाते हैं। स्वास्तिक का हिंदू प्रतीक उनके कई सिक्कों पर "कालिमा" (विश्वास की इस्लामी पुष्टि) के साथ दिखाई देता है। उन्होंने राम और सीता के चित्रण के साथ सोने के आधे मोहरें भी जारी किए। कुछ चांदी के सिक्कों पर "राम" और "गोबिंद" शब्द भी थे।
अतः विकल्प (A) सही है।

68. आखिरी ग़ज़नवी सुल्तान ख़ुसरु मलिक था, जो घोरी के हमले के समय, पंजाब और लाहौर क्षेत्र के आसपास शासन कर रहा था। घोरी ने 1186 में लाहौर पर कब्ज़ा कर लिया और ख़ुसरो मलिक और उनके बेटे को घुर में ले जाया गया जहाँ उन्हें कैद कर लिया गया और संभवतः उन्हें मार दिया गया।
अतः विकल्प (B) सही है।

69. भारत पर हमला करने के लिए घोरी का मुख्य उद्देश्य अपने घुरिद साम्राज्य का विस्तार करना और अपनी साम्राज्यवादी महत्वाकांक्षाओं को पूरा करना था। इस्लाम का विस्तार और उसकी सैन्य कारनामों के माध्यम से उसका नाम गौरवान्वित करने की महत्वाकांक्षा को उसका माध्यमिक उद्देश्य कहा जा

सकता है। इसी तरह, लूट माध्यमिक उद्देश्य हो सकते हैं क्योंकि उन दिनों में यह नियम था कि वे परास्त शासकों से स्वर्ण और धन प्राप्त करें।
अतः विकल्प (B) सही है।

70. मोहम्मद गोरी और महमूद गजनी के आक्रमणों में एक अंतर यह था कि पूर्व में खैबर दर्रे का उपयोग भारत में प्रवेश करने के मार्ग के रूप में किया गया था, बाद में गोमल दर्रे को चुना। यह दर्रा खैबर दर्रे और बोलन दर्रे के बीच स्थित है और अफगानिस्तान में ग़ज़नी को पाकिस्तान में टैंक और डेरा इस्माइल खान से जोड़ता है। घोरी ने इसे चुना क्योंकि उनके अनुसार यह सुरक्षित और कम मार्ग था। खैबर दर्रे के क्षेत्र से बचने का प्राथमिक कारण यह था कि यह अभी भी गजनवी शासकों द्वारा बचाव किया गया था और घोरी उस समय गज़नवीड्स के साथ एक सीधा वर्ग नहीं चाहता था।
अतः विकल्प (B) सही है।

71. राजवंश के संस्थापक सामंत सेना थे। उसके बाद हेमंत सेना आई, जिसने 1095 ई। में सत्ता पर अधिकार किया और खुद को राजा बना लिया। उनके उत्तराधिकारी विजया सेना (1096 ईस्वी से 1159 ईस्वी तक) ने राजवंश की नींव रखने में मदद की और 60 वर्षों से अधिक समय तक असामान्य रूप से शासन किया। बल्ला सेना ने गौर को पाल से जीत लिया, बंगाल डेल्टा का शासक बन गया, और नबाद्वीप को भी राजधानी बना दिया। बल्ला सेना ने रामादेवी से पश्चिमी चालुक्य साम्राज्य की एक राजकुमारी से शादी की जो इंगित करती है कि दक्षिण भारत के साथ सीना शासकों ने निकट सामाजिक संपर्क बनाए रखा।
अतः विकल्प (B) सही है।

72. कृष्ण तृतीय जिसका कन्नड़ नाम कन्नारा (939 - 967 C.E.) था, वह अंतिम महान योद्धा और मन्याखेत के राष्ट्रकूट राजवंश के समर्थ सम्राट थे। वह एक चतुर प्रशासक और कुशल सैन्य प्रचारक था। उसने राष्ट्रकूटों के गौरव को वापस लाने के लिए कई युद्ध किए और राष्ट्रकूट साम्राज्य के पुनर्निर्माण में महत्वपूर्ण भूमिका निभाई। उन्होंने प्रसिद्ध कन्नड़ कवि श्री पोन्ना, जिन्होंने शांति पुराण, गजानकुश, नारायण के नाम से भी जाना जाता है, जिन्होंने इरॉटिक्स पर लिखा, और अपभ्रंश कवि पुष्पदंत जिन्होंने महापुराण और अन्य रचनाएँ लिखीं, का संरक्षण किया।
अतः विकल्प (D) सही है।

73. मुहम्मद-बिन- कासिम ने 711 ई. में भारत पर आक्रमण किया। भारत की विजय के लिए दीर्घकालिक और अल्पकालिक दोनों कारण हैं। भारत और पूर्वी एशिया के साथ अरबों का व्यापार था। व्यापार समुद्री मार्ग से किया जाता था; सिंध के समुद्री डाकू की लूट के कारण मार्ग असुरक्षित था। अरब विद्रोहियों को भी सिंध में शरण मिलती है। इस प्रकार उमय्यद अपने शासन को मजबूत करना चाहते थे और व्यापार मार्ग को भी सुरक्षित करना चाहते थे। उमय्यद ख़लीफ़ा ने मुहम्मद बिन कासिम को सिंध पर हमला करने का आदेश दिया। उसने 6,000 सीरियाई घुड़सवारों का नेतृत्व किया और सिंध की सीमाओं पर वह एक अग्रिम गार्ड और छह हज़ार ऊंट सवारों और पाँच कैट्टल (मनजनिकों) के साथ शामिल हुआ। मुहम्मद बिन कासिम ने पहले देबल पर कब्जा कर लिया, जहां से अरब सेना ने सिंधु के साथ मार्च किया। रोहरी में उनकी मुलाकात दाहिर की सेनाओं से हुई थी। दाहिर युद्ध में मारे गए, उनकी सेनाएं हार गईं और मुहम्मद बिन कासिम ने सिंध पर अधिकार कर लिया। मोहम्मद बिन कासिम ने 712 ई. में दैबुल में प्रवेश किया।

अतः विकल्प (D) सही है।

74. बावरिज सिंधी समुद्री डाकू थे जिन्होंने विशेष जहाजों का इस्तेमाल किया था जिन्हें बरजा युद्धपोत कहा जाता था। उन्होंने भारतीय उपमहाद्वीप और चीन के लिए बाध्य अरब शिपिंग को लूट लिया। सिंध की अरब विजय के उद्धृत कारणों में से एक बावरीज को दंडित करना था जो कच्छ, देबल और काठियावाड़ में अपने ठिकानों से अरबी जहाजों के समूह का शिकार करता था।
अतः विकल्प (B) सही है।

75. सातवाहन राजाओं को एक तरफ मध्य भारत-आर्य भाषा और दूसरी तरफ तमिल भाषा की विशेषता वाले द्विभाषी सिक्के जारी करने के लिए जाना जाता है। पश्चिमी क्षत्रप स्वयं उत्तर-पश्चिम में इंडो-ग्रीक राजाओं के सिक्कों की विशेषताओं का अनुसरण करते थे। डेक्कन क्षेत्र में हजारों सीसा, तांबा और पोटीन सातवाहन सिक्के खोजे गए हैं; कुछ सोने और चांदी के सिक्के भी उपलब्ध हैं।
अतः विकल्प (A) सही है।

76. सूरी राजवंश के संस्थापक शेरशाह सूरी ने 1540 में हुमायूँ को हराकर शेरगढ़ का नाम रखा, उन्होंने अपने पांच साल के शासनकाल के दौरान परिसर में कई और ढांचे जोड़े। पुराण किला और इसके वातावरण "दिल्ली के छठे शहर" के रूप में विकसित हुए।
अतः विकल्प (C) सही है।

77. भारत में घोरी के कमांडरों द्वारा भारत में जारी किए गए अधिकांश सिक्कों में, श्री महामद समा देवनागरी लिपि में उत्कीर्ण हैं। पृथ्वी राज चौहान और मोहम्मद गोरी का एक संयुक्त सिक्का भी है जिसमें एक तरफ श्री पृथ्वी राज (घोड़े पर) और दूसरी तरफ श्री महामद सैम का उल्लेख है।
अतः विकल्प (B) सही है।

78. समाज के कल्याण के लिए, इल्तुतमिश ने दिल्ली में वाटरवर्क, मस्जिद और विभिन्न नागरिक सुविधाओं का निर्माण किया। उन्होंने कुतुब मीनार के खूबसूरत स्मारक को पूरा किया और इतिहासकार मिन्हाज - हम - सिराज और उश के संत कुतुबुद्दीन को संरक्षण दिया।
अतः विकल्प (B) सही है।

79. ख्वाजा निजाम-उद-दीन अहमद बख्शी मध्यकालीन भारत के एक मुस्लिम इतिहासकार थे। वह मुहम्मद मुकीम-ए-हरवी के पुत्र थे। निज़ामुद्दीन अहमद ने तबक़ात-ए-अकबरी नामक पुस्तक लिखी है जो भारत में मुस्लिम शासन का एक सामान्य इतिहास है जो इसकी रचना के वर्ष तक आ रहा है।
अतः विकल्प (D) सही है।

80. तराइन का पहला युद्ध 1191 ई. में तराइन के निकट पृथ्वीराज चौहान के नेतृत्व में मुहम्मद गोरी के नेतृत्व में घुरिडों के बीच लड़ा गया था। चमन राजा पृथ्वीराज चौहान ने घुरिद राजा मुहम्मद गोरी को हराया।
अतः विकल्प (C) सही है।

81. देव राय। विजयनगर साम्राज्य के संगम राजवंश का एक राजा था जिसने 1406 ईस्वी से 1422 ईस्वी तक शासन किया था। अपने पूरे शासनकाल में, देव राय लगातार तेलंगाना के वेलमों, गुलबर्गा के बहमनी सुल्तान, कोंडाविडु के रेड्डी और विजयनगर के पारंपरिक प्रतिद्वंद्वियों, कलिंग के गजपति के साथ युद्ध में थे।
अतः विकल्प (D) सही है।

82. मेहरानगढ़ या मेहरान किला, राजस्थान के जोधपुर में स्थित है, भारत के सबसे बड़े किलों में से एक है। राव जोधा द्वारा लगभग 1459 में निर्मित, किला शहर से 410 फीट (125 मीटर) की दूरी पर स्थित है और मोटी दीवारों से घिरा हुआ है।
अतः विकल्प (C) सही है।

83. चारमीनार भारत के हैदराबाद में एक स्मारक है। संरचना 1591 ईस्वी में बनाई गई थी। यह हैदराबाद की सबसे प्रसिद्ध इमारत है और भारत की सबसे प्रसिद्ध इमारतों में से एक है। यह एक घातक प्लेग के अंत का जश्न मनाने के लिए मुहम्मद कुली कुतुब शाही द्वारा बनाया गया था।
अतः विकल्प (B) सही है।

84. अकबर के शिक्षक अब्दुल लतीफ़ एक ईरानी विद्वान थे। वह बैरम खान 1556 ई. से 1560 ई. तक अकबर का संरक्षक था, जिसे गज़लदीन मुहम्मद अकबर बादशाह गाजी की उपाधि से सिंहासन पर बैठाया गया था, उसे प्यार से खानी बाबा कहा जाता था।
अतः विकल्प (D) सही है।

85. मोती मस्जिद भारत के दिल्ली में लाल किला परिसर के अंदर एक सफेद संगमरमर की मस्जिद है। नाम अंग्रेजी में "पर्ल मस्जिद" के रूप में अनुवादित है। हम्माम के पश्चिम में स्थित और दीवान-ए-ख़ास के करीब, इसे मुग़ल बादशाह औरंगज़ेब ने 1659-1660 से बनवाया था।
अतः विकल्प (C) सही है।

86. दिसंबर 1943 में मुस्लिम लीग का कराची अधिवेशन आयोजित किया गया था। पाकिस्तान के निर्माण की मांग का प्रस्ताव पेश किया गया था और मोहम्मद अली जिन्ना ने एक नया नारा दिया था "डिवाइड एंड क्विट"।
अतः विकल्प (D) सही है।

87. अगस्त ऑफर के बाद कांग्रेस फिर असमंजस की स्थिति में थी। कट्टरपंथी और वामपंथी एक बड़े पैमाने पर सविनय अवज्ञा आंदोलन शुरू करना चाहते थे, लेकिन यहां गांधी ने व्यक्तिगत सत्याग्रह पर जोर दिया। व्यक्तिगत सत्याग्रह स्वतंत्रता की तलाश के लिए नहीं था बल्कि भाषण के अधिकार की पुष्टि करने के लिए था।

पहले सत्याग्रही चुने गए आचार्य विनोबा भावे थे, जिन्हें युद्ध के खिलाफ बोलने पर जेल भेजा गया था।

दूसरे सत्याग्रही जवाहर लाल नेहरू थे।

तीसरा ब्रह्म दत्त था, जो गांधी के आश्रम के कैदियों में से एक था।

अतः विकल्प (A) सही है।

88. 7 सितंबर, 1931 को दूसरा सत्र खुला। पहले और दूसरे गोलमेज सम्मेलन के बीच तीन बड़े अंतर थे। दूसरे नंबर पर कांग्रेस का प्रतिनिधित्व, राष्ट्रीय सरकार और वित्तीय संकट।
अतः विकल्प (C) सही है।

89. केसरी भारतीय स्वाधीनता आंदोलन के एक प्रमुख नेता लोकमान्य बाल गंगाधर तिलक द्वारा 1881 में स्थापित एक समाचार पत्र है। बाल गंगाधर तिलक अपने दो समाचार पत्र, केसरी मराठी में और मराठा अंग्रेजी में केसरी वाड़ा से चलाते थे। वाडा में अभी भी केसरी के कार्यालय हैं, और उनके लेखन डेस्क मूल पत्र और दस्तावेजों सहित तिलक के स्मृति चिन्ह भी है।
अतः विकल्प (B) सही है।

90. भारतीय राष्ट्रीय सेना (आज़ाद हिंद फ़ौज) द्वितीय विश्व युद्ध के दौरान 1942 में दक्षिण पूर्व एशिया में भारतीय राष्ट्रवादियों द्वारा गठित एक सशस्त्र बल था। सेना का उद्देश्य जापानी सहायता से भारतीय स्वतंत्रता को सुरक्षित करना था। शुरू में 1942 में मोहन सिंह के नेतृत्व में सिंगापुर के पतन के तुरंत बाद, 1943 में सुभाष चंद्र बोस के नेतृत्व में पुनर्जीवित होने से पहले दिसंबर में पहला INA ध्वस्त हो गया और बोस के अज़ीज़ हज़मत-ए-आज़ाद हिंद की सेना की घोषणा की। बट्टाग्लियोन आज़ाद हिंदुस्तान (इटैलियन: "फ्री इंडिया बटालियन") जुलाई 1942 में इटली में गठित एक विदेशी विरासत इकाई थी। इसका नेतृत्व मोहम्मद इकबाल शदाई ने किया था।
अतः विकल्प (C) सही है।

91. 6 दिसंबर 1946 को संविधान सभा का गठन किया गया था। पहली बैठक 9 दिसंबर 1946 को संविधान भवन, दिल्ली में हुई थी। सच्चिदानंद सिन्हा को अस्थायी अध्यक्ष नियुक्त किया गया था। बाद में 11 दिसंबर 1946 को, राजेंद्र प्रसाद को सर्वसम्मति से इसके अध्यक्ष के रूप में चुना गया।
अतः विकल्प (B) सही है।

92. नरमपंथियों और अतिवादियों के बीच बढ़ते मतभेद सूरत सत्र 1907 में आए, जब चरमपंथियों की इच्छा के खिलाफ, जिन्होंने लाला लाजपत राय को राष्ट्रपति बनना पसंद किया; डॉ। रास बिहारी घोष कांग्रेस अध्यक्ष चुने गए। अतिवादियों ने कांग्रेस छोड़ दी। नतीजा यह हुआ कि कांग्रेस नरमपंथियों के नियंत्रण में रही।
अतः विकल्प (A) सही है।

93. पांडुरंग शास्त्री आठवले द्वारा भारत के पश्चिमी राज्यों (महाराष्ट्र और गुजरात) में 20 वीं शताब्दी के मध्य में शुरू किए गए स्वाध्याय आंदोलन को स्वाध्याय परिवार के नाम से भी जाना जाता है। यह एक धार्मिक आंदोलन था। यह मुख्य रूप से आत्म-अध्ययन (स्वाध्याय), निस्वार्थ भक्ति (भक्ति) और आध्यात्मिक, सामाजिक और आर्थिक मुक्ति के लिए हिंदू धर्मग्रंथों के अनुप्रयोग पर केंद्रित है।
अतः विकल्प (D) सही है।

94. न्यायमूर्ति एम.जी. रानाडे (1842-1901) एक प्रतिष्ठित भारतीय विद्वान, समाज सुधारक और लेखक थे, जिन्हें कभी-कभी पश्चिमी भारत का पुनर्जागरण का पिता कहा जाता था। वह भारतीय राष्ट्रीय कांग्रेस के संस्थापक सदस्यों में से एक थे। उन्होंने 1861 में "विधवा विवाह संघ" की स्थापना की, इसे प्रोत्साहित करने और लोकप्रिय बनाने के लिए रानाडे ने 1870 में पूना सर्वजन सभा की स्थापना की, सरकार, लोगों की आकांक्षा का प्रतिनिधित्व करने के लिए। प्रसिद्ध स्वतंत्रता सेनानियों गोपाल कृष्ण गोखले, और बाल गंगाधर तिलक के गुरु और राजनीतिक गुरु के रूप में जाना जाता है। वह जाति व्यवस्था, छुआछूत के खिलाफ थे और विधवा-पुनर्विवाह के प्रबल समर्थक थे।
अतः विकल्प (B) सही है।

95. पश्चिमी प्रेसीडेंसी या कंपनी की सूरत प्रेसीडेंसी 1612 से 1687 तक अस्तित्व में थी। इसमें भारत के पश्चिमी तट पर सभी कारखाने शामिल थे, जिनमें अहमदाबाद, बालासोर (1655-84), बॉम्बे (1665-87), हुगली (1655-84) शामिल थे।1687 में इसे समाप्त कर दिया गया था जब राष्ट्रपति पद की सीट को बॉम्बे ले जाया गया था।
अतः विकल्प (B) सही है।

96. ताम्रलिप्ता जाति सरकार एक स्वतंत्र समानांतर सरकार थी जिसका गठन पश्चिम बंगाल के तमलुक में भारत छोड़ो आंदोलन के दौरान किया गया था। इसने 17 दिसंबर, 1942 से 8 अगस्त, 1944 तक कार्य किया। प्रमुख नेता सतीश चंद्र सामंत, सुशील कुमार धरा, अजॉय मुखर्जी और मातंगिनी हाजरा थे।
अतः विकल्प (C) सही है।

97. लॉर्ड डलहौजी को भारत की पहली यात्री ट्रेन की शुरुआत का श्रेय दिया जाता है। भारत में पहली यात्री ट्रेन 16 अप्रैल 1853 को बॉम्बे (बोरीबंदर) स्टेशन और ठाणे के बीच चली। 21 मील की लंबाई तय करने में लगभग 45 मिनट का समय लगा। तीनों लोकोमोटिव का नाम सुलतान, सिंध और साहिब था।
अतः विकल्प (A) सही है।

98. 1773 का विनियमन अधिनियम ईस्ट इंडिया कंपनी के मामलों को नियंत्रित करने और विनियमित करने के लिए ब्रिटिश सरकार का पहला कदम था। अंत में, 1858 के भारत की अच्छी सरकार के लिए अधिनियम ने ईस्ट इंडिया कंपनी को समाप्त कर दिया और ब्रिटिश क्राउन द्वारा शक्तियां ले ली गईं।
अतः विकल्प (A) सही है।

99. 18 मार्च 1792 को सेरिंगपत्तम की संधि पर हस्ताक्षर किए गए। इस संधि के माध्यम से तीसरे एंग्लो-मैसूर युद्ध का अंत हुआ। टीपू ने अपने दो बेटों को अंग्रेजी में सौंप दिया। युद्ध क्षतिपूर्ति के रूप में उन्होंने अंग्रेजी को 3 करोड़ और 30 लाख रुपये प्रदान किए और अपने क्षेत्र के आधे हिस्से को निज़ाम, मराठों और अंग्रेजी को सौंप दिया।
अतः विकल्प (C) सही है।

100. 11 अप्रैल 1936 को सहजानंद सरस्वती द्वारा अखिल भारतीय किसान सभा का गठन किया गया। बिहार में किसान सभा आंदोलन शुरू हुआ। एन. रंगा इस संघ के सचिव थे। संगठन के उद्देश्य जमींदारी व्यवस्था का उन्मूलन, भू-राजस्व में कमी थे।
अतः विकल्प (B) सही है।

101. 1. इसका गठन 1784 के पिट्स इंडिया एक्ट द्वारा किया गया था - सही है

पिट्स इंडिया अधिनियम 1784 द्वारा भारत में ईस्ट इंडिया कंपनी के प्रशासन पर ब्रिटिश ताज के नियंत्रण को बढ़ाने के लिए एक नियंत्रण के रूप में बोर्ड ऑफ कंट्रोल का गठन किया गया था। इसमें छह अवैतनिक प्रिवी पार्षद शामिल थे, जिनमें से एक अध्यक्ष एक कास्टिंग वोट के साथ था।

2. इसने कंपनी के वाणिज्यिक मामलों को नियंत्रित किया - गलत

बोर्ड के पास कोई संरक्षण नहीं था और उसने वाणिज्यिक मामलों में हस्तक्षेप नहीं किया था, लेकिन उसके पास नागरिक या सैन्य सरकार से संबंधित सभी कार्यों का अधीक्षण, प्रत्यक्ष और नियंत्रण था या भारत में पूर्वी भारत की कंपनी के अधिकारी बोर्ड की स्वीकृति के अधीन थे। जो निदेशकों की सहमति के बिना अपने स्वयं के आदेश भी भेज सकता था।

3. इसे भारत सरकार अधिनियम 1858 द्वारा समाप्त कर दिया गया - सही

विद्रोह के बाद जब भारत सरकार अधिनियम, 1858 में भारत सरकार द्वारा ब्रिटिश ताज को हस्तांतरित किया गया, तो नियंत्रण बोर्ड को समाप्त कर दिया गया।

अतः विकल्प (C) सही है।

102. भारतीय स्वतंत्रता अधिनियम, 1947 के क्राउन-इन-पार्लियामेंट अधिनियमित द्वारा भारत को स्वतंत्रता प्रदान की गई थी, हालांकि भारत को स्वतंत्रता देने का कार्यकारी निर्णय कैबिनेट मिशन योजना (1946) में पहले ही आ चुका था। यह कैबिनेट मिशन योजना के तहत था कि संविधान सभा की परिकल्पना की गई थी और उस पर भारत के लिए नए संविधान का मसौदा तैयार करने का आरोप लगाया गया था। इसे कानूनी रूप से स्वतंत्रता अधिनियम की धारा 8 में मान्यता दी गई थी। कैबिनेट मिशन योजना की परिकल्पना थी कि नए संविधान को मंजूरी के लिए क्राउन-इन-पार्लियामेंट में रखा जाएगा। हालांकि भारतीय स्वतंत्रता अधिनियम ने इस आवश्यकता को नहीं दोहराया, लेकिन यह निर्दिष्ट किया कि संविधान सभा द्वारा तैयार किए गए नए संविधान को भारत के गवर्नर-जनरल की सहमति प्राप्त करनी होगी, जो ब्रिटिश क्राउन के नाम पर इस तरह के कानून को स्वीकार करेंगे।
अतः विकल्प (C) सही है।

103. नरमपंथी: उदारवादी उदारवाद और उदारवादी राजनीति में विश्वास करते थे। वे मानते थे कि ब्रिटिश शासक केवल भारतीय जनता की दुर्दशा से अनजान थे और एक बार उन्हें अवगत करा दिया गया था कि ब्रिटिश अधिकारी स्थानीय आबादी के जीवन को बेहतर बनाने के लिए पूरी कोशिश करेंगे। इसलिए उन्होंने संवैधानिक तरीके अपनाए। सूची में कुछ मॉडरेट हैं- सुरेंद्रनाथ बनर्जी, आर. सी. दत्त, दादाभाई नौरोजी, गोपाल कृष्ण गोखले, फिरोजशाह मेहता, न्यायमूर्ति एम.जी.रानाडे।

चरमपंथी: चरमपंथी नेताओं का दृढ़ विश्वास था कि अंग्रेजों को भारतीय लोगों को ध्यान में रखने में कोई दिलचस्पी नहीं थी। यह एक प्लेग या अकाल के दौरान अधिकारियों की कमी की प्रतिक्रिया से स्पष्ट था। चरमपंथी अपने दृष्टिकोण के मामले में कट्टरपंथी थे, और उग्रवादी तरीकों में विश्वास करते थे, लेकिन प्रमुख कर्मियों की हत्या तक सीमित नहीं थे। इसलिए उन्होंने स्वतंत्रता प्राप्त करने के लिए क्रांतिकारी तरीके अपनाए। सूची में कुछ अतिवादियों के नाम हैं- लाला लाजपत राय, बाल गंगाधर तिलक, बिपिन चंद्र पाल, अरबिंदो गोश।

इसलिए, दोनों सही कथन हैं।

अतः विकल्प (C) सही है।

104. 1913 में, प्रशांत तट हिंदुस्तान एसोसिएशन की स्थापना लाला हरदयाल ने सोहन सिंह भकना के साथ की थी, जिसके अध्यक्ष थे, जिसे ग़दर पार्टी कहा जाता था। इस पार्टी के सदस्य अमेरिका और कनाडा के अप्रवासी सिख थे। द ग़दर का पहला अंक 1 नवंबर 1913 को सैन फ्रांसिस्को में प्रकाशित हुआ था।
अतः विकल्प (B) सही है।

105. डॉ। बाबासाहेब अम्बेडकर और महात्मा गांधी के बीच एक समझौते पर 89 साल पहले 24 सितंबर, 1932 को हस्ताक्षर किए गए थे। महात्मा गांधी को तोड़ने के लिए पुणे की यरवारा सेंट्रल जेल में पं. मदन मोहन मालवीय और डॉ. बीआर अंबेडकर और कुछ दलित नेताओं ने समझौते पर हस्ताक्षर किए थे।
अतः विकल्प (B) सही है।

106. 1877 का इम्पीरियल दरबार जो तीन दिल्ली दरबार में पहली बार था, लॉर्ड लिटन के वायसराय के दौरान आयोजित किया गया था। महारानी विक्टोरिया को इस दरबार में "केसर-ए-हिंद" की उपाधि से सम्मानित किया गया था। गणेश वासुदेव जोशी ने इस दरबार में शिरकत की थी, जो हाथ से स्पून खादी पहने थे।
अतः विकल्प (D) सही है।

107. स्वदेशी आंदोलन 1905 में लॉर्ड कर्जन द्वारा भारत के वायसराय द्वारा बंगाल के विभाजन के साथ शुरू हुआ और 1911 तक जारी रहा। यह पूर्व-गांधीवादी आंदोलन का सबसे सफल था। इसके मुख्य वास्तुकार अरबिंदो घोष थे।
अतः विकल्प (C) सही है।

108. अगस्त प्रस्ताव 1940 में ब्रिटिश सरकार द्वारा बनाया गया एक प्रस्ताव था, जिसमें भारत के वाइसराय की कार्यकारी परिषद के विस्तार का वादा किया गया था, जिसमें अधिक भारतीय शामिल थे, एक सलाहकार युद्ध परिषद की स्थापना, अल्पसंख्यक राय को पूरा वजन देने, और भारतीयों की मान्यता 'अपने स्वयं के संविधान (युद्ध की समाप्ति के बाद) का अधिकार देने के लिए था।
अतः विकल्प (D) सही है।

109. ईस्ट इंडिया कंपनी अधिनियम 1813, जिसे चार्टर एक्ट 1813 भी कहा जाता है, यूनाइटेड किंगडम की संसद का एक अधिनियम था, जिसने ब्रिटिश ईस्ट इंडिया कंपनी को जारी किए गए चार्टर को नवीनीकृत किया और भारत में कंपनी के शासन को जारी रखा। हालांकि, चाय और अफीम के व्यापार और चीन के साथ व्यापार को छोड़कर, कंपनी का वाणिज्यिक एकाधिकार समाप्त हो गया, यह भारत में ब्रिटिश शक्ति के विकास को दर्शाता है।
अतः विकल्प (B) सही है।

110. रामकृष्ण मिशन (RKM) एक हिंदू धार्मिक और आध्यात्मिक संगठन है जो दुनिया भर में आध्यात्मिक आंदोलन का मूल रूप है जिसे रामकृष्ण आंदोलन या वेदांत आंदोलन के रूप में जाना जाता है। मिशन का नामकरण और नामकरण भारतीय संत रामकृष्ण परमहंस द्वारा किया गया और 1 मई 1897 को रामकृष्ण के प्रमुख शिष्य स्वामी विवेकानंद द्वारा स्थापित किया गया।
अतः विकल्प (B) सही है।

111. मोइरांग मणिपुर राज्य में एक शहर और नगर परिषद है जहां सुभाष चंद्र बोस ने आईएनए झंडा फहराया था। द्वितीय विश्व युद्ध के दौरान मोइरांग आजाद हिंद फौज का मुख्यालय था, आईएनए के कर्नल शौकत मलिक ने मणिपुरियों की मदद से मोइरांग में 14 अप्रैल 1944 को पहली बार तिरंगा फहराया था।
अतः विकल्प (C) सही है।

112. भारत के संविधान का निर्माण संविधान सभा द्वारा किया गया था, और इसे 16 मई 1946 को कैबिनेट मिशन योजना के तहत लागू किया गया था। संविधान सभा के सदस्यों को आनुपातिक प्रतिनिधित्व की एकल, हस्तांतरणीय-वोट प्रणाली द्वारा प्रांतीय विधानसभाओं द्वारा चुना गया था।
अतः विकल्प (B) सही है।

113. संघीय न्यायालय के पास राज्य सचिव और वायसराय की परिषद के बीच किसी भी विवाद में विशेष मूल अधिकार क्षेत्र था। प्रारंभ में, यह उन मामलों में प्रांतों के उच्च न्यायालयों से अपील सुनने का अधिकार था, जिनमें भारत सरकार अधिनियम, 1935 की किसी भी धारा की व्याख्या शामिल थी।

अतः विकल्प (D) सही है।

114. मुस्लिम लीग, मूल नाम ऑल इंडिया मुस्लिम लीग, एक राजनीतिक समूह जिसने ब्रिटिश भारत के विभाजन के समय एक अलग मुस्लिम राष्ट्र बनाने के लिए आंदोलन का नेतृत्व किया (1947)। 1906 में मुस्लिम लीग की स्थापना भारतीय मुसलमानों के अधिकारों की रक्षा के लिए की गई थी।
अतः विकल्प (C) सही है।

115. भारत सरकार अधिनियम 1919 - भारत सरकार के संबंध में एक और प्रावधान करने के लिए एक अधिनियम। भारत सरकार अधिनियम 1919 यूनाइटेड किंगडम की संसद का एक अधिनियम था। यह भारत सरकार में भारतीयों की भागीदारी का विस्तार करने के लिए पारित किया गया था।
अतः विकल्प (B) सही है।

116. 1880 में विष्णुश्री चिपलूनकर और लोकमान्य बाल गंगाधर तिलक ने न्यू इंग्लिश स्कूल की स्थापना की, जो पुणे में पश्चिमी शिक्षा देने वाले पहले देशी-संचालित स्कूलों में से एक था। 1884 में उन्होंने गोपाल गणेश अगरकर, महादेव बल्लाल नामजोशी, वी.एस. आप्टे के साथ डेक्कन एजुकेशन सोसाइटी का निर्माण किया।
अतः विकल्प (C) सही है।

117. दादाभाई नौरोजी भारतीय राष्ट्रीय कांग्रेस के नरमपंथियों के थे। वह भारतीय स्वतंत्रता आंदोलन के अन्य स्वतंत्रता सेनानियों के लिए एक बहुत मजबूत प्रभाव था और कई लोगों के बीच गोपाल कृष्ण गोखले और मोहनदास करमचंद गांधी जैसे नेताओं का उल्लेख किया।
अतः विकल्प (A) सही है।

118. 1853 का चार्टर अधिनियम, बंगाल के राष्ट्रपति पद के लिए एक अलग राज्यपाल की नियुक्ति के लिए प्रदान किया गया, जो गवर्नर-जनरल से अलग था। हालांकि, गवर्नर की नियुक्ति होने तक निदेशक मंडल और नियंत्रण बोर्ड को लेफ्टिनेंट गवर्नर नियुक्त करने के लिए अधिकृत किया गया था। कृपया ध्यान दें कि 1854 में लेफ्टिनेंट गवर्नर नियुक्त किया गया था, लेकिन 1912 तक बंगाल के लिए कोई राज्यपाल नियुक्त नहीं किया गया था।
अतः विकल्प (D) सही है।

119. बाजी राव- II मराठा साम्राज्य का अंतिम पेशवा था जिसने 1795 से 1818 तक शासन किया था। वह मराठा नोबल्स द्वारा एक कठपुतली शासक के रूप में स्थापित किया गया था, जिसकी बढ़ती शक्ति ने उसे अपनी राजधानी से भागने और ब्रिटिश के साथ 1802 की संधि पर हस्ताक्षर करने के लिए प्रेरित किया।
अतः विकल्प (C) सही है।

120. सुचेता कृपलानी (नी मजूमदार , 25 जून 1908 - 1 दिसंबर 1974) एक भारतीय स्वतंत्रता सेनानी और राजनीतिज्ञ थीं। वह भारत की पहली महिला मुख्यमंत्री थीं, जो 1963 से 1967 तक उत्तर प्रदेश सरकार की प्रमुख रहीं।
अतः विकल्प (C) सही है।

121. दिसंबर 1922 में, चित्तरंजन दास, नरसिंह चिंतामन केलकर और मोतीलाल नेहरू ने दास के साथ कांग्रेस-खिलाफत स्वराज पार्टी का अध्यक्ष और नेहरू को सचिव के रूप में गठन किया।
अतः विकल्प (B) सही है।

122. "सरदार पटेल भारत की एकता के प्रतीक हैं। उन्होंने देश की 562 रियासतों को संघ की तह में ला दिया था और एक रक्तहीन क्रांति के माध्यम से 70 दिनों के बहुत कम समय के भीतर इस कार्य को हासिल किया था"।
अतः विकल्प (C) सही है।

123. इला भट्ट की पहल से गठित स्व कर्मचारी महिला संघ। SEWA 1972 में पंजीकृत एक ट्रेड यूनियन है। यह गरीब, स्वरोजगार महिला श्रमिकों का एक संगठन है। ये वे महिलाएं हैं जो अपने श्रम या छोटे व्यवसायों के माध्यम से जीविकोपार्जन करती हैं। वे संगठित क्षेत्र में श्रमिकों की तरह कल्याणकारी लाभ के साथ नियमित वेतनभोगी रोजगार प्राप्त नहीं करते हैं।
अतः विकल्प (A) सही है।

124. कम्युनिस्ट इंटरनेशनल के नेतृत्व में चुने गए पहले भारतीय एमएन रॉय थे। मनबेंद्र नाथ रॉय (21 मार्च 1887 - 26 जनवरी 1954), नरेंद्र नाथ भट्टाचार्य का जन्म, एक भारतीय क्रांतिकारी, कट्टरपंथी कार्यकर्ता और राजनीतिक सिद्धांतकार, साथ ही 20 वीं शताब्दी में एक प्रसिद्ध दार्शनिक थे। रॉय मैक्सिकन कम्युनिस्ट पार्टी और भारतीय कम्युनिस्ट पार्टी के संस्थापक थे। वह कम्युनिस्ट इंटरनेशनल और रूस के सहयोगी चीन के कांग्रेस के प्रतिनिधि भी थे।
अतः विकल्प (C) सही है।

125. 1600 ईस्वी में, ईस्ट इंडिया कंपनी का गठन किया गया था और रानी एलिजाबेथ के व्यापार के एकाधिकार के लिए चार्टर को मंजूरी देने के बाद भारत और दक्षिण पूर्व एशिया के साथ व्यापार करने का विशेष अधिकार दिया गया था। प्रारंभ में, ब्रिटिश ईस्ट इंडिया कंपनी का मकसद व्यापार था, न कि क्षेत्र।
अतः विकल्प (B) सही है।

मॉक टेस्ट 09

Q.1 निम्नलिखित विद्वानों/कवियों में से कौन-सा/से अकबर के शासनकाल से संबंधित है/हैं?

1. नज़ीरी
2. फ़ैज़ी
3. तुलसीदास

नीचे दिए गए कूट का प्रयोग कर सही उत्तर चुनिए।

A. केवल 1 और 3 **B.** केवल 2
C. केवल 3 **D.** 1, 2 और 3

Q.2 बुद्ध के महापरिनिर्वाण के समय मार-विजय का प्रकरण निम्नलिखित में से किस गुफा में चित्रांकित किया गया है?

A. अजन्ता की गुफाएं **B.** एलोरा की गुफाएं
C. एलीफेन्टा की गुफाएं **D.** नचना कुठार की गुफाएं

Q.3 निम्नलिखित में से कौन-सा स्थल अशोक के अभिलेखों के बृहत शिलालेख स्थलों में सम्मिलित नहीं है?

A. गिरनार **B.** सोपारा **C.** सांची **D.** कंधार

Q.4 कत्थक नृत्य के संदर्भ में निम्नलिखित कथनों पर विचार कीजिए:

1. यह संगीत, नाटक और कथावाचन का संयोजन है।
2. यह शास्त्रीय नृत्य की एकमात्र शैली है जो हिंदुस्तानी संगीत से सम्बद्ध है।
3. मुगल दरबार में कत्थक के प्रदर्शन की अनुमति नहीं थी।

उपर्युक्त कथनों में से कौन-सा/से सही है/हैं?

A. केवल 1 और 2 **B.** केवल 2 और 3
C. केवल 1 और 3 **D.** 1, 2 और 3

Q.5 विजयनगर साम्राज्य के संदर्भ में, निम्नलिखित राजवंशों को कालानुक्रम में व्यवस्थित कीजिए:

1. संगम
2. सालुव
3. तुलुव
4. अरविदु

नीचे दिए गए कूट का प्रयोग कर सही उत्तर चुनिए।

A. 1-2-3-4 **B.** 1-3-4-2 **C.** 2-3-1-4 **D.** 4-3-2-1

Q.6 बृहदेश्वर मंदिर के संबंध में निम्नलिखित में से कौन-सा कथन सही नहीं है?

A. यह भगवान शिव को समर्पित है।
B. इसे राजेंद्र चोल ने बनवाया था।
C. यह भारत का पहला मंदिर था जिसमें दो बड़े गोपुरम थे।
D. इसमें मंदिर के मुख्य देवता की स्थापना के लिए दो मंजिला गर्भगृह है।

Q.7 इस बौद्ध ग्रन्थ में सिगल नामक धनी गृहस्थ को बुद्ध द्वारा दी गई सलाह है कि किस प्रकार सेवकों की देखभाल की जानी चाहिए।
उपर्युक्त गद्यांश में उल्लिखित बौद्ध ग्रन्थ है:

A. विनय पिटक **B.** सुत्त पिटक
C. अभिधम्म पिटक **D.** माध्यमिक

Q.8 निम्नलिखित में से कौन-से गतियां/परंपराएँ कुचिपुड़ी नृत्य से जुड़ी हैं?

1. पीतल की थाली की किनारी पर पैरों को संतुलित करना।
2. सिर पर पानी से भरा घड़ा लेकर नृत्य करना।
3. प्रदर्शन करने वाले कलाकारों द्वारा रंग-बिरंगे मुखौटे पहनना।

नीचे दिए गए कूट का प्रयोग कर सही उत्तर चुनिए।

A. केवल 1 और 2 **B.** केवल 2 और 3
C. केवल 1 और 3 **D.** केवल 1 और 3

Q.9 निम्नलिखित में से कौन-सा विदेशी यात्री इतालवी चिकित्सक था जो कभी यूरोप नहीं लौटा और भारत में ही बस गया था?

A. निकोलो मनूकी **B.** दुआर्ते बरबोसा
C. फ्रांस्वा बर्नियर **D.** मार्को पोलो

Q.10 मुगल काल के दौरान भूमि के वर्गीकरण के संदर्भ में निम्नलिखित युग्मों पर विचार कीजिए:

भूमि	अर्थ
1. परती	दो-तीन वर्ष के लिए अकृषित भूमि
2. चाचर	5 से अधिक वर्षों तक अकृषित भूमि
3. पोलज	प्रत्येक वर्ष कृषि के अधीन

उपर्युक्त में से कौन-सा/से युग्म सही सुमेलित है/हैं?

A. केवल 3 **B.** केवल 2 और 3
C. केवल 1 और 2 **D.** 1, 2 और 3

Q.11 इब्राहिम आदिल शाह द्वितीय (1580-1627) के संदर्भ में, निम्नलिखित में से कौन-सा कथन सही नहीं है?

A. वह गरीबों के प्रति बहुत दयालु था और उसने "अबला बाबा" की उपाधि धारण की थी।
B. किताब-ए-नौरस उसके द्वारा रचित पुस्तक थी।
C. उसने अपने पुस्तकालय में जाने माने संस्कृत विद्वान, वामन पंडित को नियुक्त किया था।
D. वह धर्मनिरपेक्ष-उदार शासक था जिसने सभी धर्मों को संरक्षण दिया।

Q.12 निम्नलिखित में से कौन-सा ग्रंथ प्रेम कहानी से संबंधित है जिसमें एक सुप्रतिष्ठित व्यक्ति कोवलन, कावेरीपत्तनम की गणिका माधवी को अपनी विवाहित पत्नी कण्णगी पर वरीयता देता है?

A. तोल्काप्पियम **B.** शिलप्पादिकारम
C. तिरुक्कुरल **D.** मणिमेखलई

Q.13 निम्नलिखित 'महाजनपदों' को उत्तर से दक्षिण के क्रम में व्यवस्थित कीजिए।

1. अश्मक
2. कुरु
3. कोशल
4. चेदि

नीचे दिए गए कूट का प्रयोग कर सही उत्तर चुनिए।

A. 3-2-4-1 **B.** 2-4-3-1 **C.** 2-3-4-1 **D.** 4-2-3-1

Q.14 प्राचीन ग्रंथों के अनुसार नृत्य में नाट्य, नृत्य और नृत्त के तीन पहलू सम्मिलित होते हैं। इस संदर्भ में, निम्नलिखित कथनों पर विचार कीजिए:

1. नाट्य नाटकीय निरूपण या संवाद, संगीत और नृत्य के साथ नाटक का प्रतिनिधित्व करता है।
2. नृत्य शुद्ध नृत्य है जिसमें शरीर की गतिविधियां किसी भाव को व्यक्त नहीं करती हैं।
3. नृत्त गीत के अनुरूप मूक अभिनय का प्रदर्शन है।

उपर्युक्त कथनों में से कौन-सा/से सही है/हैं?

A. केवल 1 **B.** केवल 2 और 3
C. केवल 1 और 3 **D.** 1, 2 और 3

Q.15 निम्नलिखित कथनों पर विचार कीजिए:

1. जहाँगीर अपने समय का महान चित्रकार था।
2. जहाँगीर के शासनकाल में रूप-चित्र (पोर्ट्रेट) लोकप्रिय हो गया था।
3. दशवंत और बसावन जहाँगीर के दरबार के प्रसिद्ध चित्रकार थे।

उपर्युक्त कथनों में से कौन-सा/से सही है/हैं?

A. केवल 1 और 2 **B.** केवल 1
C. केवल 2 और 3 **D.** 1, 2 और 3

Q.16 यह मंदिर ग्यारहवीं शताब्दी के प्रारंभिक काल से संबंधित है। इसका निर्माण गुजरात में सोलंकी राजवंश के शासक राजा भीमदेव प्रथम द्वारा वर्ष 1026 में कराया गया था। इसके सामने विशाल आयताकार ताल है, जिसे सूर्य कुंड कहा जाता है।

उपर्युक्त गद्यांश में निम्नलिखित में से किस मंदिर का वर्णन किया गया है?

A. मार्तंड सूर्य मंदिर **B.** दिलवाड़ा मंदिर
C. मोढेरा सूर्य मंदिर **D.** सोमनाथ मंदिर

Q.17 आयतस्र, कूट और वृत्त शब्द संबंधित हैं:

A. आकृति के आधार पर द्रविड़ मंदिरों के उपविभाजन से
B. नयनारों द्वारा रचित तमिल ग्रंथों से
C. हिंदुस्तानी संगीत की लोक रचनाओं से
D. मध्य भारत में खोजे गए भित्ति चित्रों के प्रकार से

Q.18 निम्नलिखित युग्मों पर विचार कीजिए:

सिन्धु घाटी स्थल	अवस्थिति
1. बनावली	हरियाणा
2. कालीबंगा	पंजाब
3. धौलावीरा	गुजरात
4. शर्तुघई	राजस्थान

उपर्युक्त युग्मों में से कौन-सा/से सही सुमेलित है/हैं?

A. केवल 1 **B.** कवल 2, 3 और 4
C. केवल 1 और 3 **D.** 1, 2, 3 और 4

Q.19 मध्यकालीन भारत के संदर्भ में, 'चोल झील' संदर्भित करता है:

A. सिंचाई हेतु जल के मार्ग परिवर्तन के लिए कावेरी नदी के आर-पार बनाए गए कल्लानई बांध को
B. दक्षिण-पूर्व एशिया के साथ चोल साम्राज्य के सुदृढ़ व्यापार संबंधों को इंगित करने वाले कोरोमंडल तट को
C. शिवगंगा जलाशय के रूप में तंजौर के बृहदेश्वर मंदिर के लिए जल एकत्रण हेतु एक वर्षा जल संचयन प्रणाली को
D. चोल नौसेना की सशक्त उपस्थिति का संकेत करने वाली बंगाल की खाड़ी को

Q.20 जैन दर्शन के संबंध में निम्नलिखित में से कौन-से कथन सही हैं?

1. जैन धर्म के मूल दर्शन की नींव महावीर ने रखी थी।
2. यह मोक्ष हेतु विहारों में निवास करना अनिवार्य बनाता है।
3. यह जन्म और पुनर्जन्म के चक्र में विश्वास करता है।

नीचे दिए गए कूट का प्रयोग कर सही उत्तर चुनिए।

A. केवल 1 और 2 **B.** केवल 2 और 3
C. केवल 1 और 3 **D.** 1, 2 और 3

Q.21 मध्यकाल में, "अष्टप्रधान" नामक परिषद किसके प्रशासन की विशेषता थी?

A. शिवाजी **B.** औरंगजेब
C. शेरशाह सूरी **D.** कृष्णदेव राय

Q.22 मध्यकालीन इतिहास के संबंध में, जिम्मी किस वर्ग को संदर्भित करता था:

A. दैवीय प्रकाशन वाले धर्मशास्त्रों का पालन करने वाले मुस्लिम शासकों के क्षेत्र में रहने वाले लोग जैसे यहूदी और ईसाई
B. प्राय: मुस्लिम शासकों के विरूद्ध विद्रोह करने और उनके प्राधिकार को अस्वीकार करने वाले लोग
C. अन्य गुलामों की तुलना में कुछ विशेषाधिकार प्राप्त गुलाम
D. कलंदर और मदारी जैसे इस्लाम के कट्टरपंथी संप्रदाय के लोग

Q.23 'जज़िया' के संदर्भ में, निम्नलिखित में से कौन-सा कथन सही नहीं है?

A. जज़िया एक प्रति व्यक्ति कर था जिसका शरिया के अंतर्गत प्रावधान किया गया था
B. यह कर सर्वप्रथम कुतुबुदीन ऐबक के शासनकाल में प्रारंभ किया गया था
C. अकबर के शासनकाल के दौरान इसे समाप्त कर दिया गया था
D. औरंगज़ेब ने जज़िया को पुन: आरोपित किया जिसमें नागरिकों के किसी भी वर्ग के लिए कोई छूट प्रदान नहीं की गयी थी

Q.24 मानव दुखों की निवृत्ति का वर्णन करने वाला 'अष्टांगिक मार्ग' निम्नलिखित में से किससे संबंधित है?

A. जैन धर्म **B.** वैष्णववाद **C.** शैववाद **D.** बौद्ध धर्म

Q.25 पाल साम्राज्य के संबंध में निम्नलिखित कथनों पर विचार कीजिए:

1. इसकी स्थापना गोपाल ने की थी।
2. नालंदा और विक्रमशिला विश्वविद्यालयों की स्थापना पाल शासकों द्वारा की गई थी।
3. पाल साम्राज्य के दौरान व्यापार अनन्य रूप से भारतीय उपमहाद्वीप के भीतर होता था।

उपर्युक्त कथनों में से कौन-सा/से सही है/हैं?

A. केवल 1 **B.** केवल 2
C. केवल 2 और 3 **D.** 1, 2 और 3

Q.26 निम्नलिखित में से कौन-से बौद्ध ग्रंथ हैं?

1. उत्तराध्ययन सूत्र
2. दीपवंश
3. थेरीगाथा
4. अशोकावदान
5. वेसांतर जातक

नीचे दिए गए कूट का प्रयोग कर सही उत्तर चुनिए।

A. केवल 2, 3, 4 और 5 **B.** केवल 2 और 3
C. केवल 1, 4 और 5 **D.** केवल 1, 2 और 5

Q.27 निम्नलिखित युग्मों पर विचार कीजिए:

साहित्यिक रचना	विद्वान
1. हुमायूंनामा	मुहम्मद काजिम
2. आलमगीरनामा	गुलबदन बेगम
3. बादशाह नामा	अब्दुल हमीद लाहौरी

उपर्युक्त युग्मों में से कौन-सा/से सही सुमेलित हैं?

A. केवल 1 और 2 **B.** केवल 2 और 3
C. केवल 3 **D.** 1, 2 और 3

Q.28 निम्नलिखित पुस्तकों पर विचार कीजिए:

1. अथर्ववेद
2. पंचतंत्र
3. महाभारत

ऊपर दी गई पुस्तकों में से कौन-सी अकबर के शासनकाल के दौरान फारसी में अनूदित हुई थी?

A. केवल 3 **B.** केवल 1 और 2
C. केवल 2 और 3 **D.** 1, 2 और 3

Q.29 'अशोक के अभिलेखों' के संदर्भ में, निम्नलिखित में से कौन-सा कथन सही नहीं है?

A. अशोक के सभी स्तंभलेख भारत की वर्तमान सीमा के भीतर स्थित हैं
B. अशोक के शिलालेखों में उसे 'देवानांपिय पियदस्सी' के रूप में संबोधित किया गया था
C. ये स्तंभलेख सामान्यतः प्राचीन राजमार्गों के किनारे स्थित थे
D. अशोक के कुछ शिलालेख भारत की वर्तमान सीमा के बाहर स्थित है

Q.30 "आइन-ए-अकबरी" के संदर्भ में, निम्नलिखित कथनों में से कौन-सा सही नहीं है?

A. इस कृति की रचना अबुल फजल द्वारा भारतीय फारसी शैली में की गई थी।
B. "अकबरनामा" आइन-ए-अकबरी के तीन खंडों में से एक है।
C. इस कृति में मुगल साम्राज्य को मिश्रित संस्कृति वाले सहिष्णु और उदार साम्राज्य के रूप में चित्रित किया गया है।
D. इसमें मुख्य रूप से प्रशासनिक नियम और कानून सम्मिलित हैं।

Q.31 मौर्य प्रशासन के संदर्भ में, निम्नलिखित कथनों पर विचार कीजिए:

1. राजा न्यायिक मामलों के संचालन से संबंधित एकमात्र प्राधिकारी था।
2. मौर्यों ने करों के मूल्यांकन के लिए विशाल तंत्र विकसित किया था।
3. मौर्य साम्राज्य में सुस्थापित गुप्तचर प्रणाली विद्यमान थी।

उपर्युक्त कथनों में से कौन-सा/से सही है/हैं?

A. केवल 1 और 2 **B.** केवल 2 और 3
C. केवल 3 **D.** 1, 2 और 3

Q.32 वर्ण व्यवस्था के संबंध में निम्नलिखित कथनों पर विचार कीजिए:

1. वर्ण व्यवस्था को धर्मसूत्रों और धर्मशास्त्रों में संहिताबद्ध किया गया था।
2. किसी व्यक्ति का वर्ण धनसंपत्ति का अधिकारी होने की उसकी योग्यता का एकमात्र मानदंड होता था।
3. अस्पृश्यों को भी चार वर्णों में सम्मिलित किया गया था।

उपर्युक्त कथनों में से कौन-सा/से सही है/हैं?

A. केवल 1 और 2 **B.** केवल 1
C. केवल 2 और 3 **D.** 1, 2 और 3

Q.33 दिल्ली सल्तनत के अधीन प्रशासनिक व्यवस्था के संदर्भ में, निम्नलिखित कथनों पर विचार कीजिए:

1. दिल्ली सल्तनत में सुल्तान सेना का प्रमुख होता था।
2. मोहम्मद-बिन-तुगलक ने दीवान-ए-कोही नामक कृषि विभाग की स्थापना की थी।
3. औद्योगिक विकास की देखभाल के लिए दीवान- ए-रिसालत की स्थापना की गई थी।

उपर्युक्त कथनों में से कौन-से सही हैं?

A. केवल 1 और 2 **B.** केवल 1 और 3
C. केवल 2 और 3 **D.** 1, 2 और 3

Q.34 निम्नलिखित गद्यांश पर विचार कीजिए:

"राष्ट्रकूट शासक, जिसने युद्ध की तुलना में धर्म और साहित्य के अनुगमन को प्राथमिकता दी। वह स्वयं लेखक था और उसे काव्य की पहली कन्नड़ पुस्तक लिखने का श्रेय दिया जाता है। वह महान निर्माता था और कहा जाता है कि उसने राजधानी नगर मान्यखेत का निर्माण करवाया था।"

उपर्युक्त गद्यांश में निम्नलिखित में से किसे संदर्भित किया जा रहा है?

A. कृष्ण तृतीय **B.** गोविंद तृतीय
C. अमोघवर्ष **D.** दंतिदुर्ग

Q.35 भारतीय संगीत परंपरा के संदर्भ में, 'जतिस्वरम' शब्द है:

A. कर्नाटक संगीत की एक शैली जिसमें कोई साहित्य या गीत नहीं होता है
B. उत्तरी भारत में विकसित हिंदुस्तानी संगीत की एक प्रमुख शैली
C. राजस्थान के लोक संगीत की एक पारंपरिक शैली
D. एकमात्र संगीत शैली जो हिंदुस्तानी और कर्नाटक संगीत परंपराओं, दोनों में उभयनिष्ठ है

Q.36 "मनसबदारी व्यवस्था" के संदर्भ में, निम्नलिखित कथनों पर विचार कीजिए:

1. मजबूत सेना रखने के लिए यह व्यवस्था अकबर द्वारा आरंभ की गई थी।
2. सैनिकों को वेतन का भुगतान उन्हें जागीरें सौंपकर किया जाता था, न कि नकद में।
3. मनसबदार राज्य के व्यय पर घोड़े, हाथी, ऊँट और गाड़ियाँ रखते थे।

उपर्युक्त कथनों में से कौन-सा/से सही है/हैं?

A. केवल 1 **B.** केवल 2 और 3
C. केवल 1 और 3 **D.** 1, 2 और 3

Q.37 इसे कर्नाटक में जैन धर्म के प्रसार का श्रेय दिया जाता है। इसने सभी सांसारिक सुखों और अपने सिंहासन को त्याग दिया और जैन धर्म की परंपरा के अनुसार भिक्षु बन गया। इसने श्रवणबेलगोला में बसने से पहले भारत के सुदूर दक्षिण की यात्रा की और जीवन के अंतिम वर्ष जैन तपस्वी के रूप में व्यतीत किए।

उपर्युक्त गद्यांश निम्नलिखित में से किस शासक का सर्वश्रेष्ठ वर्णन करता है?

A. समुद्रगुप्त **B.** अशोक
C. बिन्दुसार **D.** चन्द्रगुप्त मौर्य

Q.38 प्राचीन भारत के संदर्भ में, 'म्लेच्छ' शब्द संदर्भित करता है:

A. व्यापारियों को **B.** मछुआरों को
C. बर्बर या बाहरी लोगों को **D.** स्वर्णकारों को

Q.39 संगम युग के दौरान दक्षिण भारत के राज्यों द्वारा निम्नलिखित में से किन वस्तुओं का निर्यात किया जाता था?

1. काली मिर्च
2. हाथीदांत
3. रेशम
4. मोती

नीचे दिए गए कूट का प्रयोग कर सही उत्तर चुनिए।

A. 2 and 3 only **B.** केवल 1 और 4
C. केवल 1, 2 और 3 **D.** 1, 2, 3 और 4

Q.40 सूफीवाद के संदर्भ में, निम्नलिखित युग्मों पर विचार कीजिए:

शब्द	अर्थ
1. वली	ऐसे सूफ़ी जिन्होंने चमत्कार करने की ईश्वरीय कृपा प्राप्त कर ली हो
2. तसव्वुफ़	सूफ़ियों द्वारा रहस्यमयी संगीत गायन
3. ज़ियारत	सूफ़ी संतों के मकबरों की तीर्थयात्रा

उपर्युक्त युग्मों में से कौन-से सही सुमेलित हैं?

A. केवल 1 और 2 **B.** केवल 2 और 3
C. केवल 1 और 3 **D.** 1, 2 और 3

Q.41 निम्नलिखित युग्मों पर विचार कीजिए:

प्रतीक	दर्शाता है
1. रिक्त आसन	महापरिनिब्बान
2. स्तूप	बुद्ध का ध्यानस्थ होना
3. चक्र	बुद्ध का पहला उपदेश

उपर्युक्त युग्मों में से कौन-सा/से सही सुमेलित है/हैं?

A. केवल 1 **B.** केवल 2 और 3
C. केवल 3 **D.** 1, 2 और 3

Q.42 निम्नलिखित घटनाओं को सही कालानुक्रम में व्यवस्थित कीजिए।

1. पूर्व वैदिक काल

2. जैन धर्म का उद्भव
3. स्तूप निर्माण का आरंभ
4. मंदिर निर्माण का उद्भव
नीचे दिए गए कूट का प्रयोग कर सही उत्तर चुनिए।

A. 1 - 2 - 3 - 4 **B.** 2 - 4 - 1 - 3
C. 1 - 3 - 4 - 2 **D.** 2 - 1 - 4 - 3

Q.43 निम्नलिखित गद्यांश पर विचार कीजिए:
"यह दसवीं-ग्यारहवीं शताब्दी के दौरान भारत आने वाले विदेशी यात्री का विवरण है। अरबी में लिखे गए इस ग्रंथ में धर्म और दर्शन, त्योहार, खगोल विज्ञान, कानून आदि विषयों पर सामग्री है। प्रत्येक अध्याय एक प्रश्न के साथ आरंभ होता है, उसके बाद संस्कृतीय परंपराओं पर आधारित विवरण आता है और अंत में अन्य संस्कृतियों से तुलना के साथ उसका समापन होता है।"
उपर्युक्त गद्यांश में निम्नलिखित में से किस ग्रंथ को संदर्भित किया जा रहा है?

A. रिहला **B.** किताब-उल-हिन्द
C. अल-तफहिम **D.** कशफुल-महजूब

Q.44 भक्ति आंदोलन की निर्गुण और सगुण परंपरा के संदर्भ में, निम्नलिखित कथनों पर विचार कीजिए:
1. जहां निर्गुण परंपरा में विशिष्ट देवी-देवताओं की उपासना पर ध्यान केंद्रित किया गया था, वहीं सगुण में ईश्वर के अमूर्त रूप की उपासना पर ध्यान केंद्रित किया गया था।
2. जहां कबीर भक्ति आंदोलन की निर्गुण परंपरा से संबंधित थे, वहीं गुरु नानक सगुण परंपरा से संबंधित थे।
उपर्युक्त कथनों में से कौन-सा/से सही है/हैं?

A. केवल 1 **B.** केवल 2
C. दोनो 1 और 2 **D.** न तो 1 न 2

Q.45 "यह महाराष्ट्र और गोवा क्षेत्र की धार्मिक लोक रंगमंच शैली है। कलाकार मत्स्य, कूर्म, वराह आदि भगवान विष्णु के अवतारों का मानवीकरण करते हैं। शैली के अनुरूप श्रंगार के अतिरिक्त कलाकार लकड़ी और कागज़ की लुगदी से निर्मित मुखौटे पहनते हैं।"
उपर्युक्त गद्यांश में निम्नलिखित में से किस रंगमंच शैली का वर्णन किया जा रहा है?

A. कृष्णट्टम **B.** दशावतार **C.** रासलीला **D.** यक्षगान

Q.46 निम्नलिखित कथनों पर विचार कीजिए:
1. मुगल अर्थव्यवस्था वृहत रूप से कृषि से होने वाली आय पर निर्भर थी।
2. मुगल राज्य के किसानों ने कृषि के साथ-साथ जजमानी प्रणाली को भी अपनाया था।
उपर्युक्त कथनों में से कौन-सा/से सही है/हैं?

A. केवल 1 **B.** केवल 2
C. दोनो 1 और 2 **D.** न तो 1 न 2

Q.47 संगम ग्रंथों के संदर्भ में, 'वीरकल' शब्द संदर्भित करता है:

A. कवियों की सभा या परंपरा
B. आजीविका के महत्वपूर्ण स्रोत के रूप में युद्ध की लूट
C. वीर योद्धाओं के सम्मान में खड़े किए गए प्रस्तर
D. धनी व्यापारी और साहित्य के शाही संरक्षक

Q.48 कुतुब मीनार के संबंध में, निम्नलिखित कथनों पर विचार कीजिए:
1. यह सूफी संत ख्वाजा कुतुबुद्दीन बख्तियार काकी की मृत्यु की स्मृति में बनाई गई थी।
2. यह मुख्य रूप से लाल बलुआ पत्थर और संगमरमर से निर्मित है।
उपर्युक्त कथनों में से कौन-सा/से सही है/हैं?

A. केवल 1 **B.** केवल 2
C. दोनो 1 और 2 **D.** न तो 1 न 2

Q.49 मध्यकालीन भारत के संदर्भ में, 'कोर्निश', 'चहारतस्लीम' और 'ज़मीनबोस' थे:

A. अभिवादन की शैलियां
B. शैक्षिक संस्थानों के प्रकार
C. वास्तुशिल्पीय अभिकल्पनाएँ
D. दास प्रथा के रूप

Q.50 मुगल काल के दौरान प्रचलित निम्नलिखित पदों पर विचार कीजिए:

पद	अर्थ/कर्तव्य
1. आमिल	वह व्यक्ति जो कानून और व्यवस्था की देखभाल करता था
2. मुकद्दम	स्थानीय ग्राम प्रधान
3. शिकदार	भू-राजस्व संग्रह की देखभाल करता था
4. बरीद	खुफिया अधिकारी

उपर्युक्त युग्मों में से कौन-सा/से सही सुमेलित नहीं है/हैं?

A. 1, 2, 3 और 4 **B.** केवल 1 और 3
C. केवल 2 और 4 **D.** ऊपर्युक्त में से कोई नहीं

Q.51 कलिंग युद्ध के बाद राजा अशोक द्वारा निम्नलिखित में से कौन-से सुधार किए गए थे?
1. विदेशी क्षेत्रों में लोगों के कल्याण हेतु उपाय।
2. बलि के लिए पशुओं के वध पर प्रतिबंध।
3. विजय और आक्रमण की नीति का परित्याग।
नीचे दिए गए कूट का प्रयोग कर सही उत्तर चुनिए।

A. केवल 1 और 2 **B.** केवल 2 और 3
C. केवल 1 और 3 **D.** 1, 2 और 3

Q.52 हिंद-यूनानियों के संदर्भ में, निम्नलिखित में से कौन-सा कथन सही नहीं है?

A. भारत में सर्वप्रथम आहत (पंच मार्क) सिक्के हिंद- यूनानियों ने जारी किए थे।
B. उन्होंने उत्तर-पश्चिमी भारत के एक बड़े भाग पर कब्जा कर लिया था।
C. वे भारत में एक संगठित शासन स्थापित करने में विफल रहे।
D. उन्होंने उत्तर-पश्चिम भारत में हेलेनिस्टिक (ग्रीक सभ्यता संबंधी) कला की विशेषताओं का प्रचलन आरंभ किया।

Q.53 निम्नलिखित संगठनों पर विचार कीजिए:
1. ईस्ट इंडिया एसोसिएशन
2. बॉम्बे प्रेसीडेंसी एसोसिएशन
3. पूना सार्वजनिक सभा
निम्नलिखित में से कौन-सा उपर्युक्त संगठनों के गठन का सही कालानुक्रम है?

A. 1–3–2 **B.** 3–2-1 **C.** 2-1–3 **D.** 3–1–2

Q.54 चंपारण सत्याग्रह के संदर्भ में, निम्नलिखित कथनों पर विचार कीजिए:
1. इस आंदोलन का नेतृत्व राजेंद्र प्रसाद, नरहरि पारिख और जे.बी. कृपलानी के साथ महात्मा गांधी ने किया था।
2. जब बागान मालिकों ने किसानों से अवैध रूप से लिए गए धन को वापस करने के लिए सहमति व्यक्त की तो सत्याग्रह समाप्त हो गया।
उपर्युक्त कथनों में से कौन-सा/से सही है/हैं?

A. केवल 1 **B.** केवल 2
C. दोनो 1 और 2 **D.** न तो 1 न 2

Q.55 निम्नलिखित में से किसने 1904 में मूल संगठन राष्ट्रीय सामाजिक सम्मेलन के अधीन महिला सामाजिक सम्मेलन (भारत महिला परिषद) की स्थापना की थी?

A. रमाबाई रानाडे ने
B. पंडिता रमाबाई सरस्वती ने

C. कॉर्नीलिया सोराबजी ने
D. ताराबाई प्रेमचंद ने

Q.56 आंध्र महिला सभा के संस्थापक कौन थे?
A. पंडिता रमाबाई **B.** दुर्गाबाई देशमुख
C. गायत्री देवी **D.** सरोजिनी नायडू

Q.57 निम्नलिखित घटनाओं पर विचार कीजिए:
1. प्रथम गोलमेज सम्मेलन
2. साइमन कमीशन की नियुक्ति
3. पूना समझौता
4. सांप्रदायिक पंचाट
उपर्युक्त घटनाओं को कालानुक्रम में व्यवस्थित कीजिए।
A. 1-2-3-4 **B.** 2-1-4-3 **C.** 2-1-3-4 **D.** 1-2-4-3

Q.58 भारत छोड़ो आंदोलन की पूर्व संध्या पर, महात्मा गांधी ने लोगों के विभिन्न समूहों को कुछ विशिष्ट निर्देश दिए। इन निर्देशों के संदर्भ में, निम्नलिखित कथनों पर विचार कीजिए:
1. उन्होंने सरकारी कर्मचारियों से त्यागपत्र देने का आग्रह किया।
2. उन्होंने सैनिकों से अपना पद छोड़ने का आग्रह किया।
3. उन्होंने रियासतों के राजाओं से अपने लोगों की संप्रभुता स्वीकार करने का आग्रह किया।
उपर्युक्त कथनों में से कौन-सा/से सही है/हैं?
A. केवल 1 और 2 **B.** केवल 3
C. केवल 2 और 3 **D.** 1, 2 और 3

Q.59 1920 के दशक के अकाली आंदोलन का प्राथमिक उद्देश्य था:
A. सिक्ख गुरूद्वारों को भ्रष्ट महंतों के नियंत्रण से मुक्त कराना
B. पंजाब क्षेत्र में एक अलग प्रांत का निर्माण करना
C. सिक्खों को आधुनिक पाश्चात्य शिक्षा उपलब्ध कराना
D. ईसाई मिशनरियों की धमांतरण गतिविधियों का मुकाबला करना

Q.60 अफ्रीका में अपने प्रवास के दौरान गांधीजी द्वारा निम्नलिखित में से कौन-सी पहल/पहलें आरंभ की गई थी/थीं?
1. भारतीय प्रवास पर प्रतिबंध के विरूद्ध अभियान
2. वैयक्तिक कर (पोल टैक्स) और भारतीय विवाहों को अवैध मानने के विरुद्ध अभियान
3. नटाल इंडियन कांग्रेस की स्थापना
नीचे दिए गए कूट का प्रयोग कर सही उत्तर चुनिए।
A. केवल 1 और 2 **B.** केवल 2
C. केवल 1 और 3 **D.** 1, 2 और 3

Q.61 पानीपत के तृतीय युद्ध के संबंध में निम्नलिखित कथनों पर विचार कीजिए:
1. इस युद्ध में मराठों को अवध और पंजाब के राजपूतों और शासकों का समर्थन प्राप्त था।
2. यह युद्ध भारत में ब्रिटिश महत्वाकांक्षाओं हेतु एक आघात सिद्ध हुआ और इसने भारत में अफ़गान साम्राज्य को अत्यंत सुदृढ़ किया।
उपर्युक्त कथनों में से कौन-सा/से सही है/हैं?
A. केवल 1 **B.** केवल 2
C. दोनो 1 और 2 **D.** न तो 1 न 2

Q.62 "वह तत्वबोधिनी पत्रिका के प्रथम संपादक थे। वह ब्रह्म समाज से जुड़े थे। उन्होंने समाज में वैज्ञानिक आधुनिक दृष्टिकोण के प्रसार के लिए कार्य किया। धर्मशास्त्रों पर निर्भर होने के बजाय, उन्होंने बालविवाह के विरूद्ध चिकित्सीय मत का हवाला दिया। उन्होंने विवाह से पहले प्रेम-प्रसंग, विवाहित जीवन के आधार के रूप में सहभागिता व समानता तथा कानून और रिवाज दोनों द्वारा तलाक का समर्थन किया।"
उपर्युक्त गद्यांश निम्नलिखित में से किस समाज सुधारक को संदर्भित करता है?
A. अक्षय कुमार दत्त **B.** केशव चन्द्र सेन
C. देवेन्द्रनाथ टैगोर **D.** राजा राममोहन राय

Q.63 सविनय अवज्ञा आंदोलन के दौरान, तंजौर तट पर त्रिचिनोपल्ली से वेदारण्यम तक नमक यात्रा का निम्नलिखित में से किस राष्ट्रवादी द्वारा नेतृत्व किया गया था?
A. के. कलप्पण **B.** सी. राजगोपालाचारी
C. सरोजनी नायडू **D.** जवाहरलाल नेहरु

Q.64 भारत के आधुनिक इतिहास के संदर्भ में, 'शोर समिति' संबधित थी:
A. ब्रिटिश भारत पर सशस्त्र आक्रमण का समन्वय करने से
B. कामागाटामारू जहाज के यात्रियों के अधिकारों के लिए लड़ने से
C. अहमदाबाद मिल श्रमिकों और मिल मालिकों के बीच मध्यस्थता से
D. समुद्र के माध्यम से आयात की जाने वाली वस्तुओं पर आरोपित किए जाने वाले आयात शुल्क के निधारण से

Q.65 आज़ाद हिन्द फौज (INA) के संदर्भ में, निम्नलिखित में से कौन-सा कथन सही नहीं है?
A. INA का विचार सर्वप्रथम सुभाष चंद्र बोस द्वारा दिया गया था।
B. जापान द्वारा रिहा किए गए भारतीय युद्धबंदियों को INA में भर्ती किया गया।
C. इसमें रानी झांसी रेजिमेंट नामक एक महिला रेजिमेंट का गठन किया गया था।
D. इसने भारत-बर्मा मोर्चे से अंग्रेजों पर सैन्य आक्रमण का प्रयास किया।

Q.66 ब्रिटिश भारत के दौरान प्रशासनिक प्रभागों के संदर्भ में, निम्नलिखित प्रांतों पर विचार कीजिए:
1. मद्रास
2. पश्चिमोत्तर सीमांत प्रांत
3. उड़ीसा
4. सिंध
उपर्युक्त में से किस प्रांत/किन प्रांतों में भारतीय राष्ट्रीय कांग्रेस ने 1937 के चुनावों के बाद सरकार का गठन किया?
A. केवल 1, 2 और 3 **B.** केवल 1, 3 और 4
C. केवल 1 **D.** केवल 3

Q.67 साइमन कमीशन के बहिष्कार का आंदोलन आयोजित किया गया था:
A. अंग्रेजों द्वारा कांग्रेस की "पूर्ण स्वराज" की मांग को अस्वीकृत करने के कारण
B. रॉलेट एक्ट के विरोध के कारण
C. साइमन कमीशन में किसी भारतीय सदस्य के शामिल नहीं होने के कारण
D. साइमन कमीशन के अध्यक्ष के भारत विरोधी विचारों के लिए अलोकप्रिय होने के कारण

Q.68 निम्नलिखित कथनों पर विचार कीजिए:
1. ए.ओ. हयूम कांग्रेस अधिवेशन की अध्यक्षता करने वाला प्रथम यूरोपीय था।
2. एनी बेसेंट भारतीय राष्ट्रीय कांग्रेस की प्रथम यूरोपीय अध्यक्षा थीं।
उपर्युक्त कथनों में से कौन-सा/से सही है/हैं?
A. केवल 1 **B.** केवल 2
C. दोनो 1 और 2 **D.** न तो 1 न 2

Q.69 निम्नलिखित में से किसका समर्थन करने हेतु 1919 में सत्याग्रह सभा का गठन किया गया था:
A. खेड़ा सत्याग्रह **B.** रॉलेट सत्याग्रह
C. वायकोम सत्याग्रह **D.** बारदोली सत्याग्रह

Q.70 निम्नलिखित में से किस/किन व्यक्ति/व्यक्तियों ने भारतीय राष्ट्रीय कांग्रेस और मुस्लिम लीग के बीच 'लखनऊ समझौता' के नाम से प्रसिद्ध समझौता करवाने में अग्रणी भूमिका निभाई थी?

1. मदन मोहन मालवीय
2. एनी बेसेंट
3. बाल गंगाधर तिलक

नीचे दिए गए कूट का प्रयोग कर सही उत्तर चुनिए।

A. केवल 3 **B.** केवल 1 और 2
C. केवल 2 और 3 **D.** 1, 2 और 3

Q.71 आधुनिक भारतीय इतिहास के संदर्भ में, लॉटरी समिति (1817) का गठन किया गया था:

A. नगर विकास हेतु धन जुटाने के लिए
B. भारत में लॉटरी समाप्त करने के लिए
C. न्यायपालिका में भारतीयों की नियुक्ति की नीति की अनुशंसा करने के लिए
D. स्थायी बंदोबस्त प्रणाली के अधीन आने वाले क्षेत्रों में भूमि का आबंटन युक्तिसंगत बनाने के लिए

Q.72 1918 की प्रसिद्ध अहमदाबाद मिल हड़ताल के संदर्भ में, निम्नलिखित कथनों में से कौन-सा/से सही है/हैं?

1. इसका नेतृत्व सरदार वल्लभभाई पटेल ने किया था
2. यह श्रमिकों के काम के घंटों में वृद्धि पर असंतोष के कारण हुई थी

नीचे दिए गए कूट का प्रयोग कर सही उत्तर चुनिए।

A. केवल 1 **B.** केवल 2
C. दोनो 1 और 2 **D.** न तो 1 न ही 2

Q.73 पब्लिक सेफ्टी बिल, 1928 का उद्देश्य था:

A. आग्नेयास्त्रों के विर्निमाण, बिक्री, स्वामित्व और परिवहन को विनियमित करना
B. भारतीय न्यायाधीशों को ब्रिटिश प्रजा पर मुकदमों की सुनवाई की अनुमति देना
C. समाजवादी और साम्यवादी विचारों का प्रचार-प्रसार करने के संदेह वाले विदेशियों को निर्वासित करना
D. विभिन्न धार्मिक समूहों के बीच व्याप्त दमनकारी सामाजिक प्रथाओं को समाप्त करना

Q.74 'प्रो-चेंजर्स' 'नो-चेंजर्स' से किस प्रकार भिन्न थे?

1. प्रो-चेंजर्स असहयोग आंदोलन की वापसी के बाद परिषदों में प्रवेश के पक्ष में थे जबकि नो-चेंजर्स ने इसका विरोध किया।
2. प्रो-चेंजर्स असहयोग आंदोलन की वापसी के बाद विराम लेना चाहते थे जबकि नो-चेंजर्स सतत जन संघर्ष चाहते थे।

नीचे दिए गए कूट का प्रयोग कर सही उत्तर चुनिए।

A. केवल 1 **B.** केवल 2
C. दोनो 1 और 2 **D.** न तो 1 न ही 2

Q.75 निम्नलिखित में से कौन मद्रास महाजन सभा के गठन से संबद्ध था/थे?

1. एम. वीर राघवाचारी
2. सी. राजागोपालाचारी
3. पी. आनंद चार्लू

नीचे दिए गए कूट का प्रयोग कर सही उत्तर चुनिए।

A. केवल 1 और 2 **B.** केवल 3
C. केवल 1 और 3 **D.** 1, 2 और 3

Q.76 भारत में ब्रिटिश शासन के संदर्भ में, निम्नलिखित में से कौन-सी घटना सर्वप्रथम हुई?

A. कलकत्ता, मद्रास और बम्बई विश्वविद्यालयों की स्थापना
B. सिविल सेवा परीक्षा में शामिल होने के लिए आयु घटाकर 19 वर्ष करना
C. प्रथम अखिल भारतीय जनगणना
D. अंग्रेजों द्वारा बर्मा का विलय

Q.77 भारतीय राष्ट्रीय कांग्रेस के 1907 के प्रसिद्ध सूरत अधिवेशन के संदर्भ में, निम्नलिखित कथनों पर विचार कीजिए:

1. इसकी अध्यक्षता रासबिहारी घोष ने की थी।
2. इसने स्वदेशी, बहिष्कार और स्व-शासन की मांग पर प्रस्ताव पारित किए।
3. यह अधिवेशन नरमपंथियों और चरमपंथियों के मध्य विभाजन के साथ समाप्त हुआ था।

उपर्युक्त कथनों में से कौन-सा/से सही है/हैं?

A. केवल 1 **B.** केवल 2 और 3
C. केवल 1 और 3 **D.** 1, 2 और 3

Q.78 18वीं-19वीं शताब्दी में अंग्रेजों द्वारा राज्यों/साम्राज्यों की विजय को कालानुक्रमिक क्रम में व्यवस्थित कीजिए।

1. बंगाल
2. मराठा
3. मैसूर
4. पंजाब

नीचे दिए गए कूट का प्रयोग कर सही उत्तर चुनिए।

A. 1-2-3-4 **B.** 4-3-2-1 **C.** 1-3-2-4 **D.** 3-2-1-4

Q.79 कर्नाटक युद्धों के संबंध में निम्नलिखित कथनों पर विचार कीजिए:

1. प्रथम और तृतीय कर्नाटक युद्ध वर्चस्व हेतु यूरोपीय संघर्ष का भाग थे जबकि दूसरा कर्नाटक युद्ध स्थानीय कारकों के कारण हुआ था।
2. तीसरा कर्नाटक युद्ध पेरिस की संधि और भारत में सर्वोच्च शक्ति के रूप में अंग्रेजों की स्थापना के साथ समाप्त हुआ।

उपर्युक्त कथनों में से कौन-सा/से सही है/हैं?

A. केवल 1 **B.** केवल 2
C. दोनो 1 और 2 **D.** न तो 1 न ही 2

Q.80 1859-60 के नील विद्रोह के लिए निम्नलिखित में से कौन-सा कारण उत्तरदायी था?

A. किसानों को उनकी भूमि से जबरन बेदखल किया जाना
B. नील की कृषि की बाध्यता और किसानों को इसकी उपज पर दिया जाने वाला कम लाभकारी मूल्य
C. काश्तकारों को नील की बुवाई वाले क्षेत्रों पर स्वामित्व अधिकार प्राप्त करने से प्रतिबंधित करना
D. नील के निर्यात पर प्रतिबंध और उसे स्वदेशी उद्योगों को बेचने की अनिवार्यता

Q.81 '1857 के विद्रोह' के संदर्भ में, निम्नलिखित कथनों में से कौन-सा सही है?

A. विद्रोहियों द्वारा केवल अंग्रेजों के विरुद्ध आक्रमण और हिंसक कार्रवाई की गई थी
B. अधिकांश हिंसक गतिविधियाँ शहरी केंद्रों तक ही सीमित थीं
C. विद्रोह के दौरान हिंदुओं और मुसलमानों के बीच धार्मिक विभाजन अत्यधिक कम था
D. विद्रोहियों के अधिकार वाले क्षेत्रों में आधुनिक शासन व्यवस्था स्थापित करने का प्रयास किया गया था

Q.82 निम्नलिखित में से कौन-सा/से प्रावधान भारत सरकार अधिनियम, 1935 का/के भाग था/थे?

1. प्रांतों की स्वायत्तता के साथ अखिल भारतीय संघ की स्थापना
2. ब्रिटिश भारत में रहने वाले सभी व्यक्तियों को मताधिकार
3. केंद्रीय स्तर पर द्वैध शासन की शुरुआत।

उपर्युक्त कथनों में से कौन-सा/से सही है/हैं?

A. केवल 1 और 3 **B.** केवल 3

C. केवल 1 **D.** केवल 2 और 3

Q.83 गांधी-इरविन समझौते के संबंध में निम्नलिखित कथनों पर विचार कीजिए:

1. इसमें सभी राजनीतिक बंदियों की तत्काल रिहाई शामिल थी।
2. इस समझौते के अनुसार, सरकार ने शांतिपूर्ण और गैर-आक्रामक धरना-प्रदर्शन के अधिकार को मान्यता प्रदान की थी।

उपर्युक्त कथनों में से कौन-सा/से सही है/हैं?

A. केवल 1 **B.** केवल 2
C. दोनो 1 और 2 **D.** न तो 1 न 2

Q.84 निम्नलिखित में से कौन-सी घटनाएं वायसराय के रूप में लिटन के कार्यकाल से संबंधित थी?

1. इल्बर्ट बिल को लाना
2. दिल्ली में पहली बार शाही दरबार का आयोजन
3. शस्त्र अधिनियम को लागू करना

नीचे दिए गए कूट का प्रयोग कर सही उत्तर चुनिए।

A. केवल 1 और 2 **B.** केवल 1 और 3
C. केवल 2 और 3 **D.** 1, 2 और 3

Q.85 भारतीय राष्ट्रीय आंदोलन के निम्नलिखित नेताओं पर विचार कीजिए:

1. एम. एन रॉय
2. आचार्य नरेंद्र देव
3. जयप्रकाश नारायण
4. मीनू मसानी

उपर्युक्त नेताओं में से कौन-से कांग्रेस सोशलिस्ट पार्टी के संस्थापकों में शामिल थे?

A. केवल 1, 2 और 3 **B.** केवल 2, 3 और 4
C. केवल 1, 2 और 4 **D.** केवल 1, 3 और 4

Q.86 निम्नलिखित युग्मों पर विचार कीजिए:

समाचारपत्र	प्रकाशक
1. द सोशलिस्ट	एस. ए. डांगे
2. नवयुग	मुजफ्फर अहमद
3. लेबर-किसान गजट	एम. सिंगारवेलु

उपर्युक्त युग्मों में से कौन-से सही सुमेलित हैं?

A. केवल 1 और 2 **B.** केवल 2 और 3
C. केवल 1 और 3 **D.** 1, 2 और 3

Q.87 भारतीय स्वतंत्रता संग्राम के संदर्भ में, शांति घोष और सुनीति चौधरी जानी जाती हैं:

A. भारत छोड़ो आंदोलन में गुप्त सोसाइटियाँ संचालित करने के लिए
B. 1857 के विद्रोह में एक टुकड़ी का नेतृत्व करने में महत्वपूर्ण भूमिका निभाने के लिए
C. सूर्य सेन के नेतृत्व में बंगाल में जिलाधिकारी की हत्या करने के लिए
D. सविनय अवज्ञा आंदोलन के दौरान दुकानों पर धरना देने में महत्वपूर्ण भूमिका निभाने के लिए

Q.88 निम्नलिखित में से कौन स्वराज पार्टी का/के सदस्य था/थे?

1. मोतीलाल नेहरू
2. सी. राजगोपालाचारी
3. शौकत अली

नीचे दिए गए कूट का प्रयोग कर सही उत्तर चुनिए।

A. केवल 1 **B.** केवल 1 और 3
C. केवल 2 और 3 **D.** 1, 2 और 3

Q.89 कई इतिहासकारों के अनुसार यह एक ऐसा युद्ध था जो वास्तव में कभी लड़ा ही नहीं गया था। ब्लैकहोल की घटना इस युद्ध की प्रमुख उत्प्रेरक शक्ति थी। यह ब्रिटिशों द्वारा भारत पर विजय की दिशा में एक महत्वपूर्ण मील का पत्थर था। यहाँ वर्णित युद्ध है:

A. प्लासी का युद्ध **B.** बक्सर का युद्ध
C. पानीपत का तृतीय युद्ध **D.** वांडीवाश का युद्ध

Q.90 निम्नलिखित युग्मों पर विचार कीजिए:

कांग्रेस अधिवेशन	अध्यक्ष
1. फैजपुर अधिवेशन (1936)	जवाहरलाल नेहरू
2- हरिपुरा अधिवेशन(1937)	सुभाषचन्द्र बोस
3. बेलगाँव अधिवेशन(1924)	महात्मा गाँधी

उपर्युक्त दिये गए युग्मों में से कौन-सा/से युग्म सही सुमेलित है/हैं?

A. केवल 1 **B.** केवल 1 और 2
C. केवल 2 और 3 **D.** 1, 2 और 3

Q.91 भारत में ब्रिटिश शासन के संदर्भ में, निम्नलिखित में से कौन-सा 'व्हाइट टाउन (गोरा शहर)' और 'ब्लैक टाउन (काला शहर)' का सर्वश्रेष्ठ वर्णन करता है?

A. ये वे क्षेत्र थे जिनसे अंग्रेजों को अधिकतम और न्यूनतम भू-राजस्व उत्पन्न होने की अपेक्षा थी
B. ये क्रमश: ब्रिटिश भारत और रियासतों के अधीन आने वाले प्रदेशों का उल्लेख करते थे
C. ये एक नगरीय केंद्र के भीतर क्रमश: अंग्रेजों और भारतीयों के आवासीय स्थल थे
D. ये कृषि उपज के आधार पर नगरों का वर्गीकरण थे

Q.92 आंदोलनों और उनके नेताओं के निम्नलिखित युग्मों पर विचार कीजिए:

आंदोलन	नेता
1. रामोसी	वासुदेव बलवंत फड़के
2. कूका	बाबा राम सिंह
3. पागलपंथी	दिगम्बर विश्वास

उपर्युक्त युग्मों में से कौन-सा/से सही सुमेलित नहीं है/हैं?

A. केवल 1 **B.** केवल 1 और 3
C. केवल 3 **D.** 1, 2 और 3

Q.93 निम्नलिखित में से कौन-सा कथन भारतीय राष्ट्रीय कांग्रेस (INC) के गठन के लिए 'सुरक्षा वाल्व सिद्धांत' का सर्वश्रेष्ठ वर्णन करता है?

A. इसका गठन बुर्जुआ नेताओं ने जमींदारों के हितों की रक्षा करने के लिए किया था।
B. इसका गठन अंग्रेजों द्वारा भारतीयों में बढ़ते असंतोष को कम करने हेतु मंच प्रदान करने के लिए किया गया था।
C. इसका गठन प्रारंभिक राष्ट्रवादियों द्वारा किये गए राजनीतिक कार्यों की स्वाभाविक चरम परिणति थी।
D. इसका गठन भारतीय समाज में सामाजिक धार्मिक और राजनीतिक सुधारों को बढ़ावा देने के लिए किया गया था।

Q.94 भारतीय इतिहास में, "आपण" शब्द से संदर्भित किया जाता है:

A. समाज को **B.** दुकानदार को
C. शिल्पकार को **D.** मुख्य व्यापारी को

Q.95 निम्नलिखित में से किस/ किन के मध्य "हाईडेस्पीज का युद्ध" लड़ा गया?

1. सिकंदर
2. पोरस
3. घनानंद
4. डेरियस-I

नीचे दिए गए कोड का उपयोग करके सही उत्तर चुनें:

A. केवल 1 और 2 **B.** केवल 2 और 3
C. केवल 3 और 4 **D.** केवल 1 और 4

Q.96 सातवाहनों के संदर्भ में निम्नलिखित कथनों पर विचार कीजिए:
1. सातवाहन वंश का संस्थापक सिमुक था।
2. नासिक और नानागढ़ शिलालेख सिमुक के शासनकाल पर प्रकाश डालते हैं।
उपर्युक्त कथनों में से कौन सा/से सही है / हैं?
A. केवल 1 **B.** केवल 2
C. 1 और 2 **D.** न तो 1 न ही 2

Q.97 निम्नलिखित में से किस शिलालेख में अशोक के व्यक्तिगत नाम का उल्लेख है?
A. तक्षशिला **B.** लुम्बिनी **C.** मस्की **D.** कलिंग

Q.98 निम्नलिखित में से किन-किन के मध्य "तराइन का युद्ध" लड़ा गया था?
A. पृथ्वीराज चौहान और महमूद गजनवी के मध्य
B. पृथ्वीराज चौहान और मुहम्मद गौरी के मध्य
C. हिंदू शाही राज्य और महमूद गजनवी के मध्य
D. हिंदू शाही राज्य और मुहम्मद गौरी के मध्य

Q.99 सिकंदर के आक्रमण के समय उत्तर भारत पर निम्नलिखित में से किस राजवंश का शासन था?
A. नंदवंश का **B.** मौर्यवंश का
C. शुंगवंश का **D.** कण्ववंश का

Q.100 निम्नलिखित में से कौन प्राचीन भारत में व्यापारियों का एक व्यापारसंघ था?
A. चतुर्वेदीमंगलम **B.** परिषद
C. अष्टदिग्गज **D.** मणिग्राम

Q.101 मध्यकालीन भारतीय शासकों के संदर्भ में, निम्नलिखित में से कौन सा कथन सही है?
A. सर्वप्रथम अलाउद्दीन खिलजी ने एक आरिज़ विभाग का गठन किया।
B. बलबन ने अपनी सेना में घोड़ों की दाग प्रथा की शुरुआत की।
C. मुहम्मद बिन तुगलक के पश्चात सिंहासन पर उसका चाचा बैठा।
D. फिरोज तुगलक ने दासों के लिए एक पृथक विभाग की स्थापना की।

Q.102 निम्नलिखित में से किसके शासन काल के दौरान चौथ और सरदेशमुखी नामक करों को लागू किया गया था?
A. जहाँगीर के **B.** शिवाजी के
C. बालाजी बाजीराव के **D.** माधवराव के

Q.103 हड़प्पाकालीन सभ्यता में निम्नलिखित में से कौन- कौन से खाद्यान्न बड़े पैमाने पर पाए गए थे?
1. गेहूं
2. जौ
3. चावल
4. काबुली चना
नीचे दिए गए कोड का उपयोग करके सही उत्तर चुनें:
A. केवल 1, 2 और 3 **B.** केवल 2, 3 और 4
C. केवल 1, 2 और 4 **D.** 1, 2, 3 और 4

Q.104 अशोक के शिलालेखों में निम्नलिखित में से कौँन - कौन सी लिपियों का प्रयोग किया गया था?
1. ब्राह्मी लिपि
2. खरोष्ठी लिपि
3. आरमेइक लिपि
4. यूनानी लिपि
नीचे दिए गए कोड का उपयोग करके सही उत्तर चुनें:
A. केवल 1, 2 और 3 **B.** केवल 2, 3 और 4
C. केवल 1, 2 और 4 **D.** 1, 2, 3 और 4

Q.105 मुगल कालीन भारत के संबंध में, इबादत खाना था:
A. एक ड्रम हाउस जहां से मुगल महलों में अनुष्ठानिक संगीत बजाया जाता था
B. मक्का की दिशा को दर्शाने वाला एक प्रार्थना कक्ष
C. मुगल महलों में गुप्त दरबारी मामलों के लिए एक विचार-विमर्श कक्ष
D. विभिन्न धार्मिक नेताओं की शिक्षाओं पर चर्चा करने के लिए एक प्रार्थना घर

Q.106 हड़प्पा सभ्यता में, जलाशय पाए जाते थे:
A. हड़प्पा में **B.** मोहनजोदड़ो में
C. शोर्तुघई में **D.** धोलावीरा में

Q.107 भारतीय इतिहास में, अब्दुल हमीद लाहौरी कौन थे?
A. अकबर के शासनकाल में एक महत्वपूर्ण सेनापति
B. शाहजहाँ के शासनकाल में एक आधिकारिक इतिहासकार
C. औरंगज़ेब का एक महत्वपूर्ण अमीर और विश्वासपात्र
D. मुहम्मद शाह के शासनकाल में एक इतिहास लेखक और कवि

Q.108 हड़प्पा कालीन शहर नियोजन के सन्दर्भ में निम्नलिखित कथनों पर विचार कीजिए:
1. इमारतों का निर्माण कच्ची ईंटों के मंच पर किया जाता था इस कारण गढ़ ऊंचाई पर स्थित होते थे।
2. गढ़ और निचले शहर दोनों के चारों ओर दीवार स्थित होती थी।
उपर्युक्त कथनों में से कौन सा / से सही है / हैं?
A. केवल 1 **B.** केवल 2
C. 1 और 2 दोनों **D.** न तो 1 और न ही 2

Q.109 दशराज्ञ युद्ध के संबंध में निम्नलिखित कथनों पर विचार कीजिए:
1. यह परुष्णी नदी के किनारे लड़ा गया था।
2. यह युद्ध भारत नामक जनजाति द्वारा दस प्रमुखों के एक दल जिसमे सभी गैर-आर्य लोग थे, के विरूद्ध लड़ा गया था।
उपर्युक्त कथनों में से कौन सा / से सही है / हैं?
A. केवल 1 **B.** केवल 2
C. 1 और 2 दोनों **D.** न तो 1 और न ही 2

Q.110 भारतीय इतिहास की कुछ, महारानियों में से एक, रुद्रमा देवी निम्नलिखित में से किस राजवंश से संबंधित है?
A. काकतीय राजवंश **B.** राष्ट्रकूट राजवंश
C. चेर राजवंश **D.** पांड्य राजवंश

Q.111 निम्नलिखित में से किस/ किन यात्रियों ने विजयनगर साम्राज्य का भ्रमण किया था ?
1. इब्न बतूता
2. निकोलो डे कोंटी
3. अब्दुर रज्जाक
नीचे दिए गए कोड का उपयोग करके सही उत्तर चुनें:
A. केवल 1 और 3 **B.** केवल 2
C. 1,2 और 3 **D.** उपर्युक्त में से कोई नहीं

Q.112 गुप्तों द्वारा जारी किए गए चांदी के सिक्के कहलाते थे:
A. पण **B.** कार्षापण **C.** दीनार **D.** रूपक

Q.113 निम्नलिखित घटनाओं पर विचार कीजिए :
1. अंग्रेजों द्वारा बर्मा का राज्य-हरण
2. अंग्रेजों द्वारा द्वितीय अफगान युद्ध

3. कर्जन के अधीन तिब्बत पर आक्रमण
उपर्युक्त घटनाओं का सही कालानुक्रमिक अनुक्रम है:
A. 1 - 2 - 3 **B.** 3 - 2 - 1 **C.** 1 - 3 - 2 **D.** 2 - 1 - 3

Q.114 ब्रह्म समाज के संबंध में निम्नलिखित कथनों पर विचार कीजिए:
1. इसकी स्थापना राजा राममोहन राय ने की थी।
2. इसने मूर्ति पूजा का विरोध किया।
3. इसने विधवा पुनर्विवाह का समर्थन किया।
उपर्युक्त कथनों में से कौन सा/ से सही है / हैं?
A. केवल 1 और 2 **B.** केवल 2 और 3
C. केवल 1 और 3 **D.** 1, 2 और 3

Q.115 निम्नलिखित में से किस संगठन ने "शुद्धी आंदोलन" की शुरूआत की थी?
A. ब्रह्म समाज ने
B. सत्य शोधक समाज ने
C. आर्य समाज ने
D. भारतीय सामाजिक सम्मेलन ने

Q.116 हुगली का युद्ध (1759) निम्नलिखित में से किसकी महत्वाकांक्षाओं को कुचलने में एक निर्णायक युद्ध सिद्ध हुआ?
A. डेनिश **B.** पुर्तगाली **C.** डच **D.** फ्रांसिसी

Q.117 निम्नलिखित समाज सुधारकों में से किसने अलुवा में अद्वैत आश्रम की स्थापना की?
A. के.एम. केशवन ने
B. टी. के. माधवन ने
C. श्री नारायण गुरु ने
D. ई. एम. एस. नंबूदरीपाद ने

Q.118 निम्नलिखित घटनाओं पर विचार कीजिए:
1. एका आंदोलन
2. बारदोली सत्याग्रह
3. तेभागा आंदोलन
उपर्युक्त घटनाओं का सही कालानुकम है:
A. 2 - 3 - 1 **B.** 1 - 2 - 3 **C.** 1 - 3 - 2 **D.** 2 - 1 - 3

Q.119 निम्नलिखित में से कौन सा / से 1857 के सैन्य विद्रोह के कारण थे ?
1. व्यपगत के सिद्वांत के माध्यम से डलहौजी द्वारा झाँसी का राज्य हरण
2. दमनकारी भूमि राजस्व प्रणाली
3. इस खबर का प्रसार कि चर्बीयुक्त कारतूस में गायों और सूअरों की चर्बी का उपयोग किया गया था।
उपर्युक्त कथनों में से कौन सा/ से सही है / हैं?
A. केवल 1 और 2 **B.** केवल 2 और 3
C. केवल 1 और 3 **D.** 1, 2 और 3

Q.120 निम्नलिखित में से किस समाज सुधारक ने "रास्त गफ्तार" नामक समाचार पत्र प्रारम्भ किया था?
A. आनंद मोहन बोस ने **B.** सुरेंद्रनाथ बनर्जी ने
C. दादाभाई नौरोजी ने **D.** राजा राममोहन राय ने

Q.121 निम्नलिखित में से किसके साथ अंग्रेजो के द्वारा "शाश्वत मैत्री संधि" पर हस्ताक्षर किए गए थे?
A. अफगानिस्तान **B.** सिंध
C. भूटान **D.** नेपाल

Q.122 प्रार्थना समाज के सन्दर्भ में निम्नलिखित कथनों पर विचार कीजिए:
1. इसकी स्थापना 1867 में आत्माराम पांडुरंग द्वारा बॉम्बे में की गई थी।
2. प्रार्थना समाज ने मुख्य रूप से शैक्षिक कार्यों के माध्यम से निचले स्तर पर महिलाओं और श्रमिकों को निर्देशित करने का अपना कार्य जारी रखा।
उपर्युक्त कथनों में से कौन सा/ से सही है / हैं?
A. केवल 1 **B.** केवल 2
C. 1 और 2 दोनों **D.** न तो 1 और न ही 2

Q.123 निम्नलिखित में से किस अधिनियम ने बजट पर प्रश्न पूछने और चर्चा करने का अधिकार प्रदान किया था?
A. भारतीय परिषद अधिनियम, 1892
B. चार्टर एक्ट, 1833
C. चार्टर एक्ट, 1813
D. भारतीय परिषद अधिनियम, 1861

Q.124 निम्नलिखित में से किस व्यक्ति ने "कुशल अकर्मण्यता की नीति" की शुरुआत की थी?
A. लॉर्ड कैनिंग ने **B.** लॉर्ड आकलैंड ने
C. ला ॅर्ड लिटन ने **D.** जॉन ला ॅरेंस ने

Q.125 यंगहसबैंड मिशन भेजा गया था:
A. नेपाल **B.** तिब्बत **C.** भूटान **D.** कश्मीर

// स्मार्ट उत्तर पुस्तिका //

सही उत्तर — उन छात्रों के प्रतिशत को इंगित करता है जिन्होंने प्रश्नों का सही उत्तर दिया था।

छोड़ दिया — उन छात्रों के प्रतिशत को इंगित करता है जिन्होंने प्रश्नों को छोड़ दिया था।

प्रश्न संख्या	उत्तर	सही उत्तर	छोड़ दिया
1	D	45.1 %	5.88 %
2	A	37.25 %	33.34 %
3	C	31.37 %	31.38 %
4	A	31.37 %	33.34 %
5	A	49.02 %	33.33 %
6	B	43.14 %	33.33 %
7	B	25.49 %	33.33 %
8	A	25.49 %	33.33 %
9	A	31.37 %	33.34 %
10	A	29.41 %	33.34 %
11	C	37.25 %	31.38 %
12	B	39.22 %	33.33 %
13	C	27.45 %	31.37 %
14	A	5.88 %	33.34 %
15	A	41.18 %	31.37 %
16	C	33.33 %	31.38 %

प्रश्न संख्या	उत्तर	सही उत्तर	छोड़ दिया
17	A	39.22 %	33.33 %
18	C	56.86 %	33.34 %
19	D	33.33 %	21.57 %
20	B	27.45 %	31.37 %
21	A	58.82 %	29.42 %
22	A	23.53 %	33.33 %
23	D	21.57 %	21.57 %
24	D	45.1 %	33.33 %
25	A	29.41 %	33.34 %
26	A	43.14 %	33.33 %
27	C	52.94 %	27.45 %
28	D	25.49 %	33.33 %
29	A	52.94 %	29.41 %
30	B	29.41 %	33.34 %
31	B	27.45 %	31.37 %
32	B	15.69 %	31.37 %

प्रश्न संख्या	उत्तर	सही उत्तर	छोड़ दिया
33	A	31.37 %	23.53 %
34	C	35.29 %	33.34 %
35	A	15.69 %	31.37 %
36	A	11.76 %	31.38 %
37	D	56.86 %	33.34 %
38	C	43.14 %	33.33 %
39	D	37.25 %	33.34 %
40	C	21.57 %	33.33 %
41	C	41.18 %	31.37 %
42	A	49.02 %	33.33 %
43	B	54.9 %	31.37 %
44	D	27.45 %	33.33 %
45	B	39.22 %	31.37 %
46	C	47.06 %	33.33 %
47	C	29.41 %	31.37 %
48	B	19.61 %	33.33 %

प्रश्न संख्या	उत्तर	सही उत्तर	छोड़ दिया
49	A	37.25 %	33.34 %
50	B	29.41 %	33.34 %
51	D	45.1 %	31.37 %
52	B	13.73 %	31.37 %
53	A	15.69 %	33.33 %
54	A	31.37 %	33.34 %
55	A	41.18 %	31.37 %
56	B	37.25 %	33.34 %
57	B	39.22 %	33.33 %
58	B	27.45 %	33.33 %
59	A	47.06 %	33.33 %
60	D	41.18 %	31.37 %
61	D	29.41 %	33.34 %
62	A	11.76 %	33.34 %
63	B	41.18 %	33.33 %
64	B	39.22 %	33.33 %

प्रश्न संख्या	उत्तर	सही उत्तर	छोड़ दिया
65	A	49.02 %	31.37 %
66	A	45.1 %	33.33 %
67	C	58.82 %	33.34 %
68	B	35.29 %	33.34 %
69	B	41.18 %	33.33 %
70	C	43.14 %	33.33 %
71	A	17.65 %	25.49 %
72	D	29.41 %	31.37 %
73	C	23.53 %	33.33 %
74	A	25.49 %	33.33 %
75	C	31.37 %	33.34 %
76	A	31.37 %	33.34 %
77	C	31.37 %	33.34 %
78	C	43.14 %	33.33 %
79	C	60.78 %	25.49 %
80	B	58.82 %	31.38 %

प्रश्न संख्या	उत्तर	सही उत्तर	छोड़ दिया
81	C	41.18 %	31.37 %
82	A	41.18 %	33.33 %
83	B	15.69 %	33.33 %
84	C	31.37 %	33.34 %
85	B	37.25 %	33.34 %
86	D	23.53 %	33.33 %
87	C	33.33 %	33.34 %
88	B	15.69 %	33.33 %
89	A	52.94 %	33.33 %

प्रश्न संख्या	उत्तर	सही उत्तर	छोड़ दिया
90	D	39.22 %	33.33 %
91	C	33.33 %	33.34 %
92	C	21.57 %	33.33 %
93	B	47.06 %	31.37 %
94	B	11.76 %	33.34 %
95	A	54.9 %	33.34 %
96	A	29.41 %	33.34 %
97	C	52.94 %	33.33 %
98	B	54.9 %	33.34 %

प्रश्न संख्या	उत्तर	सही उत्तर	छोड़ दिया
99	A	58.82 %	33.34 %
100	D	43.14 %	31.37 %
101	D	52.94 %	33.33 %
102	B	54.9 %	33.34 %
103	C	9.8 %	33.34 %
104	D	45.1 %	33.33 %
105	D	49.02 %	33.33 %
106	D	35.29 %	33.34 %
107	B	47.06 %	31.37 %

प्रश्न संख्या	उत्तर	सही उत्तर	छोड़ दिया
108	C	29.41 %	33.34 %
109	A	35.29 %	31.38 %
110	A	50.98 %	33.33 %
111	C	54.9 %	25.49 %
112	D	35.29 %	33.34 %
113	D	21.57 %	27.45 %
114	D	47.06 %	33.33 %
115	C	49.02 %	33.33 %
116	C	43.14 %	33.33 %

प्रश्न संख्या	उत्तर	सही उत्तर	छोड़ दिया
117	C	41.18 %	25.49 %
118	B	23.53 %	33.33 %
119	D	47.06 %	25.49 %
120	C	41.18 %	31.37 %
121	B	27.45 %	31.37 %
122	C	58.82 %	33.34 %
123	A	39.22 %	31.37 %
124	D	39.22 %	33.33 %
125	B	49.02 %	33.33 %

कार्य विश्लेषण	
औसत अंक (%)	38.59%
टॉपर्स स्कोर (%)	84.71%
आपका स्कोर	

//संकेत और समाधान//

1. शेख़ अबू-अल-फ़ज़ल इब्न मुबारक जिसे अबुल फज़ल के नाम से भी जाना जाता है, मुगल सम्राट अकबर का एक वज़ीर था। उसने तीन खण्डों में अकबर के शासनकाल के आधिकारिक रिकॉर्ड के रूप में अकबरनामा लिखा। इसके तीसरे खंड को आइन-ए-अकबरी के नाम से जाना जाता है। उसने बाइबल का फ़ारसी अनुवाद भी किया। वह अकबर के राजदरबार के नवरत्नों में से भी एक तथा बादशाह अकबर के राज कवि फैज़ी का भाई भी था।

फ़ैज़ी (अबुल फज़ल का भाई) उस युग के अग्रणी कवियों में से एक था। फैजी अकबर के अनुवाद विभाग के लिए भी काम करता था। उसके पर्यवेक्षण में महाभारत का अनुवाद किया गया था।

तुलसीदास (1532-1623) मध्यकाल के सर्वाधिक प्रभावशाली हिंदी कवियों में से एक थे। उन्होंने रामचरितमानस की रचना की। उन्होंने उत्तर प्रदेश (बनारस के आस-पास) में प्रयोग की जाने वाली हिंदी की एक बोली का प्रयोग इस रचना में किया।

अतः विकल्प (D) सही है।

2. मार-विजय की विषय-वस्तु को अजन्ता की गुफाओं में गुफा संख्या 26 में चित्रित किया गया है। इसे बुद्ध की महापरिनिर्वाण वाले विशाल चित्र के निकट उकेरा गया है। इस पैनल में बने चित्र में बुद्ध को मार की सेना और उसकी पुत्री से घिरा हुआ दर्शाया गया है। यह घटना ज्ञान-प्राप्ति का एक अंश दर्शाती है। यह ज्ञान-प्राप्ति के समय बुद्ध के मन की हलचल का मूर्त रूप है। मार इच्छा (तृष्णा) को निरूपित करता है।

अतः विकल्प (A) सही है।

3. अशोक के अभिलेख बौद्ध धर्म के प्रथम मूर्त प्रमाण हैं तथा साथ ही उसके शासनकाल में इसके प्रसार से संबंधित तथ्य प्रस्तुत करते हैं। इन अभिलेखों की जेम्स प्रिंसेप नामक ब्रिटिश पुरातत्वविद तथा इतिहासकार द्वारा व्याख्या की गई थी। इन अभिलेखों को स्तंभ-लेखों (कुल 7), मुख्य शिलालेखों (कुल 14) तथा उड़ीसा (कलिंग) में पाए जाने वाले दो पृथक अभिलेखों, लघु शिलालेखों, रानी का शिलालेख ,बराबर की गुफाओं में पाए जाने वाले अभिलेखों तथा कंधार के द्विभाषी अभिलेखों के रूप में विभाजित किया गया है।

साँची में अशोक के अभिलेखों से संबंधित एक लघु (छोटा) शिलालेख है। अन्य स्थानों पर बड़े शिलालेख स्थित हैं।

अतः विकल्प (C) सही है।

4. विशेषतः ब्रज क्षेत्र (पश्चिमी उत्तर प्रदेश का मथुरा) में रासलीला के अविर्भाव का इसके विकास में अपना महत्व है। इसमें संगीत, नृत्य तथा कथावाचन को सम्मिलित किया गया।

इसके अतिरिक्त, कत्थक शास्त्रीय नृत्य का एकमात्र ऐसा रूप है जो हिन्दुस्तानी या उत्तर भारतीय संगीत से सम्बद्ध है। इन दोनों (हिंदुस्तानी संगीत और कथक) का विकास समानांतर हुआ है तथा दोनों ने ही एक-दूसरे के विकास में भरपूर योगदान दिया है।

मुग़ल कालीन दरबारों एवं कुलीनों ने कत्थक को कुलीनों के मनोरंजन के एक माध्यम के रूप में स्वीकार किया जिसका कम आय वाले परिवार प्रदर्शन करने के इच्छुक थे। हालांकि, यह नृत्य और अधिक भावपूर्ण तथा श्रृंगारिक होता गया तथा इसके माध्यम से आध्यात्मिक या धार्मिक विचारों की अभिव्यक्ति कम से कम होती गयी।

अतः विकल्प (A) सही है।

5. विजयनगर साम्राज्य दक्षिण भारत के दक्कन के पठारी क्षेत्र में स्थित था। इस साम्राज्य का नाम इसकी राजधानी विजयनगर के नाम पर रखा गया था जिसके भग्नावशेष भारत में कर्नाटक के हम्पी (जो अब एक विश्व विरासत स्थल है) के चारों ओर स्थित हैं। इसकी स्थापना 1336 में संगम वंश के हरिहर प्रथम तथा बुक्का राय प्रथम के द्वारा की गई थी। यहाँ का प्रथम वंश 'संगम' लगभग 1485 तक सत्ता में रहा। इस समय बहमनी सुल्तान तथा उड़ीसा के राजा की ओर से युद्ध के दबाव की स्थितियों में सालुव वंश के राजा नरसिंह ने सत्ता हथिया ली थी। 1503 तक सालुव वंश को हटाकर तुलुव वंश ने कब्ज़ा कर लिया था। कृष्ण देव राय तुलुव वंश के महान राजा थे।

राम राय के भाई, तिरुमल ने पुनः साम्राज्य पर नियंत्रण किया और अरविदु वंश की स्थापना कर पेनुकोंडा को नई राजधानी बनाया और साम्राज्य को कुछ समय तक सुरक्षित रखा।

अतः विकल्प (A) सही है।

6. बृहदेश्वर मंदिर इसे राजराजेश्वरम् भी कहा जाता है। यह प्रसिद्ध हिंदू मंदिर शिव को समर्पित है और भारत के तमिलनाडु राज्य के तंजावुर (तंजौर) में स्थित है। इसका निर्माण राजराज चोल द्वारा 1009 ईस्वी के आस-पास पूर्ण करवाया गया था। यह पहला मंदिर है जिसमें मंदिर के साथ परिकल्पित विस्तृत शिल्प योजना के अंतर्गत दो विशाल गोपुरम् (प्रवेश द्वार) बनवाए गए थे। यह मंदिर शिव को समर्पित हैं, जिन्हें दो मंजिला गर्भगृह में स्थापित विशाल लिंग के रूप में स्थापित किया गया है। राजराज चोल के पुत्र और उत्तराधिकारी राजेंद्र चोल ने गंगईकोंडचोलपुरम का निर्माण करवाया, जो तमिलनाडु के तंजावुर (तंजौर) में स्थित है।

अतः विकल्प (B) सही है।

7. बुद्ध की शिक्षाओं और प्रवचनों को सुत्त पिटक में सम्मिलित किया गया। इसमें बुद्ध द्वारा सिगल नामक धनी गृहस्थ को दी गई सलाह का उल्लेख है कि किस प्रकार एक स्वामी को अपने सेवकों और कर्मचारियों की देखभाल करनी चाहिए, अर्थात् सेवकों और कर्मचारियों को उनकी सामर्थ्य के अनुसार कार्य सौंपना चाहिए, उन्हें भोजन और मजदूरी प्रदान करने चाहिए, बीमारी में उनकी देखभाल करनी चाहिए, उनके साथ स्वादिष्ट भोजन और पेय पदार्थ साझा करने चाहिए और समय-समय उन्हें अवकाश प्रदान करना चाहिए। इसमें यह भी सम्मिलित है:

- कुल के लोगों को पांच रीतियों से श्रमणों (जो लोग संसारिक जीवन का त्याग कर चुके हैं) और ब्राह्मणों की देखभाल करनी चाहिए।
- सिगल को माता-पिता, शिक्षक और पत्नी के साथ व्यवहार के लिए भी इसी तरह के उपदेश दिए गए।

अतः विकल्प (B) सही है।

8. कुचिपुड़ी आंध्र प्रदेश की एक प्रसिद्ध नृत्य-नाट्य शैली है। इसका आधार प्राचीन हिंदू संस्कृत ग्रंथ नाट्य शास्त्र में निहित है। भारत के सभी प्रमुख शास्त्रीय नृत्यों की भांति इसका विकास भी यात्रारत चारणों, मंदिरों और आध्यात्मिक मान्यताओं से संबद्ध एक धार्मिक कला के रूप में हुआ।

कदमताल में नृत्यकर्ताओं की निपुणता और शरीर पर नियंत्रण और संतुलन प्रदर्शित करने के लिए पीतल की थाली की किनारी (नेमि) पर नृत्य और सिर पर पानी से भरे घड़े के साथ नृत्य की तकनीकें प्रचलित हुई। कलाबाजी वाला नृत्य रंगमंच का एक भाग बन गया। वर्तमान में कुचिपुड़ी ने एक प्रथक शास्त्रीय एकल नृत्य शैली के रूप में पूर्णतया एक निश्चित रूप धारण कर लिया है। इस प्रकार वर्तमान में कुचिपुड़ी की दो शैलियां विद्यमान हैं - पारंपरिक संगीतमय नृत्य-नाटक और एकल नृत्य। इसलिए प्रथम दोनों गतियां/परंपराएं कुचिपुड़ी नृत्य से संबधित हैं, किन्तु इसमें रंगीन मुखौटों का उपयोग नहीं होता है।

अतः विकल्प (A) सही है।

9. निकोलो मनूकी एक इतालवी चिकित्सक, लेखक और यात्री था। उसने मुगल काल के दौरान भारतीय उपमहाद्वीप के विषय में एक संस्मरण लिखा। उसका संस्मरण शाहजहाँ, औरंगज़ेब, शिवाजी महाराज, दारा शिकोह, शाह आलम, राजा जय सिंह और कीरत सिंह के विषय में इतिहास की जानकारी का स्रोत है। उसने अपना लगमग संपूर्ण वयस्क जीवन भारत में व्यतीत किया और उसकी मृत्यु मद्रास में हुई। वह वर्ष 1656 में 17 वर्ष की आयु में सूरत पहुंचा और कभी अपने देश वापस नहीं गया।
अतः विकल्प (A) सही है।

10. एक वर्ष के लिए अकृषित छोड़ दी जाने वाली भूमि को 'परती' कहा जाता था। खेती किए जाने पर परती भूमि पर अधिभार की पूर्ण (पोलज) दर लगाई जाती थी।

दो से तीन वर्ष तक परती रहने वाली भूमि को 'चाचर' कहा जाता था, और यदि वह इससे अधिक समय तक परती रहती थी तो उसे 'बंजर' कहा जाता था।

लगभग प्रत्येक वर्ष खेती की जाने वाली भूमि को 'पोलज' कहा जाता था।
अतः विकल्प (A) सही है।

11. अली आदिल शाह को हिंदू और मुस्लिम संतों के साथ विचार-विमर्श आयोजित करने का अत्यधिक शौक था। आदिल शाह ने अकबर से काफी पहले कैथोलिक मिशनरियों को अपने दरबार में आमंत्रित किया था। उसके पास एक उत्कृष्ट पुस्तकालय था जिसमें उसने प्रसिद्ध संस्कृत विद्वान वामन पंडित को नियुक्त किया। उसके उत्तराधिकारियों ने संस्कृत और मराठी को संरक्षण प्रदान करना जारी रखा। आदिल शाह का उत्तराधिकारी, इब्राहिम आदिल शाह द्वितीय (1580-1627) नौ वर्ष की आयु में सिंहासन (बीजापुर के) पर आसीन हुआ। वह निर्धनों के प्रति बहुत विनीत था, और उसे "अबला बाबा", या निर्धनो के मित्र की उपाधि प्राप्त हई।

आदिल शाह द्वितीय को संगीत का अत्यधिक शौक था। उसने किताब-ए-नौरस (नौ रसों की पुस्तक) नामक पुस्तक की रचना की। इस पुस्तक में उसने विभिन्न संगीत विधाओं या तोगों (togas) की रचना की। अपने गीतों में उसने संगीत और विद्या की देवी सरस्वती की मुक्तकंठ से अराध्वना की। अपने व्यापक दृष्टिकोण के कारण उसे जगत गुरु कहा जाने लगा था। आदिल शाह द्वितीय ने एक नई राजधानी नौरसपुर का निर्माण करवाया। जहां उसने बड़ी संख्या में संगीतकारों को (अधिवासित करने के लिए) आमंत्रित किया था। उसने हिंदू संतों और मंदिरों सहित सभी को संरक्षण प्रदान किया। इसमें विठोबा की पूजा के केंद्र पंढरपुर को प्रदत्त अनुदान सम्मिलित है, जो महाराष्ट्र में भक्ति आंदोलन का केंद्र बन गया।
अतः विकल्प (C) सही है।

12. शिलप्पादिकारम में युवा व्यापारी कोवलन का सदगुणी कण्णकी (कण्णगी) से विवाह, दरबारी माधवी से प्रेम और उसकी बर्बादी तथा मदुरई में निर्वासन के विषय में वर्णन किया गया है। इस ग्रन्थ में उसे एक दुष्ट सुनार को अपनी पत्नी की पायल बेचने का प्रयास करने पर अन्यायपूर्ण तरीके से मृत्युदंड दे दिया जाता है जबकि उस सुनार ने रानी का पायल चुराया था किन्तु चोरी का आरोप कोवलन पर लगाया गया था।
अतः विकल्प (B) सही है।

13. कुरु मूल रूप से पुरु-भरत परिवार से संबंधित थे। कुरू कुरुक्षेत्र (उत्तरी भारत) से उत्पन्न हुए लोग थे। ऐसा माना जाता है कि वे ईसा पूर्व पांचवीं-छठी शताब्दी में सरकार के गणतांत्रिक रूप में परिवर्तित हो गए थे।

कोशल में वर्तमान के पूर्वी उत्तर प्रदेश का क्षेत्र सम्मिलित था। उसकी राजधानी श्रावस्ती थी जो उत्तर प्रदेश के गोंडा और बहराइच जिलों की सीमाओं पर सहेत-महेत का सह-सीमावर्ती स्थान है। कोशल में अयोध्या नामक एक महत्वपूर्ण नगर था जो रामायण की कहानी से संबंधित है। चेदि लोगों का यमुना नदी के दक्षिणी भाग पर अधिकार था।

चेदि महाजनपद की राजधानी सुक्तिमती थी और इस महाजनपद का ऋग्वेद में विवरण प्राप्त होता है। इस पर शिशुपाल शासन करता था तथा यह पांडवों (महाभारत के) द्वारा अपने निर्वासन का तेरहवां वर्ष व्यतीत करने के लिए चयनित किया गया नगर था।

अस्सक या अश्मक गोदावरी नदी के निकट और उसके मध्य क्षेत्र में स्थित प्राचीन भारत का एक भाग था। यह 6वीं शताब्दी ईसा पूर्व में सोलह महाजनपदों में से एक था। इसका उल्लेख बौद्ध ग्रन्थ 'अंगुत्तरनिकाय' में प्राप्त होता है। इसकी राजधानी को पोतली या पोदना कहा जाता था जो वर्तमान महाराष्ट्र की नांदुरा तहसील में स्थित है।
अतः विकल्प (C) सही है।

14. अभिनय दर्पणम, संगीत रत्नाकर और अन्य मध्ययुगीन ग्रंथों के अनुसार, नृत्य को तीन अलग-अलग पहलुओं में वर्गीकृत किया गया है- नाट्य, नृत्य और नृत्त।

'नाट्य' नाटकीय निरूपण या नाटक (जिसमें संवाद, संगीत और नृत्य समाहित होता है) का प्रतिनिधित्व करता है। यह भाव, रस और अभिनय की संयुक्त अभिव्यक्ति है। नाट्य में नाटकीय तत्वों को रेखांकित किया जाता है और कथकली जैसे नृत्य-नाट्य रूपों को छोड़कर अधिकतर नृत्य रूप आज इस पहलू पर बल नहीं देते हैं।

नृत्य में कदमताल और अभिनय होते हैं। यह रस और मनोवैज्ञानिक अवस्था से संबंधित होता है। नृत्य में हस्त, अंग, भौंह, होंठ आदि से संबंधित अंगिका अभिनय बहुत महत्वपूर्ण होते हैं। इसे नृत्य का व्याख्यात्मक पहलू कहा जा सकता है जिसमें हस्त मुद्राएं और मुख भाव गीत के अर्थ को अभिव्यक्त करते हैं। नर्तक/नर्तकी का भाव इसमें प्रमुख महत्व रखता है इसलिए इसे नृत्य का मूक अभिनय पहलू भी माना जा सकता है।

नृत्त लयबद्ध रूप से संपन्न किए जाने वाले शुद्ध नृत्य रूप के समान होता है। इसमें शरीरिक गतिविधियां किसी भाव या अर्थ को व्यक्त नहीं करती हैं और इसका उद्देश्य विभिन्न प्रतिरूपों और रेखाओं के माध्यम से दिक्-काल में सौंदर्य सृजित करना मात्र होता है।
अतः विकल्प (A) सही है।

15. जहाँगीर के शासन काल के कुछ इतिहासकारों के दावों के अनुसार जहाँगीर में एक ही चित्र में अलग-अलग कलाकार के काम को पहचानने (अंतर करने) की योग्यता थी। जहाँगीर स्वयं अपने समय का एक महान चित्रकार था।

जहांगीर के शासन काल के दौरान, रूप-चित्र (portrait) चित्रकारी और जानवरों की चित्रकारी आदि में विशेष प्रगति हुई। मंसूर इस काल का एक प्रख्यात कलाकार था।

दसवंत और बसावन दोनों ही अकबर के दरबार के प्रसिद्ध चित्रकार थे।
अतः विकल्प (A) सही है।

16. मोढेरा सूर्य मंदिर का निर्माण गुजरात में वर्ष 1026 में सोलंकी राजवंश के राजा भीमदेव प्रथम द्वारा करवाया गया था। इसके सामने एक विशाल आयताकार सीढ़ीदार ताल है, जिसे सूर्य कुंड कहा जाता है। सोलंकी राजवंश, चालुक्य राजवंश के उत्तरवर्ती शासकों की एक शाखा थी।
अतः विकल्प (C) सही है।

17. आयतस्र, कूट और वृत्त आकृतियों के आधार पर द्रविड़ मंदिरों की कई उप श्रेणियां हैं। ये मुख्यतः पांच विभिन्न आकृतियों में विभाजित किए जा सकते हैं:

- वर्गाकार को आमतौर पर कूट और चतुरस्र भी कहा जाता है।
- आयताकार अर्थात शाला अथवा आयतश्र
- अंडाकार, जिसे गजपृष्ठीय कहते हैं जो हाथी की पीठ जैसा होता है। इसे वृत्तायत भी कहा जाता है। यह नामकरण मेहराबदार चैत्यों के शकटाकार रूपों पर आधारित है जिनके प्रवेश द्वार घोड़े की नाल की आकृति के होते है जिन्हें आमतौर पर नासी कहा जाता था।
- वृताकार या वृत्त
- अष्टभुजाकार या अष्टास्र

अतः विकल्प (A) सही है।

18. बनावली - यह हरियाणा में सिंधु घाटी सभ्यता से संबंधित पुरातात्विक स्थल है। बनावली नाम से विख्यात तथा सूख चुकी यह सरस्वती नदी के बाएँ तट पर स्थित है।

कालीबंगा - यह राजस्थान की घग्गर नदी के तट पर स्थित एक प्राचीन नगर है।

धौलावीरा - यह गुजरात के कच्छ जिले में स्थित पुरातात्विक स्थल है।

शर्तुघई - यह उत्तरी अफगानिस्तान में आमू दरिया (ऑक्सस नदी) घाटी में अवस्थित है।
अतः विकल्प (C) सही है।

19. चोलों के पास एक बड़ी सेना थी जिसमें सिपाही, घुड़सवार-दस्ते तथा हाथी भी होते थे। उनके पास अत्यंत शक्तिशाली तथा ससंगठित सैन्य शक्ति थी। वे नौसेना रखने वाले सबसे प्राचीन राज्यों में से एक थे।

चोलों के शासन काल में नौसेना की शक्ति चरम तक पहुँच गई। उन्होंने मालाबार तथा कोरोमंडल तटों को अपने नियंत्रण में कर लिया। नौसेना के विस्तार तथा समुद्र पार विजयों से चोल नौसेना उस क्षेत्र की सर्वाधिक शक्तिशाली नौसेना बन गई थी। इसने बंगाल की खाड़ी तथा हिन्द महासागर के एक बड़े हिस्से में व्यापार पर एकाधिकार स्थापित कर लिया था। इस प्रकार कुछ समय के लिए बंगाल की खाड़ी एक "चोल झील" बन कर रह गयी थी।
अतः विकल्प (D) सही है।

20. जैनों का आधारभूत दर्शन वर्द्धमान के जन्म के पूर्व से ही उत्तर भारत में अस्तित्वमान था। वर्द्धमान को ही महावीर के नाम से जाना गया।

व्यक्ति को कर्मचक्र से मुक्त करने के लिए तपस्या और त्याग दोनों की आवश्यकता होती है। यह संसार के त्याग से ही संभव हो पाता है। इसलिए विहारों में निवास करना मुक्ति के लिए एक अनिवार्य शर्त बन गया। जैन शिक्षा (उपदेशों) के अनुसार, कर्म के ही माध्यम से जन्म तथा पुनर्जन्म का चक्र निर्धारित होता है।
अतः विकल्प (B) सही है।

21. शिवाजी की शासन पद्धति मूलतः दक्कनी राज्यों से ली गई थी। उन्होंने आठ मंत्रियों के पद का सृजन किया जिन्हें अष्ट-प्रधान भी कहा जाता था। इसकी प्रकृति मंत्रियों की परिषद वाली नहीं थी। प्रत्येक मंत्री सीधे शासक के प्रति उत्तरदायी होता था।
अतः विकल्प (A) सही है।

22. सिद्धातंतः मुस्लिम शासकों का मार्गदर्शन उलेमाओं द्वारा किया जाता था जिनसे यह सुनिश्चित करने की अपेक्षा की जाती थी कि शासक शरीयत के अनुसार शासन करें। हालांकि, उपमहाद्वीप में स्थिति जटिल थी, क्योंकि यहां ऐसी आबादी अधिक थी जिसने इस्लाम को नहीं अपनाया था।

इस संदर्भ में ही जिम्मी (व्युत्पति अरबी शब्द ज़िम्मा अर्थात संरक्षण से) अर्थात संरक्षित वर्ग का प्रादुर्भाव हुआ जिम्मी वे लोग थे जो दैवीय प्रकाशन वाले धर्मशास्त्रों का पालन करते थे और मुस्लिम शासकों के क्षेत्र में रहते थे जैसे-यहूदी और ईसाई। वे जजिया नामक कर का भुगतान करते थे और मुसलमानों द्वारा संरक्षित होने का अधिकार प्राप्त करते थे। भारत में यह दर्जा हिंदुओं को भी दिया गया था।
अतः विकल्प (A) सही है।

23. जिज़्या या जज़िया इस्लामी कानून द्वारा शासित मुस्लिम राज्य में स्थायी रूप से निवास करने वाले गैर-मुस्लिम प्रजाजनों (जिन्हें धिम्मी कहा जाता था) पर ऐतिहासिक रूप से लगाया जाने वाला वैयक्तिक कर (प्रति व्यक्ति आधार पर आरोपित कर) था। भारत में यह कर पहली बार कुतुबुद्दीन ऐबक के शासन में लागू किया गया था।

औरंगज़ेब ने पुन: जज़िया (वैयक्तिक कर) को लागू किया (इसे अकबर ने समाप्त कर दिया था)। शरीयत के अनुसार मुस्लिम राज्य में, गैर मुस्लिमों के लिए जज़िया का भुगतान अनिवार्य था।
अतः विकल्प (D) सही है।

24. गौतम बुद्ध ने मानव दुःखों की निवृत्ति के लिए अष्टांगिक मार्ग की अनुशंसा की। उन्हें तृतीय शताब्दी ईसा पूर्व के एक ग्रंथ में अष्टांगिक मार्ग के प्रतिपादक के रूप में वर्णित किया गया है।

इसमें सम्यक् दृष्टि, सम्यक् संकल्प, सम्यक् वाणी, सम्यक् कर्म, सम्यक् आजीव, सम्यक् व्यायाम, सम्यक् स्मृति एवं सम्यक् समाधि सम्मिलित हैं। यदि कोई व्यक्ति इस अष्टांगिक मार्ग का अनुसरण करता है, तो वह पुरोहितों पर आश्रित न होकर स्वयं अपने लक्ष्य को प्राप्त कर सकता है।
अतः विकल्प (D) सही है।

25. नौवीं शताब्दी के मध्य तक पूर्वी भारत पर पाल साम्राज्य का प्रभुत्व था। इसकी स्थापना संभवतः 750 ईस्वी में गोपाल द्वारा की गई थी, जब वहां फैली अराजकता को समाप्त करने के लिए क्षेत्र के गणमान्य लोगों द्वारा उसे राजा चुना गया था। उसका उत्तराधिकारी धर्मपाल था। नालंदा विश्वविद्यालय की स्थापना गुप्त सम्राट कुमारगुप्त प्रथम ने की थी। पालों के दक्षिण-पूर्व एशिया के साथ घनिष्ठ व्यापारिक संपर्क और सांस्कृतिक संबंध थे। दक्षिण-पूर्व एशिया के साथ व्यापार अत्यंत लाभदायक था और इसने पाल साम्राज्य की समृद्धि में अत्यधिक योगदान दिया।
अतः विकल्प (A) सही है।

26. कुछ प्रमुख बौद्ध ग्रंथ इस प्रकार हैं:

- दीपवंश (द्वीप का इतिहास) चौथी शताब्दी में संकलित श्रीलंका का सर्वाधिक प्राचीन उपलब्ध ऐतिहासिक अभिलेख है।
- थेरीगाथा - यह सबसे पहली बौद्ध महिलाओं द्वारा और उनके विषय में पाली भाषा में कविताओं का संकलन है। इसकी रचना दो सहस्त्राब्दि पूर्व हुई थी।
- अशोकावदान - यह मौर्य सम्राट अशोक की मिथकीय कहानी से संबंधित बौद्ध ग्रन्थ है।

अतः विकल्प (A) सही है।

27. हुमायूंनामा गुलबदन बेगम द्वारा 1587 में लिखी गई थी।

1668 में मुहम्मद काज़िम ने आलमगीरनामा लिखा था।

1639-47 के दौरान अब्दुल हमीद लाहौरी ने बादशाहनामा लिखा था।
अतः विकल्प (C) सही है।

28. अकबर ने विभिन्न तरीकों से धर्मों के मध्य सुलह-ए-कुल अथवा शांति और सद्भाव की अवधारणा पर बल देने का प्रयास किया। उसने संस्कृत, अरबी, ग्रीक, इत्यादि से फारसी में अनुवाद कार्य के लिए एक बड़ा अनुवाद विभाग स्थापित किया। इस प्रकार, सिंहासन बत्तीसी, अथर्ववेद और बाइबिल का प्रथम बार अनुवाद किया गया। इनके पश्चात महाभारत, गीता और रामायण का अनुवाद किया गया। पंचतंत्र और भूगोल की रचनाओं सहित कई अन्य रचनाओं का भी अनुवाद किया गया।
अतः विकल्प (D) सही है।

29. अशोक के स्तंभों में स्तंभलेख पाए गए हैं जो भारत में टोपराकलां, मेरठ, संकिसा, इलाहाबाद, सांची, सारनाथ, वैशाली, रामपुरवा, लौरिया अरेराज, लौरिया नंदनगढ़ और अहरौरा में स्थित हैं। हालाँकि कुछ स्तंभ शिलालेख भारत के बाहर भी पाए जाते हैं, जैसे निगालीसागर (नेपाल) और रुम्मिनदेई (नेपाल)।
अतः विकल्प (A) सही है।

30. अकबरनामा का लेखन राजनीतिक रूप से महत्वपूर्ण घटनाओं का समय के साथ विवरण देने के पारंपरिक ऐतिहासिक दृष्टिकोण से किया गया था। साथ ही, इससे भी कहीं अधिक अभिनव अर्थों में इसकी रचना अकबर के साम्राज्य के भौगोलिक, सामाजिक, प्रशासनिक और सांस्कृतिक इत्यादि सभी पहलुओं का विवरण प्रस्तुत करने (कालक्रमिक सन्दर्भ दिए बिना) के लिए की गई थी।

अकबरनामा तीन खंडों में विभाजित है, जिसके प्रथम दो खंड इतिहास हैं। तीसरा खंड आइन-ए-अकबरी है।
अतः विकल्प (B) सही है।

31. अपने साम्राज्य में राजा ने न्याय के प्रशासन हेतु राजुक नियुक्त किए थे, जिन्हे न केवल लोगों को पुरस्कृत करने, बल्कि आवश्यक होने पर उन्हें दंडित करने के अधिकार भी प्रदान किए गए थे।

कर निर्धारण के लिए विस्तृत तंत्र की सर्वप्रथम स्थापना मौर्य काल के दौरान की गयी थी। अर्थशास्त्र में वर्णित करों की सूची अत्यधिक विस्तृत एवं महत्वपूर्ण है और यदि इन सभी करों का वास्तविक रूप में एकत्रण किया जाता तो जनसामान्य के पास अपने जीवन-यापन हेतु अत्यधिक कम धन शेष बचता।

खुफिया सेवा या गुप्तचर प्रणाली को, सेना के बाद मौर्यकालीन प्रशासन के मुख्य आधार के रूप में वर्णित किया जा सकता है। राजा ने कई प्रकार के गुप्तचरों या जासूसों को नियुक्त किया। वे विभिन्न प्रकार के भेष बनाकर घूमते रहते थे और उन्हें गुप्तचर विभाग द्वारा नियंत्रित किया जाता था। कूट लेखन का उपयोग किया जाता था और वाहक कबूतरों की सेवाएं ली जाती थीं।
अतः विकल्प (B) सही है।

32. हिंदू धर्मशास्त्रों के अनुसार वर्ण लोगों के गुणों के आधार पर उनके वर्गीकरण को संदर्भित करता है। यह शब्द संस्कृत की 'वृ' धातु से लिया गया है, जिसका अर्थ है "वरण करना," "वर्गीकृत करना" या "सम्मिलित करना" होता है। वर्ण को चार प्रकारों में वर्गीकृत किया गया है: ब्राह्मण, क्षत्रिय, वैश्य और शूद्र। ब्राह्मण ग्रंथों के अनुसार, लिंग के अतिरिक्त धनसंपत्ति तक पहुंच को विनियमित करने वाला एक अन्य मानदंड वर्ण था।

समाज का ब्राह्मणवादी दृष्टिकोण धर्मसूत्रों और धर्मशास्त्रों में संहिताबद्ध किया गया था। बौद्धो की भांति वर्ण व्यवस्था की आलोचना करने वाली अन्य परंपराओं ने माना कि समाज में भेद है, किन्तु उन्होंने इन भेदों को प्राकृतिक या अनम्य नहीं माना।

अछूतों को वर्ण ढांचे से बाहर रखा गया था।
अतः विकल्प (B) सही है।

33. दिल्ली सल्तनत में सुल्तान सेना का मुख्य सेनापति (प्रमुख) होता था। सैन्य प्रशासन में सुल्तान की सहायता करने के लिए बलबन ने दीवान-ए-आरिज़ की स्थापना की थी।

दीवान-ए-कोही कृषि सुधार के एक भाग के रूप में मोहम्मद-बिन-तुगलक द्वारा स्थापित कृषि विभाग था। इस विभाग का मुख्य उद्देश्य कृषि के अधीन भूमि को बढ़ाना और किसानों को ऋण वितरित करना था। उसने अकाल पीड़ितों को राहत देने के लिए "अकाल संहिता" बनवाई थी।

दीवान-ए-रिसालत धार्मिक प्रकरणों से संबंधित था और विद्वानों और धर्मपरायण लोगों को वजीफा देने का भी प्रभारी था।
अतः विकल्प (A) सही है।

34. अमोघवर्ष एक राष्ट्रकूट सम्राट था। उसे राष्ट्रकूट वंश के महानतम शासकों में से एक और भारत के महान सम्राटों में से एक माना जाता है। उसने 68 वर्षों तक शासन किया और युद्ध की तुलना में धर्म और साहित्य के अनुसरण को प्राथमिकता दी।

कई कन्नड़ और संस्कृत विद्वानों को उसके शासनकाल में संरक्षण प्राप्त हुआ, जिनमें महान भारतीय गणितज्ञ महावीराचार्य सम्मिलित थे। महावीराचार्य ने गणित-सार-संग्रह, जिनसेन, वीरसेन, शाकटायन और श्री विजय ग्रन्थों का लेखन किया है।

अमोघवर्ष स्वयं एक कुशल कवि और विद्वान था। उसने कन्नड़ के पहले काव्य ग्रन्थ कविराजमार्ग और संस्कृत में एक धार्मिक ग्रन्थ 'प्रश्नोत्तर रत्नमालिका' की रचना की।

उसने राष्ट्रकूट राज्य की राजधानी को बीदर जिले में स्थित मयूरखंडी से आधुनिक कर्नाटक राज्य के गुलबर्गा जिले के मान्यखेत में स्थानांतरित किया। उसके बारे में कहा जाता है कि उसने "भगवान इंद्र की बराबरी करने" के लिए राजधानी मान्यखेत का निर्माण किया था। इस राजधानी शहर में बेहतरीन कारीगरी के उपयोग से राजकुल के लिए विस्तृत रूप से अभिकल्पित भवनों का निर्माण किया गया था।
अतः विकल्प (C) सही है।

35. जतिस्वरम कर्नाटक संगीत परंपरा की एक गायन शैली है। इसकी संगीत संरचना स्वरजति से बहुत मिलती-जुलती है, लेकिन इसका कोई साहित्य या शब्द स्वरूप नहीं होता है। इसकी सांगीतिक प्रस्तुति को केवल सरगम शब्दांशों के साथ गाया जाता है। यह अपनी लयबद्ध उत्कृष्टता और इसमें उपयोग किए जाने वाले जति प्रतिरूप के लिए विख्यात है। यह नृत्य संगीत के क्षेत्र से संबंधित संगीत स्वरूप है। कुछ जतिस्वरों में पल्लवी और अनुपल्लवी को जतिओं के अनुरूप गाया जाता है और चरणों को स्वर और जतियों के मिश्रण के साथ गाया जाता है। साथ ही रागमालिका जतिस्वरम भी होते हैं।
अतः विकल्प (A) सही है।

36. अकबर ने अपनी सेना को संगठित और सुदृढ़ किया और मनसबदारी प्रणाली को प्रोत्साहित किया। "मनसब" एक अरबी शब्द है, जिसका अर्थ 'श्रेणी (रैंक)' या 'पद' होता है।

मुगल मनसबदारों को प्रचुर मात्रा में भुगतान किया जाता था, उनका वेतन संभवत: उस समय विश्व में सबसे अधिक था।

मनसबदारों से अपेक्षा की जाती थी कि वे अपने व्यक्तिगत वेतन में से हाथियों, ऊंटों, खच्चरों और गाड़ियों की टुकड़ियों को बनाए रखेंगे। सेना के परिवहन के लिए इन्हें बनाए रखना आवश्यक होता था।
अतः विकल्प (A) सही है।

37. कर्नाटक में जैन धर्म के प्रसार का श्रेय चन्द्रगुप्त मौर्य (ई.पू.322-298) को दिया जाता है। सम्राट जैन बन गया और उसने सिंहासन त्याग कर अपने जीवन के अंतिम वर्ष कर्नाटक में एक जैन तपस्वी के रूप में व्यतीत किए।
अतः विकल्प (D) सही है।

38. शक, जो मध्य एशिया से आए थे, उन्हें ब्राह्मणों द्वारा म्लेच्छ, बर्बर या बाहरी लोग माना जाता था।

शक्तिशाली म्लेच्छ संस्कृतीय परिपाटी से अवगत थे।
अतः विकल्प (C) सही है।

39. इस काल में स्थानीय और लंबी दूरी का व्यापार शाही आय का एक अत्यंत महत्वपूर्ण स्रोत बना हुआ था। प्रायद्वीप की नोक और आसपास के क्षेत्रों की भूमि अत्यंत उपजाऊ थी। इस भूमि में धान, रागी और गन्ने का उत्पादन होता था। इसके अतिरिक्त तमिल क्षेत्र में काली मिर्च, अनाज, फल और हल्दी भी उगाई जाती थी।

दक्षिणी राज्य अपने प्राकृतिक संसाधनों और विदेशी व्यापार से अत्यधिक लाभान्वित हुए थे। वे मसाले उगाते थे, विशेष रूप से काली मिर्च, जिसकी पश्चिमी देशों में अत्यधिक मांग थी। उन्हें अपने हाथियों से दांत मिलते थे जो पश्चिम में काफी मूल्यवान समझे जाते थे।

समुद्र से मोती प्राप्त होते थे और खानों से रत्न तथा इन दोनों चीज़ों का निर्यात पश्चिमी देशों में भारी मात्रा में होता था।

इसके अतिरिक्त वे मलमल और रेशम का भी उत्पादन करते थे। कहा जाता है कि उनका सूती कपड़ा सांप की केंचुल जैसा पतला होता था। प्राचीन तमिल काव्यों में रेशम के ऊपर तरह-तरह की नक्काशीदार बुनाई का वर्णन किया गया है। उरैयूर अपने सूती कपड़े के व्यापार के लिए जाना जाता था।
अतः विकल्प (D) सही है।

40. वली, जिसे ईश्वर का एक मित्र माना जाता था, कोई ऐसा सूफ़ी होता था जो अल्लाह के साथ अपने निकटतम सम्बन्धों और उसकी कृपा से चमत्कार (करामात) करने की शक्ति प्राप्त होने का दावा करता था।

इस्लाम के धर्मग्रन्थों में सूफीवाद के लिए तसव्वुफ़ शब्द का प्रयोग किया गया है। यह नैतिक व्यवस्था से सम्बन्धित है।

जियारत तीर्थयात्रा या सूफी संतों की दरगाहों की, विशेष रूप से उनकी पुण्यतिथि पर, यात्रा करने की प्रथा है।
अतः विकल्प (C) सही है।

41. रिक्त आसन का अर्थ बुद्ध के ध्यानस्थ होने का संकेत देना था।

स्तूप महापरिनिब्बान (महापरिनिर्वाण) का प्रतिनिधित्व करता था।

चक्र बुद्ध द्वारा सारनाथ में दिए गए पहले धर्मोपदेश का प्रतिनिधित्व करता था।
अतः विकल्प (C) सही है।

42. भारतीय इतिहास में प्रमुख धर्मों के विकास के कालक्रम को निम्नलिखत रूप से श्रेणीबद्ध किया जा सकता है:

- 1500-1000 ई.पू. - पूर्व वैदिक काल
- 1000-500 ई. - उत्तर वैदिक परम्पराएँ
- छठी शताब्दी ई.पू. - प्रारम्भिक उपनिषद, जैन धर्म, बौद्ध धर्म।
- तीसरी शताब्दी ई.पू.- प्रथम स्तूप
- दूसरी शताब्दी ई.पू. से आगे महायान बौद्ध धर्म, वैष्णववाद, शैववाद और देवी पंथों का विकास।
- तीसरी शताब्दी ई.पू. प्रारम्भिक मन्दिर

अतः विकल्प (A) सही है।

43. उज्बेकिस्तान के अलबरूनी ने दसवी-ग्यारवीं शताब्दी के बीच भारत की यात्रा की थी। उसकी अरबी भाषा में लिखी गयी पुस्तक 'किताब-उल-हिन्द' सरल और सुबोध है। इसकी भारी-भरकम विषय-वस्तु को 80 अध्यायों में विभाजित किया गया है जिनमें विविध विषयों जैसे धर्म और दर्शन, त्योहार, खगोलशास्त्र, रसविद्या, शिष्टाचार और रीति-रिवाज, सामाजिक जीवन, भार एवं माप, मूर्तिकला, विधि और मौसम विजान सम्मिलित हैं।

अलबरूनी ने प्रत्येक अध्याय के लिए एक विशिष्ट संरचना को अपनाया जो एक प्रश्न से आरम्भ होती है, उसके बाद संस्कृतीय परम्पराओं पर आधारित विवरण आता है और अंत में अन्य संस्कृतियों से तुलना के साथ उसका समापन होता है अतः विकल्प (B) सही है।

44. धर्म के इतिहासकारों ने भक्ति आंदोलन को दो व्यापक श्रेणियों में विभाजित किया है- सगुण (गुणों सहित) और निर्गुण (गुण रहित)।

पहले में वे सभी परम्पराएँ सम्मिलित थीं जो विशिष्ट देवताओं, जैसे शिव, विष्णु और उनके अवतारों तथा देवियों के रूपों की उपासना पर केन्द्रत थीं और सभी को मानवीय रूपों में परिकल्पित किया गया था। दूसरी ओर निर्गुण भक्ति में भगवान के अमूर्त (निराकार) रूप की उपासना की गई थी। निर्गुण निराकार ईश्वर की अवधारणा है, जो गुण रहित या निर्विशेष है। वहीं सगुण का आकार, गुण और विशेषताएं हैं। जहां निर्गुण ज्ञान केन्द्रित है वहीं सगुण प्रेम-केन्द्रित है। इसलिए निर्गुण का काव्य ज्ञानाश्रयी (ज्ञान आधारित) है सगुण का काव्य प्रेमाश्रयी (प्रेम आधारित) है।

अतः विकल्प (D) सही है।

45. दशावतार, दक्षिणी महाराष्ट्र और उत्तरी गोवा के धार्मिक लोकमंच का एक रूप है। यह कम से कम 500 वर्ष पुराना है। यह भगवान विष्णु के दस अवतारों की पौराणिक कथाओं पर आधारित है। ये अवतार हैं- मत्स्य (मछली), कूर्म (कछुआ), वाराह (जंगली सूअर), नरसिंह (सिंह-पुरुष), वामन (बौना), परशुराम, राम, कृष्ण (या बलराम), बुद्ध और कल्कि। यह नाटक लगभग तत्क्षणकृत होते हैं और कई घंटों तक चलते हैं। इसमें प्रायः किसानों और मजदूरों द्वारा अभिनय किया जाता है। पारंपरिक रूप से इनका मंचन मंदिरों में और केवल पुरुषों द्वारा ही किया जाता है। शैली के अनुरूप मेक-अप के अतिरिक्त वे लकड़ी और कागज़ की लुगदी से निर्मित मुखौटे भी पहनते हैं।
अतः विकल्प (B) सही है।

46. कृषि समाज की मूल इकाई गाँव थी, जिसमें किसान निवास करते थे और वे ऋतुओं के अनुसार वर्षभर कृषि उत्पादन प्रदान करने वाले कई प्रकार के कार्य किया करते थे, जैसे- जुताई, बीज बोना, फसल पकने के पश्चात कटाई करना आदि। सोलहवीं और सत्रहवीं शताब्दी के दौरान, भारत की लगभग 85 प्रतिशत जनसंख्या गांवों में रहती थी। किसान और भूमि धारण करने वाले संभ्रांत, दोनों ही कृषि उत्पादन में संलग्न थे और उपज के एक अंश पर अपने अधिकार का दावा करते थे। इससे उनके मध्य सहयोग, प्रतिस्पर्धा और संघर्ष के संबंध स्थापित हुए। इन सभी प्रकार के संबंधों की समग्रता से ही ग्रामीण समाज का निर्माण हुआ। उसी समय बाह्य कारकों ने भी ग्रामीण परिदृश्य में प्रवेश किया।

कृषि गतिविधियों के साथ गाँव के किसान कारीगर भी थे, जैसे- कुम्हार, लोहार, बढ़ई, नाई, यहाँ तक कि स्वर्णकार भी। ये ग्रामीणों द्वारा कई प्रकार से किए जाने वाले भुगतान के बदले में विशिष्ट सेवाएं प्रदान किया करते थे। ऐसा करने की सबसे सामान्य विधि उन्हें फसल का हिस्सा प्रदान करना या भूमि का आबंटन (संभवतः जो कृषि के लिए अनुपयुक्त होती थी) करना था, जिसका निर्धारण संभावित रूप से पंचायत द्वारा किया जाता था। इसका एक अन्य प्रकार एक ऐसी व्यवस्था थी जिसके अंतर्गत कारीगर और व्यक्तिगत किसान परिवार पारस्परिक विचार-विमर्श से पारिश्रमिक निर्धारित करने की एक प्रणाली पर सहमत हुए थे। इसके अंतर्गत अधिकांशतः सेवाओं के बदले वस्तुएं प्रदान करने की व्यवस्था थी। उदाहरण के लिए, अठारहवीं सदी के रिकॉर्ड बंगाल में ऐसे जमींदारों का उल्लेख करते हैं जो लोहार, बढ़ई, और यहाँ तक कि स्वर्णकारों को भी उनके काम के लिए "अल्प मात्रा में दैनिक भत्ते और आहार भत्ते" का भुगतान किया करते थे, अर्थात् सेवाएं प्रदान करने वाली जातियों को सेवाओं के बदले नगद या वस्तुओं के रूप में भुगतान किया जाता था। इसे बाद में जजमानी (यजमानी) प्रणाली के रूप में वर्णित किया गया।
अतः विकल्प (C) सही है।

47. संगम ग्रंथों के संदर्भ में, 'वीरकल' शब्द वीर योद्धाओं के सम्मान में खड़े किए गए प्रस्तर को संदर्भित करता है।

संगम ग्रंथों से ऐसा प्रतीत होता है कि युद्ध की लूट आजीविका का महत्वपूर्ण स्रोत थी। वे यह भी कहते हैं कि जब एक नायक की मृत्यु हो जाती है, तो वह पत्थर का टुकड़ा मात्र रह जाता है। यह पत्थरों की बनाई गई वृत्ताकार संरचनाओं की याद दिलाता है जिन्हें महापाषाणकालीन लोगों की कब्रों पर बनाया जाता था। संभव है इन्हीं संरचनाओं ने बाद में गायों के झुंडों और अन्य वस्तुओं के लिए लड़ते हुए मृत्यु को प्राप्त होने वाले वीरों के सम्मान में पत्थरों से बनाई जाने वाली 'वीरकल' नामक संरचना की परंपरा को प्रेरित किया हो।

अतः विकल्प (C) सही है।

48. कुतुब मीनार विजय की स्मृति में निर्मित की गई 73 मीटर ऊंची मीनार है, जिसे 1193 में कुतुबुद्दीन ऐबक ने दिल्ली के अंतिम हिंदू राज्य की पराजय के तुरंत बाद बनवाया था। मीनार में पाँच मंजिलें हैं। प्रथम तीन मंजिलें लाल बलुआ पत्थर से बनी हुई हैं। चौथी व पांचवी मंजिलें संगमरमर एवं बलुआ पत्थरों से बनी हैं।

यह सूफी संत ख्वाजा कुतुबुद्दीन बख्तियार काकी (जन्म 1173 - मृत्यु 1235) की स्मृति में नहीं बनाई गई थी, बल्कि उनके नाम पर इसका नाम रखा गया था।
अतः विकल्प (B) सही है।

49. कोर्निश एक प्रकार के औपचारिक अभिवादन का प्रकार था जिसमें दरबारी अपने दाहिने हाथ की हथेली को अपने माथे के सामने रखते थे और सिर झुकाते थे। इससे यह माना जाता था कि कोर्निश करने वाला व्यक्ति अपने इंद्रिय और मन के स्थल को हाथ लगाते हुए झुककर विनम्रता के साथ शाही दरबार में अपने को प्रस्तुत कर रहा है।

चहारतस्लीम नमस्कार की एक विधि है। यह दाहिने हाथ के पृष्ठ-भाग को भूमि पर रखने के साथ आरंभ होती है, तत्पश्चात इसे धीरे- धीरे ऊपर उठाया जाता है जब तक कि व्यक्ति खड़ा नहीं हो जाता, खड़े होने के पश्चात व्यक्ति अपने हाथ की हथेली को अपने सिर के मुकुट पर रखता है। इसे 4 (चहार) बार किया जाता है। तस्लीम का शाब्दिक अर्थ है प्रस्तुत करना।

शासक को किए जाने वाले अभिवादन का प्रकार पदानुक्रम में व्यक्ति की स्थिति को दर्शाता था : अधिकाधिक सम्मानपूर्वक किया जाने वाला अभिवादन उस व्यक्ति के उच्च स्तर का प्रतिनिधित्व करता था। प्रणाम करने का सर्वोच्च रूप सिजदा या साष्टांग प्रणाम करना था । शाहजहाँ के शासनकाल में इन रिवाजों को चहारतस्लीम और ज़मीनबोस (जमीन को चूमना) से प्रतिस्थापित कर दिया गया था।
अतः विकल्प (A) सही है।

50. आमिल या मुंसिफ़ शब्दों का प्रयोग ऐसे व्यक्ति के लिए किया जाता था जो भू-राजस्व के संग्रह के लिए उत्तरदायी होता था।

मुकद्दम स्थानीय ग्राम प्रधान थे। परगना के नाम से जाने जाने वाले बहुत से ग्राम शिकदार के अधीन थे। शिकदार ग्राम की कानून व्यवस्था तथा वहां के सामान्य प्रशासन की देखभाल करता था।

बरीद ख़ुफ़िया अधिकारी थे तथा खुफिया विभाग को "दीवान-ए-बरीद" कहा जाता था। ये सभी शब्द मध्यकालीन भारत, विशेषतः मुग़ल कालीन भारत में सामान्य रूप से प्रचलित थे।
अतः विकल्प (B) सही है।

51. अशोक ने विदेशी क्षेत्रों को अपने सैन्य अभियानों के लिए वैध क्षेत्र मानना छोड़ दिया। उसने विदेशी क्षेत्रों में भी मनुष्यों और पशुओं के कल्याण के लिए कदम उठाए, जो उस समय की स्थितियों में नई बात थी।

अशोक ने अनुष्ठानों, विशेष रूप से उन्हें जिन्हें स्त्रियों को संपादित करना होता था, को अस्वीकृत किया। उसने कुछ पक्षियों और पशुओं के वध का निषेध कर

दिया। शाही रसोईघर में पशुओं के वध को प्रतिबंधित कर दिया गया और बलि के लिए पशुओं के वध को भी प्रतिबंधित कर दिया।

अशोक इतिहास में अपनी शांति, अहिंसा और सांस्कृतिक विजयों की नीति हेतु महत्वपूर्ण है। यद्यपि कौटिल्य ने राजा को सदैव भौतिक विजय की भावना रखने का परामर्श दिया था, तथापि अशोक ने इसके विपरीत नीति का पालन किया। उसने अपने उत्तराधिकारियों को उस विजय और आक्रमण की नीति का त्याग करने के लिए कहा जिसका पालन मगध के सभी राजकुमार कलिंग युद्ध तक करते आए थे तथा उन्हें परामर्श दिया कि वे शांति की नीति अपनाएं, जिसकी दो शताब्दियों तक आक्रामक युद्धों के पश्चात अत्यधिक आवश्यकता थी। उसने निरंतर इस नीति का पालन किया। हालांकि उसके पास पर्याप्त संसाधन थे और उसने एक विशाल सेना भी बना रखी थी, परन्तु कलिंग युद्ध के पश्चात उसने एक भी युद्ध नहीं किया।
अतः विकल्प (D) सही है।

52. बड़ी संख्या में सिक्के जारी किए जाने के कारण हिंद-यूनानी शासन महत्वपूर्ण है। वे ऐसे सिक्के जारी करने वाले पहले शासक थे जिनका श्रेय निश्चित रूप से इन्हीं शासकों को दिया जा सकता है। इससे पहले के आहत सिक्को के सम्बन्ध में कुछ भी निश्चित रूप से नहीं कहा जा सकता और किसी राजवंश को उनका निश्चित रूप से श्रेय नहीं दिया जा सकता।
अतः विकल्प (B) सही है।

53. 1866 में दादाभाई नौरोजी ने भारतीयों और सेवानिवृत्त ब्रिटिश अधिकारियों के सहयोग से लंदन में ईस्ट इंडिया एसोसिएशन की स्थापना की थी।

बॉम्बे प्रेसीडेंसी एसोसिएशन का आरंभ बदरूद्दीन तैयबजी, फ़िरोज़शाह मेहता और के.टी. तेलंग ने 1885 में किया था।

पूना सार्वजनिक सभा की स्थापना 1867 में महादेव गोविंद रानाडे और अन्य ने सरकार एवं लोगों के बीच एक सेतु के रूप में की थी।
अतः विकल्प (A) सही है।

54. चंपारण सत्याग्रह महात्मा गांधी के नेतृत्व में 1917 में हुआ। यह भारतीय राष्ट्रीय आंदोलन के इतिहास में प्रथम सविनय अवज्ञा कार्रवाई थी।

गांधीजी और उनके सहयोगियों, जिनमें तब बृज किशोर, राजेंद्र प्रसाद और बिहार के प्रबुद्ध वर्ग के अन्य सदस्य- गुजरात के दो युवक महादेव देसाई और नरहरि पारिख (जिन्होंने अपना भाग्य गांधीजी को समर्पित कर दिया था) और जे.बी. कृपलानी शामिल थे, इन सभी लोगों ने गाँवों के दौरे किए और सुबह से लेकर शाम तक किसानों के बयान दर्ज किए, उनसे पूछताछ कर सुनिश्चित किया कि वे सही जानकारी दे रहे हैं।

सरकार ने पूरे मामले की जांच पड़ताल करने के लिए एक जाँच आयोग नियुक्त किया और गांधीजी को इसके एक सदस्य के रूप में नामित किया। बागान मालिकों के साथ एक समझौते के रूप में, वह इस बात पर सहमत हुए कि बागान मालिक किसानों से अवैध रूप से ली गई धनराशि का केवल पच्चीस प्रतिशत (सौ प्रतिशत नहीं) वापस करें। जिन आलोचकों ने यह पूछा कि उन्होंने पूर्ण वापसी की मांग क्यों नहीं की तो उन्हें समझाते हुए गांधी जी ने कहा कि 25% वापसी करने से भी बागान मालिकों की प्रतिष्ठा और स्थिति को काफी क्षति पहुंची है। जैसा कि प्रायः होता था, गांधीजी का आकलन सही था और, एक दशक के अंतर्गत बागान मालिकों ने जिले को पूरी तरह से छोड़ दिया।
अतः विकल्प (A) सही है।

55. रमाबाई रानाडे ने 1904 में बॉम्बे में मूल संगठन राष्ट्रीय सामाजिक सम्मेलन के अधीन महिला सामाजिक सम्मेलन (भारत महिला परिषद) की स्थापना की थी।
अतः विकल्प (A) सही है।

56. दुर्गाभाई देशमुख आंध्र महिला सभा के संस्थापक थीं। वह लोकप्रिय रूप से "आयरन लेडी" के रूप में जानी जाती थीं।

उन्होंने मद्रास में सविनय अवज्ञा आंदोलन के दौरान नमक सत्याग्रह का आयोजन किया और उन्हें जेल में डाल दिया गया। वह एएमएस (आंध्र महिला सभा) संस्थानों और अन्य महत्वपूर्ण सामाजिक कल्याण संगठनों की संस्थापक थीं। उन्होंने दो अन्य प्रमुख राष्ट्रवादियों (ए.के.प्रकाशम और देसोधरका नागेश्वरराव) की मदद से मद्रास में आंदोलन शुरू किया।

अतः विकल्प (B) सही है।

57. साइमन कमीशन की नियुक्ति नवंबर 1927 में ब्रिटिश सरकार द्वारा भारत सरकार अधिनियम 1919 की कार्यप्रणाली पर रिपोर्ट प्रस्तुत करने के लिए की गई थी।

प्रथम गोलमेज सम्मेलन 12 नवंबर 1930 से 19 जनवरी 1931 तक आहूत किया गया।

'फूट डालो और राज करो' की ब्रिटिश नीति अगस्त 1932 में सांप्रदायिक पंचाट की घोषणा के माध्यम से पुनः व्यक्त हुई।

गांधीजी ने मांग की कि यदि संभव हो तो दमित वर्गों के प्रतिनिधियों का निर्वाचन सार्वभौमिक सामान्य मताधिकार के अंतर्गत व्यापक मतदाताओं द्वारा किया जाना चाहिए। साथ ही, उन्होंने दमित वर्गों के लिए बड़ी संख्या में आरक्षित सीटों की मांग पर कोई आपत्ति नहीं जताई। वह 20 सितम्बर 1932 को अपनी मांग को लागू करवाने के लिए आमरण अनशन पर बैठ गए। अंत में वे एक समझौता करने में सफल रहे, जिसे पूना समझौते (1932) के रूप में जाना जाता है।
अतः विकल्प (B) सही है।

58. गांधीजी ने रियासतों के राजाओं को अपने लोगों की संप्रभुता स्वीकार करने का आग्रह किया।

गांधीजी ने सरकारी सेवकों को खुले तौर पर कांग्रेस के प्रति अपनी निष्ठा की घोषणा करने और इस्तीफा नहीं देने के लिए कहा।

गांधीजी ने सैनिकों से कहा कि वे अपने लोगों पर गोली चलाने से मना करें और अपने पदों को न छोड़ें।

अतः विकल्प (B) सही है।

59. अकाली आंदोलन (जिसे गुरुद्वारा सुधार आंदोलन के नाम से भी जाना जाता है) सिक्ख सभा आंदोलन की एक शाखा मात्र था। इसका लक्ष्य सिक्ख गुरुद्वारों को भ्रष्ट उदासी महंतों (यह पद विरासती हो गया था) के नियंत्रण से मुक्त कराना था।
अतः विकल्प (A) सही है।

60. संघर्ष के नरम दौर (1894-1906) के दौरान गांधी जी ने नटाल इंडियन कांग्रेस की स्थापना की। दक्षिण अफ़्रीका में 1906 में आरंभ हुआ संघर्ष का दूसरा चरण निष्क्रिय प्रतिरोध या सविनय अवज्ञा के सिद्धांत पर आधारित था। गांधी जी ने इसे सत्याग्रह नाम दिया। इसका प्रयोग सर्वप्रथम सरकार द्वारा ऐसे क़ानून को लागू किए जाने के बाद किया गया जिसके तहत भारतीयों के लिए उनके अंगुलि छाप (फिंगर प्रिंट) वाले निबंधन प्रमाणपत्र धारण करना अनिवार्य कर दिया गया।

भारतीय प्रवासन को प्रतिबंधित करने वाले नए कानून के खिलाफ विरोध व्यक्त करने के लिए इस अभियान को व्यापक बना दिया गया।

पूर्व-करारबद्ध भारतीयों पर 3 पाउंड का वैयक्तिक कर (poll tax) आरोपित कर दिया गया, तथा भारतीय विवाहों को अमान्य करार दे दिए जाने से अभियान और अधिक व्यापक हो गया।
अतः विकल्प (D) सही है।

61. पानीपत का तृतीय युद्ध 14 जनवरी, 1761 को अहमद शाह अब्दाली के नेतृत्व में अफगानों और मराठों के बीच हुआ था।

मराठा, उत्तरी शक्तियों से मैत्री संबंध स्थापित नहीं कर पाए क्योंकि उनके पूर्ववर्ती व्यवहार और राजनीतिक महत्वाकांक्षाओं के कारण उन्होंने सभी उत्तरी शक्तियों से दुश्मनी मोल ले ली थी।

इस प्रकार अपने दुर्बल सहयोगी इमाद-अल-मुल्क के अतिरिक्त मराठों को अपने दुश्मनों से अकेले ही लड़ना पड़ा।

ब्रिटिश ईस्ट इंडिया कंपनी के लिए मराठा की इस हार ने उसे बंगाल और दक्षिण भारत में अपनी शक्ति सुदृढ़ करने का अवसर दिया। इसके साथ ही अफगानों को उनकी जीत का कोई लाभ नहीं मिला। वे पंजाब को भी अपने कब्जे में नहीं रख सके। इसलिए ब्रिटिश को इस लड़ाई से जर्बदस्त लाभ मिला। अतः विकल्प (D) सही है।

62. अक्षय कुमार दत्त बंगाल पुनर्जागरण को आरंभ करने वाले लोगों में से एक थे। वह 1839 में तत्वबोधिनी सभा में सम्मिलित हुए और शीघ्र ही इसके सहायक सचिव हो गए। अगले वर्ष उन्हें तत्वबोधिनी पाठशाला का शिक्षक नियुक्त किया गया और 1843 में तत्वबोधिनी पत्रिका, तत्वबोधिनी सभा और ब्रह्म समाज, दोनों के मुख-पत्र के रूप में प्रकाशित होने लगी। वह इस पत्रिका के प्रथम संपादक थे और उन्होंने बंगाली में गद्य लेखन के विकास में अपना महत्वपूर्ण योगदान दिया। अक्षय कुमार का मानना था कि सभी प्राकृतिक और सामाजिक परिघटनाओं का विश्लेषण किया जा सकता है और उसे विशुद्ध यांत्रिक प्रक्रियाओं से समझा जा सकता है। इस परिप्रेक्ष्य ने लोगों को न केवल परंपरा के प्रति तर्कसंगत दृष्टिकोण अपनाने में बल्कि सामाजिक उपयोगिता के दृष्टिकोण से समकालीन सामाजिक-धार्मिक प्रथाओं का मूल्यांकन करने में भी सक्षम बनाया। विधवा विवाह की वकालत करने और बहुविवाह एवं बाल विवाह का विरोध करने के लिए अक्षय कुमार ने धार्मिक स्वीकृति या अतीत में इनका प्रचलन था अथवा नहीं, इसकी की परवाह नहीं की। उनके तर्क मुख्य रूप से समाज पर उनके प्रभावों पर निर्भर करते थे। धर्मग्रंथों पर निर्भर न होकर उन्होंने बाल-विवाह के विरुद्ध चिकित्सकीय मत का हवाला दिया। विवाह और परिवार के बारे में उनके विचार बहुत प्रगतिशील (अग्रिम) थे: उन्होंने विवाह से पहले प्रेम-प्रसंग, विवाहित जीवन के आधार के रूप में सहभागिता व समानता तथा कानून और रीति-रिवाज दोनों द्वारा तलाक का समर्थन किया।
अतः विकल्प (A) सही है।

63. तमिलनाडु में, सी. राजगोपालाचारी ने तंजौर तट पर त्रिचिनोपल्ली से वेदारण्यम तक नमक यात्रा का नेतृत्व किया।
अतः विकल्प (B) सही है।

64. 23 मई 1914 को कामागाटामारू नामक एक जापानी जहाज हांगकांग से 376 यात्रियों (जिनमें अधिकांश ब्रिटिश भारत के पंजाब प्रान्त के अप्रवासी थे) को लेकर कनाडा के वैंकूवर पहुंचा। कनाडाई अधिकारियों ने इसे बंदरगाह में प्रवेश की अनुमति नहीं दी।

यात्रियों के अधिकारों हेतु संघर्ष करने के लिए हुसैन रहीम, सोहन लाल पाठक और बलवंत सिह के नेतृत्व में एक 'शोर समिति' गठित की गई, धन एकत्र किया गया और विरोध प्रदर्शन हेतु बैठकों का आयोजन किया गया।
अतः विकल्प (B) सही है।

65. INA संबंधी परिकल्पना सर्वप्रथम मलाया में ब्रिटिश सेना के एक भारतीय अधिकारी मोहन सिंह द्वारा दी गई थी। तब वह पीछे हटती ब्रिटिश सेना के साथ जाने के बजाय सहायता के लिए जापानी सेना के पास चले गए।
अतः विकल्प (A) सही है।

66. कांग्रेस ने छह प्रांतों- मद्रास, बॉम्बे, मध्य प्रांत, उड़ीसा, बिहार और उत्तर प्रदेश में मंत्रिमंडल का गठन किया। बाद मे पश्चिमोत्तर सीमांत प्रांत और असम में भी कांग्रेस मंत्रिमंडल गठित किये गए थे।
अतः विकल्प (A) सही है।

67. इस आयोग के सारे सदस्य अंग्रेज थे और साइमन कमीशन में भारत में संवैधानिक प्रगति की संभावनाओं और उनकी रूपरेखा की अनुशंसा करने के लिए कोई भी भारतीय सदस्य शामिल नहीं था। हालाँकि, इस सात सदस्यीय पूर्णतः श्वेत आयोग को भारत में एक राष्ट्रीय अपमान के रूप में समझा गया था और इसलिए भारत के सभी राजनीतिक दलों ने इसकी निंदा की। साइमन कमीशन भारत (बॉम्बे में) में 3 फरवरी, 1928 को पहुंचा। इस आयोग का प्रत्येक स्थान पर काले झंडों और "गो बैक साइमन" के नारों द्वारा बहिष्कार किया गया।
अतः विकल्प (C) सही है।

68. जॉर्ज यूले 1888 में इलाहाबाद में कांग्रेस सत्र की अध्यक्षता करने वाला प्रथम यूरोपीय था। एनी बेसेंट प्रथम महिला होने के साथ-साथ भारतीय राष्ट्रीय कांग्रेस की प्रथम यूरोपीय महिला अध्यक्षा भी थीं। सरोजिनी नायडू भारतीय राष्ट्रीय कांग्रेस की प्रथम भारतीय महिला अध्यक्षा थीं।
अतः विकल्प (B) सही है।

69. मार्च 1919 में, रौलट एक्ट पारित किया गया था, हालांकि केंद्रीय विधान परिषद के हर एक भारतीय सदस्य ने इसका विरोध किया था। इस अधिनियम ने सरकार को न्यायालय में मुकदमा चलाए बिना और दोषी सिद्ध किए बिना किसी भी व्यक्ति को बंदी बनाने के लिए अधिकृत किया। इस प्रकार यह अधिनियम सरकार को बंदी प्रत्यक्षण (हेबियस कॉर्पस) के अधिकार को निलंबित करने में सक्षम करता था जो भारत में नागरिक स्वतंत्रता का आधार रहा है। संवैधानिक विरोध विफल रहा, गांधीजी इस मामले में शामिल हुए और सुझाव दिया कि एक सत्याग्रह आरम्भ किया जाए। बंबई में, गांधीजी की अध्यक्षता में एक सत्याग्रह सभा की स्थापना की गई थी। महात्मा गांधी ने 1 मार्च 1919 को सत्याग्रह आंदोलन का उद्घाटन किया।
अतः विकल्प (B) सही है।

70. लखनऊ समझौता (दिसंबर 1916), बाल गंगाधर तिलक की अध्यक्षता में भारतीय राष्ट्रीय कांग्रेस और मुहम्मद अली जिन्ना के नेतृत्व में अखिल भारतीय मुस्लिम लीग द्वारा किया गया समझौता था। इसे कांग्रेस द्वारा 29 दिसंबर 1916 को लखनऊ अधिवेशन में और लीग द्वारा 31 दिसंबर, 1916 को अपनाया गया। लखनऊ में हुई बैठक में कांग्रेस के नरमपंथी और गरमपंथी गुटों का भी पुनर्मिलन हुआ।

मदन मोहन मालवीय सहित कई महत्वपूर्ण नेताओं की इच्छा के विरुद्ध बाल गंगाधर तिलक और एनी बेसेंट, दोनों ने कांग्रेस और लीग के बीच यह समझौता कराने में अग्रणी भूमिका निभाई थी।
अतः विकल्प (C) सही है।

71. सरकार की सहायता से लॉटरी समिति (1817) द्वारा शहरी नियोजन का कार्य किया गया था। लॉटरी समिति को इस नाम से इसलिए जाना जाता था क्योंकि शहरी सुधार के लिए वित्त सार्वजनिक लॉटरी के माध्यम से जुटाया गया था।
अतः विकल्प (A) सही है।

72. 1918 की अहमदाबाद मिल हड़ताल भारत में महात्मा गांधी द्वारा की गई पहली भूख हड़ताल थी। मार्च 1918 में महात्मा गांधी ने अहमदाबाद के कपास मिल स्वामियों और श्रमिकों के बीच विवाद में हस्तक्षेप किया।

अहमदाबाद के श्रमिकों और मिल स्वामियों के बीच विवाद 'प्लेग बोनस' को लेकर था। नियोक्ता महामारी समाप्त हो जाने के बाद इसे वापस लेना चाहते थे, लेकिन श्रमिक इसे बनाए रखने का आग्रह कर रहे थे क्योंकि इस वृद्धि ने युद्ध के दौरान रहनसहन की लागत में हुई वृद्धि की मुश्किल से ही क्षतिपूर्ति की थी।

इस हड़ताल का नेतृत्व महात्मा गांधी कर रहे थे, जिन्हें अनुसुइया का समर्थन प्राप्त था।
अतः विकल्प (D) सही है।

73. सरकार समाजवादी और साम्यवादी विचारों के प्रसार और प्रभाव से भयभीत थी। यह मानते हुए कि इस संबंध में महत्वपूर्ण भूमिका ब्रिटिश तथा कम्युनिस्ट इंटरनेशनल द्वारा भारत भेजे गए अन्य विदेशी आंदोलनकारियों द्वारा निभाई जा रही है, सरकार ने पब्लिक सेफ्टी बिल, 1928 प्रस्तावित किया। इसे प्रस्तावित करने का उद्देश्य 'अवांछनीय' और 'विध्वंसक' विदेशियों को निर्वासित करने की शक्ति प्राप्त करना था।
अतः विकल्प (C) सही है।

74. असहयोग आंदोलन के वापस लिए जाने के बाद कांग्रेस के अध्यक्ष के रूप में सी. आर. दास तथा इसके सचिव के रूप में मोतीलाल नेहरू ने दिसंबर,1922 के गया अधिवेशन में विधान परिषदों में सुधार या उनका अंत किए जाने की मांग संबंधी कार्यक्रम प्रस्तुत किया। उन्हें प्रो-चेंजर्स (परिवर्तन समर्थक) कहा गया। वल्लभभाई पटेल, राजेन्द्र प्रसाद तथा सी. राजगोपालाचारी के नेतृत्व वाले कांग्रेस के नो-चेंजर्स (परिवर्तन विरोधी) कहे जाने वाले एक अन्य पक्ष ने नए प्रस्ताव का विरोध किया। प्रो-चेंजर्स का यह प्रस्ताव अंततः 890 के मुकाबले 1748 मतों से पराजित हो गया। दास तथा मोतीलाल ने कांग्रेस में

अपने पदों से त्यागपत्र दे दिया और 1 जनवरी,1923 को कांग्रेस-ख़िलाफ़त स्वराज पार्टी के निर्माण की घोषणा की, जिसे 'स्वराज पार्टी' के नाम से अधिक प्रसिद्धि मिली।

निश्चय ही दोनों के मध्य बहुत-सी समानताएं थीं। दोनों ही इस बात पर सहमत थे कि सविनय अवज्ञा आंदोलन तात्कालिक रूप से संभव नहीं था तथा किसी भी जनांदोलन का अनिश्चितकाल के लिए या अधिक लम्बे समय तक संचालन उस समय संभव नहीं था। इसलिए स्वयं को सशक्त बनाने हेतु समय की आवश्यकता थी और आंदोलन के सक्रिय चरण से अस्थायी रूप से पीछे हटना एजेंडे पर था। दोनों ने यह भी स्वीकार किया कि विश्राम करने तथा उपनिवेश-विरोधी शक्तियों को पुनः संगठित करने की आवश्यकता है। साथ ही हताशा से उबरना, राजनीतिकरण की प्रक्रिया को गति देना, राजनीतिक भागीदारी तथा लामबंदी को व्यापक रूप देना, संगठन को सशक्त बनाना, भर्ती व प्रशिक्षण ज़ारी रखना तथा कार्यकर्ता के मनोबल को बनाए रखना भी आवश्यक है।
अतः विकल्प (A) सही है।

75. 1875 तथा 1885 के मध्य के वर्षों में नई राजनीतिक प्रेरणा युवा तथा अधिक क्रांतिकारी मूल के राष्ट्रवादी बुद्धिजीवियों ने उत्पन्न की थी, जिसमें से अधिकांश ने इसी अवधि में राजनीति में प्रवेश किया था।

सुरेन्द्रनाथ बनर्जी तथा आनंद मोहन बोस के नेतृत्व में बंगाल के अपेक्षाकृत युवा राष्ट्रवादियों ने 1876 में इंडियन एसोसिएशन की स्थापना की। मद्रास के युवा लोगों यथा एम. वीर राघवाचारी, जी. सुब्रह्मण्य अय्यर, पी. आनंद चार्लू तथा अन्य ने 1884 में मद्रास महाजन सभा की स्थापना की।
अतः विकल्प (C) सही है।

76. भारत सरकार ने 1833 के पश्चात आधुनिक शिक्षा को सक्रिय रूप से प्रोत्साहन दिया था। 1857 में कलकत्ता, बम्बई तथा मद्रास विश्वविद्यालयों की स्थापना हुई। इसके पश्चात उच्च शिक्षा का तीव्र गति से प्रसार हुआ।

सिविल सेवा में प्रवेश की अधिकतम आयु सीमा 1859 में तेईस वर्ष से घटाकर 1878 में उन्नीस वर्ष कर दी गयी थी।

1865 से 1872 के बीच देश के विभिन्न भागों में असमकालिक रूप से किन्तु अपने वर्तमान स्वरूप में क्रमिक एवं आधुनिक जनगणना कराई गयी। 1872 में इस प्रयास के पूर्ण होने पर इसे लोकप्रिय रूप से भारत की प्रथम जनगणना कहा गया। यद्यपि प्रथम समकालिक जनगणना 1881 में कराई गयी थी।

ब्रिटिशों ने 13 नवम्बर 1885 को बर्मा पर आक्रमण कर दिया। 28 नवम्बर, 1885 को राजा थिबा ने आत्मसमर्पण कर दिया तथा उसके अधिकार वाले क्षेत्रों को शीघ्र ही भारतीय साम्राज्य में मिला लिया गया।
अतः विकल्प (A) सही है।

77. चरमपंथी चाहते थे कि 1907 का अधिवेशन नागपुर (मध्य प्रान्त) में तिलक या लाजपत राय की अध्यक्षता में आयोजित हो, जिसमें स्वदेशी, बहिष्कार और राष्ट्रीय शिक्षा संबंधी प्रस्तावों की पुनरुक्ति की जाए। नरमपंथी, तिलक को अध्यक्ष न बनने देने के लिए सूरत में अधिवेशन आयोजित कराना चाहते थे, क्योंकि मेजबान प्रान्त का नेता अधिवेशन का अध्यक्ष नहीं हो सकता था (सूरत तिलक के गृह प्रान्त बंबई में पड़ता था)। उनके स्थान पर वे रासबिहारी घोष की अध्यक्षता में स्वदेशी, बहिष्कार और राष्ट्रीय शिक्षा के प्रस्तावों को रद्द कराना चाहते थे।

चरमपंथी स्वदेशी और बहिष्कार आंदोलन का बंगाल से पूरे देश में विस्तार करना चाहते थे। वे बहिष्कार में धीरे-धीरे विदेशी सामान से उपनिवेशी सरकार के साथ प्रत्येक प्रकार के संबंध या सहयोग को भी सम्मिलित कराना चाहते थे। नरमपंथी आंदोलन के बहिष्कार भाग को बंगाल तक सीमित रखना चाहते थे और इसके सरकार तक विस्तार का पूर्ण विरोध करते थे। इन विषयों पर असहमति के कारण 1907 में भारतीय राष्ट्रीय कांग्रेस नरमपंथ और चरमपंथ में विभाजित हो गई जिसे सूरत विभाजन के नाम से जाना जाता है।

दोनों पक्षों ने कठोर स्थिति अपना ली, जिससे समझौते की कोई सम्भावना नहीं रही। विभाजन अपरिहार्य हो गया और चूंकि उस समय कांग्रेस में नरमपंथियों का प्रभुत्व था, उन्होंने ब्रिटिश साम्राज्य के भीतर ही स्व-शासन के लक्ष्य को प्राप्त करने और इसकी प्राप्ति के लिए केवल संवैधानिक उपायों के उपयोग संबंधी कांग्रेस की प्रतिबद्धता को दोहराने में वक्त नहीं गंवाया।
अतः विकल्प (C) सही है।

78. 1765 में इलाहाबाद की संधि से बंगाल पर विजय प्राप्त हुई।

1799 में चौथे आंग्ल-मैसूर युद्ध से मैसूर विजय पूरी हो गयी थी।

अंग्रेज़ों द्वारा मराठा क्षेत्रों का अधिग्रहण तीसरे आंगल -मराठा युद्ध के पश्चात् किया गया, जो 1818 में समाप्त हुआ था।

दूसरे आंग्ल-सिख युद्ध के पश्चात पंजाब ब्रिटिश भारत का भाग बन गया था।
अतः विकल्प (C) सही है।

79. प्रथम कर्नाटक युद्ध (1746-1748)- बर्नेट के नेतृत्व में अंग्रेजी नौसेना ने फ्रांसीसी जहाजों पर कब्जा कर लिया। पांडिचेरी के फ़्रांसीसी गवर्नर डुप्ले ने 1746 में जवाबी कार्रवाई के रूप में ब्रिटिशों पर आक्रमण कर दिया, जिससे प्रथम कर्नाटक युद्ध प्रारंभ हो गया। एक्स-ला-चैपल की संधि ने भारत में अंग्रेजी-फ़्रांसीसी संघर्ष के पहले दौर को समात्त कर दिया।

द्वितीय कर्नाटक युद्ध (1749-1754) - भारत में अंग्रेजी-फ्रांसीसी प्रतिद्वंद्विता जारी रही, हालाँकि यूरोप में यह समाप्त हो गयी थी। 1748 में हैदराबाद के निजाम-उल-मुल्क आसफजाह की मृत्यु हो गयी। उसके पश्चात् उत्तराधिकार के लिए संघर्ष प्रारंभ हो गया। हैदराबाद का निजाम बनने के इच्छुक मुजफ्फरजंग और अर्काट के सिंहासन के आकांक्षी चाँद साहब को फ्रांसीसी गवर्नर का समर्थन प्राप्त था। 1749 के अंबूर के युद्ध में विजय के पश्चात मुजफ्फर जंग निजाम बना और चाँद साहब नवाब बना। मुहम्मद अली (अनवर उद्दीन का पुत्र) जिसे अंग्रेजों का समर्थन प्राप्त था, बच कर तिरुचिरापल्ली भाग गया। 1751 में ब्रिटिश कमांडर रॉबर्ट क्लाइव ने अर्काट (अर्थात कर्नाटक की राजधानी) पर अधिकार कर लिया। तंजौर के राजा ने छल से चाँद साहब की हत्या करा दी। बाद में डुप्ले को वापस बुला लिया गया। युद्ध का समापन पांडिचेरी की संधि से हुआ। इस संधि के अनुसार, प्रत्येक पक्ष को उन क्षेत्रों को उनके अधिकार में रखने दिया जाना था, जो इस संधि के समय उनके अधिकार में थे। इसलिए पहले के दो युद्धों के विपरीत, इस युद्ध में बाहरी कारकों का प्रभाव नहीं था।

तृतीय कर्नाटक युद्ध (1758-1763) - कर्नाटक के तीसरे युद्ध (1758-1763) का कारण यूरोप में सप्तवर्षीय युद्ध (1756-1763) छिड़ना था। 1760 में वांडीवाश के युद्ध में अंग्रेज जनरल सर आयर कूट ने फ्रांसीसी रेजिमेंट के कमांडर कोण्टे डी लिलि को पराजित कर दिया। वांडीवाश के युद्ध ने लगभग एक सदी से चले आ रहे भारत पर वर्चस्व के संघर्ष को समाप्त कर दिया और यूरोप के अन्य व्यापारियों की तुलना में ब्रिटिश ईस्ट इण्डिया कंपनी की स्थिति को सुदृढ़ कर दिया। सात वर्षों का युद्ध 1763 में पेरिस की संधि से समाप्त हुआ और इसके साथ ही कर्नाटक का तृतीय युद्ध भी समाप्त हो गया।
अतः विकल्प (C) सही है।

80. नील बागानों के मालिकों (लगभग सभी यूरोपीय) ने किसानों को नील उगाने के लिए बाध्य किया। इस नील को बागान-मालिक ग्रामीण (मुफस्सिल) क्षेत्रों में स्थापित कारखानों में संसाधित करते थे। आरम्भ से ही नील की खेती एक अत्यंत दमनकारी प्रणाली के अंतर्गत की जाती थी जिससे किसानों को अत्यधिक क्षति हुई। बागान मालिकों द्वारा किसानों को अत्यल्प अग्रिम राशि स्वीकार करने और कपटपूर्ण अनुबंधों में प्रवेश करने के लिए बाध्य किया गया। नील की उपज के लिए भुगतान की जाने वाली कीमत बाजार मूल्य से बहुत कम होती थी। किसान को सबसे उपजाऊ भूमि पर नील उपजाने हेतु बाध्य किया जाता था, भले ही वह अपनी भूमि पर अधिक प्रतिफल प्रदान करने वाली धान जैसी फसलों को रोपित करना चाहता हो। इस प्रकार नील विद्रोह का मूल कारण उचित कीमत का भुगतान किए बिना किसानों को नील उगाने के लिए बाध्य करना था।
अतः विकल्प (B) सही है।

81. विद्रोहियों द्वारा बहादुर शाह के नाम से जारी की गई घोषणा में लोगों से मुहम्मद और महावीर, दोनों की दुहाई देते हुए इस संघर्ष में सम्मिलित होने की अपील की गई। यह उल्लेखनीय था कि विद्रोह के दौरान हिंदुओं और मुस्लिमों के बीच धार्मिक विभाजन अत्यधिक कम था, जबकि इस तरह का विभाजन उत्पन्न करने के लिए अंग्रेजों ने भरसक प्रयास किए थे।
अतः विकल्प (C) सही है।

82. इस अधिनियम में अखिल भारतीय संघ की स्थापना और प्रांतीय स्वायत्तता के आधार पर प्रांतों के लिए एक नई शासन प्रणाली का प्रावधान किया गया था। सम्पूर्ण ब्रिटिश भारत की जनसंख्या में से केवल 14 प्रतिशत जनसंख्या को मताधिकार दिया गया था। प्रान्तों से द्वैध शासन का उन्मूलन और केंद्र में द्वैध शासन की शुरुआत सम्बन्धी प्रावधान किया गया था।
अतः विकल्प (A) सही है।

83. 25 जनवरी 1931 को, वायसराय ने गांधीजी और कांग्रेस कार्य समिति के अन्य सभी सदस्यों की बिना शर्त रिहाई की घोषणा की। पखवाड़े भर लंबी चर्चा की परिणति 5 मार्च, 1931 को गांधी-इरविन समझौते के रूप में हुई, जिसे भिन्न-भिन्न रूप से 'संघर्ष विराम' और 'अनंतिम बंदोबस्त' के रूप में वर्णित किया गया। इस समझौते पर कांग्रेस की ओर से गांधीजी ने और लॉर्ड इरविन ने अपनी सरकार की ओर से हस्ताक्षर किए थे।

सरकार ने समुद्र तट पर बसे गाँवों के लिए उपभोग हेतु नमक बनाने का अधिकार और शांतिपूर्ण और गैरआक्रामक धरना-प्रदर्शन का अधिकार भी स्वीकार कर लिया। पुलिस की ज्यादतियों की सार्वजनिक जाँच की कांग्रेस की माँग को स्वीकार नहीं किया गया, लेकिन समझौते में जाँच का गाँधीजी का आग्रहपूर्ण अनुरोध दर्ज कर लिया गया। अपनी ओर से कांग्रेस ने सविनय अवज्ञा आंदोलन बंद करने पर सहमति व्यक्त की।
अतः विकल्प (B) सही है।

84. लार्ड लिटन 1876 से 1880 तक भारत के वायसराय के पद पर रहा। लार्ड लिटन का कार्यकाल घरेलू तथा विदेशी दोनों ही मामलों में इसकी कठोर नीतियों के कारण विवादास्पद रहा।

इल्बर्ट बिल 1883 में वायसराय मर्क्विस आफ रिपन के कार्यकाल में लाया गया था

1877 का प्रथम दिल्ली दरबार लिटन के वायसराय काल में ऐसे समय आयोजित किया गया था जब देश भीषण अकाल से ग्रसित था।

भारतीय शस्त्र अधिनियम, 1878 को 1878 में लॉर्ड लिटन के कार्यकाल में अधिनियमित किया गया था।
अतः विकल्प (C) सही है।

85. 1930-31 और 1932-34 के दौरान गांधीवादी रणनीति एवं नेतृत्व से असंतुष्ट और समाजवादी विचारधारा से प्रभावित युवा कांग्रेसियों के एक समूह द्वारा जेल में समाजवादी पार्टी के गठन का प्रयास किया गया। इनमें से कई 1920 के दशक के युवा आंदोलन में सक्रिय थे। जेल में उन्होंने मार्क्सवादी और अन्य समाजवादी विचारों का अध्ययन किया।

मार्क्सवाद, साम्यवाद और सोवियत संघ से प्रभावित ये नेता CPI की प्रचलित राजनीतिक विचारधारा से सहमत नहीं थे। उन्होंने एक विकल्प के निर्माण का प्रयास किया। अंततः उन्होंने एकजुट होकर अक्टूबर 1934 में जयप्रकाश नारायण, आचार्य नरेंद्र देव और मीनू मसानी के नेतृत्व में बॉम्बे में कांग्रेस सोशलिस्ट पार्टी का गठन किया।
अतः विकल्प (B) सही है।

86. संपूर्ण देश में कई समाजवादी और कम्युनिस्ट समूह अस्तित्व में आ गए। बंबई में एस. ए. डांगे ने एक प्रचार पुस्तिका गांधी और लेनिन को प्रकाशित किया और पहला समाजवादी साप्ताहिक द सोशलिस्ट प्रारंभ किया। बंगाल में मुजफ्फर अहमद ने नवयुग प्रकाशित किया और बाद में कवि नजरुल इस्लाम के सहयोग से 'लांगल' की स्थापना की। पंजाब में गुलाम हुसैन और अन्य ने इंकलाब प्रकाशित किया और मद्रास में एम. सिंगारवेलु ने लेबर-किसान गजट की स्थापना की।
अतः विकल्प (D) सही है।

87. बंगाल में सूर्य सेन के नेतृत्व में एक क्रांतिकारी दौर में युवा महिलाओं ने बड़ी संख्या में भागीदारी की। उन्होंने क्रांतिकारियों को आश्रय प्रदान किया, संवादवाहकों एवं शस्त्रों के संरक्षक के रूप में भी काम किया तथा हाथों में बन्दूक ले कर लड़ीं भी। एक छापेमारी की कार्रवाई के दौरान प्रीतिलता वाडेकर की मृत्यु हो गयी थी, जबकि कल्पना दत्त को गिरफ़्तार कर लिया गया तथा सूर्य सेन के साथ-साथ उन पर भी मुकदमा चलाया गया था। उन्हें आजीवन कारावास का दण्ड मिला था। दिसंबर 1931 में कोमिल्ला की दो स्कूली छात्राओं शान्ति घोष तथा सुनीति चौधरी ने जिला मजिस्ट्रेट की गोली मार कर हत्या कर दी। दिसंबर, 1932 में अपने दीक्षांत समारोह में बीना दास ने अपनी डिग्री प्राप्त करते समय गवर्नर पर निकट से गोली चला दी।
अतः विकल्प (C) सही है।

88. सी. आर. दास इस नए दल के अध्यक्ष तथा मोतीलाल नेहरू इसके सचिवों में से एक थे। इसके अन्य सदस्यों में अली बन्धु (शौक़त अली तथा मोहम्मद अली), अजमल खान, प्रताप गुहा रॉय आदि शामिल थे।
अतः विकल्प (B) सही है।

89. प्लासी का युद्ध ब्रिटिश ईस्ट इंडिया कंपनी तथा सिराजुद्दौला (बंगाल के नवाब) के बीच लड़ा गया। सिराजुद्दौला को फ्रांसीसी समर्थन प्राप्त था। लड़ाई 23 जून, 1757 को हुई। युद्ध में ब्रिटिश ईस्ट इंडिया कंपनी की जीत भारत के इतिहास की सर्वाधिक महत्वपूर्ण घटनाओं में से एक है।

नवाब की सेना के बड़े भाग- मीर ज़ाफर तथा राय दुर्लभ की टुकड़ियों ने इस युद्ध में भाग ही नहीं लिया, केवल मीर मदान तथा मोहन लाल के नेतृत्व में नवाब की सेना के छोटे से समूह ने बहादुरीपूर्वक लड़ाई लड़ी। नवाब को भागने पर विवश कर दिया गया तथा उसे मीर जाफ़र के बेटे मिरान के द्वारा कैद कर मार दिया गया।

इतिहासकारों का ऐसा मानना है कि यह युद्ध कभी लड़ा ही नहीं गया। इसका कारण नवाब के अधिकारियों तथा ब्रिटेन के मध्य साँठ-गाँठ, नवाब की सेना की ओर से वस्तुतः बहुत ही कम संख्या में भागीदारी, ब्रिटेन की ओर से मरने वालों की संख्या बहुत ही कम रहना, नवाब की उसके अपने लोगों द्वारा कर दी गयी हत्या इत्यादि थे।
अतः विकल्प (A) सही है।

90. गांधी जी केवल एक अवसर पर कांग्रेस के अध्यक्ष रहे थे तथा यह अधिवेशन 1924 में बेलगाँव में आयोजित किया गया था।

1936 के फैज़पुर कांग्रेस अधिवेशन की अध्यक्षता पंडित जवाहरलाल नेहरू द्वारा की गयी थी।

1938 के हरिपुरा अधिवेशन में सुभाष चन्द्र बोस को एकमत से कांग्रेस का अध्यक्ष चुना गया था।
अतः विकल्प (D) सही है।

91. मद्रास में फोर्ट सेंट जॉर्ज, कलकत्ता में फोर्ट विलियम और बॉम्बे में फोर्ट जॉर्ज ब्रिटिश बन्दोबस्त के क्षेत्रों के रूप में चिन्हित थे। भारतीय व्यापारी, कारीगर और अन्य कामगार, जिनका यूरोपीय व्यापारियों के साथ आर्थिक संव्यहार था, वे इन बन्दोबस्तों के अंतर्गत किलों के बाहर अपनी बस्तियों में रहते थे।

इस प्रकार, प्रारंभ से ही यूरोपीयों तथा भारतीयों के लिए अलग-अलग आवास थे, जिन्हें समकालीन लेखनों में क्रमशः 'व्हाइट टाउन (गोरा शहर)' और 'ब्लैक टाउन (काला शहर)' के रूप में चिन्हित किया गया था। एक बार जब अंग्रेजों ने राजनीतिक सत्ता प्राप्त कर ली तो यह नस्लवादी भेद और बढ़ गया।

अतः विकल्प (C) सही है।

92. रामोसी महाराष्ट्र में मराठा प्रशासन के अन्तर्गत पुलिस का एक अवर पद था। वे मराठा साम्राज्य के पतन के बाद किसान बन गए। तत्पश्चात उन्हें अंग्रेजों को भारी मात्रा में भू-राजस्व चुकाना होता था जो विद्रोह का कारण बना। विद्रोह के प्रमुख नेताओं में चित्तुरसिंह तथा वासुदेव बलवंत फड़के सम्मिलित थे।

कूका पंजाब में हुआ धार्मिक-राजनीतिक आंदोलन था। कूका लोग सिख धर्म की मुख्य-धारा का हिस्सा नहीं थे। वे जाति उन्मूलन, अंतर्जातीय विवाह की अनुमति, विधवा-पुनर्विवाह तथा देशी शराब, मांस और नशे से परिवर्जन चाहते थे। इसकी स्थापना भगत जौहर मल ने की थी। बाद में उनके शिष्यों बालक सिंह और बाबा राम सिंह ने आंदोलन को आगे बढ़ाया।

पागलपंथ के संस्थापक करम शाह थे। पागलपंथ एक अर्द्ध धार्मिक संप्रदाय था, जिसका प्रभाव बंगाल के उत्तरी जिले में था।

अतः विकल्प (C) सही है।

93. कुछ विद्वानों द्वारा तर्क दिया जाता है कि ह्यूम ने कांग्रेस का गठन इस विचार के साथ किया कि कांग्रेस भारतीयों में बढ़ते असंतोष को कम करने के लिए 'सुरक्षा वाल्व' सिद्ध होगी।
अतः विकल्प (B) सही है।

94. मदुरै की माला नामक सड़कों पर बाजार में वस्तुओं की खरीद- बेचान करने वाले लोगों की भीड़ जमा होती थी। साकला शहर के वर्णन में आपण शब्द की पुनरावृत्ति से दुकानदारों के महत्व का संकेत मिलता है। इसकी दुकानें काशी, कोटुम्बरा और अन्य स्थानों पर निर्मित विभिन्न प्रकार के कपड़ों से भरी हुई दिखाई देती हैं।
अतः विकल्प (B) सही है।

95. 327 ई.पू. में सिकंदर ने हिंदुकुश पर्वत पार किया और जनजातियों के साथ युद्ध में लगभग दस माह व्यतीत किये। उसने नौकाओं के पुल की सहायता से फरवरी 326 ई.पू. में सिंधु नदी पार की। वह तक्षशिला के शासक आम्भी के द्वारा सिकंदर का गर्मजोशी से स्वागत किया गया। वहाँ से सिकंदर ने पोरस को अधीनता स्वीकार करने सम्बन्धी एक संदेश भेजा। लेकिन पोरस ने इनकार कर दिया और सिकंदर के खिलाफ युद्ध करने का फैसला किया। तब सिकंदर ने तक्षशिला से हाईडेस्पीज (झेलम) नदी के किनारे तक कूच किया। नदी के दूसरी ओर उसे पोरस की विशाल सेना मिली।
अतः विकल्प (A) सही है।

96. सातवाहनों के इतिहास के महत्वपूर्ण स्रोत पुराण और शिलालेख हैं। शिलालेखों में, नासिक और नानागढ़ शिलालेख गौतमीपुत्र शतकर्णी के शासनकाल पर अत्यधिक प्रकाश डालते हैं। सातवाहनों द्वारा जारी किये गए सिक्के उस काल की आर्थिक स्थितियों को जानने में भी सहायक हैं। सातवाहन वंश का संस्थापक सिमुक था। उसका उत्तराधिकारी कृष्णा था, जिसने पश्चिम में नासिक तक राज्य का विस्तार किया।
अतः विकल्प (A) सही है।

97. मस्की, भारत के कर्नाटक राज्य के रायचूर जिले में स्थित एक शहर और एक पुरातात्विक स्थल है । यह मस्की नदी के तट पर स्थित है , जो तुंगभद्रा नदी की एक सहायक नदी है।

मस्की का नाम महासंघ या मसांगी से लिया गया है। 1915 में सी. बेडन द्वारा सम्राट अशोक के एक छोटे शिलालेख की खोज के साथ इस स्थल को महत्ता प्राप्त हुई। पहले के शिलालेख जो अशोक को "देवानांपियदस्सी" के रूप में संदर्भित करते थे, के स्थान पर यह सम्राट अशोक का पहला ऐसा शिलालेख था, जिसमें अशोक नाम का उल्लेख किया गया था।
अतः विकल्प (C) सही है।

98. अपनी गंभीर स्थिति को समझते हुए, उत्तर भारत के हिंदू राजाओं ने पृथ्वीराज चौहान की नियंत्रण में एक संघ का निर्माण किया। पृथ्वीराज ने इस अवसर का लाभ उठाते हुए 1191 में दिल्ली के समीप 'तराइन के युद्ध' में मुहम्मद गौरी को पराजित किया।

1192 में तराइन के द्वितीय युद्ध में, मुहम्मद गौरी ने पृथ्वीराज की सेना को पूरी तरह से पराजित कर दिया। पृथ्वीराज को पकड़ लिया गया और मार दिया गया।
अतः विकल्प (B) सही है।

99. सिकंदर ने 326 ईसा पूर्व में भारत पर आक्रमण किया था। उस समय भारत पर नंदवंश का शासन था। इन 4 राजवंशों का कालानुक्रम था: नंद, मौर्य, शुंग और कण्व।
अतः विकल्प (A) सही है।

100. 10 वीं- 12 वीं शताब्दी ई. में पश्चिमी चालुक्य शासकों के शासनकाल के दौरान मणिग्राम दक्षिण भारतीय व्यापारियों का एक बड़ा एवं प्रभावशाली व्यापारसंघ था।
अतः विकल्प (D) सही है।

101. फिरोज तुगलक ने दासों के लिए एक पृथक विभाग 'दीवान-ए-बंदगान' की स्थापना की। मुहम्मद बिन तुगलक के पश्चात सिंहासन पर उसका चचेरा भाई (चाचा नहीं) फिरोज तुगलक बैठा। अलाउद्दीन खिलजी ने अपनी सेना में घोड़ों की दाग प्रथा की शुरुआत की।
अतः विकल्प (D) सही है।

102. शिवाजी महाराज के शासन काल के दौरान चौथ और सरदेशमुखी नामक करों को लागू किया गया था।

'चौथ' से तात्पर्य विजित राज्यों अथवा विदेशी राज्यों के क्षेत्रों से सकल राजस्व अथवा उपज का एक-चौथाई या 25 % भाग को मराठा साम्राज्य के जागीरदारों को भुगतान किया जाने वाले कर से है। बदले में कर का भुगतान करने वाले राज्य को मराठा सेना से आक्रमण न करने का आश्वासन मिलता था।

'सरदेशमुखी' एकत्रित किये गए 'चौथ' पर लगाया जाने वाला 10 % अतिरिक्त कर था। अतिरिक्त कर लगाने का कारण कर संग्रह पर राजा का वंशानुगत अधिकारों का दावा करना था।
अतः विकल्प (B) सही है।

103. हड़प्पा स्थलों पर पाए गए अनाजों में गेहूँ, जौ, मसूर, काबुली चना और तिल शामिल हैं। गुजरात के स्थलों से बाजरा पाया गया है। चावल की प्राप्ति अपेक्षाकृत दुर्लभ हैं।
अतः विकल्प (C) सही है।

104. अशोक के शिलालेख भारत, नेपाल, पाकिस्तान और अफगानिस्तान में पाए गए हैं।

प्राकृत भाषा में लिखित इन शिलालेखों में उपमहाद्वीप के बड़े भाग में ब्राह्मी लिपि का उपयोग किया था। हालाँकि, उपमहाद्वीप के उत्तर-पश्चमी भाग में पाए गए शिलालेखों में आरमेइक भाषा और खरोष्ठी लिपि का उपयोग किया गया था और अफ़गानिस्तान में वे आरमेइक और यूनानी दोनों लिपियों और भाषाओं में लिखे गए थे।
अतः विकल्प (D) सही है।

105. 1575 ईस्वी में मुगल सम्राट अकबर द्वारा फतेहपुर सीकरी में एक सभा भवन, इबादतखाने का निर्माण विभिन्न धर्मों के आध्यात्मिक नेताओं को एकत्रित करने और संबंधित धार्मिक नेताओं की शिक्षाओं पर चर्चा करने के उद्देश्य से किया गया था।
अतः विकल्प (D) सही है।

106. हड़प्पा स्थल अर्ध-शुष्क भूमि पर स्थित हैं, जहाँ कृषि के लिए सिंचाई की आवश्यकता थी। अफगानिस्तान में स्थित हड़प्पाकालीन स्थल शोर्तुघई से नहरों के अवशेष पाए गए हैं, लेकिन ये अवशेष पंजाब या सिंध से प्राप्त नहीं हुए हैं । यह संभव है कि प्राचीन नहरें बहुत पहले ही अवरुद्ध गयी थी । यह भी संभावना है कि कुओं से से निकलने वाले जल का उपयोग सिंचाई के लिए किया जाता था। इसके अतिरिक्त, यह भी सम्भावना है कि धोलावीरा (गुजरात) में पाए जाने वाले जलाशयों का उपयोग कृषि के लिए जल संचय करने के लिए किया जाता था।
अतः विकल्प (D) सही है।

107. अब्दुल हमीद लाहौरी, शाहजहाँ कालीन एक यात्री थे जो बाद में शाहजहाँ के दरबारी इतिहासकार बन गए। उन्होंने शाहजहाँ के शासनकाल के बारे में पादशाहनामा नामक पुस्तक की रचना की, जिसे बादशाहनामा के रूप में भी संदर्भित किया जाता है।
अतः विकल्प (B) सही है।

108. हड़प्पा की बसावट दो भागों में विभाजित थी, एक छोटा लेकिन उच्च और दूसरा बहुत बड़ा लेकिन निचला भाग था। पुरातत्वविदों ने इन्हें क्रमशः गढ़ और निचले शहर के रूप में नामित किया है। इमारतों का निर्माण कच्ची ईंटों के मंच पर किया जाता था इस कारण गढ़ ऊंचाई पर स्थित होते थे। यह दीवारों से घिरा हुआ था, जिसका अर्थ था कि यह भौतिक रूप से निचले शहर से पृथक था।

निचला शहर भी दीवारों से घिरा हुआ था। प्लेटफार्मों पर अनेक इमारतों को नींव के रूप में निर्मित किया गया था।

अतः विकल्प (C) सही है।

109. भारत और तृत्सु सत्तारूढ़ आर्य वंश थे, और उन्हें ऋषि वशिष्ठ का समर्थन प्राप्त था। अंततः भारतवर्ष का नाम जनजाति भारत के नाम पर ही रखा गया,

जिसका सर्वप्रथम उल्लेख ऋग्वेद में मिलता है। सत्तासूढ़ कबीले भारत का विरोध दस प्रमुखों के एक दल ने किया था, जिनमें से पांच आर्य जनजातियों के प्रमुख थे और शेष पांच गैर-आर्य लोग थे। भारत ने दस प्रमुखों के एक दल के साथ जो युद्ध किया उसे दशराज्ञ युद्ध के रूप में जाना जाता है। यह परुष्णी नदी के किनारे लड़ा गया था।
अतः विकल्प (A) सही है।

110. रुद्रमा देवी ने 1262-1289 ईस्वी के आसपास शासन किया और वह भारतीय इतिहास की कुछ महत्वपूर्ण रानियों में से एक हैं। वह काकतीय वंश से संबंधित थीं।
अतः विकल्प (A) सही है।

111. कई विदेशी यात्रियों ने विजयनगर साम्राज्य की यात्रा की थी और उनके लेख भी मूल्यवान हैं । मोरक्को के यात्री, इब्न बतूता, विनीशियन यात्री निकोलो डे कोंटी, फारसी यात्री अब्दुर रज्जाक और पुर्तगाली यात्री डोमिंगो पेस उनमें से थे, जिन्होंने विजयनगर साम्राज्य की सामाजिक-आर्थिक स्थितियों पर बहुमूल्य लेख लिखे थे।
अतः विकल्प (C) सही है।

112. गुप्तों द्वारा जारी किए गए चांदी के सिक्कों को रूपक कहा जाता था। चांदी का सिक्का रूपक कहलाता था जिसका वजन 32-36 ग्रेन था और वह उज्जैन के शकों पर आधारित था।
अतः विकल्प (D) सही है।

113. 1878 के बाद, अंग्रेजो ने कई विस्तारवादी अभियान चलाए, जिनका राष्ट्रवादियों ने विरोध किया। इन अभियानों में शामिल थे:

- द्वितीय अफगान युद्ध (1878-80)
- 1882 में मिस्र में कर्नल अराबी द्वारा प्रारम्भ राष्ट्रवादी विद्रोह को दबाने के लिए इंग्लैंड द्वारा भेजे गए सैनिक
- 1885 में बर्मा का राज्य-हरण
- 1903 में कर्जन के अधीन तिब्बत पर आक्रमण

अतः विकल्प (D) सही है।

114. राजा राममोहन राय ने 1828 में ब्रह्म सभा की स्थापना की जिसे बाद में ब्रह्म समाज के नाम से जाना जाने लगा। इसने मानवीय गरिमा पर बल दिया, मूर्ति पूजा का विरोध किया और सती प्रथा जैसी सामाजिक बुराइयों की निंदा की। यह बाल विवाह, पर्दा प्रथा और सती प्रथा को समाप्त करना चाहता था। इसने विधवा पुनर्विवाह का समर्थन किया।

अतः विकल्प (D) सही है।

115. शुद्धी आंदोलन की शुरुआत आर्य समाज, इसके संस्थापक स्वामी दयानंद सरस्वती और उनके अनुयायियों जैसे स्वामी श्रद्धानंद द्वारा की गयी थी।

आंदोलन का उद्देश्य अन्य धर्मों से हिंदू धर्म में धर्मांतरण और उनकी स्थिति में वृद्धि करके मुख्यधारा के समुदाय में एकीकृत कर अस्पृश्यता की प्रथा को समाप्त करना था। इस आंदोलन का उद्देश्य हिंदुओं का इस्लाम और ईसाइयत में धर्मांतरण को कम करना भी था।
अतः विकल्प (C) सही है।

116. डच, मलय द्वीपसमूह के साथ व्यापार में शामिल हो गए थे। इसके अतिरिक्त, तृतीय एंग्लो-डच युद्ध (1672-74) में, सूरत और बॉम्बे के नवीन अंग्रेजी क्षेत्रों के मध्य संचार में कटौती के कारण बंगाल की खाड़ी में तीन अंग्रेजी जहाजों पर डच सेना ने अधिकार कर लिया।

अंग्रेजो द्वारा प्रतिशोध के परिणामस्वरूप हुगली (नवंबर 1759) के युद्ध में डचों की हार हुई, जिसने भारत में डचों की महत्वाकांक्षाओं को कुचल दिया।
अतः विकल्प (C) सही है।

117. श्री नारायण गुरु ने 1913 में अलुवा में अद्वैत आश्रम की स्थापना की। यह आश्रम एक महान सिद्धांत- ओम सहौदार्यं सर्वत्र (सभी पुरुष भगवान की दृष्टि में समान हैं) के लिए समर्पित था।
अतः विकल्प (C) सही है।

118. एका आंदोलन - 1921 के अंत में संयुक्त प्रांत के कुछ उत्तरी जिलों- हरदोई, बहाराइच, सीतापुर में किसान असंतोष फिर से भड़क उठा।

बारदोली सत्याग्रह - जनवरी 1926 में स्थानीय प्रशासन ने भू-राजस्व की दरों में 30 प्रतिशत वृद्धि की घोषणा की, जिसके विरोधस्वरूप आंदोलन की शुरुआत हुई।

तेभागा आंदोलन - सितंबर 1946 में, बंगाल प्रांतीय किसान सभा ने बड़े पैमाने पर संघर्ष के माध्यम से तेभागा में बाढ़ आयोग की सिफारिशों को लागू करने का आह्वान किया।

अतः विकल्प (B) सही है।

119. 1857 का भारतीय विद्रोह एक प्रमुख, लेकिन अंततः असफल विद्रोह था, जो 1857-58 में ब्रिटिश ईस्ट इंडिया कंपनी के शासन के खिलाफ भारत में प्रारम्भ हुआ।

विद्रोह के कारण:

- डलहौजी द्वारा व्यपगत के सिद्धांत के माध्यम से अवध और झाँसी का राज्य हरण करना और अंतिम पेशवा के दत्तक पुत्र नाना साहब से अपमानजनक व्यवहार, जिसने बहुत असंतोष पैदा किया।
- दमनकारी भूमि राजस्व प्रणाली
- मुस्लिम अभिजात वर्ग और बुद्धिजीवी वर्ग का अलगाव
- धार्मिक भावनाएं
- हिंदुओं और मुस्लिम सिपाहियों की धार्मिक भावनाएं तब भड़क उठीं, जब यह खबर फैल गई कि गायों और सूअरों की चर्बी का उपयोग चर्बीयुक्त कारतूस में किया जाता है । भारतीय सिपाहियों को नई एनफील्ड राइफल को लोड करने से पहले उन्हें दांत से काटना होता था । इसे लोगों को ईसाई धर्म में परिवर्तित करने के उपाय के रूप में देखा गया।

अतः विकल्प (D) सही है।

120. रास्त गफ्तार बॉम्बे में संचालित एक आंग्ल-गुजराती समाचार पत्र था, जिसे 1854 में दादाभाई नौरोजी और खरशेदजी कामा द्वारा प्रारम्भ किया गया था और इसने पश्चमी भारत में पारसियों के मध्य सामाजिक सुधार का काम किया था।
अतः विकल्प (C) सही है।

121. सिंध के साथ साथ अंग्रेजो के द्वारा "शाश्वत मैत्री संधि" पर हस्ताक्षर किए गए थे। शाश्वत मित्रता को स्वीकार करने के पश्चात दोनों पक्ष फ्रांसीसीयों को सिंध से बाहर निकालने और एक दूसरे के दरबार में एजेंटों के आदान-प्रदान के लिए सहमत हुए।
अतः विकल्प (B) सही है।

122. ब्रह्म समाज की एक उपशाखा, प्रार्थना समाज की स्थापना 1867 में बॉम्बे में आत्माराम पांडुरंग द्वारा की गई थी।

प्रार्थना समाज, ब्रह्म समाज के समान ही था, लेकिन यह महाराष्ट्रीयन संतों की भक्ति परंपरा से सम्बंधित था। प्रार्थना समाज ने मुख्य रूप से शैक्षिक कार्यों के माध्यम से निचले स्तर पर महिलाओं और श्रमिकों को निर्देशित करने का अपना कार्य जारी रखा।
अतः विकल्प (C) सही है।

123. 1892 के अधिनियम ने केंद्रीय और प्रांतीय विधान परिषदों में अतिरिक्त (गैर-सरकारी) सदस्यों की संख्या में वृद्धि की, लेकिन उनमें सरकारी सदस्यों का ही बहुमत बनाए रखा।

इसने विधान परिषदों के कार्यों में वृद्धि की और उन्हें बजट पर चर्चा करने और कार्यपालिका को प्रश्नों का उत्तर देने की शक्ति प्रदान की।
अतः विकल्प (A) सही है।

124. जॉन लाॅरेंस (1864-1869) ने कुशल अकर्मण्यता की नीति की शुरूआत की, जो प्रथम अफगान युद्ध की आपदाओं और व्यावहारिक सामान्य

ज्ञान के परिणाम और सीमांत समस्या के अंतरंग ज्ञान और स्वतंत्रता के लिए अफगान जुनून की प्रतिक्रिया थी।
अतः विकल्प (D) सही है।

125. लॉर्ड कर्जन ने कर्नल यंगहसबैंड के नेतृत्व में एक गोरखा सैन्यदल को विशेष मिशन पर तिब्बत भेजा, जिसका उद्देश्य तिब्बतियों को एक समझौता करने के लिए मनाना था।
अतः विकल्प (B) सही है।

मॉक टेस्ट 10

Q.1 'लोथल 'निम्नलिखित में से किस नदी के पास स्थित है?
A. सतलुज **B.** घग्गर **C.** रवि **D.** भोगावो

Q.2 निम्नलिखित में से कहाँ पहली बार सिंधु घाटी सभ्यता की खोज की गई थी?
A. अमरी **B.** कोटदीजी
C. हड़प्पा **D.** मोहनजोदड़ो

Q.3 ऋगवेद की अधिकांश सभ्यताएँ किस नदी के पास स्थित थीं?
A. नर्मदा **B.** सरस्वती **C.** गंगा **D.** गोदावरी

Q.4 कालीबंगा के पूर्व ऐतिहासिक अवशेषों को खोजने वाले पहले व्यक्ति कौन थे?
A. आर.के. साहनी **B.** पालीओम डिसिडेरी
C. लुइगी पिओ टेसिटोरि **D.** के. रामराजन

Q.5 बुद्ध और महावीर निम्नलिखित में से किस महाजनपद से संबंधित थे?
A. मगध **B.** उज्जैन **C.** वज्जि **D.** कौशल

Q.6 किसने अपने शासनकाल में पाटलिपुत्र को मगध की राजधानी बनाया और यहाँ एक छोटा किला बनाया?
A. बिम्बिसार **B.** अजातशत्रु **C.** उदायिन **D.** कालाशोक

Q.7 प्राचीन भारत में कुषाणों की दूसरी राजधानी निम्नलिखित में से कौन थी?
A. पाटलिपुत्र **B.** दिल्ली **C.** लाहौर **D.** मथुरा

Q.8 इंडो-ग्रीक शासकों के बारे में जानकारी का मुख्य स्रोत क्या है?
A. यात्री खाते **B.** सिक्के
C. बौद्ध साहित्य **D.** जैन साहित्य

Q.9 निम्नलिखित में से किसने सबसे पहले सम्राट अशोक की शिलालेखों का गूढ़वाचन किया था?
A. जॉर्ज बुहलर **B.** जेम्स प्रिंसेप
C. मैक्स मुलर **D.** विलियम जोन्स

Q.10 दिल्ली में कुतुब मीनार के पास लोहे का खंभा किसके द्वारा बनवाया गया था?
A. अशोक **B.** अकबर
C. समुन्द्रगुप्त **D.** चन्द्रगुप्त द्वितीय

Q.11 बुद्ध के जीवन की कौन-सी घटना भारतीय कला में पहिए के रूप में दर्शायी गई है?

[UPTET Social Studies, 2018]

A. महाभिनिष्क्रमण **B.** प्रथम उपदेश
C. सम्बोधि **D.** निर्वाण

Q.12 बौद्ध धर्म में "त्रिरत्न" का क्या अर्थ है?
A. त्रिपिटक **B.** बुद्ध, धम्म (धर्म), संघ
C. सत्य, अहिंसा, करुणा **D.** शैल, समाधि, संघ

Q.13 समाधि मरण किस दर्शन से संबंधित है?
A. बौद्ध दर्शन **B.** जैन दर्शन
C. योग दर्शन **D.** लोकायत दर्शन

Q.14 भारत में नवपाषाण युग के बारे में निम्नलिखित कथनों पर विचार कीजिए और नीचे दिए गए विकल्पों में से सही विकल्पों का चयन कीजिए।
1. दक्षिण भारत के नवपाषाण स्थल उत्तर भारत के स्थलों की तुलना में अपेक्षाकृत कम हैं।
2. नियोलिथिक बस्तियों के क्षेत्रों को उस अवधि में उपयोग किए गए अक्षों के प्रकार के आधार पर तीन क्षेत्रों में विभाजित किया गया है।
3. नवपाषाण काल ने कृषि की शुरुआत का गवाह है।
A. केवल 1 **B.** केवल 2 और 3
C. केवल 1 और 3 **D.** 1, 2 और 3

Q.15 कण्व वंश की राजधानी थी?
A. पूहर **B.** राजगीर **C.** पाटलिपुत्र **D.** तक्षशिला

Q.16 पाषाण काल के निम्नलिखित काल में से किसने सबसे पहले जानवरों के वर्चस्व को देखा?
A. पुरापाषाण युग **B.** चालकोलिथिक युग
C. नवपाषाण युग **D.** मेसोलिथिक युग

Q.17 सिंधु घाटी सभ्यता के निम्नलिखित स्थलों में से किसमें अग्नि वेदियों के प्रमाण हैं?
A. हड़प्पा **B.** मोहनजोदड़ो
C. कालीबंगन **D.** सुर्कोटाडा

Q.18 निम्नलिखित में से किस स्थान से हड़प्पा के लोग मुहर बनाने में इस्तेमाल होने वाली शैलखटी निकालते थे?
A. दक्षिण राजस्थान और उत्तर गुजरात
B. राजस्थान का खेत्री क्षेत्र
C. शोर्टुघाई, अफगानिस्तान
D. दक्षिण भारत में विंध्य के दक्षिण में

Q.19 ऋग-वैदिक युग की निम्नलिखित नदियों में से किसे "नदितर्ना" या ऋग्वेद की सर्वश्रेष्ठ नदियों के रूप में जाना जाता है?
A. सिंधु नदी **B.** कुंभ नदी
C. गंगा नदी **D.** सरस्वती नदी

Q.20 भारत में बाद के वैदिक काल के बारे में निम्नलिखित कथनों पर विचार कीजिए और नीचे दिए गए विकल्पों में से सही विकल्प चुनिए।
1. धातु लोहा बाद के वैदिक काल में पहले स्पष्ट था।
2. उपनयन या पवित्र धागे के साथ निवेश ब्राह्मणों को छोड़कर अन्य वर्णों के हकदार नहीं थे।
A. केवल 1 **B.** केवल 2
C. 1 और 2 दोनों **D.** उपरोक्त कोई नहीं

Q.21 कलिंग युद्ध के बाद अशोक की नीतियों में बदलाव के बारे में निम्नलिखित कथनों पर विचार कीजिए और नीचे दिए गए विकल्पों में से सही विकल्प चुनिए।
1. उन्होंने अपनी नीति को बदल दिया और एक शांतिपूर्ण राज्य के निर्माण के लिए अत्यधिक शांतिवादी बन गए।
2. उसने अपने साम्राज्य में अपनी नीतियों को लागू करने के लिए "राजुकों" को नियुक्त किया।
3. कंधार शिलालेख में अशोक द्वारा अपनाई गई नई नीति की सफलता के बारे में बात की गई है।
A. केवल 1 **B.** केवल 2
C. केवल 2 और 3 **D.** केवल 1 और 3

Q.22 निम्नलिखित में से कौन सा स्थान अशोकन साम्राज्य के दक्षिणी प्रांत अर्थात् दक्षिणापथ की राजधानी था?

A. सुवर्णगिरी **B.** तोशाली **C.** ताम्रलिप्ति **D.** सुपारा

Q.23 निम्नलिखित कथनों पर विचार कीजिए और नीचे दिए गए विकल्पों में से सही विकल्प चुनिए।
कथन I: यूनानी भारत में आक्रमण करने और एक एकजुट शासन स्थापित करने वाले पहले बाहरी लोग थे।
कथन II: उन्होंने भारत में हेलेनिस्टिक कला की विशेषताओं को पेश किया।

A. दोनों कथन व्यक्तिगत रूप से सत्य हैं और कथन II कथन I की सही व्याख्या है।
B. दोनों कथन व्यक्तिगत रूप से सत्य हैं, लेकिन कथन II कथन I की सही व्याख्या नहीं है।
C. कथन I सत्य है लेकिन कथन II गलत है।
D. कथन I गलत है लेकिन कथन II सत्य है।

Q.24 किस शासक को काठियावाड़ की सुदर्शन झील की मरम्मत के लिए जाना जाता था?
A. नहपाना **B.** घामाटिका **C.** रुद्रदमन **D.** गोंडोफर्स

Q.25 निम्नलिखित स्थानों में से कौन कण्व वंश की राजधानी थी?
A. विदिशा **B.** पाटलिपुत्र **C.** पैठण **D.** हाथीगुम्फा

Q.26 निम्नलिखित शासकों में से किसने आदिवासी लोगों को ब्राह्मणवादी समाज की तह में पहुँचाया?
A. कुषाण **B.** सुंगास **C.** कानवास **D.** सातवाहन

Q.27 गुप्त साम्राज्य के शासनकाल में मजबूर श्रम के लिए निम्नलिखित में से किस शब्द का उपयोग किया गया था?
A. विष्टी **B.** भोगा **C.** बाली **D.** भगा

Q.28 निम्नलिखित में से किस संगम में "टोल्कप्पीयम" नामक पाठ संकलित किया गया था?
A. पहला संगम **B.** दूसरा संगम
C. तीसरा संगम **D.** चौथा संगम

Q.29 निम्नलिखित में से कौन-सा ह्वेन त्सांग का मूल देश था, जिसने हर्षवर्धन के दरबार का दौरा किया था?
A. मोरक्को **B.** चीन **C.** इटली **D.** यूनानी

Q.30 चीनी बौद्ध तीर्थयात्री ज़ुआन ज़ैंग _________ के दरबार में आया था।
A. चन्द्रगुप्त मौर्य **B.** चन्द्रगुप्त द्वितीय
C. हर्षवर्धन **D.** समुद्रगुप्त

Q.31 चन्द्रगुप्त मौर्य का पुत्र कौन था?
A. बिन्दुसार **B.** चन्द्रगुप्त द्वितीय
C. अशोक **D.** बिम्बिसार

Q.32 सिंधु घाटी सभ्यता के बारे में निम्नलिखित में से कौन सा कथन सत्य नहीं है?
[SSC Constable (GD), 2019]

A. यह एक शहरी सभ्यता थी जहाँ लोग सुनियोजित कस्बों में रहते थे
B. पशु का मांस प्रधान भोजन था
C. यह वर्तमान पाकिस्तान और पश्चिमी भारत में लगभग 2500 ईसा पूर्व में फला-फूला
D. घर पके हुए ईंटों से बने थे

Q.33 हड़प्पा सभ्यता से संबंधित पहली खगोलीय वेधशाला किस स्थान पर पाई गई थी?
A. रोपड़
B. लोथल
C. धोलावीरा
D. उपरोक्त में से कोई नहीं / उपरोक्त में से एक से अधिक

Q.34 निम्नलिखित कथनों पर विचार करें।
1. हड़प्पा सभ्यता की कांस्य प्रतिमाओं को "खोई हुई मोम" तकनीक का उपयोग करके बनाया गया था।
2. सिंधु घाटी सभ्यता में, लिपि की शैली ब्राह्मी थी।
3. सील ज्यादातर साबुन के पत्थर से बने होते थे।
उपरोक्त कौन सा/से कथन सही है/हैं?
A. केवल 1 और 2 **B.** केवल 1 और 3
C. केवल 3 **D.** उपरोक्त सभी

Q.35 निम्नलिखित में से कौन सही ढंग से मेल नहीं खाता है?
A. मोहनजोदड़ो (सिंध) -यह सिंधु के दाहिने किनारे पर स्थित है।
B. कालीबंगन (राजस्थान) -यह घग्गर नदी के तट पर था।
C. मातृदेवी या शक्ति - देवी माँ।
D. राजधानी शहर लोथल और कुंतसी हैं।

Q.36 सरोजिनी नायडू किस कांग्रेस अधिवेशन की अध्यक्ष थीं?
A. 1922, गया **B.** 1928, कलकत्ता
C. 1925, कानपुर **D.** 1931, कराची

Q.37 भारत में खिलाफत आंदोलन के पीछे निम्नलिखित में से कौन सा कारण था?
A. ब्रिटिश ने तुर्की सुल्तान पर एक कठोर संधि लागू की।
B. बंगाल का विभाजन करके इसे मुस्लिम अल्पसंख्यक राज्य बना दिया गया।
C. सार्वजनिक सुरक्षा अधिनियम का विरोध।
D. बिना नोटिस के बड़ी संख्या में पारंपरिक किरायेदारों का सबूत।

Q.38 आधुनिक भारतीय इतिहास के संबंध में, 1870 का मेयो का संकल्प संबंधित था:
A. पुलिस सुधार **B.** वर्नाक्यूलर प्रेस
C. शैक्षिक सुधार **D.** वित्तीय विकेंद्रीकरण

Q.39 मौलिक अधिकारों के प्रस्ताव को कांग्रेस ने किस सत्र में अपनाया था?
A. गौहाटी सत्र (1926) **B.** मद्रास सत्र (1927)
C. लाहौर सत्र (1929) **D.** कराची सत्र (1931)

Q.40 निम्नलिखित में से किसने बंगाल के विभाजन को रद्द कर दिया?
A. लॉर्ड हार्डिंग **B.** लॉर्ड मिंटो
C. लॉर्ड कर्जन **D.** लॉर्ड चेम्सफर्ड

Q.41 1907 के कांग्रेस विभाजन का कारण क्या था?
A. ऑल इंडिया मुस्लिम लीग में शामिल होने वाले भारतीय राष्ट्रीय कांग्रेस के मुस्लिम सदस्य
B. अंग्रेजों के खिलाफ संघर्ष की पद्धति
C. स्वतंत्रता के बाद उठाए जाने वाले आर्थिक विचारधारा में अंतर
D. इनमे से कोई भी नहीं

Q.42 1929 में लोक सुरक्षा विधेयक का विरोध करने के लिए भगत सिंह के साथ सेंट्रल लेजिसलेटिव असेंबली में बम किसने फेंका?
A. सुभाष चंद्र बोस **B.** चंद्रशेखर आजाद
C. राजगुरु **D.** बटुकेश्वर दत्त

Q.43 "स्वच्छता स्वतंत्रता से अधिक महत्वपूर्ण है" - यह किसने कहा?
[SSC Constable (GD), 2019]

A. सी राजगोपालाचारी **B.** महात्मा गांधी
C. जवाहर लाल नेहरू **D.** सुभाष चंद्र बोस

Q.44 रोलेट एक्ट, 1919 का विरोध क्यों किया गया था?
A. इसने मुसलमानों को पृथक निर्वाचकों का अधिकार दिया।

B. इसने भारतीयों को हथियार रखने से रोक दिया।
C. इसने अभिव्यक्ति की स्वतंत्रता जैसे मौलिक अधिकारों पर अंकुश लगाया और पुलिस शक्तियों को मजबूत किया।
D. प्रांतों में शुरू की गई वर्णव्यवस्था।

Q.45 स्वतंत्रता के समय भारतीय राष्ट्रीय कांग्रेस के अध्यक्ष थे:
A. सी राजगोपालाचारी
B. जे बी कृपलानी
C. जवाहरलाल नेहरू
D. मौलाना अब्दुल कलाम आज़ाद

Q.46 दिल्ली लाहोर षड्यंत्र मामले के संबंध में निम्नलिखित में से कोन सा कथन सही है?
A. यह वर्ष 1912 में हुआ था
B. इसे हार्डिंग बॉम्ब केस के नाम से भी जाना जाता था
C. यह भारत के तत्कालीन वायसराय लॉर्ड हार्डिंग पर हत्या का प्रयास था
D. उपरोक्त सभी

Q.47 प्रसिद्ध समाचार पत्र 'द हितवाद' की स्थापना भारतीय स्वतंत्रता सेनानी ______ ने की थी।
A. अरबिंदो घोष **B.** बाल गंगाधर तिलक
C. गोपाल कृष्ण गोखले **D.** जेम्स ऑगस्टस हिक्की

Q.48 भारतीय स्वतंत्रता संग्राम के संदर्भ में, खुदाई खिदमतगार कौन थे?
A. बंगाल में छात्रों का एक क्रांतिकारी समूह।
B. कांग्रेस में एक समूह ने खिलाफत मुद्दे को उठाने के लिए मौलाना अबुल कलाम आज़ाद के नेतृत्व में बनाया गया एक समूह।
C. पारसी समुदाय के आधुनिकीकरण के लिए कार्य करने वाला एक सुधारवादी संगठन।
D. खान अब्दुल गफ्फार खान के नेतृत्व में एक अहिंसक क्रांतिकारी समूह।

Q.49 कैबिनेट मिशन योजना के संबंध में निम्नलिखित में से कौन सा कथन सत्य है?
A. कैबिनेट मिशन इंग्लैंड के चार कैबिनेट मंत्रियों से बना है।
B. कैबिनेट मिशन ने अविभाजित भारत की सिफारिश की।
C. कैबिनेट मिशन ने एक अलग पाकिस्तान के लिए मुस्लिम लीग की मांग को स्वीकार कर लिया।
D. कैबिनेट मिशन योजना की घोषणा वर्ष 1947 में इंग्लैंड के प्रधानमंत्री एटली ने की थी।

Q.50 31 अक्टूबर, 1920 को अखिल भारतीय ट्रेड यूनियन कांग्रेस AITUC के पहले अध्यक्ष कौन चुने गए?
A. वी वी गिरी **B.** सुभाष चंद्र बोस
C. लाला लाजपत राय **D.** सी आर दास

Q.51 पत्रिका भारतीय समाजशास्त्री को किसके द्वारा स्थापित किया गया था?
A. श्यामजी कृष्ण वर्मा **B.** भिकाजी रुस्तम कामा
C. मदन लाल ढींगरा **D.** इनमे से कोई भी नहीं

Q.52 1857 के बाद के सबसे गंभीर विद्रोह के रूप में भारत छोड़ो आंदोलन (1942) का वर्णन किसने किया?
A. वायसराय लॉर्ड लिनलिथगो
B. फ्रेंकलिन रूज़वेल्ट
C. च्यांग काई शेक
D. विंस्टन चर्चिल

Q.53 निम्नलिखित में से किसने पूना पैक्ट की नींव रखी?
A. मार्ले- मिंटो सुधार **B.** अगस्त प्रस्ताव
C. सांप्रदायिक पंचाट **D.** साइमन कमीशन

Q.54 निम्नलिखित घटनाओं को कालानुक्रमिक क्रम में व्यवस्थित कीजिये और नीचे दिए गए कूट से सही उत्तर का चयन कीजिये।
I. पूना संधि
II. गांधी इरविन समझौता
III. क्रिप्स मिशन
IV. सविनय अवज्ञा आंदोलन
A. IV, II, III, I **B.** II, IV, I, III
C. IV, II, I, III **D.** III, I, IV, II

Q.55 इनमें से किसे भारतीय राष्ट्रीय कांग्रेस के अध्यक्ष पद के लिए कभी नहीं चुना गया?
A. जॉर्ज यूल
B. अल्फ्रेड वेब्ब
C. खान अब्दुल गफ्फार खान (बादशाह खान)
D. नवाब सैयद

Q.56 किसने क्रिप्स मिशन को एक 'पोस्ट-डेटेड चेक' कहा?
A. अबुल कलाम आज़ाद **B.** जवाहरलाल नेहरू
C. महात्मा गांधी **D.** एम. ए. जिन्ना

Q.57 निम्नलिखित स्वतंत्रता सेनानियों में से कौन मोतीलाल नेहरू के साथ-साथ स्वराज पार्टी के सह-संस्थापक थे?
A. अंबिका चरण मजूमदार **B.** चित्तरंजन दास
C. रासबिहारी घोष **D.** भूपेंद्र नाथ बोस

Q.58 1916 का लखनऊ समझौता _____ के बीच हुआ था।
A. भारतीय राष्ट्रीय कांग्रेस और अखिल भारतीय मुस्लिम लीग
B. नरम दल और गरम दल
C. ब्रिटिश सरकार और अखिल भारतीय मुस्लिम लीग
D. भारतीय राष्ट्रीय कांग्रेस और ब्रिटिश सरकार

Q.59 निम्नलिखित को मिलाएं:

सूची - I	सूची - II
A. 1833 का चार्टर एक्ट	1. भारत सरकार के जिम्मेदार का परिचय
B. भारत सरकार अधिनियम 1858	2. सरकार के एक संघीय रूप का परिचय दिया
C. भारत सरकार अधिनियम 1919	3. ईस्ट इंडिया कंपनी को समाप्त कर दिया
D. भारत सरकार अधिनियम 1935	4. ईस्ट इंडिया कंपनी एक प्रशासनिक संस्था बन गई

A. A-4, B-3, C-2, D-1 **B.** A-2, B-1, C-3, D-4
C. A-1, B-2, C-3, D-4 **D.** A-4, B-3, C-1, D-2

Q.60 निम्नलिखित समाज सुधारकों में से किसने स्वाभिमान आंदोलन शुरू किया?
A. एस. तिरुमांबू
B. ई. वी. रामास्वामी नाइकर
C. डॉ. एन. मुदालियर
D. नारायण गुरू

Q.61 भारत में रयोतवारी प्रणाली की शुरुआत किसने की?
[SSC MTS, 2019]
A. लॉर्ड कार्नवालिस और अलेक्जेंडर रीड
B. होल्ड मैकेंजी
C. अलेक्जेंडर रीड और थॉमस मुनरो
D. लॉर्ड इरविन

Q.62 समाचार पत्र और पत्रिकाओं और उनके संस्थापक/संपादकों के बारे में निम्नलिखित मेल पर विचार कीजिए-

अखबार/पत्रिकाएँ	संस्थापक/संपादक
1. बंगाल गजट	जेम्स ए हिकी
2. संबाद कौमुदी	ईश्वर चंद्र विद्यासागर
3. मिरात-उल अख़बार	राजा राममोहन राय

ऊपर दिए गए कथनों में से कौन सा सही नहीं है/हैं?

A. केवल 1 **B.** केवल 2
C. 2 और 3 **D.** उपर्युक्त सभी

Q.63 युवा बंगाल आंदोलन किसके द्वारा स्थापित किया गया था?

A. राजा राममोहन रॉय **B.** क्लाइव लीस्टर
C. हेनरी विवियन डेरोजियो **D.** उपरोक्त में से कोई नहीं

Q.64 बंगाल की एशियाटिक सोसाइटी को किसके द्वारा स्थापित किया गया था?

A. सी. एफ एंड्रयूज **B.** राजा राममोहन राय
C. सर विलियम जोन्स **D.** विलियम मार्शल

Q.65 दक्कन दंगा आयोग किससे संबंधित था?

A. किसान का ऋणी
B. दक्कन में कानून और व्यवस्था की कमी
C. रैयतवाड़ी प्रणाली के साथ समस्या
D. दक्कन में सांप्रदायिक दंगे

Q.66 अवध के स्वायत्त राज्य का संस्थापक कौन था?

A. मुहम्मद नासिर **B.** सफ़दर जंग
C. सादत खान **D.** वहिदा रहमान

Q.67 भारतीय सिविल सेवा (ICS) इनमें से किस ब्रिटिश अधिनियम द्वारा शुरू की गई थी?

A. चार्टर एक्ट 1793 **B.** चार्टर एक्ट 1813
C. चार्टर एक्ट 1833 **D.** चार्टर एक्ट 1853

Q.68 निम्नलिखित में से कौन सही ढंग से मेल नहीं खाता?

A. सती प्रथा - 1829 ई में, सती प्रथा के खिलाफ एक विधेयक पारित किया गया था।
B. विधवा विवाह - 1856 ई में, हिंदू विधवा विवाह अधिनियम
C. बाल विवाह नियंत्रण - 1795 में बंगाल में 21 वां अधिनियम।
D. महिला शिक्षा - 1819 में, कोलकाता में तरूण स्त्री सभा

Q.69 निम्नलिखित में से कौन पिट्स इंडिया अधिनियम 1784 का प्रावधान नहीं है?

A. इसने कंपनी के संदर्भ की निगरानी के लिए इंग्लैंड में एक प्राधिकरण की स्थापना की।
B. भारत में कार्यकारी परिषद की क्षमता 4 से घटाकर 3 कर दी गई।
C. 'भारत में ब्रिटिश संपत्ति' शब्द का पहली बार उपयोग किया गया था।
D. इसने एक प्रावधान किया गया कि आईसीएस के लिए खुली प्रतियोगिता परीक्षा हो सकती है।

Q.70 इलबर्ट बिल, जिसे _________ द्वारा पेश किया गया था, 1883 में प्रस्तावित एक विवादास्पद उपाय है।

A. लॉर्ड कर्जन **B.** लॉर्ड रिपन
C. लॉर्ड डलहोजी **D.** लॉर्ड हेस्टिंग्स

Q.71 निम्नलिखित घटनाओं पर विचार करें और उन्हें कालानुक्रमिक क्रम में व्यवस्थित करें।

1. देसाई लियाकत पैक्ट
2.राजगोपालाचारी सूत्र
3. वेवेल योजना

निम्नलिखित में से कौन सा विकल्प सही अनुक्रम को दर्शाता है?

A. 1, 2, 3 **B.** 3, 2, 1 **C.** 2, 1, 3 **D.** 3, 1, 2

Q.72 वर्नाक्युलर प्रेस एक्ट किसके द्वारा पारित किया गया था?

[Territorial Army Officer, 2017]

A. लॉर्ड कर्जन **B.** लॉर्ड वैलेस्ली
C. लॉर्ड लिटन **D.** लॉर्ड हार्डिंग

Q.73 भारतीय राष्ट्रीय सेना (INA) का गठन किस देश में हुआ था?

A. जर्मनी **B.** जापान **C.** मलेशिया **D.** सिंगापुर

Q.74 निम्नलिखित में से कौन व्यक्तिगत सत्याग्रह का तीसरा व्यक्तिगत सत्याग्रही था?

A. नेहरू **B.** ब्रह्म दत्त
C. सी. राजगोपालाचारी **D.** आचार्य विनोबा भावे

Q.75 1945 की वेवेल योजना के विषय में निम्नलिखित में से क्या सही है?

A. कार्यकारी परिषद में मुसलमानों का एक तिहाई प्रतिनिधित्व होना था।
B. अंत में इसे मुस्लिम लीग और कांग्रेस दोनों ने स्वीकार नहीं किया।
C. एक प्रस्ताव युद्ध के बाद भारत को डोमिनियन का दर्जा था।
D. वायसराय की कार्यकारी परिषद के सभी सदस्य कमांडर-इन-चीफ को छोड़कर भारतीय होने थे।

Q.76 अष्टदिग्गज किस शासक के दरबार में आठ तेलुगु कवियों को दिया जाने वाला सामूहिक शीर्षक है?

A. श्री कृष्ण देव राय **B.** अल्लासानी पेद्दना
C. नंदी थिमना **D.** तेनाली राम कृष्ण

Q.77 तुगलक काल में बिहार की राजधानी कहाँ थी?

A. पाटलिपुत्र **B.** गया
C. बिहार-शरीफ **D.** भागलपुर

Q.78 गोलकोंडा राजवंश (सल्तनत) की स्थापना किसने की?

A. आदिल शाह **B.** मोह्मद गोवम्
C. कुली कुतुब शाह **D.** बहमन शाह

Q.79 किस वर्ष तैमूर लंग ने भारत पर आक्रमण किया?

A. 1210 ईस्वी **B.** 1398 ईस्वी
C. 1492 ईस्वी **D.** 1526 ईस्वी

Q.80 अंतिम मुगल शासक कौन था?

A. बहादुर शाह प्रथम **B.** बहादुर शाह द्वितीय
C. जहाँदार शाह **D.** मुहम्मद शाह

Q.81 विजयनगर में शासन करने वाले सैन्य कमांडरों को ___________ बुलाया जाता था।

A. रियास **B.** अमीर
C. अमर - नायक **D.** इनमे से कोई भी नहीं

Q.82 दक्षिण भारत में वैष्णव भक्ति संतों को क्या कहा जाता है?

A. अलवर **B.** नयनार **C.** सगुण **D.** निर्गुण

Q.83 सूफीवाद में, 'वली' शब्द निम्नलिखित में से किस शब्द का प्रतीक है?

A. ईश्वर का मित्र **B.** उत्तराधिकारी
C. एक शृंखला **D.** तीर्थ यात्रा

Q.84 इब्न- बतूता कहाँ से भारत आया था?

A. मोरक्को **B.** इटली **C.** समर्खंड **D.** टर्की

Q.85 वास्को-डि-गामा भारत कब आया था?

A. 1498 ई. **B.** 1409 ई. **C.** 1496 ई. **D.** 1492 ई.

Q.86 काबुलियात और पट्टा को निपटान के साधन के रूप में किसके द्वारा पेश किया गया था?

A. शेरशाह **B.** ग्यासुद्दीन महमूद शाह
C. बाहुल खान लोदी **D.** हुमायूं

Q.87 श्रीरंगपट्टनम में 'टी ऑफ लिबर्टी' किसने लगाया?

A. हैदर अली **B.** टीपू सुल्तान
C. चिन कुलीच खान **D.** मुर्शिद कुली खान

Q.88 'दीन-ए-इलाही' का संस्थापक कौन है?

[UPTET Social Studies, 2022]

A. मुहम्मद गज़नवी **B.** हुमायूं
C. अकबर **D.** शेरशाह सूरी

Q.89 अकबर की शासन की गद्दी थी-

A. इलाहाबाद **B.** लरवनऊ **C.** दिल्ली **D.** आगरा

Q.90 किस राजवंश के शासनकाल को दक्षिण भारत का 'स्वर्ण युग' माना जाता है?

A. पंड्या **B.** पल्लव **C.** चोल **D.** विजयनगर

Q.91 निम्नलिखित में से कौन 'दीन-ए-इलाही' का सदस्य बन गया?

A. तानसेन **B.** बीरबल
C. राजा मानसिंह **D.** टोडरमल

Q.92 अकबर के शासनकाल में निम्नलिखित में से किस पुस्तक का अनुवाद 'द रज़्मनामा' (बुक ऑफ़ वॉर्स) के रूप में किया गया था?

A. रामायण **B.** बाबर नामा
C. अकबर नामा **D.** महाभारत

Q.93 1528 में चंदेरी में राजपूतों को किसने हराया था?

A. हुमायूं **B.** अकबर **C.** जहांगीर **D.** बाबर

Q.94 मध्ययुगीन यात्री मार्को पोलो का संबंध ____ से था।

[SSC Sub Inspector (CPO), 2020]

A. ज्यूरिक **B.** पेरिस **C.** इस्तांबुल **D.** वेनिस

Q.95 अलबरूनी किसके समकालीन था?

A. महमूद ग़जनवी **B.** मोहम्मद गोरी
C. अलाउद्दीन खिलजी **D.** मोहम्मद बिन तुगलक

Q.96 निम्नलिखित में से किस शासक ने कांस्य के सिक्के जारी किए थे जिनका नाम जीतल था?

A. मोहम्मद बिन तुगलक **B.** फिरोज शाह तुगलक
C. इल्तुतमिश **D.** कुली कुतुब शाह

Q.97 'खालसा 'की स्थापना किसने की?

A. गुरु तेग बहादुर **B.** गुरु नानक
C. गुरु गोबिंद सिंह **D.** गुरु हरगोविंद

Q.98 1194 में चंदावर के युद्ध में मुहम्मद गौरी ने किसे पराजित किया था?

A. कुमारपाल **B.** जयचंद
C. गोविन्द राज **D.** भीम II

Q.99 पहला मुगल सम्राट, बाबर ______ से भारत अया।

[SSC Constable (GD), 2019]

A. सीरिया **B.** यूनान
C. फ़रग़ना **D.** फारस(ईरान)

Q.100 लोदी राजवंश की स्थापना किसने की?

A. बहलोल लोदी **B.** इब्राहिम लोदी
C. सिकंदर लोदी **D.** इनमें से कोई भी नहीं

Q.101 निम्नलिखित में से किस यात्री ने मुहम्मद बिन तुगलक के शासनकाल के दौरान भारत का दौरा किया?

A. अल-बरुनी **B.** इब्न बतूता
C. बारबोसा **D.** फ्रेकोइस बर्नियर

Q.102 गोलकोंडा किला कहाँ स्थित है?

A. नासिक **B.** हैदराबाद **C.** बेंगलुरु **D.** नैनीताल

Q.103 शाहजहाँ द्वारा निर्मित मयूर सिंहासन को भारत से किसने छीन लिया था?

A. अहमद शाह अब्दाली **B.** ज़मन शाह
C. नादिर शाह **D.** शाह सुजा

Q.104 निम्नलिखित में से किस शासक ने मस्जिद 'अढ़ाई दिन का झोंपड़ा' का निर्माण कराया था?

A. बलबन **B.** अब्राहम लोदी
C. इल्तुतमिश **D.** कुतुब-उद-दीन ऐबक

Q.105 निम्नलिखित में से किसने भारत में मुस्लिम शासन की नींव रखी थी?

A. अरब-वासी **B.** तुर्की
C. मंगोल **D.** इनमें से कोई नहीं

Q.106 दिल्ली की पहली सल्तनत में तुर्की सेना पर आधारित स्थायी सेना की नींव रखने वाला कौन था?

A. अलाउद्दीन खिलजी **B.** बाबर
C. अकबर **D.** चंगेज खान

Q.107 किस शहर के लिए ऐसी मान्यता है कि यहाँ गुरु नानक देव जी ने आत्मज्ञान प्राप्त किया था?

[SSC Selection Post Phase IX, 2020]

A. सुल्तानपुर लोधी **B.** अमृतसर
C. मानिकरण **D.** तलवंडी

Q.108 1526 में भारत में मुगल साम्राज्य की स्थापना किसने की?

A. हुमायूँ **B.** बाबर **C.** अकबर **D.** शाहजहां

Q.109 नालंदा किस धर्म के लिए सीखने का एक प्राचीन केंद्र था?

[SSC Constable (GD), 2019]

A. इस्लाम **B.** ईसाई **C.** जैनी **D.** बौद्ध

Q.110 निम्नलिखित में से कौन सा पंजाब का सबसे प्रसिद्ध मंदिर है?

A. स्वर्ण मंदिर **B.** सिख गुरु का मंदिर
C. नानक मंदिर **D.** हेरिटेज मंदिर

Q.111 मगध में मौर्यों के तत्काल उत्तराधिकारी कौन थे?

A. पंड्या **B.** सुंगास **C.** कुषाण **D.** सातवाहन

Q.112 मौर्यों के नगरपालिका प्रशासन के विस्तृत ब्यौरे में निम्नलिखित में से कौन सा एक है?

A. कौटिल्य का अर्थशास्त्र **B.** मेगास्थनीज का खाता
C. मुद्राराक्षस **D.** मौर्यकालीन शिलालेख

Q.113 सिकंदर की मृत्यु के बाद उसके साम्राज्य का पूर्वी भाग निम्न में से किसमें आया?

A. सेल्यूकस निकेटर **B.** मेनांडर
C. रुद्रदामन **D.** कनिष्क

Q.114 संस्कृत के निम्नलिखित काव्यों में से, चंद्रगुप्त मौर्य की सत्ता के लिए अदालती साज़िशों और पहुँच से निपटने के लिए?

A. मृच्छकटिका **B.** ऋतुसमहरा
C. कुमारसंभवम् **D.** मुद्राराक्षस

Q.115 उत्तर पश्चिम में चंद्रगुप्त मौर्य का साम्राज्य कहाँ तक बढ़ा?

A. रवी नदी **B.** सिंधु नदी
C. सतलुज नदी **D.** हिंदुकुश सीमा

Q.116 अलेक्जेंडर और पोरस ने एक लड़ाई कहाँ लड़ी?

A. हायडस्पीस **B.** राजस्थान
C. पानीपत **D.** रेलगाड़ी

Q.117 निम्नलिखित में से कौन कनिष्क के समकालीन थे?

A. कंबन, बाणभट्ट, अश्वघोष
B. नागार्जुन, अश्वघोष, वसुमित्र
C. असवगोष, कालीदास, बाणभट्ट
D. कालिदास, कम्बा, वसुमित्र

Q.118 जूनागढ़ रॉक शिलालेख 'किसके साथ जुड़ा हुआ है?

A. रुद्रदमन **B.** बिम्बिसार
C. चंद्रगुप्त- II **D.** गौतमीपुत्र सतकर्णी

Q.119 किस भारतीय शासक ने कलिंग युद्ध लड़ा था?

A. समुद्रगुप्त **B.** चंद्रगुप्त **C.** शिवाजी **D.** अशोक

Q.120 खारवेल का शासक किसके राजवंश का सबसे बड़ा शासक था?

A. चोलामंडलम **B.** कलिंग
C. कन्नोज **D.** पुरुषपुराण

Q.121 पुरुषपुरा निम्नलिखित का दूसरा नाम है?

A. पटना **B.** पाटलिपुत्र **C.** पेशावर **D.** पंजाब

Q.122 जिला स्तर पर, मौर्य अधिकारियों का सही अवरोही क्रम था?

A. राजुका, प्रादेशिका, युक्ता
B. युक्ता, राजुका, प्रादेशिका
C. प्रादेशिका, युक्ता, राजुका
D. प्रादेशिका, राजुका, युक्ता

Q.123 पाटलिपुत्र में मौर्य दरबार में सेल्यूकस के राजदूत मेगस्थनीज ने अपनी किस पुस्तक में भारत का वर्णन किया है?

A. मेगस्थनीज की यात्राएँ **B.** इंडिका
C. इंडिकोप्लीकस्ट्स **D.** दोनों (B) और (C)

Q.124 निम्नलिखित में से कौन सी वस्तु केवल मौर्यों की अगुआई में नकद में एकत्र की गई थी?

A. कर **B.** भाग **C.** प्रणय **D.** हिरण्य

Q.125 किस मौर्य राजा ने अमृताघाट की उपाधि धारण की?

A. बिम्बिसार **B.** चंद्रगुप्त मौर्य
C. बिन्दुसार **D.** अशोक

// स्मार्ट उत्तर पुस्तिका //

सही उत्तर उन छात्रों के प्रतिशत को इंगित करता है जिन्होंने प्रश्नों का सही उत्तर दिया था।

छोड़ दिया उन छात्रों के प्रतिशत को इंगित करता है जिन्होंने प्रश्नों को छोड़ दिया था।

प्रश्न संख्या	उत्तर	सही उत्तर	छोड़ दिया
1	D	59.32 %	0.0 %
2	C	64.41 %	28.81 %
3	B	61.02 %	27.12 %
4	C	13.56 %	28.81 %
5	C	37.29 %	30.51 %
6	C	50.85 %	28.81 %
7	D	49.15 %	28.82 %
8	B	61.02 %	28.81 %
9	B	62.71 %	30.51 %
10	D	47.46 %	28.81 %
11	B	44.07 %	27.12 %
12	B	50.85 %	28.81 %
13	B	40.68 %	27.12 %
14	D	32.2 %	28.82 %
15	C	37.29 %	27.12 %
16	D	35.59 %	27.12 %
17	C	57.63 %	30.51 %
18	A	33.9 %	28.81 %
19	D	67.8 %	25.42 %
20	A	38.98 %	27.12 %
21	D	42.37 %	25.43 %
22	A	44.07 %	28.81 %
23	D	35.59 %	25.43 %
24	C	62.71 %	28.82 %
25	B	40.68 %	30.51 %
26	D	45.76 %	28.82 %
27	A	62.71 %	25.43 %
28	B	40.68 %	30.51 %
29	B	62.71 %	25.43 %
30	C	50.85 %	28.81 %
31	A	54.24 %	27.12 %
32	B	54.24 %	27.12 %
33	C	40.68 %	25.42 %
34	B	42.37 %	28.82 %
35	D	59.32 %	27.12 %
36	C	54.24 %	27.12 %
37	A	47.46 %	30.51 %
38	D	42.37 %	28.82 %
39	D	49.15 %	28.82 %
40	A	52.54 %	28.82 %
41	B	37.29 %	25.42 %
42	D	50.85 %	28.81 %
43	B	59.32 %	27.12 %
44	C	49.15 %	28.82 %
45	B	52.54 %	25.43 %
46	D	52.54 %	28.82 %
47	C	32.2 %	27.12 %
48	D	54.24 %	28.81 %
49	B	20.34 %	30.51 %
50	C	50.85 %	28.81 %
51	A	52.54 %	27.12 %
52	A	45.76 %	27.12 %
53	C	49.15 %	30.51 %
54	C	42.37 %	28.82 %
55	C	47.46 %	27.12 %
56	C	57.63 %	28.81 %
57	B	55.93 %	30.51 %
58	A	52.54 %	28.82 %
59	D	49.15 %	27.12 %
60	B	42.37 %	27.12 %
61	C	47.46 %	30.51 %
62	B	42.37 %	28.82 %
63	C	50.85 %	27.12 %
64	C	57.63 %	30.51 %
65	A	30.51 %	30.51 %
66	C	47.46 %	28.81 %
67	D	32.2 %	28.82 %
68	C	50.85 %	28.81 %
69	D	40.68 %	30.51 %
70	B	54.24 %	28.81 %
71	C	27.12 %	25.42 %
72	C	59.32 %	27.12 %
73	D	38.98 %	30.51 %
74	B	35.59 %	28.82 %
75	A	8.47 %	28.82 %
76	A	64.41 %	27.12 %
77	C	22.03 %	30.51 %
78	C	54.24 %	28.81 %
79	B	59.32 %	25.43 %
80	B	66.1 %	27.12 %

प्रश्न संख्या	उत्तर	सही उत्तर	छोड़ दिया
81	C	57.63 %	25.42 %
82	A	55.93 %	28.82 %
83	A	44.07 %	28.81 %
84	A	62.71 %	27.12 %
85	A	59.32 %	30.51 %
86	A	62.71 %	28.82 %
87	B	52.54 %	28.82 %
88	C	64.41 %	28.81 %
89	D	50.85 %	30.51 %

प्रश्न संख्या	उत्तर	सही उत्तर	छोड़ दिया
90	C	38.98 %	28.82 %
91	B	54.24 %	30.51 %
92	D	61.02 %	28.81 %
93	D	57.63 %	27.12 %
94	D	55.93 %	28.82 %
95	A	57.63 %	27.12 %
96	C	45.76 %	27.12 %
97	C	62.71 %	30.51 %
98	B	61.02 %	28.81 %

प्रश्न संख्या	उत्तर	सही उत्तर	छोड़ दिया
99	C	61.02 %	27.12 %
100	A	62.71 %	27.12 %
101	B	57.63 %	30.51 %
102	B	55.93 %	28.82 %
103	C	61.02 %	30.51 %
104	D	59.32 %	28.82 %
105	B	52.54 %	30.51 %
106	A	59.32 %	28.82 %
107	A	27.12 %	27.12 %

प्रश्न संख्या	उत्तर	सही उत्तर	छोड़ दिया
108	B	59.32 %	28.82 %
109	D	66.1 %	25.43 %
110	A	64.41 %	28.81 %
111	B	49.15 %	25.43 %
112	B	35.59 %	28.82 %
113	A	62.71 %	25.43 %
114	D	44.07 %	28.81 %
115	D	50.85 %	27.12 %
116	A	57.63 %	28.81 %

प्रश्न संख्या	उत्तर	सही उत्तर	छोड़ दिया
117	B	59.32 %	25.43 %
118	A	57.63 %	28.81 %
119	D	69.49 %	25.43 %
120	B	50.85 %	27.12 %
121	C	50.85 %	27.12 %
122	D	18.64 %	28.82 %
123	B	59.32 %	27.12 %
124	C	13.56 %	30.51 %
125	C	45.76 %	30.51 %

कार्य विश्लेषण	
औसत अंक (%)	59.06%
टॉपर्स स्कोर (%)	98.35%
आपका स्कोर	

//संकेत और समाधान//

1. लोथल भारत में एक प्राचीन सिंधु घाटी सभ्यता स्थल था। यह गुजरात में स्थित था। 'लोथल' भोगावो नदी के पास स्थित है। लोथल की खोज 1954 में हुई थी। इसकी खुदाई एस. आर.राव ने की थी। लोथल एक निचला शहर और डॉकयार्ड है। लोथल से चावल के साक्ष्य मिले हैं। प्राचीन सिंधु घाटी सभ्यता स्थल रोपड़ सतलज नदी के पास स्थित है। प्राचीन सिंधु घाटी सभ्यता स्थल कालीबंगन घग्गर नदी के पास स्थित है। प्राचीन सिंधु घाटी सभ्यता स्थल हड़प्पा रावी नदी के पास स्थित है।
अतः विकल्प (D) सही है।

2. हड़प्पा संस्कृति ने अपने कस्बों को उनकी शतरंज प्रणाली, सड़कों, जल निकासी पाइपों और शतरंज के गड़ों के साथ नियोजित किया। ब्रिक-लाइन बाथरूम और उनके सीढ़ी वाले कुओं के साथ आयताकार घर सभी हड़प्पा स्थलों में पाए जाते हैं। हड़प्पावासियों के पास सुसंबद्ध केंद्रीय जल निकासी प्रणाली थी। हड़प्पा को अन्नदाताओं के शहर के रूप में जाना जाता है। सभ्यता की पहचान सबसे पहले 1921 में हड़प्पा (पंजाब) और फिर 1922 में मोहनजोदड़ो (सिंध, पाकिस्तान) में हुई थी।
अतः विकल्प (C) सही है।

3. अधिकांश ऋगवेद सभ्यताएं सरस्वती के पास स्थित थीं। ऋग्वेद में काबुल, स्वात, खुर्रम, गुमल, सिंधु, झेलम, चिनाब, रवि, ब्यास और सतलुज नदियों का भी उल्लेख है। ऋगवेद के नदीस्तुति सूक्त में प्रशंसा को नदियों की प्रशंसा का स्रोत कहा जाता है।
अतः विकल्प (B) सही है।

4. लुइगी पिओ टेसिटोरि कालीबंगा के पूर्व ऐतिहासिक अवशेषों की खोज करने वाले पहले व्यक्ति थे। वह एक इटैलियन इंडोलोजिस्ट थे जिन्होंने बाद में भारतीय पुरातत्व सर्वेक्षण के सर जॉन मार्शल से मदद मांगी थी।
अतः विकल्प (C) सही है।

5. वज्जि महाजनपद महावीर और गौतम बुद्ध दोनों से संबंधित था। महावीर स्वामी का जन्म 599 ईसा पूर्व वैशाली के पास कुंडग्राम में हुआ था। वैशाली "वज्जि महाजनपद" की राजधानी थी। गौतम बुद्ध का जन्म 563 ईसा पूर्व के आसपास कपिलवस्तु में लुम्बिनी में हुआ था। गौतम बुद्ध के पिता शाक्यगण के प्रमुख थे और शाक्य गणराज्य वज्जि गणराज्य के 8 गणराज्यों में से एक था। वज्जि महाजनपद प्राचीन भारत के 16 महाजनपदों में से एक था, जिसकी राजधानी "वैशाली" थी। वज्जि 8 गणराज्यों का एक संघ था। जिसमें लिच्छवी की राजधानी वैशाली, विदेह की मिथिला और कुंडग्राम थी। मगध सबसे शक्तिशाली महाजनपदों में से एक था जिसकी राजधानी "गिरिब्रज" थी।
अतः विकल्प (C) सही है।

6. उदायिन (460-444 ईस पूर्व)- वह अजातशत्रु का पुत्र था। उसने पाटलिपुत्र को मगध की राजधानी बनाया और पटना में गंगा और ब्रह्मपुत्र के संगम पर एक किला भी बनवाया।

बिम्बिसार (544-492 ईसा पूर्व)- वह भगवान बुद्ध के समकालीन थे। बिम्बिसार तीन पत्नियां थीं; कोशलदेवी, कोशल के राजा की बेटी और प्रसेनजित की बहन। चेलाना, लिच्छवी शासक चेतका की बेटी और अजातश्रु की माँ। पंजाब के मादरा की बेटी खेमा। जबअवंती के शासक, प्रद्योता पीलिया से पीड़ित थे, तब उन्होंने शाही चिकित्सक जीवाका को भेजा था।
अतः विकल्प (C) सही है।

7. कुषाण वंश ने दो राजधानियों - पुरुशपुरा (पेशावर), और उत्तरी भारत में मथुरा से प्रशासन किया था। पहली शताब्दी ईस्वी में, कुजुला कडफिसेस (कडफिसेस - 1) ने कुषाण वंश की स्थापना की। कुषाणों को यूझी जनजाति की पांच शाखाओं में से एक माना जाता है जो मध्य एशिया के चीनी सीमान्त प्रदेश में रहते थे। कनिष्क (127-151 ई) को कुषाण वंश का सबसे महान शासक माना जाता है। वह भीम कडफिसेस के पुत्र थे।
अतः विकल्प (D) सही है।

8. इंडो-यूनानियों के बारे में पुरातात्विक साक्ष्य की उत्कृष्ट कृतियों में से एक सिक्के हैं। भारत में कई दर्जन इंडो-ग्रीक शासकों के सिक्के पाए जाते हैं, वास्तव में कई लोग यह निर्धारित करने के लिए जटिल हैं, क्योंकि यूनानियों ने अपने राजाओं की संख्या नहीं बताई थी, और पूर्वी यूनानियों ने अपने सिक्कों की तारीख नहीं दी थी। उनके सिक्कों में से एक बस्ट और बैठा हेराक्लेस दिखा रहा है, जो सोग्डियाना के क्षेत्र में टोकेरियन खानाबदोशों द्वारा नकल करने के लिए जाना जाता है।
अतः विकल्प (B) सही है।

9. वह बिन्दुसार का पुत्र था। उनके अन्य नाम देवानामपिया और पियादासी थे। उन्हें 269 ईसा पूर्व सिंहासन पर ताज पहनाया गया था। वह 261 ईसा पूर्व में लड़ी गई कलिंग की लड़ाई के लिए प्रसिद्ध थे। जेम्स प्रिंसेप 1837 में अंशोक के शिलालेख को समझने वाला पहला था।
अतः विकल्प (B) सही है।

10. लोहे का खंभा 23 इंच व्यास वाली 23 फीट 8 इंच ऊंची एक संरचना है, जिसे "राजा चंद्र", चंद्रगुप्त द्वितीय द्वारा बनाया गया था, और अब दिल्ली में महरौली में कुतुब परिसर में खड़ा है। यह इसके निर्माण में प्रयुक्त धातुओं की जंग-रोधी प्रकृति के लिए जाना जाता है। स्तंभ का वजन छह टन से अधिक है और माना जाता है कि इसे कहीं और बनाया गया है. शायद उदयगिरी गुफाओं के बाहर, और दिल्ली सल्तनत में अपनी वर्तमान स्थिति में जल्दी स्थानांतरित हो गया। स्तंभ में विभिन्न अवधियों से कई शिलालेख हैं, जिनमें से कुछ को प्रमुख स्थान और स्तंभ की आसान पहुंच को देखते हुए व्यवस्थित रूप से जांच नहीं की गई थी। स्तंभ पर सबसे पुराना शिलालेख चंद्र नामक एक राजा का है, जिसे आमतौर पर चंद्रगुप्त द्वितीय, गुप्त सम्राट के रूप में जाना जाता है।
अतः विकल्प (D) सही है।

11. बुद्ध का पहला उपदेश भारतीय कला में पहिया का प्रतीक है। पहले उपदेश को धर्म चक्र प्रवृति या विधि का पहिया का मोड़ भी कहा जाता है। उन्होंने उत्तर प्रदेश के डियर पार्क (सारनाथ) वाराणसी में अपने पहले पांच तपस्वी शिष्यों को धर्मोपदेश दिया।
अतः विकल्प (B) सही है।

12. बौद्ध धर्म में त्रिरत्न का अर्थ है बुद्ध, धम्म (धर्म), संघ। त्रिरत्न, (संस्कृत: "थ्री ज्वेल्स") पाली टी-रतन, जिसे थ्रीफोल्ड रिफ्यूज भी कहा जाता है, बौद्ध धर्म में त्रिरत्न में बुद्ध, धर्म (सिद्धांत, या शिक्षण), और सांगा (मठ का आदेश, या समुदाय) शामिल हैं। कोई यह कहकर बौद्ध बन जाता है कि "मैं बुद्ध की शरण में जाता हूँ, मैं सिद्धांतो के लिए शरण में जाता हूँ, मैं आदेश के लिए शरण में जाता हूँ।"

अतः विकल्प (B) सही है।

13. समाधि मरण या सल्लेखना स्वेच्छा से मौत को गले लगाना है जब घरवाले और संन्यासी दोनों यह कहते हैं कि वृद्धावस्था, लाइलाज बीमारी, गंभीर अकाल आदि के कारण जीवन का अंत बहुत निकट है। यह जैन धर्म के आचार संहिता के तहत एक पूरक प्रतिज्ञा है। यह शरीर में भोजन के सेवन को धीरे-धीरे कम करके स्वैच्छिक रूप से उपवास करने की प्रथा है।
अतः विकल्प (B) सही है।

14. विंध्य के उत्तरी इलाकों पर पाए जाने वाले नवपाषाण स्थल 5000 ईसा पूर्व से भी पुराने माने जाते हैं, लेकिन दक्षिण भारत में पाए जाने वाले नवपाषाण काल 2500 ईसा पूर्व से अधिक पुराने नहीं हैं और दक्षिणी और पूर्वी भारत के कुछ हिस्सों में वे 1000 ईसा पूर्व के बाद के हैं। नवपाषाण उपनिवेशवादियों द्वारा उपयोग किए जाने वाले कुल्हाड़ियों के प्रकार के आधार पर, हम नवपाषाण बस्तियों के तीन महत्वपूर्ण क्षेत्रों को देखते हैं।

1. एक इलाका कश्मीर की घाटी के उत्तर में श्रीनगर से लगभग 20 किलोमीटर की दूरी पर बुर्जहोम नामक स्थान पर पाया जाना है।

2. नवपाषाण काल का दूसरा समूह गोदावरी नदी के दक्षिण में दक्षिण भारत में रहता था।

3. तीसरा क्षेत्र जहाँ से नवपाषाणकालीन औजार बरामद हुए हैं वह असम की पहाड़ियों है।
अतः विकल्प (D) सही है।

15. कण्व राजवंश की राजधानी पाटलिपुत्र थी। वासुदेव कण्व वंश के संस्थापक थे। कण्व वंश ब्राह्मण वंश था। वासुदेव का उत्तराधिकार उनके पुत्र भूमित्र ने किया था। सुशर्मान कण्व वंश के अंतिम राजा थे। सातवाहन द्वारा कण्व वंश को हासिल किया गया था।
अतः विकल्प (C) सही है।

16. मेसोलिथिक युग लगभग 9000 ईसा पूर्व से 4000 ईसा पूर्व तक है। यह पुरापाषाण युग और नवपाषाण युग के बीच का संक्रमणकालीन चरण था। हालाँकि मेसोलिथिक पुरुष अब भी शिकार पर काफी हद तक निर्भर थे, लेकिन अब वे कुत्ते, भेड़ बकरी, गाय-बैल, भैंस, जंगली घोड़ा, आदि जानवरों का शिकार करना शुरू कर देते थे। मध्य प्रदेश के आदमगढ़ और राजस्थान के बागोर से जानवरों के शिकार का सबसे पहला सबूत मिला। वे मेसोलिथिक स्थल हैं।
अतः विकल्प (D) सही है।

17. कालीबंगन का शाब्दिक अर्थ है "काले रंग की चूड़ियाँ" राजस्थान के हनुमानगढ़ जिले में घग्गर नदी के तट पर स्थित है। यह सिंधु घाटी सभ्यता के सबसे महत्वपूर्ण स्थलों में से एक है और पहली बार 1951 में अमलानंद घोष द्वारा खुदाई की गई थी। कालीबंगन में अग्नि वेदी, ऊंट की हड्डियां, लकड़ी का हल आदि महत्वपूर्ण खोज हुई हैं।
अतः विकल्प (C) सही है।

18. हड़प्पा वासियों ने विभिन्न तरीकों से शिल्प उत्पादन के लिए सामग्री की खरीद की। उदाहरण के लिए, उन्होंने नागेश्वर और बालाकोट जैसी बस्तियों को उन क्षेत्रों में स्थापित किया जहाँ शेल उपलब्ध थे। इस तरह की अन्य स्थान थे शोर्टुघाई अफगानिस्तान में दूर तक, लपिस लाजुली के सबसे अच्छे स्रोत के पास, एक नीला पत्थर जो स्पष्ट रूप से बहुत मूल्यवान था, और लोथल जो कारेलियन के स्रोतों के पास था (गुजरात के भरूच से), शैलखटी (दक्षिण राजस्थान और उत्तर गुजरात से) और धातु (राजस्थान से) और राजस्थान का खेत्री क्षेत्र (तांबे के लिए) और दक्षिण भारत (सोने के लिए)।

अतः विकल्प (A) सही है।

19. सरस्वती नदी को नदितर्ना या ऋग्वेद की सर्वश्रेष्ठ नदी भी कहा जाता है, हरियाणा और राजस्थान में घग्गर-हकरा चैनल से पहचानी जाती है। अफगानिस्तान की कुछ नदियों कुंभ और सिंधु या सिंधु नदी और इसकी पांच मुख्य शाखाओं का उल्लेख ऋग्वेद में मिलता है। सिंधु नदी ऋग्वेद में सबसे अधिक बार उल्लिखित नदी है। गंगा नदी का ऋग्वेद संहिता में भी कई बार उल्लेख किया गया है।

अतः विकल्प (D) सही है।

20. वैदिक काल के अंत तक पूर्वी उत्तर प्रदेश और विदेह में लोहे का ज्ञान फैल गया। इस क्षेत्र में सातवीं शताब्दी ईसा पूर्व से लोहे के औजार खोजे गए हैं और धातु को बाद के वैदिक ग्रंथों में श्यामा या कृष्ण अय्यस कहा जाता था। बाद में वैदिक समाज को चार वर्णों में विभाजित किया गया, जिन्हें ब्राह्मण, रान्य या क्षत्रिय, वैश्य और सुद्र कहा जाता है। सभी तीन उच्चतर संस्करणों ने एक साझा विशेषता साझा की; वे वैदिक मंत्रों के अनुसार पवित्र धागे के साथ उपनयन या निवेश के हकदार थे। चौथा वर्ण पवित्र सूत्र समारोह से वंचित था और इसके साथ ही सुदास पर विकलांगों का आरोपण शुरू हुआ।
अतः विकल्प (A) सही है।

21. कलिंग युद्ध के परिणामस्वरूप अशोक बौद्ध धर्म में परिवर्तित हो गया था। परंपरा के अनुसार वह एक भिक्षु बन गया, उसने बौद्धों को बहुत बड़े उपहार दिए, और बौद्ध तीर्थों की तीर्थयात्रा की कलिंग युद्ध के बाद अशोक बहुत दु: ख और पश्चाताप में था। उन्होंने अपनी नीति को बदल दिया और एक शांतिपूर्ण राज्य के निर्माण के लिए अत्यधिक शांतिवादी बन गए। दूसरे शब्दों में, भृमघोष को धम्मघोष द्वारा प्रतिस्थापित किया गया था। कंधार शिलालेख शिकारी और मङुआरों के साथ अपनी नीति की सफलता की बात करता है, जिन्होंने जानवरों को मारना छोड़ दिया और संभवतः एक बसे हुए कृषि जीवन में ले गए।
अतः विकल्प (D) सही है।

22. अशोक के शासनकाल में उनके पांच मुख्य प्रांत तक्षशिला, उत्तराखंड (उत्तरी प्रांत) में अपनी राजधानी के साथ तक्षशिला, अवन्तिरथ (पश्चिमी प्रांत) उज्जैन में अपने मुख्यालय के साथ, प्रचेतापाठा (पूर्वी प्रांत) अपने मुख्यालय के साथ तोशाली, और दक्षिणापथ (दक्षिणी प्रांत) जिसकी राजधानी सुवर्णगिरी के रूप में हैं।
अतः विकल्प (A) सही है।

23. भारत पर आक्रमण करने वाले पहले यूनानी थे, जिन्हें इंडो-ग्रीक या बैक्ट्रियन यूनानी कहा जाता है। ऐसा कहा जाता है कि उन्होंने अयोध्या और पाटलिपुत्र को आगे बढ़ाया। लेकिन यूनानी भारत में एकजुट शासन स्थापित करने में विफल रहे। दो ग्रीक राजवंशों ने एक ही समय में समानांतर लाइनों पर उत्तर पश्चिमी भारत पर शासन किया। भारत के उत्तर-पश्चिमी सीमावर्ती क्षेत्र में हेलेनिस्टिक कला सुविधाओं की शुरुआत के कारण यूनानी शासन भी यादगार है, जिससे गांधार कला को बढ़ावा मिलता है।
अतः विकल्प (D) सही है।

24. जूनागढ़ शिलालेख सुदर्शन झील के बारे में जानकारी देता है कि झील एक कृत्रिम जलाशय थी, जिसे बाढ़ की जाँच के लिए मौर्य सम्राटों द्वारा बनाया गया था। 150 ईस्वी के आसपास, झील की मरम्मत शाका शासक रुद्रदमन द्वारा की गई थी। और, उनके गवर्नर परनदत्त द्वारा दोबारा स्कंदगुप्त के शासनकाल (415 ईस्वी- 455 ईस्वी) के तहत इसकी मरम्मत की गई।

अतः विकल्प (C) सही है।

25. 73 ई.पू. में, देवभूति, जो सुंग वंश के अंतिम शासक थे, को उनके मंत्री वासुदेव ने मार डाला, जिन्होंने सिंहासन की रक्षा की और कण्व वंश की स्थापना की, जिसकी राजधानी पाटलिपुत्र में स्थित थी। विदिशा शुंग वंश (185 ई.पू. - 73 ई.पू.) की राजधानी थी। सातवाहन वंश की राजधानी पैठण (60 ई.पू. - 225 ई.पू.) थी। हाथीगुम्फा उदयगिरि पहाड़ियों में स्थित एक स्थान है जो अपने शिलालेख के लिए प्रसिद्ध है जो हमें खारवेल वंश के बारे में बताता है।
अतः विकल्प (B) सही है।

26. सातवाहनों को मूल रूप से दक्खन की एक जनजाति लगती है। धर्मशास्तों के अनुसार, यह क्षत्रियों के शासन करने का कार्य था, लेकिन सातवाहन शासकों ने खुद को ब्राह्मण कहा। गौतमीपुत्र सतकर्णी का दावा है कि वह सच्चा ब्राह्मण था। चूंकि आन्ध्रों की पहचान प्रारंभिक सातवाहन के साथ की जाती है, शायद वे एक स्थानीय जनजाति थे जिन्हें ब्राह्मणवाद में परिवर्तित किया गया था। उत्तर के रूढ़िवादी ब्राह्मणों ने अंधों को एक मिश्रित जाति के रूप में देखा। इससे पता चलता है कि आंध्र एक आदिवासी लोग थे जिन्हें एक मिश्रित जाति के रूप में हिंदू समाज की तह में लाया गया था।
अतः विकल्प (D) सही है।

27. गुप्त काल के ग्रामीणों को शाही सेना और अधिकारियों की सेवा के लिए जबरन काम कराया जा रहा था जिस "विष्टी" कहा जाता था। गुप्त साम्राज्य के दौरान, आम लोगों पर कई तरह के कर लगाए गए थे।
अतः विकल्प (A) सही है।

28. संगम तमिल कवियों की एक सभा थी जो पांडियन राजाओं के शाही संरक्षण में आयोजित की जाती थी। कुल मिलाकर दक्षिण भारत के इतिहास में तीन संगम हुए। "टोल्कपियाम" सबसे प्राचीन तमिल व्याकरण पाठ है और दूसरा संगम में संकलित तमिल साहित्य का सबसे पुराना जीवित कार्य है। यह "तोलाकाप्यार" द्वारा संकलित किया गया था।
अतः विकल्प (B) सही है।

29. चीनी तीर्थयात्री ह्वेन त्सांग की यात्रा के कारण हर्ष का शासनकाल महत्वपूर्ण है, जिन्होंने चीन में 629 ई. को छोड़ दिया और पूरे भारत की यात्रा की। भारत में लंबे समय तक रहने के बाद, वह 645 ई. मे चीन लौट आए। वह बिहार में स्थित नालंदा के बौद्ध विश्वविद्यालय में अध्ययन करने और भारत से बौद्ध ग्रंथों का संग्रह करने आए थे। उन्होंने भारत में अपनी यात्रा के आधार पर एक पाठ "सेई-यू-की" लिखा।
अतः विकल्प (B) सही है।

30. वह एक चीनी बौद्ध भिक्षु, विद्वान, यात्री और अनुवादक था जिसने सातवीं शताब्दी में भारत की यात्रा की। उसने शुरुआती तांग राजवंश के दौरान चीनी बौद्ध धर्म और भारतीय बौद्ध धर्म के बीच पारस्परिक विचार-विमर्श का वर्णन किया। वह भारत में अपनी सत्रह साल की यात्रा के लिए प्रसिद्ध हुए। वह

हर्षवर्धन के शासनकाल के दौरान भारत आया था जो बौद्ध धर्म के प्रति उनकी गहरी भक्ति के लिए उनकी प्रशंसा करने आया था।
अतः विकल्प (C) सही है।

31. बिन्दुसार भारत का दूसरा मौर्य सम्राट था। वह राजवंश के संस्थापक चन्द्रगुप्त और अशोक के पिता का पुत्र था। अनुमान के अनुसार, बिन्दुसार लगभग 297 ईसा पूर्व सिंहासन पर बैठा। बिन्दुसार को अमृतघट नाम से भी जाना जाता था। यूनानियों के लिए, वह अमितोक्रेट्स के रूप में जाना जाता था।
अतः विकल्प (A) सही है।

32. सिंधु घाटी सभ्यता में लोग सुनियोजित कस्बों में रहा करते थे। यह लगभग 2500 ईसा पूर्व में विकसित हुआ, वर्तमान पाकिस्तान और पश्चिमी भारत में। सिंधु घाटी सभ्यता में घर ईंटों से बने थे। इस सभ्यता के महत्वपूर्ण नवाचारों में मानकीकृत भार और उपाय, सील नक्काशी और तांबा, कांस्य, सीसा और टिन के साथ धातु विज्ञान शामिल हैं। सिंधु घाटी सभ्यता में पशु का मांस प्रधान भोजन नहीं था।
अतः विकल्प (B) सही है।

33. हड़प्पा सभ्यता से संबंधित पहली खगोलीय वेधशाला गुजरात के कच्छ जिले के धोलावीरा में पाई गई थी । वैज्ञानिक ने हड़प्पा सभ्यता के दौरान अवलोकन संबंधी खगोल विज्ञान के लिए उपयोग की जाने वाली दो वृत्ताकार संरचनाओं की पहचान की। धोलावीरा सिंधु घाटी सभ्यता या हड़प्पा संस्कृति की दो सबसे उल्लेखनीय खुदाई में से एक है।
अतः विकल्प (C) सही है।

34. सिंधु घाटी सभ्यता में, लिपि की शैली सर्पलेखन है यानी पहली पंक्ति में दाईं से बाईं ओर और दूसरी पंक्ति में बाईं से दाईं ओर लिखी गई। हड़प्पा वासियों द्वारा कांस्य-ढलाई की कला का व्यापक स्तर पर अभ्यास किया गया था। उनकी कांस्य प्रतिमाओं को 'खोयी हुई मोम' तकनीक का उपयोग करके बनाया गया था जिसमें मोम की आकृति को पहले मिट्टी के लेप से ढक दिया जाता था और सूखने दिया जाता था।
अतः विकल्प (B) सही है।

35. सिंधु घाटी सभ्यता वर्तमान उत्तर-पूर्व अफगानिस्तान से पाकिस्तान और उत्तर-पश्चिम भारत तक फैली हुई थी। यह सभ्यता घग्गर-हकरा नदी के कलिनबंगन और सिंधु नदी के नालों में पनपी। मोहनजोदड़ो सिंधु के दाहिने किनारे पर स्थित था। उन्होंने मातृदेवी या शक्ति- मातृ देवी की पूजा की। सिंधु घाटी सभ्यता के राजधानी शहर हड़प्पा और मोहनजोदड़ो थे।
अतः विकल्प (D) सही है।

36. सरोजिनी नायडू भारतीय राष्ट्रीय कांग्रेस की पहली भारतीय महिला अध्यक्ष थीं। वह 1925 में कानपुर अधिवेशन में भारतीय राष्ट्रीय कांग्रेस की अध्यक्ष बनीं। उन्हें कविता लेखन के क्षेत्र में उनके योगदान के लिए "नाइटिंगेल ऑफ़ इंडिया" का खिताब दिया गया था। उन्हें 'भारत कोकिला ' कहा जाता था। वह भारत के प्रभुत्व में गवर्नर का पद संभालने वाली पहली महिला हैं। वह 1947 में संयुक्त प्रांत की गवर्नर बनीं।
अतः विकल्प (C) सही है।

37. 1920 में ब्रिटिशों ने तुर्की सुल्तान या खलीफा पर एक कठोर संधि लागू की। जलियांवाला नरसंहार के बारे में लोगों में इस बात को लेकर रोष था। इसके अलावा, भारतीय मुसलमान उत्सुक थे कि तक्कालीन तुर्क साम्राज्य में खलीफा को मुस्लिम पवित्र स्थानों पर नियंत्रण बनाए रखने की अनुमति दी जाए। खिलाफत आंदोलन के नेता, मोहम्मद अली और शौकत अली, अब एक पूर्ण असहयोग आंदोलन शुरू करने की कामना करते हैं। गांधीजी ने उनके आह्वान का समर्थन किया और कांग्रेस से "पंजाब गलत" (जलियांवाला हत्याकांड), खिलाफत को गलत और स्वराज की मांग के खिलाफ अभियान चलाने का आग्रह किया।
अतः विकल्प (A) सही है।

38. इसका संकल्प वित्तीय विकेंद्रीकरण से संबंधित था, जो 1861 के भारतीय परिषद अधिनियम द्वारा शुरू किया गया एक विधायी विचलन था। शाही सरकार से वार्षिक अनुदान के अलावा, प्रांतीय सरकारों को अपने बजट को संतुलित करने के लिए स्थानीय कराधान का सहारा लेने के लिए अधिकृत किया गया था। यह प्रशासन के कुछ विभागों जैसे चिकित्सा सेवाओं, शिक्षा और सड़कों पर प्रांतीय सरकारों के नियंत्रण के हस्तांतरण के संदर्भ में किया गया था। यह स्थानीय वित्त की शुरुआत थी।
अतः विकल्प (D) सही है।

39. मौलिक अधिकारों के प्रस्ताव को कांग्रेस ने अपने कराची सत्र (1931) में अपनाया था। कांग्रेस ने मौलिक अधिकारों और आर्थिक नीति पर एक प्रस्ताव को अपनाया जो पार्टी के सामाजिक आर्थिक और राजनीतिक कार्यक्रम का प्रतिनिधित्व करता था। कराची सत्र की अध्यक्षता सरदार पटेल ने की थी। इसे बाद में कराची प्रस्ताव के रूप में जाना गया। गांधी इरविन समझौता का समर्थन कांग्रेस द्वारा 1931 के कराची सत्र में किया गया था।
अतः विकल्प (D) सही है।

40. बंगाल के विभाजन की घोषणा तक्कालीन वायसराय लॉर्ड कर्जन ने 19 जुलाई 1905 को की थी। बंगाल का विभाजन 16 अक्टूबर 1905 को हुआ था। बंगाल विभाजन के विरोध में स्वदेशी आंदोलन चलाया गया। 1908 में बंगाल विभाजन के विरोध में पूरे देश में "बंग भंग" आंदोलन शुरू हुआ। राजनीतिक विरोध के बाद, लॉर्ड हार्डिंग ने 12 दिसंबर 1911 को बंगाल को फिर से संगठित किया।
अतः विकल्प (A) सही है।

41. 1907 में कांग्रेस का विभाजन हुआ। नरमपंथियों ने बहिष्कार का विरोध किया और वे अंग्रेजों के खिलाफ संघर्ष की पद्धति के विरोध में थे।। उन्हें लगा कि इसमें बल का प्रयोग शामिल है। हालांकि चरमपंथियों ने अंग्रेजों के खिलाफ एक बिंदु बनाने के लिए बड़े पैमाने पर बहिष्कार आंदोलनों, विरोध और हमलों के उपयोग पर जोर दिया। विभाजित होने के बाद तिलक के अनुयायियों के साथ बाहर से कार्य करने वाले नरमपंथियों में कांग्रेस का वर्चस्व होने लगा। दिसंबर 1915 में दोनों समूह फिर से मिल गए। अगले साल कांग्रेस और मुस्लिम लीग ने ऐतिहासिक लखनऊ समझौते पर हस्ताक्षर किए और देश में प्रतिनिधि सरकार के लिए एक साथ काम करने का फैसला किया।

अतः विकल्प (B) सही है।

42. असेंबली बम केस में भगत सिंह के साथ बटुकेश्वर दत्त मुख्य आरोपी थे। वे हिंदुस्तान सोशलिस्ट रिपब्लिकन एसोसिएशन के सदस्य थे। 1929 में, उन्होंने सेंट्रल लेजिसलेटिव असेंबली में बम फेंका। वे किसी को घायल नहीं करना चाहते थे लेकिन यह बताना चाहते थे कि वे ब्रिटिशों के औपनिवेशिक शासन को सहन नहीं करेंगे। यह सार्वजनिक सुरक्षा विधेयक और व्यापार विवाद विधेयक के खिलाफ था। बटुकेश्वर दत्त ने भारतीय राजनीतिक कैदियों के अपमानजनक व्यवहार के विरोध में भगत सिंह के साथ एक ऐतिहासिक भूख हड़ताल शुरू की। राम प्रसाद बिस्मिल ने 1918 की मैनपुरी षड्यंत्र और 1925 के काकोरी षड्यंत्र में भाग लिया।
अतः विकल्प (D) सही है।

43. 1947 में भारत की स्वतंत्रता के लिए एक अहिंसक आंदोलन का नेतृत्व करते हुए महात्मा गांधी ने कहा "राजनीतिक स्वतंत्रता से अधिक महत्वपूर्ण स्वच्छता है"। गांधी ने देश में स्वच्छता और स्वच्छता में सुधार की आवश्यकता के बारे में नारा दिया। महात्मा गांधी ने कहा, "मैं गंदे पैरों से किसी को अपने दिमाग से नहीं जाने दूंगा।"
अतः विकल्प (B) सही है।

44. इस सफलता के साथ, 1919 में गांधीजी ने प्रस्तावित रौलट एक्ट (1919) के खिलाफ एक राष्ट्रव्यापी सत्याग्रह शुरू करने का फैसला किया। इस अधिनियम को भारतीय सदस्यों के एकजुट विरोध के बावजूद इम्पीरियल लेजिस्लेटिव काउंसिल के माध्यम से पारित किया गया था। इसने अभिव्यक्ति की स्वतंत्रता जैसे मौलिक अधिकारों पर अंकुश लगाया और पुलिस शक्तियों को मजबूत किया। महात्मा गांधी इस तरह के अन्यायपूर्ण कानूनों के खिलाफ अहिंसक सविनय अवज्ञा चाहते थे, जो 6 अप्रैल,1919 से शुरू हुई थी।
अतः विकल्प (C) सही है।

45. जे बी कृपलानी 1947 में भारतीय राष्ट्रीय कांग्रेस के अध्यक्ष थे। कृपलानी से पहले, कांग्रेस के अध्यक्ष 1946 में जवाहरलाल नेहरू थे। कृपलानी के बाद , पट्टाभि सीतारमैय्या 1948 और 1949 में कांग्रेस के अध्यक्ष थे। 1950 में, पुरुषोत्तम दास टंडन INC के अध्यक्ष थे और उसके बाद 1951 में, जवाहरलाल

नेहरू INC के अध्यक्ष थे।
अतः विकल्प (B) सही है।

46. दिल्ली लाहौर षड्यंत्र मामला: यह वर्ष 1912 में हुआ था। इसे हार्डिंग बॉम्ब केस के नाम से भी जाना जाता था। यह भारत के तत्कालीन वायसराय लॉर्ड हार्डिंग पर हत्या का प्रयास था। कलकत्ता से नई दिल्ली में ब्रिटिश भारत की राजधानी स्थानांतरित करने के अवसर पर, वायसराय की गाड़ी में एक बम फेंका गया था। लॉर्ड हार्डिंग घायल हो गए थे और एक भारतीय सहायक की मौत हो गई थी। इसका नेतृत्व रास बिहारी बोस और सचिन चंद्र सान्याल ने किया था।
अतः विकल्प (D) सही है।

47. प्रसिद्ध समाचार पत्र 'द हितवाद' की स्थापना भारतीय स्वतंत्रता सेनानी गोपाल कृष्ण गोखले ने की थी। हितावड़ा एक अंग्रेजी दैनिक समाचार पत्र है। 1911 में स्थापित, 2011 में बनवारीलाल पुरोहित के स्वामित्व में अखबार पुरोहित एंड कंपनी द्वारा अधिकृत कर लिया गया था।
अतः विकल्प (C) सही है।

48. गफ्फार खान को बादशाह खान और सीमांत गांधी के रूप में भी जाना जाता है जिन्होंने पहला पुश्तो राजनीतिक मासिक पुख्तून शुरू किया था और एक स्वयंसेवी ब्रिगेड 'खुदाई खिदमतगार' का आयोजन किया था। उन्हें लोकप्रिय रूप से 'रेड-शर्ट्स' के रूप में जाना जाता था, जिन्हें स्वतंत्रता संग्राम और अहिंसा का संकल्प दिलाया गया था। उन्होंने सविनय अवज्ञा आंदोलन में एक अत्यंत सक्रिय भूमिका निभाई उनके राजनीतिक कार्यों से निर्मित माहौल ने पेशावर में बड़े पैमाने पर उत्पात मचाया, जिसके दौरान शहर लगभग एक हफ्ते से अधिक समय तक भीड़ के हाथों में था।
अतः विकल्प (D) सही है।

49. कैबिनेट मिशन योजना: कैबिनेट मिशन योजना की घोषणा वर्ष 1946 में इंग्लैंड के प्रधानमंत्री एटली ने की थी। कैबिनेट मिशन इंग्लैंड के तीन कैबिनेट मंत्रियों से बना है। सर पेथिक लॉरेंस, सर स्टैफ़ोर्ड क्रिप्स, ए.वी.अलेक्जेंडर। कैबिनेट मिशन योजना का मुख्य उद्देश्य ब्रिटिश सरकार से भारतीय नेतृत्व को शक्ति हस्तांतरित करना था कैबिनेट मिशन ने अविभाजित भारत की सिफारिश की और एक अलग पाकिस्तान के लिए मुस्लिम लीग की मांग को रद्द कर दिया।
अतः विकल्प (B) सही है।

50. ऑल इंडिया ट्रेड यूनियन कांग्रेस (AITUC) भारत का सबसे पुराना ट्रेड यूनियन फेडरेशन है। यह भारतीय कम्युनिस्ट पार्टी से जुड़ा हुआ है। इसकी स्थापना बॉम्बे, बॉम्बे प्रेसीडेंसी, ब्रिटिश भारत में3 1 अक्टूबर 1920 को लाला लाजपत राय ने अपने पहले अध्यक्ष के रूप में की थी।

अतः विकल्प (C) सही है।

51. श्यामजी कृष्ण वर्मा ने इंडियन होम रूल सोसाइटी, इंडिया हाउस, और लंदन में भारतीय समाजशास्त्री की स्थापना की थी। बालिओल कॉलेज के स्नातक, कृष्ण वर्मा संस्कृत और अन्य भारतीय भाषाओं के एक प्रसिद्ध विद्वान थे। भारतीय समाजशास्त्री 20वीं सदी की शुरुआत में एक राष्ट्रवादी पत्रिका थी। इसका उपशीर्षक स्वतंत्रता और सामाजिक, और धार्मिक सुधार का एक अंग था।
अतः विकल्प (A) सही है।

52. वायसराय लॉर्ड लिनलिथगो ने 1936 से 1943 तक भारत के गवर्नर-जनरल और वाइसराय के रूप में कार्य किया। उन्होंने भारत सरकार अधिनियम 1935 में सन्निहित स्थानीय स्वशासन की योजनाओं को लागू किया, जिसके कारण प्रांतीय सरकारों ने ब्रिटिश भारत के ग्यारह में से पाँच प्रांतों में कांग्रेस पार्टी का नेतृत्व किया, लेकिन राजकुमारों के पुनर्विचार ने निर्वाचित सरकारों की स्थापना को रोक दिया अधिकांश रियासतों में।
अतः विकल्प (A) सही है।

53. पूना पैक्ट पर 24 सितंबर 1932 को डॉ. बी. आर. अंबेडकर ने हस्ताक्षर किए थे। पूना पैक्ट शोषित वर्गों के लिए अलग निर्वाचक मण्डल के विचार को छोड़ने के लिए प्रदान की गई थी। पूना पैक्ट को ब्रिटिश अधिकारियों ने सांप्रदायिक पंचाट में संशोधन के रूप में स्वीकार किया। इसने प्रांतीय विधानसभाओं में दलित वर्गों को लगभग 147 सीटें प्रदान की, जबकि सांप्रदायिक पंचाट द्वारा दी गई 71 सीटों का विरोध किया गया।
अतः विकल्प (C) सही है।

54. सविनय अवज्ञा आंदोलन: नमक सत्याग्रह, महात्मा गांधी द्वारा भारत में ब्रिटिश सरकार द्वारा लगाए गए नमक कर के खिलाफ एक बड़ा सविनय अवज्ञा आंदोलन था। गांधी ने 12 मार्च 1930 को साबरमती आश्रम के व्यक्तियों के एक बड़े समूह का नेतृत्व किया, जो गुजरात के एक तटीय गांव दांडी तक समुद्री जल से नमक का उत्पादन करते हुए नमक कानून को तोड़ने के लिए गए थे।

गांधी इरविन समझौता: 5 मार्च, 1931 को, गांधी और कांग्रेस कार्य समिति (सीडब्ल्यूसी) के अन्य सभी सदस्यों को बिना शर्त जेल से मुक्त कर दिया गया। सीडब्ल्यूसी ने गांधी को वाइसराय लॉर्ड इरविन के साथ चर्चा शुरू करने के लिए अधिकृत किया। बाद में दिल्ली में एक समझौते पर हस्ताक्षर किए गए, जिसे दिल्ली-संधि या गांधी-इरविन संधि के रूप में जाना जाता है।

पूना संधि: 1932 में, बी.आर. अम्बेडकर ने महात्मा गांधी के साथ पूना समझौते पर बातचीत की। पूना संधि की पृष्ठभूमि अगस्त 1932 का सांप्रदायिक पुरस्कार था जिसने दलित वर्गों के लिए एक अलग निर्वाचक मंडल प्रदान किया।

क्रिप्स मिशन: मार्च 1942 में द्वितीय विश्व युद्ध में ब्रिटिश युद्ध के प्रयासों के लिए भारतीय सहयोग प्राप्त करने के लिए ब्रिटिश सरकार द्वारा क्रिप्स मिशन भारत भेजा गया था। इसकी अध्यक्षता ब्रिटेन में विंस्टन चर्चिल की गठबंधन सरकार के श्रम मंत्री सर रिचर्ड स्टैफोर्ड क्रिप्स ने की थी।
अतः विकल्प (C) सही है।

55. खान अब्दुल गफ्फार खान को भारतीय राष्ट्रीय कांग्रेस के अध्यक्ष पद के लिए कभी नहीं चुना गया था। खान अब्दुल गफ्फार खान एक भारतीय स्वतंत्रता सेनानी थे। उन्हें "सीमान्त गांधी" के रूप में जाना जाता है। 1987 में भारत रत्न से सम्मानित। वह भारत रत्न पाने वाले पहले विदेशी हैं। उनके द्वारा प्रसिद्ध ख़ुदाई खिदमतगार आंदोलन का नेतृत्व किया गया था। पेशावर में बच्चा खान अंतर्राष्ट्रीय हवाई अड्डा, पाकिस्तानी का नाम उनके नाम पर रखा गया है।
अतः विकल्प (C) सही है।

56. मार्च 1942 में, द्वितीय विश्व युद्ध के लिए भारतीय समर्थन प्राप्त करने के लिए संवैधानिक प्रस्तावों के साथ स्टेफोर्ड क्रिप्स की अध्यक्षता में एक मिशन भारत भेजा गया था। महात्मा गांधी ने इसे 'पोस्ट-डेटेड चेक' कहा। भारतीय सहयोग लेने के लिए मित्र राष्ट्रों (संयुक्त राज्य अमेरिका, यूएसएसआर और चीन) से ब्रिटेन पर दबाव था। भारतीय राष्ट्रवादी मित्र राष्ट्रों के इस प्रावधान का समर्थन करने पर सहमत हुए थे कि युद्ध के बाद पर्याप्त शक्ति तुरंत हस्तांतरित कर दी जाएगी और पूर्ण स्वतंत्रता दी जाएगी।
अतः विकल्प (C) सही है।

57. चित्तरंजन दास ने एक अधिवेशन के लिए भारतीय राष्ट्रीय कांग्रेस के अध्यक्ष और स्वराज पार्टी के सह-संस्थापक के रूप में कार्य किया। उन्हें 'देशबंधु', या 'राष्ट्र के मित्र' के रूप में भी जाना जाता था उन्होंने 1917 में कांग्रेस कलकत्ता अधिवेशन के दौरान सक्रिय राजनीति में प्रवेश किया। एक वकील के रूप में, उन्होंने 1908 के अलीपुर बम कांड में अरबिंदो घोष का बचाव किया। उन्होंने अरबिंदो और बिपिन चंद्र पाल के साथ अंग्रेजी साप्ताहिक 'वंदे मातरम' में भी योगदान दिया।
अतः विकल्प (B) सही है।

58. 1916 का लखनऊ समझौता भारतीय राष्ट्रीय कांग्रेस और अखिल भारतीय मुस्लिम लीग के बीच किया गया था। ए.सी. मजूमदार कांग्रेस के तत्कालीन अध्यक्ष थे। भारतीय राष्ट्रीय कांग्रेस का नेतृत्व बाल गंगाधर तिलक कर रहे थे। अखिल भारतीय मुस्लिम लीग का नेतृत्व मुहम्मद अली जिन्ना ने किया था। इसके बाद खिलाफत आंदोलन और असहयोग आंदोलन किया गया।
अतः विकल्प (A) सही है।

59.

सूची - I	सूची - II
A. 1833 का चार्टर एक्ट	4. ईस्ट इंडिया कंपनी एक प्रशासनिक संस्था

	बन गई
B. भारत सरकार अधिनियम 1858	3. ईस्ट इंडिया कंपनी को समाप्त कर दिया
C. भारत सरकार अधिनियम 1919	1. भारत सरकार के जिम्मेदार का परिचय
D. भारत सरकार अधिनियम 1935	2. सरकार के एक संघीय रूप का परिचय दिया

अतः विकल्प (D) सही है।

60. ई.वी. रामास्वामी नाइकर ने स्वाभिमान आंदोलन शुरू किया। उन्हें पेरियार के नाम से भी जाना जाता है। आंदोलन का उद्देश्य समाज में ब्राम्हणवादी वर्चस्व को समाप्त करना था। उन्होंने महसूस किया कि यह निचली जाति के शोषण का प्रमुख साधन था। उन्होंने जो तरीके अपनाए उनमें से एक था ब्राहणों के बिना विवाह का आयोजन करना। वह सामाजिक न्याय के अग्रणी थे और अस्पृश्यता के खिलाफ लड़ाई लड़ी थी। उन्होंने मनु के नियम को अमानवीय और पुराणों को परियों की कहानी कहा। उन्होंने द्रविड़ों पर हिंदी थोपने का विरोध किया। उसने होटलों पर जाति के नाम के होर्ड्स लगाए, ब्राह्मणों के पवित्र धागे को काट दिया, मूर्तियों को तोड़ा और देवताओं को चप्पल से पीटा।
अतः विकल्प (B) सही है।

61. रयोत्वारी प्रणाली का विकास 18वीं शताब्दी के अंत में थॉमस मुनरो और कैप्टन अलेक्जेंडर द्वारा किया गया था, लेकिन इसे 1820 में थॉमस मुनरो ने गवर्नर के रूप में पेश किया। रयोत्वारी प्रणाली ब्रिटिश भारत की एक भूमि राजस्व प्रणाली थी जिसमें किसानों को भूमि का स्वामित्व दिया जाता था और सरकार सीधे किसानों से कर एकत्र करती थी। शुष्क भूमि के लिए राजस्व दर 50% और सिंचित भूमि के लिए 60% थी।
अतः विकल्प (C) सही है।

62. संबाद कौमुदी बंगाल में एक साप्ताहिक समाचार पत्र था और इसकी स्थापना राजा राममोहन राय ने की थी। इसलिए मेल -2 गलत है।प्रसिद्ध समाचार पत्र सोमप्रकाश का आरंभ ईश्वर चंद्र विद्यासागर ने किया था। इसने शक्तिशाली इंडिगो प्लांटर्स और जमींदारों की कड़ी आलोचना की। सोमप्रकाश को बंद कर दिया गया जब 1878 में वायसराय लॉर्ड लिटन ने वर्नाक्यूलर प्रेस अधिनियम की शुरुआत की। बंगाल गजट 1780 में प्रकाशित भारत का पहला समाचार पत्र था और यह एक साप्ताहिक संस्करण था जिसे 'हिकी का बंगाल गजट' के नाम से भी जाना जाता था।

अतः विकल्प (B) सही है।

63. हेनरी लुइस विवियन डेरोजियो: वे पुर्तगाली मूल के भारतीय कवि और हिन्दू कॉलेज, कोलकाता के सहायक हेडमास्टर थे। वे अपने समय के कट्टरपंथी विचारक थे और बंगाल के नवयुवकों में पश्चिमी शिक्षा और विज्ञान का प्रसार करने वाले पहले भारतीय शिक्षकों में से एक थे। उन्होंने सत्रह साल की उम्र में एक शिक्षक के रूप में हिंदू कॉलेज में प्रवेश लिया उन्हें और उनके छात्रों को डेरोजलैंस या यंग बंगाल कहा जाता था बंगाल के लोगों के बीच कट्टरपंथी सुधारवादी विचारों को बढ़ावा दिया।
अतः विकल्प (C) सही है।

64. बंगाल की एशियाटिक सोसाइटी की स्थापना सर विलियम जोन्स ने 15 जनवरी 1784 को कोलकाता के फोर्ट विलियम में की थी। राजा राम मोहन राय 1828 ई में 'ब्रह्म सभा' के संस्थापक थे। 1815 ई में राजा राम मोहन राय ने "आत्मीय सभा" की स्थापना की।

अतः विकल्प (C) सही है।

65. दक्कन दंगे 1875: दंगा मुख्य रूप से किसानों की ऋणग्रस्तता के कारण हुआ। पूना जिले के सुपा गांव में विद्रोह शुरू हुआ। 1875 में, किसानों ने एक बाजार स्थान पर हमला किया जहां कई साहूकार रहते थे। उन्होंने खाता बही जला दी और अनाज की दुकानों को लूट लिया। उन्होंने साहूकारों (जो व्यापारी और साहूकार दोनों थे) के घरों को भी आग में झोंक दिया। किसानों का मुख्य उद्देश्य साहूकारों की खाता-बही को नष्ट करना था और उन्होंने हिंसा का सहारा लिया जब ये पुस्तकें उन्हें नहीं सौंपी गईं। उन्होंने साहूकारों का सामाजिक बहिष्कार भी किया।
अतः विकल्प (A) सही है।

66. सादत खान 1722 में अवध के स्वायत्त साम्राज्य का संस्थापक था। उसके पिता मीर मुहम्मद नासिर खुरासान में एक व्यापारी थे। 25 साल की उम्र में, सादत खान अपने पिता के साथ मुग़ल बादशाह औरंगज़ेब के अंतिम युद्ध में दक्कन में मराठा के खिलाफ लड़ा और बादशाह ने उसे उसकी सेवा के लिए खान बहादुर की उपाधि से सम्मानित किया। उसके बाद उसका भतीजा सफदर जंग उत्तराधिकारी बना, जिसे उसी समय 1748 में साम्राज्य के वजीर के रूप में नियुक्त किया गया और इसके अतिरिक्त इलाहाबाद प्रांत दिया गया। सफदर जंग ने 1754 में अपनी मृत्यु से पहले अवध और इलाहाबाद के लोगों को अपने जीवन की लंबी अवधि दी।
अतः विकल्प (C) सही है।

67. भारतीय सिविल सेवा (ICS) 1853 के चार्टर अधिनियम द्वारा पेश की गई थी। प्रतिष्ठित नागरिक सेवाएं भारतीयों के लिए भी खुली थीं। गवर्नर-जनरल की परिषद का कार्यकारी और विधायी कार्य इस अधिनियम द्वारा अलग किया गया था। इस अधिनियम ने ईस्ट इंडिया कंपनी के शासन को बढ़ाया और इसे ब्रिटिश ताज की ओर से भारतीय क्षेत्रों पर कब्जा बनाए रखने की अनुमति दी।
अतः विकल्प (D) सही है।

68. बाल विवाह नियंत्रण- 1872 में, विशेष विवाह अधिनियम पारित किया गया था, जिसमें 14 वर्ष से कम आयु की लड़कियों का विवाह वर्जित था। 1891 में, सम्मति-आयु अधिनियम पारित किया गया, जिसमें 12 वर्ष से कम आयु की लड़कियों के विवाह पर प्रतिबंध था। शारदा अधिनियम 1930 में पारित किया गया था, जिसमें 14 वर्ष से कम आयु की लड़की की शादी को अवैध घोषित किया गया था। 1978 में, भारत सरकार ने बाल विवाह निषेध अधिनियम लागू किया, जिसके माध्यम से लड़कों की विवाह की आयु 18 से बढ़ाकर 21 वर्ष और लड़कियों की विवाह की आयु 14 से बढ़ाकर 18 वर्ष कर दी गई।
अतः विकल्प (C) सही है।

69. पिट्स इंडिया अधिनियम 1784: इसने कंपनी के मामलों की निगरानी के लिए इंग्लैंड में एक प्राधिकरण की स्थापना की। यह नियंत्रण बोर्ड के रूप में जाना जाता था जिसमें 6 सदस्य होते थे। परिषद में गवर्नर-जनरल के पास युद्ध, राजस्व और कूटनीति से संबंधित मामलों में बॉम्बे और मद्रास के गवर्नर से अधिक अधिकार प्राप्त था भारत में, कार्यकारी परिषद की क्षमता चार से घटाकर तीन कर दी गई। 'भारत में ब्रिटिश संपत्ति' शब्द का पहली बार उपयोग किया गया था।
अतः विकल्प (D) सही है।

70. इल्बर्ट बिल, 1883 में प्रस्तावित एक विवादास्पद विधेयक था जिसमें वरिष्ठ भारतीय न्यायाधीशों को यूरोपीय अपराधियों की कोशिश करने की अनुमति देने की मांग की गई थी। पहले केवल यूरोपीय न्यायाधीश ही यूरोपीय अपराधियों की कोशिश कर सकते थे। बिल को तत्कालीन वायसराय लॉर्ड रिपन ने पेश किया था। बिल को यूरोपीय और ब्रिटिश लोगों की तीखी आलोचना का सामना करना पड़ा क्योंकि उन्होंने इसे एक अपमान के रूप में देखा क्योंकि इसने भारतीय न्यायाधीशों को यूरोपीय न्यायाधीशों के बराबर रखा।
अतः विकल्प (B) सही है।

71. सी.आर सूत्र या राजगोपालाचारी सूत्र 1944 में आया था जिसमें स्वतंत्रता के बाद मुस्लिम क्षेत्रों में जनमत संग्रह आयोजित करने का प्रस्ताव था लेकिन अंत में आम केंद्र सिद्धांत को समाप्त कर दिया गया जिसे एम. ए. जिन्ना ने खारिज कर दिया था। देसाई लियाकत संधि बाद में 1944 में आई, जिसमें निम्नलिखित प्रावधान थे, केंद्रीय विधानमंडल में कांग्रेस नाद मुस्लिम लीग द्वारा नामित व्यक्तियों की एक समान संख्या 20% सीटें अल्पसंख्यकों के लिए आरक्षित होंगी। 1945 के शिमला सम्मेलन में वेवेल योजना प्रस्तुत की गई थी। यह योजना सांप्रदायिक आधार पर अलग प्रतिनिधित्व के लिए प्रदान की गई थी, लेकिन इसे कांग्रेस और मुस्लिम लीग दोनों ने खारिज कर दिया था।
अतः विकल्प (C) सही है।

72. वर्नाक्युलर प्रेस एक्ट 1878 में लॉर्ड लिटन द्वारा अधिनियमित और पारित किया गया था। यह लोगों को चुप कराने के लिए लागू किया गया था जो सरकार के आलोचक थे और अधिनियम ने सरकार को समाचार पत्रों की संपत्ति को उनके प्रिंटिंग प्रेस सहित जब्त करने की अनुमति दी अगर अखबारों ने "आपत्तिजनक" पाया गया कुछ भी प्रकाशित किया।
अतः विकल्प (C) सही है।

73. भारतीय राष्ट्रीय सेना का गठन 1942 में मोहन सिंह द्वारा सिंगापुर में किया गया था। इसका गठन ब्रिटिश सेना में भारतीय सैनिकों द्वारा किया गया था, जिनको जापानी सेना ने मलायन अभियान के दौरान सिंगापुर में पकड़ लिया था। हालाँकि इच्छित आकार और आइएनए की विशिष्ट भूमिका को लेकर मोहन सिंह और जापानियों के बीच मतभेदों के कारण इसे भंग कर दिया गया था। 1943 में, सुभाषचंद्र बोस ने संगठन का नेतृत्व किया।
अतः विकल्प (D) सही है।

74. ब्रह्मा दत्त: वे तीसरे व्यक्तिगत सत्याग्रही थे। वे गांधी के आश्रम के कैदियों में से एक थे।

सी. राजगोपालाचारी: उन्हें लोकप्रिय रूप से राजाजी के नाम से जाना जाता था। वे स्वतंत्र भारत के पहले भारतीय गवर्नर-जनरल थे। उन्हें वर्ष 1954 में देश का सर्वोच्च नागरिक सम्मान भारत रत्न मिला। वे स्वातंत्र पार्टी के संस्थापक थे।

अतः विकल्प (B) सही है।

75. 14 जून को, वेवेल ने सभी कांग्रेस वर्किंग कमेटी के सदस्यों को रिहा करने का आदेश दिया और एक नई कार्यकारी परिषद की स्थापना के लिए बातचीत का प्रस्ताव रखा, जो खुद वायसराय और कमांडर-इन-चीफ को छोड़कर पूरी तरह से भारतीय होगी। 'जाति के हिंदुओं और मुसलमानों का समान प्रतिनिधित्व होगा, कार्यकारी मौजूदा संविधान के अंतर्गत कार्य करेगा (अर्थात, यह केंद्रीय विधानसभा के लिए उत्तरदायी नहीं होगा), लेकिन अंत युद्ध जीतने के बाद एक नए संविधान पर चर्चा के लिए दरवाजा खुला रखा जाएगा लेकिन जिन्ना की असहिष्णु मांग; लीग को सभी मुस्लिम सदस्यों को चुनने का पूर्ण अधिकार देने और यह कि कार्यकारी में एक तरह का सांप्रदायिक वीटो होना चाहिए, जिसमें मुसलमानों द्वारा दो-तिहाई बहुमत की आवश्यकता वाले फैसलों का विरोध किया गया था, के कारण सम्मेलन वास्तव में भंग हो गया।
अतः विकल्प (A) सही है।

76. अष्टदिग्गज सम्राट श्री कृष्ण देव राय के दरबार में आठ तेलुगु कवियों को दिया जाने वाला सामूहिक शीर्षक है, जिन्होंने 1509 से 1529 में अपनी मृत्यु तक विजयनगर साम्राज्य पर शासन किया था। उनके शासनकाल के दौरान, तेलुगु साहित्य और संस्कृति अपने चरम पर पहुंच गई उनके दरबार में, आठ कवियों को उनकी साहित्यिक सभा के आठ स्तंभ माना जाता था। अष्टदिग्गजों की आयु को प्रबन्ध युग (1540 ई. से 1600) कहा जाता है। अष्टदिग्गजों में से सभी ने कम से कम एक प्रबन्ध कविमय की रचना की थी और यह अष्टदिग्गज थे जिन्होंने प्रबन्ध को अपना वर्तमान स्वरूप दिया। अष्टदिग्गज शीर्षक (अष्ट + दिक + गज) का अर्थ है आठ दिशाओं के हाथी। यह पुरानी हिंदू धारणा को संदर्भित करता है कि आठ हाथी पृथ्वी को आठ दिशाओं से थामे हुए हैं।
अतः विकल्प (A) सही है।

77. बिहार-शरीफ 13वीं और 16वीं शताब्दी के बीच बिहार के मुस्लिम गवर्नरों की राजधानी हुआ करता था, जब शहर एक सक्रिय सांस्कृतिक केंद्र और मुस्लिम विचार और सीखने की एक महत्वपूर्ण केंद्र थी। तुर्की और पश्तून आक्रमणकारियों ने अक्सर विहारों को सैन्य छावनियों के रूप में इस्तेमाल किया।
अतः विकल्प (C) सही है।

78. कुली कुतुब शाह ने 1518 में बहमनी साम्राज्य से अपनी स्वतंत्रता की घोषणा की और अपनी राजधानी को गोलकुंडा स्थानांतरित कर दिया। "कुतुब शाही" वंश की स्थापना 1518 ई. में कुली कुतुब मुल्क द्वारा की गई थी जिसने "सुल्तान" की उपाधि धारण की थी। 1687 में मुगल सम्राट औरंगजेब ने गोलकोंडा किले को जब्त कर लिया और राज्य पर कब्जा कर लिया तब इस राजवंश का अंत हो गया।
अतः विकल्प (C) सही है।

79. तैमूर को लगा कि दिल्ली के मुस्लिम सुल्तान अपने हिंदू अधीनस्थों के प्रति बहुत सहिष्णुता दिखा रहे हैं। सिंध नदी को पार करने के बाद उसने समरकंद से अपनी यात्रा शुरू की और पंजाब में प्रवेश किया। यह 24 सितंबर 1398 को हुआ था। बड़े पैमाने पर हत्याएं हुई, कई गांव और शहर नष्ट हो गए।
अतः विकल्प (B) सही है।

80. बहादुर शाह द्वितीय 28 सितंबर 1837 को अपनी मृत्यु के बाद अपने पिता अकबर द्वितीय के उत्तराधिकारी बने थे। वह ज़फ़र उपनाम नाम के तहत शायरी लिखा करते थे। 1857 के सिपाही विद्रोह के दौरान, उन्हें विद्रोहियों द्वारा भारत के सम्राट के रूप में घोषित किया गया। उसे रंगून भेज दिया गया और वहीं उसकी मौत हो गई।
अतः विकल्प (B) सही है।

81. विजयनगर राज्य की स्थापना 1336 ई में संगम वंश के हरिहर और बुक्का ने की थी। अमर-नायक सैन्य कमांडर थे जिन्हें रियास या विजयनगर के शासकों द्वारा शासित क्षेत्र दिए गए थे। इस प्रणाली की कई विशेषताएं दिल्ली की सल्तनत के एकता प्रणाली से ली गई थीं। अमारा-नायक ने क्षेत्र के एक किसान, शिल्पकार और व्यापारी से कर और अन्य बकाया वसूल किए।
अतः विकल्प (C) सही है।

82. सगुण भक्ति किसी रूप और गुण वाले भगवान की भक्ति और प्रार्थना को संदर्भित करती है जबकि निर्गुण भक्ति बिना किसी गुण और निराकार भगवान के भक्ति और प्रार्थना को संदर्भित करती है। नयनार और अलवर तमिल कवि-संत थे, जिन्होंने दक्षिणी भारत में भक्ति आंदोलन के प्रचार में महत्वपूर्ण भूमिका निभाई थी। नयनार भगवान शिव को समर्पित संतों का समूह था जबकि अलवर संतों का वह समूह था जो भगवान विष्णु, वैष्णव भक्ति के लिए समर्पित थे।
अतः विकल्प (A) सही है।

83. सूफीवाद में, 'वली' शब्द "ईश्वर के मित्र" का प्रतीक है। सूफीवाद या तसव्वुफ इस्लाम में विभिन्न रहस्यवादों और आंदोलनों का नाम है। सूफीवाद का उद्देश्य रहस्य के व्यक्तिगत अनुभव के माध्यम से ईश्वर और मनुष्य के बीच सीधा संवाद स्थापित करना है जो इस्लाम में सन्निहित है। खलीफा उत्तराधिकारी का प्रतीक है। सिलसिला एक श्रृंखला को दर्शाता है। ज़ियारत तीर्थयात्रा का प्रतीक है।
अतः विकल्प (A) सही है।

84. इब्न बतूता मुहम्मद बिन तुगलक के शासन के दौरान भारत आया था। वह एक मुस्लिम यात्री था जो मोरक्को से भारत आया था। रिहलाह इब्न बतूता का सबसे प्रसिद्ध पुस्तक है। मस्जिद के बारे में भी लिखा था।
अतः विकल्प (A) सही है।

85. "वास्को-डि-गामा" 20 मई 1498 ई को "कालीकट" के पास भारत पहुंचा। उन्होंने कालीकट के क्षेत्रीय राजा "ज़मोरिन" से मुलाकात की। कालीकट वर्तमान में "केरल" राज्य में है। "कालीकट" या केरल राज्य का एक बंदरगाह शहर है। वास्को डी गामा "केप ऑफ गुड होप" के माध्यम से समुद्र के रास्ते भारत पहुंचा। कालीकट में 3 महीने बाद वास्को पुर्तगाल लौट आया।
अतः विकल्प (A) सही है।

86. शेरशाह सूरी का जन्म 1486 में हुआ था, वह भारत में सूरी राजवंश के संस्थापक थे। सासाराम (बिहार) इस साम्राज्य की राजधानी के रूप में। उन्होंने रुपया और कबूलियत और पट्टा निपटान के लिए कृषि उपकरण के रूप में मुद्रा शुरू की। शेरशाह सूरी एक जातीय अफगान था, जो सूर वंश का था और 1538 में मुगल साम्राज्य पर अधिकार कर लिया था। शेरशाह सूरी को भारत में ग्रैंड-ट्रंक रोड सिस्टम के आविष्कारक के रूप में जाना जाता था। 1538 से 1545 तक अपने सात साल के शासनकाल के दौरान, उन्होंने एक नया आर्थिक और सैन्य प्रशासन स्थापित किया, ताका से पहला रूपिया जारी किया।
अतः विकल्प (A) सही है।

87. इनका जन्म 20 नवंबर 1750 को कर्नाटक राज्य के बैंगलोर में देवनाहल्ली में हुआ था। आरकोट के संत "टीपू मस्तान औलिया" के बाद टीपू सुल्तान का नाम 'टीपू सुल्तान' रखा गया था। टीपू का मूल नाम फतेह अली साहब टीपू था। उन्हें लोकप्रिय रूप से "टाइगर ऑफ मैसूर" के रूप में जाना जाता था। ट्री ऑफ़ लिबर्टी एक प्रसिद्ध एल्म ट्री था जो अमेरिकी क्रांति से पहले बोस्टन में खड़ा था। श्रीरंगपट्टनम में "ट्री ऑफ लिबर्टी" की स्थापना 1794 में फ्रांस के रिपब्लिकन अधिकारियों ने टीपू सुल्तान के सहयोग से की थी।
अतः विकल्प (B) सही है।

88. दीन-ए इलाही "ईश्वर का धर्म", 1582 ईस्वी में मुगल सम्राट अकबर द्वारा प्रारंभ की गई धार्मिक मान्यताओं की एक प्रणाली थी। उनका विचार इस्लाम और हिंदू धर्म को एक विश्वास में जोड़ना था, लेकिन ईसाई धर्म, पारसी धर्म और

जैन धर्म के पहलुओं को भी जोड़ना था। उन्होंने 1575 में एक अकादमी, इबादत खाना, "पूजा घर" की स्थापना की, जहाँ सभी प्रमुख धर्मों के प्रतिनिधि धर्मशास्त्र के प्रश्नों पर चर्चा करने के लिए एकत्रित हो सकते थे।
अतः विकल्प (C) सही है।

89. अकबर की शासन गद्दी आगरा थी। अकबर, पूरा नाम अबू अल फत जलाल अल-दीन मुहम्मद अकबर भारत के मुगल सम्राटों में सबसे महान है। उन्होंने 1556 से 1605 तक शासन किया और मुगल शक्ति को भारतीय उपमहाद्वीप के अधिकांश हिस्सों तक बढ़ाया। साम्राज्य की एकता को बनाए रखने के लिए, अकबर ने अपने दायरे की गैर-मुस्लिम जनसंख्या की वफादारी जीतने वाले कार्यक्रमों को अपनाया।
अतः विकल्प (D) सही है।

90. चोलों के शासनकाल को दक्षिण भारत का 'स्वर्ण युग' माना जाता है। तमिल संस्कृति का स्वर्ण युग, साहित्य के महत्व की विशेषता, शाही चोल काल था। चोल अभिलेखों में, राजराजेश्वरा नाटकम, वीरनुकवियम और कन्निवाना पुरनम सहित कई कृतियों का उल्लेख किया गया है।
अतः विकल्प (C) सही है।

91. दीन-ए-इलाही का सिद्धांत मुगल सम्राट अकबर द्वारा प्रस्तावित किया गया था। यह एकेश्विरवाद पर आधारित है, जिसका अर्थ है एक ईश्वर में विश्वास। सम्राट अकबर महान के समय में दीन-ए-इलाही के पहले अनुयायियों में बीरबल, राजकुमार सलीम और अबुल-फ़ज़ल इब्न मुबारक शामिल थे।
अतः विकल्प (B) सही है।

92. द रज़्मनामा महाभारत का फारसी अनुवाद है। रज्मनामा का अर्थ है "युद्ध की पुस्तक" यह मकतब खाना द्वारा पूरा किया गया था, जो एक अनुवाद ब्यूरो है, जिसे अकबर द्वारा फारसी में महत्वपूर्ण संस्कृत ग्रंथों का अनुवाद करने के लिए स्थापित किया गया था। यह अकबर की मंशा थी कि साम्राज्य फ़ारसी-भाषी हो, और हिंदू महाकाव्यों का अनुवाद (रामायण सहित, राम के जीवन का वर्णन करने वाला महाकाव्य) हिंदू विषयों के बीच संबंधित और समावेश की भावना को प्रोत्साहित करने का एक तरीका था।
अतः विकल्प (D) सही है।

93. 1528 में, चंदेरी के युद्ध में बाबर ने राजपूतों को हराया था। चंदेरी का युद्ध राणा सांगा के प्रमुख सहयोगी मेदिनी राय और 1528 में बाबर के बीच लड़ा गया था इस लड़ाई के साथ, राजपुताना में प्रतिरोध पूरी तरह से बिखर गया। इस लड़ाई के बाद, चंदेरी बाबर के पूर्ण नियंत्रण में आ गई, क्योंकि उसने लड़ाई जीत ली।
अतः विकल्प (D) सही है।

94. मार्को पोलो का जन्म, इटली में वेनिस में 1254 में हुआ था। वह एक वेनिस व्यापारी और साहसिक यात्री थे, जिन्होंने 1271-95 में यूरोप से एशिया तक की यात्रा की थी। इस अवधि के दौरान, वह 17 वर्ष तक चीन में रहे। "ट्रेवल्स ऑफ मार्को पोलो', मार्को पोलो द्वारा लिखित एक उत्कृष यात्रा साहित्य है।
अतः विकल्प (D) सही है।

95. अलबरूनी, महमूद गजनवी के समकालीन थे। खिव पर आक्रमण करने के बाद वह महमूद के संपर्क में आए और उन्हें कैदी के रूप में पेश किया गया था। अपनी पुस्तक तहकीक-ए-हिंद में उन्होंने तत्कालीन भारत की सामाजिक, राजनीतिक, धार्मिक और आर्थिक स्थिति का चित्रण किया है।
अतः विकल्प (A) सही है।

96. इल्तुतमिश (1211-1236): वह कुतुब-उद-दीन-ऐबक का उत्तराधिकारी था। वह दिल्ली सल्तनत का तीसरा शासक था, जो मामलुक वंश से संबंधित था। उन्होंने चालीस वफादार गुलाम अमीर की टुकड़ी का गठन किया जिसे तुकान-ए-चिहलगनी भी कहा जाता है जिसे चालीसा भी कहा जाता है। उन्होंने चांदी का सिक्का (टंका) और पीतल का सिक्का (जीतल) प्रस्तावित किया। उसने लाहौर के स्थान पर दिल्ली को राजधानी बनाया।

अतः विकल्प (C) सही है।

97. खालसा परंपरा की शुरुआत 1699 में सिख धर्म के दसवें गुरु, गुरु गोविंद सिंह ने की थी। खालसा की स्थापना सिखों द्वारा वैशाखी के त्योहार के दौरान मनाई जाती है। मैकलॉड के अनुसार खालसा, अरबी या फारसी शब्द "खालिसा" से लिया गया है जिसका अर्थ है "शुद्ध होना, स्पष्ट होना, से मुक्त होना"। गुरु तेग बहादुर सिख धर्म के नौवें गुरु थे।
अतः विकल्प (C) सही है।

98. 1194 में चंदावर की लड़ाई में जयचंद को कुतुबुद्दीन ऐबक ने हराया था। ऐबक मुहम्मद गोरी का गुलाम था और दिल्ली में गुलाम वंश का संस्थापक था। जयचंद चंदावर वंश का राजपूत राजा था। जयचंद ने उत्तर प्रदेश के कन्नौज क्षेत्र पर शासन किया।
अतः विकल्प (B) सही है।

99. बाबर भारतीय उपमहाद्वीप में मुगल साम्राज्य का संस्थापक था। उसने 1526 से 1530 तक मुगल वंश पर शासन किया। बाबर फ़रग़ना से भारत आया। बाबर 1494 में फ़रग़ना के सिंहासन के लिए सफल हुआ जब वह केवल 12 वर्ष का था। उसे उज़बेक्स (मंगोल दल) के आक्रमण के कारण अपने पैतृक सिंहासन को छोड़ने के लिए मजबूर किया गया था।
अतः विकल्प (C) सही है।

100. बहलोल लोदी: वह पश्तून लोदी जनजाति के प्रमुख थे। वह लोदी राजवंश के संस्थापक थे। वह 1451 में सुल्तान बन गया। वह पहले अफगानी राजा थे। उन्होंने बहलोली सिक्के नामक नए तांबे के सिक्के पेश किए। उसने 1489 तक दिल्ली पर शासन किया।
अतः विकल्प (A) सही है।

101. इब्न बतूता ने मुहम्मद बिन तुगलक के शासनकाल के दौरान भारत का दौरा किया। वह एक मोरक्को के विद्वान और यात्री थे तथा मध्ययुगीन विश्व में व्यापक रूप से यात्रा की। उन्होंने मध्य एशिया, भारत और चीन में अधिकांश इस्लामी दुनिया और कई गैर-इस्लामिक देशों की यात्रा की। उन्होंने 100000 किमी से अधिक की दूरी तय करने वाले किसी भी अन्य खोजकर्ता की तुलना में अधिक यात्रा की।
अतः विकल्प (B) सही है।

102. गोलकोंडा किला हैदराबाद, तेलंगाना में स्थित है। यह किला 1143 के पास कुतुब शाही वंश द्वारा बनाया गया था। गोलकोंडा एक गढ़वाली गढ़ और कुतुब शाही वंश की प्रारंभिक राजधानी है। गोलकोंडा में कई खदानें हैं जहाँ कई हीरे जैसे कोहिनूर, नासक डायमंड, होप डायमंड और कई अन्य हीरे का उत्पादन किया गया था। ऐतिहासिक गोलकुंडा किले का नाम तेलुगु शब्द 'गोल्ला कोंडा' से लिया गया है जिसका अर्थ है चरवाहे का।
अतः विकल्प (B) सही है।

103. नादिर शाह ने शाहजहाँ द्वारा निर्मित मयूर सिंहासन भारत से छीन लिया था। ईरान के शासक नादिर शाह ने 1739 के आक्रमण के दौरान अपने पास मौजूद बहुमूल्य रत्नों को चुरा लिया था। एक प्रसिद्ध रत्नजड़ित सिंहासन जो भारत के मुगल सम्राटों का आसन था, मयूर सिंहासन था।
अतः विकल्प (C) सही है।

104. कुतुब-उद-दीन ऐबक भारत में गुलाम वंश का संस्थापक था, जिसने 1206 से 1210 तक शासन किया था। कुतुब-उद-दीन ऐबक को उसकी उदारता के कारण लाख बख्श सुल्तान के रूप में भी जाना जाता था। उन्होंने कुतुब मीनार की नींव रखी जिसे बाद में इल्तुतमिश ने पूरा किया। कुव्वत-अल-इस्लाम मस्जिद भी उसके द्वारा कमीशन की गई थी। उन्होंने राजस्थान के अजमेर शहर में प्रसिद्ध 'अढ़ाई दिन का झोंपड़ा' मस्जिद बनवाई। 1210 में, चौगन खेलते समय, वह घोड़े से गिर गया और मर गया। उनका मकबरा लाहौर के अनारकली बाज़ार में स्थित है।
अतः विकल्प (D) सही है।

105. भारत में मुस्लिम शासन की स्थापना तुर्कों द्वारा की गई थी। मुहम्मद गौरी एक तुर्की शासक था जिसने 1175 ईस्वी में भारत पर आक्रमण किया था जिससे भारत में मुस्लिम शासन की शुरुआत हुई थी। मुहम्मद-बिन-कासिम, अरब का पहला मुस्लिम शासक था जिसने भारत पर आक्रमण था, लेकिन वह भारत में मुस्लिम शासन स्थापित करने में सफल नहीं हो पाया था।
अतः विकल्प (B) सही है।

106. अलाउद्दीन खिलजी (1296-1316): उसने खून और फौलाद की नीति को अपनाया। वह दिल्ली की पहली सल्तनत में तुर्की सेना पर आधारित स्थायी सेना

की नींव रखने वाला पहला सुल्तान था। उसने घोड़ों को दागने की प्रणाली शुरू की और सैनिकों की एक सूची भी रखी। उसने सिरी गाँव के पास प्रसिद्ध हौज़ खास का निर्माण करवाया। उसने एक हजार स्तंभों के महल, अली दरवाजा का निर्माण करवाया। उन्होंने मंगोलों के खतरे से निपटने के लिए "खून और फौलाद" की बलबन नीति को अपनाया।
अतः विकल्प (A) सही है।

107. गुरु नानक देव (1469-1539) का जन्म लाहौर के निकट तलवंडी राय भोई नामक एक गाँव में हुआ था (इसका नाम बाद में ननकाना साहिब रखा गया)। उनकी लिखी रचनाएँ पाँचवें सिख गुरु, गुरु अर्जन (1563-1606) द्वारा संकलित आदि ग्रंथ में शामिल थीं यह सुल्तानपुर में रहने के दौरान था कि नानक ने छत्तीस साल की उम्र में ज्ञान प्राप्त किया। सुल्तानपुर लोदी, पंजाब एक पवित्र सिख तीर्थ स्थल है जो सिख धर्म के संस्थापक, गुरु नानक से जुड़ा हुआ है, जो 14 साल से यहां रहते थे।

अतः विकल्प (A) सही है।

108. बाबर 1526 में भारत में पहला मुगल सम्राट और मुगल साम्राज्य का संस्थापक था। पानीपत का पहला युद्ध 1526 में बाबर और लोधी वंश के बीच लड़ा गया था। इस लड़ाई ने पहली बार भारत में मुगल शासन की स्थापना की। ज़हीरुद्दीन मुहम्मद बाबर तुर्की विजेता तैमूर से अपने पिता की तरफ से वंशज थे।
अतः विकल्प (B) सही है।

109. नालंदा भारतीय उपमहाद्वीप का सबसे प्राचीन विश्वविद्यालय है। यह 800 वर्षों की निर्बाध अवधि में ज्ञान के संगठित प्रसारण में लगा रहा। साइट का ऐतिहासिक विकास एक धर्म में बौद्ध धर्म के विकास और मठवासी और शैक्षिक परंपराओं के उत्कर्ष की गवाही देता है। यह एक प्रमुख महाविहार या एक बड़ा बौद्ध मठ था जो मगध के तत्कालीन राज्य में 5वीं से 1200 ईस्वी तक सीखने के एक महत्वपूर्ण केंद्र के रूप में दोगुना हो गया था।
अतः विकल्प (D) सही है।

110. पंजाब का सबसे प्रसिद्ध मंदिर स्वर्ण मंदिर है। स्वर्ण मंदिर, जिसे हरमंदिर साहिब के नाम से भी जाना जाता है, जिसका अर्थ है "भगवान का निवास", अमृतसर, पंजाब, भारत में स्थित एक गुरुद्वारा है। स्वर्ण मंदिर अमृतसर भारत (श्री हरमंदिर साहिब अमृतसर) न केवल सिखों का एक केंद्रीय धार्मिक स्थल है, बल्कि मानवीय भाईचारे और समानता का प्रतीक है। जाति, पंथ, या जाति से बेपरवाह हर कोई बिना किसी अड़चन के आध्यात्मिक साधना और धार्मिक तृप्ति की तलाश कर सकता है। यह सिखों की विशिष्ट पहचान, महिमा और विरासत का भी प्रतिनिधित्व करता है।
अतः विकल्प (A) सही है।

111. शुंग साम्राज्य मगध का एक प्राचीन भारतीय राजवंश था जो मध्य और पूर्वी भारतीय उपमहाद्वीप के लगभग 187 से 78 ईसा पूर्व के क्षेत्रों को नियंत्रित करता था। मौर्य साम्राज्य के पतन के बाद राजवंश की स्थापना पुष्यमित्र शुंग ने की थी।

अतः विकल्प (B) सही है।

112. मेगस्थनीज सशस्त्र बलों के प्रशासन का वर्णन करता है, जिसमें प्रत्येक में पाँच सदस्यों वाली छह समितियाँ शामिल हैं। पहली समिति नौसैनिक युद्ध से संबंधित थी, दूसरा युद्ध सामग्री के परिवहन की देखरेख करने वाले आधुनिक कमिसारीट के बराबर, तीसरी पैदल सेना की देखरेख करने वाली, चौथी निगरानी करने वाली घुड़सवार सेना, पाँचवीं रथों से संबंधित थी और छठी हाथी की निगरानी में थी।

अतः विकल्प (B) सही है।

113. जून 323 ईसा पूर्व में अलेक्जेंडर की मृत्यु के बाद, सेल्यूकस ने शुरुआत में अलेक्जेंडर के साम्राज्य के रेजिडेंट पेरिडाकास का समर्थन किया, और 323 ईसा पूर्व में बाबुल के विभाजन में साथियों का कमांडर और चिलिआर्क नियुक्त किया गया था। सेल्यूकस ने न केवल बेबीलोनिया, बल्कि सिकंदर के साम्राज्य के पूरे विशाल पूर्वी हिस्से पर शासन किया।

अतः विकल्प (A) सही है।

114. मुद्राराक्षस चंद्रगुप्त मौर्य की शक्ति के लिए अदालत की साजिशों और पहुंच से संबंधित है। मुद्राराक्षस विशाखदत्त द्वारा रचित एक संस्कृत भाषा का नाटक है जो भारत में राजा चंद्रगुप्त मौर्य के पराक्रम को बताता है।

अतः विकल्प (D) सही है।

115. बौद्ध ग्रन्थ महावम्स टीका के अनुसार, तक्षशिला (अब पाकिस्तान) में अपनी पढ़ाई पूरी करने के बाद चंद्रगुप्त और उनके गुरु चाणक्य ने एक सेना में भर्ती होना शुरू किया। यह युद्धों का एक दौर था, यह देखते हुए कि सिकंदर महान ने काकेशस इंडिकस से उत्तर-पश्चिम उपमहाद्वीप पर आक्रमण किया था (इसे प्राचीन ग्रंथों में पारोपामिसडे भी कहा जाता है, जिसे अब हिंदूकुश पर्वत श्रृंखला कहा जाता है)।
अतः विकल्प (D) सही है।

116. हाइडेस्पेस की लड़ाई 326 ईसा पूर्व में भारतीय उपमहाद्वीप (आधुनिक पंजाब, पाकिस्तान) के पंजाब क्षेत्र में झेलम नदी के नाम पर पौरव साम्राज्य के सिकंदर महान और राजा पोरस के बीच लड़ी गई थी।
अतः विकल्प (A) सही है।

117. नागार्जुन- महायान दार्शनिक। अश्वघोष- कवि, संगीतकार और बौद्ध भिक्षु। वसुमित्र- बौद्ध भिक्षु जिन्होंने चौथी बौद्ध परिषद की अध्यक्षता की। ये सभी कुषाण शासक कनिष्क के समकालीन थे।

अतः विकल्प (B) सही है।

118. रुद्रदामन का जूनागढ़ शिलालेख, जिसे रुद्रदमन के गिरनार रॉक शिलालेख के रूप में भी जाना जाता है, एक संस्कृत गद्य है, जो कि पश्चिमी क्षत्रप शासक रुद्रदामन द्वारा शिला पर उत्कीर्ण है। यह जूनागढ़, गुजरात, भारत के पास गिरनार में स्थित है। यह शिलालेख 150 CE के कुछ ही समय बाद का है।

अतः विकल्प (A) सही है।

119. कलिंग युद्ध (समाप्त c. 262 ईसा पूर्व) अब भारत में अशोक की अगुआई में मौर्य साम्राज्य और कलिंग राज्य के बीच क्या लड़ा गया था, पूर्वी तट पर स्थित एक स्वतंत्र सामंती राज्य, वर्तमान में ओडिशा और आंध्र प्रदेश से उत्तर की ओर स्थित है।

अतः विकल्प (D) सही है।

120. खारवेल भारत के वर्तमान ओडिशा में कलिंग के राजा थे। उसने पहली या दूसरी शताब्दी ईसा पूर्व के आसपास कहीं शासन किया। उनका नाम भी खारबेला के रूप में अनुवादित है।

अतः विकल्प (B) सही है।

121. पुष्कलवती (जिसे अब चारसद्दा के नाम से जाना जाता है) NWFP की पिछली राजधानी थी और कुषाण राजा कनिष्क ने दूसरी शताब्दी में इसे राजधानी से पुरुषपुर (अब पेशावर के नाम से जाना जाता है) में बदल दिया। पेशावर नाम संस्कृत शब्द "सिटी ऑफ मेन" से लिया गया है।

अतः विकल्प (C) सही है।

122. जिला स्तर पर मौर्य अधिकारियों का सही अवरोही क्रम था, प्रादेशिका, राजुका, युक्ता। प्रादेशिका वरिष्ठ थी और राजुका अधीनस्थ थी। युक्ता उन दोनों के अधीन थी। प्रत्येक पांच वर्ष में राज्य का दौरा करना और प्रशासन का विवरण एकत्र करना प्रादेशिका का कर्तव्य था।अतः विकल्प (D) सही है।

123. मेगस्थनीज एक प्राचीन यूनानी इतिहासकार, राजनयिक और भारतीय नृवंशविज्ञानियों और हेलेनिस्टिक काल में खोजकर्ता था। उन्होंने अपनी पुस्तक इंडिका में भारत का वर्णन किया है, जो अब खो गया है, लेकिन बाद के लेखकों के लेखन से आंशिक रूप से पुनर्निर्माण किया गया है।

अतः विकल्प (B) सही है।

124. प्रणय का शाब्दिक अर्थ है स्नेह का उपहार, प्रणय आपातकालीन अवधि के दौरान राज्य द्वारा लगाया गया एक लगान था। हालांकि पाणिनि द्वारा पहली बार उल्लेख किया गया था, यह पहली बार अर्थशास्त्री के लिए विस्तृत था।

प्रणय मिट्टी की प्रकृति के अनुसार उपज का एक-चौथाई या एक चौथाई हिस्से के बराबर था।

अतः विकल्प (C) सही है।

125. बिन्दुसार को संस्कृत साहित्य में अमित्रघाट (अमित्र-शत्रु, घट-कातिल) के रूप में भी जाना जाता है। स्ट्रैबो ने उन्हें अमित्रोचेतस या एलिट्रोचैड्स नाम दिया है जो अमृताघाट नाम के ग्रीक संस्करण हैं।

अतः विकल्प (C) सही है।

विगत वर्षीय प्रश्नपत्र 01

Q.1 सिन्धु संस्कृति से सम्बन्धित स्थल मांडा किस नदी के किनारे स्थित है?
A. रावी नदी **B.** सतलज नदी
C. सिन्धु नदी **D.** चिनाव नदी

Q.2 हड़प्पा का आरम्भिक उत्खनन किसके द्वारा किया गया था?
A. आर. डी. बनर्जी **B.** दयाराम साहनी
C. मैके **D.** मार्टीमर व्हीलर

Q.3 पुरापाषाण युग का प्रमुख औजार क्या था?
A. हस्तकुठार **B.** शल्के के बने फलक
C. हड्डी के औजार **D.** इनमें से कोई नहीं

Q.4 परिष्कृत औजारों का युग माना जाता है-
A. निम्न पुरापाषाण युग **B.** उच्च पुरापाषाण युग
C. नवपाषाण युग **D.** मध्य पाषाण युग

Q.5 सैन्धव सभ्यता का कौन-सा स्थल समुद्र व्यापार का मुख्य केन्द्र माना जाता था?
A. कालीबंगा **B.** हड़प्पा **C.** धौलावीरा **D.** लोथल

Q.6 ऋग्वेद में कौन-से वैदिक देवता सहस्र वाले भवन में निवास करते हुए वर्णित हैं?
A. इन्द्र व अग्नि **B.** यम व यमी
C. ऊषा व सूर्य **D.** मित्र व वरुण

Q.7 भारत में आगमन के बाद आर्यों ने सर्वप्रथम अपना निवास स्थान कहाँ बनाया ?
A. मध्यदेश **B.** कुरुक्षेत्र
C. गंगा का मैदान **D.** सप्त-सैन्धव प्रदेश

Q.8 यजुर्वेद के मन्त्रों से देवताओं का आह्यान करने वाले को क्या कहा जाता था?
A. उद्गाता **B.** होता **C.** याज्ञिक **D.** आचार्य

Q.9 किस वेद में देवताओं का विवरण मिलता है?
A. ऋग्वेद **B.** सामवेद **C.** यजुर्वेद **D.** अथर्ववेद

Q.10 आदि-शंकर का दर्शन क्या है?
A. द्वैत **B.** अद्वैत
C. योग **D.** इनमें से कोई नहीं

Q.11 अशोक के समय के ज्यादातर अभिलेख किस भाषा में हैं?
A. प्राकृत **B.** पाली **C.** खरोष्ठी **D.** संस्कृत

Q.12 कनिष्क के समय में आयोजित चतुर्थ बौद्ध संगीति के सभापति कौन थे?
A. आनन्द **B.** सारिपुत्त **C.** कालाशोक **D.** वसुमित्र

Q.13 भगवान बुद्ध के द्वारा बताए गए 'मध्यम मार्ग' का क्या अभिप्राय है?
A. दु:ख और सुख के बीच का मार्ग
B. आत्मा-परमात्मा के बीच का मार्ग
C. स्वर्ग प्राप्ति का मार्ग
D. न अधिक काम-भोग और न अधिक काया-क्लेश

Q.14 धमेख स्तूप स्थित है-
A. साँची में **B.** भरहुत में **C.** सारनाथ में **D.** झाँसी में

Q.15 निम्नलिखित में से मौर्य काल का सबसे अच्छा नमूना कौन-सा है?
A. स्तम्भ **B.** चैत्य **C.** स्तूप **D.** गुहाकला

Q.16 अशोक के धम्म का सार किस अभिलेख में मिलता है?
A. द्वितीय स्तम्भलेख **B.** तृतीय स्तम्भलेख
C. सप्तम शिलालेख **D.** इनमें से सभी

Q.17 जैन धर्म-ग्रन्थों का प्रथम संकलन कहाँ हुआ?
A. मथुरा **B.** वल्लभी
C. कुण्डलवन **D.** श्रावणबेलगोला

Q.18 निम्नलिखित में से कौन याज्ञवल्क्य स्मृति का टीकाकार नहीं है?
A. विश्वकप **B.** अवरार्क
C. विज्ञानेश्वर **D.** कुल्लूक भट्ट

Q.19 सोने के सिक्के भारत में सर्वप्रथम किसने प्रारम्भ किए?
A. मौर्यवंश **B.** रोमन **C.** इण्डो-ग्रीक **D.** गुप्त काल

Q.20 नाट्यशास्त्र किसने लिखा?
A. भवभूति **B.** भारवि **C.** भरत **D.** मतंग

Q.21 किस युग को भारतीय इतिहास में 'क्लासिकल युग' कहा जाता है?
A. मौर्य युग **B.** कुषाण युग
C. गुप्त युग **D.** सातवाहन युग

Q.22 सांख्य दर्शन के प्रणोता कौन थे?
A. ऐतरेय **B.** कवष ऐलूथ
C. महावीर स्वामी **D.** कपिल

Q.23 वत्स जनपद की राजधानी कहाँ थी?
A. विराटनगर **B.** शक्तिमती **C.** इन्द्रप्रस्थ **D.** कौशाम्बी

Q.24 9वीं शताब्दी में उत्तर भारत को राजनीतिक एकता के सूत्र में बाँधा था-
A. चन्देल ने **B.** प्रतिहार ने
C. इन्द्रप्रस्थ ने **D.** कौशाम्बी ने

Q.25 सूची-I का मिलान सूची-II से कीजिए और दिए गए कूट से सही उत्तर चुनिए—

सूची-I	सूची-II
(A) रामानुज	1. शुद्धाद्वैत
(B) मध्वाचार्य	2. द्वैताद्वैत
(C) निम्बार्क	3. द्वैत
(D) वल्लभाचार्य	4. विशिष्टाद्वैत

कूट:
A. (A)-4, (B)-3, (C)-2, (D)-1
B. (A)-1, (B)-2, (C)-3, (D)-4
C. (A)-3, (B)-1, (C)-4, (D)-2
D. (A)-2, (B)-4, (C)-1, (D)-3

Q.26 सूची-I का मिलान सूची-II से कीजिए और दिए गए कूट से सही उत्तर चुनिए—

सूची-I	सूची-II
(A) कबीर	1. किसान
(B) रैदास	2. नाई

(C) सेना	3. मोची
(D) धन्ना	4. जुलाहा

कूट:

A. (A)-1, (B)-2, (C)-3, (D)-4
B. (A)-4, (B)-3, (C)-2, (D)-1
C. (A)-3, (B)-1, (C)-4, (D)-2
D. (A)-2, (B)-4, (C)-1, (D)-3

Q.27 ऐतिहासिक युग के प्रारम्भ में हमें तमिलों की जानकारी के क्या स्रोत उपलब्ध हैं?
A. पुराण **B.** खुदाई
C. संगम साहित्य **D.** वेद

Q.28 निम्नांकित में से प्राक-हड़प्पा संस्कृति कौन-सी है?
A. कुल्ली संस्कृति **B.** वैदिक संस्कृति
C. ईरानी संस्कृति **D.** सुमेरिया संस्कृति

Q.29 अर्थशास्त्र कितने अधिकरणों में विभक्त है?
A. 9 **B.** 13 **C.** 15 **D.** 1`7

Q.30 राजदूत डायोनिसियस किसके दरबार में आया था?
A. चन्द्रगुप्त मौर्य **B.** बिन्दुसार
C. अशोक **D.** दशरथ

Q.31 अलवरों ने किसके भक्ति गीतों को लोकप्रिय बनाया?
A. शिव **B.** विष्णु **C.** वासुदेव **D.** सूर्य

Q.32 किस राजा के शासनकाल में चीनी तीर्थयात्री फाह्यान भारत आया था?
A. चन्द्रगुप्त मौर्य **B.** विष्णु
C. चन्द्रगुप्त विक्रमादित्य **D.** कनिष्क

Q.33 मेगस्थनीज अपनी पुस्तक इंडिका में भारतीय समाज को कितने वर्गों में बाँटा हुआ बताता है?
A. चार वर्गों में **B.** छः वर्गों में
C. आठ वर्गों में **D.** सात वर्गों में

Q.34 माउण्ट आबू में दिलवाड़ा मन्दिर किसने बनवाए थे?
A. चन्देल **B.** पाल **C.** सोलंकी **D.** परमार

Q.35 'मिताक्षरा' के रचयिता कौन थे?
A. चन्देस्वर **B.** विज्ञानेश्वर **C.** हेमचन्द्र **D.** धर्मपाल

Q.36 'आगरा' की स्थापना किसने की?
A. शाहजहाँ **B.** अकबर
C. बहलोल लोदी **D.** सिकन्दर लोदी

Q.37 'इक्ता' क्या था?
A. अभिजात की आय **B.** जमीन का टुकड़ा
C. सेना **D.** शाही शिविर

Q.38 औरंगजेब ने 1663 ई. में सती-प्रथा पर पूर्ण प्रतिबन्ध लगा दिया। इसके पूर्व किस मुगल शासक ने सती-प्रथा को बन्द करने का प्रयास किया?
A. हुमायूँ **B.** अकबर
C. शाहजहाँ **D.** इनमें से कोई नहीं

Q.39 चोल प्रशासन में 'उदैकोट्टम' नामक अधिकारी का क्या कार्य था?
A. राजा के आदेशों को लिखना
B. ग्राम सभा की बैठकों का आयोजन करना
C. कर वसूलना
D. उपरोक्त में से कोई नहीं

Q.40 विजयनगर राज्य का संस्थापक कौन था?
A. देवराय-I **B.** हरिहर
C. कृष्णदेवराय **D.** हरिहर और बुक्का

Q.41 'तोलकप्पियम' की विषय-वस्तु क्या है?
A. धर्म **B.** राजनीति
C. दर्शन **D.** व्याकरण व कविता

Q.42 सूची-I का मिलान सूची-II से कीजिए और गए कूट से सही उत्तर चुनिए।

सूची-I	सूची-II
(A) सासाराम में मकबरा	1. मुहम्मद कुली कुतबशाह
(B) फतेहपुर सीकरी	2. शाहजहाँ
(C) जामा मस्जिद	3. अकबर
(D) चारमीनार	4. शेरशाह

कूट:

A. (A)-4, (B) - 3, (C)-2, (D)-1
B. (A)-4, (B) -2, (C)-3, (D)-1
C. (A)-4, (B)- 1, (C)-3, (D)-2
D. (A)-4, (B)- 3, (C)-1, (D)-2

Q.43 मध्यकाल में कश्मीर का सबसे महान सुल्तान कौन था जिसे 'बुदशाह' भी पुकारा जाता है?
A. शाह-मीर **B.** जैनुल अबीदिन
C. महमूद **D.** हसन

Q.44 भूमि पैमाइश के सन्दर्भ में 'भीओली' का क्या अर्थ है?
A. तैयार अनाज का अल्प भाग
B. प्रति इकाई क्षेत्रफल के आधार पर उत्पादित फसल का एक अनुपात निश्चित करना
C. भाग निर्धारित करने की जटिल विधि
D. उपरोक्त में से कोई नही

Q.45 मंसूर और माधव किसके दरबार के मुख्य चित्रकार थे?
A. अकबर **B.** जहाँगीर **C.** शाहजहाँ **D.** औरंगजेब

Q.46 दिल्ली सल्तनत का प्रथम वैधानिक सुल्तान कौन था?
A. ऐबक **B.** इल्तुमिश
C. मुहम्मद गोरी **D.** बलबन

Q.47 गुप्त वंश का प्रथम शासक किसे माना जाता है?
A. चन्द्रगुप्त प्रथम **B.** श्रीगुप्त
C. रामगुप्त **D.** घटोत्कच

Q.48 अकबर द्वारा कौन-सा निम्नलिखित सैनिकों में कौन सर्वाधिक वेतन-भोगी होता था?
A. दीवाने-आम **B.** पंचमहल
C. दीवाने-खास **D.** शीशमहल

Q.49 मुगल सेना के निम्नलिखित सैनिकों में कौन सर्वाधिक वेतन-भोगी होता था?
A. अहदी **B.** बरगीर
C. दाखिली **D.** इनमें से कोई नहीं

Q.50 निम्नलिखित में से किस संगीत शैली/वाद्य का आविष्कार तानसेन ने किया था?
A. मिया की तोड़ी (राग)
B. रुद्र वीणा (संगीत वाद्ययंत्र)
C. दरबारी कन्हारा (राग)

D. ये सभी

Q.51 अल्तमगा भूदान किसने आरम्भ किया ?

A. जहाँगीर B. शेरशाह C. अकबर D. शाहजहाँ

Q.52 'नानकार' और 'बंध' हैं-

A. सिंचाई यंत्र
B. लगान मुक्त भूमि
C. बुवाई यंत्र
D. इनमें से सभी

Q.53 1699 ई. में 'खालसा' की स्थापना की-

A. गुरु तेग बहादुर
B. गुरु रामदास
C. गुरु गोविन्द सिंह
D. इनमें से सभी

Q.54 अमीर खुसरों प्रसिद्ध शिष्य थे-

A. शेख सलीम चिश्ती के
B. निजामुद्दीन औलिया के
C. बाबा फरीद बरित्तयार काकी के
D. शेख अहमद सरहिन्दी के

Q.55 कण्डरीय महादेव मन्दिर बनवाया था-

A. प्रतिहार B. राजपूत C. पाल D. चन्देलों

Q.56 आयंगर थे-

A. जिले
B. बारह अधिकारियों का समूह जो विजयनगर साम्राज्य में गाँवों का प्रशासन देखता था
C. बारह अधिकारी जो प्रान्तीय प्रशासन देखते थे
D. विजयनगर राज दरबार में मन्त्रियों की परिषद्

Q.57 "अलाई दरवाजा इस्लामी स्थापत्य कला के खजाने का सबसे सून्दर नग है।" यह किसका कथन है?

A. फर्ग्यूसन
B. पर्सी ब्राउन
C. मार्शल
D. विन्सेंट स्मिथ

Q.58 'तारीख-ए-हिन्द' पुस्तक लिखी है-

A. अबुल फजल
B. अमीर खुसरों
C. अमीर हसन
D. अल-बरूनी

Q.59 मोरक्कन यात्री इब्न बतूता को किसके शासनकाल मे दिल्ली का प्रमुख काजी नियुक्त किया गया?

A. गियासुद्दीन तुगलक
B. बलबन
C. मुहम्मद बिन तुगलक
D. अलाउद्दीन खिलजी

Q.60 तंजौर की प्रसिद्ध नटराज मूर्ति किसके समय की भारतीय कला की प्रमुख धरोहर है?

A. पल्लव B. चोल C. चालुक्य D. पाण्डेय

Q.61 निकोलाज मनूची, जिसने औरंगजेब के शासनकाल का विवरण दिया है, निवासी था-

A. मोरक्को का
B. लिस्बन का
C. रोम का
D. वेनिस का

Q.62 फारसी पत्रिका 'मिरात-उल-अखबार' किसने प्रारम्भ की है?

A. देवेन्द्रनाथ टैगोर
B. मौलाना आजाद
C. राजा राममोहन राय
D. सर सैयद अहमद खाँ

Q.63 उस राजवंश का नाम क्या था जिसने हत्या कर सत्ता हथियायी और जिसका अन्त भी हत्या द्वारा हुआ?

A. चोल वंश B. शुंग वंश C. कुषाण वंश D. गुप्त वंश

Q.64 वह कौन-सा प्रथम मुस्लम लेखक था जिसने अपनी रचनाओं में हिन्दी के शब्दों एवं भारतीय काव्य की कल्पनाओं एवं विषयों का प्रयोग किया ?

A. अबुल फजल
B. अब्दुल कादिर बदायूँनी
C. अमीर खुसरो
D. फिरदौसी

Q.65 विजयनगर के किस शासक ने अपनी सेना में मुसलमानों को नियुक्त करने की नीति का प्रारम्भ किया ?

A. देवराय II
B. हरिहर प्रथम
C. कृष्णदेवराय
D. तिरुमल

Q.66 शेरशाह की धार्मिक नीति के विषय में क्या विचार सर्वाधिक उपयुक्त है?

A. धार्मिक सहिष्णुता
B. धार्मिक असहिष्णुता
C. जजिया कर को पुन: शुरू करना
D. अफगानों को छोड़कर सभी के प्रति असहिष्णुता

Q.67 किस इतिहासकार ने अकबर को "राजपूतों की स्वतन्त्रता का विजेता"' कहा है?

A. कर्नल टॉड
B. ए. एल. श्रीवास्तव
C. श्रीराम शर्मा
D. बेनीप्रसाद्र

Q.68 'अकबरनामा' किस भाषा में लिखा गया ?

A. उर्दू
B. अरबी
C. फारसी
D. हिन्दुस्तानी

Q.69 तुर्की के आगमन के साथ भारत में किस भाषा का आरम्भ हुआ?

A. उर्दू
B. अरबी
C. हिन्दुस्तानी
D. फारसी

Q.70 मुगलकालीन वास्तुकला के बारे में किसने कहा कि "मुगल काल भारतीय वास्तुकला का ग्रीष्मकाल है जो प्रकाश और उर्वरा का प्रतीक माना जाता है"?

A. स्मिथ
B. पर्सी ब्राउन
C. एलफिंस्टन
D. मार्शल

Q.71 मुगल स्मारक के किस भाग में मेहराब पाए जाते हैं?

A. मीनार
B. किले के चारों ओर की दीवारें
C. गुम्बज
D. मुख्य द्वार

Q.72 मुगलों के शासनकाल में निम्नलिखित में से कौन-सा शाही दस्तावेज नहीं था?

A. फरमान B. सनद C. ख़ुतबा D. निशान

Q.73 पालवंश का सबसे महान शासक कौन था ?

A. देबपाल
B. धर्मपाल
C. नयपाल
D. इनमें से कोई नहीं

Q.74 झेलम नदी के तट पर महमूद गजनवी से पराजित होने वाला भारतीय राजा कौन था ?

A. विग्रहपाल
B. धर्मपाल
C. आनन्दपाल
D. विद्याधर

Q.75 अजमेर में 'अढ़ाई दिन का झोंपड़ा' बनवाया था-

A. कुतुब-उद-दीन ऐबक
B. इल्तुतमिश
C. बलबन
D. शाहजहाँ

Q.76 चित्तौड़ का नाम बदलकर खिजिराबाद किसके द्वारा रखा गया?

A. जलालुद्दीन
B. गयासुद्दीन
C. अलाउद्दीन खिलजी
D. उपरोक्त में से कोई नहीं

Q.77 किस दिल्ली सुल्तान के दरबार में जिन प्रभुसूति तथा राजशेखर नाम के दो जैन विद्वान थे?

A. बलबन **B.** मुहम्मद शाह
C. मुहम्मद बिन तुगलक **D.** गयासुद्दीन तुगलक

Q.78 तेलुगू साहित्य के आठ दिग्गज कवि किसके दरबार में थे?

A. हरिहर **B.** कृष्णदेवराय
C. मलिक्कार्जुन **D.** सालुव नरसिंह

Q.79 चिश्ती सम्प्रदाय की स्थापना किसने की थी?

A. बख्तियार काकी **B.** ख्वाजा मुईनुद्दीन चिश्ती
C. निजामुद्दीन औलिया **D.** चिराग-ए-दिल्ली

Q.80 बाबर की आत्मकथा 'तुजुके-बाबरी' किस भाषा में लिखी गयी?

A. तुर्की **B.** फारसी **C.** उर्दू **D.** हिन्दी

Q.81 'मदुरई कोण्डवन' की उपाधि किसने धारण की?

A. परान्तक प्रथम **B.** विजयालय
C. राजराजा **D.** सिंहवर्मन

Q.82 चोल समाज में सबसे अधिक सम्पन्न वर्ग कौन-सा था?

A. वैश्य **B.** क्षत्रिय
C. ब्राह्मण **D.** इनमें से कोई नहीं

Q.83 किस राजा के राज्यकाल में मुस्लिम यात्री अब्दुर रज्जाक विजयनगर राज्य में आया था?

A. देवराय द्वितीय **B.** कृष्णदेवराय
C. हरिहर **D.** बुक्का

Q.84 निम्नांकित में से किसने रामकृष्ण मिशन (1896) की स्थापना की?

A. एम. जी. रानाडे **B.** नरेन्द्रनाथ दत्त
C. रामकृष्ण परमहंस **D.** जी. के. गोखले

Q.85 बम्बई, पुर्तगालियों से 1662 ई. में दहेज में किसे मिला?

A. ब्रिटिश सम्राट चार्ल्स द्वितीय को
B. जमोरिन, कालीकट के शासक को
C. इंगलैण्ड की महारानी एलिजाबेथ को
D. महारानी विक्टोरिया को

Q.86 निम्नलिखित में से कौन मुस्लिम लीग (1906) के संस्थापक थे?

A. आगा खाँ **B.** सलीमुल्ला खाँ
C. सर सैय्यद अहमद खाँ **D.** उपरोक्त में से कोई नहीं

Q.87 महात्मा गाँधी का ज्येष्ठ पुत्र कौन था?

A. मणिलाल गाँधी **B.** हरिलाल गाँधी
C. देवदास गाँधी **D.** फिरोज गाँधी

Q.88 भारतीय सेना का निर्माण कब हुआ था?

A. 1747 ई. में **B.** 1748 ई. में
C. 1749 ई. में **D.** 1847 ई. में

Q.89 यंग हसबेंड मिशन क्यों भेजा गया था?

A. बर्मा पर अधिकार करने के लिए
B. नेपाल पर प्रभुत्व जमाने के लिए
C. तिब्बत में रूस का षड्यन्त्र विफल करने के लिए
D. ईरान में फ्रांसीसी साम्राज्यवाद रोकने के लिए

Q.90 भारत में लोक सेवा आयोग की प्रथम बार स्थापना किस अधिनियम के द्वारा हुई?

A. इण्डियन काउन्सिल अधिनियम, 1892
B. काउन्सिल अधिनियम, 1909
C. गवर्नमेण्ट ऑफ इण्डिया अधिनियम, 1919
D. गवर्नमेण्ट ऑफ इण्डिया अधिनियम, 1935

Q.91 संवैधानिक सभा की स्थापना किसके द्वारा हुई?

A. क्रिप्स प्रस्ताव **B.** कैबिनेट मिशन योजना
C. माउण्टबेटन योजना **D.** उपरोक्त में से कोई नहीं

Q.92 शारदा अधिनियम किससे सम्बंधित था?

A. भारतीय विवाह व्यवस्था **B.** भारतीय अर्थव्यवस्था
C. भारतीय साहित्य **D.** भारतीय प्रशासन

Q.93 बंगाल के प्रथम पीढ़ी के अंग्रेजी शिक्षा प्राप्त नवयुवक पर निम्नलिखित में किसका प्रभाव सबसे अधिक पड़ा?

A. राजा राममोहन राय **B.** विलियम डेरोजियो
C. केशवचन्द्र सेन **D.** विलियम कैरे

Q.94 'पाकिस्तान' शब्द का सर्वप्रथम प्रयोग किसने किया?

A. सर सैय्यद अहमद **B.** मोहम्मद इकबाल
C. मोहम्मद अली जिन्ना **D.** चौधरी रहमत अली

Q.95 अन्तरिम सरकार में मुस्लिम लीग के कितने सदस्य शामिल थे?

A. 4 **B.** 5 **C.** 7 **D.** 9

Q.96 1857 के विद्रोह के बाद अंग्रेजों ने-

A. सेना में मराठों की नियुक्ति बंद कर दी
B. राज्यों का विजय करना छोड़ दिया
C. सामाजिक सुधार बंद कर दिए
D. प्रशासनिक परिवर्तन नहीं किया

Q.97 ब्रिटिश शासन द्वारा भारत में धन निष्कासन के बारे में सर्वप्रथम किसने लिखा?

A. तिलक **B.** दादाभाई नौरोजी
C. अरविन्द घोष **D.** रमेशचन्द्र गुप्ता

Q.98 भारत छोड़ों आन्दोलन के नेताओं को गिरफ्तार करने के लिए ब्रिटिश शासन द्वारा चलाया गया ऑपरेशन था-

A. ऑपरेशन थंडर वोल्ट **B.** ऑपरेशन रियंडर पेस्ट
C. ऑपरेशन जीरो आवर **D.** ऑपरेशन ब्लू स्टार

Q.99 निम्नलिखित में से किसको "भारत के राजनीतिक असन्तोष का जनक" कहा गया?

A. दादाभाई नौरोजी **B.** बाल गंगाधर तिलक
C. महात्मा गाँधी **D.** सरदार भगत सिंह

Q.100 भारत में 'सहायक सन्धि' पर हस्ताक्षर सर्वप्रथम किसने किए?

A. पेशवा **B.** अवध के नवाब
C. हैदराबाद का निजाम **D.** तंजौर के शासक

Q.101 'आजाद हिन्द फौज' की स्थापना कहाँ की गई?

A. इटली **B.** जापान **C.** सिंगापुर **D.** भारत

Q.102 चतुर्थ आंग्ल-मैसूर युद्ध का तात्कालिक कारण था-

A. टीपू द्वारा दरबार से अंग्रेजी रेजीडेंट हटा दिया जाना
B. टीपू का फ्रांसीसियों से गठबन्धन
C. अंग्रेजों की मैसूर हड़पने की तीव्र इच्छा
D. टीपू का द्वारा अंग्रेजों की अधीनता स्वीकार न करना

Q.103 1857 के विद्रोह की असफलता का कारण था-

A. विद्रोह का सीमित क्षेत्र में होना
B. जनता का विद्रोह में भाग न लेना
C. संगठन एवं नेतृत्व का अभाव

D. सैनिक दमन

Q.104 मोहम्डन एंग्लो-ओरियण्टल कॉलेज की स्थापना हुई-
A. 1885 ई. में **B.** 1870 ई. में
C. 1890 ई. में **D.** 1873 ई. में

Q.105 निम्नांकित में से कौन-सा कथन सत्य है?
A. राष्ट्रीय गान बंकिमचन्द्र चटर्जी ने रचा था
B. भारतीय झण्डे में सबसे ऊपरी पंक्ति हरे रंग की है
C. वन्दे मातरम् भरत का राष्ट्रीय गान है
D. स्वतन्त्र भारत का झण्डा 22 जुलाई, 1947 को अपनाया गया

Q.106 1936 के चुनाव में संयुक्त प्रान्त में कौन भारतीय महिला मन्त्री बनी?
A. उमा नेहरू **B.** विजयलक्ष्मी पंण्डित
C. स्वरूप रानी नेहरू **D.** हंसा मेहता

Q.107 किसने कहा था कि "हिन्दू और मुसलमान भारत की दो आँखें है"?
A. सर सैय्यद अहमद खाँ **B.** मिर्जा गुलाम हैदर
C. रशिद अहमद **D.** उपरोक्त में से कोई नहीं

Q.108 1750 ई. में सर्वप्रथम अशोक स्तम्भ का पता किसने लगाया था?
A. जेम्स प्रिन्सेप **B.** अलेक्जेण्डर कनिंघम
C. टेफेन्थैलर **D.** विलियम जोन्स

Q.109 1857 की क्रान्ति में बेगम हजरत महल ने किस स्थान पर विद्रोह का नेतृत्व किया था?
A. दिल्ली **B.** लखनऊ **C.** कानपुर **D.** इलाहाबाद

Q.110 भारत में अंग्रेजी शिक्षा का प्रारम्भ सर्वप्रथम किसने किया?
A. लार्ड कार्नवालिस **B.** वारेन हेस्टिंग्स
C. विलियम बैटिंक **D.** लार्ड मैकाले

Q.111 राजा राममोहन राय की मृत्यु के बाद ब्रह्म समाज को किसने पुनर्जीवित किया?
A. देवेन्द्रनाथ टैगोर **B.** रवीन्द्रनाथ टैगोर
C. दयानन्द सरस्वती **D.** ताराचन्द चक्रवर्ती

Q.112 सत्यशोधक समाज के संस्थापक कौन थे?
A. डॉ. भीमराव अम्बेडकर **B.** बी.आर. शिन्दे
C. नारायण गुरु **D.** ज्योतिबा फुले

Q.113 खेड़ा सत्याग्रह का नेतृत्व किसने किया था?
A. सरदार वल्लभभाई पटल **B.** महात्मा गाँधी
C. बाबा रामचन्द्र **D.** बाल गंगाधर तिलक

Q.114 सुभाषचन्द्र बोस को भारतीय राष्ट्रीय कांग्रेस के किस अधिवेशन में अध्यक्ष चुना गया था?
A. लाहौर (1909) **B.** मद्रास (1927)
C. त्रिपुरी (1939) **D.** रामगढ़ (1904)

Q.115 राष्ट्रीय शैक्षिक अनुसंधान और प्रशिक्षण परिषद् (एन.सी.इ.आर.टी.) की स्थापना कब की गयी थी?
A. 1952 में **B.** 1954 में **C.** 1956 में **D.** 1961 में

Q.116 संविधान शिल्पी डॉ. भीमराव अम्बेडकर को भारतरत्न से कब सम्मानित किया गया?
A. 1950 में **B.** 1956 में **C.** 1990 में **D.** 1961 में

Q.117 पंचायती राज कानून समूचे देश में कब लागू किया गया?
A. 1994 में **B.** 1996 में **C.** 1998 में **D.** 2000 में

Q.118 भारत सरकार द्वारा राष्ट्रीय जनसंख्या आयोग का गठन कब किया गया?
A. 1975 में **B.** 1980 में **C.** 1980 में **D.** 2000 में

Q.119 'बंगाल की एशियाटिक सोसाइटी' की स्थापना 1784 ई. में कलकत्ता में किसके द्वारा की गई?
A. विलकिन्स **B.** विन्सेंट आर्थर
C. विलियम जोन्स **D.** मैक्स मूलर

Q.120 1717 ई. के फरमान के द्वारा अंग्रेजी कम्पनी को कौन-सी सुविधा नहीं मिली?
A. तीन हजार रुपये वार्षिक कर के बदले व्यापार की सुविधा
B. कोई अतिरिक्त चुंगी की आवश्यकता नहीं रही
C. कलकत्ता के आस-पास अतिरिक्त जमीन किराये पर लेने की अनुमति मिल गयी
D. तीन साल बाद यही अधिकार अन्यत्र भी देने का आश्वासन दिया गया

Q.121 अखिल भारतीय कांग्रेस के 1889 ई. के बम्बई अधिवेशन में कितनी भारतीय महिलाओं ने भाग लिया था?
A. दस **B.** आठ **C.** पाँच **D.** सात

Q.122 दिल्ली शहर का निर्माण किसने कराया?
A. महेन्द्रपाल **B.** अनंगपाल **C.** धर्मपाल **D.** जयपाल

Q.123 प्राग्युज्योतिष प्राचीन नाम था-
A. कामरूप का **B.** मेघालय का
C. असम का **D.** शिलांग का

Q.124 राजगोपालचारी योजना के बारे में सही कथन है-
A. उसने मुस्लिम लीग को कोई सुविधा नहीं दी
B. हिन्दू महासभा ने स्वागत किया
C. हिन्दू महासभा ने स्वागत किया
D. क्रिप्स प्रस्तावों को प्रभावित किया

Q.125 जिन्ना के बारे में एक सही कथन है-
A. होम रूल आन्दोलन का समर्थन किया
B. असहयोग आन्दोलन का विरोध किया
C. वेवेल योजना अस्वीकार की
D. ये तीनों कथन सही हैं

// स्मार्ट उत्तर पुस्तिका //

सही उत्तर उन छात्रों के प्रतिशत को इंगित करता है जिन्होंने प्रश्नों का सही उत्तर दिया था।

छोड़ दिया उन छात्रों के प्रतिशत को इंगित करता है जिन्होंने प्रश्नों को छोड़ दिया था।

प्रश्न संख्या	उत्तर	सही उत्तर	छोड़ दिया
1	D	61.06 %	3.54 %
2	B	76.11 %	17.7 %
3	A	61.06 %	17.7 %
4	D	27.43 %	17.7 %
5	D	71.68 %	17.7 %
6	A	47.79 %	17.7 %
7	D	69.91 %	17.7 %
8	C	46.02 %	17.7 %
9	D	17.7 %	17.7 %
10	D	14.16 %	17.7 %
11	A	62.83 %	17.7 %
12	D	71.68 %	17.7 %
13	A	45.13 %	17.7 %
14	C	58.41 %	17.7 %
15	A	63.72 %	17.7 %
16	A	39.82 %	17.7 %
17	B	54.87 %	17.7 %
18	D	38.94 %	17.7 %
19	C	73.45 %	14.16 %
20	C	58.41 %	17.7 %
21	C	70.8 %	17.7 %
22	D	74.34 %	17.7 %
23	D	61.95 %	14.16 %
24	B	57.52 %	17.7 %
25	A	48.67 %	17.7 %
26	B	74.34 %	17.7 %
27	C	77.88 %	15.93 %
28	D	45.13 %	17.7 %
29	C	63.72 %	17.7 %
30	C	31.86 %	17.7 %
31	B	61.95 %	17.7 %
32	C	64.6 %	17.7 %
33	D	63.72 %	14.16 %
34	C	55.75 %	17.7 %
35	B	73.45 %	17.7 %
36	D	78.76 %	17.7 %
37	B	75.22 %	17.7 %
38	B	74.34 %	17.7 %
39	D	19.47 %	17.7 %
40	D	78.76 %	17.7 %
41	D	69.91 %	17.7 %
42	A	77.88 %	17.7 %
43	B	73.45 %	17.7 %
44	B	63.72 %	17.7 %
45	B	71.68 %	17.7 %
46	B	69.03 %	17.7 %
47	A	30.97 %	17.7 %
48	D	26.55 %	17.7 %
49	A	49.56 %	17.7 %
50	D	60.18 %	16.81 %
51	A	44.25 %	17.7 %
52	B	53.1 %	17.7 %
53	C	78.76 %	17.7 %
54	B	68.14 %	17.7 %
55	D	61.06 %	17.7 %
56	B	66.37 %	17.7 %
57	C	19.47 %	17.7 %
58	D	58.41 %	17.7 %
59	C	75.22 %	17.7 %
60	B	59.29 %	17.7 %
61	D	53.98 %	17.7 %
62	C	74.34 %	17.7 %
63	B	74.34 %	17.7 %
64	C	68.14 %	17.7 %
65	A	52.21 %	16.82 %
66	A	66.37 %	17.7 %
67	B	35.4 %	17.7 %
68	C	75.22 %	17.7 %
69	A	35.4 %	17.7 %
70	B	43.36 %	17.7 %
71	D	58.41 %	15.04 %
72	C	50.44 %	17.7 %
73	B	69.91 %	17.7 %
74	C	57.52 %	17.7 %
75	A	76.99 %	17.7 %
76	C	73.45 %	17.7 %
77	C	62.83 %	17.7 %
78	B	79.65 %	17.7 %
79	B	78.76 %	15.05 %
80	A	69.03 %	17.7 %

प्रश्न संख्या	उत्तर	सही उत्तर	छोड़ दिया
81	A	63.72 %	17.7 %
82	C	61.06 %	17.7 %
83	A	56.64 %	17.7 %
84	B	65.49 %	17.7 %
85	A	73.45 %	17.7 %
86	B	50.44 %	17.7 %
87	B	48.67 %	17.7 %
88	B	34.51 %	17.7 %
89	C	53.1 %	17.7 %

प्रश्न संख्या	उत्तर	सही उत्तर	छोड़ दिया
90	C	46.9 %	17.7 %
91	B	71.68 %	17.7 %
92	A	78.76 %	17.7 %
93	A	49.56 %	17.7 %
94	D	71.68 %	17.7 %
95	B	51.33 %	17.7 %
96	B	51.33 %	17.7 %
97	B	76.11 %	17.7 %
98	C	65.49 %	17.7 %

प्रश्न संख्या	उत्तर	सही उत्तर	छोड़ दिया
99	B	76.11 %	17.7 %
100	C	57.52 %	17.7 %
101	B	23.01 %	17.7 %
102	B	35.4 %	17.7 %
103	C	76.11 %	17.7 %
104	D	49.56 %	17.7 %
105	D	69.03 %	17.7 %
106	C	32.74 %	17.7 %
107	A	73.45 %	17.7 %

प्रश्न संख्या	उत्तर	सही उत्तर	छोड़ दिया
108	C	52.21 %	17.7 %
109	B	79.65 %	17.7 %
110	D	57.52 %	17.7 %
111	A	69.91 %	15.05 %
112	D	79.65 %	17.7 %
113	B	66.37 %	15.93 %
114	C	72.57 %	17.7 %
115	D	54.87 %	17.7 %
116	C	61.06 %	17.7 %

प्रश्न संख्या	उत्तर	सही उत्तर	छोड़ दिया
117	A	59.29 %	15.05 %
118	D	46.02 %	17.7 %
119	C	76.99 %	15.05 %
120	D	58.41 %	17.7 %
121	A	42.48 %	17.7 %
122	B	64.6 %	17.7 %
123	C	55.75 %	17.7 %
124	B	32.74 %	17.7 %
125	D	64.6 %	17.7 %

कार्य विश्लेषण	
औसत अंक (%)	56.0%
टॉपर्स स्कोर (%)	98.35%
आपका स्कोर	

//संकेत और समाधान//

1. सिन्धु संस्कृति से सम्बन्धित स्थल मांडा 28 किलोमीटर दूरी पर चिनाव नदी के किनारे स्थित है। यह सिन्धु संस्कृति का सबसे उत्तरी स्थल है। चिनाब का पानी भारत और पाकिस्तान द्वारा सिंधु जल समझौते की शर्तों के अनुसार साझा किया जाता है।

अत: विकल्प (D) सही है।

2. हड़प्पा का आरम्भिक उत्खनन 1921-1923 में दयाराम साहनी के द्वारा किया गया था। यह पंजाब (पाकिस्तान) मोंटगोमरी जिले में रवी नदी के तट पर स्थित है। यहाँ पर पत्थर की नटराज की मूर्ति और कब्रिस्तान-37 यहां उत्खनन के दौरान मिली।

अत: विकल्प (B) सही है।

3. पुरापाषाण काल प्रौगएतिहासिक युग का वह समय है जब मानव ने पत्थर के औजार बनाना सबसे पहले आरम्भ किया। इस समय मनुष्य पत्थरो से निर्मित औजार का प्रयोग करते थे। जैसे- हस्तकुठार, खण्डक, विदारणी।

अत: विकल्प (A) सही है।

4. परिष्कृत औजारों का युग मध्य पाषाण युग माना जाता है। इस काल में आखेट के क्षेत्र में भी परिष्कार हुआ और तीक्ष्ण तथा परिष्कृत औजारों का प्रयोग किया जाने लगा। प्रक्षेपास्त्र तकनीकि प्रणाली का विकास (छोटे पक्षियों को मारने वाले छोटे उपकरण इसी काल में हुआ। तीर-कमान का विकास भी इसी काल में हुआ। बडे पशुओं के साथ-साथ छोटे पशु पक्षियों एवं मछलियों के शिकार में विकास संभव हुआ।

अत: विकल्प (D) सही है।

5. सैन्धव सभ्यता की उत्पत्ति मेसोपोटामिया की सुमेरियन सभ्यता से हुई। सैन्धव सभ्यता का लोथल स्थल समुद्र व्यापार का मुख्य केन्द्र माना जाता था। सिंध में स्थित हड़प्पा के शहरों और सौराष्ट्र प्रायद्वीप के बीच बहने वाली साबरमती नदी की प्राचीन धारा के द्वारा शहर से जुड़ी थी, जो इन स्थानों के मध्य एक व्यापार मार्ग था।

अत: विकल्प (D) सही है।

6. ऋग्वेद में इन्द्र व अग्नि, वैदिक देवता सहस्र वाले भवन में निवास करते हुए वर्णित हैं। ऋग्वेद में ३३ देवी-देवताओं का उल्लेख है। इसमें अग्नि को आशीर्षा, अपाद, घृतमुख, घृत पृष्ठ, घृत-लोम, अर्चिलोम तथा वभ्रलोम कहा गया है। इसमें इन्द्र को सर्वमान्य तथा सबसे अधिक शक्तिशाली देवता माना गया है। इन्द्र की स्तुति में ऋग्वेद में 250 ऋचाएँ हैं।

अत: विकल्प (A) सही है।

7. भारत में आगमन के बाद आर्यों ने सर्वप्रथम अपना निवास स्थान सप्त-सैन्धव में प्रदेश बनाया। सप्त-सैंधव भारतवर्ष का उत्तर पश्चिम भाग था। इसे आर्यों का आदिदेश कहा गया है।

अत: विकल्प (D) सही है।

8. यजुर्वेद के मन्त्रों से देवताओं का आह्वान करने वाले को याज्ञिक कहा जाता था। यह देवताओं का आह्वान करता था और यज्ञ का निर्देश करता था। यजुर्वेद हिन्दू धर्म का एक महत्त्वपूर्ण श्रुति धर्मग्रन्थ और चार वेदों में से एक है। इसमें यज्ञ की असल प्रक्रिया के लिये गद्य और पद्य मन्त्र हैं।

अत: विकल्प (C) सही है।

9. अथर्ववेद में देवताओं का विवरण मिलता है। अथर्ववेद संहिता हिन्दू धर्म के पवित्रतम और सर्वोच्च धर्मग्रन्थ वेदों में से चौथे वेद अथर्ववेद की संहिता अर्थात मन्त्र भाग है। इसमें देवताओं की स्तुति के साथ जादू, चमत्कार, चिकित्सा, विज्ञान और दर्शन के भी मन्त्र हैं।

अत: विकल्प (D) सही है।

10. आदि-शंकर भगवान् शंकर के साक्षात् अवतार थे। ये भारत के एक महान दार्शनिक एवं धर्मप्रवर्तक थे। उन्होने अद्वैत वेदान्त को ठोस आधार प्रदान किया। उन्होने सनातन धर्म की विविध विचारधाराओं का एकीकरण किया। इन्होंने भारतवर्ष में चार मठों की स्थापना की थी जो अभी तक बहुत प्रसिद्ध और पवित्र माने जाते हैं और जिन पर आसीन संन्यासी 'शंकराचार्य' कहे जाते हैं।

अत: विकल्प (D) सही है।

11. अशोक के समय के ज्यादातर अभिलेख प्राकृत भाषा में हैं। प्राकृत भाषा भारतीय आर्यभाषा का एक प्राचीन रूप है। इसके प्रयोग का समय 500 ई.पू. से 1000 ई. तक माना जाता है।

अत: विकल्प (A) सही है।

12. कनिष्क के समय में आयोजित चतुर्थ बौद्ध संगीति के सभापति वसुमित्र थे। कनिष्क जो 76 ईस्वी में भारत का सम्राट वना। इसने चीन के शासक पान चाओ को हराकर चीन का काफी हिस्सा भारत में मिला लिया था। 78 ईस्वी में इसने कश्मीर के कुण्डलवन में चतुर्थ बौद्ध संगति करवाई जिसमें 500 विद्वान बौद्ध भिक्षुओं ने भाग लिया था।

अत: विकल्प (D) सही है।

13. बुद्ध ने दु:ख और सुख के बीच का मार्ग को 'मध्यमा प्रतिपद' या मध्यम मार्ग की संज्ञा दी है। अर्थात जीवन में संतुलन ही मध्यम मार्ग पर चलना है।

अत: विकल्प (A) सही है।

14. धमेख स्तूप सारनाथ, उत्तर प्रदेश में स्थित है। यह वाराणसी से 13 किलोमीटर की दूरी पर है। इस स्तूप के निकट ही मौर्य सम्राट अशोक का एक स्तम्भ भी है। ऐसा माना जाता है कि डीयर पार्क में स्थित धमेख स्तूप ही वह स्थान है, जहाँ भगवान बुद्ध ने अपने शिष्यों को प्रथम उपदेश दिया था।

अत: विकल्प (C) सही है।

15. मौर्य काल का सबसे अच्छा नमूना स्तम्भ है। भारतीय कला का परिचय सारनाथ में पाया गया मौर्य कालीन स्तंभ शीर्ष, जो सिंह शीर्ष के नाम से प्रसिद्ध है, मौर्य कालीन मूर्ति-परंपरा का सर्वोत्कृष्ट उदाहरण है। यह आज हमारा राष्ट्रीय प्रतीक भी है।

अत: विकल्प (A) सही है।

16. अशोक के धम्म का सार द्वितीय स्तम्भलेख में मिलता है। इसके अनुसार, साधुता, बहुकल्याण कार्य करना, पाप रहित होना, मृदु बोलना, दूसरों के प्रति व्यवहार में मधुरता, दया, दान व स्वच्छता ही धम्म है।

अत: विकल्प (A) सही है।

17. जैन धर्म-ग्रन्थों का प्रथम संकलन वल्लभी में हुआ। वल्लभी या वल्लभीपुर गुजरात के सौराष्ट्र क्षेत्र में भावनगर के निकट स्थित एक प्राचीन नगर है। यह प्राचीन मैत्रक राजवंश की राजधानी था। वल्लभी ज्ञान का महत्त्वपूर्ण केन्द्र था और यहाँ कई बौद्ध मठ भी थे।

अत: विकल्प (B) सही है।

18. कुल्लूक भट्ट के याज्ञवल्क्य स्मृति का टीकाकार नहीं है। कुल्लूक भट्ट मनुस्मृति के सुविख्यात टीकाकार है। याज्ञवल्क्य स्मृति धर्मशास्त्र परम्परा का एक हिन्दू धर्मशास्त्र का ग्रंथ (स्मृति) है। याज्ञवल्क्य स्मृति को अपने तरह की सबसे अच्छी एवं व्यवस्थित रचना माना जाता है। इसकी विषय-निरूपण-पद्धति अत्यंत सुग्रथित है। इसपर विरचित मिताक्षरा टीका हिंदू धर्मशास्त्र के विषय में भारतीय न्यायालयों में प्रमाण मानी जाती रही है।

अत: विकल्प (D) सही है।

19. विदेशी लोगों में सबसे सभ्य व शिक्षित लोग इंडो-ग्रीक थे, तथा इन्हीं लोगों ने सर्वप्रथम सोने के सिक्के भी प्रारम्भ किए थे। हिन्द यूनानी लोगों को इंडो-ग्रीक तथा हिन्द-यवन नामों से भी जाना जाता है। भारतीय ग्रंथों में इनके लिए यवन शब्द मिलता है।

अत: विकल्प (C) सही है।

20. नाट्यशास्त्र भरत ने लिखा। नाटकों के संबंध में शास्त्रीय जानकारी को नाट्यशास्त्र कहते हैं। संगीत, नाटक और अभिनय के सम्पूर्ण ग्रंथ के रूप में भरत मुनि के नाट्य शास्त्र का आज भी बहुत सम्मान है। उनका मानना है कि नाट्य शास्त्र में केवल नाट्य रचना के नियमों का आकलन नहीं होता बल्कि अभिनेता, रंगमंच और प्रेक्षक इन तीनों तत्वों की पूर्ति के साधनों का विवेचन होता है।

अत: विकल्प (C) सही है।

21. कला और साहित्य के विकास की दृष्टि से गुप्त युग को भारतीय इतिहास का 'क्लासिकल युग' अथवा 'स्वर्णयुग' कहा गया है। गुप्त युग में सभ्यता और संस्कृति के प्रत्येक क्षेत्र में अभूतपूर्व प्रगति हुई तथा भारतीय संस्कृति के विकास को पूर्णता प्राप्त हुई।

अत: विकल्प (C) सही है।

22. सांख्य दर्शन के प्रणोता कपिल थे। सांख्य दर्शन में तीन की प्रमाण माने गए हैं, क्योंकि सांख्यों के अनुसार समस्त प्रमेयों का ज्ञान इन तीन प्रमाणों से हो जाता है। अन्य कथित प्रमाणों का भी विलय इन्हीं के अन्तर्गत हो जाता है।

अत: विकल्प (D) सही है।

23. वत्स जनपद की राजधानी कौशाम्बी में थी। वत्स प्राचीन भारत के 16 महाजनपदों में से एक था। यह आधुनिक इलाहाबाद और मिर्जापुर के आसपास केन्द्रित था। उत्तरपूर्व में यमुना की तटवर्ती भूमि इसमें सम्मिलित थी।

अत: विकल्प (D) सही है।

24. प्रतिहार ने 9वीं शताब्दी में उत्तर भारत को राजनीतिक एकता के सूत्र में बाँधा था। गुर्जर प्रतिहार वंश मध्यकाल के दौरान मध्य-उत्तर भारत के बड़े हिस्से में राज्य करने वाले भारतीय वंश थे, जिसकी स्थापना नागभट्ट प्रथम नामक ने 725 ई. में की थी।

अत: विकल्प (B) सही है।

25. (A) रामानुज विशिष्टाद्वैत वेदान्त के प्रवर्तक थे। वह ऐसे वैष्णव सन्त थे जिनका भक्ति परम्परा पर बहुत गहरा प्रभाव रहा।

(B) मध्वाचार्य भारत में भक्ति आन्दोलन के समय के सबसे महत्वपूर्ण दार्शनिकों में से एक थे। जिसे द्वैतवाद के नाम से जाना जाता है। द्वैतवाद, वेदान्त की तीन प्रमुख दर्शनों में एक है।

(C) निम्बार्क सम्प्रदाय के प्रवर्तक निम्बार्काचार्य कहे जाते हैं। जिसे द्वैताद्वैत के नाम से जाना जाता है।

(D) वल्लभाचार्य भक्तिकालीन सगुणधारा की कृष्णभक्ति शाखा के आधारस्तंभ एवं पुष्टिमार्ग के प्रणेता थे। जिसे शुद्धाद्वैत के नाम से जाना जाता है।

अत: विकल्प (A) सही है।

26.

सूची-I	**सूची-II**
(A) कबीर	4. जुलाहा
(B) रैदास	3. मोची
(C) सेना	2. नाई
(D) धन्ना	1. किसान

अत: विकल्प (B) सही है।

27. ऐतिहासिक युग के प्रारम्भ में हमें तमिलों की जानकारी के लिए संगम साहित्य उपलब्ध हैं। तमिल भाषा में लिखे गये प्राचीन साहित्य को ही संगम साहित्य कहा जाता है। सर्वप्रथम इन परिषदों काआयोजन पाण्ड्य राजाओं के राजकीय संरक्षण में किया गया।

अत: विकल्प (C) सही है।

28. सुमेरिया संस्कृति प्राक-हड़प्पा संस्कृति है। सुमेरिया की सभ्यता में शासन धर्म पर आधारित था राजा को ईश्वर का प्रतीक माना जाता था। सुमेरियन शासकों की कमजोरी का लाभ उठाकर समेटिक जाति की घुमन्तू जीवन जीनेवाली एक शाखा ने आक्रमण कर सम्पूर्ण सुमेरिया अपना आधिपत्य स्थापित कर लिया।

अत: विकल्प (D) सही है।

29. चाणक्य के अर्थशास्त्र में 15 अधिकरण, 180 उपभाग एवं 6000 श्लोक हैं। यह मौर्यकालीन राजनीति और प्रशासन तथा वैधानिक विषयों पर लिखा गया है।

अत: विकल्प (C) सही है।

30. डायोनिसियस यूनानी राजदूत था जो सम्राट अशोक के दरबार में आया था। इसे मिस्र के नरेश टॉलमी फिलेडेल्फस द्वारा दूत बनाकर भेजा गया था।

अत: विकल्प (C) सही है।

31. अलवरों ने विष्णु के भक्ति गीतों को लोकप्रिय बनाया। अलवर तमिल कवि एवं सन्त थे। इनका काल 6ठी से 9वीं शताब्दी के बीच रहा। उनके पदों का संग्रह "दिव्य प्रबन्ध" कहलाता है जो 'वेदों' के तुल्य माना जाता है। अलवरों सन्त भक्ति आन्दोलन के जन्मदाता माने जाते हैं।

अत: विकल्प (B) सही है।

32. चन्द्रगुप्त द्वितीय या विक्रमादित्य के शासनकाल में चीनी यात्री फाह्यान (399 - 414 ई) भारत आया। उसने अपने वृत्तांत में मध्य प्रदेश को 'ब्राह्मणों का देश' कहा है।

अत: विकल्प (C) सही है।

33. मेगस्थनीज अपनी पुस्तक 'इंडिका' में भारतीय समाज को सात वर्गों में बाँटा हुआ बताता है। मेगस्थनीज यूनान का एक राजदूत था जो चन्द्रगुप्त मौर्य के दरबार में आया था। उसने जो कुछ भारत में देखा, उसका वर्णन उसने "इंडिका" नामक पुस्तक में किया है।

अत: विकल्प (D) सही है।

34. माउण्ट आबू में संगमरमर के दिलवाड़ा मन्दिर चालुक्यों (सोलंकी) द्वारा बनवाए गए थे। दिलवाड़ा मंदिर या देलवाडा मंदिर, पाँच मंदिरों का एक समूह है। ये राजस्थान के सिरोही जिले के माउण्ट आबू नगर में स्थित हैं। इन मंदिरों का निर्माण ग्यारहवीं और तेरहवीं शताब्दी के बीच हुआ था।

अत: विकल्प (C) सही है।

35. मिताक्षरा याज्ञवल्क्य स्मृति पर विज्ञानेश्वर की टीका है जिसकी रचना 11वीं शताब्दी में हुई। यह ग्रन्थ 'जन्मना उत्तराधिकार' के सिद्धान्त के लिए प्रसिद्ध है। 'मिताक्षरा' के रचयिता विज्ञानेश्वर थे।

अत: विकल्प (B) सही है।

36. दिल्ली सल्तनत के मुस्लिम शासक सुल्तान सिकंदर लोदी ने 1504 में आगरा की स्थापना की। आगरा मुगल साम्राजय की चहेती जगह थी। आगरा 1526 से 1658 तक मुग़ल साम्राज्य की राजधानी रहा।

अत: विकल्प (D) सही है।

37. 'इक्ता' प्रथा को इल्तुतमिश ने शुरू किया था। इसके अंतर्गत सैनिकों/ राज्य अधिकारियों को वेतन के बदले भूमि (जमीन का टुकड़ा) दी जाती थी।

इक्ता दो प्रकार की होती थी –

(i) बड़ी इक्ता- ऐसे क्षेत्र महत्त्वपूर्ण अमीरों व सेनाधिकारियों को दिये जाते थे। ये इक्तेदार इक्ता भूमि में राजस्व वसूली के साथ-2 सैनिक और प्रशासनिक कर्तव्य भी करते थे।

(ii) छोटी इक्ता- ये सामान्यतः वेतन के रूप में सैनिकों को प्रदान की जाती थी। इनसे संबंधित इक्तेदार केवल राजस्व वसूली करता था।

अत: विकल्प (B) सही है।

38. मुगलकाल में सर्वप्रथम अकबर ने इसको प्रथा पर बन्द करने का प्रयास किया और इसके बाद औरंगजेब ने भी इस प्रथा को प्रतिबंधित किया।

अत: विकल्प (B) सही है।

39. चोल प्रशासन में राज्य के उच्च अधिकारियों (मंत्रियों) को 'उदैकोट्टम' कहा जाता था। जिसका अर्थ है कि सदा राजा के पास रहने वाला अधिकारी। नीलकंठ शास्त्री के अनुसार ये राजा के निजी सहायक थे, जो राजा तथा नियमित कर्मचारी तन्त्र के बीच सम्पर्क का कार्य करते थे।

अत: विकल्प (D) सही है।

40. विजयनगर राज्य के संस्थापक हरिहर और बुक्का थे। हरिहर और बुक्का दो भाई थे, जिन्होंने विजयनगर में स्वतंत्र हिंदू साम्राज्य की स्थापना की थी। ये दोनों होसाला शासकों के दरबार के एक सरदार, संगम के पुत्र थे।

अत: विकल्प (D) सही है।

41. संगम युग में तमिल व्याकरण एवं अलंकार शास्त्र की प्रसिद्ध पुस्तक 'तोलकप्पियम' की रचना तोलकाप्पियर द्वारा की गई। धर्मशास्त्रों की तरह इस व्याकरण ग्रन्थ में भी 8 प्रकार के विवाहों का वर्णन मिलता है। 'तोलकप्पियम' की विषय-वस्तु व्याकरण व कविता है।

अत: विकल्प (D) सही है।

42.

सूची-I	सूची-II
(A) सासाराम में मकबरा	4. शेरशाह
(B)फतेहपुर सीकरी	3. अकबर
(C) जामा मस्जिद	2. शाहजहाँ
(D) चारमीनार	1. मुहम्मद कुली कुतुबशाह

अत: विकल्प (A) सही है।

43. मध्यकाल में कश्मीर का सबसे महान सुल्तान जैनुल अबीदिन था जिसे 'बुदशाह' भी पुकारा जाता है। जैनुल अबीदिन (1420-1470 ई.) अलीशाह का भाई और कश्मीर का सुल्तान था। सभी धर्मों के प्रति सहिष्णुता का भाव रखने व अपने अच्छे कार्यों के कारण ही उसे 'कश्मीर का अकबर' कहा जाता है।

अत: विकल्प (B) सही है।

44. भूमि पैमाइश के सन्दर्भ में 'भीओली' का अर्थ प्रति इकाई क्षेत्रफल के आधार पर उत्पादित फसल का एक अनुपात निश्चित करना है। भूमि पैमाइश सामान्यतः वर्ग मीटर, वर्ग फुट, बीघा, बिस्वा, एकड़, किला, हेक्टेयर आदि पैमानों में की जाती है।

अत: विकल्प (B) सही है।

45. मंसूर और माधव जहाँगीर के दरबार के मुख्य चित्रकार थे। जहाँगीर अकबर के जेष्ठ पुत्र थे। मुराद और दानियाल उनके छोटे भाई थे। मंसूर प्रसिद्ध पक्षी विशेषज्ञ चित्रकार था।

अत: विकल्प (B) सही है।

46. दिल्ली सल्तनत का प्रथम वैधानिक सुल्तान इल्तुमिश था। तुर्की-राज्य संस्थापक कुतुब-उद-दीन ऐबक के बाद वो उन शासकों में से था जिससे दिल्ली सल्तनत की नींव मजबूत हुई। वह कुतुब-उद-दीन ऐबक का दामाद भी था। उसने 1211 ई से 1236 ई तक शासन किया।

अत: विकल्प (B) सही है।

47. गुप्त वंश का प्रथम शासक चन्द्रगुप्त प्रथम को माना जाता है, उसने महाराजाधिराज की उपाधि भी धारण की। गुप्तों का आधिपत्य आरंभ में दक्षिण बिहार तथा उत्तर-पश्चिम बंगाल पर था। प्रथम चंद्रगुप्त ने साम्राज्य का विस्तार किया।

अत: विकल्प (A) सही है।

48. शीशमहल अकबर द्वारा सर्वाधिक वेतन-भीगी होता था। अकबर का जन्म राजपूत शासक राणा अमरसाल के महल उमेरकोट, सिंध (वर्तमान पाकिस्तान) में 23 नवंबर, 1542 हुआ था।

अत: विकल्प (D) सही है।

49. अहदी सैनिक एक तरह से बादशाह के सैनिक होते थे। इनकी भर्ती, वेतन, वस्त्र एवं घोड़े सब राज्य की ओर से दिए जाते थे। और इन्हें एक अलग अमीर और बख्शी के अधीन रखा जाता था। एक अहदी घुड़सवार को 500 रु. वेतन देने का उल्लेख मिलता है, जबकि एक साधारण घुड़सवार को 12 रु. से 15 रु. तक वेतन दिया जाता था। मुगल काल में अहदी ही सबसे बड़ा वेतन-भोगी होता था।

अत: विकल्प (A) सही है।

50. तानसेन मध्यकालीन भारत के महान संगीतकारों में से एक थे और अकबर के नवरत्नों में से एक थे। उन्होंने 'ध्रुपद' गायन शैली विकसित की। उन्होंने कई संगीत ग्रंथों की रचना की, जिनमें मियां की तोड़ी (राग), मियां की सारंग (रुद्र वीणा), मियां की मल्हार, दरबारी कन्हारा (राग) आदि प्रमुख हैं।

अत: विकल्प (D) सही है।

51. जहाँगीर ने अल्तमगा भूदान आरम्भ किया। जिसका अर्थ स्वैच्छिक भूमि सुधार है। जहाँगीर अकबर के जेष्ठ पुत्र थे। मुराद और दानियाल उनके छोटे भाई थे। 1605 ई. में कई उपयोगी सुधार लागू किए। कान और नाक और हाथ आदि काटने की सजा रद्द कीं। शराब और अन्य नशा हमलावर वस्तुओं का हकमा बंद। कई अवैध महसूलात हटा दिए।

अत: विकल्प (A) सही है।

52. 'नानकार' और 'बंध' लगान मुक्त भूमि हैं। 'नानकार' और 'बंध' का अर्थ वह भूमि जो किसी के निर्वाह के लिए दिया जाये। लगान भूमि पर सरकार द्वारा लगाया गया कर है। प्राचीन भारत में लगान एवं अन्य रूपों में लिए गए भूराजस्व राज्य की आय के मुख्य स्रोत होते थे।

अत: विकल्प (B) सही है।

53. खालसा पंथ की स्थापना गुरु गोविन्द सिंह जी ने 1699 को बैसाखी वाले दिन आनंदपुर साहिब में की। खालसा सिख धर्म के विधिवत् दीक्षाप्राप्त अनुयायियों सामूहिक रूप है।

अत: विकल्प (C) सही है।

54. अमीर खुसरों निजामुद्दीन औलिया के प्रसिद्ध शिष्य थे। अमीर खुसरों चौदहवीं सदी के लगभग दिल्ली के निकट रहने वाले एक प्रमुख कवि, शायर, गायक और संगीतकार थे। 8 साल की उम्र में वे प्रसिद्ध सूफ़ी हज़रत निजामुद्दीन औलिया के शिष्य बने। 16-17 साल की उम्र में वे अमीरों के घर शायरी पढ़ने लगे थे।

अत: विकल्प (B) सही है।

55. बुन्देलखण्ड का प्रमुख स्थान मध्य प्रदेश के छतरपुर जिले में स्थित खजुराहो नामक स्थान है। यहाँ चन्देल राजाओं ने नवीं शताब्दी से लेकर 12वीं शताब्दी तक अनेक सुन्दर तथा भव्य मन्दिरों का निर्माण कराया। खुजराहों के मन्दिरों में कण्डरीय महादेव मन्दिर सर्वश्रेष्ठ है। और कण्डरीय महादेव मन्दिर चन्देलों द्वारा बनवाया गया था।

अत: विकल्प (D) सही है।

56. आयंगर, बारह अधिकारियों का समूह जो विजयनगर साम्राज्य में गाँवों का प्रशासन देखता था। इन्हें राज्य की ओर से वेतन नहीं दिया जाता था। इनकी सेवाओं के बदले में इन्हें राज्य के करों से पूर्णतः मुक्त रखा जाता था इनके पद पैतृक थे। तथा ये किसी के पास अपने पद को बेचने अथवा गिरवी रखने के लिए स्वतन्त्र होते थे।

अत: विकल्प (B) सही है।

57. "अलाई दरवाजा इस्लामी स्थापत्य कला के खजाने का सबसे सून्दर नग है।" यह मार्शल का कथन है। मार्शल पने समय के सबसे प्रभावशाली अर्थशास्त्री थे। उनकी 'प्रिंसिपल्स ऑफ इकनॉमिक्स' अनेकों वर्षों तक इंग्लैण्ड में अर्थशास्त्र की पाठ्यपुस्तक के रूप में पढ़ायी जाती रही।

अत: विकल्प (C) सही है।

58. 'तारीख-ए-हिन्द' पुस्तक अल-बरूनी ने लिखी है। अल-बरूनी एक फ़ारसी विद्वान लेखक, वैज्ञानिक, धर्मज्ञ तथा विचारक था। अल-बरूनी की रचनाएँ अरबी भाषा में हैं पर उसे अपनी मातृभाषा फ़ारसी के अलावा तीन और भाषाओं का ज्ञान था - सीरियाई, संस्कृत, यूनानी।

अत: विकल्प (D) सही है।

59. मोरक्कन यात्री इब्न बतूता को मुहम्मद बिन तुगलक के शासनकाल मे दिल्ली का प्रमुख काजी नियुक्त किया गया। उत्तर अफ्रीका के मोरक्को प्रदेश के प्रसिद्ध नगर तांजियर में इनका जन्म हुआ था। इब्न बतूता मुसलमान यात्रियों में सबसे महान था।

अत: विकल्प (C) सही है।

60. तंजौर की प्रसिद्ध नटराज मूर्ति चोल के समय की भारतीय कला की प्रमुख धरोहर है। नटराज शिव की प्रसिद्ध प्राचीन मूर्ति के चार भुजाएँ हैं, उनके चारों ओर अग्नि के घेरें हैं। उनका एक पाँव से उन्होंने एक बौने(अकश्मा) को दबा रखा है, एवं दूसरा पाँव नृत्य मुद्रा में ऊपर की ओर उठा हुआ है।

अत: विकल्प (B) सही है।

61. निकोलाज मनूची, जिसने औरंगजेब के शासनकाल का विवरण दिया है, वेनिस का निवासी था। निकोलाज मनूची एक इतालवी लेखक और यात्री था। उसने मुग़ल दरबार में काम किया। इसके अतिरिक्त उसने दारा शूकोह, शाह आलम, राजा जयसिंह और कीरत सिंह की सेवा में काम किया।

अत: विकल्प (D) सही है।

62. फारसी पत्रिका 'मिरात-उल-अखबार' राजा राममोहन राय ने प्रारम्भ की है। राजा राममोहन राय ने 'ब्रह्ममैनिकल मैगज़ीन', 'संवाद कौमुदी', मिरात-उल-अखबार ,(एकेश्वरवाद का उपहार) बंगदूत जैसे स्तरीय पत्रों का संपादन-प्रकाशन किया। बंगदूत एक अनोखा पत्र था। इसमें बांग्ला, हिन्दी और फारसी भाषा का प्रयोग एक साथ किया जाता था।

अत: विकल्प (C) सही है।

63. शुंग वंश प्राचीन भारत का एक शासकीय वंश था जिसने मौर्य राजवंश के बाद शासन किया। इसका शासन उत्तर भारत में 185 ई.पू. से 75 ई.पू. तक यानि 112 वर्षों तक रहा था। शुंग वंश ने ही हत्या कर सत्ता हथियायी और जिसका अन्त भी हत्या द्वारा हुआ।

अत: विकल्प (B) सही है।

64. अमीर खुसरो ने अपनी रचनाओं में हिन्दी के शब्दों एवं भारतीय काव्य की कल्पनाओं एवं विषयों का प्रयोग किया। अमीर खुसरो प्रथम मुस्लिम कवि थे जिन्होंने हिंदी शब्दों का खुलकर प्रयोग किया है। वह पहले व्यक्ति थे जिन्होंने हिंदी, हिन्दवी और फारसी में एक साथ लिखा।

अत: विकल्प (C) सही है।

65. विजयनगर के देवराय II ने अपनी सेना में मुसलमानों को नियुक्त करने की नीति का प्रारम्भ किया। देवराय II संगम राजवंश से विजयनगर साम्राज्य के एक सम्राट थे। उन्होंने कुछ समकालीन प्रसिद्ध कन्नड़ तथा तेलुगु कवियों को संरक्षण प्रदान किया।

अत: विकल्प (A) सही है।

66. शेरशाह की धार्मिक नीति के विषय में धार्मिक सहिष्णुता के विचार सर्वाधिक उपयुक्त है। शेरशाह भारत में जन्मे पठान थे, जिन्होंने हुमायूँ को 1540 में हराकर उत्तर भारत में सूरी साम्राज्य स्थापित किया था। धार्मिक सहिष्णुता का अर्थ विभिन्न धर्मों के प्रति आदर एवं प्रेम के भाव का प्रदर्शन करना है।

अत: विकल्प (A) सही है।

67. ए. एल. श्रीवास्तव ने अकबर को "राजपूतों की स्वतन्त्रता का विजेता"' कहा है। क्योकि उसने राजपुताना राजा को हराने के बाद भी स्वतन्त्र कर दिया था।

अत: विकल्प (B) सही है।

68. अकबरनामा की रचना अबुल फजल ने की। यह फारसी भाषा में है।समें अकबर के दरबार, उसके प्रशासन के बारे में चर्चा की गई है। इसके तीन खण्ड हैं, जिनमें अंतिम खंड अकबरनामा, के नाम से है। ये खंड स्वयं तीन प्रखंडों में है।

अत: विकल्प (C) सही है।

69. तुर्की के आगमन के साथ भारत में उर्दू भाषा का आरम्भ हुआ। सातवीं से बारहवीं सदी के बीच में मध्य एशिया से तुर्कों की कई शाखाएँ यहाँ आकर बसीं।

अत: विकल्प (A) सही है।

70. मुगलकालीन वास्तुकला के बारे में पर्सी ब्राउन ने कहा कि "मुगल काल भारतीय वास्तुकला का ग्रीष्मकाल है जो प्रकाश और उर्वरा का प्रतीक माना जाता है"। पर्सी ब्राउन एक प्रसिद्ध ब्रिटिश विद्वान, कलाकार, कला समीक्षक, इतिहासकार और पुरातत्वविद था। मुग़ल चित्रकला के विषय में पर्सी ब्राउन का कहना था कि- "जहाँगीर के साथ ही मुग़ल चित्रकला की वास्तविक आत्मा पतनोंन्मुख हो गयी।"

अत: विकल्प (B) सही है।

71. मुगल स्मारक के मुख्य द्धार में मेहराब पाए जाते हैं। मुगल स्मारक एक सममितीय इमारत है, जिसमें एक ईवान यानि विशाल मेहराब रूपी (वक्राकार) द्वार है। इस इमारत के ऊपर एक वृहत गुम्बद सुशोभित है।

अत: विकल्प (D) सही है।

72. मुगलों के शासनकाल में ख़ुतबा शाही दस्तावेज नहीं था। खुतबा इस्लामी परंपरा में सार्वजनिक उपदेश के लिए प्राथमिक औपचारिक अवसर के रूप में कार्य करता है। इस्लामिक परंपरा को शुक्रवार को दुहर (दोपहर) मण्डली प्रार्थना में औपचारिक रूप से देखा जा सकता है।

अत: विकल्प (C) सही है।

73. पाल वंश का सबसे बड़ा सम्राट 'गोपाल' का पुत्र 'धर्मपाल' था। इसने 770 से लेकर 810 ई. तक राज्य किया। कन्नौज के प्रभुत्व के लिए संघर्ष इसी के शासनकाल में आरम्भ हुआ।

अत: विकल्प (B) सही है।

74. झेलम नदी के तट पर महमूद गजनवी से पराजित होने वाला भारतीय राजा आनन्दपाल था। आनन्दपाल ने 1008 ई में महमूद गजनवी के साथ वेहन्द का युद्ध लड़ा। इस युद्ध मे साम्भर के चौहान राजपूतो ने आनन्दपाल का साथ दिया था।

अत: विकल्प (C) सही है।

75. अढ़ाई दिन का झोंपड़ा राजस्थान के अजमेर नगर में स्थित यह एक मस्जिद है। इसका निर्माण पहले से वर्तमान संस्कृत विद्यालय को परिवर्तित करके मोहम्मद ग़ोरी के आदेश पर मोहम्मद गौरी के गवर्नर कुतुब-उद-दीन ऐबक ने वर्ष 1194 में करवाया था।

अत: विकल्प (A) सही है।

76. अलाउद्दीन खिलज़ी चित्तौड़ की रानी पद्मिनी को बहुत पसंद करता था। आठ महीने के घेरे के बाद अंततः चित्तौड़ पर अधिकार कर लिया गया। चित्तौड़

पर अधिकार के पश्चात् खिज्र खान को वहां का राज्यपाल बना दिया गया। और चित्तौड़ का नाम बदलकर खिजिराबाद कर दिया गया।

अत: विकल्प (C) सही है।

77. मुहम्मद बिन तुगलक के दरबार में जिन प्रभुसूति तथा राजशेखर नाम के दो जैन विद्वान थे। मुहम्मद बिन तुगलक दिल्ली सल्तनत में तुग़लक़ वंश का शासक था। ग़यासुद्दीन तुग़लक़ की मृत्यु के बाद उसका पुत्र 'जूना ख़ाँ', मुहम्मद बिन तुग़लक़ (1325-1351 ई.) के नाम से दिल्ली की गद्दी पर बैठा।

अत: विकल्प (C) सही है।

78. आठ दिग्गज विजयनगर राज्य के राजा कृष्णदेव राय के दरबार में विभूषित आठ कवियों के लिये प्रयुक्त शब्द है। कहा जाता है कि इस काल में तेलुगु साहित्य अपनी पराकाष्ठा तक पहुंच गया था। कृष्णदेव के दरबार में ये कवि साहित्य सभा के आठ स्तम्भ माने जाते थे।

अत: विकल्प (B) सही है।

79. चिश्ती सम्प्रदाय की स्थापना ख्वाजा मुईनुद्दीन चिश्ती ने की थी। उनकी कब्र अजमेर में है। और जनसाधारण इनको ख्वाजा के नाम से जानता था। भारत में यह सम्प्रदाय सबसे अधिक प्रसिद्ध है। इनके आध्यात्मिक केन्द्र भारत, पाकिस्तान और बांग्लादेश में फैले हुए हैं।

अत: विकल्प (B) सही है।

80. बाबर की आत्मकथा 'तुजुके-बाबरी' को तुर्की भाषा में लिखी गयी। इसमें उसने भारत की तत्कालीन राजनीतिक दशा, भारतीयों के जीवन स्तर, पशु पक्षियों एवं फूलों तथा फलों का विस्तृत वर्णन किया।

अत: विकल्प (A) सही है।

81. द्रविड़ क्षेत्र में चोल आधिपत्य की स्थापना वास्तव में परान्तक प्रथम (907 - 953 ई.) के समय में हुई। उसने मदुरा के पाण्डूय राजा को हराया और 'मदुरई कोण्डवन' की उपाधि धारण की।

अतः विकल्प (A) सही है।

82. चोल समाज में सबसे अधिक सम्पन्न वर्ग ब्राह्मण वर्ग था। चोल प्राचीन भारत का एक राजवंश था। दक्षिण भारत में और पास के अन्य देशों में तमिल चोल शासकों ने 9 वीं शताब्दी से 13 वीं शताब्दी के बीच एक अत्यंत शक्तिशाली हिन्दू साम्राज्य का निर्माण किया।

अतः विकल्प (C) सही है।

83. देवराय द्वितीय के समय में फारसी (ईरानी) राजदूत अब्दुर रज्जाक ने विजयनगर की यात्रा की थी। वह विजयनगर को संसार के सबसे शानदार नगरों में से एक स्थान मानता है।

अतः विकल्प (A) सही है।

84. 1886 में रामकृष्ण परमहंस की मृत्यु के बाद उनके शिष्य स्वामी विवेकानंद (नरेन्द्रनाथ दत्त) ने 1897 में रामकृष्ण मिशन की स्थापना की। इसका मुख्यालय कोलकाता के निकट बेलुड़ में है। इस मिशन की स्थापना के केंद्र में वेदान्त दर्शन का प्रचार-प्रसार है। रामकृष्ण मिशन दूसरों की सेवा और परोपकार को कर्म योग मानता है जो कि हिन्दू धर्म का एक महत्वपूर्ण सिद्धान्त है।

अतः विकल्प (B) सही है।

85. 1661-62 में पुर्तगालियों ने अपनी राजकुमारी कैथरीन ब्रेगांजा का विवाह ब्रिटेन के चार्ल्स द्वितीय से करके बम्बई को दहेज के रूप में दिया। चार्ल्स द्वितीय 1649 से 1651 तक स्कॉटलैंड का राजा एवं 1660 से 1685 में अपनी मृत्यु तक स्कॉटलैंड, इंग्लैण्ड और आयरलैण्ड का राजा था।

अतः विकल्प (A) सही है।

86. सलीमुल्ला खाँ मुस्लिम लीग (1906) के संस्थापक थे। सलीमुल्ला खाँ एक बांग्लादेशी लेखक, अध्यापक, समालोचक एवं बुद्धिजीवी हैं। उनको बांग्लादेश के अन्यतम आदरणीय और प्रसिद्ध बुद्धिजीवी माना जाता है। सलीमुल्ला खाँ ने अफ़्लातून, जैम्स रेनेल, शार्ल बोदलैर, फ़्रान्ज़ फ़ानों, डॉरोथी जुल्ले प्रमुख के काम बांग्ला में अनुवाद किए।

अतः विकल्प (B) सही है।

87. हरिलाल गांधी (23 अगस्त 1888 - 18 जून 1948) मोहनदास करमचंद गांधी के सबसे बड़े पुत्र थे। उनके तीन छोटे भाई मणिला गांधी, रामदास गांधी और देवदास गांधी थे। हरिलाल का जन्म 23 अगस्त 1888 को हुआ था जब उनके पिता उच्च शिक्षा के लिए इंग्लैंड गए थे।

अतः विकल्प (B) सही है।

88. भारतीय सेना का निर्माण 1748 ई. में हुआ था। भारतीय सेना में तीन प्रभाग हैं: भारतीय थल सेना, भारतीय नौ सेना और भारतीय वायु सेना। भारतीय सेनाएँ भारत की तथा इसके प्रत्येक भाग की सुरक्षा सुनिश्चित करने के लिए उत्तरदायी हैं।

अतः विकल्प (B) सही है।

89. यंग हसबेंड मिशन तिब्बत में रूस का षड्यन्त्र विफल करने के लिए भेजा गया था। तिब्बत पर ब्रिटिश अभियान, जिसे तिब्बत पर ब्रिटिश आक्रमण के नाम से भी जाना जाता है। या तिब्बत में यंग हसबेंड मिशन दिसंबर 1903 में शुरू हुआ और सितंबर 1904 तक चला।

अतः विकल्प (C) सही है।

90. भारत में लोक सेवा आयोग की प्रथम बार स्थापना गवर्नमेण्ट ऑफ इण्डिया अधिनियम, 1919 अधिनियम के द्वारा हुई। भारत सरकार अधिनियम, 1919 यूनाइटेड किंगडम की संसद द्वारा पारित एक अधिनियम था जिसे मांटेग-चेम्सफ़ोर्ड सुधार के नाम से भी जाना जाता है क्योंकि इस अधिनियम के पारित होने के समय लॉर्ड मांटेग भारत सचिव तथा लॉर्ड चेम्सफ़ोर्ड वायसराय थे।

अतः विकल्प (C) सही है।

91. संवैधानिक सभा की स्थापना कैबिनेट मिशन योजना के द्वारा हुई। संवैधानिक सभा के सदस्यों की कुल संख्या 389 निश्चित की गई थी, जिनमें 292 ब्रिटिश प्रांतों के प्रतिनिधि, 4 चीफ कमिश्नर क्षेत्रों के प्रतिनिधि एवं 93 देशी रियासतों के प्रतिनिधि थे।

अतः विकल्प (B) सही है।

92. यह अधिनियम अब बाल विवाह निरोधक अधिनियम 1978 के नाम से जाना जाता हैं। सन् 1928 में बाल विवाह पर पूर्णतया रोक लगाने हेतु एक कानून पारित किया गया जिसे शारदा एक्ट के नाम से जाना जाता है। शारदा अधिनियम भारतीय विवाह व्यवस्था से सम्बंधित था।

अतः विकल्प (A) सही है।

93. बंगाल के प्रथम पीढ़ी के अंग्रेजी शिक्षा प्राप्त नवयुवक पर निम्नलिखित में राजा राममोहन राय का प्रभाव सबसे अधिक पड़ा। राजा राममोहन राय ब्रह्म समाज के संस्थापक, भारतीय भाषायी प्रेस के प्रवर्तक, जनजागरण और सामाजिक सुधार आंदोलन के प्रणेता तथा बंगाल में नव-जागरण युग के पितामह थे।

अतः विकल्प (A) सही है।

94. चौधरी रहमत अली पाकिस्तान की माँग करने वाले सबसे पहले समर्थकों में से एक थे। 28 जनवरी, 1933 को पाकिस्तान शब्द दुनिया के सामने आया और ये शब्द चौधरी रहमत अली द्वारा दिया गया था।

अतः विकल्प (D) सही है।

95. 'लार्ड वेवेल' के आग्रह के बाद 26 अक्टूबर 1946 को मुस्लिम लीग की तरफ से 5 सदस्य अंतरिम सरकार में शामिल किये गये थे। जवाहरलाल नेहरू के नेतृत्व में उनके सहयोगियों के साथ 2 सितम्बर 1946 को अंतरिम सरकार का गठन किया गया।

अतः विकल्प (B) सही है।

96. 1857 का भारतीय विद्रोह भारत में ब्रिटिश ईस्ट इंडिया कंपनी के शासन के खिलाफ एक व्यापक लेकिन असफल विद्रोह था जिसने ब्रिटिश राज की ओर से एक संप्रभु शक्ति के रूप में कार्य किया। 1857 के विद्रोह के बाद अंग्रेजों ने राज्यों का विजय करना छोड़ दिया।

अतः विकल्प (B) सही है।

97. ब्रिटिश शासन द्वारा भारत में धन निष्कासन के बारे में सर्वप्रथम दादाभाई नौरोजी ने लिखा। इनमें दादाभाई नौरोजी ने अपनी पुस्तक "पावर्टी ऐन्ड अनब्रिटिश रूल इन इन्डिया" में सर्वप्रथम आर्थिक निकास की अवधारणा प्रस्तुत की। उन्होने धन-निष्कासन को सभी बुराइयों की बुराई (एविल ऑफ एविल्स) कहा है।

अतः विकल्प (B) सही है।

98. भारत छोड़ों आन्दोलन के नेताओं को गिरफ्तार करने के लिए ब्रिटिश शासन द्वारा चलाया गया ऑपरेशन ऑपरेशन जीरो आवर था। 9 अगस्त 1942 को बापू को भी गिरफ्तार कर लिया गया ब्रिटिश सेना ने महात्मा गांधी समेत कांग्रेस के सारे बड़े नेताओं को गिरफ्तार करने के लिए एक स्पेशल ऑपरेशन चलाया। ब्रिटिश हुकूमत के इस ऑपरेशन को ऑपरेशन जीरो ऑवर का नाम दिया गया था।

अतः विकल्प (C) सही है।

99. बाल गंगाधर तिलक को "भारत के राजनीतिक असन्तोष का जनक" कहा गया। ये भारतीय स्वतन्त्रता संग्राम के पहले लोकप्रिय नेता हुए; ब्रिटिश औपनिवेशिक प्राधिकारी उन्हें "भारतीय अशान्ति के पिता" कहते थे। उन्हें, "लोकमान्य" का आदरणीय शीर्षक भी प्राप्त हुआ, जिसका अर्थ हैं लोगों द्वारा स्वीकृत (उनके नायक के रूप में)।

अतः विकल्प (B) सही है।

100. भारत में 'सहायक सन्धि' पर हस्ताक्षर सर्वप्रथम हैदराबाद का निजाम ने किए। सहायक संधि का सर्वप्रथम प्रयोग फ्रांसीसी "डूप्ले" द्वारा किया गया था। लेकिन इस संधि का व्यापक प्रयोग लॉर्ड वेलेजली द्वारा किया गया। इसलिए लॉर्ड वेलेजली को सहायक संधि का जनक कहा जाता है।

अतः विकल्प (C) सही है।

101. 'आजाद हिन्द फौज' की स्थापना जापान में की गई। मूल रूप से उस वक्त यह आजाद हिन्द सरकार की सेना थी, जिसका लक्ष्य अंग्रेजों से लड़कर भारत को स्वतंत्रता दिलाना था। जब दक्षिण-पूर्वी एशिया में जापान के सहयोग द्वारा नेताजी सुभाषचंद्र बोस ने करीब 40,000 भारतीय स्त्री-पुरुषों की प्रशिक्षित सेना का गठन शुरू किया और उसे भी आजाद हिन्द फौज नाम दिया तो उन्हें आज़ाद हिन्द फौज का सर्वोच्च कमाण्डर नियुक्त करके उनके हाथों में इसकी कमान सौंप दी गई।

अतः विकल्प (B) सही है।

102. चतुर्थ आंग्ल-मैसूर युद्ध का तात्कालिक कारण टीपू का फ्रांसीसियों से गठबन्धन था। यह युद्ध अंग्रेजों की आक्रामक नीति का परिणाम था। हैदरअली ने अंग्रेजों को करारा जवाब देने के उद्देश्य से मराठे तथा निजाम से संधि कर एक संयुक्त सैनिक मोर्चा बनाया। हैदरअली के नेतृत्व वाले मोर्चे ने अंग्रेजों के मित्र राज्य कर्नाटक पर आक्रमण किया परंतु 1767 ई. में हैदर और निजाम तिरुवन्नमलई, संगम में पराजित हुए।

अतः विकल्प (B) सही है।

103. विद्रोह की असफलता का सबसे बड़ा और मुख्य कारण था "संगठन एवं नेतृत्व का अभाव"। विद्रोहियों में वीरता की कमी नहीं थी। किन्तु विद्रोह के उद्देश्य, स्थान व क्षेत्र की भिन्नता के कारण कोई मजबूत संगठन तैयार नहीं हो सका। अतः यह विद्रोह अखिल भारतीय आन्दोलन का रूप धारण नहीं कर पाया।

अतः विकल्प (C) सही है।

104. मई सन् 1873 में अलीगढ़ में मुसलमानों में अंग्रेजी शिक्षा के प्रसार के लिए सर सैयद अहमद खां ने मोहम्डन एंग्लो-ओरियण्टल कॉलेज की स्थापना की थी।। सन् 1877 में तत्कालीन वायसराय लार्ड लिटन ने इसे एक कालेज के रूप में चलाने के लिए नए भवन का शिलान्यास किया।

अतः विकल्प (D) सही है।

105. 22 जुलाई 1947 को संविधान सभा ने इसे मुक्त भारतीय राष्ट्रीय ध्वज के रूप में अपनाया। स्वतंत्रता मिलने के बाद इसके रंग और उनका महत्व बना रहा। केवल ध्वज में चलते हुए चरखे के स्थान पर सम्राट अशोक के धर्म चक्र को दिखाया गया। इस प्रकार कांग्रेस पार्टी का तिरंगा ध्वज अंततः स्वतंत्र भारत का तिरंगा ध्वज बना।

अतः विकल्प (D) सही है।

106. साल 1936 में, स्वरूप रानी नेहरू संयुक्त प्रांत की असेंबली के लिए चुनी गयी और साल 1937 में स्थानीय सरकार और सार्वजनिक स्वास्थ्य मंत्री बनी। ऐसा पहली बार था जब एक भारतीय महिला कैबिनेट मंत्री बनी। सभी कांग्रेस पार्टी के पदाधिकारियों की तरह उन्होंने साल 1939 में ब्रिटिश सरकार की घोषणा के विरोध में इस्तीफा दे दिया।

अतः विकल्प (C) सही है।

107. सर सैय्यद अहमद खाँ ने कहा था, कि हिन्दू और मुसलमान भारत माता की दो आँखें हैं, अगर इनमे से किसी को भी कोई नुकसान होता है तो हमारी भारत माता एक आबख से अंधी हो जाएगी।

अतः विकल्प (A) सही है।

108. 1750 ई. में सर्वप्रथम अशोक स्तम्भ का पता टेफेन्थैलर ने लगाया था। टेफेन्थैलर एक ईसाई मिशनरी था जिसने भारत आकर यहाँ बहुत सारा भ्रमण किया और यहीं उसका देहान्त हुआ। भारत के बारे में लिखने वाले सबसे आरम्भिक यूरोपीय भूगोलविदों में उसकी गिनती होती है।

अतः विकल्प (C) सही है।

109. सन 1857-58 की क्रान्ति (प्रथम स्वतंत्रता संग्राम के दौरान) में , राजा जयलाल सिंह के नेतृत्व में बेगम हज़रात महल के समर्थकों ने ब्रिटिश ईस्ट इंडिया कंपनी के सेना के विरुद्ध विद्रोह कर दिया और लखनऊ पर कब्ज़ा कर लिया।

अतः विकल्प (B) सही है।

110. भारत में अंग्रेजी शिक्षा का प्रारम्भ सर्वप्रथम लार्ड मैकाले ने किया। वर्ष 1835 में लार्ड मैकाले ने अपना प्रसिद्ध स्मरण-पत्र गवर्नर जनरल की परिषद के समक्ष प्रस्तुत किया जिसे लार्ड विलियम बैंटिक ने स्वीकार करते हुए अंग्रेजी शिक्षा अधिनियम, 1835 पारित किया।

अतः विकल्प (D) सही है।

111. राजा राममोहन राय की मृत्यु के बाद ब्रह्म समाज को देवेन्द्रनाथ टैगोर ने पुनर्जीवित किया। देवेन्द्रनाथ टैगोर हिन्दू दार्शनिक, ब्रह्मसमाजी तथा धर्मसुधारक थे।1848 में ब्रह्म समाज के संस्थापकों में से एक थे। 22 वर्ष की अवस्था में इन्होंने 'तत्वबोधिनी सभा' स्थापित की। इसका मुख्य ध्येय था लोगों को 'ब्राह्मधर्म' का पाठ पढ़ाना।

अतः विकल्प (A) सही है।

112. ज्योतिबा फुले सत्यशोधक समाज के संस्थापक थे। समाज परिवर्तन के आंदोलन को संगठित रूप से आगे बढ़ाने हेतु उन्होंने 24 सितंबर, 1873 को 'सत्य शोधक समाज' की नींव रखी। 'गुलामगिरी' इसी भेद-भाव की बुनियाद पर चोट करने वाली किताब है जिसे 19वीं सदी के महान भारतीय विचारक, समाजसेवी और क्रांतिकारी समाज-सुधारक ज्योतिबा फूले ने लिखा।

अतः विकल्प (D) सही है।

113. खेड़ा सत्याग्रह गुजरात के खेड़ा जिले में किसानों का अंग्रेज सरकार की कर-वसूली के विरुद्ध एक सत्याग्रह (आन्दोलन) इसे प्रथम असहयोग आंदोलन भी कहा जाता है। इसका नेतृत्व महात्मा गाँधी ने किया था।

अतः विकल्प (B) सही है।

114. सुभाषचन्द्र बोस को भारतीय राष्ट्रीय कांग्रेस के त्रिपुरी (1939) अधिवेशन में अध्यक्ष चुना गया था। त्रिपुरी अधिवेशन में सुभाषचंद्र बोस की एक झलक के लिए लोग आकुल-व्याकुल थे। महात्मा गांधी के अधिकृत प्रत्याशी पट्टाभि सीतारमैया थे। अंततः यही हुआ, पट्टाभि सीतारमैया हार गए और नेता जी विजयी घोषित हुए।

अतः विकल्प (C) सही है।

115. सितम्बर 1961 ई. में राष्ट्रीय शैक्षिक अनुसंधान और प्रशिक्षण परिषद् (एन.सी.इ.आर.टी.) की स्थापना की गई। इसकी अधीनता के तहत राज्यों में शिक्षा एवं अनुसंधान परिषदों की स्थापना की गयी। वर्तमान में परिषद् एक स्वायत्त संस्था के रूप में कार्यरत है।

अतः विकल्प (D) सही है।

116. संविधान शिल्पी डॉ. भीमराव अम्बेडकर को भारतरत्न से 1990 में सम्मानित किया गया था। डॉ. भीमराव अम्बेडकर लोकप्रिय, भारतीय बहुज्ञ, विधिवेत्ता, अर्थशास्त्री, राजनीतिज्ञ, और समाजसुधारक थे। उन्होंने दलित बौद्ध आन्दोलन को प्रेरित किया और अछूतों (दलितों) से सामाजिक भेदभाव के विरुद्ध अभियान चलाया था।

अतः विकल्प (C) सही है।

117. पंचायती राज कानून समूचे देश में 1994 में लागू किया गया। वर्ष 1993 में संविधान के 73वें संशोधन द्वारा पंचायती राज व्यवस्था को संवैधानिक मान्यता मिली थी। इसका उद्देश्य था देश की करीब ढाई लाख पंचायतों को अधिक अधिकार प्रदान कर उन्हें सशक्त बनाना और उम्मीद थी कि ग्राम पंचायतें स्थानीय ज़रुरतों के अनुसार योजनाएँ बनाएंगी और उन्हें लागू करेंगी।

अतः विकल्प (A) सही है।

118. भारत सरकार द्वारा राष्ट्रीय जनसंख्या आयोग का गठन 2000 में किया गया। 'राष्ट्रीय जनसंख्या आयोग' में कुल सदस्यों की संख्या सौ के आसपास थी। आयोग के अध्यक्ष प्रधानमंत्री, उपाध्याक्ष योजना आयोग के अध्यक्ष (पद से) और सदस्य-सचिव योजना आयोग की श्रीमती कृष्णा सिंह (नाम से) नियत किये गये थे।

अतः विकल्प (D) सही है।

119. 'बंगाल की एशियाटिक सोसाइटी' की स्थापना 1784 ई. में कलकत्ता में विलियम जोन्स के द्वारा की गई। पूरे एशिया महाद्वीप में एशियाटिक सोसाइटी ज्ञान और अनुसंधान का सबसे पुराना केंद्र है। इसका उद्देश्य प्राच्य-अध्ययन का बढ़ावा देना था। इसके अलावा एशियाटिक सोसाइटी ऑफ़ बंगाल ने भारतीय इतिहास को प्रभावित किया है।

अतः विकल्प (C) सही है।

120. 1715 ई. में एक शिष्टमंडल जाॅन सुरमन की नेतृत्व में भारत आया। यह शिष्टमंडल उत्तरवर्ती मुग़ल शासक फ़र्रूख़ सियर की दरबार में 1717 ई. में पहुँचा। उस समय फ़र्रूख़ सियर जानलेवा घाव से पीड़ित था। इस शिष्टमंडल में हैमिल्टन नामक डाॅक्टर थे जिन्होनें फर्रखशियर का इलाज किया था।इससे फ़र्रूख़ सियर खुश हुआ तथा अंग्रेजों को भारत में कहीं भी व्यापार करने की अनुमति तथा अंग्रेज़ों द्वारा बनाऐ गए सिक्के को भारत में सभी जगह मान्यता प्रदान कर दिया गया। 1717 ई. के फरमान के द्वारा अंग्रेजी कम्पनी को तीन साल बाद यही अधिकार अन्यत्र भी देने का आश्वासन दिया नहीं गया था।

अतः विकल्प (D) सही है।

121. अखिल भारतीय कांग्रेस के 1889 ई. के बम्बई अधिवेशन में दस भारतीय महिलाओं ने भाग लिया था। यह अधिवेशन पूणें में आयोजित था लेकिन वहां अकाल के कारण बम्बई में गोकुलदास तेजपाल संस्कृत विद्यालय में हुआ।

अतः विकल्प (A) सही है।

122. दिल्ली शहर का निर्माण अनंगपाल ने कराया। अनंगपाल तोमर, तोमर राजपूत वंश के एक राजा थे, जिन्होंने भारत में हरियाणा, दिल्ली और उत्तर प्रदेश के क्षेत्रों पर शासन किया था।

अतः विकल्प (B) सही है।

123. प्राग्युज्योतिष असम का प्राचीन नाम था। असम में संस्कृति और सभ्यता की समृद्ध परंपरा रही है। प्राचीनकाल में असम को 'प्राग्ज्योतिष' अर्थात् 'पूर्वी ज्योतिष का स्थान' कहा जाता था। बाद में इसका नाम 'कामरूप' पड़ गया। कामरूप राज्य का सबसे प्राचीन उल्लेख इलाहाबाद में समुद्रगुप्त के शिलालेख में मिलता है।

अतः विकल्प (C) सही है।

124. राजगोपालाचारी मद्रास प्रांत के प्रभावशाली नेता थे। भारत छोड़ो आंदोलन के पूर्व उन्होंने भारत की साम्प्रदायिक समस्या का हल निकालने के लिए एक योजना तैयार की थी, जिसमें आत्मनिर्णय के अधिकार के नाम से मुसलमानों की पाकिस्तान की माँग स्वीकार कर ली गयी थी। राजगोपालचारी योजना के बारे में सही कथन है, कि हिन्दू महासभा ने स्वागत किया गया था।

अतः विकल्प (B सही है।

125. मोहम्मद अली जिन्ना बीसवीं सदी के एक प्रमुख राजनीतिज्ञ थे। जिन्हें पाकिस्तान के संस्थापक के रूप में जाना जाता है। जिन्ना ने अखिल भारतीय होम रूल आन्दोलन का समर्थन किया और असहयोग आन्दोलन का विरोध किया। इन्होने वेवेल योजना अस्वीकार भी की थी।

अतः विकल्प (D) सही है।

विगत वर्षीय प्रश्नपत्र 02

Q.1 भारतीय राष्ट्रीय कांग्रेस के लाहौर अधिवेशन (1929) के अध्यक्ष थे:
A. अबुल कलाम आजाद **B.** राजेन्द्र प्रसाद
C. सुभाष चन्द्र बोस **D.** जवाहरलाल नेहरू

Q.2 निम्नलिखित में से किसने नागार्जुनी पहाड़ियों की गुफाओ को आजीविकों को दान में दिया था?
A. कुणाल **B.** सम्प्रति
C. दशरथ **D.** इन्द्रपालित

Q.3 दिल्ली का कौन-सा सुल्तान अशोक स्तम्भ को दिल्ली लाया था?
A. फिरोज शाह तुगलक **B.** जलालुद्दीन खिलजी
C. मुहम्मद-बिन-तुगलक **D.** मुहम्मद गोरी

Q.4 सती प्रथा पर पाबन्दी किसने लगायी?
A. लॉर्ड वारेन हेस्टिंग्स ने **B.** लॉर्ड कर्जन ने
C. लॉर्ड विलियम बैंटिक ने **D.** लॉर्ड कैनिंग ने

Q.5 वैदिक काल में किस पशु को 'आघन्या' माना गया है?
A. बैल **B.** भेड़ **C.** गाय **D.** हाथी

Q.6 कौटिल्य अर्थशास्त्र के अनुसार दीवानी न्यायालय को कहा जाता था-
A. परिहार **B.** धर्मस्थीय
C. कंटकशोधन **D.** दण्डाधिकरण

Q.7 भारत में सर्वप्रथम सांकेतिक मुद्रा का प्रचलन किया था?
A. अकबर ने **B.** अलाउद्दीन खिलजी ने
C. बहलोल लोदी ने **D.** मुहम्मद बिन तुगलक ने

Q.8 महावीर ने निम्नलिखित में से कौन-सा व्रत जोड़ा था?
A. सत्य **B.** आहिंसा **C.** अपरिग्रह **D.** ब्रह्मचर्य

Q.9 प्राचीन मानव प्रजाति है:
A. आस्ट्रेलोपिथिक्स **B.** जावा मानव
C. होमा एरेक्टस **D.** नियण्डर्थिल

Q.10 1857 में प्रथम स्वतंत्रता संग्राम का प्रारम्भ कहाँ से हुआ?
A. लखनऊ **B.** झाँसी **C.** मेरठ **D.** कानपुर

Q.11 अवध का अंग्रेजी साम्राज्य में विलय किस नीति द्वारा हुआ था?
A. व्यपगत नीति द्वारा
B. युद्ध द्वारा
C. सहायता सन्धि की नीति के द्वारा
D. कुशासित राज्य की घोषणा करके

Q.12 सिन्धु घाटी की सभ्यता में लोग पूजा करते थे-
A. पशुपति की **B.** इन्द्र की
C. ब्रह्मा की **D.** विष्णु की

Q.13 किसने एक ओर संस्कृत मुद्रालेख के साथ चाँदी के सिक्के निर्गत किए?
A. मुहम्मद-बिन-कासिम **B.** महमूद गजनवी
C. शेरशाह **D.** अकबर

Q.14 निम्नलिखित में से सर्वप्रथम 'भगवद गीता' का अंग्रेजी अनुवाद किसने किया था?
A. विलियम जोन्स **B.** चार्ल्स विल्किंस
C. कनिंघम **D.** जेम्स प्रिंसेप

Q.15 चन्द्रगुप्त द्वितीय के साथ में पाशुपतों का एक महत्त्वपूर्ण केन्द्र था-
A. मथुरा **B.** कौशाम्बी **C.** त्रिपुरी **D.** उदयगिरि

Q.16 सर्वाधिक संख्या में हस्तकुठार (हैण्डएक्स) और क्लीवर प्राप्त होते हैं-
A. नवपाषाणकाल में **B.** निम्नपुरापाषाणकाल में
C. मध्य पाषाणकाल में **D.** आद्यैतिहासिक काल में

Q.17 पानीपत का प्रथम युद्ध हुआ था-
A. बाबर एवं इब्राहिम लोदी के मध्य
B. बाबर एवं राणा सांगा के मध्य
C. शेरशाह सूरी एवं अकबर के मध्य
D. हुमायूँ एवं इब्राहिम लोदी के मध्य

Q.18 ऋग्वैदिक काल में 'निष्क' किस अंग का आभूषण था?
A. कान का **B.** गले का **C.** बाह का **D.** कलाई का

Q.19 बंगाल तथा बिहार में स्थायी बन्दोबस्त लागू करने का श्रेय दिया जाता है-
A. लॉर्ड कर्जन को **B.** लॉर्ड कार्नवालिस को
C. लॉर्ड रिपन को **D.** लॉर्ड वेलेज़ली को

Q.20 पृथ्वीराज चौहान ने मोहम्मद गोरी को किस युद्ध में पहली बार पराजित किया था?
A. पानीपत **B.** तराइन **C.** चन्दावर **D.** थानेश्वर

Q.21 निम्नलिखित में से कौन सिंचाई कर लगाने वाला दिल्ली का प्रथम सुल्तान था?
A. अलाउद्दीन खिलजी **B.** बलबन
C. फिरोज शाह तुगलक **D.** मुहम्मद बिन तुगलक

Q.22 भारत का अन्तिम वायसराय था-
A. लॉर्ड वेवेल **B.** लॉर्ड माउण्टबेटन
C. लॉर्ड कैनिंग **D.** सी. राजगोपालाचारी

Q.23 ईस्ट इंडिया कम्पनी की प्रथम फैक्टरी स्थापित की गई थी-
A. गोवा में **B.** सूरत में
C. पांडिचेरी में **D.** मद्रास में

Q.24 'अष्टप्रधान' नामक मन्त्रपरिषद् होती थी-
A. गुप्त शासन में **B.** मराठा शासन में
C. विजयनगर शासन में **D.** चोल शासन में

Q.25 शैव धर्म का प्रारंभ किस काल में माना जाता है?
A. हड़प्पा **B.** उत्तर वैदिक
C. मौर्य **D.** शुंग-कुषाण

Q.26 कौन शिक्षा से सम्बन्धित नही है?
A. उपनयन **B.** समावर्तन
C. ब्रम्ह्चर्य **D.** सीमन्तोन्नयन

Q.27 निम्नलिखित युद्धों में से किस एक में बाबर ने 'जिहाद' की घोषणा की थी?
A. पानीपत का युद्ध **B.** खानवा का युद्ध
C. चन्देरी का युद्ध **D.** इनमें से कोई नहीं

Q.28 किस मुगल बादशाह के विरुद्ध जौनपुर में 'फतवा' जारी हुआ था?
A. हुमायूँ **B.** अकबर **C.** शाहजहाँ **D.** औरंगजेब

Q.29 चोल राज्य में एकल इकाई के रूप में शासित विशाल ग्राम को क्या कहा जाता था?
A. नाडु **B.** कुर्रम **C.** कोट्टम **D.** तनियूर

Q.30 अध्यात्म ज्ञान के विषय में नचिकेता और यम का संवाद किस उपनिषद् में प्राप्त होता है?
A. बृहदारण्यक उपनिषद् में **B.** छान्दोग्य उपनिषद् में
C. कठोपनिषद् में **D.** केन उपनिषद् में

Q.31 निम्नलिखित में से किस गुप्त शासक ने सर्वप्रथम सिक्के जारी किए?
A. चन्द्रगुप्त प्रथम ने **B.** घटोत्कच ने
C. समुद्रगुप्त ने **D.** श्रीगुप्त ने

Q.32 गुर्जर प्रतिहारों की राजधानी थी-
A. दिल्ली **B.** ग्वालियर **C.** कन्नौज **D.** कालिंजर

Q.33 निम्नलिखित में से कौन सुमेलित नहीं है?
A. आलमगीरपुर - उत्तर प्रदेश
B. लोथल - गुजरात
C. कालीबंगा - हरियाणा
D. रोपड़ - पंजाब

Q.34 कृषकों की सहायता हेतु किस मध्यकालीन शासक ने 'पट्टा' एवं 'कबूलियत' की व्यवस्था प्रारम्भ की थी?
A. अलाउद्दीन खिलजी **B.** गयासुद्दीन तुगलक
C. फिरोजशाह तुगलक **D.** शेरशाह

Q.35 अशोक के अभिलेखों का सफलतापूर्वक सर्वप्रथम किसने पढ़ा था?
A. विलियम जोन्स **B.** व्हीलर
C. आर.डी. बनर्जी **D.** जेम्स प्रिन्सेप

Q.36 एक जुते हुए खेत के साक्ष्य पाए गए हैं-
A. मोहनजोदड़ो से **B.** हड़प्पा से
C. कालीबंगा से **D.** लोथल से

Q.37 शिवाजी ने मुगलों को किस युद्ध में हराया था?
A. पुरन्दर **B.** रायगढ़ **C.** सलहर **D.** शिवनेर

Q.38 किस वेद में सभा और समिति को प्रजापति की दो पुत्रियाँ कहा गया है?
A. ऋग्वेद **B.** सामवेद **C.** यजुर्वेद **D.** अथर्ववेद

Q.39 निम्न आन्दोलनों का सही कालक्रम क्या है?
1. सविनय अवज्ञा आन्दोलन
3. असहयोग आन्दोलन
2. खिलाफत आन्दोलन
4. भारत छोड़ो आन्दोलन

A. 1, 4, 3, 2 **B.** 4,1, 2, 3 **C.** 2, 3,1, 4 **D.** 2, 4, 1, 3

Q.40 वह कौन मुगल सम्राट था, जिसने अपने महल के बाहर इंसाफ की जंजीर लगा रखी थी?
A. अकबर **B.** जहाँगीर **C.** शाहजहाँ **D.** औरंगजेब

Q.41 भारतीय राष्ट्रीय कांग्रेस एवं मुस्लिम लीग के बीच प्रसिद्ध लखनऊ समझौता हस्ताक्षरित हुआ था?
A. 1912 में **B.** 1914 में **C.** 1916 में **D.** 1918 में

Q.42 निम्नलिखित में से किस स्थान की यात्रा बुद्ध ने नहीं की थी?
A. वैशाली **B.** कपिलवस्तु
C. कौशाम्बी **D.** उज्जयिनी

Q.43 वह मुगल बेगम जिसका नाम फरमानों और सिक्कों पर उल्लेखित मिलता है?
A. मरियम मकानी **B.** मुमताज महल
C. माहम अंगा **D.** नूर जहाँ

Q.44 निम्नलिखित में से किस तिथि को मुस्लम लीग ने 'सीधी कार्यवाही दिवस' हेतु सुनिश्चित किया?
A. 14 अगस्त, 1946 **B.** 12 अगस्त, 1946
C. 10 अगस्त, 1946 **D.** 16 अगस्त, 1946

Q.45 भारतीयों को वर्ष 1947 में सार्वभौम सत्ता सौंपने की योजना निम्न में से किस नाम से जानी जाती है?
A. डूरंड योजना **B.** मोर्लेमिण्टो सुधार
C. माउण्टबेटन योजना **D.** वेवेल योजना

Q.46 दिल्ली के किस सुल्तान के विषय में कहा गया है कि उसने 'रक्त और लौह' की नीति अपनायी थी?
A. इल्तुतमिश
B. बलबन
C. जलालुद्दीन फिरोज खिलजी
D. फिरोजशाह तुगलक

Q.47 लगभग तृतीय शताब्दी ई. पू. में प्रथम जैन संगोष्ठी कहाँ हुई थी?
A. वल्लभी **B.** वैशाली **C.** पाटलिपुत्र **D.** राजगृह

Q.48 निम्नलिखित में से वैदिक धर्म में कौन सम्मिलित नहीं था?
A. प्रकृति पूजा **B.** मंत्रोच्चारण
C. मूर्ति पूजा **D.** यज्ञ

Q.49 किस शासक के शासनकाल में उपनिषदों को फारसी भाषा में अनुवादित किया गया था?
A. औरंगजेब **B.** जहाँगीर **C.** अकबर **D.** शाहजहाँ

Q.50 संविधान सभा, जिसने भारतीय संविधान का निर्माण किया, का गठन किया गया था-
A. इण्डियन इंडिपेंडेंस एक्ट के अन्तर्गत
B. गवर्नमेंट ऑफ इण्डिया एक्ट, 1935 के अन्तर्गत
C. महारानी की घोषणा के अन्तर्गत
D. कैबिनेट मिशन प्लान के अन्तर्गत

Q.51 चन्देल साम्राज्य का जेजाकभुक्ति नाम किस चन्देल राजा के नाम से उत्पन्न हुआ?
A. जयशक्ति **B.** विजयशक्ति
C. नन्नुक **D.** हर्ष

Q.52 सन्त समर्थ रामदास को किसके शासनकाल से सम्बन्धित किया जाता है?
A. अकबर **B.** जहाँगीर **C.** शिवाजी **D.** औरंगजेब

Q.53 निम्नलिखित में से किस गुरु ने जहाँगीर के पुत्र राजकुमार खुसरो को संरक्षण प्रदान किया था?
A. गुरु हरकिशन **B.** गुरु तेगबहादुर
C. गुरु गोविन्द सिंह **D.** गुरु अर्जुनदेव

Q.54 अशोक के शासन में आयोजित बौद्ध संगीति का अध्यक्ष था:
A. अश्वघोष **B.** बसुमित्र
C. महेन्द्र **D.** मोगली पुत्र निस्स

Q.55 सूची-I और सूची-II को सुमेलित कीजिए और सूचियों के नीचे दिए गए कूट की सहायता से सही उत्तर चुनिए-

सूची-I (स्मारक)	सूची-II (निर्माता)

A. अलाई दरवाजा, दिल्ली	1. अलाउद्दीन खिलजी
B. बुलन्द दरवाजा, फतेहपुर सीकरी	2. शाहजहाँ
C. मोती मस्जिद, आगरा	3. नूरजहाँ
D. एतमादुद्दौला का मकबरा, आगरा	4. अकबर

A. A-1, B-2, C-3, D-4 **B.** A-3, B-2, C-1, D-4
C. A-4, B-1, C-2, D-3 **D.** A-1, B-4, C-2, D-3

Q.56 भारतीय संविधान का सर्वप्रथम संशोधन हुआ:
A. 1950 **B.** 1951 **C.** 1952 **D.** 1953

Q.57 मुहम्मद-बिन-तुगलक अपनी राजधानी दिल्ली से ले गया-
A. दोलताबाद **B.** कालिंजर **C.** कन्नौज **D.** लाहौर

Q.58 किस अभिलेख में अशोक ने कहा है "संभी सम्प्रदायों के सारतत्व की वृद्धि हो":
A. दसवाँ शिलालेख **B.** छठा शिलालेख
C. पाँचवाँ शिलालेख **D.** बारहवाँ शिलालेख

Q.59 निम्नलिखित में किस मध्यकालीन शासक ने सार्वजनिक वितरण प्रणाली प्रारम्भ की थी?
A. अलाउद्दीन खिलजी ने **B.** बलबन ने
C. फिरोजशाह तुगलक ने **D.** मोहम्मद बिन तुगलक ने

Q.60 निम्नलिखित में से कौन बौद्ध शिक्षा का केन्द्र नहीं था ?
A. नालंदा **B.** तक्षशिला
C. विक्रमशिला **D.** वल्लभी

Q.61 नालन्दा विश्वविद्यालय को किसने जलाकर नष्ट कर दिया था?
A. महमूद गजनवी **B.** मोहम्मद गोरी
C. कुतुबुद्दीन ऐबक **D.** बख्तियार खिलजी

Q.62 भीमबेटका प्रसिद्ध है-
A. मन्दिरों के लिए
B. मूर्तियों के लिए
C. बौद्ध एवं जैन गुफाओं के लिए
D. शैलचित्रों के लिए

Q.63 निम्नलिखित में से किसने आगरा की स्थापना की थी?
A. बलबन ने **B.** बहलोल लोदी ने
C. सिकन्द्र लोदी ने **D.** फिरोज तुगलक

Q.64 अकबर का मकबरा कहाँ है?
A. सिकन्दरा **B.** अजमेर **C.** दिल्ली **D.** इलाहाबाद

Q.65 'अनेकान्तवाद' किसका विशेष लक्षण है?
A. जैन धर्म **B.** बौद्ध धर्म
C. आजीविका सम्प्रदाय **D.** सांख्य

Q.66 औरंगजेब के किस पुत्र ने विद्रोह करके राजपूतों के विरुद्ध अपने पिता की स्थिति कमजोर कर दी थी?
A. आजम **B.** अकबर **C.** मुअज्जम **D.** कामबक्श

Q.67 महावीर की जन्मस्थली थी:
A. वैशाली के निकट कुण्डग्राम में
B. पावापुरी में
C. कुशीनगर में
D. सारनाथ में

Q.68 सिराजुद्दौला लॉर्ड क्लाइव से किस युद्ध में पराजित हुआ था?
A. प्लासी **B.** बक्सर **C.** मुंगेर **D.** वाण्डीवाश

Q.69 भागवत धर्म से सम्बन्धित प्राचीनतम अभिलेखीय साक्ष्य मिलता है-
A. समुद्रगुप्त का इलाहाबाद अभिलेख
B. हेलियोडोरस का बेसनगर स्तम्भ लेख
C. स्कन्दगुप्त का भितरी स्तम्भ लेख
D. महरौली स्तम्भ लेख

Q.70 सुप्रसिद्ध कृति तबकात-ए-अकबरी की रचना किसने की थी?
A. ख्वाजा निजामुद्दीन अहमद
B. बदायूँनी
C. अबुल फजल
D. ख्वान्द मीर

Q.71 निम्न में से किस एक पुरास्थल से नव पाषाण संस्कृति से लेकर हड़प्पा सभ्यता तक के सांस्कृतिक अवशेष प्राप्त हुए हैं?
A. आम्री **B.** मेहरगढ़ **C.** कोटदीजी **D.** कालीबंगा

Q.72 निम्नलिखित में से बुद्ध के जीवन में सम्बन्धित कौन-सी घटना बैशाख पूर्णिमा को घटित नहीं हुई?
A. जन्म **B.** गृहत्याग
C. सम्बोधि **D.** महापरिनिर्वाण

Q.73 निम्नलिखत में से किसने दिल्ली को सल्तनत की राजधानी के रूप में स्थापित किया?
A. कुतुबुद्दीन ऐबक **B.** इल्तुतमिश
C. रजिया सुल्तान **D.** जलालुद्दीन खिलजी

Q.74 सिन्धु सभ्यता का भारत में सबसे बड़ा पुरास्थल है-
A. आलमगीरपुर **B.** कालीबंगा
C. लोथल **D.** राखीगढ़ी

Q.75 दक्षिण में बहमनी राज्य का संस्थापक कौन था?
A. मलिक अम्बर **B.** हसन गंगू
C. मोहम्मद दीवान **D.** सिकन्दर शाह

Q.76 वर्णव्यवस्था का सर्वप्रथम उल्लेख कहाँ मिलता है?
A. ऋग्वेद **B.** यजुर्वेद **C.** अथर्ववेद **D.** भगवद्गीता

Q.77 चन्देल कला का प्रमुख केन्द्र था-
A. उज्जैन **B.** कन्नौज **C.** खजुराहो **D.** ग्वालियर

Q.78 निम्नलिखित में से किसे एक नया सम्वत् चलाने का श्रेय प्राप्त है?
A. धर्मपाल **B.** देवपाल **C.** विजयसेन **D.** लक्ष्मणसेन

Q.79 मुगल साम्राज्य का प्रान्तों में विभाजन पहली बार किसने किया था?
A. बाबर **B.** हुमायूँ **C.** जहाँगीर **D.** अकबर

Q.80 भारतीय राष्ट्रीय कांग्रेस का प्रथम अधिवेशन कहाँ हुआ था?
A. कलकत्ता **B.** मद्रास **C.** मुम्बई **D.** पूना

Q.81 ऋग्वैदिक देवताओं का उल्लेख मिलता है-
A. शाहबाजगढ़ी में **B.** जूनागढ़ अभिलेख में
C. भितरी अभिलेख में **D.** बोगजकोई अभिलेख में

Q.82 निम्नलिखित घटनाओं का सही कालानुक्रम क्या है?
1. क्रिप्स मिशन
2. गाँधी इरविन समझौता
3. साइमन कमीशन
4. देश का विभाजन
A. 1, 2, 3, 4 **B.** 2, 1, 4, 3 **C.** 2 ,1, 3, 4 **D.** 3, 2, 1, 4

Q.83 निम्नलिखित में से किस गुप्त शासक ने हूणों पर विजय प्राप्त की?

A. चन्द्रगुप्त द्वितीय B. कुमारगुप्त प्रथम
C. स्कन्दगुप्त D. भानुगुप्त

Q.84 आदिशंकर जो बाद में शंकराचार्य बने उनका जन्म हुआ था:
A. कश्मीर में B. आन्ध प्रदेश में
C. पश्चिम बंगाल में D. केरल में

Q.85 निम्नलिखित में से कौन बौद्ध धर्म का प्रथम महान राजकीय संरक्षक था?
A. अशोक B. अजातशत्रु C. उदयन D. कनिष्क

Q.86 'चचनामा' किस प्रदेश में इतिहास का वर्णन करने वाला ग्रन्थ है?
A. कश्मीर B. सिन्ध C. पंजाब D. गुजरात

Q.87 उत्खनित प्रमाणों के अनुसार पशुपालन का प्रारम्भ हुआ था-
A. निम्न पूर्व पाषाणकाल में
B. मध्य पूर्व पाषाणकाल में
C. ऊपरी पूर्व पाषाणकाल में
D. मध्य पाषाण एवं नव पाषाणकाल में

Q.88 कृषि के प्राचीनतम साक्ष्य प्राप्त होते हैं:
A. चिराँद से B. बुर्जहोम से
C. लहुरादेव से D. सेनुवार से

Q.89 गंगैकोण्ड चोलपुरम् की स्थापना किसने की थी?
A. राजराज प्रथम B. राजाधिराज
C. राजेन्द्र प्रथम D. विजयादित्य

Q.90 हिन्दुस्तान सोशलिस्ट रिपब्लिकन एसोसिएशन गठित की गई थी-
A. सुभाष चन्द्र बोस द्वारा B. रासबिहारी बोस द्वारा
C. चन्द्रशेखर आजाद द्वारा D. सरदार भगत सिंह द्वारा

Q.91 गुप्त सम्वत् प्रारम्भ हुआ-
A. 219 ई. में B. 319 ई. में C. 606 ई. में D. 144 ई. में

Q.92 बुलन्द दरवाजे को अकबर ने अपनी किस विजय की स्मृति में निर्मित करवाया था?
A. गुजरात B. खानदेश
C. अहमदनगर D. बरार

Q.93 उत्तारमेरूर अभिलेख किस चोल शासक के शासनकाल से सम्बन्धित है?
A. विजयालय B. परान्तक प्रथम
C. राजराज D. राजेन्द्र प्रथम

Q.94 निम्नलिखित में से कौन मध्यकालीन भारत की प्रथम महिला शासक थी?
A. नूरजहाँ B. चाँदबीबी
C. रजिया सुल्तान D. दुर्गावती

Q.95 निम्नलिखित में से किस स्थान के खण्डहर विजयनगर की प्राचीन राजधानी का प्रतिनिधित्व करते हैं?
A. अहमदनर B. बीजापुर C. गोलकुण्डा D. हम्पी

Q.96 गोविन्दचन्द्र गहड़वाल की रानी कुमारदेवी ने धर्मक्रजिन विहार कहाँ बनवाया था?
A. बोधगया B. राजगृह C. कुशीनगर D. सारनाथ

Q.97 निम्नलिखित में से कौन चोलों के सिक्कों पर उत्कीर्ण नहीं है?
A. मत्सय B. धनुष C. चीता D. हाथी

Q.98 निम्नलिखित पशुओं में से कौन हड़प्पा की मुहरों में प्राप्त नहीं होता?
A. वृष B. गज C. व्याघ्र D. गाय

Q.99 निम्नलिखित में किस मुगल बादशाह ने 'सिजदा' रिवाज को समाप्त कर दिया था?
A. अकबर B. औरंगजेब C. शाहजहाँ D. जहाँगीर

Q.100 पृथ्वीराज तृतीय से जयचन्द की पुत्री संयोगिता के विवाह का उल्लेख किस ग्रन्थ में मिलता है?
A. पृथ्वीराज विजय B. पृथ्वीराज रासो
C. हम्मीर महाकाव्य D. पवनदूतम्

Q.101 किसको 'भारतीय पुनर्जागरण का पिता' कहा जाता है?
A. राजा राममोहन राय B. दयानन्द सरस्वती
C. बाल गंगाधर तिलक D. गोपाल कृष्ण गोखले

Q.102 गुर्जर प्रतिहार नरेश राज्यपाल की हत्या के लिए जो चन्देल जिम्मेदार था:
A. कीर्तिवर्मन B. देवदत्त C. धंग D. विद्याधर

Q.103 इलाहाबाद स्तम्भ लेख (प्रयाग प्रशस्ति) के रचयिता थे:
A. सूरसेन B. हरिषेण
C. रविकीर्ति D. इनमें से कोई नहीं

Q.104 व्यापार के लिए आने वाले यूरोपीय लोगों में सर्वप्रथम कौन थे?
A. डच B. अंग्रेज C. फ्रांसीसी D. पुर्तगाली

Q.105 दिल्ली का कौन सुल्तान मंगोल चंगेज खाँ का समकालीन था?
A. इल्तुतमिश B. रजिया
C. बलबन D. अलाउद्दीन खिलजी

Q.106 निम्नलिखित में से किसने सोमपुर महाविहार का निर्माण कराया था?
A. कुमारगुप्त प्रथम B. हर्ष
C. धर्मपाल D. विजयसेन

Q.107 मेवाड़ के किस राजा को 1527 ई. में खानवा के युद्ध में बाबर ने हराया था?
A. राणा सांगा B. उदयसिंह
C. मानसिंह D. राणा प्रताप

Q.108 निम्नलिखित में से कौन युग्म सुमेलित है?
A. धौलावीरा- आर. एस. बिष्ट
B. लोथल- वी. के. थापर
C. हड़प्पा- दयाराम साहनी
D. सुरकोटडा- जे. पी. जोशी

Q.109 महावीर को 'सर्वोच्च ज्ञान कैवल्य' की प्राप्ति हुई थी-
A. कुण्डग्राम में B. वैशाली में
C. बोधगया में D. जृम्भिका ग्राम में

Q.110 हरिजन सेवक संघ के संस्थापक अध्यक्ष कौन थे?
A. घनश्याम दास बिड़ला B. बी. आर. अम्बेडकर
C. महात्मा गाँधी D. विनोबा भावे

Q.111 वैदिक नदी 'कुभा' का स्थान निर्धारित होना चाहिए-
A. अफगानिस्तान में B. चीनी तुर्किस्तान में
C. कश्मीर में D. पंजाब में

Q.112 भारत में स्थानीय शासन को किसने प्रोत्साहित किया?
A. लॉर्ड मेयो B. लॉर्ड लिटन
C. लॉर्ड कैनिंग D. लॉर्ड रिपन

Q.113 सती प्रथा का प्रथम अभिलेखीय साक्ष्य प्राप्त हुआ है:

A. एरण से **B.** जूनागढ़ से
C. मन्द्रसौर से **D.** साँची से

Q.114 महात्मा गाँधी द्वारा भारत में आरम्भ किया गया प्रथम सत्याग्रह था-
A. चम्पारन सत्याग्रह **B.** खेड़ा सत्याग्रह
C. रौलेट सत्याग्रह **D.** इनमें से कोई नहीं

Q.115 किस चोल राजा ने श्रीलंका के उत्तर भाग को जीतकर उसे अपने साम्राज्य का एक प्रान्त बनाया था?
A. राजराज प्रथम **B.** राजेन्द्र प्रथम
C. अधिराजेन्द्र **D.** परान्तक प्रथम

Q.116 मुगलकाल में चित्रकला का प्रारम्भ किया था-
A. अकबर ने **B.** हुमायूँ ने **C.** जहाँगीर ने **D.** शाहजहां ने

Q.117 एक विकसित जल-प्रबन्ध का साक्ष्य प्राप्त हुआ है-
A. हड़प्पा से **B.** हड़प्पा से
C. लोथल से **D.** धौलावीरा से

Q.118 गुप्त शासकों ने कौन-सा विरूद धारण नहीं किया था?
A. परमेश्वर **B.** धर्मप्रवर्तक
C. परमभट्टारक **D.** महाराजा धिराज

Q.119 निम्न में से थेरवाद या स्थविरवाद किसे कहते हैं?
A. महायान **B.** हीनयान **C.** वज्रयान **D.** तन्त्रयान

Q.120 वह शासक जिसने साहित्य और कला के क्षेत्र में सर्वाधिक योगदान किया:
A. धर्मपाल **B.** धंग
C. मिहिरभोज **D.** परमार भोज

Q.121 बौद्ध धर्मग्रंथो का महान् टीकाकार था:
A. अश्वघोष **B.** बुद्धघोष
C. वसुमित्र **D.** इनमे से कोई नहीं

Q.122 नागार्जुन किस अभिलेख में अशोक बुद्ध, धर्म और संघ की प्रति विश्वास प्रकट करता है?
A. रुम्मिनदेई स्तम्भ लेख **B.** मास्की लघु शिलालेख
C. सारनाथ स्तम्भ लेख **D.** भाब्रू लघु शिलालेख

Q.123 शेरशाह का मकबरा कहाँ है?
A. सासराम में **B.** दिल्ली में
C. कालिंजर में **D.** सोनार गाँव में

Q.124 गौतम बुद्ध ने आपना प्रथम धर्मोपदेश दिया था:
A. वैशाली में **B.** सारनाथ में **C.** बोधगया में **D.** राजगृह में

Q.125 औरंगजेब की मृत्यु के बाद कौन उत्तराधिकारी हुआ?
A. मोहम्मद शाह **B.** अकबर
C. बहादुर शाह प्रथम **D.** जहाँदार शाह

// स्मार्ट उत्तर पुस्तिका //

सही उत्तर उन छात्रों के प्रतिशत को इंगित करता है जिन्होंने प्रश्नों का सही उत्तर दिया था।

छोड़ दिया उन छात्रों के प्रतिशत को इंगित करता है जिन्होंने प्रश्नों को छोड़ दिया था।

प्रश्न संख्या	उत्तर	सही उत्तर	छोड़ दिया
1	D	74.74 %	3.15 %
2	C	72.63 %	16.84 %
3	A	64.21 %	16.84 %
4	C	73.68 %	17.9 %
5	C	76.84 %	15.79 %
6	B	52.63 %	16.84 %
7	D	69.47 %	17.9 %
8	D	70.53 %	17.89 %
9	A	55.79 %	17.89 %
10	C	76.84 %	16.84 %
11	D	63.16 %	16.84 %
12	A	75.79 %	17.89 %
13	B	53.68 %	14.74 %
14	B	63.16 %	17.89 %
15	A	44.21 %	16.84 %
16	B	49.47 %	16.85 %

प्रश्न संख्या	उत्तर	सही उत्तर	छोड़ दिया
17	A	74.74 %	16.84 %
18	B	74.74 %	17.89 %
19	B	77.89 %	11.58 %
20	B	76.84 %	14.74 %
21	C	67.37 %	13.68 %
22	B	52.63 %	17.9 %
23	B	85.26 %	11.58 %
24	B	67.37 %	17.89 %
25	A	53.68 %	17.9 %
26	D	44.21 %	17.9 %
27	B	69.47 %	12.64 %
28	B	63.16 %	16.84 %
29	D	26.32 %	13.68 %
30	C	64.21 %	16.84 %
31	A	66.32 %	16.84 %
32	C	67.37 %	16.84 %

प्रश्न संख्या	उत्तर	सही उत्तर	छोड़ दिया
33	C	72.63 %	11.58 %
34	D	70.53 %	17.89 %
35	D	72.63 %	16.84 %
36	C	74.74 %	16.84 %
37	C	42.11 %	17.89 %
38	D	62.11 %	16.84 %
39	C	76.84 %	17.9 %
40	B	72.63 %	17.9 %
41	C	80.0 %	13.68 %
42	D	71.58 %	17.89 %
43	D	70.53 %	16.84 %
44	D	54.74 %	17.89 %
45	C	76.84 %	14.74 %
46	B	72.63 %	17.9 %
47	C	57.89 %	16.85 %
48	C	67.37 %	17.89 %

प्रश्न संख्या	उत्तर	सही उत्तर	छोड़ दिया
49	D	36.84 %	16.84 %
50	D	61.05 %	16.84 %
51	A	38.95 %	16.84 %
52	C	50.53 %	14.73 %
53	D	62.11 %	16.84 %
54	D	61.05 %	16.84 %
55	D	73.68 %	16.85 %
56	B	63.16 %	17.89 %
57	A	75.79 %	16.84 %
58	D	48.42 %	16.84 %
59	A	62.11 %	16.84 %
60	D	50.53 %	14.73 %
61	D	74.74 %	16.84 %
62	D	67.37 %	16.84 %
63	C	76.84 %	16.84 %
64	A	74.74 %	17.89 %

प्रश्न संख्या	उत्तर	सही उत्तर	छोड़ दिया
65	A	61.05 %	15.79 %
66	B	53.68 %	16.85 %
67	A	75.79 %	17.89 %
68	A	71.58 %	17.89 %
69	B	61.05 %	16.84 %
70	A	46.32 %	17.89 %
71	B	63.16 %	11.58 %
72	B	57.89 %	14.74 %
73	B	71.58 %	16.84 %
74	D	58.95 %	16.84 %
75	B	73.68 %	17.9 %
76	A	69.47 %	16.85 %
77	C	70.53 %	16.84 %
78	D	57.89 %	17.9 %
79	D	70.53 %	12.63 %
80	C	66.32 %	16.84 %

प्रश्न संख्या	उत्तर	सही उत्तर	छोड़ दिया
81	D	64.21 %	13.68 %
82	D	69.47 %	16.85 %
83	C	65.26 %	17.9 %
84	D	56.84 %	16.84 %
85	A	51.58 %	16.84 %
86	B	61.05 %	17.9 %
87	D	63.16 %	17.89 %
88	C	62.11 %	17.89 %
89	C	55.79 %	16.84 %

प्रश्न संख्या	उत्तर	सही उत्तर	छोड़ दिया
90	C	54.74 %	17.89 %
91	B	69.47 %	17.9 %
92	A	70.53 %	17.89 %
93	B	63.16 %	14.73 %
94	C	77.89 %	17.9 %
95	D	71.58 %	16.84 %
96	D	42.11 %	16.84 %
97	D	51.58 %	16.84 %
98	D	62.11 %	17.89 %

प्रश्न संख्या	उत्तर	सही उत्तर	छोड़ दिया
99	C	45.26 %	16.85 %
100	B	73.68 %	16.85 %
101	A	76.84 %	16.84 %
102	D	48.42 %	17.9 %
103	B	73.68 %	17.9 %
104	D	77.89 %	16.85 %
105	A	56.84 %	16.84 %
106	C	53.68 %	17.9 %
107	A	76.84 %	16.84 %

प्रश्न संख्या	उत्तर	सही उत्तर	छोड़ दिया
108	C	54.74 %	17.89 %
109	D	61.05 %	13.69 %
110	A	42.11 %	17.89 %
111	A	77.89 %	12.64 %
112	D	60.0 %	17.89 %
113	A	71.58 %	12.63 %
114	A	70.53 %	17.89 %
115	A	38.95 %	16.84 %
116	B	46.32 %	17.89 %

प्रश्न संख्या	उत्तर	सही उत्तर	छोड़ दिया
117	D	66.32 %	12.63 %
118	A	22.11 %	17.89 %
119	B	49.47 %	12.64 %
120	D	27.37 %	16.84 %
121	A	53.68 %	14.74 %
122	D	44.21 %	17.9 %
123	A	78.95 %	16.84 %
124	B	75.79 %	17.89 %
125	C	61.05 %	16.84 %

कार्य विश्लेषण	
औसत अंक (%)	57.88%
टॉपर्स स्कोर (%)	98.35%
आपका स्कोर	

//संकेत और समाधान//

1. 31 दिसम्बर 1929 को भारतीय राष्ट्रीय कांग्रेस का वार्षिक अधिवेशन तत्कालीन पंजाब प्रांत की राजधानी लाहौर में हुआ। इस ऐतिहासिक अधिवेशन में कांग्रेस के 'पूर्ण स्वराज' का घोषणा-पत्र तैयार किया तथा 'पूर्ण स्वराज' को कांग्रेस का मुख्य लक्ष्य घोषित किया। जवाहरलाल नेहरू, इस अधिवेशन के अध्यक्ष चुने गये।

अत: विकल्प (D) सही है।

2. नागार्जुनी पहाड़ियों की गुफायें को दशरथ द्वारा बनवाई गई तथा आजीविकों को दान में दी गयी। यहां के लोगों ने इसका नाम गोपिका, वर्णियका, वहिपका दे दिया। यह गुफाएं बराबर की गुफ़ाओं से 1.6 किमी दूर स्थित नागार्जुनी पहाड़ी पर स्थित हैं।

अत: विकल्प (C) सही है।

3. दिल्ली का अशोक स्तम्भ तीन शताब्दी ईसा पूर्व भारतीय उपमहाद्वीप में महान् सम्राट अशोक द्वारा बनवाए गये भगवान बुद्ध की शिक्षाओं पर शिलालेखों की एक श्रृंखला है। 13.1 मीटर लम्बा यह स्तम्भ पॉलिश किये हुए बलुआ पत्थर से बना हुआ है जो तीन शताब्दी ईसा पूर्व का है और यह फिरोज शाह तुगलक द्वारा अम्बाला से उठवाकर दिल्ली लाया गया था।

अत: विकल्प (A) सही है।

4. सती प्रथा पर पाबन्दी लॉर्ड विलियम बैंटिक ने लगायी। ये भारत के प्रथम गवर्नर जनरल थे। लॉर्ड विलियम बैंटिक 1828-1835 तक भारत में शासन किया। इनके द्वारा सामाजिक सुधार ,शैक्षणिक सुधार ,वित्तीय सुधार ,सरकारी सेवा में सुधार के अनेक प्रयास किए गए।

अत: विकल्प (C) सही है।

5. वैदिक काल में गाय को 'आघन्या' माना गया है। आघन्या का अर्थ 'न मारे जाने योग्य पशु' होता है। ऋग्वैदिक काल में 'गाय' को पवित्र पशु माना जाता था और यह विनिमय के साधन के रूप में थी। गाय को 'अष्टकर्णी' भी कहा गया है जो उसके ऊपर स्वामित्व का सूचक है।

अत: विकल्प (C) सही है।

6. कौटिल्य अर्थशास्त्र के अनुसार, सामाजिक एवं राष्ट्रीय हित की अवहेलना कर अपने स्वार्थ की पूर्ति करने वालों को 'कंटक' कहा गया, उनसे समाज एवं राष्ट्र की रक्षा करना इस न्यायालय का कार्य था, इसीलिए इसे "कंटकशोधन" कहा गया।

अत: विकल्प (B) सही है।

7. मुहम्मद बिन तुगलक ने भारत में सर्वप्रथम सांकेतिक मुद्रा का प्रचलन किया था। इल्तुतमिश के बाद मुहम्मद बिन तुगलक दिल्ली सल्तनत का दूसरा शासक था। जिसने मुद्रा व्यवस्था में उल्लेखनीय परिवर्तन किया। उसने विभिन्न प्रकार के सिक्के जारी किए, दोकानी नामक एक नया सिक्का और दीनार नामक स्वर्ण मुद्राएं चलवाई।

अत: विकल्प (D) सही है।

8. महावीर जैन धर्म के चौंबीसवें (24वें) तीर्थंकर है। जैन धर्म में निम्नलिखित पाँच व्रतों को महाव्रत कहा जाता है-

- अहिंसा (हिंसा न करना)
- सत्य (झूठ न बोलना अर्थात् सदैव सत्य बोलना)
- अस्तेय (चोरी न करना)
- ब्रह्मचर्य
- अपरिग्रह (धन का संग्रह न करना)

इन व्रतों में से 'ब्रह्मचर्य' महावीर स्वामी ने जोड़ा था।

अत: विकल्प (D) सही है।

9. प्राचीन मानव की प्रजाति आस्ट्रेलोपिथिक्स है। आस्ट्रेलोपिथिक्स दक्षिण अफ्रीका में निवास करनेवाला बानर मानव था। यह होमोनिड्स से मिलता जुलता था। यह लगभग चालीस लाख वर्ष पूर्व से बीस लाख पूर्व तक पाया जाता था। यह कपि व मानव के बीच कड़ी है।

अत: विकल्प (A) सही है।

10. अंग्रेजों को देश से खदेड़ने के लिए प्रथम स्वतंत्रता संग्राम की नींव सन 1857 में मेरठ में रखी गई, जो कि बाद में पूरे देश में आग की तरह फैल गई। इसी ने अंग्रेजों के पैर भारत से उखाड़ने की भूमिका तैयार की और आखिर में 1947 में भारत को आजादी मिली।

अत: विकल्प (C) सही है।

11. विलय के समय अवध को नवाब वाजिद अली शाह था। लॉर्ड डलहौजी ने अवध पर कुशासन और भ्रष्टाचार का आरोप लगाया। अवध का अंग्रेजी साम्राज्य में विलय कुशासित राज्य की घोषणा करके ही हुआ था।

अत: विकल्प (D) सही है।

12. सिन्धु घाटी की सभ्यता में लोग पशुपति की पूजा करते थे। इस सभ्यता में पशुपति को प्रमुख देवता माना जाता था। उपलब्ध ऐतिहासिक साक्ष्यों के अनुसार इन्हें जंगलों और पशुओं के देवता के तौर पर पूजा जाता था। पशुपति को योगी की मुद्रा में भी दिखाया गया है।

अत: विकल्प (A) सही है।

13. महमूद गजनवी ने एक ओर संस्कृत, मुद्रालेख के साथ चांदी के सिक्के निर्गत किए। महमूद गजनवी द्वारा लक्ष्मी देवी की आकृति से युक्त चांदी के सिक्के जारी किए गए थे। जिन पर संस्कृत मुद्रालेख अंकित था। भारत के मुस्लिम शासकों से लेकर अंग्रेजों तक ने अपने अपने सिक्के चलाए हैं, लेकिन साथ ही चलन में अपने अपने ढंग से मुद्राएं (सिक्के) भी चलाए हैं।

अत: विकल्प (B) सही है।

14. ईस्ट इंडिया कंपनी के कर्मचारी चार्ल्स विल्किंस ने सर्वप्रथम 1785 में 'भगवद गीता' का संस्कृत से अंग्रेजी में अनुवाद किया था। संस्कृत से किसी भी यूरोपीय भाषा में होने वाला यह पहला अनुवाद था। इसके लिए उन्हें कोलकाता के तत्कालीन गवर्नर जनरल वारेन हेस्टिंग्स का भी खूब साथ मिला।

अत: विकल्प (B) सही है।

15. चन्द्रगुप्त द्वितीय के साथ में पाशुपतों का एक महत्त्वपूर्ण केन्द्र मथुरा था। पाशुपत शैव परम्परा का एक सम्प्रदाय है जो शिव की पशुपति के रूप में आराधना करती है।

अत: विकल्प (A) सही है।

16. सर्वाधिक संख्या में हस्तकुठार (हैण्डएक्स) और
क्लीवर निम्नपुरापाषाणकाल में प्राप्त होते हैं। यह पुरापाषाण काल का सबसे पुराना भाग है, यह लगभग 3.3 मिलियन वर्ष पूर्व प्रारंभ हुआ था, जब पत्थर का उपयोग पहली बार औज़ार बनाने के लिए किया गया था।

अत: विकल्प (B) सही है।

17. पानीपत का प्रथम युद्ध बाबर एवं इब्राहिम लोदी के मध्य हुआ था। सन् 1526 में, काबुल के तैमूरी शासक ज़हीरुद्दीन मुहम्मद बाबर की सेना ने दिल्ली के सुल्तान इब्राहिम लोदी, की एक ज्यादा बड़ी सेना को युद्ध में परास्त किया।

अत: विकल्प (A) सही है।

18. ऋग्वैदिक काल मे निष्क एक स्वर्ण आभूषण था जो गले मे हार के रूप में पहना जाता था।

अत: विकल्प (B) सही है।

19. बंगाल तथा बिहार में स्थायी बन्दोबस्त लागू करने का श्रेय लॉर्ड कार्नवालिस को दिया जाता है। स्थायी बंदोबस्त अथवा इस्तमरारी बंदोबस्त ईस्ट इण्डिया

कंपनी और बंगाल के जमींदारों के बीच कर वसूलने से सम्बंधित एक स्थाई व्यवस्था हेतु सहमति समझौता था।

अत: विकल्प (B) सही है।

20. मोहम्मद ग़ोरी और पृथ्वीराज चौहान के बीच तराईन के मैदान में दो युद्ध हुए। 1191 ई. में हुए तराइन के प्रथम युद्ध में पृथ्वीराज चौहान की विजय हुई किन्तु अगले ही वर्ष 1192 ई. में पृथ्वीराज चौहान को तराइन के द्वितीय युद्ध में मोहम्मद ग़ोरी ने बुरी तरह पराजित किया।

अत: विकल्प (B) सही है।

21. फिरोज शाह तुगलक सिंचाई कर लगाने वाला दिल्ली का प्रथम सुल्तान था। उलेमाओं के आदेश पर सुल्तान ने एक नया सिंचाई कर भी लगाया, जो उपज का 1/10 भाग वसूला जाता था। फिरोज शाह तुगलक के शासन काल में लगान उपज का 1/5 से 1/3 भाग होता था।

अत: विकल्प (C) सही है।

22. भारत का अन्तिम वायसराय लॉर्ड माउण्टबेटन था। लॉर्ड माउण्टबेटन ने 15 अगस्त 1947 से 21 जून 1948 तक भारत के अंतिम वायसराय के रूप में कार्य किया। आज़ादी के बाद वे भारत के पहले गवर्नर जनरल बने थे।

अत: विकल्प (B) सही है।

23. ईस्ट इंडिया कंपनी की स्थापना 31 दिसंबर 1600 को हुई थी। 1608 में विलियम हॉकिन्स ईस्ट इंडिया कंपनी के जहाज लेकर सूरत आया था। इसके बाद कंपनी ने भारत में अपनी प्रथम फैक्टरी सूरत में 11 जनवरी 1613 को स्थापित की थी।

अत: विकल्प (B) सही है।

24. मराठा शासन में शिवाजी के काल में शासन के संचालन के लिए 'अष्टप्रधान' नामक आठ मंत्रियों की परिषद थी। जिसका कार्य राजा को परामर्श देना मात्र था। प्रत्येक मंत्री राजा के प्रति उत्तरदायी था तथा उसके सचिवों के रूप में कार्य करता था।

अत: विकल्प (B) सही है।

25. शैव धर्म का प्रारंभ हड़प्पा काल में माना जाता है। भगवान शिव की पूजा करने वालों को शैव और शिव से संबंधित धर्म को शैवधर्म कहा जाता है। शिवलिंग उपासना का प्रारंभिक पुरातात्विक साक्ष्य हड़प्पा संस्कृति के अवशेषों से मिलता है।

अत: विकल्प (A) सही है।

26. सीमन्तोन्नयन संस्कार हिन्दू धर्म संस्कारों में तृतीय संस्कार है। इस संस्कार का उद्देश्य गर्भवती स्त्री को मानसिक बल प्रदान करते हुए सकारात्मक विचारों से पूर्ण रखना था। सीमन्तोन्नयन शिक्षा से सम्बन्धित नही है। क्योंकि यह संस्कार गर्भपात रोकने के लिए किया जाता है।

अत: विकल्प (D) सही है।

27. खानवा का युद्ध 16 मार्च 1527 को आगरा से 35 किमी दूर खानवा गाँव में बाबर एवं मेवाड़ के राणा सांगा के मध्य लड़ा गया। पानीपत के युद्ध के बाद बाबर द्वारा लड़ा गया यह दूसरा बड़ा युद्ध था। खानवा के युद्ध को जीतने के बाद बाबर ने 'जिहाद' की घोषणा की थी।

अत: विकल्प (B) सही है।

28. अकबर के विरुद्ध जौनपुर में 'फतवा' जारी हुआ था। द ग्रेट मुगल्स एंड देयर इंडिया के मुताबिक इस नई नीति की आलोचना सबसे पहले जौनपुर के क़ाज़ी मुल्ला मुहम्मद यज़ीदी द्वारा इस नई नीति की बुराई करते हुए फतवे के जरिए की गई थी।

अत: विकल्प (B) सही है।

29. चोल राज्य में एकल इकाई के रूप में शासित विशाल ग्राम को तनियूर कहा जाता था। तनियूर चोल साम्राज्य के प्रशासन से संबंधित शब्द है। तनियूर बहुत बड़े गाँव थे जिन्हें एकल इकाई के रूप में प्रशासित किया जाता था। 7वीं-8वीं शताब्दी में, घटिका मंदिर से जुड़े हुए शिक्षण केंद्र थे। ये संस्कृत माध्यम में ब्राह्मणवादी शिक्षा प्रदान करते थे।

अत: विकल्प (D) सही है।

30. अध्यात्म ज्ञान के विषय में नचिकेता और यम का संवाद कठोपनिषद् में प्राप्त होता है। कठ उपनिषद् या कठोपनिषद्, एक कृष्ण यजुर्वेदीय उपनिषद है। कठोपनिषद् कृष्ण यजुर्वेदीय शाखा के अन्तर्गत एक उपनिषद् है। यह उपनिषद् संस्कृत भाषा में लिखा है।

अत: विकल्प (C) सही है।

31. चन्द्रगुप्त प्रथम ने सर्वप्रथम सिक्के जारी किए। इन सिक्कों के एक ओर चन्द्रगुप्त का चित्र अंकित था तो दूसरी ओर रानी कुमार देवी को अंकित किया गया था। अपने पूरे शासन काल में चंद्रगुप्त ने इस प्रकार के छह सिक्कों को जारी किया था।

अत: विकल्प (A) सही है।

32. गुर्जर प्रतिहार वंश मध्यकाल के दौरान मध्य-उत्तर भारत के बड़े हिस्से में राज्य करने वाले भारतीय वंश थे, जिसकी स्थापना नागभट्ट प्रथम नामक ने 725 ई. में की थी। गुर्जर प्रतिहारों की राजधानी कन्नौज थी।

अत: विकल्प (C) सही है।

33. कालीबंगा राजस्थान के हनुमानगढ़ ज़िले का एक प्राचीन एवं ऐतिहासिक स्थल है।

पश्चिम उत्तर प्रदेश के मेरठ ज़िले में यमुना की सहायक हिण्डन नदी पर स्थित आलमगीरपुर की खोज 1958 में 'यज्ञदत्त शर्मा' द्वारा की गयी।

लोथल, प्राचीन सिंधु घाटी सभ्यता के शहरों में से एक बहुत ही महत्वपूर्ण शहर है। लगभग 2400 ईसापूर्व पुराना यह शहर भारत के राज्य गुजरात के भाल क्षेत्र में स्थित है।

रूपनगर, जिसका पुराना नाम रोपड़ (Ropar) था, भारत के पंजाब राज्य के रूपनगर ज़िले में स्थित एक नगर है।

अत: विकल्प (C) सही है।

34. कृषकों की सहायता हेतु शेरशाह ने 'पट्टा' एवं 'कबूलियत' की व्यवस्था प्रारम्भ की थी। शेरशाह सूरी वंश का एक राजा था जिसने 1540 से 1545 तक राज्य किया। 'कबूलियत' (करार-विलेख) में भूमि पर किराएदार के अधिकार निहित होते हैं। राज्य किसान को जो भूमि देता था उसका विवरण एक सरकारी दस्तावेज में लिखा होता था जिसे पट्टा कहा जाता था।

अत: विकल्प (D) सही है।

35. अशोक के अभिलेखों का सफलतापूर्वक सर्वप्रथम जेम्स प्रिन्सेप ने पढ़ा था। जबकि अशोक के अभिलेखों की सर्वप्रथम खोज टीफेन थेलर ने 1750 ई. में की । जेम्स प्रिंसेप ईस्ट इण्डिया कम्पनी में एक अधिकारी के पद पर नियुक्त थे।

अत: विकल्प (D) सही है।

36. एक जुते हुए खेत के साक्ष्य कालीबंगा से पाए गए हैं। कालीबंगा राजस्थान के हनुमानगढ़ ज़िले का एक प्राचीन एवं ऐतिहासिक स्थल है। बी.के. थापर व बी.बी. लाल ने 1961-69 में यहाँ उत्खनन का कार्य किया। यहाँ विश्व का सर्वप्रथम जुता हुआ खेत मिला है और 2900 ईसापूर्व तक यहाँ एक विकसित नगर था।

अत: विकल्प (C) सही है।

37. शिवाजी ने मुगलों को सलहर के युद्ध में हराया था। शिवाजी का जन्म 20 अप्रैल, 1627 को शिवनेर के दुर्ग में हुआ। वे शाहजी भोंसले की प्रथम पत्नी जीजाबाई के पुत्र थे। शिवाजी ने रायगढ़ में 1656 ई. में अपनी राजधानी बनायी तथा 1674 में यहीं राज्याभिषेक किया और छत्रपति की उपाधि धारण की।

अत: विकल्प (C) सही है।

38. अथर्ववेद में सभा और समिति को प्रजापति की दो पुत्रियाँ कहा गया है। अथर्ववेद में परीक्षित को कुरुओं का राजा कहा गया है तथा इसमें कुरू देश की समृद्धि का अच्छा विवरण मिलता है। इस वेद में आर्य एवं अनार्य विचारधाराओं का समन्वय है।

अत: विकल्प (D) सही है।

39. 1. सविनय अवज्ञा आन्दोलन: फरवरी, 1930-अप्रैल 1931

2. खिलाफत आन्दोलन: मार्च 1919-जनवरी 1921

3. असहयोग आन्दोलन: सितम्बर 1920-फरवरी 1922

4. भारत छोड़ो आन्दोलन अगस्त 1942 आरम्भ किया गया था। इस विद्रोह को दबाने में सरकार को साल भर से ज्यादा समय लग गया।

अत: विकल्प (C) सही है।

40. जहाँगीर ने अपने महल के बाहर इंसाफ की जंजीर लगा रखी थी। इस जंजीर की वजह से जहांगीर ने अपने इंसाफ के लिए इतिहास में स्थान बनाया।इस घंटे की जंजीर (इंसाफ की जंजीर) 240 किलोग्राम सोने से बनी थी। घंटे में 60 घंटियां लगी थी। कोई भी व्यक्ति इसे बजा सकता था और जहांगीर खुद न्याय करने पहुंचते थे।

अत: विकल्प (B) सही है।

41. भारतीय राष्ट्रीय कांग्रेस एवं मुस्लिम लीग के बीच प्रसिद्ध लखनऊ समझौता 1916 में हस्ताक्षरित हुआ था। जो 29 दिसम्बर 1916 को लखनऊ अधिवेशन में भारतीय राष्ट्रीय काँग्रेस द्वारा और 31 दिसम्बर 1916 को अखिल भारतीय मुस्लिम लीग द्वारा पारित किया गया।

अत: विकल्प (C) सही है।

42. उज्जयिनी स्थान की यात्रा बुद्ध ने नहीं की थी। उज्जैन (उज्जयिनी) भारत के मध्य प्रदेश राज्य का एक प्रमुख शहर है जो शिप्रा नदी के किनारे पर बसा है। यह एक अत्यन्त प्राचीन शहर है। यह महान सम्राट विक्रमादित्य के राज्य की राजधानी थी। वैशाली, कपिलवस्तु, और कौशाम्बी की यात्रा बुद्ध ने की थी।

अत: विकल्प (D) सही है।

43. नूर जहाँ का नाम फरमानों और सिक्कों पर उल्लेखित मिलता है। नूर जहाँ पहली मुगल बेगम थी, जिसके नाम से सिक्के गढ़वाए गए और शाही फरमान जारी हुए। नूर जहाँ (1577-1645) मुगल काल की एक महारानी थी, जिन्हें भारत के इतिहास में मुगल शासक जहांगीर की सबसे पसंदीदा पत्नी के तौर पर याद किया जाता है।

अत: विकल्प (D) सही है।

44. 16 अगस्त, 1946 को मुस्लम लीग ने 'सीधी कार्यवाही दिवस' हेतु सुनिश्चित किया। भारत की स्वतंत्रता के पूर्व मुस्लिम लीग द्वारा 'सीधी कार्यवाही' की घोषणा से 16 अगस्त, 1946 को कोलकाता में भीषण दंगे शुरु हो गये। इसे कलकत्ता दंगा या कलकत्ता का भीषण हत्याकांड कहते हैं। 'सीधी कार्यवाही' मुस्लिम लीग द्वारा पाकिस्तान की माँग को तत्काल स्वीकार करने के लिए चलाया गया अभियान था।

अत: विकल्प (D) सही है।

45. भारतीयों को वर्ष 1947 में सार्वभौम सत्ता सौंपने की योजना माउण्टबेटन योजना के नाम से जानी जाती है। इसका प्रमुख बिन्दु यह था कि आगामी 15 अगस्त 1947 को भारत को दो भागों में विभाजित करके दो पूर्ण प्रभुतासम्पन्न देश (भारत और पाकिस्तान) बनाए जाएंगे।

अत: विकल्प (C) सही है।

46. दिल्ली के बलबन सुल्तान के विषय में कहा गया है कि उसने 'रक्त और लौह' की नीति अपनायी थी। दिल्ली सल्तनत में गुलाम वंश का एक शासक था। उसका न्याय पक्षपात रहित और उसका दंड अत्यंत कठोर था, इसी कारण उसकी शासन नीति को 'रक्त और लौह' की नीति कहकर संबोधित किया जाता है।

अत: विकल्प (B) सही है।

47. लगभग तृतीय शताब्दी ई. पू. में पाटलिपुत्र में प्रथम जैन संगीति हुई थी।यह सभा स्थूलभद्र की अध्यक्षता में हुई। इसमें जैन धर्म के प्रधान भाग 12 अंगों का संपादन हुआ। प्रथम जैन सभा में जैन धर्म दिगंबर एवं श्वेतांबर दो भागों में बँट गया।

अत: विकल्प (C) सही है।

48. मूर्ति पूजा वैदिक धर्म में सम्मिलित नहीं थी। वैदिक धर्म में एक निराकार, सर्वज्ञ, सर्वव्यापक, न्यायकारी ईश्वर को ही पूज्य (उपास्य) माना जाता है, उसके स्थान में अन्य देवी-देवताओं को नहीं। वैदिक धर्म, वैदिक सभ्यता का मूल था, जो भारतीय उपमहाद्वीप में हज़ारों वर्षों पूर्व से है।

अत: विकल्प (C) सही है।

49. शाहजहाँ के शासनकाल में उपनिषदों को फारसी भाषा में अनुवादित किया गया था। शाहजहाँ के पुत्र दारा शिकोह ने 52 उपनिषदों का बनारस के पंडितो की सहायता से फारसी में अनुवाद करवाया था। 52 उपनिषदों का अनुवाद फारसी में "सिर ए अकबर" के नाम से किया गया है।

अत: विकल्प (D) सही है।

50. संविधान सभा, जिसने भारतीय संविधान का निर्माण किया, का गठन कैबिनेट मिशन प्लान के अन्तर्गत किया गया था। संविधान निर्माण संस्था का चुनाव 389 सदस्यों वाली प्रांतीय विधान सभा द्वारा किया गया था जिसमें रियासतों से 93 और ब्रिटिश भारत से 296 सदस्य शामिल थे।

अत: विकल्प (D) सही है।

51. चन्देल साम्राज्य का जेजाकभुक्ति नाम जयशक्ति, चन्देल राजा के नाम से उत्पन्न हुआ। चंदेल अभिलेखों में पूर्ववर्ती नरेश वाक्पति के पुत्र जयशक्ति का उल्लेख आता है। यह 'जेज्जाक' और 'जेजा' के नाम से भी प्रसिद्ध था। जेजाकभुक्ति गुप्तकाल का एक प्रसिद्ध राज्य था जो यमुना और नर्मदा नदी नदियों के बीच में स्थित है।

अत: विकल्प (A) सही है।

52. सन्त समर्थ रामदास को शिवाजी के शासनकाल से सम्बन्धित किया जाता है। समर्थ रामदास महाराष्ट्र के एक प्रसिद्ध सन्त थे। वे छत्रपति शिवाजी महाराज के गुरु थे। उन्होने दासबोध नामक एक ग्रन्थ की रचना की जो मराठी में है।

अत: विकल्प (C) सही है।

53. गुरु अर्जुनदेव ने जहाँगीर के पुत्र राजकुमार खुसरो को संरक्षण प्रदान किया था। जहांगीर के सबसे बड़े बेटे खुसरो ने 1606 ई में अपने पिता के विरूद्ध विद्रोह कर दिया था। खुसरो और जहांगीर की सेना के बीच युद्ध जलांधर के पास हुआ। और खुसरो को जेल में डाल दिया गया। खुसरो की सहायता करने के लिए जहांगीर ने सिक्खों के 5वें गुरु अर्जुन देव को फांसी दिलवा दी।

अत: विकल्प (D) सही है।

54. अशोक के शासनकाल में ही पाटलिपुत्र में तृतीय बौद्ध संगीति का आयोजन किया गया जिसकी अध्यक्षता मोगली पुत्र निस्स ने की थी। यहां अभिधम्मपिटककी रचना भी हुई, और बौद्ध भिक्षु विभिन्न देशों में भेजे गए। जिनमें अशोक के पुत्र महेंद्र एवं पुत्री संघमित्रा भी सम्मिलित थे जिन्हें श्रीलंका भेजा गया।

अत: विकल्प (D) सही है।

55.

- आलाई दरवाजा का निर्माण दिल्ली के दूसरे खिलजी सुल्तान द्वारा किया गया था। अलाउद्दीन खिलजी ने 1311 में दिल्ली के अलाई दरवाजे का निर्माण कराया था।
- बुलन्द दरवाज़ा, भारत के उत्तर प्रदेश प्रांत में आगरा शहर से 43 किमी दूर फतेहपुर सीकरी नामक स्थान पर स्थित एक दर्शनीय स्मारक है। इसका निर्माण अकबर ने 1602 में करवाया था।
- मोती मस्जिद मुगल बादशाह शाहजहाँ द्वारा बनवाई गई मस्जिद है। जो आगरा के लाल किले में स्थित है।
- नूरजहां ने अपने पिता की स्मृति में आगरा में यमुना के किनारे एतमादुद्दौला का मकबरा बनवाया था। यह उसके पिता गियास-उद-दीन बेग़, जो जहांगीर के दरबार में मंत्री भी थे, की याद में बनवाया गया था।

अत: विकल्प (D) सही है।

56. भारतीय संविधान का सर्वप्रथम 1951 में संशोधन हुआ। इसे संसद में तत्कालीन भारतीय प्रधानमंत्री जवाहर लाल नेहरू द्वारा 10 मई 1951 को पेश किया गया जिसे 18 जून 1951 को संसद में पास कर दिया गया।

अत: विकल्प (B) सही है।

57. मुहम्मद-बिन-तुगलक अपनी राजधानी दिल्ली से दोलताबाद ले गया। मुहम्मद-बिन-तुगलक दिल्ली सल्तनत में तुगलक वंश का शासक था। ग़यासुद्दीन तुगलक की मृत्यु के बाद उसका पुत्र 'जूना ख़ाँ', मुहम्मद बिन तुगलक (1325-1351 ई.) के नाम से दिल्ली की गद्दी पर बैठा।

अत: विकल्प (A) सही है।

58. बारहवाँ शिलालेख में अशोक ने कहा है "संभी सम्प्रदायों के सारतत्व की वृद्धि हो"। इसमें स्त्री महामात्रों और व्रजभूमिकों की नियुक्ति का उल्लेख किया गया है। इसमें अशोक की धार्मिक सहिष्णुता को दर्शाया गया है। इसमें सभी सम्प्रदायों के सम्मान की बात कही गयी है।

अत: विकल्प (D) सही है।

59. अलाउद्दीन खिलजी ने ने सार्वजनिक वितरण प्रणाली प्रारम्भ की थी।सार्वजनिक वितरण प्रणाली का अर्थ सस्ती कीमतों पर खाद्य और खाद्यान्न वितरण के प्रबंधन की व्यवस्था करना है। गेहूं, चावल, चीनी और मिट्टी के तेल जैसे प्रमुख खाद्यान्नों को इस योजना के माध्यम से सार्वजनिक वितरण की दुकानों द्वारा पूरे देश में पहुंचाया जाता है।

अत: विकल्प (A) सही है।

60. वल्लभी, बौद्ध शिक्षा का केन्द्र नहीं था। वल्लभी या वल्लभीपुर गुजरात के सौराष्ट्र क्षेत्र में भावनगर के निकट स्थित एक प्राचीन नगर है। वल्लभी विश्वविद्यालय आधुनिक गुजरात के सौराष्ट्र में विकसित हुआ।वल्लभीपुर गुजरात में जैन धर्म के प्रमुख तीर्थ स्थलों में गिना जाता है।

अत: विकल्प (D) सही है।

61. नालन्दा विश्वविद्यालय को बख्तियार खिलजी ने जलाकर नष्ट कर दिया था। विश्व विद्यालय में इतनी पुस्तकें थी की पूरे तीन महीने तक यहां के पुस्तकालय में आग धधकती रही। उसने अनेक धर्माचार्य और बौद्ध भिक्षु मार डाले। खिलजी ने उत्तर भारत में बौद्धों द्वारा शासित कुछ क्षेत्रों पर कब्ज़ा कर लिया था।

अत: विकल्प (D) सही है।

62. भीमबेटका (भीमबैठका) भारत के मध्य प्रदेश प्रान्त के रायसेन जिले में स्थित एक पुरापाषाणिक आवासीय पुरास्थल है। यह आदि-मानव द्वारा बनाये गए शैलचित्रों और शैलाश्रयों के लिए प्रसिद्ध है। इन चित्रों को पुरापाषाण काल से मध्यपाषाण काल के समय का माना जाता है।

अत: विकल्प (D) सही है।

63. आगरा महाभारत के समय से एक प्राचीन शहर था और फिर भी दिल्ली सल्तनत के मुस्लिम शासक सुल्तान सिकंदर लोदी ने 1504 में आगरा की स्थापना की। आगरा मुगल साम्राजय की चहेती जगह थी। आगरा 1526 से 1658 तक मुग़ल साम्राज्य की राजधानी रहा।

अत: विकल्प (C) सही है।

64. अकबर का मकबरा सिकन्दरा में है। सिकंदरा स्थित यह मकबरा 119 एकड़ में फैला हुआ है। 8 साल में बने इस मकबरे का निर्माण कार्य अकबर के द्वारा 1605 में शुरू करवाया गया था और उनके बेटे जहांगीर ने इसके निर्माण को 1605 में पूरा करवाया।

अत: विकल्प (A) सही है।

65. 'अनेकान्तवाद' या 'सप्तभंगी का सिद्धान्त' जैन धर्म में मान्य सिद्धांतों में से एक है। 'स्यादवाद' का अर्थ 'सापेक्षतावाद' होता है। यह जैन दर्शन के अंतर्गत किसी वस्तु के गुण को समझने, समझाने और अभिव्यक्त करने का सापेक्षिक सिद्धांत है।

अत: विकल्प (A) सही है।

66. औरंगजेब के पुत्र अकबर ने विद्रोह करके राजपूतों के विरुद्ध अपने पिता की स्थिति कमजोर कर दी थी। मुहम्मद अकबर औरंगजेब का चौथा पुत्र था और 'अकबर द्वितीय' के नाम से इतिहास में जाना जाता है। उसने अपने पिता औरंगजेब के विरुद्ध विद्रोह कर सम्राट बनने की कोशिश की जिसमें उसे सफलता नहीं मिली।

अत: विकल्प (B) सही है।

67. महावीर स्वामी का जन्म वैशाली के निकट कुण्डग्राम के ज्ञातृक कुल के प्रधान सिद्धार्थ के यहां 540 ई.पू. में हुआ, इनकी माता त्रिशला थी। इनकी पत्नी का नाम यशोदा था। जैन धर्म में 24 तीर्थंकर हुए हैं जिनमें से महावीर स्वामी 24 वें तीर्थंकर थे।

अत: विकल्प (A) सही है।

68. सिराजुद्दौला लॉर्ड क्लाइव से प्लासी युद्ध में पराजित हुआ था। प्लासी का पहला युद्ध 23 जून 1757 को मुर्शिदाबाद के दक्षिण में 22 मील दूर नदिया जिले में गंगा नदी के किनारे 'प्लासी' नामक स्थान में हुआ था।कंपनी की सेना ने रॉबर्ट क्लाइव के नेतृत्व में नवाब सिराजुद्दौला को हरा दिया था।

अत: विकल्प (A) सही है।

69. भागवत धर्म से सम्बन्धित प्राचीनतम अभिलेखीय साक्ष्य हेलियोडोरस के बेसनगर स्तम्भ लेख में मिलता है। हेलियोडोरस स्तम्भ भारत के मध्य प्रदेश के विदिशा जिले में आधुनिक बेसनगर के पास स्थित पत्थर से निर्मित प्राचीन स्तम्भ है।

अत: विकल्प (B) सही है।

70. सुप्रसिद्ध कृति तबकात-ए-अकबरी की रचना ख्वाजा निजामुद्दीन अहमद ने की थी। तबकात-ए-अकबरी मुग़ल बादशाह अकबर के काल का आधिकारिक इतिहास ग्रंथ है। मुग़ल दरबारी और इतिहासकार निज़ामुद्दीन अहमद ने इस ग्रंथ को फ़ारसी में लिखा था। तिथि तथा भौगोलिक वर्णन की दृष्टि से यह ग्रंथ सर्वाधिक विश्वसनीय माना जाता है।

अत: विकल्प (A) सही है।

71. मेहरगढ़ से नव पाषाण संस्कृति से लेकर हड़प्पा सभ्यता तक के सांस्कृतिक अवशेष प्राप्त हुए हैं। यह स्थान वर्तमान बलूचिस्तान (पाकिस्तान) के कच्ची मैदानी क्षेत्र में है। यह स्थान विश्व के उन स्थानों में से एक है जहाँ प्राचीनतम कृषि एवं पशुपालन से सम्बन्धित साक्ष्य प्राप्त हुए हैं।

अत: विकल्प (B) सही है।

72. बुद्ध के जीवन में सम्बन्धित गृहत्यागने की घटना बैशाख पूर्णिमा को घटित नहीं हुई। भगवान बुद्ध का जन्म, ज्ञान प्राप्ति (बुद्धत्व या संबोधि) और महापरिनिर्वाण ये तीनों वैशाख पूर्णिमा के दिन ही हुए थे। इसी दिन भगवान बुद्ध को बुद्धत्व की प्राप्ति भी हुई थी।

अत: विकल्प (B) सही है।

73. इल्तुतमिश ने दिल्ली को सल्तनत की राजधानी के रूप में स्थापित किया। इल्तुतमिश दिल्ली सल्तनत में शम्सी वंश का एक प्रमुख शासक था। तुर्की-राज्य संस्थापक कुतुबुद्दीन ऐबक के बाद वो उन शासकों में से था जिससे दिल्ली सल्तनत की नींव मजबूत हुई। वह ऐबक का दामाद भी था।

अत: विकल्प (B) सही है।

74. सिन्धु सभ्यता का भारत में सबसे बड़ा पुरास्थल राखीगढ़ी है। राखीगढ़ी हरियाणा के हिसार जिले में सरस्वती तथा दृषद्वती नदियों के शुष्क क्षेत्र में स्थित एक महत्त्वपूर्ण ऐतिहासिक स्थान है। राखीगढ़ी सिन्धु घाटी सभ्यता का भारतीय क्षेत्रों में धोलावीरा के बाद दूसरा विशालतम ऐतिहासिक नगर है।

अत: विकल्प (D) सही है।

75. हसन गंगू दक्षिण में बहमनी राज्य का संस्थापक था। बहमनी साम्राज्य, मध्यकालीन भारत का मुस्लिम साम्राज्य था। जिसका विस्तार दक्षिण भारत के दक्कन में था। इसकी स्थापना 1347 ईस्वी में तुर्की गवर्नर अल्लाह-उद्दीन हसन बहमन द्वारा हुई जिन्हे हसन गंगू के नाम से भी जाना जाता है।

अत: विकल्प (B) सही है।

76. वर्णव्यवस्था का सर्वप्रथम उल्लेख ऋग्वेद में मिलता है। सर्वप्रथम ऋग्वेद के दशवें मण्डल में वर्णाश्रम व्यवस्था का उल्लेख मिलता है जिसमें वर्णित है कि वर्णचतुष्टय स्वयं उस विराट पुरुष ने ही स्थापित की है।

अत: विकल्प (A) सही है।

77. चन्देल कला का प्रमुख केन्द्र खजुराहो था। चन्देलों की धार्मिक राजधानी खजुराहो में हिन्दू तथा जैन मंदिरों के उत्कृष्ट नमूने हैं, जिनकी अपनी स्वयं की श्रेणी है। चंदेलकालीन स्थापत्य कला ने समूचे विश्व को प्रभावित किया उस दौरान वास्तुकला तथा मूर्तिकला अपने उत्कर्ष पर थी। इसका सबसे बड़ा उदाहरण हैं खजुराहो के मंदिर इस वंश का प्रथम राजा नन्नुक देव था।

अत: विकल्प (C) सही है।

78. लक्ष्मणसेन को एक नया सम्वत् चलाने का श्रेय प्राप्त है। बंगाल के सेन वंश के शासकों में सर्वाधिक शक्तिशाली शासक लक्ष्मण सेन ने नये संवत् (लक्ष्मण संवत - 1190 ई.) का प्रचलन किया था। उसका शासन काल सांस्कृतिक उपलब्धियों की दृष्टि से अधिक प्रसिद्ध हुआ। उसने अपने पिता वल्लाल सेन के अधूरे ग्रंथ 'अद्भुत सागर' को पूरा किया।

अत: विकल्प (D) सही है।

79. मुगल साम्राज्य का प्रान्तों में विभाजन पहली बार अकबर ने किया था। सर्वप्रथम अकबर ने ही प्रांतीय प्रशासन के लिए एक नया और विस्तृत आधार प्रस्तुत किया। अकबर ने 1580 ई. में अपने संपूर्ण साम्राज्य को 12 प्रान्तों में विभाजित किया, किन्तु शासनकाल के अंतिम समय में दक्षिण भारत के बरार, खानदेश एव अहमदनगर की विजय के पश्चात प्रान्तों का ही वर्णन किया है।

अत: विकल्प (D) सही है।

80. भारतीय राष्ट्रीय कांग्रेस का प्रथम अधिवेशन 72 प्रतिनिधियों की उपस्थिति के साथ 28 दिसम्बर 1885 को मुम्बई के गोकुलदास तेजपाल संस्कृत महाविद्यालय में हुई थी। इसके संस्थापक महासचिव (जनरल सेक्रेटरी) ए.ओ. ह्यूम थे। इन्होने ही व्योमेश चन्द्र बनर्जी को अधिवेशन का अध्यक्ष नियुक्त किया था।

अत: विकल्प (C) सही है।

81. ऋग्वैदिक देवताओं का उल्लेख बोगजकोई अभिलेख में मिलता है।बोगजकोई अभिलेख (सीरिया) जो लगभग 1400 ईसा पूर्व का है, में अनेक वैदिक देवताओं मित्र, वरुण, इंद्र, नासत्य आदि का उल्लेख मिलता है। इन देवताओं का उल्लेख ऋग्वेद में भी किया गया है। ऋग्वेद में सबसे अधिक महत्वपूर्ण देवता इंद्र को माना गया है, जिन्हें पुरंदर अर्थात किले को तोड़ने वाला कहा गया है।

अत: विकल्प (D) सही है।

82. 1. क्रिप्स मिशन: मार्च 1942

2. गाँधी इरविन समझौता: मार्च 1931

3. साइमन कमीशन: नवम्बर 1927

4. देश का विभाजन: अगस्त 1947

घटनाओं का सही कालानुक्रम 3, 2, 1, 4 है।

अत: विकल्प (D) सही है।

83. स्कन्दगुप्त ने हूणों पर विजय प्राप्त की थी। इस युद्ध में स्कंदगुप्त ने हूणों को बुरी तरह से परास्त किया तथा भारत से बाहर खदेड़ दिया। इस युद्ध का प्रमाण स्कंदगुप्त के जूनागढ अभिलेख से मिलता है, जिसमें हूणों को म्लेच्छ कहा गया है। म्लेच्छ – देश से तात्पर्य गंधार से है, जहाँ पराजित होने के बाद हूण नरेश ने शरण ली थी।

अत: विकल्प (C) सही है।

84. आदिशंकर जो बाद में शंकराचार्य बने उनका जन्म केरल में हुआ था। इनके पिता का नाम शिवगुरु भट्ट और माता का नाम सुभद्रा था। बहुत दिन तक सपत्नीक शिव को आराधना करने के अनंतर शिवगुरु ने पुत्र-रत्न पाया था, अत: उसका नाम शंकर रखा।

अत: विकल्प (D) सही है।

85. अशोक बौद्ध धर्म का प्रथम महान राजकीय संरक्षक था। अशोक ने नेपाल की तराई में स्थित निग्लीवा में कनकमुनि (एक पौराणिक बुद्ध) के स्तूप को संवर्द्धित एवं द्विगुणित करवाया। सम्राट अशोक को बौद्ध धर्म का प्रचार करने और स्तूपादि को निर्मित कराने की प्रेरणा धर्माचार्य उपगुप्त ने ही दी थी।

अत: विकल्प (A) सही है।

86. 'चचनामा' सिन्ध प्रदेश में इतिहास का वर्णन करने वाला ग्रन्थ है। इसके लेखक 'अली अहमद' हैं। इसमें चच राजवंश के इतिहास तथा अरबों द्वारा सिंध विजय का वर्णन किया गया है।

अत: विकल्प (B) सही है।

87. उत्खनित प्रमाणों के अनुसार पशुपालन मध्य पाषाण एवं नव पाषाणकाल में प्रारम्भ हुआ था। नवपाषाण काल में अग्नि की खोज की गई तथा मानव ने मांस को पकाकर खाना प्रारंभ किया। मध्य पाषाण काल की शुरुआत लगभग 10 हजार से 8 हजार ई. पू. में हुई। इस काल में पशुपालन को पर्याप्त महत्व दिया जाने लगा था। गुजरात प्रांत से इस काल की कुछ मानव अस्थियां प्राप्त हुई हैं। मध्य पाषाण काल में लोगों की आजीविका का मुख्य साधन आखेट ही था।

अत: विकल्प (D) सही है।

88. कृषि के प्राचीनतम साक्ष्य लहुरादेव से प्राप्त होते हैं। नवीनतम खोजों के आधार पर भारतीय उपमहाद्वीप में प्राचीनतम कृषि साक्ष्य वाला स्थल उत्तर प्रदेश के संत कबीर नगर जिले में स्थित लहुरादेव है। यहां से 8000 ई.पू. से 9000 ई.पू. मध्य के चावल के साक्ष्य प्राप्त हुए हैं।

अत: विकल्प (C) सही है।

89. गंगैकोण्ड चोलपुरम् की स्थापना राजेन्द्र प्रथम ने की थी। गंगैकोण्ड चोलपुरम्, तमिलनाडु के त्रिचुरापल्ली जिले में स्थित एक स्थान है। यह जैयमकोण्ड सोलापुर से १० किमी की दूरी पर है। प्राचीन काल में यह एक प्रख्यात नगर था। लोकप्रवाद हे कि वाणासुर के तपस्या के फलस्वरूप शिव ने यहाँ एक कूप में गंगा बहा दी थी जिसके कारण यह नाम पड़ा है। वस्तुत: इसे प्रथम राजेंद्र चोल ने बसाया था जो 'गंगैकोण्डचोल' कहा जाता था।

अत: विकल्प (C) सही है।

90. हिन्दुस्तान सोशलिस्ट रिपब्लिकन एसोसिएशन का गठन अक्टूबर 1924 में भारतीय स्वतन्त्रता संग्राम के क्रान्तिकारी रामप्रसाद बिस्मिल, योगेश चन्द्र चटर्जी, चंद्रशेखर आजाद और शचींद्रनाथ सान्याल आदि ने कानपुर में की थी।

अत: विकल्प (C) सही है।

91. गुप्त सम्वत् 319 ई. में प्रारम्भ हुआ। चक्रवर्ती गुप्त राजाओं तथा उनके सामन्तों के लेखों में गुप्तसंवत् का प्रयोग मिलता है। इसे 'गुप्त प्रकाल' नाम दिया गया है। इसकी स्थापना गुप्त वंश के शासक चन्द्रगुप्त प्रथम ने 319 ई. में की थी।

अत: विकल्प (B) सही है।

92. अकबर द्वारा गुजरात पर विजय प्राप्त करने की स्मृति में निर्मित करवाए गए इस बुलन्द दरवाजे के पूर्वी तोरण पर फारसी में शिलालेख अंकित हैं जो 1601 में दक्कन पर अकबर की विजय के अभिलेख हैं। 42 सीढ़ियों के ऊपर स्थित बुलन्द दरवाज़ा 43.63 मीटर ऊँचा और 35 मीटर चौडा़ है। यह लाल बलुआ पत्थर से बना है जिसे सफेद संगमरमर से सजाया गया है।

अत: विकल्प (A) सही है।

93. उत्तारमेरूर अभिलेख परान्तक प्रथम चोल शासक के शासनकाल से सम्बन्धित है। परान्तक प्रथम, आदित्य प्रथम की मृत्यु के बाद चोल राजवंश की राजगद्दी पर बैठा।परान्तक प्रथम ने भूमि का सर्वेक्षण कराया और अनेक यज्ञ करने एवं मंदिर बनवाने का भी श्रेय परान्तक को ही जाता है। उसके 'उत्तरमेरुर लेख' से चोलों के स्थानीय स्वशासन की जानकारी मिलती है।

अत: विकल्प (B) सही है।

94. मध्यकालीन भारत की प्रथम महिला शासक रजिया सुल्तान थी। इन्होने 1236 ई. से 1240 ई. तक दिल्ली सल्तनत पर शासन किया। रजिया पर्दा प्रथा त्याग कर पुरूषों की तरह खुले मुंह राजदरबार में जाती थी। यह इल्तुतमिश की पुत्री थी।

अत: विकल्प (C) सही है।

95. हम्पी के खण्डहर विजयनगर की प्राचीन राजधानी का प्रतिनिधित्व करते हैं। तुंगभद्रा नदी के तट पर स्थित यह नगर अब 'हम्पी' के नाम से जाना जाता है। यह प्राचीन शानदार नगर अब मात्र खंडहरों के रूप में ही अवशेष अंश में उपस्थित है। यहाँ के खंडहरों को देखने से यह सहज ही प्रतीत होता है कि किसी समय में हम्पी में एक समृद्धशाली सभ्यता निवास करती थी। भारत के कर्नाटक राज्य में स्थित यह नगर यूनेस्को द्वारा 'विश्व विरासत स्थलों' की सूची में भी शामिल है।

अत: विकल्प (D) सही है।

96. गोविन्दचन्द्र गहड़वाल शासक मदन चन्द्र का पुत्र एवं उत्तराधिकारी था। वह गहड़वाल वंश का सर्वाधिक शक्तिशाली राजा था। युवराज के रूप में गोविन्द चन्द्र ने ग़ज़नी के राजा मसूद तृतीय को पराजित किया था। कान्यकुब्ज और वाराणासी के गहड़वाल सम्राट गोविन्दचन्द्र (1114-1154) की रानी कुमारदेवी थीं। इन्होने धर्मक्रजिन विहार सारनाथ में बनवाया था।

अत: विकल्प (D) सही है।

97. चोल राजवंश के शासकों ने चाँदी एवं सोने के सिक्कों का प्रचलन किया। उनके द्वारा प्रचलित सिक्कों पर मत्सय, धनुष तथा चीता के चिन्ह उत्कीर्ण किये गये हैं। ये तीनों चिन्ह क्रमशः चोल, पाण्ड्य तथा केरल राज्यों के राजकीय चिन्ह प्रतीत होते हैं। इन सभी राज्यों पर अधिकार करने के उपरान्त चोल शासकों ने उक्त चिन्हों से युक्त सिक्कों का प्रचलन किया था। उपरोक्त तथ्यों से स्पष्ट है कि चोलों के सिक्कों पर हाथी का चिन्ह उत्कीर्ण नहीं है।

अत: विकल्प (D) सही है।

98. हड़प्पा संस्कृति की मुहरों एवं टेराकोटा कलाकृतियों में गाय का चित्रण नहीं मिलता जबकि हाथी, गैंडा, बाघ, हिरण, और भेड़ आदि का अंकन मिलता है।

अत: विकल्प (D) सही है।

99. मुगल बादशाह शाहजहाँ ने बलबन द्वारा प्रारंभ ईरानी दरबारी रिवाज 'सिजदा' समाप्त कर दिया था। 1636-37 में सिजदा प्रथा का अंत कर दिया गया। सिजदा का मतलब झुककर सुल्तान को नमस्कार करना एवं पैबोस का अर्थ सुल्तान के पैरों तो चूमना है।

अत: विकल्प (C) सही है।

100. पृथ्वीराज तृतीय से जयचन्द की पुत्री संयोगिता के विवाह का उल्लेख पृथ्वीराज रासो ग्रन्थ में मिलता है। पृथ्वीराज रासो ग्रन्थ में और सुरजनचरित महाकाव्य में स्पष्टोल्लेख है कि, संयोगिता जयचन्द की पुत्री थी।

अत: विकल्प (B) सही है।

101. राजा राममोहन राय को 'भारतीय पुनर्जागरण का पिता' कहा जाता है। भारतीय पुनर्जागरण के जनक राजा राम मोहन राय अपने जीवन को मानव कल्याण हेतु समर्पित करने, सभी धर्मों के मध्य समन्वय स्थापित कर एक नये बुद्धिवादी संप्रदाय की स्थापना करने वाले महान समाज-सुधारक और भारतीय पुनर्जागरण के जनक थे।

अत: विकल्प (A) सही है।

102. गुर्जर प्रतिहार नरेश राज्यपाल की हत्या के लिए जो चन्देल जिम्मेदार था, वह विद्याधर था। विद्याधर चन्देल वंश का सबसे प्रतापी राजा था जिसने खजुराहो का कन्दारिया महादेव मंदिर बनवाया था। मुसलमान लेखक उसको 'चन्द्र' एवं 'विदा' नाम से पुकारते हैं।

अत: विकल्प (D) सही है।

103. इलाहाबाद स्तम्भ लेख (प्रयाग प्रशस्ति) गुप्त राजवंश के सम्राट समुद्रगुप्त के दरबारी कवि हरिसेन द्वारा रचित लेख था। इस लेख को समुद्रगुप्त द्वारा 200 ई में कौशाम्बी से लाये गए अशोक स्तंभ पर खुदवाया गया था। इसमें उन राज्यों का वर्णन है जिन्होंने समुद्रगुप्त से युद्ध किया और हार गये तथा उसके अधीन हो गये।

अत: विकल्प (B) सही है।

104. व्यापार के लिए आने वाले यूरोपीय लोगों में सर्वप्रथम पुर्तगाली थे। इनके पश्चात डच अंग्रेज डेनिश तथा फ्रांसीसी आये। भारत के लिए नए समुद्री मार्ग की खोज पुर्तगाली व्यापारी वास्कोडिगामा ने 17 मई 1948 को भारत के पश्चिमी तट पर अवस्थित बंदरगाह कालीकट पहुँच कर की।

अत: विकल्प (D) सही है।

105. दिल्ली का सुल्तान इल्तुतमिश मंगोल चंगेज खाँ का समकालीन था। तुर्की-राज्य संस्थापक कुतुब-उद-दीन ऐबक के बाद वो उन शासकों में से था जिससे दिल्ली सल्तनत की नींव मजबूत हुई। वह कुतुब-उद-दीन ऐबक का दामाद भी था। उसने 1211 ई. से 1236 ई. तक शासन किया।

अत: विकल्प (A) सही है।

106. पहाड़पुर बौद्धबिहार या सोमपुर बिहार या सोमपुर महाविहार एक प्राचीन बौद्ध बिहार है जो बर्तमान में ध्वंस अवस्था में है। यह बांग्लादेश के नवगाँव जिले के बादलगाछी उपजिले के पहाड़पुर में स्थित है। पालवंश के द्वितीय राजा धर्मपाल देव ने 8वीं शताब्दी के अन्तिम काल में या 9वीं शताब्दी में इस बिहार का निर्माण कराया था।

अत: विकल्प (C) सही है।

107. फरवरी 1527 ई. में खानवा के युद्ध से पूर्व बयाना के युद्ध में मेवाड़ के राणा सांगा ने मुगल सम्राट बाबर की सेना को हरा कर बयाना का किला जीता। खानवा की लड़ाई में हसन खां मेवाती राणाजी के सेनापति थे।

अत: विकल्प (A) सही है।

108. हड़प्पा की खुदाई दयाराम साहनी द्वारा 1921-1923 में की गयी थी। यहाँ पर पत्थर की नटराज की मूर्ति और कब्रिस्तान-37 यहां खुदाई के दौरान मिली।

धौलावीरा की खुदाई 1967-68 में जे.पी. जोशी द्वारा की गयी थी। यहाँ पर अद्वितीय जल प्रबंधन प्रणाली के साक्ष्य, हरपण शिलालेख और स्टेडियम मिले हैं।

लोथल की खुदाई 1954 में एस.आर. राव द्वारा की गयी थी। यहाँ पर चावल के साक्ष्य यहाँ पाये गए हैं।

सुरकोटडा की खुदाई 1961 में बी.बी. लाल द्वारा की गयी है।

अत: विकल्प (C) सही है।

109. गृह त्याग के उपरांत भगवान महावीर स्वामी ज्ञान की प्राप्ति के कठिन साधना शुरू की। 12 वर्ष की कठिन तपस्या व साधना के बाद प्राचीन जृम्भिका ग्राम में ऋजुवालीक नदी के तट पर शाल वृक्ष के नीचे कैवल्य ज्ञान की प्राप्ति हुई। इसके बाद उन्हें 'केवलिन' नाम से भी जाना गया तथा उनके उपदेश चारों और फैलने लगे।

अत: विकल्प (D) सही है।

110. हरिजन सेवक संघ के प्रथम अध्यक्ष प्रसिद्ध उद्योगपति श्री घनश्याम दास बिड़ला तथा सचिव विट्ठलदास ठक्कर थे।

इसकी स्थापना 30 सितम्बर, 1932 को एक अखिल भारतीय संगठन के रूप में हुई थी। पहले इस संगठन का नाम अस्पृश्यता निवारण संघ रखा गया था, जिसे 13 सितम्बर, 1933 को हरिजन सेवक संघ नाम दिया गया। हरिजन सेवक संघ का मुख्यालय गांधी आश्रम, किंग्सवे कैम्प, दिल्ली में है।

अत: विकल्प (A) सही है।

111. वैदिक नदी 'कुभा' का स्थान अफगानिस्तान में निर्धारित होना चाहिए। कुभा आधुनिक काबुल नदी थी जो अटक से ज़रा उत्तर में सिन्धु में विलय होती है और उस से पहले प्रांग में अपनी स्वात (सुवस्तु) और गौरी उपनदियों से जल लेती है।

अत: विकल्प (A) सही है।

112. भारत में स्थानीय शासन को लॉर्ड रिपन ने प्रोत्साहित किया। ब्रिटिश लेखकों ने लॉर्ड रिपन को स्थानीय स्वशासन का पिता कहा है। भारत के प्राचीन एवं मध्ययुगीन इतिहास के अध्ययन से ज्ञात होता है कि प्रत्येक युग में यहाँ स्थानीय संस्थाएँ रही हैं। किन्तु ईस्ट इंडिया कंपनी की सत्ता स्थापित होने के बाद इनकी स्थिति दयनीय हो गयी थी।

अत: विकल्प (D) सही है।

113. सती प्रथा का प्रथम अभिलेखीय साक्ष्य एरण से प्राप्त हुआ है। यह अभिलेख भानुगुप्त के मंत्री गोपराज के बारे में है, माना यह जाता है कि भानुगुप्त के मंत्री गोपराज उनके साथ युद्ध लड़ते हुए वीरगति को प्राप्त हो गए थे जिससे गोपराज की पत्नी सती हो गई थी। इसी वजह से इस अभिलेख को एरण का सती अभिलेख भी कहा जाता है।

अत: विकल्प (A) सही है।

114. गांधीजी के नेतृत्व में बिहार के चम्पारण जिले में सन् 1917 में एक सत्याग्रह हुआ। इसे चम्पारन सत्याग्रह के नाम से जाना जाता है। गांधीजी के नेतृत्व में भारत में किया गया यह पहला सत्याग्रह था।

अत: विकल्प (A) सही है।

115. राजराज प्रथम का राज्यारोहण वर्ष 985 ई. में हुआ। राजराज प्रथम चोलों में सबसे प्रतापी शासक था। राजराज प्रथम ने चेर शासकों की नौ सेना को कंडलूर में परास्त किया और "काण्डलूर शालैकलमरूत" की उपाधि धारण की। इसने श्रीलंका के शासक महेन्द्र पंचम को युद्ध में परास्त कर श्रीलंका के उत्तरी हिस्से को अपने राज्य में मिला लिया और अपने साम्राज्य का एक प्रान्त बनाया था।

अत: विकल्प (A) सही है।

116. भारत में मुगल शैली की चित्रकला का जन्म हुमायूँ के शासनकाल में प्रारंभ हुआ। शेरशाह से पराजित होने के पश्चात् हुमायूँ ने फारस एवं अफगानिस्तान के अपने निर्वसन के दौरान मुगल चित्रकला की नींव रखी। फारस में हुमायूँ की मुलाकात दो चित्रकारों-मीर सैय्यद अली एवं ख्वाजा अब्दुस्मद से हुई। इन्होंने ही मुगल चित्रकला की नींव रखी।

अत: विकल्प (B) सही है।

117. एक विकसित जल-प्रबन्ध का साक्ष्य धौलावीरा से प्राप्त हुआ है। धौलावीरा की खुदाई 1967-68 में जे.पी जोशी द्वारा की गयी थी। यह गुजरात में कच्छ जिले के लूनी नदी के तट पर स्थित है। यहाँ पर अद्वितीय जल प्रबंधन प्रणाली के साक्ष्य, हरपण शिलालेख और स्टेडियम मिले हैं।

अत: विकल्प (D) सही है।

118. गुप्त शासकों ने परमेश्वर विरूद धारण नहीं किया था। गुप्त राजवंश प्राचीन भारत के प्रमुख राजवंशों में से एक था। कुछ इतिहासकारों द्वारा इस अवधि को भारत का स्वर्ण युग माना जाता है।

अत: विकल्प (A) सही है।

119. थेरवाद या स्थविरवाद वर्तमान काल में बौद्ध धर्म की दो प्रमुख शाखाओं में से एक है जिसे हीनयान कहते हैं। दूसरी शाखा का नाम महायान है। यह एक रूढ़िवादी परम्परा है, अर्थात् प्राचीन बौद्ध धर्म जैसा था, उसी मार्ग पर चलने पर बल देता है।

अत: विकल्प (B) सही है।

120. शासक परमार भोज ने साहित्य और कला के क्षेत्र में सर्वाधिक योगदान किया। राजा भोज परमार या पंवार वंश के नवें राजा थे।

कहा जाता है कि वर्तमान मध्यप्रदेश की राजधानी भोपाल को राजा भोज ने ही बसाया था, तब उसका नाम भोजपाल नगर था, जो कि कालान्तर में 'भूपाल' और फिर 'भोपाल' हो गया। राजा भोज ने भोजपाल नगर के पास ही एक समुद्र के समान विशाल तालाब का निर्माण कराया था, जो पूर्व और दक्षिण में भोजपुर के विशाल शिव मंदिर तक जाता था।

राजा भोज स्वयं बहुत बड़े विद्वान थे और कहा जाता है कि उन्होंने धर्म, खगोल विद्या, कला, कोशरचना, भवननिर्माण, काव्य, औषधशास्त्र आदि विभिन्न विषयों पर पुस्तकें लिखी हैं जो अब भी विद्यमान हैं।

अत: विकल्प (D) सही है।

121. बौद्ध ग्रंथों का सबसे महान् टीकाकार अश्वघोष को माना जाता है।

- अश्वघोष कनिष्क का दरबारी तथा सातवाहन शासक यज्ञश्री शातकर्णी का समकालीन था।
- अश्वघोष अयोध्या का निवासी था। इसको मगध पर आक्रमण करके कनिष्क अपने दरबार में लाया था।
- इन्होंने बुद्धचरित तथा सौन्दरनन्द नामक दो महाकाव्यों की भी रचना की। इन रचनाओं में बुद्धचरित महाकवि अश्वघोष का कीर्तिस्तम्भ है।

अत: विकल्प (A) सही है।

122. नागार्जुन भाब्रू लघु शिलालेख में अशोक बुद्ध, धर्म और संघ की प्रति विश्वास प्रकट करता है। यह अभिलेख ब्राह्मणों को संबोधित करता है। इसमें अशोक ने स्वयं को मगधाधिराज कहा है।अशोक ने बुद्ध, संघ, धम्म में आस्था व्यक्त की है।

अत: विकल्प (D) सही है।

123. शेर शाह सूरी का मकबरा भारत के बिहार राज्य के सासाराम शहर में है। मकबरा बिहार के एक पठान सम्राट शेर शाह सूरी की याद में बनाया गया था, जिसने मुगल साम्राज्य को हराया और उत्तरी भारत में सूरी साम्राज्य की स्थापना की।

अत: विकल्प (A) सही है।

124. सारनाथ, काशी अथवा वाराणसी के 10 किलोमीटर पूर्वोत्तर में स्थित प्रमुख बौद्ध तीर्थस्थल है। ज्ञान प्राप्ति के पश्चात भगवान बुद्ध ने अपना प्रथम उपदेश सारनाथ में ही दिया था जिसे "धर्म चक्र प्रवर्तन" का नाम दिया जाता है और जो बौद्ध मत के प्रचार-प्रसार का आरंभ था।

अत: विकल्प (B) सही है।

125. औरंगजेब की मृत्यु के बाद बहादुर शाह प्रथम उत्तराधिकारी हुआ। 3 मार्च 1707 को मुगल सम्राट औरंगजेब की मृत्यु हो जाने पर उनका सबसे बड़ा पुत्र मुहम्मद आज़म शाह मुगल राजगद्दी पर बैठा परन्तु 19 जून 1707 को आज़म शाह को राजगद्दी से हटा कर स्वयं शहज़ादा मुअज़्ज़म, बहादुर शाह प्रथम के नाम से मुगल सम्राट बना।

अत: विकल्प (C) सही है।

// टिप्पणियाँ //

// टिप्पणियाँ //

www.ingramcontent.com/pod-product-compliance
Ingram Content Group UK Ltd.
Pitfield, Milton Keynes, MK11 3LW, UK
UKHW061703190726
13853UKWH00008B/2380

9 789390 893324